AUTOUR DE LA MÉDITERRANÉE

Paru dans Le Livre de Poche :

LA MÉDITERRANÉE ET LE MONDE MÉDITERRANÉEN
À L'ÉPOQUE DE PHILIPPE II :
1. La Part du milieu
2. Destins collectifs et mouvements d'ensemble
3. Les Événements, la politique et les hommes

CIVILISATION MATÉRIELLE, ÉCONOMIE ET CAPITALISME,
XVe-XVIIIe SIÈCLE :
1. Les Structures du quotidien
2. Les Jeux de l'échange
3. Le Temps du monde

FERNAND BRAUDEL

AUTOUR DE LA MÉDITERRANÉE

ÉDITION ÉTABLIE ET PRÉSENTÉE
PAR
ROSELYNE DE AYALA ET PAULE BRAUDEL

Préface de Maurice Aymard

ÉDITIONS DE FALLOIS

Les textes sur Charles Quint et Philippe II, p. 224-337, précédemment publiés dans Écrits sur l'histoire, *t. II, aux Éditions Arthaud, sont reproduits ici avec l'aimable autorisation de la Librairie Flammarion.*

SOMMAIRE

INTRODUCTION

I. L'AFRIQUE DU NORD

II. L'EMPIRE ESPAGNOL

III. Italie et Méditerranée

PRÉFACE DE MAURICE AYMARD

Ces trois volumes viennent non seulement compléter, mais, bien plus encore, modifier notre vision de l'œuvrc de Fernand Braudel. Une vision que, conscient de ne pas travailler au même rythme que d'autres historiens, il avait lui-même contribué à imposer : recevant quelques proches en novembre 1979, au lendemain de la publication de sa trilogie sur le capitalisme, il leur fixait avec le sourire rendez-vous vers l'an 2000 pour l'achèvement de *L'Identité de la France*, dans l'écriture de laquelle il s'était hâté, un mois plus tôt, de se plonger, à peine signé le bon à tirer des trois volumes précédents. Sans doute entendait-il ainsi conjurer par l'ironie la menace qui pesait sur lui de ne pouvoir mener à bien cette nouvelle entreprise : il savait que le temps d'un livre se mesurait pour lui non pas en années, mais en décennies.

D'entrée de jeu, *La Méditerranée*, achevée à l'âge de quarante-cinq ans, largement récrite près de vingt ans plus tard pour sa seconde et dernière édition, avait fixé le modèle d'une œuvre organisée autour de ce long travail d'écriture, au terme d'un non moins long travail de préparation et de maturation. Elle y avait aussi occupé à l'évidence une place à part, et ceci pour de multiples raisons. On pensera bien sûr aux conditions mêmes de sa rédaction, pendant ses années de captivité, loin de ses notes, comme un jeu de l'imagination et de la mémoire : dressant en 1972 pour William McNeil le bilan de sa « formation d'historien », il notera lui-même que dans d'autres conditions, plus normales, il « aurait sûrement écrit un tout autre livre ».

Mais *La Méditerranée* avait aussi pour elle sa radicale nouveauté par rapport aux textes, au total peu nombreux, précédemment publiés par son auteur : un long article sur les Espagnols en Afrique du Nord, réutilisé en 1947 comme « thèse secondaire », quelques dizaines de comptes rendus publiés dans un petit nombre de revues, et portant pour l'essentiel sur l'Algérie et le Maghreb, sur l'Espagne et sur l'histoire économique des XVIe et XVIIe siècles. L'œuvre qui le plaçait d'un coup au tout premier rang de sa génération d'historiens semblait avoir échappé à tout préparatif : aucun échafaudage n'en avait signalé le chantier à l'attention de ses futurs lecteurs. Seul Lucien Febvre, destinataire de ces cahiers d'écolier acheminés depuis Lübeck par la Croix-Rouge suisse, en avait été le témoin.

Sans passé visible, sauf pour ses proches, *La Méditerranée* allait au contraire avoir un avenir. Car c'est d'elle que, pour longtemps, tout dérive. Son impact sur plusieurs générations d'historiens, dont les recherches allaient nourrir la seconde édition de 1966. Les responsabilités institutionnelles à la tête de la VIe section de l'École pratique des hautes études, de la Maison des sciences de l'homme, la direction des *Annales*, et le magistère intellectuel qui devait être le sien pendant au moins vingt ans. La définition, formalisée dans les grands articles de la fin des années cinquante (regroupés en 1969 dans *Écrits sur l'histoire*), mais reprise en de multiples occasions, des ambitions d'une histoire placée sous le double signe de la longue durée et de l'ouverture sur les autres sciences sociales. Mais aussi, plus tard encore, au lendemain de sa retraite, le passage à l'image, sous l'impulsion de Folco Quilici qui l'avait entraîné à commenter le spectacle de Sienne filmée à basse altitude depuis un hélicoptère, ravivant ainsi le souvenir jamais oublié de son passage de Tunis à Palerme pendant l'été 1932, dans un hydravion qui volait au ras de l'eau : à l'automne 1976, le succès de la série de douze émissions télévisées consacrées à la Méditerranée transformait d'un coup le statut de son livre, en l'imposant à l'attention du grand public. Fernand Braudel découvrait les médias, dont il s'était jusqu'ici tenu à l'écart : ils ne devaient plus le quitter.

Telle fut la place occupée dans son œuvre et dans sa vie par *La Méditerranée* que *Civilisation matérielle, économie et capitalisme* ne s'est pas imposé sans peine. Pour beaucoup, Fernand Braudel ne pouvait être que l'homme d'un seul livre. La longueur de sa rédaction, étalée sur deux décennies, les incitait au doute, le premier volume, publié en 1967, leur paraissant comme le témoin d'un ensemble destiné à rester inachevé. Le succès immédiat de la trilogie dans sa version finale, publiée en 1979, fut à la mesure de cette attente : la crise économique amorcée en 1973-1974, qui avait conduit Fernand Braudel à en récrire toute la dernière partie, et qui s'intégrait parfaitement dans son modèle, transformait ce livre d'histoire en ouvrage d'actualité. D'où la multiplicité des entretiens dans la presse et à la télévision, ainsi que les articles destinés au *Corriere della Sera* : comme il l'avait si souvent répété, la longue durée de l'histoire peut seule aider à comprendre le présent, en dépassant l'événement.

Inachevée au moment de sa mort, *L'Identité de la France* nous place dans la situation où nous serions si Braudel n'avait laissé que la première partie de *La Méditerranée*, ou le premier volume de *Civilisation matérielle* dans sa première version. Il s'était longuement préparé à cette troisième et dernière grande entreprise, comme le montrent ses derniers cours du Collège de France (1970-1972), où l'on en retrouve annoncés tous les principaux thèmes et la structure d'ensemble. Mais nul doute que, selon son habitude qui était d'écrire sans revenir en arrière pour récrire ensuite, il aurait été tenté de la remanier encore, plus ou moins profondément, au rythme même des progrès de sa rédaction.

Trois grands livres donc, trois périodes de sa vie, et un choix final qui l'aura conduit à écarter une autre tentation apparue sur sa route : celle d'une histoire de l'Europe, pour laquelle Christian Beullac, alors ministre de l'Éducation nationale, avait tenté en 1980 de le convaincre, sans réussir à l'y engager totalement, de rédiger un manuel à l'usage des classes terminales et du premier cycle des universités, comme il l'avait fait au début des années soixante pour *Le Monde actuel*, réédité depuis sous le nom de *Grammaire des civilisations*. Il n'aura eu le temps d'y consacrer qu'une seconde série de huit émissions télévisées, réalisée à nouveau avec Folco Quilici, mais jamais, sans qu'on puisse s'expliquer pourquoi, projetée en France, puis un ouvrage collectif richement illustré, sur le modèle des deux volumes qui avaient suivi la première série consacrée à la Méditerranée.

Cette préférence accordée aux livres longuement mûris, et maintes fois récrits, explique le nombre relativement restreint des textes réunis ici, leur air de famille, les multiples renvois et parfois les redites que l'on notera de l'un à l'autre. De fait, la majorité d'entre eux renvoie à l'un ou l'autre de ces livres, y conduit ou en dérive. Même les grands articles « méthodologiques » ne prennent leur sens que par rapport à ces références qui leur servent de garants et d'exemples : car, pour Fernand Braudel, aucune théorisation n'a jamais donné naissance à aucun grand livre d'histoire, alors que la relation inverse peut, dans certains cas au moins, se vérifier. Ceci explique que souvent, quand ces textes avaient été rédigés pour être traduits et publiés à l'étranger, il ne se soit préoccupé ni de les faire paraître en français, ni même, parfois, d'en conserver l'original : pas plus d'ailleurs qu'il ne l'avait fait pour des essais plus importants, comme son texte sur « European Expansion and Capitalism, 1450-1650 », édité à New York dans un manuel universitaire collectif de *Western Civilization*, comme l'étude sur « Les prix en Europe de 1450 à 1750 » rédigée en collaboration avec Frank Spooner pour la *Cambridge Economic History of Europe*, comme ses deux « portraits » de Charles

Quint et Philippe II publiés en italien dans une série sur les « grands protagonistes de l'histoire universelle » (et reproduits dans ce premier volume), ou encore comme sa participation à la *Storia d'Italia* d'Einaudi, « L'Italie hors d'Italie. Deux siècles et trois Italies », éditée en français après sa mort sous le titre *Le Modèle italien*.

Comme toutes les entreprises de ce genre, ce recueil en trois volumes des *Écrits* de Fernand Braudel vise donc d'abord à fournir un instrument de travail à tous ceux qui souhaiteront accéder à l'ensemble de ses textes, sans se limiter aux seuls grands ouvrages et aux articles les plus régulièrement cités. Réalisé avec soin, réunissant, avec un certain nombre d'inédits (au moins en français), des textes dispersés dans de nombreuses publications d'accès parfois difficile, il ouvre l'accès à une meilleure connaissance de l'œuvre, qu'il nous invite à considérer comme un tout, dans son élaboration, sa cohérence et ses contradictions, et il met en perspective la progression et l'évolution interne, ainsi que le rapport aux différentes étapes et expériences de la vie de son auteur. Il constitue, à ce titre, un ouvrage de référence dont l'utilité apparaît évidente à un moment où les historiens s'interrogent à nouveau sur l'histoire de leur discipline, qu'ils avaient longtemps, en France, dédaignée.

Son originalité est de mettre en évidence moins la multiplicité et la diversité des intérêts de l'historien Fernand Braudel que la continuité d'une pensée curieuse de recherches souvent très éloignées de ses propres préoccupations, mais très tôt tendue vers la définition et la réalisation d'une « certaine idée de l'histoire » : « peut-être, même assurément, ce qui m'oppose à M. Merriman, est-ce la façon différente dont je vois et dont je conçois l'histoire », écrit-il ainsi dès 1936 dans son compte rendu, à la fois respectueux et critique, pourtant destiné non aux *Annales*, où il n'écrit pas encore, mais à la *Revue historique*, du quatrième volume, consacré précisément à Philippe II, du grand ouvrage de celui-ci, *The Rise of the Spanish Empire in the Old World and in the New* (*cf.* p. 423). Dès son premier compte rendu, publié en 1927 par la *Revue d'histoire moderne*, il n'avait pas hésité à exécuter en quatre lignes le pauvre docteur Cabanès, auteur aujourd'hui bien oublié d'un livre intitulé *Le Mal héréditaire* : « Les lecteurs... seront déçus, il ne s'agit que du prognathisme des Habsbourg. La documentation insuffisante de l'auteur rend son livre absolument inutile » (*cf.* p. 389).

Plus profondément en fait, tous ces textes, même si certains, préfaces et comptes rendus notamment, sont inévitablement liés aux circonstances, se partagent une double fonction de banc d'essai. Celle, évidente, de reprendre et diffuser les idées et thématiques centrales de ses livres. Celle, plus personnelle et en tout cas plus rare, de mettre au point, au fil de la plume, par approximations successives, des formulations destinées à être ultérieurement reprises dans ces mêmes livres. On trouvera ainsi, toujours dans ce volume (p. 403), à l'occasion d'un compte rendu, publié en 1935 dans le *Bulletin de la Société des professeurs d'histoire et de géographie de l'enseignement public*, des travaux d'Albert Girard sur le commerce français à Séville et sur la rivalité entre Séville et Cadix, cette affirmation qui surprend par sa date et ne sera reprise et développée que bien plus tard, dans un autre contexte : « Il y a dans l'Europe cloisonnée du XVIIe siècle des différences de niveau économique, des pentes naturelles de trafic, des pressions variables »...

Même limitée dans ses dimensions, si on la compare à la masse infiniment plus imposante des textes de Marc Bloch et de Lucien Febvre, même placée sous le signe de la continuité et plus étroitement reliée à ses livres, la série de ces *Écrits* imposait un classement. Le choix retenu, qui était le seul possible, tant les sujets abordés finissent au fil des années par se recouvrir, a le mérite de mêler les critères : les uns liés à la vie de son auteur et à ses « expériences » géographiques successives, les autres au contraire plus thématiques, articulés sur ses trois grands ouvrages et des réflexions méthodologiques qu'ils lui inspirent.

*

Ce premier volume s'organise donc presque de lui-même autour des trois pays dont la découverte a inspiré *La Méditerranée* : l'Algérie, où il arrive en 1923, l'Espagne, où il fait en 1927 son premier séjour aux archives de Simancas, l'Italie enfin, qu'il découvre du sud au nord (Palerme, Naples, Rome, Gênes) en 1932, à son départ définitif d'Alger pour Paris, et où il ne cessera de revenir.

Parmi ces trois pays, une place à part revient à l'évidence à l'Algérie, dont Fernand Braudel aimait à dire qu'il lui devait sa passion de Lorrain pour une Méditerranée saisie « à l'envers », depuis sa rive méridionale. Mais dont, en fin de compte, les textes qu'il lui a consacrés au tournant des années trente sont aujourd'hui peu lus et peu connus, même si l'article de 1928 sur « les Espagnols et l'Afrique du Nord de 1492 à 1577 » est régulièrement cité, comme une « origine » et un premier jalon, le seul vraiment repérable, dans la rédaction de *La Méditerranée* : mais un jalon auquel l'œuvre achevée dispenserait précisément de se reporter. En 1947, au moment de la soutenance, si l'on en croit Ernest Labrousse, même Gaston Zeller, pourtant « désigné pour en parler..., se réserva pour parler de la grande » thèse !

Fernand Braudel est, il est vrai, le premier à avoir encouragé une telle attitude en soulignant dès cette date que, depuis, « sa vision générale du sujet s'était modifiée », et, plus tard, en 1972, que « sa montre était [alors] à l'heure de tout le monde, et, comme il convient, de [ses] maîtres les plus traditionnels », seul Lucien Febvre l'ayant encouragé en 1927 à centrer son regard non sur Philippe II mais sur « la Méditerranée des Barbaresques ». Mais que dire alors de tous les comptes rendus, qu'il rédige dans les mêmes années pour la *Revue africaine*, d'ouvrages qui apparaissent avec le recul fort éloignés de ses préoccupations principales, car consacrés à l'iconographie et à la littérature de la conquête ? La grande affaire est, on le perçoit, la célébration du centenaire de la prise d'Alger, occasion d'un grand congrès en 1930, dont Fernand Braudel se retrouve promu secrétaire adjoint, et prétexte à la publication d'une collection d'ouvrages exaltant l'œuvre de la France, dont il recense dès 1928 le premier, dédié à la politique coloniale de la monarchie de Juillet...

Quelques titres émergent cependant du lot, au premier rang desquels on ne sera pas surpris de retrouver *L'Histoire de l'Afrique du Nord*, de Charles-André Julien, vis-à-vis duquel les éloges ne réussissent pas à dissimuler les réserves, et *Le Commerce des Européens à Tunis*, d'André-E. Sayous, un proche des nouvelles *Annales*, qui l'éblouit car il y trouve, d'un coup, tout ce qu'il cherche : « L'auteur, chacun le sait, est un économiste, de là le caractère technique de son étude, de là sa façon de voir les faits qui sort de la norme familière aux historiens, de là aussi l'intérêt singulier de l'œuvre. » Mais l'on fera aussi un sort aux pages qu'il consacre aux travaux de Gabriel Esquer, secrétaire général de la *Revue africaine* et administrateur de la Bibliothèque nationale d'Alger : elles sont placées sous le signe d'une amitié qui ne se démentira jamais.

D'où l'ambiguïté et la difficulté de notre lecture aujourd'hui. Fernand Braudel se cherche encore. Il apparaît déjà entre les lignes, au détour d'une phrase, par sa sensibilité aux détails de la vie des hommes, par sa conscience aussi des limites qu'imposent aux historiens les sources qu'ils utilisent : « Cette histoire officielle, écrit-il au terme de sa longue étude sur la présence espagnole au Maghreb, n'est pas toute l'histoire des rapports de l'Espagne et de l'Afrique du Nord. On entrevoit, en marge de cette histoire, le rôle des particuliers, aventuriers et marchands de la péninsule... » (p. 118). Mais au même moment il n'échappe pas, et il ne pouvait sans doute pas échapper à la fascination de cette « Algérie française » que « l'Armée d'Afrique a faite avant les colons ». Une fascination sur laquelle il s'expliquera lui-même en 1972 : « Il faut le dire, en 1923, en 1926, et durant les années qui suivent, l'Algérie française ne se présente pas à mes yeux comme un monstre. »

Pour l'Espagne, les choses sont plus simples, car la même fascination se retrouve dans certaines des pages les plus surprenantes de *La Méditerranée*, celles-là même où il cède à la tentation d'utiliser le conditionnel pour imaginer ce qu'aurait pu être son histoire, si elle avait fait d'autres choix, gardé ses populations morisques, mais aussi établi son contrôle sur la totalité du littoral maghrébin au lieu de s'en tenir à quelques présides, puis, après 1580 déplacé sa capitale à Lisbonne, face à l'Atlantique, pour mieux maîtriser son destin impérial. Simancas, où il avait fait dès 1927 son premier séjour, et connu Earl J. Hamilton et Federico Chabod, restera longtemps son observatoire privilégié sur l'Europe et le monde. Même s'il finit par renoncer à la poursuivre, l'histoire de ses finances, pour laquelle il bénéficiait de l'aide et des informations de Felipe Ruiz Martín, d'Alvaro Castillo et de José Gentil da Silva, n'a jamais cessé de lui apparaître comme l'une des plus efficaces clefs de lecture du XVIe siècle, dans la mesure même où elles mobilisent toutes les ressources de la péninsule et de l'Empire, et mettent en cause toute l'Europe occidentale, de Gênes aux Pays-Bas. Mais on sera surpris d'apprendre qu'en juin 1942 Lucien Febvre avait tenté de le convaincre de s'engager à en écrire une histoire au XVIe siècle, pour la collection « L'Évolution de l'humanité ». Et plus surpris encore d'en lire l'introduction restée inédite, qu'il rédigea à la fin des années cinquante, avant d'y renoncer tout à fait, pour ne plus lui consacrer que ces deux étonnants profils biographiques de Charles Quint et de Philippe II, anticipés sur plus d'un point dans ses comptes rendus des années trente et quarante : il semble heureux d'y démontrer, comme dans sa conférence prononcée en octobre 1971 à Venise pour le quatrième centenaire de Lépante, que rien de ce qui est historique ne lui est étranger.

Plus tardif, son amour pour l'Italie se révèle au contraire plus stable, moins passionné peut-être, mais plus durable. Car il dépasse la rédaction de la seconde version de *La Méditerranée*, qui porte la marque des longs séjours qu'il put faire après guerre dans ses archives, et se prolonge dans les deux derniers volumes de *Civilisation matérielle, économie et capitalisme* : Venise et Gênes, qui l'attirent tour à tour, et entre lesquelles il se refusera toujours à choisir, s'y disputent tout au long du XVIe siècle la position centrale au sein de l'économie européenne, avant de la céder aux Provinces-Unies dans les premières années du XVIIe siècle. La double réussite culturelle et économique de l'Italie des années 1950-1970 lui apparaît dans cette perspective comme une promesse et un rappel : contre les habitants de Prato, qui en firent pourtant un citoyen d'honneur de leur ville, il ne cessa jusqu'au bout d'exalter les vertus d'un miracle économique renouvelé au début des années quatre-vingt, et qu'il identifiait avec la dynamique de l'*economia sommersa*. Dès le lendemain de la guerre, l'Italie, premier pays avec le Mexique à traduire *La Méditerranée*, était il est vrai venue le chercher, en lui déléguant plusieurs de ses meilleurs jeunes historiens, au premier rang desquels Ruggiero Romano et Alberto Tenenti, qui ne devaient plus quitter la France, mais aussi Franco Borlandi et Ugo Tucci, ou encore Carlo M. Cipolla et Aldo de Maddalena, puis en lui confiant la direction scientifique des Semaines de Prato. Jusqu'au terme de sa vie, il ne devait plus cesser de s'y sentir chez lui.

M.A.

AVERTISSEMENT DE L'ÉDITEUR

Le projet d'éditer tous les écrits de Fernand Braudel nous a paru au début simple à réaliser : nous savions qu'ils étaient relativement peu nombreux. Fernand Braudel, en effet, a peu écrit en marge de ses ouvrages, ses cours n'étaient jamais rédigés et il a interdit impérativement tout usage des quelques volumes de mauvaise sténotypie qu'il en reste, les destinant au feu comme tous les manuscrits de ses livres, régulièrement détruits par lui-même tout au long de sa vie. L'ensemble des articles, comptes rendus, préfaces, contributions diverses, conférences, que nous avons rassemblés ne représentent guère que trois cents textes environ (contre, à titre d'exemple, mille cinq cents pour Marc Bloch, mort prématurément, et plus de trois mille pour Lucien Febvre).

En principe donc, nous avons décidé de publier *tous* ces textes. Ce qui veut dire, en particulier, qu'on s'est interdit de faire un choix, que l'on n'a écarté par exemple aucun des premiers écrits de jeunesse que l'auteur n'aurait certainement pas retenus lui-même, ou tel texte dont la documentation a été démentie par des recherches ultérieures (y compris celles de l'auteur), ou tels comptes rendus hâtifs dont Fernand Braudel a peut-être regretté par la suite les critiques ou les louanges. L'intérêt d'un recueil comme celui-ci n'est-il pas précisément de pouvoir suivre un auteur dans l'évolution de sa pensée, y compris dans ses hésitations, ses maladresses ou ses repentirs ?

Un problème s'est posé pour des articles ou des

conférences, traduits en langue étrangère et dont il n'avait pas été conservé d'original français. Ils ont alors, généralement, été retraduits du brésilien, de l'espagnol, ou de l'anglais.

Pourtant nous nous sommes vite rendu compte que d'autres critères imposaient sans conteste d'écarter certains textes :

— ceux qui pouvaient faire doublons : plusieurs présentations biographiques du même personnage (pour des mélanges, des commémorations, des encyclopédies, etc.) ; les reprises d'une conférence à un article ou d'un article à une conférence même s'ils présentent à l'évidence des variantes ; des comptes rendus du même ouvrage destinés à des revues différentes (généralement, l'un d'eux se détache nettement des autres) ;

— les rares textes signés Fernand Braudel qui ne correspondent pas à des écrits mais à des résumés de ces écrits ;

— des articles, rares eux aussi, signés de plusieurs auteurs ;

— les quelques articles étrangers à sa vie scientifique, inédits ou non (en particulier ceux qu'il a publiés dans le *Corriere della Sera*, 1982-1983) ;

— des contributions à des ouvrages collectifs (faciles à trouver en bibliothèque) qui perdent d'ailleurs souvent de leur sens à être sorties de leur contexte ;

— bon nombre de préfaces qui se bornent à quelques lignes de présentation amicale de l'auteur ; ont été conservées naturellement celles qui discutent l'ouvrage lui-même ;

— les présentations d'articles, et les comptes rendus lorsqu'ils consacrent moins de vingt lignes à un ouvrage, parfois simples accusés de réception. Mais, nous le répétons, aucune sélection n'a été faite parmi les autres comptes rendus, quel que soit leur intérêt, ou manque d'intérêt, pour le lecteur d'aujourd'hui ;

— les interviews, bien que parfois d'un grand intérêt. Les textes en seront déposés prochainement aux Archives nationales en même temps que la correspondance de l'auteur ;

— telle ou telle conférence transcrite sur cassette dont l'auteur avait refusé la publication, et qu'il n'a ni revue ni corrigée.

Cela dit, dans la bibliographie qui clôt le troisième volume, on trouvera la liste chronologique et exhaustive de *tous* les ouvrages ou écrits de l'auteur. Un signe typographique indique clairement les écrits qui ne figurent pas dans cette publication.

*

La difficulté principale a été évidemment de choisir le mode de présentation des textes : chronologique ? thématique ? Après plusieurs essais, nous avons opté finalement pour le thématique, d'autant que, par le hasard des coupures de la vie même de Fernand Braudel, la cohérence du chronologique n'est pas trop bouleversée, elle reste en tout cas apparente.

Le premier volume, *Autour de la Méditerranée*, correspond pour l'essentiel aux premières années d'enseignement et de formation personnelle. Articles et comptes rendus tournent autour de ses lectures et recherches à partir de 1927. Naturellement, ils concernent d'abord l'Afrique du Nord où il professa de 1923 à 1932. Ensuite l'Espagne et l'Italie prennent le relais ; elles resteront présentes dans ses curiosités tout au long de sa vie.

Le deuxième volume, *Les Ambitions de l'histoire*, est composé autour de la réflexion théorique de l'auteur : elle s'affirme pendant la longue rumination de la captivité et les rédactions successives de la *Méditerranée*. Bien entendu, sa longue fréquentation des

Annales, alors dans toute leur agressive nouveauté, sa rencontre avec Lucien Febvre en 1937 ont leur part dans cette élaboration. Après la création de la VIe section de l'École pratique des hautes études en 1948, il entre à son tour dans le combat des *Annales* « pour une plus grande histoire ».

Les textes de ce volume, qui vont de la guerre jusqu'à la fin de sa vie, en sont le reflet et ils s'organisent d'eux-mêmes autour de ses trois ouvrages successifs : *La Méditerranée, Civilisation matérielle* et *Histoire de France*, dont nous publions les écrits préliminaires et quelques textes restés inédits.

Le troisième volume, *L'Histoire au quotidien*, comme de juste, est plus hétéroclite, à la mesure des activités très diversifiées de Fernand Braudel.

On y trouvera successivement les traces de son expérience brésilienne, de ses relations avec les mondes universitaires et scientifiques français et étrangers, de sa direction des *Annales* jusqu'en 1970, et de l'exercice de son métier d'enseignant, du lycée jusqu'au Collège de France.

EN GUISE D'INTRODUCTION

PREMIÈRES RECHERCHES

Agrégé depuis 1923 — il a 21 ans —, Fernand Braudel, en 1927, dépose le sujet de sa thèse : Philippe II, l'Espagne et la Méditerranée, *et en même temps une demande de bourse de recherches. Il l'obtient en 1928 et, avant même qu'elle ne lui soit versée, se précipite en Espagne pendant les vacances d'été pour sa première plongée dans les archives espagnoles.*

Le 29 mars 1929, il adresse à M. Charléty, recteur de l'académie de Paris et président du comité de la Bourse Jules Ferry, la longue lettre manuscrite reproduite ci-dessous pour le tenir au courant de l'avancement de ses travaux de recherches qu'il entend poursuivre pendant l'été 1929.*

Ce rapport très détaillé a ceci d'étonnant que l'histoire diplomatique y a peu de place, contrairement à ce que ferait attendre l'intitulé de la thèse. La nature et la variété des documents étudiés, la façon dont ils sont commentés laissent facilement imaginer pourquoi l'ouvrage futur s'intitulera finalement, vingt ans plus tard, La Méditerranée et le monde méditerranéen à l'époque de Philippe II.

---

* *Source* : Manuscrit inédit. Archives municipales de Saint-Dié. Exceptionnellement, les citations en espagnol du XVIe siècle n'ont pas été traduites tant leur sens est évident. F. Braudel ne les avait d'ailleurs pas traduites pour son correspondant, M. Charléty.

Durant les vacances scolaires de 1928, grâce à la générosité d'[illegible] qui [illegible] l'[illegible], a pu entreprendre un voyage d'études de deux mois en Espagne. J'ai travaillé successivement à l'Archivo Histórico Nacional de Madrid, [illegible] et à l'Archivo General de Simancas où se trouve l'essentiel de la documentation [illegible]

Archivo Histórico Nacional de Madrid

[illegible]

J'ai travaillé une quinzaine de jours [illegible] source. Mes efforts ont porté sur l'étude de [illegible] l'Inquisition qui représente [illegible] du XVIe siècle [illegible]

[illegible]

L'abondance des documents [illegible] travail m'obligea à [illegible] de textes [illegible] et de Sciences [illegible] l'ombre bien des questions [illegible] gations à la série de documents que le catalogue de l'Archivo désigne sous le titre [illegible] Un plus [illegible]

Durant les vacances scolaires de 1928, grâce à la garantie d'avenir que m'offrait la bourse Jules Ferry, j'ai pu entreprendre un voyage d'études de deux mois en Espagne. J'ai travaillé successivement à l'Archivo Historico Nacional de Madrid, à la Biblioteca Nacional et à l'Archivo General de Simancas où se trouve l'essentiel de la documentation relative à mon sujet.

Archivo Historico Nacional de Madrid

J'ai travaillé une quinzaine de jours à l'Archivo Historico. Mes efforts ont porté sur l'étude des papiers de l'Inquisition qui représentent une partie seulement des documents du XVIe siècle, nombreux sont en effet les feuillets qui ont disparu, égarés ou détruits. En dehors des inquisitions régionales de Barcelone, de Valence et de Tolède, les collections conservées présentent de multiples lacunes. Les documents qui subsistent constituent néanmoins une documentation de premier ordre, répartie entre de nombreuses liasses le plus souvent mal classées et quelques registres faciles, par contre, à consulter.

L'abondance des documents, l'objet même de mon travail m'obligeaient à faire un choix. Les publications de textes assez nombreuses, comme celles de Boronat et de Schäfer, permettaient d'ailleurs de laisser dans l'ombre bien des questions. J'ai restreint mes investigations à la série de documents que le catalogue de l'Archivo désigne sous le titre : *Cartas al Consejo, expedientes y memoriales*. De plus, pour chaque inquisition régionale, j'ai poussé mon enquête surtout au voisinage de certaines dates qui me paraissaient intéressantes *a priori*, la période 1558-1559 pour les tribunaux de Valladolid et de Séville, la période de 1569 à 1570 pour l'inquisition de Grenade... Le hasard m'a plus ou moins bien servi dans ces diverses recherches et a souvent déjoué les prévisions les plus raisonnables. Ainsi, à Grenade, alors que se déroule le drame des Alpujarras, les inquisiteurs nous parlent plus souvent de la cherté de la vie, du besoin qu'ils ont d'une rétribution supplémentaire, d'une *ayuda de costa*, que des détails de la guerre contre les Maures révoltés.

J'ai examiné rapidement des documents relatifs aux inquisitions suivantes : Barcelone (1539), Canarias (1547), Cordoba (1560), Corte ou Madrid (1560), Cuenca (1563), Logroño (1564) [en réalité ce fut à Calahorra que se tint le tribunal régional jusqu'en 1578], Murcia (1552), Santiago (1566), Sevilla (1553), Toledo (1552), Valencia (1546), Valladolid (1552), Zaragoza (1539). J'ai indiqué, dans cette énumération, à la suite du nom de chaque inquisition, la date du plus ancien document de cette inquisition conservé à l'Archivo.

J'ai réuni ainsi quelques renseignements sur la vie religieuse de l'Espagne et aussi, car les documents inquisitoriaux ont une large portée, sur les domaines les plus divers de l'histoire espagnole du XVIe siècle. Je voudrais, à propos de trois grandes questions, protestantisme espagnol, musulmans de la péninsule et des îles espagnoles, vie des tribunaux inquisitoriaux, indiquer la valeur de quelques documents de l'Archivo Historico.

Au-delà de la crise de 1558-1559 qui mit en lumière l'existence, à Valladolid et à Séville, de communautés protestantes actives et dangereuses, on peut bien dire que les idées de la Réforme n'ont plus été représentées, en Espagne, que par des étrangers, à quelques rares exceptions près, Français, gens de Flandres, Allemands, Italiens, Anglais et Portugais. Les Français représentent le contingent essentiel des étrangers condamnés pour hérésie par l'Inquisition espagnole. Il y a eu, au XVIe siècle, une importante immigration française dans les pays de la péninsule. Les Français qui s'aventuraient alors au sud des Pyrénées étaient des marchands ou des artisans. Ces ouvriers expatriés, comme les ouvriers de la France elle-même, étaient fréquemment gagnés aux idées de la Réforme. Ils étaient particulièrement nombreux dans les pays du Nord.

Les papiers inquisitoriaux prouvent surabondamment que le pays espagnol n'a pas été profondément touché par les idées de Luther ou de Calvin. Voici, au hasard d'une énumération, quelques petits faits significatifs. À l'autodafé du 14 mars 1554, à Murcie [leg. 2796], sur cinquante-cinq condamnations ne figure aucun cas de protestantisme ; quatre Maures sont brûlés, seize blasphémateurs, dont un également poursuivi pour bigamie, sont frappés de peines diverses. À Llerena, cette même année 1554, dans une seule visite inquisitoriale [leg. 2700], cinquante personnes ont été condamnées pour les blasphèmes les plus variés, dix-neuf pour des paroles *scandalosas y malsonantes*. De 1558 à 1560, les inquisiteurs de Cordoue indiquent qu'ils ont puni une centaine de personnes [leg. 2392]. Trois condamnés seulement ont été brûlés et ce sont des Maures. Une visite inquisitoriale dans le ressort de Barcelone [Barcelona, Libro I, fol. 380], en février 1558, aboutit à la condamnation de bigames, de blasphémateurs, de chrétiens qui ont mangé de la viande les jours prohibés. Dans le ressort de l'inquisition de Valence, en mai 1559, à Teruel, se produit une affaire de médiocre importance mais qui donne une idée assez juste des multiples causes jugées alors par le Saint-Office. Au cours des fêtes et réjouissances à l'occasion des traités de paix récemment signés, *por las alegrias de las pazes*, deux habitants de Teruel se déguisent l'un en prêtre, l'autre en femme et, sous cet accoutrement, se promènent par les rues. Un chantre a prêté *roquete y capa de oro* et, par cette imprudence regrettable, a rendu possible la mascarade. L'inquisiteur Miranda étudiera longuement cette affaire, interrogera les acteurs et les témoins [Inquisition de Valence, Libro I, fol. 321-328]. On peut dire que des causes de ce genre sont alors monnaie courante. Les historiens, désireux d'étudier soit les protestants, soit les musulmans d'Espagne, ont peut-être eu tort de négliger ces causes systématiquement. Un document de l'inquisition de Cordoue, daté du 30 mai 1561 [leg. 2392], relate l'arrestation d'un trinitaire de Jaén que l'on a surpris *tratiendo amores con sus hijas de confesión...*

Tous ces petits faits qui encombrent les papiers inquisitoriaux nous montrent les côtés troubles du catholicisme espagnol, ils montrent également que le protestantisme n'a pas eu de répercussion sur les masses. Quand le catholique espagnol s'écarte de la voie droite, les grands principes de l'Église ne sont pas menacés. Les condamnés du Saint-Office, natifs des royaumes espagnols, ne sont pas, peut-on dire, des révoltés religieux.

Les inquisitions régionales s'occuperont à maintes reprises des musulmans de la péninsule, des Morisques, ou plus exactement suivant l'expression courante de l'époque, des *nuevos cristianos*. Toute la documentation de Boronat, au sujet des Morisques de Valence, provient ainsi des papiers inquisitoriaux.

On connaît l'importance des relations entre Morisques et gens du Maghreb. Pour les nouveaux chrétiens persécutés par l'Inquisition, l'Afrique est un refuge plus sûr que les montagnes du Sud espagnol. De véritables entreprises, semble-t-il, facilitaient la fuite des nouveaux chrétiens vers l'Afrique. Haëdo, à la fin du XVIe siècle, a dénoncé avec véhémence et non sans raison l'entente qui a toujours existé entre les corsaires d'Alger ou des côtes barbaresques et les Morisques des régions levantines de l'Espagne. Des liens multiples unissaient ainsi Morisques et musulmans du Maghreb. Les habitants de l'Afrique du Nord encourageaient les Morisques dans leur résistance au catholicisme. Quand un Maure est condamné par les tribunaux inquisitoriaux, il n'est pas rare de constater que le condamné a fait, au cours de son existence, un séjour en Afrique du Nord. Le Maghreb apparaît ainsi, quand on examine l'histoire des Morisques, comme une machine à refaire des musulmans, si l'on peut hasarder cette expression. Un dénommé Juan Gomez confesse ainsi devant ses juges de Cuenca « s'être rendu en Berbérie avec le dessein de renier la foi du Christ et d'être maure... » *(y de ser Moro)* [leg. 2479].

Entre les Espagnols et les habitants de l'Afrique du Nord, la guerre était incessante. Des corsaires chrétiens razziaient les côtes barbaresques tout comme les corsaires musulmans ravageaient le littoral espagnol. Sur cette question, encore imparfaitement connue, un document me paraît particulièrement intéressant. C'est une lettre de l'inquisiteur Padilla au sujet des îles Canaries, lettre adressée au Conseil de l'Inquisition le 27 mai 1547 [leg. 2363]. Dans le même *legajo* [liasse], j'ai eu la chance de trouver une seconde lettre de Padilla, toujours inquisiteur des Canaries, en date du 29 juin 1561, adressée également au Conseil de l'Inquisition. Dans ces deux lettres, en termes identiques, Padilla expose la même question. Les faits qu'il invoque n'ont pas ainsi une simple valeur momentanée. Voici le passage essentiel de sa lettre de 1547 : « Je dois, me semble-t-il, rendre compte à Vos Seigneuries [les membres du Conseil] des faits suivants : les îles Canaries se trouvent si proches de la Berbérie qu'ordinairement, tous les ans, s'y organisent des expéditions et des incursions en pays nord-africain [1] au cours desquelles on capture beaucoup de Maures... » Voilà, entre tant d'autres, un témoignage irrécusable sur la piraterie chrétienne qui nous permet de juger à leur vraie valeur, rétrospectivement, ces colons qui, partis des Canaries, rapportent les historiens, fondèrent sur les côtes marocaines, au temps des Rois Catholiques, le petit poste de Santa Cruz de Mar Pequeña, détruit, en 1525, par les musulmans. Mais Padilla ne songe pas dans son rapport à blâmer les pirateries des habitants des îles Canaries. La raison de ses plaintes est bien différente. « Parmi les captifs, écrit-il en 1547, les uns se font chrétiens, ils sont en effet pauvres et n'ont pas laissé, en pays berbère, un bien suffisant à leur rachat ; les autres, au contraire, assez riches pour se racheter, conservent leur foi, ils s'entendent avec leurs maîtres, s'arrangent pour qu'on leur fournisse de chez eux l'argent nécessaire ou bien ils obtiennent qu'un Maure converti soit envoyé en Berbérie. Cet envoyé parle aux parents du prisonnier qu'il s'agit de racheter, si bien qu'un nouveau chrétien va en Berbérie, y débarque, pénètre dans l'intérieur des terres, reste là le temps qu'il veut, communique et parle avec les autres Maures, mange de leur nourriture, suit leurs cérémonies. De plus des Maures, qui ont embrassé le christianisme et vivent dans ces îles, s'en vont en Berbérie sous couleur de visiter leurs parents et d'en obtenir aide et secours. Arrivés en Afrique, ils entrent en relations avec les Maures, restent là-bas aussi longtemps qu'ils le désirent ; s'ils tardent à rentrer ils disent que c'est par suite du manque de vaisseaux, quelques-uns restent dans le pays et ne reviennent plus... »

La politique du gouvernement espagnol à l'égard des Morisques a été très variable. Cette politique ne se comprend que si l'on a soin de replacer les mesures prises dans le cadre général de l'histoire espagnole. D'excellentes études sur le problème morisque méconnaissent l'importance de cette relation. De 1556 à 1559, les poursuites de l'Inquisition contre les adeptes du Coran se ralentissent singulièrement. Voyons très rapidement comment les choses se passent à Valence. Le pays montagneux y est par excellence le domaine des nouveaux chrétiens, « c'est un pays âpre et périlleux » au dire même d'un inquisiteur qui dut le traverser plusieurs fois au cours de ses visites. Les Morisques que l'on condamnait étaient en général de pauvres diables et la saisie de leurs biens fournissait des sommes ridicules [Inquisition de Valence Libro I, lettre du 20 mars 1557]. En 1556, des ordres du Conseil de l'Inquisition prescrivent de suspendre les procès contre les Maures Tagarins. Dans une lettre du 4 juin 1557 [*ibid.*], les inquisiteurs de Valence écrivent, en effet, au Conseil : « Le 4 septembre passé [donc 1556] Vos Seigneuries nous ont écrit que nous devions pour le présent suspendre les procès des Tagarins, les temps actuels étant si dangereux » (*por ser el tiempo tan peligroso*). Ces années 1556-1559 ont été, en fait, des années fort troublées[2]. En l'absence du roi, par suite de la guerre contre la papauté et contre la France, et à la suite de la banqueroute de l'État espagnol, en 1557, le pays a connu une agitation et un désordre dont Llorente, dans un article, a donné un résumé incomplet sans doute, mais à coup sûr suggestif. On comprend, dans des conditions pareilles, que l'on ait essayé d'éviter toute cause de conflit du côté des Morisques. L'examen de la politique générale du gouvernement espagnol éclaire ainsi les fluctuations de son attitude à l'égard des Morisques. Il ne semble pas utile, ici, de multiplier les exemples.

J'ai étudié avec soin les documents relatifs aux Morisques de Grenade. L'Inquisition a fait peser sur le pays grenadin un régime de terreur. Les évêques réclamaient eux-mêmes l'intervention des inquisiteurs. Ainsi, le 14 mars 1559, l'évêque de Malaga écrivait au Conseil de l'Inquisition une lettre [leg. 2603] dont voici l'essentiel : « L'année passée, j'ai supplié Vos Seigneuries de me faire la grâce d'envoyer visiter cet évêché, j'ai reçu satisfaction par l'arrivée du licencié Padilla qu'il vous a paru bon d'envoyer par la suite d'ici dans l'Alpujarra. Je recevrais une grande satisfaction si vous lui ordonniez d'entreprendre la visite de cet évêché pour le service de Dieu car je sais bien que mieux vaut une visite du Saint-Office que des mois et même des années du simple ministère des prélats... »

Durant la révolte de 1569-1570, les inquisiteurs de Grenade dont toute la correspondance n'a pas été conservée n'offrent que de maigres détails. Le 15 juin 1570, ils signalent [leg. 2604] les dangers que court la ville : « Il y a [dans Grenade] beaucoup de Morisques [qui ont fait leur soumission]. Ils se promènent publiquement avec leurs armes... ils se vantent du nombre de chrétiens qu'ils ont mis à mort et de ce qu'ils ont fait pour offenser notre Sainte Foi catholique. » Par contre, les inquisiteurs sont très loquaces sur le chapitre des doléances matérielles. La guerre a ruiné les domaines que possédait l'Inquisition. Il est impossible dans les villages déserts de percevoir les rentes accoutumées (*por faltar los vezinos de los lugares*).

On a souvent exposé les détails de l'organisation inquisitoriale. La lecture des documents eux-mêmes fait plutôt ressortir les accidents, la couleur de l'existence quotidienne, que l'organisation administrative et juridique des tribunaux. Ces accidents journaliers ont peut-être leur valeur. Ils soulignent d'une façon curieuse l'essor que prend l'Inquisition espagnole au temps de Philippe II. Les inquisitions sont riches. Elles ont de multiples privilèges. Les questions d'argent tiennent une place insoupçonnée dans leur correspondance. Constamment, les fonctionnaires inquisitoriaux réclament des récompenses. Chaque fois que le tribunal a terminé un autodafé dont on peut envoyer une longue et belle relation, il réclame aussitôt une *ayuda de costa*. N'a-t-il pas fallu pour arriver à ce magnifique résultat un travail supplémentaire, des interrogatoires multiples, des écritures ? Ainsi pensent et agissent les inquisiteurs de Grenade au lendemain de l'autodafé du 9 novembre 1559 [leg. 2602] ou ceux de Llerena en 1558 [leg. 2700]. On fait aussi valoir d'autres prétextes. À Valence, l'inquisiteur Arteaga demande une *ayuda de costa* à cause « de la cherté des subsistances et de leur rareté dans la ville et dans le royaume » [Valence Libro I, 15 mars 1557]. Il faut réitérer les demandes mais on obtient toujours satisfaction, on écrit alors au Grand Inquisiteur pour le remercier d'une si belle marque d'attention, « *y por ello*, lui écrit-on ainsi de Valence, *besamos los pies y manos a V.S. Rma* ». Le pape a réservé aux inquisitions les revenus d'un certain nombre de prébendes des chapitres espagnols. Chaque fois qu'une d'elles est vacante les inquisitions entendent faire valoir leurs droits. Il s'ensuit une véritable chasse aux prébendes. [Un exemple Grenade, leg. 2604, 2 juin 1570.] Les inquisitions possèdent des propriétés foncières importantes. Elles disposent aussi de multiples privilèges. Grâce aux survivances, les fonctionnaires laïques des tribunaux fondent de véritables dynasties. Les privilèges collectifs sont les plus divers. Ils varient d'une inquisition à l'autre. À Barcelone et à Valence, les inquisiteurs ont le privilège d'importer librement, pour leur consommation, le blé des régions voisines. Quand il y a disette à Barcelone les inquisiteurs entassent sur leur grenier le blé du Roussillon ou de Castille. Ces privilèges sont souvent le résultat de luttes engagées contre les autorités locales. Les *officiales* de Barcelone, le 23 mars 1557, entendent être déchargés de toutes les impositions ordinaires. Les autorités de Barcelone ne veulent y « consentir... que pour quelques années seulement ».

Constamment les inquisitions luttent contre les autres corps, les *audiencias*, les administrations municipales, contre les fonctionnaires, *corregidores* et parfois même capitaines, gouverneurs ou vice-rois. L'inquisition de Valence lutte ainsi contre les autorités municipales. En 1558, une petite affaire (de la soie qui n'aurait pas payé de droits d'entrée à Valence) où se trouve impliqué un secrétaire de l'inquisition, Di Castillo, provoque un très long conflit. Des revues espagnoles ont étudié quelques conflits de préséance entre inquisiteurs et membres des *audiencias*. Partout l'Inquisition prétend en effet avoir la première place, occuper le premier rang. Entre ses prétentions et la réalité on peut dire que l'écart n'est pas considérable.

Biblioteca Nacional de Madrid (section des manuscrits)

J'ai travaillé une semaine à la Biblioteca Nacional de Madrid. Il m'est assez difficile de résumer les résultats de mes recherches car le fonds de la Biblioteca Nacional, tout comme le fonds espagnol de notre Nationale, est constitué par des documents très variés. Il ne s'agit pas de collections de documents mais de documents isolés sans liens véritables les uns avec les autres. Le lecteur par suite disperse ses efforts sur de multiples problèmes. Qu'il nous suffise pour montrer l'étonnante dispersion de ces documents de donner la liste des titres que portent quelques feuillets, choisis au hasard : *Memorial para la conservación de los estados de Italia*, 29 déc. 1598, Mss 10454, fol. 34 — *Relación de las tierras y rentas estado y servicio del Gran Turco y de algunas condiciones de sus vasallos y propriedades por un caballero de Rodas a un amigo suyo* — s.d. [XVIe siècle] Mss 11085 — Cédule royale réglant l'ordre des préséances à observer par le Capitaine Gouverneur de Grenade et les membres de l'audiencia de cette même ville, 31 juillet 1574, Mss 9372, fol. 192. Dans le manuscrit 1750, on retrouve, pêle-mêle, des documents sur la Valteline, sur les opérations maritimes du mois de septembre au 10 octobre 1571 [Folio 162-168], une instruction de Philippe II en 1588 à la Camara de Castilla, etc. L'intérêt de ces documents est souvent discutable ; des faits divers de second ordre, en effet, fournissent souvent la substance des lettres ou des rapports que j'ai eu l'occasion d'étudier. En 1564, la peste s'est déclarée en Catalogne et dans les pays d'Aragon. On peut craindre que le mal ne gagne la Navarre. En effet, quand la peste se déclarait alors dans une ville et dans une région, le mal déterminait une véritable émigration vers les pays voisins. Le 21 juillet 1564, le roi écrit « *al Regente y a los del nuestro consejo del nuestro reyno de Navarra* » [Mss 11 265 11, orig.] : « *Ya terneios entendido como el mal de la peste se ha estendido y estiende por algunos pueblos del reyno de Aragon y principado de Catalunia y... muchas personas vienen del dho reyno y principado y traen sus cosas, ropas y mercaderias a estos reynos.* » Bien entendu le roi veut que l'on mette fin à ces liaisons, momentanément du moins. Une autre fois, on trouve une semonce de Philippe II à ses fonctionnaires. En 1572, quand Covarrubias est nommé président du Conseil royal, Philippe II lui rappelle nettement sa volonté [Mss 11281 6] à savoir que « la tâche principale du Conseil est ce qui touche au gouvernement du royaume, que les procès ne sont que l'accessoire, or le roi a appris que le Conseil s'occupe plus de l'accessoire que du principal ». Le hasard des lectures montre assez souvent des lettres de Philippe II aux monastères, aux évêques ou à l'inquisiteur Hernando de Valdès. Il leur demande de faire des prières ou des processions pour le succès de ses entreprises politiques. Dans une lettre à Valdès, le 9 mars 1565, il qualifie la prière « *el ultimo y verdadero recurso y remedio de todo* ». Il ne se fait pas faute de l'employer à propos de la peste, des mauvaises récoltes, de la lutte contre le Turc... Le 10 octobre 1564, il demande que l'on fasse des prières pour la santé de la reine, « *mi muy chara y muy amada muger* »[3]. Il annonce dans la même lettre la prise du Peñon de Velez qu'a emporté Don Garcia de Toledo, « *el qual ha sido de mucha ymportancia* [...] *por los muchos daños que desde allia hazian* ».

Archivo General de Simancas

J'ai fait, à Simancas, ou plutôt à Valladolid[4], un séjour d'un mois. Je n'ai pu que commencer l'immense travail de dépouillement que j'espère mener à bien. Étant donné le nombre des documents à consulter, mon travail sera très long. Mon intention est de retourner cette année, en juillet, à Simancas et d'y travailler jusqu'à la fin du mois de septembre. Je consacrerai à ce voyage le montant de la bourse que l'on a bien voulu m'accorder.

J'ai dépouillé à Simancas quelques documents de la série *Costas de Africa* mais j'ai restreint mon travail au seul leg. 485. Mon désir était de trouver quelques textes complémentaires pour la seconde partie de mon article, « Les Espagnols et l'Afrique du Nord de 1492 à 1577 », que va publier, dans quelques jours, la *Revue africaine*. Je détache de mes copies ce court passage d'une lettre d'Alonso de La Cueva, capitaine gouverneur de La Goulette, à Erasso, en date du 3 février 1559 : « *Esta gente* [la garnison de La Goulette] *esta en muy gran necessidad porque aun la paga no es venida ni tenemos nueva della y debevese a los soldados tres años y a los gastadores y maestranças y gente de mar quatro y sino fuera por una cabalgada que se ha hecho de los Alarabes buena, conque se han vestido y remediado algo, no se yo que fuera de todos...* » [A.S. Estado, Costas de Africa, leg. 485].

J'ai lu et résumé la correspondance de Figueroa, ambassadeur du Roi Catholique à Gênes, entre les dates de 1559 et 1568 qui ne signifient rien d'ailleurs dans la carrière de Figueroa, ambassadeur à Gênes bien avant 1559 et bien après 1568, mais le temps m'a manqué pour mener mon enquête jusqu'en 1574, ainsi que je l'aurais voulu. J'ai examiné neuf *legajos* de cette correspondance [1388 à 1396].

Gênes était alors une grande place d'argent, un grand port et une puissance coloniale qui maintenait, tant bien que mal, sa domination sur la Corse qui lui avait été restituée en 1559. L'ambassadeur espagnol à Gênes joue un rôle financier de premier ordre, il est, peut-on dire, le ministre des Finances de la politique espagnole en Italie. Il négocie, auprès des Lomelines, des Grimaldi et autres financiers génois, les arrangements, les emprunts nécessaires aux levées des troupes ou à l'armement des galères. Le crédit de Gênes est tel qu'il rend possible les *cambios* les plus considérables. La correspondance de Figueroa est encombrée par les nouvelles relatives aux fréquents passages des troupes levées en Italie ou en Allemagne et qui font halte à Gênes, sur le chemin qui les mène vers Naples, les côtes d'Afrique ou l'Orient. Gênes est un centre important dans les communications militaires de l'Empire espagnol. Le 14 septembre 1559, Figueroa écrit ainsi : « *Ya di aviso a V. Mt* [Philippe II] *como avia comenzado a llegar aqui la infanteria spañola, italiana y alemana que viene del Piamonte para yr a la empresa de Tripol* [l'expédition de Djerba, primitivement dirigée contre Tripoli],... *y se a embarcado la italiana y alemana en naos y la spañola se embarca esta mañana* » [Genova, leg. 1388, fol. 17, orig.]. Les lettres de Figueroa décrivent longuement les événements de l'histoire intérieure de Gênes, les intrigues des exilés, les rancœurs des petites gens, les factions de l'aristocratie. L'ambassadeur a maintes fois l'occasion de s'occuper de la dynastie des Doria. En 1559, le prince est encore de ce monde. Sa situation financière est déplorable. Voici à ce sujet un fragment des instructions que le vieil André Doria a données à son envoyé en Espagne, Diego Ortiz. Figueroa en a obtenu une copie. On y lit notamment que le prince « *ha sido forçado tomar muchos dineros a cambio con muy excesivo interes y vender y empeñar todas las rentas que S.M. Ca* [Charles Quint] *le hizo merced...* » Toute la fortune des Doria réside dans leurs galères. Or la solde des galères a été très mal payée et elle est insuffisante : « *El principe de Oria dize que las galeras que tiene en servicio de V. Md han navegado ocho años... y que esto solo bastava para tenerle muy necessitado pues el sueldo ordinario... no basta por la mitad del gasto...* » et encore « *quando los tpos [tiempos] son abundates y las provisiones baratas* » [Genova, leg. 1388].

L'histoire de Gênes apparaît compliquée et confuse au travers des informations de Figueroa. La République est une ville passionnée et soupçonneuse. De fausses nouvelles y circulent fréquemment au sujet des Espagnols, du duc de Florence ou des Français. « *Aqui se ha levantado una fabula*, écrit l'ambassadeur le 26 avril 1564, *diciendo que con esta venida de Don Garcia de Toledo* (alors capitaine général de la mer) *se ha de hazer* [à Gênes] *una fortaleza y quitalles de su libertad* » [Genova Estado, leg. 1393 s.f.]. Les lettres de Figueroa sont, à partir de 1564, encombrées par les nouvelles de la révolte corse. Le 7 juillet 1564, l'ambassadeur écrivait : « *Lo de Corçega passa muy adelante y trae mas fundamento. San P °Corço va levantado los populos...* » [*ibid.*]. Dès lors dans chaque missive un paragraphe est consacré à la Corse. Le fils de l'ambassadeur commandera dans la campagne contre San Pietro Corso un corps expéditionnaire espagnol. Les intrigues des Corses exilés, qui forment à Marseille une colonie importante et active, sont signalées à plusieurs reprises. Figueroa les accuse d'être en relations avec les corsaires algérois. Ainsi, le 5 août 1564, il écrivait : « *Los foraxidos de Corcega* [établis à Marseille] *entre los quales uno es Tomas Corso que provee de ordinario Argel de remos, polvora y xarçias y cosas de contrabanda...* » [*ibid.*, leg. 1393]. Figueroa renseigne également le Roi Catholique sur les agissements assez suspects des Français dans les affaires de Corse. En 1566, il dénonce les mauvaises intentions du duc de Florence qui volontiers substituerait sa domination, en Corse, à celle des Génois. En 1567, à mots couverts, Figueroa indique à Philippe II qu'il pourrait lui-même s'emparer de l'île que Gênes ne peut ramener à l'obéissance.

On ne saurait classer en quelques catégories les sujets de la correspondance si diverse de Figueroa. Un fait mérite cependant d'être noté, les questions économiques sont rarement abordées par l'ambassadeur. Il note bien périodiquement les disettes qui désolent Gênes durant l'hiver. On retrouve parmi ses papiers les contrats passés entre les Lomelines et le gouvernement espagnol au sujet de la pêche du corail sur les côtes d'Afrique du Nord. Ce ne sont là malgré tout que quelques détails. Les vues d'ensemble manquent. Faut-il attribuer cela au caractère de Figueroa, ou au peu d'activité marchande de Gênes, avant tout place d'argent, arsenal et chantier de constructions navales ? La question est difficile à résoudre. Les deux hypothèses ne s'excluent sans doute pas l'une l'autre. En tout cas, les rapports mercantiles entre Gênes et l'Espagne, si on laisse de côté les opérations financières et les constructions de galères, ne semblent pas avoir été d'une importance exceptionnelle. Dans chacun des grands ports méditerranéens situés en dehors des domaines du Roi Catholique, les Espagnols possédaient un consul. À Gênes, Figueroa s'aperçoit un beau jour que, depuis des années, il n'y a plus en fait de consul espagnol. Le consul, un Italien d'ailleurs, est mort depuis longtemps déjà. Figueroa voudrait faire nommer à ce poste un de ses secrétaires. Durant toute l'année 1568 [leg. 1396], il s'occupe de cette affaire. Un héritier de l'ancien consul prétend alors avoir des droits sur le titre : « *Pretende de heredar*, écrit Figueroa,... *del muerto cossa que no converia al servicio de V.M. pues se alla ausente de aqui.* » Cet héritier du consul est, en effet, établi depuis de longues années en Sicile. Je ne dis pas que cette affaire du consulat soit la preuve d'un trafic restreint entre Gênes et l'Espagne, mettons que ce soit un simple indice de ce fait.

L'essentiel de mon travail à Simancas a été l'étude de la correspondance de Naples de 1559 à 1574, du leg. 1049 au leg. 1064. J'ai dépouillé la correspondance du duc d'Alcala qui fut vice-roi de Naples jusqu'à sa mort survenue en avril 1571, et celle de Granvelle nommé en remplacement du duc d'Alcala. Il est inutile de dire que la correspondance de Granvelle, inédite en ce qui concerne cette collection, est infiniment plus intéressante que celle de son prédécesseur.

J'ai réuni sur les papiers de Naples plus de huit cents

fiches de notes. Je me contenterai de donner, ici, quelques extraits des documents analysés, sans essayer de résumer l'ensemble de cette collection.

Voici tout d'abord un curieux rapport du duc d'Alcala sur les dangers que présente l'accroissement de la population napolitaine. Le rapport est daté du 22 mars 1560 [Napoles, E 1050, fol. 23]. Le centre napolitain nécessite un abondant ravitaillement en blé. La récolte de la terre de labour est insuffisante pour assurer normalement la nourriture de la population napolitaine : « *Iniendo la parte principal del trigo de Pulla no pudiendose acarrear sino por mar seria facil cosa que... larmada del Turco alguno año viniesse a reduzir la cibdad en tanta necessidad que subçediesse alguno notable inconveniente.* » L'armada turque pourrait, en effet, interdire le ravitaillement en blé de Naples. Qu'adviendrait-il alors d'une ville aussi peuplée ? Autre inconvénient, les habitants de Naples sont exempts d'un nombre considérable d'impôts. On s'affranchit fiscalement, peut-on dire, en venant de la campagne à Naples et l'importance des sommes que devrait recevoir le roi de ceux qui seraient imposables s'ils vivaient hors de la ville est certes à prendre en considération. Mais ce qui l'est beaucoup plus encore, c'est que d'habitude ceux qui viennent s'installer à Naples « *son personas pobres y de tales qualidades que en qualquier evento de desassosiego que podia subçeder se devian estimar por enemigos familiares y temer mas dellos que delos que lo fuesen claros, porque como son pobres suelen ser amigos de que el estado se mude paresciendoles que aventuran a ganar alguna cosa y a no perder nada* ».

Le 3 juin 1560, le visitador Quiroga écrivait de Naples à Philippe II une lettre très curieuse au sujet des *asientistas*, loueurs de vaisseaux. Les *asientistas* fournissent contre rémunération des galères aux armadas royales. « Lorsqu'on a appris, écrit Quiroga, la défaite de notre armada près de Djerba, j'ai écrit à Votre Majesté deux lettres rendant compte de ce qu'on racontait ici. Ce qu'il faudrait, c'est construire un grand nombre de galères à nous car les étrangères qu'on prend à solde ne rendent pas les services prétendus. Leurs patrons ne cherchent qu'à gagner leur dû et à conserver leurs galères sans se soucier de la *reputación* du roi. Ce qui les intéresse c'est embarquer et transporter des marchandises d'un lieu à un autre, comme on a vu dans l'expédition de Djerba. Ceux qui en reviennent disent que, si les galères n'avaient pas chargé de l'huile, de la laine et d'autres produits de cette île, elles auraient pu en partir deux ou trois jours plus tôt. »

Naples était un centre d'informations orientales de premier ordre. De nombreux espions travaillaient en Turquie, à Constantinople, dans les îles de l'archipel, en bordure du pays turc, à Raguse, pour le compte du Roi Catholique et d'après les indications et sur les ordres du vice-roi de Naples. Naples expédie ainsi en Espagne de multiples *avisos* où la part de l'inexact n'est jamais absente. Le 24 janvier 1564 [leg. 1053, fol. 31], un avis indique que l'armada turque « *no saldra para hazer ninguna empresa sino guardar sus mares... a causa de la rebellion de los pueblos de Bogdania* ». Parmi les nouvelles venues d'Orient, certaines ne semblent pas avoir pour les Espagnols un intérêt direct ; en date du 15 mars 1564, un avis de Constantinople donne quelques détails sur les affaires *de Bogdania « de personas que havian venido alli de Polonia se entendia q. entre aquel Rey y el de Rosia se hazian grandes preparaciones de guerra para este verano »* [E. leg. 1053, fol. 43]. Pendant les mois d'été et d'automne qui sont, en Méditerranée, la période des opérations militaires, les *avisos* se multiplient, indiquent la marche des vaisseaux turcs, leur nombre, leur armement... La collection des *avisos* espagnols est plus complète que celle des avis français publiés par Charrière. Mais entre les avis français et espagnols existe une étrange concordance. Il semble hors de doute que Français et Espagnols aient utilisé les mêmes informateurs. Il y avait à Constantinople une colonie interlope de renégats qui vendaient à l'Europe chrétienne les nouvelles plus ou moins exactes du monde oriental. Les informateurs étaient les mêmes pour les diverses nations chrétiennes.

Avec l'arrivée de Granvelle à la vice-royauté de Naples, les documents de la série *Napoles* prennent un intérêt de premier ordre. Granvelle aime les larges exposés, les retours sur le passé ; son information très vaste, la netteté de ses vues font contraste avec la rapidité et la sécheresse des lettres du duc d'Alcala. Philippe II le questionne parfois sur des problèmes étrangers à Naples. Le 17 juillet 1572 [E. leg. 1061], alors que l'on croit une rupture possible entre la France et l'Espagne, Philippe II fait envoyer par sa chancellerie une longue lettre à Granvelle ; en marge de la minute, il écrit de sa propre main : « Ajouter en chiffre : s'il y a du nouveau dans les affaires de Flandres dont il semble que dépendent celles de France, je vous demande instamment de me donner tout de suite votre avis sur ce qu'on pourrait entreprendre contre ce royaume, vous le saurez étant donné l'expérience que vous avez de tout. » Le 29 août 1572 [E. 1061, fol. 55], Granvelle répond à son souverain (en 1565, il avait déjà fait à ce sujet une proposition à Philippe II) : « On pourrait fortifier Toulon, y mettre des hommes, ce qui obligerait le roi de France à accourir en abandonnant la Flandre, ou, s'il ne le faisait pas, à donner à Votre Majesté le temps de fortifier le lieu de telle sorte qu'il serait difficile de le reprendre. » Philippe II répond à cette communication le 26 octobre 1572 [E. 1061, fol. 23] : « J'ai vu l'avis que vous m'avez envoyé sur ce qu'on pourrait faire si les Français attaquaient et il m'a paru excellent. »

Le cardinal commente les grands événements dont les nouvelles lui parviennent. Voici, le 5 juin 1573 [E. 1063, fol. 23], son opinion sur l'élection de Monsieur d'Anjou au trône de Pologne. « Nous venons d'apprendre avec certitude l'élection du roi de Pologne en la personne de Monsieur d'Anjou. À mon avis, le dommage pour la Maison d'Autriche [candidature malheureuse de l'archiduc Ernest] est plus grand que n'est l'avantage pour la couronne de France. » Ce sera en effet une source de dépenses nouvelles pour la France. « Et Monsieur d'Anjou et la reine mère, avant deux ans de règne, se repentiront de l'affaire. »

J'ai envoyé, au début de cette année une note à mon directeur de thèse, M. Pagès. Je lui ai exposé : l'état de mon travail, les quelques points acquis, les questions qu'il me reste à étudier. Si vous jugiez la chose nécessaire, Monsieur le Président, je me ferais un devoir de vous en communiquer le texte.

PREMIÈRE PARTIE

L'AFRIQUE DU NORD

Nommé le 11 août 1923 professeur d'histoire et de géographie à Constantine, Fernand Braudel a vingt et un ans lorsqu'il arrive en Algérie ; il y restera jusqu'à l'année scolaire 1931-1932, au lycée de Constantine, puis au grand lycée d'Alger à partir de septembre 1924 (sauf de mai 1925 à novembre 1926 pour son service militaire effectué en Rhénanie).

Sa découverte de la Méditerranée le marquera à jamais : « J'ai passionnément aimé la Méditerranée, sans doute parce que venu du Nord, comme tant d'autres, après tant d'autres... »

CHAPITRE I

LES ESPAGNOLS ET L'AFRIQUE DU NORD DE 1492 À 1577

Ce texte a été publié dans les numéros 2 et 3 de la Revue africaine *de 1928 (pp. 184-233 et 351-428). Il n'a jamais été réédité depuis cette date. Dans un numéro de la* Revue historique *de 1930, Henri Hauser fait le compte rendu de cet article et signale « à l'intention des historiens du* XVIe *siècle cette excellente étude, d'une documentation solide, d'une rare valeur critique et singulièrement suggestive ».*

Au même moment, le grand archéologue Stéphane Gsell, professeur au Collège de France, qui dirige un ouvrage collectif intitulé Histoire et historiens de l'Algérie *(Paris, 1931), demande à Fernand Braudel de rédiger le chapitre concernant les* XVIe-XVIIIe *siècles : nous ne le reproduisons pas car il constitue en gros une variante de l'article présenté ci-dessous.*

De cet ouvrage de débutant (il exploite sa première enquête de l'été 1927), Fernand Braudel dira (1972) : « Ma montre est [alors] à l'heure de tout le monde et, comme il convient, de mes maîtres les plus traditionnels. Je m'efforce d'être aussi érudit, aussi honnête qu'ils le sont, aussi attachés que possible aux faits. » Et, plus tard, il reconnaîtra (1985) : « J'ai dû me délivrer de l'histoire traditionnelle que j'ai pratiquée longtemps. »

Cet article épargnera cependant à Fernand Braudel

de retarder la soutenance de sa thèse sur la Méditerranée à son retour de captivité, comme il l'écrivait à Lucien Febvre en décembre 1941 : « Je suis dispensé thèse secondaire, ayant fait en 1928 un gros article critique » (qui en tiendra lieu). C'était un avantage accordé aux prisonniers de guerre. Lors de la soutenance de 1947, le rapporteur désigné, Gaston Zeller, s'étant désisté, c'est Marcel Bataillon, professeur au Collège de France, qui se chargea du rapport de cette « thèse secondaire ».

Le titre de cet article risque de prêter à confusion. Je n'ai pas eu, en l'écrivant, la prétention de présenter en quelques pages l'étude complète d'une question très vaste et souvent bien confuse. Mon ambition serait d'avoir précisé simplement l'état actuel de nos connaissances et indiqué les grandes lignes du problème.

Un résultat est aujourd'hui acquis. La publication de nombreux documents d'archives permet présentement, sinon de faire le tour des questions, du moins d'esquisser avec quelques chances de vérité un croquis d'ensemble. Divers documents ont été publiés dans des revues, insérés dans un article, reproduits dans le corps même d'un ouvrage ou en appendice. En négligeant ces publications, souvent intéressantes, mais malgré tout fragmentaires, on peut dire que nous disposons, pour retracer les péripéties des luttes soutenues par les Espagnols en Afrique, de cinq recueils de textes essentiels ; le plus important, du moins par son abondance, demeure encore la *Colección de documentos inéditos para la historia de España*, les autres recueils sont dus à La Primaudaie, à Cat, à de Castries et à Monchicourt. Ces documents publiés constituent la partie solide de nos connaissances actuelles. Il m'est arrivé cependant au cours de cet article d'utiliser d'autres publications qui, par leur titre et leur but, ne semblent pas spécialement consacrées à notre sujet. Les tentatives des Espagnols contre le Maghreb ne sont en effet qu'un détail dans l'œuvre de Ferdinand le Catholique, de Charles Quint et de Philippe II, et l'on trouve parfois, mêlées à des renseignements sur la politique européenne des maîtres de l'Espagne, des indications utiles sur les affaires d'Afrique.

Évidemment, les documents publiés sont loin de représenter la totalité des documents des archives espagnoles et européennes qui concernent la croisade espagnole d'Afrique. Ceux qu'il reste à découvrir et à interpréter préciseront sans doute nos connaissances, ils ne modifieront cependant pas complètement les jugements et les hypothèses que l'on peut déjà avancer. Les historiens modernes n'ont-ils pas d'ailleurs, la plupart du temps, considéré les entreprises espagnoles en Afrique du Nord comme une affaire classée dont on peut, sans crainte d'erreur, dresser le bilan ?

On a beaucoup écrit sur les établissements espagnols d'Afrique, sur la croisade de Ximénes, sur les campagnes africaines de Charles Quint, ou la reprise de Tunis par Don Juan d'Autriche. La liste des ouvrages historiques du XVIe siècle qui traitent de ces questions est bien longue, plus longue encore la liste des ouvrages modernes. C'est de cette très riche littérature historique, dont les qualités apparaissent indéniables, que provient presque toute la matière de cet article. Mais des critiques s'imposent au sujet des méthodes suivies et des explications acceptées par les auteurs. On s'étonne en premier lieu de la place exceptionnelle que tiennent, dans les études modernes, les biographies des grands personnages du XVIe siècle, Ximénes, Pedro Navarro, André Doria ou Philippe II. C'est au milieu des détails de ces existences aventureuses ou dramatiques qu'il faut rechercher l'indication de telle campagne africaine ou de tels préparatifs d'expédition qui mirent en rumeur les chantiers de Barcelone ou les quais de Malaga. On a dit bien des fois que le point de vue des biographies historiques était assez dangereux et factice. Certaines adoptent trop facilement le ton de l'apologie. La vérité historique s'en trouve faussée, les problèmes essentiels déplacés. Les intrigues de Don Juan d'Autriche auprès de la Curie romaine, après Lépante, ont suscité par exemple plus d'études et de recherches que les graves questions qui se posèrent alors à la politique espagnole. Autre reproche, parmi les ouvrages que nous avons consultés, les pages d'histoire militaire surabondent : batailles maritimes, razzias au-delà de la sebka oranaise, combats sur les rives de l'oued Isser ou sur les sables mouvants de Djerba sont des thèmes fréquents à d'interminables développements. Grammont consacre un article entier à la recherche du lieu exact de la mort d''Arroûj Barberousse. Berbrugger décrit avec minutie les opérations militaires d'Hugo de Moncada contre Alger dans sa brève étude consacrée au Peñon d'Alger. Passe encore, mais que dire des récits de bataille qui ne nous font pas grâce d'un seul combat particulier ! Il est loin de ma pensée de nier toute valeur à l'histoire militaire. Je crois simplement qu'il y avait mieux à faire, dans cet ordre de recherches, que de reproduire, en les dépouillant de leur saveur et de leur couleur, les récits que les contemporains nous ont laissés des guerres d'Afrique au XVIe siècle. Il est regrettable que nous ne possédions pas encore aujourd'hui une étude précise sur les armes et le matériel employés dans les campagnes africaines, que nous en soyons réduits, pour parler des navires de la Méditerranée du XVIe siècle, à recourir aux histoires générales des marines française, espagnole et italienne. Nos connaissances, en ce qui concerne la cartographie nord-africaine et les instructions nautiques d'alors, demeurent, malgré quelques heureux essais, tout à fait insuffisantes. Pour un détail technique exact, pour un renseignement précis, on donnerait sans regret bien des chapitres de cette littérature militaire où l'on ressent moins profondément la réalité de la vie méditerranéenne que dans telles remarques de Cervantès sur les tempêtes du golfe du Lion, les mouillages de Sardaigne ou les bagnes d'Alger.

Mais là n'est pas malgré tout notre grief essentiel. Les historiens, à mon avis, ne nous ont donné le plus souvent, en étudiant les rapports de l'Espagne et du Maghreb, qu'une vue partielle de la question. M. Merriman, dans les chapitres excellents de son grand ouvrage, s'occupe avant tout des rapports des entreprises d'Afrique avec les complications de la politique européenne ou, pour mieux dire, de la politique générale. E. Mercier, dont l'œuvre reste notre meilleur guide dans les forêts et les fourrés de l'histoire du Maghreb, juge les mêmes événements du point de vue nord-africain, point de vue qui est encore plus strictement celui d'A. Cour dans son ouvrage sur l'*Établissement des dynasties des Chérifs au Maroc et leur rivalité avec les Turcs d'Alger*. Par contre, tous les livres consacrés à la vie du cardinal Ximénes, et ils sont nombreux, considèrent plutôt d'Espagne, de Tolède, le déroulement de la croisade contre le Maghreb. On pourrait multiplier ces exemples et classer, avec quelque excès parfois, les historiens de l'Afrique espagnole en trois catégories suivant qu'ils se sont placés, pour étudier le détail des événements, du point de vue de l'Espagne, du Maghreb ou de l'histoire générale.

On a trop oublié aussi, me semble-t-il, que la question d'Afrique s'est progressivement transformée au cours du XVIe siècle. On s'est abusé sur l'apparente unité, sur la monotonie du sujet, pourrait-on dire ; les historiens n'ont pas suffisamment indiqué la transformation et l'évolution des problèmes. Ils ont arbitrairement étendu dans le temps la signification de certains documents, nettement limités cependant à une époque. Il serait utile et suggestif, dans une bibliographie critique, de signaler, à propos de chaque ouvrage intéressant les entreprises espagnoles d'Afrique au XVIe siècle, les dates des témoignages et des documents utilisés.

En indiquant ainsi longuement ce que je considère comme les défauts, disons les inconvénients, des ouvrages dont nous disposons aujourd'hui sur la croisade espagnole d'Afrique, je crois avoir marqué les idées directrices de cet article. On n'y trouvera pas les portraits de pied en cap des multiples acteurs des guerres africaines. On n'y trouvera pas davantage les récits circonstanciés des combats et des rencontres entre chrétiens et musulmans. Je me suis constamment préoccupé de montrer, au cours du XVIe siècle, l'étroite liaison des entreprises africaines, de l'histoire espagnole et des complications européennes. J'ai tenu enfin à marquer nettement les trois grandes étapes de la question d'Afrique au XVIe siècle. De 1492 à 1516, les Espagnols luttent contre les Maures d'Afrique et se laissent détourner de leurs entreprises africaines par les guerres d'Italie. De 1516 à 1559, les maîtres de l'Espagne luttent avant tout contre les corsaires algérois, quand les grandes luttes européennes leur en laissent le temps et les moyens. De 1559 à 1577, l'intervention plus suivie des Turcs de Constantinople dans les grands conflits méditerranéens donne à la lutte un caractère nouveau. Cette période s'achève avec l'abandon de fait par le gouvernement de Philippe II de toute politique impérialiste en Afrique du Nord. À l'étude, les caractères et les limites de ces périodes n'apparaissent pas, évidemment, d'une netteté rigoureuse. Il m'a semblé cependant commode d'étudier successivement à larges traits ces trois étapes de la question d'Afrique entre les dates de 1492, année de la prise de Grenade, et 1577, année où fut conclue la trêve entre l'Espagne et les Turcs.

I

La première période que nous avons distinguée va de la prise de Grenade à la mort de Ferdinand le Catholique, en 1516. Elle pose tout d'abord le difficile problème des origines des guerres africaines. Il m'a semblé utile d'isoler tout d'abord dans ce problème initial trois grandes questions : l'importance du passé, l'influence des intérêts spirituels, ou mieux des passions religieuses, le rôle des intérêts temporels.

Les entreprises africaines sont chronologiquement la suite de la guerre victorieuse de Grenade, en sont-elles la conséquence directe ? Il est prudent de ne pas exagérer à ce sujet. La guerre de Grenade a simplement rendu possibles les expéditions africaines. Le premier résultat de la victoire de 1492 fut en effet d'amener les Espagnols aux portes mêmes de l'Afrique du Nord. Après la conquête du royaume de Grenade, le détroit de Gibraltar est devenu la frontière méridionale de l'Espagne. Frontière insuffisante à vrai dire entre le monde chrétien de la péninsule et le monde musulman d'Afrique[1]. Dans le Far West méditerranéen, les côtes d'Espagne et d'Afrique se rapprochent au point que d'une rive on distingue les feux allumés sur l'autre rive. La Méditerranée occidentale n'est plus qu'un bras de mer, une Manche, un « Channel » facile à traverser et qui ne peut jouer le rôle d'obstacle. Journellement, au XVIe siècle, de petites barques faisaient le trajet entre Velez de la Gomera et Malaga sans craindre les fureurs de la mer. Il ne fallait pas plus d'une journée par bon vent pour franchir la distance qui sépare Valence de la côte oranaise. En 1492, les Rois Catholiques possèdent non seulement la riche Vega de Grenade mais encore le littoral méridional de l'Andalousie, avec tous ses excellents ports de guette. N'était-il pas alors naturel de songer à poursuivre, sur le sol d'Afrique, la lutte contre les infidèles qui fréquemment avaient maille à partir avec les marchands de Gibraltar ou les pêcheurs de thons d'Almeria ? En second lieu, la victoire de Grenade délivrait l'Espagne de cette longue guerre contre les Maures de la péninsule qui avait, pendant des siècles, absorbé toutes ses forces vives. L'Espagne, après le grand triomphe de 1492, s'est trouvée riche

« de toutes sortes d'énergies » enfin rendues libres par la fin de la croisade musulmane. À ces énergies, l'Afrique du Nord s'offrait comme un théâtre d'expansion et d'aventures. Un épisode peut-être légendaire que répètent les biographes de Ximénes me semble avoir la valeur d'un symbole. Un jour de l'année 1492, le futur cardinal, déjà provincial des franciscains et confesseur de la reine, en traversant la campagne de Gibraltar, aurait formé le projet un peu fou de passer en Afrique, au pays des infidèles, ainsi qu'avait voulu le faire saint François lui-même quelques centaines d'années auparavant. La vue des promontoires de l'Afrique voisine au-delà des eaux du détroit, les rêves d'une foi ardente, on aime à se l'imaginer, donnèrent peut-être alors à Ximénes le désir ou le pressentiment des guerres prochaines. Ce moine des pieuses biographies ne personnifie-t-il pas l'Espagne elle-même au lendemain de l'effondrement de Grenade ?

Si l'on remonte le cours de l'histoire espagnole au-delà du terme de la guerre de Grenade, on trouve à chaque instant la marque des rapports multiples qui ont existé entre les pays d'Espagne et d'Afrique. Au Moyen Âge, l'ignorance mutuelle ne fut jamais la règle. Ces rapports ont-ils eu leur part d'influence dans la genèse de la croisade d'Afrique ? Le recueil de Mas-Latrie offrirait un guide précieux dans la recherche précise de ces origines lointaines. La place réservée à l'Espagne dans ce recueil de traités, de documents officiels, de fragments détachés des vieilles chroniques, est malheureusement assez restreinte. Les exemples qu'il nous fournit ne se rapportent qu'aux seuls royaumes de Majorque et d'Aragon, et se limitent à la période qui va du XIe au XVe siècle ; ils sont malgré tout suffisants pour faire comprendre de quelle façon s'est posée à l'Espagne chrétienne la question d'Afrique dans les derniers siècles du Moyen Âge.

À partir du XIe siècle, l'intérêt politique, l'esprit mercantile, le goût des aventures provoquèrent des relations assez suivies entre le royaume d'Aragon et les

États du Maghreb. « Entre les rois d'Aragon, écrit Mas-Latrie, et les rois du Maghreb, il y eut toujours à débattre des questions de paix et de guerre, soit à cause du tribut que les rois d'Aragon prétendaient exiger quelque temps des sultans de Tunis comme héritiers des droits de Charles d'Anjou, soit en raison des secours d'argent, d'hommes et de navires qu'ils accordèrent à quelques-uns des émirs, soit à cause de la coopération effective qu'ils en réclamèrent à leur tour contre leurs ennemis chrétiens ou musulmans. » La question des rapports commerciaux est à la fois plus intéressante et plus confuse que le problème des relations politiques. Les gens du Roussillon, les habitants de Majorque, et surtout les Catalans, fréquentèrent de bonne heure les grandes villes marchandes du Maghreb. Des documents du XIIIe siècle signalent la présence des Catalans et des Aragonais à Tunis, à Bougie, à Constantine, à Oran, à Tlemcen et au Maroc. L'énumération des marchandises échangées est longue et difficile à dresser. Les Espagnols exportaient avant tout, à destination du Maghreb, des céréales, des fers ouvrés, des objets manufacturés, des toiles, des épices venues d'Orient, et, malgré les défenses répétées, des armes de guerre. Il leur fallait lutter contre la redoutable concurrence de Venise, de Gênes, de Pise, de Florence et de Marseille. Les marchands italiens et provençaux disputaient aux Catalans non seulement le ravitaillement des marchés locaux, mais aussi l'exploitation des richesses nord-africaines, au premier rang desquelles figuraient les pêcheries de corail. Les Catalans, grâce à leur activité, à leur habileté, à leur énergie, surent se ménager, aux XIIIe et XIVe siècles, une place importante dans les fondouks de Tunis, de Bougie et de Tlemcen et dans le trafic caravanier à destination du Soudan. Les caractères mêmes de ce commerce où chaque marchand est à la fois commerçant, contrebandier et pirate, ne sont pas, il s'en faut, sa moindre originalité. Au XVIe siècle, bien des détails rappelleront, à s'y méprendre, ces pratiques du temps passé.

Enfin, les routiers catalans, dont les aventures défrayèrent les chroniques de tous les pays méditerranéens, trouvèrent souvent, au Moyen Âge, l'occasion de s'employer dans les fréquentes querelles de l'Afrique du Nord. Comme les Grecs, jadis, dans l'Empire perse, les chrétiens, et parmi eux de nombreux Espagnols, louèrent leurs services aux émirs du Maghreb. Ils jouèrent un rôle important dans l'histoire mouvementée du Maroc et du royaume de Tlemcen. Au XVIe siècle encore, les souverains hafsides de Tunis avaient à leur service une garde chrétienne. L'un de ces aventuriers, le chroniqueur Ramon Muntaner, a tenu le journal de sa vie romanesque, dont quelques pages se rapportent au pays africain. Suivons un instant son récit. À son retour de Romanie, en 1310, il avait été chargé par le roi de Sicile de faire la conquête des petites îles tunisiennes de Djerba et de Kerkeni. Il s'acquitta de sa tâche avec succès et Roger, roi de Sicile, lui concéda, juste récompense, « la possession seigneuriale des îles de Djerba et de Kerkeni, avec la faculté de pourvoir comme il l'entendrait à la garde et à l'entretien des forteresses. Muntaner, voulant passer le temps de son commandement en Afrique avec sa famille, alla chercher sa femme à Valence ; à son retour, il toucha Majorque et y rendit ses devoirs au roi Don Sanche qui venait de succéder à son père Jacques Ier, puis il revint à Djerba où ses vassaux arabes lui payèrent un don de joyeuse entrée de deux mille besants. Il demeura ensuite trois ans au milieu d'eux avec les siens "en bonne paix, tous étant joyeux et satisfaits", puis il rentra en Espagne... ».

De ces événements multiples du passé lointain, n'y a-t-il pas à la fin du XVe siècle quelques survivances, quelques souvenirs qui subsistent ? Il est difficile de le dire. En tout cas au lendemain de la prise de Grenade l'Afrique du Nord n'apparaît pas comme un monde nouveau, absolument inconnu. Elle a déjà été parcourue bien des fois par les marins catalans, les envoyés des princes chrétiens et les aventuriers, cette route qui mène aux rivages d'Afrique et que va emprunter la croisade espagnole[2].

*

Le fanatisme religieux, la passion de convertir, le désir de repousser les frontières de l'Islam ont, dès la fin du XVe siècle, durant tout le XVIe, poussé les Espagnols à intervenir dans les pays musulmans d'Afrique du Nord. Instinctivement, pour désigner ces entreprises, le mot commode de croisade vient sous la plume, on ne s'est pas fait faute de l'employer déjà bien des fois.

Les souverains d'Espagne allaient faire vraiment là leur métier de Rois Catholiques. Toute leur correspondance au sujet des affaires d'Afrique abonde en allusions sur le caractère religieux de leur politique. Ferdinand le Catholique répète à plusieurs reprises qu'il lutte « pour le service de Dieu », qu'il agit par zèle « à l'endroit de notre sainte religion », qu'il attaque « les ennemis de la Sainte Foi catholique ». On peut, certes, mettre en doute la sincérité de Ferdinand le Catholique, ne voir là que de simples formules épistolaires. Elles n'en ont pas moins leur importance et leur valeur. On ne saurait par contre douter un instant de la sincérité religieuse d'Isabelle la Catholique.

La papauté s'est intéressée à la croisade africaine, dès le principe, mais d'assez loin, il faut bien le dire, sous les pontificats successifs d'Alexandre VI Borgia (1492-1503) et de Jules II (1503-1513). Les souverains pontifes étaient alors trop occupés par les complications de la politique italienne pour prêter une attention soutenue aux événements du pays nord-africain. Ce ne sera que beaucoup plus tard, au cours du XVIe siècle, quand la Contre-Réforme catholique aura porté ses fruits, que la papauté fournira à l'Espagne une aide efficace contre les musulmans d'Afrique du Nord. Malgré la déchéance de la papauté, malgré le triomphe à Rome du temporel sur le spirituel, les souverains catholiques obtinrent tout de même quelque secours de la Curie romaine. En 1493 et 1494, deux bulles d'Alexandre VI apportaient à la croisade africaine la bénédiction pontificale et lui fournirent ses titres de prétention. Enfin, en considération des services rendus contre les infidèles, les souverains espagnols continuèrent à percevoir, avec l'assentiment de Rome, le précieux impôt de la *cruzada*[3].

La guerre d'Afrique a dû ses allures de croisade surtout au rôle que le clergé de la péninsule a su prendre dans sa conduite. L'Église d'Espagne s'est vivement, passionnément intéressée à la lutte contre les Maures d'Afrique dont à plusieurs reprises elle a voulu faire sa chose. Nous ne connaissons malheureusement avec quelque précision que la part éminente prise aux expéditions d'Afrique par les archevêques de Tolède. L'archevêque de Tolède était primat d'Espagne, il prenait immédiatement rang dans l'échelle des dignités après les princes du sang, il était grand chancelier de Castille, il était enfin, et de beaucoup, le plus riche propriétaire foncier d'Espagne. Il apparaissait déjà aux approches du XVIe siècle comme le maître spirituel des royaumes espagnols, le roi sans couronne de la péninsule, aussi fort souvent, ainsi que le montre le déroulement de l'histoire espagnole, que le Roi Catholique lui-même. En 1495, le siège archiépiscopal de Tolède fut donné à Ximénes, dont le nom est demeuré célèbre. L'activité de Ximénes se tourna assez vite vers l'Afrique. En 1505, il fut l'instigateur de l'expédition contre Mers el-Kébir. En 1509, il réussit malgré les intrigues de la cour, malgré les complots des conseillers que N. Blum appelle joliment les « anticoloniaux », malgré la mauvaise volonté évidente de Ferdinand le Catholique, à mener à bonne fin l'expédition contre Oran. On trouvera, de la « croisade de Ximénes », de multiples récits qui mettent tous en lumière le grand rôle du cardinal. Il avait dû, on le sait, avancer l'argent nécessaire à l'équipement de l'armada. Il fit appel, pour réunir les sommes nécessaires, à la générosité de toutes les églises d'Espagne. « Elles lui envoyèrent, écrit Marsollier, des sommes considérables. Le chapitre de Tolède se piqua si bien de seconder le zèle de son archevêque qu'il y eut des chanoines qui vendirent jusqu'à leur chapelle et à leur vaisselle d'argent. » On saisit là sur le vif l'enthousiasme que suscitèrent les premières grandes entreprises contre les rivages d'Afrique. Ce n'est donc pas sans raison apparente que l'on a pu parler de la croisade de Ximénes et voir en lui, de bonne foi, le dernier des grands croisés.

Le rôle des masses espagnoles dans la croisade d'Afrique serait intéressant à préciser. On a représenté volontiers ces masses, à l'époque des Rois Catholiques, soulevées par les passions religieuses, respirant le plus pur enthousiasme des croisades. Il est malheureusement difficile de parler avec exactitude des sentiments du peuple espagnol à la fin du XVIe siècle, de ses passions et de ses opinions. Dans ce domaine, le contrôle de l'histoire n'est guère possible. On a parfois indiqué qu'il existait alors une véritable politique nationale dirigée contre l'Islam. Le fait n'est pas prouvé et rien ne nous dit, après tout, que cette attitude politique ait été dictée par des motifs religieux. La part du spirituel est là malaisée à déterminer. Nous retrouverons cette question au cours même de cet article, on n'a pas la prétention de l'avoir résolue.

*

Au temps de Ferdinand le Catholique, de toute évidence, les expéditions africaines ont également répondu à des préoccupations temporelles. On n'entrevoit, de ce point de vue, que le rôle des seuls intérêts politiques. Les textes publiés ne permettent pas, en effet, d'attribuer une influence aux milieux marchands de Malaga, de Barcelone ou de Cadix dans l'élaboration de la politique africaine des Rois Catholiques. Rien ne montre, en tout cas, que l'occupation de rivages d'Afrique ait jamais été l'idéal, dans la mesure où l'on peut parler d'idéal en ce domaine, des marchands espagnols.

Le côté offensif de la politique africaine des souverains espagnols ne nous apparaît jamais nettement. Nous ne saisissons vraiment que l'attitude défensive des Espagnols, qui ont, semble-t-il, voulu par leurs interventions en Afrique prévenir le danger de nouvelles invasions musulmanes et mettre un terme aux ravages de la piraterie barbaresque.

Depuis le haut Moyen Âge, depuis la grande invasion du VIIIe siècle qui devait trouver dans les pays maghrébins ses hommes et son chemin, l'Afrique musulmane avait constitué pour les régions espagnoles un grave danger. Bien des exemples, au cours de cette longue histoire, illustreraient les désavantages qu'imposait à l'Espagne le voisinage immédiat du monde africain. Tant que les musulmans disputèrent aux chrétiens le sol de la péninsule, ils trouvèrent dans les pays pauvres de l'Atlas des mercenaires prêts à les servir. En 1486 encore, des Africains, les *Gomares*, défendirent désespérément Malaga contre le chrétien. Incident caractéristique, à la veille de la campagne décisive contre Grenade, l'oncle du roi maure avait demandé l'autorisation de se retirer, avec sa suite, en Afrique. À cette nouvelle, insignifiante à première vue, Isabelle la Catholique et le Conseil de Castille craignirent que le fugitif n'obtînt aide et secours auprès des musulmans du Maghreb et ne pût sauver Grenade de la conquête chrétienne. Les avis de Ximénes, ses considérations sur les divisions des musulmans d'Afrique calmèrent à grand-peine ces inquiétudes. Ce petit incident, la présence dans les eaux du détroit de Gibraltar de la flotte de Biscaye, nous font comprendre durant la guerre de Grenade toute l'importance que les milieux officiels espagnols attribuaient au « danger africain ».

Continuellement, par la suite, l'attention des Rois Catholiques s'arrêta à l'examen de ces questions. Ainsi en 1501, à la suite des mesures d'intolérance qu'avait prises le cardinal Ximénes, les Maures d'Espagne se soulevaient dans les Alpujarras et la Sierra Vermeja. Les Rois Catholiques préparaient justement alors l'édit d'expulsion qui devait être promulgué en février 1502 ; ils s'inquiétèrent, à l'avance, des répercussions que cet événement pourrait avoir dans les pays musulmans d'Afrique. Ils redoutaient particulièrement qu'à l'annonce des mesures prises contre les Maures, un accord, « une sainte ligue », ne se formât entre les musulmans du Maghreb et le Soudan d'Égypte contre l'Espagne. Aussi dépêchèrent-ils au Caire, en 1501, un ambassadeur, Pierre Martyr d'Anghera, qui sut obtenir du Soudan, fort à propos, un traité d'amitié qui interdit à temps tout essai de coalition musulmane.

Les craintes espagnoles se comprennent d'autant mieux que l'Islam était resté, dans les limites mêmes de la péninsule, un grave danger. Au début du XVIe siècle, nombreux étaient parmi les sujets du Roi Catholique les descendants des musulmans d'Espagne qui tous, en 1526, auront reçu le baptême. Ces « nouveaux chrétiens » formaient en Andalousie et à Valence une partie essentielle de la population ; en Catalogne et en Aragon, ils constituaient de fortes colonies. La Castille proprement dite avait elle aussi ses Morisques. Sainte Thérèse enfant, dans sa petite ville d'Avila, sur le revers de la sierra de Guadarrama, ne rêvait-elle pas de partir pour la montagne au pays des Maures et d'y subir le martyre ? Ces Morisques demeuraient, particulièrement en Andalousie et à Valence, un très grand péril. Même convertis, ils restaient secrètement fidèles aux croyances du Coran. La propagande catholique, les procès de l'Inquisition ne pouvaient rien changer à cet état de choses. Bien plus, les Morisques restaient en relations avec les musulmans d'Afrique, peut-être avec les Turcs de Constantinople. Les pirates barbaresques, dans leurs incursions en territoire espagnol, trouvaient auprès d'eux des guides dévoués et avertis. Les musulmans du Maghreb encourageaient les Morisques dans leur résistance religieuse. À la fin du xve siècle, dès avant la chute de Grenade, de nombreux musulmans espagnols s'étaient réfugiés dans les pays maghrébins. Ces exilés comptaient, bien entendu, parmi les ennemis les plus acharnés de l'Espagne. Séparer les Morisques des Maures était, on le comprendra, une question vitale pour les Rois Catholiques. L'occupation des rivages nord-africains n'était-elle pas une solution partielle de cette difficulté ?

Posséder les côtes de l'Afrique du Nord, c'était aussi rendre impossible la piraterie musulmane. Au xve siècle, les côtes de l'Espagne, surtout les côtes méditerranéennes, avaient à souffrir des déprédations continuelles des corsaires. Depuis les rivages atlantiques jusqu'aux oueds sablonneux de Djerba, la course était la grande ressource des ports maghrébins. À Tanger, dans la rivière de Larache, à Hone, à Oran, à Alger, à Bougie, à Bizerte, à Tunis, pour ne citer que quelques noms importants, on armait des galères et des fustes qui couraient sus aux navires chrétiens. L'industrie de la course, dans les dernières années du xve siècle, n'était donc pas le monopole de quelques grands ports. Le détail a son importance, tout changera à ce point de vue, au XVIe siècle, avec la prodigieuse et rapide fortune d'Alger et de Tripoli.

La piraterie n'était pas chose nouvelle dans la Méditerranée occidentale. Depuis des siècles, musulmans et chrétiens la pratiquaient à l'envi. Au xve et au XVIe siècle, il ne faudrait pas s'y tromper, nombreux sont encore les corsaires chrétiens [4]. Il semble cependant que la piraterie chrétienne n'était plus aussi active que par le passé. Au contraire, avec l'afflux des musulmans espagnols chassés par la *Reconquista*, la course déjà si prospère avait pris une ampleur nouvelle dans les ports du Maghreb. Quelques auteurs ont été frappés de l'importance de ce développement. Pour Mas-Latrie, cette recrudescence a rendu nécessaires, contre le Maghreb, les expéditions espagnoles dont le but principal fut l'aveuglement des ports de corsaires. Cette explication demanderait à être vérifiée sur des points de détail. Elle me paraît dans l'ensemble assez proche de la vérité.

*

Telles furent les causes spirituelles et temporelles, du moins les causes essentielles, qui poussèrent les Espagnols à porter la guerre dans les pays nord-africains. Il n'est pas aisé, on s'en sera rendu compte par le bref exposé qui précède, d'indiquer dans leur complexité les mobiles de la croisade espagnole d'Afrique. À regarder les événements de très loin avec le désir systématique d'expliquer, nous avons simplifié sans doute, et outre mesure, la réalité vivante et confuse de l'histoire, où la part du hasard se devine si grande.

Pour toutes ces guerres d'Afrique, le mot de croisade convient-il ? On ne saurait évidemment ramener à une signification historique étroite ce mot qui, dans notre vocabulaire, a fait une splendide fortune. Il marque simplement l'importance du spirituel dans les luttes d'Afrique. Or, ne fait-on pas justement la place trop grande à ces mobiles religieux ? Nous n'avons pas négligé au début de cet article d'insister sur les allures de croisade des expéditions d'Afrique. Nous avons ensuite, chemin faisant, noté le rôle des intérêts matériels [5]. Le Roi Catholique, l'archevêque de Tolède, le pape, ces grands artisans de la croisade, n'ont pas été, eux non plus, sans songer aux intérêts matériels. La preuve serait facile à donner. L'expression si commode, « la croisade espagnole d'Afrique », nous semble dangereuse, elle augmente démesurément, dans la genèse des guerres espagnoles contre le Maghreb, la part du spirituel. L'esprit d'aventure, l'appât du gain ont eu, je le crois, une aussi grande emprise sur les hommes de l'Espagne des XVe et XVIe siècles que les préoccupations de salut éternel. Un petit événement nous permettra de juger à leur valeur ces croisés des guerres d'Afrique. En 1509, à Carthagène, les soldats en majorité espagnols qu'avait réunis Ximénes, travaillés secrètement par leurs chefs Pedro Navarro et Vianelli, se révoltaient. La vie de l'armée sur les collines désertes qui entourent Carthagène était évidemment très pénible. La flotte retenue à Malaga par des vents contraires n'apparaissait pas à l'horizon. On ne savait même pas quand on mettrait à la voile pour les côtes d'Afrique. La révolte ne fut pas cependant une protestation contre les multiples retards apportés, sans cause valable le plus souvent, au moment du départ. Les chefs, en réalité, préféraient à l'expédition contre Oran les profits certains que procureraient la dilapidation des approvisionnements et la petite guerre de course si fructueuse que l'on pratiquait avec les galères bien équipées de l'armada. Les soldats des diocèses désiraient regagner leurs villages où les attendaient femmes et enfants. Les soldats de métier s'indignaient des lenteurs apportées au paiement de la solde, et il y avait parmi eux, écrit N. Blum, « des hommes de sac et de corde, des mercenaires, véritables soudards pour qui la question d'argent primait toutes les autres ». Seule la promesse de payer immédiatement la solde calma les révoltés et les décida à monter sur les navires entrés enfin dans les eaux du port. Étranges croisés à la vérité !

On se fait peut-être de l'Espagne catholique d'alors une fausse image. On veut que tout le pays ait été ardemment catholique. Mais de cette époque d'exaltation religieuse nous ne considérons, par habitude, que les exceptions lumineuses de la vie des saints, saint Ignace, sainte Thérèse, saint Jean de la Croix ; nous ne regardons qu'une courte période qui va en gros des années 1540-1550 aux années 1570-1580. Au-delà de cette époque et de ces exemples, on devine une humanité vulgaire, robuste, grossière, brutale et souvent sanguinaire, l'humanité des guerres de Grenade et des guerres d'Italie. N'est-ce pas là aussi, par certains côtés, l'Espagne des guerres d'Afrique ?

*

La conquête espagnole allait dans l'Afrique du Nord profiter de circonstances extrêmement favorables. « Tout le pays, écrivait en avril 1494 Fernando de Zafra, est dans un tel état d'esprit qu'il semble que Dieu veuille le donner à Leurs Majestés. » Fernando de Zafra, secrétaire des Rois Catholiques, avait été chargé, dès 1492, de surveiller le passage en Afrique des Maures exilés. Sa situation lui permettait d'être exactement renseigné sur les pays du Maghreb, en particulier sur les tribus marocaines des rivages méditerranéens qui désiraient vivement secouer le joug des rois de Fez et de Tlemcen. Ce sont ces tribus qu'il désigne dans sa lettre sous le terme « tout le pays », terme qui prête à confusion. On peut, sans crainte d'erreur, étendre ce jugement au Maghreb tout entier. Au lendemain de la prise de Grenade, la décadence des États nord-africains était profonde. Les divisions politiques appelaient vraiment la conquête étrangère, en tout cas allaient faciliter la tâche des conquérants espagnols. La méconnaissance des armes « modernes » faisait des Maures des adversaires peu dangereux. Les seuls obstacles à une conquête rapide : l'afflux des réfugiés espagnols dans les pays maghrébins, la renaissance religieuse de l'Islam nord-africain, la nature même du pays hostile à toute invasion, n'étaient pas bien redoutables.

À la fin du XVe siècle, l'anarchie politique, la confusion territoriale, le désordre de l'Afrique du Nord musulmane ne peuvent se décrire facilement et en peu de mots. On se perd dans la liste interminable des divisions politiques que Léon l'Africain a consciencieusement énumérées, du couchant au levant.

Aux vieilles divisions entre montagnards, agriculteurs des plaines, nomades chameliers du désert et des steppes, citadins de l'antique Ifriqya ou du Maroc occidental, aux grandes divisions régionales entre Maroc, Algérie et Tunisie qui n'ont jamais cessé de compter et vont s'affirmer avec netteté et vigueur au XVIe siècle, de nouvelles divisions se sont ajoutées. E. Mercier, pour en rendre compte, emploie le mot féodalité. La mosaïque féodale s'ajoute ainsi aux autres bigarrures du pays. Le mot féodalité est-il exact ? Bien des auteurs l'ont employé, il est commode et utile, bien qu'il me semble difficile de pousser très loin la comparaison entre les chefs maghrébins et les barons de la France féodale. En tout cas, le morcellement politique du pays apparaît comme prodigieux, ne serait-ce qu'au travers des documents espagnols où il est constamment question de tribus, de princes, de marabouts indépendants. Des villes, des villages formaient des États libres. Les oasis du Figuig constituaient ainsi un groupement autonome ; avant la conquête espagnole, Oran, sous la suzeraineté toute fictive des souverains de Tlemcen, apparaît comme une véritable république marchande indépendante ; Bougie s'enrichit librement dans les dernières années du XVe siècle du commerce avec l'Italie et des profits de la course.

Ce serait un travail singulièrement utile, mais bien long, que de dresser la carte du Maghreb au début du XVIe siècle. M. Massignon a déjà fait ce travail pour les pays du Maroc actuel. Il distingue nettement les pays au nord et au sud des montagnes de l'Atlas. « Au sud de l'Atlas c'est l'anarchie, écrit-il, hormis le haut Dra'ah, les habitants pillés par les tribus arabes que nul ne réprime se groupent autour des saints personnages de leurs zaouïas. » Au nord de l'Atlas s'étend le domaine des Beni Wattas dont Fez est la capitale. En bordure et à l'intérieur de ce domaine où le désordre est la règle, il existe, écrit M. Massignon, « une série de véritables principautés à peine vassales, vivant de la croisade contre le chrétien ». Le morcellement et le désordre des pays marocains profitaient aux Espagnols comme aux Portugais, bien que le royaume de Fez eût été réservé à la conquête portugaise. En 1497, le duc de Medina Sidonia prit Melilla, en 1508 le Peñon de Velez fut occupé, perdu en 1520 et réoccupé en 1564. Caçaça, aux portes de Melilla, fut enlevée en 1506, perdue en 1533. Au sud du Sous, des colons partis des Canaries occupèrent Santa Cruz de Mar Pequeña.

Dans le royaume de Tlemcen — grossièrement l'Ouest algérien d'aujourd'hui — les grands fonctionnaires sont affranchis de la tutelle royale. Les prétendants, et ils ne manquent jamais, n'ont pas de peine à recruter des partisans pour lutter contre le pouvoir établi. « Les Rois y étaient détrônés par l'ambition de leurs fils, écrit Bargès, les fils se disputaient l'héritage de leur père. » Au XVIe siècle, avec l'intervention des chrétiens, puis des Turcs, les discordes civiles et les guerres furent continuelles. Il est difficile de démêler l'écheveau embrouillé de ces luttes et de ces rivalités. On ne rendrait ce chaos intelligible qu'en discernant le rôle des tribus nomades qui remontent en été vers les régions du Tell, des agriculteurs sédentaires et des marchands citadins de Tlemcen. Est-ce possible ?

À l'est, la même anarchie se retrouve dans le royaume de Tunis où la dynastie des Hafsides semble réduite à l'impuissance. Le roi n'est même pas maître de la ville de Tunis où il doit se faire protéger par une garde chrétienne. Le Djebel er-Ressas, la fameuse montagne du plomb, aux portes de la ville, échappe à l'autorité du Hafside. Très nombreuses sont les tribus indépendantes du pays tunisien. Au sud, Djerba, grâce à son isolement, échappe à toute souveraineté. Kairouan, la grande ville religieuse, est constamment secouée par des révolutions.

Le Maghreb, entre les royaumes de Tunis et de Tlemcen, nous est moins bien connu. On fatiguerait cependant le lecteur avec l'énumération de tous les pouvoirs locaux qu'a consciencieusement indiqués E. Mercier, à propos de l'état des provinces d'Alger et de Constantine. Les villes de la côte forment autant de centres indépendants. L'Ouarsenis est habité par des tribus vagabondes et libres. Dans les montagnes kabyles s'opposent des dynasties rivales. Ainsi, là encore dans cette région intermédiaire, le morcellement politique est la règle.

La grande faiblesse des musulmans d'Afrique du Nord c'était, par rapport aux Espagnols, leur infériorité militaire caractéristique. Les Maures ne semblaient pas connaître les progrès techniques de l'art de la guerre et une lecture rapide des documents montre que cette infériorité subsista durant tout le XVIe siècle. Les habitants du Maghreb combattaient encore comme les compagnons de Sidi Oqba, la règle restait le corps à corps, les armes favorites le poignard, le sabre, la lance, les pierres ou les flèches. Ils ne savaient ni construire ni assiéger les forteresses[6]. Tant qu'ils luttèrent contre les seuls Maures, les désastres des Espagnols furent souvent dus au manque de vivres, aux surprises de la montagne et de la nuit, au désordre qui était la règle au retour des razzias victorieuses, jamais à l'armement de leurs adversaires.

*

Si la conquête espagnole a été favorisée dans les premières années du XVIe siècle par les divisions du Maghreb et l'armement rudimentaire des indigènes, elle a été contrariée certainement par l'exode des musulmans espagnols en Afrique, le fanatisme musulman et le pays lui-même.

L'immigration en masse des musulmans espagnols a provoqué dans le Maghreb bien des remous. L'arrivée des exilés a été le signal de conflits, de querelles. Un curieux document, une lettre d'un secrétaire du sultan de Fez datée de 1491, donc antérieure aux arrivées massives qui suivirent la prise de Grenade, souligne déjà la violence des conflits entre Maures et Andalous. « Les Andalous, écrit le secrétaire qui rapporte là d'ailleurs leurs propres plaintes, n'avaient point trouvé [en Afrique] l'accueil qui leur était dû..., ils n'avaient trouvé au pays d'Islam, au Maghreb... dans leur recherche d'un gagne-pain, ni douceur, ni bienveillance, ni facilités d'aucune sorte, pas plus du côté des administrateurs des provinces que du public. » Sans doute les Andalous ont-ils accru la population des ports maghrébins, rendu plus violente et plus active la guerre de course, mais ils ont aussi contribué à accroître la confusion et le désordre dans l'Afrique du Nord musulmane[7].

Dès le XVe siècle, on assiste de toute évidence à un renouveau de l'Islam maghrébin, à un regroupement de la société musulmane autour du clergé des confréries. On devine, plus qu'on ne peut le préciser, le rôle éminent de ces confréries religieuses dans la vie spirituelle du pays nord-africain.

Elles apparaissent, au XVe siècle déjà, complètement constituées avec les multiples et subtils rouages de leur organisation. Comme de nos jours les zaouïas, ces centres des confréries, sont à la fois des monastères, des hôtelleries et des écoles, les cheikhs font figure de grands seigneurs d'Église, les moqaddems sont des « missionnaires infatigables de la foi » qui vivent un peu aux dépens de la masse des simples fidèles, « la foule ignorante des khouan, terrorisés, hébétés et dociles ». (A. Berque). Deux grandes confréries se disputent la clientèle des croyants du Maghreb, celle des Chadelia et celle des Qaderia. La seconde domine dans les régions qui formeront la zone d'influence espagnole ; elle doit son nom à Si Abdelkader El-Djilani, « ce saint François d'Assise de l'Islam d'une si tendre humanité et d'une pitié toute mouillée de larmes » (A. Berque), mort à Bagdad en 1166. Par ses origines, par ses savants, par ses idées de tolérance, elle se rattache aux milieux orientaux. C'est par l'intermédiaire de l'Égypte que les pratiques et les idées des Qaderia ont probablement gagné l'Afrique du Nord. M. Cour attribue aux confréries un rôle politique de premier plan. Elles ont formé, d'après lui, contre le Portugais et l'Espagnol, le grand parti de la guerre sainte et assuré par leur agitation l'établissement des chérifs saadiens au Maroc et la prodigieuse fortune des corsaires algérois. La thèse est séduisante, mais quelque peu étroite, ainsi qu'on l'a déjà fait remarquer. Les études précises malheureusement font défaut sur cette importante question. On n'a pas encore étudié l'agitation religieuse du Maghreb, suivant chaque confrérie, suivant chaque région, suivant chaque époque. Il me semble que la thèse de M. Cour s'applique surtout à la révolution chérifienne où le rôle du parti religieux est si net. Il est peut-être excessif de l'étendre aux pays qui formeront la Régence d'Alger. En tout cas, jamais le « parti religieux » ne groupera tout le pays musulman contre l'envahisseur.

Le pays nord-africain, dit-on, a constitué un obstacle sérieux aux progrès espagnols. Les conditions géographiques de la guerre d'Afrique étaient en effet très dures. L'immensité du pays, son relief accidenté, ses mers furieuses, ses côtes sans abri sûr, ses pluies torrentielles, son aridité rendaient les expéditions militaires aléatoires, dangereuses, difficiles. Le soldat espagnol en fit l'expérience : pour la moindre campagne il devait s'équiper comme pour une véritable navigation, il lui fallait emporter ses vivres de route, car le pays sec, dénudé, ne nourrissait pas les armées comme les gras pays de Naples ou les plaines fertiles de Lombardie. Chaque expédition allait un peu à l'aventure car l'on ne connaissait le pays, les routes, les points d'eau et la position des douars que par des indigènes plus ou moins dignes de foi. De là les débâcles, les surprises, les désastres dont on trouve mention si fréquemment dans l'histoire des guerres espagnoles d'Afrique.

On a souvent indiqué comme un des grands obstacles à la conquête espagnole le relief même du pays nord-africain. Au Maroc, les Espagnols se sont heurtés à la barrière du Rif. Sur tout le littoral méditerranéen du Maghreb, leurs colonnes devaient franchir les hauts pays de l'Atlas. En dehors de Djerba et des côtes tunisiennes, ils ne trouvèrent nulle part de régions d'accès aussi facile que les plaines marocaines, réservées dès le XVe siècle à la conquête portugaise. Il ne faudrait cependant pas surestimer la valeur de ces obstacles.

Dès 1510, malgré sa longueur, tout le littoral nord-africain avait été parcouru par les vaisseaux espagnols, du détroit de Gibraltar à Tripoli ; dès 1515, les troupes avaient atteint au-delà des hauts plateaux oranais les pentes sablonneuses du Djebel Amour. Tous les obstacles naturels que le pays opposait à l'envahisseur furent donc assez vite surmontés.

*

Passions, intérêts, désir d'utiliser les circonstances favorables, tout cela constituait en Espagne autant de forces latentes, prêtes à se dépenser dans les guerres d'Afrique, mais ces forces pesaient-elles d'un tel poids sur les destinées de l'Espagne qu'elles rendaient les expéditions contre le Maghreb inévitables ? L'examen chronologique des événements entre 1492 et 1516 peut seul nous conduire à faire quelque lumière sur ce problème. Grâce aux nombreuses études publiées, il est aisé de dresser un tableau sommaire des faits.

Dès 1493, des Espagnols parcoururent pour le compte des Rois Catholiques les pays du Maghreb. On connaît les voyages de Lezcano et de Lorenzo de Zafra sur les côtes marocaines, et les aventures de Lorenzo de Padilla, gouverneur d'Antequera, qui, déguisé en marchand maure, séjourna plus d'une année dans le royaume de Tlemcen. On soupçonne aussi, dans ces explorations, le rôle éminent des Génois et des Vénitiens qui fréquentaient pour leur commerce les ports de l'Afrique du Nord. En 1494, le traité de Tordesillas régla entre l'Espagne et le Portugal un petit litige. Les prétentions des Rois Catholiques sur Melilla n'étaient pas conformes aux accords antérieurs qui réservaient au Portugal la conquête du royaume de Fez, où se trouvait effectivement Melilla. Le roi de Portugal renonça à ses droits sur Melilla et la localité voisine de Caçaça, en échange il fut interdit aux sujets des Rois Catholiques d'aller pêcher au sud du cap Bojador. En 1495, une bulle pontificale donna aux Rois Catholiques l'investiture des royaumes et seigneuries à conquérir en Afrique. Deux ans plus tard, le duc de Medina Sidonia, avec la flotte rassemblée à Gibraltar pour le second voyage de Christophe Colomb, prit possession de Melilla. La petite ville avait été évacuée quelque temps auparavant par les Maures. L'expédition ne se heurta ainsi à aucune difficulté sérieuse. En 1505, une armada espagnole s'emparait de Mers el-Kébir. De 1508 à 1511 s'étend la période des campagnes retentissantes de Pedro Navarro. En 1508, le rocher inaccessible qui constituait le Peñon de Velez était occupé par surprise. En 1509, par trahison, dit-on, Oran ouvrait ses portes à l'armée que dirigeait Pedro Navarro et qu'accompagnait le vieux cardinal Ximénes. En janvier 1510, Bougie était brillamment enlevée. Alger, pour ne pas subir le même sort, envoyait à Bougie auprès de Pedro Navarro des délégués qui, le 31 janvier 1510, lui apportaient une capitulation dont la clause essentielle était la reconnaissance de la suzeraineté espagnole et dont la conséquence immédiate fut l'édification, sur un des petits îlots qui abritaient le port, de la forteresse du Peñon. À tous ces succès, en juillet 1510, s'en ajoutait un nouveau : Tripoli était emporté d'assaut. Mais au mois d'août, Pedro Navarro échouait dans une expédition contre Djerba et, en février 1511, abandonné à ses propres forces, il mettait le cap sur les rivages de l'Italie. Cette année 1511 fut, malgré l'échec de Djerba, une année fructueuse pour les intérêts espagnols en Afrique. Dans l'ouest des pays barbaresques, Dellys, Mostaganem, Cherchell se soumirent au chrétien et le roi de Tlemcen se reconnut vassal de Ferdinand le Catholique. De 1511 à 1516, les Espagnols se désintéressèrent en grande partie des événements du Maghreb. Quand Diego de Vera tenta sa malencontreuse expédition contre Alger, en 1516, Ferdinand le Catholique était mort depuis quelques mois déjà.

Tels sont les faits. On les a bien des fois énumérés en faisant ressortir simplement quelques détails pittoresques ou dramatiques, comme la bénédiction de l'armée par Ximénes, l'escalade des murs d'Oran par les soldats espagnols qui s'aidèrent, à défaut d'échelles, de leurs longues lances, ou les souffrances de l'armée de Pedro Navarro dans les sables brûlants et secs de Djerba. Le récit traditionnel dont nous venons d'esquisser un résumé schématique n'offre pas une explication des événements. Il les énumère, les juxtapose, mais sans marquer les liens, les dépendances et les conséquences. Les questions essentielles sont demeurées dans l'ombre.

Les débuts de la guerre d'Afrique me semblent avoir été dominés par une crise mouvementée, difficile à définir, à la fois politique et religieuse, qui prend naissance vers 1501 et s'achève, ou mieux cesse d'avoir une valeur politique de premier plan, vers 1511. Qui l'étudierait dans le détail et nous apporterait sur son développement des documents inédits ou des renseignements nouveaux éclairerait vraiment un moment « tournant » de l'histoire espagnole.

Il est facile de constater qu'au lendemain de la prise de Grenade, en 1492, pendant de longues années, la croisade d'Afrique a chômé si l'on peut dire. Il ne faut pas se faire d'illusion sur la valeur et l'importance de certains faits que relate l'histoire traditionnelle. Les voyages d'exploration en pays maghrébins sont des événements d'un intérêt misérable. La prise de Melilla en 1497 est un accident. L'entreprise contre Mers el-Kébir en 1505 est le premier événement militaire digne de retenir l'attention. Entre le coup de main contre Melilla et la prise de Mers el-Kébir les choses avaient bien changé en Espagne, il s'était, en effet, produit un événement qui avait suffi à changer les esprits et les volontés : les musulmans des montagnes du royaume de Grenade s'étaient révoltés contre le chrétien.

L'émeute, extrêmement grave, avait un instant soulevé le quartier musulman de Grenade où Ximénes fut en péril de mort. On connaît les causes de cette insurrection de 1501 et quelques détails sur sa répression. Mais on a négligé d'indiquer quelles furent les répercussions de cette révolte. L'âme de l'Espagne en a fortement subi le contrecoup. Les passions religieuses se sont exaltées, l'archevêque de Tolède mêlé à ces événements ne devait plus en perdre le souvenir. On a prié dans les églises de Castille pour le succès des armées chrétiennes, les prédicateurs ont peut-être grossi les événements pour obtenir de la charité et de la piété des fidèles un peu d'argent pour la conduite de la guerre. Brusquement cette révolte a rendu à chacun le sentiment du danger de l'Islam nord-africain. Ne disait-on pas qu'elle s'était déclenchée sur l'ordre et avec la complicité des maîtres du Maroc ? L'ambassade de Pierre Martyr d'Angherra prouve clairement que les dirigeants de l'Espagne ont alors redouté quelque complication du côté de l'Afrique. Bien plus, toute guerre de Grenade était pour l'aventurier espagnol un appel au pillage ; la guerre de Grenade de 1569, qui nous est mieux connue, le montre surabondamment. La révolte des Alpujarras et de la Sierra Vermeja a ainsi contribué à déchaîner les forces qui poussaient l'Espagne contre l'Islam et vers les rivages d'Afrique. La révolte était à peine subjuguée que Ximénes préparait déjà l'expédition contre Mers el-Kébir. Sans cette révolte, les Espagnols n'auraient peut-être pas entrepris la guerre d'Afrique, à coup sûr la chose se serait produite beaucoup plus tard.

Mais les circonstances ont peu à peu travaillé contre la guerre d'Afrique. L'argent a manqué. La pauvreté des terres africaines a déçu les espoirs des chefs et des aventuriers. La volonté de Ferdinand le Catholique, que les hasards avaient fait maître des royaumes espagnols après la mort d'Isabelle et de Philippe le Beau, allait bientôt mettre provisoirement un terme à la croisade africaine. Ferdinand le Catholique représentait une tout autre Espagne que Ximénes, une Espagne qui n'avait pas eu de guerre de Grenade, qui vivait en paix avec ses habitants musulmans et dont l'horizon n'était pas limité par la ligne des côtes d'Afrique. Ferdinand le Catholique ne devait que momentanément se rallier à la politique de conquêtes africaines et son ralliement ne fut ni profond ni définitif. Roi d'Aragon avant tout, il attribuait une tout autre importance aux questions pyrénéennes et aux guerres d'Italie. Le pays nord-africain, en dehors de la période 1509-1510, a été pour lui un théâtre d'opérations secondaires.

En 1511, brusquement, il abandonnait Pedro Navarro à ses propres ressources sur les côtes d'Afrique. Toute la conduite du roi s'explique si l'on observe alors l'étroit parallélisme des affaires d'Italie et d'Afrique. En 1509, on se trouvait au lendemain même des traités de Cambrai signés en décembre de l'année précédente. On a vu dans ces traités le triomphe à la fois de la grande politique de Jules II et de la tactique prudente de Ferdinand le Catholique. En 1509, Maximilien, le roi de France s'engagent dans la guerre contre Venise, et vont user leurs forces alors que Ferdinand le Catholique ménage les siennes sur les champs de bataille d'Italie. Il y a ainsi pour Ferdinand un moment de répit dans les affaires italiennes. Il en profite pour entreprendre, ou mieux laisser entreprendre la conquête du littoral nord-africain. Deux ans plus tard, en 1511, de nouveau la question italienne se pose au maître de l'Espagne. Le 4 octobre, il signe avec Jules II et Venise le traité de la Sainte Ligue. La grande guerre commence, qui va voir les brillantes victoires de Gaston de Foix et les désastres de la fin du règne de Louis XII. Dès lors, il importe de mettre un terme à l'expérience d'Afrique. Des lettres écrites à la fin de l'année 1510 par Ferdinand le Catholique à Raymond de Cardone, vice-roi de Naples, et au vice-roi de Sicile, montrent que le vieux roi a laissé entendre un instant qu'il mènerait simultanément les deux entreprises. Il y parle d'expéditions contre Tunis ou Djerba. On doit, pour de multiples raisons, mettre en doute la franchise de ces projets. « Ferdinand était-il sincère ? écrit M. Monchicourt. Pensait-il vraiment à jeter ses troupes sur l'Afrique ? Ou bien, dès cette époque, dissimulait-il à ses agents le but réel de ses préparatifs ? Du moins, Louis XII put dire un jour : "Je suis le Maure et le Sarrasin contre lequel on arme en Espagne." Et non sans raison. La guerre déchaînée en Italie laissa à ses seules ressources Pedro Navarro qui n'osa attaquer Djerba et encore moins Tunis. »

L'attitude de Ferdinand le Catholique ne s'explique pas toujours par des calculs diplomatiques comme en 1511. Après la mort d'Isabelle la Catholique (1504), les complications intérieures de la « Succession de Castille » ne sont-elles pas le motif de sa carence dans les affaires africaines ? Les questions financières ont aussi pesé lourdement sur sa conduite. Les expéditions maritimes coûtaient très cher. Il fallait des sommes énormes pour équiper les vaisseaux des armadas, pour réunir les vivres nécessaires, pour avancer la solde aux troupes embarquées. Ferdinand le Catholique a bien souvent opposé aux arguments des apôtres de la guerre africaine la pénurie du trésor royal. Dans ces affirmations royales, il se peut qu'il y ait eu, malgré tout, une part de vérité.

Quoi qu'il en soit, il n'est pas exagéré de voir dans Ferdinand le Catholique le grand responsable de l'abandon, après 1511, des entreprises africaines. Le pays l'a peut-être aidé à suivre sa politique, car on peut supposer que les aventuriers espagnols ont préféré aux pays brûlés et secs du Maghreb les régions fabuleuses du Nouveau Monde, ou les plantureuses campagnes d'Italie.

*

On voit à l'époque de Ferdinand le Catholique triompher dans les expéditions et les conquêtes africaines le système de l'occupation restreinte. Dans quelles circonstances, pour quelles raisons ce système s'est-il imposé aux hommes politiques et aux militaires d'Espagne ?

Le terme « occupation restreinte » désigne assez bien l'ensemble des méthodes expérimentées par les Espagnols en Afrique, à l'époque de Ferdinand le Catholique, méthodes auxquelles ils devaient, par la suite, rester fidèles. Les Espagnols, on le sait, se contentèrent d'occuper à demeure quelques points du littoral nord-africain. Melilla, Oran, Mers el-Kébir, Bougie, le Peñon d'Alger, pour ne citer que les postes les plus importants, furent, grâce à de solides murailles, mis à l'abri des attaques des Maures. L'arrière-pays était abandonné aux indigènes. Les Espagnols y intervenaient à de longs intervalles. Des expéditions s'organisaient lentement dans ces citadelles littorales, elles étaient pour le soldat l'occasion de pillages multiples, la rançon des privations endurées dans les garnisons. Dès que le butin était assez considérable, la retraite sur la côte était ordonnée. Que l'on s'imagine la seconde expédition française contre Constantine aboutissant à une occupation de quelques jours et à une retraite précipitée sur la base de départ, Medjez-Amar, on aura une image grossie, assez juste cependant, des « raids » militaires espagnols dans l'intérieur du pays maghrébin. À côté de ces larges expéditions, on entreprenait des coups de main dans la région voisine de la place, véritables razzias que désigne le mot espagnol de *jornadas*. Enfin, aucune émigration ne vint de la péninsule donner force et vigueur à l'Afrique espagnole. Les villes que posséda le Roi Catholique au Maghreb ne furent jamais, en effet, que des garnisons, des villes militaires, des *presidios*.

On peut estimer, non sans raison, ces méthodes, comme une des conséquences des moyens insuffisants employés par l'Espagne à la conquête du Maghreb. Il aurait fallu des armées nombreuses pour occuper effectivement les pays africains. Le système des présides, c'étaient la solution du moindre effort. À l'abri des hautes murailles d'Oran, quelques centaines d'hommes tenaient en respect l'immense royaume de Tlemcen. Pour prendre réellement possession de l'arrière-pays oranais, des milliers d'hommes eussent été nécessaires.

A-t-on seulement songé dans les milieux politiques et militaires d'Espagne à la conquête totale ? Ximénes peut-être s'est élevé jusqu'à cette grande idée, sans qu'on puisse sur ce point rien affirmer de précis. Isabelle la Catholique n'a projeté que la conquête du seul royaume de Tlemcen. Ferdinand d'Aragon n'a jamais parlé que d'une occupation réduite au littoral. Sans doute a-t-il entrevu l'importance de la colonisation, du peuplement des villes conquises. En mai 1510, il écrivait à Pedro Navarro : « Je crois ainsi que vous me l'avez écrit à plusieurs reprises que si nous voulons nous maintenir en Afrique, nous devons occuper [Oran, Bougie et Tripoli] et les *repeupler entièrement de chrétiens.* » Le 23 octobre de la même année, il écrivait à Antonio de Raveda au sujet des affaires de Bougie : « Vous prendrez les mesures nécessaires pour que *la ville soit repeuplée aussitôt de Maures Mudejares qui sont nos vassaux.* » Remarquons qu'il ne s'agit là que de repeupler quelques postes de la côte africaine et que ces déclarations royales ne mettent pas en question un vaste programme de colonisation systématique.

Les origines de l'occupation restreinte restent peu compréhensibles si l'on ne rattache pas les méthodes de la guerre d'Afrique aux pratiques de la guerre de Grenade qui fut la préface des entreprises contre le Maghreb, la première campagne d'Afrique à vrai dire. Le rapprochement n'a jamais été systématiquement fait, à ma connaissance du moins, et cependant bien des détails s'éclairent si, avant de s'engager dans le récit compliqué des expéditions africaines, on s'attarde quelque peu, ne serait-ce qu'en compagnie du livre attrayant de Jane Dieulafoy, à parcourir l'histoire des événements militaires qui ont précédé la prise de Grenade. Les méthodes militaires que l'on emploiera en Afrique ont été déjà la règle dans les luttes sur les frontières de la Castille. La razzia, la *jornada*, se rencontre à chaque détour de cette histoire compliquée et mouvementée. C'est en effet une opération analogue que désigne le mot de *cabalgadas*. Les *cabalgadas* — les chevauchées — sont de simples coups de main où l'on se préoccupe de détruire les récoltes, de couper les arbres fruitiers, de ramener un butin abondant plutôt que d'atteindre directement l'ennemi ou d'occuper un point stratégique important. Ces razzias, conduites par Ferdinand le Catholique ou les grands seigneurs de Castille, ont ruiné la Vega de Grenade bien avant 1492. Dans la guerre de Grenade, pas plus que dans les entreprises d'Afrique il ne fut question de colonisation ou d'occupation totale. En dehors de la plaine de Grenade, des côtes méditerranéennes et de quelques postes isolés dans le pays montagneux, les Espagnols n'occupèrent pas effectivement tout le royaume de Grenade après 1492. N'est-ce pas déjà le système de l'occupation restreinte ?

Les méthodes militaires des Espagnols en Afrique portent ainsi par leurs origines la marque de l'insuffisance des moyens employés, de l'ignorance des milieux dirigeants, elles trahissent aussi la force des habitudes acquises.

Les conséquences de telles méthodes se devinent aisément. Sur l'immense pays maghrébin, les Espagnols n'eurent aucune influence sérieuse. Économiquement le pays leur échappa ; politiquement il resta soumis plus en apparence qu'en réalité ; religieusement il demeura irréductiblement hostile. Prisonnières entre la mer et les États indigènes, les forteresses espagnoles connurent au début même de la conquête des heures extrêmement difficiles où l'on devait plus souvent lutter contre la faim que contre l'ennemi. N'est-il pas paradoxal de voir ces présides vivre presque exclusivement du ravitaillement venu d'Espagne ? Oran, malgré les livraisons en nature du royaume de Tlemcen, consomme la farine des moulins de Valence ou de Barcelone. Melilla ne vit que grâce au ravitaillement de Malaga, le Peñon d'Alger fait venir son eau potable des îles Baléares. Plus tard le soldat espagnol saura mieux s'adapter à cette vie étrange de privations, les razzias seront plus méthodiquement organisées et plus fructueuses.

II

De 1516 à 1559, de la mort de Ferdinand au traité du Cateau-Cambrésis, les expéditions espagnoles en Afrique ne furent pas très nombreuses. Il ne faut pas, en effet, se laisser induire en erreur par la longue liste des événements militaires de cette période. Ils sont d'importance fort inégale et se répartissent sur un demi-siècle à peu près. Là encore, les multiples travaux publiés permettent de dresser facilement un résumé chronologique des principaux événements. En 1516, Diego de Vera, en 1519, Hugo de Moncada échouèrent devant Alger. En 1520, Hugo de Moncada conduisit une expédition victorieuse contre l'île de Djerba. Deux ans plus tard, les Espagnols perdirent le Peñon de Velez qu'ils ne purent réoccuper en 1525. En 1529, échec beaucoup plus grave, le Peñon d'Alger était occupé par le second Barberousse. En 1530, André Doria attaquait Cherchell ; en 1531, Hone était pris par les Espagnols. Mais ces deux ripostes espagnoles restèrent sans résultat. Lors de l'attaque de Cherchell, les chrétiens se dispersèrent pour piller et, surpris par les indigènes, furent rejetés à la mer. À Hone, l'établissement des Espagnols demeura si précaire qu'en 1535 la ville fut démantelée et évacuée. Durant cette même année 1535, Martín de Angulo conduisait une campagne malheureuse contre Tlemcen, alors que Charles Quint s'emparait de La Goulette et de Tunis. Six ans plus tard, l'empereur, dans des circonstances dramatiques, échouait devant les murs d'Alger (1541). En comparaison de cet échec, le succès du capitaine gouverneur d'Alcaudète dans son raid contre Tlemcen (1543) compte à peine. Les mauvais jours, dès lors, se succèdent : en 1551, les chevaliers de Malte étaient chassés de Tripoli, en 1554, le poste d'El Mehdia était rasé et évacué, en 1558, enfin, l'expédition du comte d'Alcaudète contre Mostaganem se terminait par un désastre.

*

De cette énumération un fait se dégage naturellement. Toutes ces expéditions, ou presque, quelle que soit d'ailleurs leur importance, sont dirigées, directement ou indirectement, contre les Turcs d'Alger. Ces nouveaux venus font vraiment figure d'adversaire essentiel. En 1516, en 1519, en 1541, sans succès, les Espagnols ont essayé de supprimer leur repaire. Bien plus, en 1535, c'est au maître d'Alger, à Barberousse, que l'empereur a repris Tunis, voulant peut-être ainsi isoler les corsaires algérois de l'Orient et des Turcs de Constantinople : les rivages tunisiens ne commandent-ils pas, en effet, la grande route qui mène du bassin oriental au bassin occidental de la Méditerranée ? Plus tard, Granvelle, alors vice-roi de Naples, à la fois remarquablement instruit des leçons du passé et des questions méditerranéennes, recommandera à Philippe II de s'établir solidement en pays tunisien, « ce qui, écrivait-il, créerait aux Turcs se rendant à Alger par voie de mer de grands empêchements, et leur interdirait toute communication terrestre... ».

Dans le pays tlemcénien, la politique espagnole est entièrement dominée par les craintes qu'inspire la puissance algéroise toute proche. Le comte d'Alcaudète, capitaine gouverneur d'Oran, a constamment cherché à défendre les larges plateaux de l'Ouest contre les progrès des Turcs d'Alger : ces plateaux oranais n'étaient-ils pas comme la frontière même de l'Espagne ? Le capitaine gouverneur a non seulement voulu interdire aux corsaires la route terrestre de l'ouest par l'établissement, à Tlemcen, d'un roi vassal de l'Espagne, il a encore désiré leur rendre impraticable la route de mer. Souvent, alors que les troupes de l'odjak suivaient avec leur rapidité bien connue les chemins terrestres qui franchissaient les plaines du Chélif, les navires des corsaires longeaient d'est en ouest la côte algérienne et transportaient bagages et artillerie jusqu'à Mostaganem où avaient lieu les débarquements. Occuper cette escale, c'était rendre inutiles de telles pratiques. Ce fut là un des rêves persistants du comte d'Alcaudète. Par trois fois, en 1541, en 1547, en 1558, il essaiera, vainement d'ailleurs, d'emporter la ville. Il est juste de voir autre chose dans ces tentatives que les marques d'un esprit un peu brouillon, désireux de beaux coups d'épée, ignorant des réalités politiques.

Il y a ainsi un intérêt évident à être renseigné sur les origines et le développement de l'État des corsaires algérois dont la fortune a modifié profondément les conditions de la guerre d'Afrique. On ne peut, sur ce sujet, malheureusement, que constater l'irrémédiable pauvreté de nos connaissances. Par ses origines immédiates, l'État algérois se rattache à la vie aventureuse, à l'odyssée des Barberousse dont les versions contradictoires et romanesques rendent illusoire tout essai d'éclaircissement. Probablement originaires de l'archipel grec, les Barberousse, 'Arroùj et Khayr ed-dîn, pirates déjà célèbres par leurs exploits, étaient, en 1516, établis dans le mauvais petit port de Djidjelli, en bordure du pays kabyle. Les habitants d'Alger, au lendemain de la mort de Ferdinand le Catholique qui les déliait, croyaient-ils, de leurs engagements de vassalité à l'égard de l'Espagne, faisaient appel au concours des Barberousse. Leur désir était de se débarrasser du fortin espagnol du Peñon, opération que les corsaires devaient, semblait-il, mener à bonne fin. Alger recouvrerait alors, avec la libre utilisation de son mouillage, les profits incalculables de la course. Les Barberousse répondirent à l'appel des Algérois, mais échouèrent devant les murailles du Peñon, hors d'atteinte de leur artillerie. Malgré cet échec ils ne quittèrent pas la ville et se transformèrent, d'alliés et de mercenaires qu'ils étaient, en maîtres dont l'autorité se fit sentir aussitôt lourdement. Cette union toute fortuite du petit centre d'« El Djezaïr » et des compagnons de Barberousse allait avoir des conséquences prodigieuses. Alger était, en effet, un port de guette admirable qui tenait sous son contrôle, dans son rayon d'action, toutes les grandes routes de la Méditerranée occidentale. La valeur de sa position géographique a été le premier, peut-être le plus grand des facteurs de sa fortune. Mais Alger n'a eu toute sa valeur géographique, si l'on peut dire, qu'après 1529, après la chute du Peñon d'Alger enlevé par Khayr ed-dîn. Avant 1529, il était nécessaire pour éviter les feux de la forteresse espagnole de tirer les vaisseaux sur la plage sablonneuse de Bab el-Oued. La prise du Peñon, la construction d'un môle reliant l'îlot à la terre ferme permirent de doter les corsaires algérois d'un port libre d'accès, refuge assez sûr contre les houles mauvaises d'hiver. L'importance de cette date n'a pas échappé à Berbrugger qui a eu le grand mérite de la signaler le premier.

Vers 1529, l'État algérois est constitué, dans ses traits essentiels du moins. Il nous apparaît, alors, avec des visages bien différents. C'est un État composite, bigarré, une superposition d'États. L'Alger des corsaires, des raïs, est le plus connu, le plus célèbre. Les croisières audacieuses, les retours triomphaux, les banquets fastueux des corsaires, leur vie de plaisir et de gaspillage entre deux randonnées, autant de détails bien des fois rapportés. Cet Alger des corsaires se confond avec l'Alger des renégats, ainsi qu'on l'a fait observer. À ce sujet le doute n'est guère possible. À la fin du XVIe siècle, le pieux Haëdo se scandalisait du nombre croissant des renégats algérois, il s'emportait, s'indignait contre cette « écume de la chrétienté » ; « on pourrait dire, constate-t-il avec mélancolie, que tous les corsaires sont des renégats, tous connaissant bien les terres et les plages chrétiennes... ». D'autres auteurs confirment ce témoignage. Les documents d'archives eux-mêmes permettent de retrouver en Corse, en Sicile ou en Calabre la patrie des plus célèbres d'entre les raïs. Les pays levantins fournirent aussi des recrues au monde des raïs algérois. On ne peut s'empêcher de constater qu'en dressant la liste de ces patries des corsaires, on énumère, en même temps, les pays les plus pauvres de la Méditerranée. La Grèce et les îles de l'Égée souffrent de famines périodiques. La Sicile possède dans ses plaines et sur ses sols ingrats tout un prolétariat de pauvres gens. La Calabre montagneuse, à demi soumise aux Espagnols, est un marché de soldats comme les Cantons suisses ou les terres miséreuses d'Allemagne. La Corse est une région d'émigration. La haine de la république de Gênes, le sol infertile, marécageux, où sévit la malaria, autant de petites causes qui expliquent l'essaimage des Corses à travers les pays méditerranéens au XVIe siècle [8]. N'allons pas croire, cependant, que les raïs d'Alger aient jamais été des émigrants analogues à ceux que la misère pousse de nos jours vers les pays plus fortunés. La plupart du temps, c'est bien contre leur gré que ces Calabrais ou ces Siciliens ont fait leur premier voyage à Alger, « Indes et Pérou » de la Méditerranée. Ils ont été surpris en mer, ou capturés au cours d'une incursion, et c'est comme captifs qu'ils ont débarqué sur les quais algérois. On peut supposer que la pauvreté de l'existence menée jusque-là les a encouragés à grossir, en reniant la foi du Christ, le nombre des corsaires, mais ce n'est là qu'une supposition.

Les Andalous d'Alger nous sont moins connus que le monde des corsaires. Les descendants des musulmans espagnols formaient une colonie importante dans la ville, bien avant l'expulsion des Morisques qui, au XVIIe siècle, provoquera en Afrique un nouvel afflux d'immigrants. Artisans pour la plupart, on les imagine volontiers travaillant le cuir ou ciselant les métaux, dans leurs échoppes basses, ouvertes sur la rue étroite. On peut supposer aussi, sans preuve solide, qu'ils ont conservé avec eux quelques miettes de la brillante civilisation musulmane du Sud espagnol. On sait par contre, pertinemment, qu'à l'occasion, ces ouvriers se transformaient en soldats, aptes à manier l'arquebuse, capables de défendre la ville avec courage contre l'Espagnol. Nous ne savons rien des Berbères d'Alger, presque rien des Juifs. Par contre, nos connaissances sont plus nombreuses, plus précises, en ce qui concerne l'odjak, la milice des janissaires rivale de la compagnie des raïs, seconde force de l'État algérois. C'est un véritable morceau de la Turquie lointaine qui s'est trouvé transporté en terre africaine. Les janissaires d'Alger possèdent en effet les mêmes privilèges que les janissaires de la Porte. On connaît avec quelque exactitude l'organisation et les habitudes de cette aristocratie militaire qui se maintiendra, sans changement notable, jusqu'à notre arrivée en terre africaine.

Il est bien hasardé d'indiquer les raisons de la grandeur algéroise. Ne risque-t-on pas de se perdre au milieu des hypothèses ? Avec assez de vraisemblance on peut toutefois, à larges traits, indiquer des groupes de circonstances favorables. En premier lieu l'état même du pays. Aux profits de la course, on ne saurait oublier qu'Alger a su joindre ceux de l'exploitation de son arrière-pays. Des garnisons turques ont occupé les villes les plus importantes, maîtresses des routes et des défilés. Cette conquête a été singulièrement facilitée par la décadence invraisemblable de ce Maghreb morcelé, divisé contre lui-même, défendu par des soldats du Moyen Âge, et qui ne disposait pas, contre le Turc, de la seule arme qui comptât encore : le fanatisme religieux. Sans adopter entièrement la thèse de M. Cour, on peut bien penser, *a priori*, que la communauté de religion entre Turcs et musulmans du Maghreb a favorisé la conquête algéroise.

Autre aide précieuse, le concours de la Porte. Il est bien entendu qu'il ne faut pas confondre les Turcs d'Alger et ceux de Constantinople. La formation du centre algérois ne se présente pas à ses débuts comme une conquête officielle de la Porte. Il n'y a rien de comparable, par exemple, entre les actes des Barberousse et de leurs compagnons et la conquête de l'Égypte par le sultan. Mais très vite les destinées d'Alger se rattachent à l'histoire de l'Empire ottoman ; au lendemain de la mort de son frère, en 1518, deux ans seulement après la « prise » d'Alger, Khayr ed-dîn prête hommage au sultan et, pour de longues années, l'État algérois se trouve sous la protection directe de la Porte. Cette protection se traduira, dans la suite, par des envois d'hommes, d'argent, de vaisseaux. Secours souvent providentiels, comme ces 6 000 hommes que le second Barberousse obtenait, en 1518, au lendemain même de la prestation de l'hommage.

Les Espagnols ont contribué aussi par leur négligence, par leur politique imprévoyante, à la brusque fortune des Algérois. N'ont-ils pas perdu le Peñon, cette clef d'Alger, faute de l'avoir secouru à temps en vivres et en munitions ? Les échecs que leurs armées subirent sous les murs de la ville en 1516, en 1519, en 1541, et qui ont donné aux maîtres d'Alger un singulier prestige, furent dus en grande partie à des défaillances, à des négligences, à des manques d'organisation du côté espagnol. Enfin les Espagnols, en occupant certains points de la côte, en ruinant des ports de course comme Oran ou Bougie, ont du même coup supprimé les cités maritimes rivales d'Alger qui auraient pu, sur l'immensité de la Méditerranée, lui disputer les profits de la course.

Du point de vue espagnol, le développement du centre algérois eut une double signification. En Afrique, les soldats et les marins espagnols se heurtèrent à des adversaires expérimentés, habiles, sachant manier les armes à feu, adversaires que les chefs espagnols sous-estimeront trop souvent, et bien à tort. Mais l'opinion publique, en Espagne, s'est peu attachée à ce côté de la « question d'Alger » qui ne comptait que pour quelques hommes familiarisés avec les choses d'Afrique, comme le comte d'Alcaudète par exemple. Elle a attribué, au contraire, une grande importance au redoublement de la course maritime qui fut la conséquence de l'essor algérois. Naviguant presque constamment à la rame, de peur de se signaler au loin par leur voilure, ne craignant pas les tourmentes que soulevait le mistral ou qu'amenait périodiquement le retour de l'hiver, les vaisseaux légers et rapides des raïs dévastaient, sans trêve, les pays et les possessions espagnols. Les régions levantines de l'Espagne souffrirent tout particulièrement. Vainement, pour protéger le littoral, on éleva des tours de guet, *atalayas*, qui devaient signaler l'approche des corsaires. Les rivages, devenus inhabitables, se dépeuplèrent. Les plaintes des villes, des fonctionnaires, des Cortès, se multiplièrent. Les promesses gouvernementales au sujet de la garde et de la défense des côtes furent nombreuses, leur nombre même prouve leur peu d'efficacité et la persistance du mal. Le recueil d'E. Cat offre, sur cette question, des textes caractéristiques. En 1516, par exemple, Charles Ier promet d'envoyer sur les côtes d'Aragon les navires de Naples qui donneront la chasse aux corsaires. De Barcelone, en 1519, il écrit, au sujet de la défense des côtes, différentes lettres fort intéressantes aux habitants de Minorque, aux députés de Valence, aux conseillers et au gouverneur de Valence. Ces lettres sont du début de juillet ; le 19, Charles remerciait les députés de Valence, du « *brazo militar* » et du « *brazo eclesiastico* », de l'aide apportée à la lutte contre les corsaires. Dix ans plus tard, en 1529, l'archevêque de Saragosse exposait à l'impératrice les mesures à prendre pour protéger le littoral contre les incursions des pirates. C'est à chaque page des historiens espagnols du règne de Charles Quint, peut-on dire, dans chaque liasse des documents d'alors, que l'on retrouve l'indication des ravages des « *galeras* », des « *fustas* » musulmanes ou l'annonce de l'arrivée prochaine, suivant la formule habituelle, sur le littoral espagnol, « *de los Turcos y Moros* ». Rien ne me semble plus caractéristique, à ce point de vue, que la lecture des judicieuses études de Cosme Parpal sur l'île de Minorque au XVIe siècle. Elles mettent en lumière l'histoire douloureuse de la petite Baléare, pillée un jour par le musulman, exploitée le lendemain par le soldat espagnol qui veille sur sa sécurité. Le sac de Mahon, la prise de Ciudadela sont des exemples tragiques de la cruauté de ces guerres maritimes.

Le développement de la piraterie musulmane n'intéressait pas uniquement la péninsule et les îles voisines. La Sardaigne, la Sicile, Naples, se trouvaient exposées aux incursions répétées des corsaires barbaresques. Les galères algéroises rendaient difficiles les relations par voie de mer entre l'Espagne et l'Italie. La liberté des routes maritimes qui conduisaient vers les pays italiens était indispensable à l'impérialisme espagnol depuis que le Roi Catholique avait des possessions en Italie. Lucien Romier a très justement indiqué l'importance de cette question. Les Espagnols, écrit-il, ne pouvaient consentir à « l'investissement de la péninsule ». Il y avait là « une nécessité vitale [plus encore] qu'un dessein d'hégémonie ». « De là, conclut M. Romier, les très lourds sacrifices consentis pour s'assurer l'alliance des Génois et des Florentins ; de là la campagne de Provence visant peut-être à créer un chemin terrestre entre le Roussillon et la Ligurie... ; de là les expéditions contre Alger et contre Tunis. » La rupture du lien maritime entre la péninsule et l'Italie était aussi l'un des buts de la politique française qui trouva, dans les corsaires d'Alger, de précieux auxiliaires. C'eût été chose accomplie sans le revirement politique d'André Doria qui mit à temps au service de l'Espagne la flotte de la république génoise.

La piraterie algéroise ne mettait pas seulement en péril les intérêts politiques de l'Espagne, elle constituait un danger permanent pour ses intérêts commerciaux. Haëdo écrira, non sans emphase, en songeant au passé, que les pirates algérois enlevaient au chrétien

« ...tout ce que le travailleur indien et péruvien ramène des entrailles de la terre et des mines de métaux précieux ». Pour estimer les dommages réels, il faudrait à la fois connaître le volume des prises et celui du commerce espagnol dans la Méditerranée occidentale, établir un rapport entre ces deux quantités. Entreprise impossible, les renseignements que nous possédons sur ce trafic sont fragmentaires. Au hasard des lectures ou des recherches d'archives, on apprend que des navires, venus de la péninsule, ont apporté du grain sur les quais de Gênes, que d'autres transports, chargés de laines, ont été saisis par le duc de Monaco et que les propriétaires sont des marchands de Barcelone, que des galères, chargées de pièces de soie, se sont arrêtées à Savone. De cette poussière de faits, comment passer à un jugement d'ensemble ? Les archives de la couronne d'Aragon possèdent de nombreux documents sur les douanes de Barcelone, mais nul ne les a encore déchiffrés et les renseignements qu'ils nous fourniraient n'auraient encore qu'une portée locale. Il faut se contenter de présomptions et d'hypothèses. Tout laisse à penser que le XVIe siècle est marqué par une activité certaine des ports levantins de l'Espagne et de son trafic méditerranéen. Deux faits militent en faveur de cette hypothèse. En 1532, le gouvernement espagnol procédait à une enquête sur le commerce de la péninsule avec l'Afrique du Nord. De Castries[9] a eu l'heureuse idée d'en publier le texte, dont la lecture souligne l'importance des relations marchandes de l'Espagne et du Maghreb que l'on aurait plutôt tendance à sous-estimer. Sur cet exemple particulier, n'entrevoit-on pas l'activité générale du trafic espagnol en Méditerranée ? Second fait. Jusqu'à la fin du XVIe siècle, Alger a vécu aux dépens du trafic espagnol. Peut-il en avoir été ainsi sans une certaine activité mercantile de l'Espagne en Méditerranée ? C'est en raison directe de cette activité que les marchands espagnols ont dû souffrir des ravages des corsaires. Les obscurités de cette question ne sont probablement pas très graves pour notre connaissance de la politique africaine de l'Espagne, Charles Quint ou Philippe II n'étaient pas assez sensibles, en effet, aux besoins ou aux plaintes des marchands espagnols pour subordonner leur politique gouvernementale à des intérêts mercantiles.

*

La politique espagnole ne répondra pas, il s'en faut, aux multiples nécessités de la question africaine. Elle paraît, dans la période qui nous intéresse présentement, ne s'attacher que par moments, on écrirait volontiers par crises, aux problèmes d'Afrique et à leur solution. On ne saurait, dans le cadre étroit de cet article, indiquer les limites chronologiques, les multiples causes et les résultats de ces moments d'intérêt et des périodes d'inaction qui les précèdent et les suivent. Qu'il nous suffise de choisir quelques exemples, les deux moments d'intérêt de 1535 et de 1541, la période d'inaction de 1556 à 1559, et de présenter la conclusion très simple qu'ils impliquent.

En 1535, Charles Quint s'emparait de Tunis. Les documents et les études publiés nous exposent en détail la composition de l'armada qui accompagna l'empereur, nous renseignent exactement sur les péripéties de la lutte et sur le sac épouvantable de la ville prise. C'est peut-être par hasard que l'empereur s'est décidé en faveur d'une expédition contre Tunis plutôt que contre Alger, ainsi qu'il y pensa sérieusement alors. Mais là n'est pas la question la plus digne d'intérêt. L'expédition de Tunis a coïncidé, à notre avis, avec une situation diplomatique de l'Europe exceptionnelle, il importe d'en donner un rapide croquis. Il y eut alors dans les luttes que l'empereur soutenait en Europe une accalmie véritable. Le pape et les princes italiens n'avaient pu que se rallier au projet d'une expédition contre ces corsaires ennemis de la chrétienté, terreur des côtes italiennes, installés en maîtres à Tunis après la victorieuse campagne de 1534. En Allemagne, la haine de l'infidèle et du Turc survivait aux querelles de la Réforme, et ce sentiment restait même si fort qu'un évêque allemand pouvait écrire à Charles Quint : « Il est certain que les cités de l'Empire ne s'uniront pas au roi de France, bien plus qu'il y a lieu d'espérer qu'on les amènera à fournir des subsides contre lui (dans le cas où il tenterait une diversion)... » Les Turcs de Constantinople ne pouvaient guère, à ce moment, s'occuper des affaires de l'Ouest méditerranéen. Il leur fallait surveiller, hors d'Europe, le danger toujours renaissant de la Perse. Devant ce brusque réveil de l'esprit de croisade en Europe, devant l'impossibilité momentanée de trouver des alliés, le roi de France isolé ne pouvait agir ; au nom de François Ier, Montmorency promit que la France, pendant la durée de l'expédition, s'abstiendrait de toute attaque contre l'empereur.

Six ans plus tard, en octobre 1541, Charles Quint profitait encore d'un véritable apaisement des querelles européennes pour mener, contre Alger, l'expédition dont il avait depuis si longtemps déjà conçu le projet. On vivait toujours à cette époque, en apparence du moins, sous le signe de l'« entente cordiale » qu'avaient inaugurée, entre Charles Quint et François Ier, les trêves de 1537, la trêve de Nice de 1538, qu'avait scellée en juillet 1538 la sensationnelle entrevue d'Aigues-Mortes, et qu'avait rendue plus évidente encore le passage de l'empereur à travers la France en 1539. Dès 1540, sinon avant, les illusions que l'on avait pu entretenir sur l'accord possible des deux souverains s'étaient sans doute dissipées. À Constantinople, les agissements de nos agents, pour être prudents, n'en étaient pas moins significatifs. Mais la menace d'une invasion turque, au lendemain de la bataille de Buda qui livra presque toute la Hongrie au sultan, avait réveillé en Allemagne la haine de l'infidèle. De nouveau il fut impossible à la diplomatie française de se concilier les appuis des réformés allemands.

Et la papauté dont on devine, dans tous les accords franco-espagnols de 1537 et 1538, le subtil et patient travail, intervint une fois encore. Le gouvernement de François Ier, informé de l'expédition contre Alger, promit à Charles Quint, par l'intermédiaire du souverain pontife, sa neutralité. Dans des conditions diplomatiques semblables, moins favorables qu'en 1535 peut-être, la flotte impériale put mettre ainsi à la voile, en octobre 1541, vers les rivages d'Afrique.

Les trois années qui vont de 1556 à 1559 nous fourniront un dernier exemple. En 1556, à la suite des intrigues du cardinal Carlo Caraffa, du pape Paul IV, des Guise, pour ne citer que les grands artisans de la rupture de la trêve de Vaucelles, la guerre recommençait entre la Maison de France et Philippe II. Le pape Paul IV soutenait la cause française. Le parti espagnol pouvait bientôt compter sur l'appui de l'Angleterre. En Italie, sur la frontière des Pays-Bas, les opérations militaires reprirent entre ces éternels adversaires. La bataille de Saint-Quentin, la reprise de Calais furent les grands épisodes de cette nouvelle passe d'armes. En 1559, Français et Espagnols signaient le traité du Cateau-Cambrésis qui a vraiment marqué, ainsi qu'on l'a dit, un moment tournant de l'histoire européenne.

Pendant cette période, que se passe-t-il en Afrique ? Bougie, en 1555, avait capitulé, ses mauvaises murailles n'avaient pu résister au canon de Salah Raïs. Vainement la gouvernante des royaumes espagnols fit-elle appel au duc d'Albe, vice-roi de Naples. L'émotion à l'annonce de cette nouvelle fut très vive dans l'Espagne orientale. L'exécution du défenseur malheureux de Bougie répondit, sans doute, à la nécessité de trouver un coupable dans cette malheureuse affaire. En 1556, on parla sérieusement d'une expédition de revanche dont le comte de Tendilla, un instant, put espérer le commandement. L'archevêque de Tolède Siliceo offrit de subvenir en partie aux frais d'une expédition contre les côtés africaines, *en imitación de sus prédecesores*. Agitation stérile. Le gouvernement espagnol, à la veille de la banqueroute, ne pouvait engager du côté de la Méditerranée des opérations nouvelles alors qu'il subvenait à peine aux frais des campagnes des Flandres et d'Italie. Le projet d'une expédition vengeresse fut ainsi abandonné. Cette même année 1556, Oran fut assiégé par les Turcs, « ... la population, écrit Ruff, ne parut pas s'en émouvoir et les femmes continuèrent même à sortir de la ville pour aller laver leur linge à la fontaine. Cependant le comte était moins rassuré... ». Le capitaine gouverneur d'Oran réclama sans succès des secours en Espagne. La mort de Salah Raïs, le rappel en Orient des galères ottomanes décidèrent de la levée du siège d'Oran. La responsabilité de cet heureux événement ne retombait ainsi nullement sur le gouvernement espagnol.

En 1558, le rôle du gouvernement dans l'aventure de Mostaganem ne fut pas non plus très actif. C'est le comte d'Alcaudète qui fut l'instigateur et l'ouvrier de cette malheureuse entreprise. Le Conseil de Castille donna simplement l'autorisation, que le comte sollicitait, de lever des troupes. Le comte put, de la sorte, embarquer à Malaga, en juillet 1558, quelques milliers de soldats, nobles de Grenade, volontaires venus même des régions de la Manche, jeunes recrues sans expérience et malheureusement trop nombreuses. Malgré les avis et les avertissements qui ne manquèrent pas, nous dit-on, le comte essaya, avec cette mauvaise armée, d'atteindre Mostaganem, en août 1558. On sait comment il devait échouer dans cette entreprise et y trouver la mort.

Ainsi, durant trois ans, le gouvernement de Philippe II, trop occupé par ailleurs, s'est successivement désintéressé de l'affaire de Bougie, du siège d'Oran, de la campagne contre Mostaganem. Au lendemain du traité du Cateau-Cambrésis, Philippe II, par contre, laissera s'organiser l'expédition officielle qui se dirigera, en 1560, contre Djerba.

Ces différents exemples établissent l'étroite relation qui lie les affaires d'Europe et celles d'Afrique. Quand la guerre sévit en Europe, l'activité espagnole chôme en Afrique. Les « moments d'intérêt » correspondent aux rares suspensions d'armes conclues sur les champs de bataille européens.

*

Dernier trait qu'il faut dégager de la masse confuse des événements, de 1516 à 1559, les Espagnols sont demeurés fidèles au système de l'occupation restreinte. Même au lendemain de leurs plus grands succès ils n'ont pas entrevu d'autre solution aux difficultés africaines. En 1535, Charles Quint n'abandonnait-il pas Tunis, que son armée venait de conquérir, à son protégé et vassal l'émir Muley Hassen, de la vieille dynastie des Hafsides ? L'empereur se contenta de faire construire une forteresse à La Goulette où il laissa quelques troupes, mesure insuffisante pour faire du protectorat tunisien une colonie déguisée. Charles Quint n'avait d'ailleurs, selon toute probabilité, en s'éloignant des rivages tunisiens, aucune illusion sur la solidité de son œuvre. De Muley Hassen dépendait toute la valeur du protectorat, et l'empereur avait très tôt et défavorablement jugé le personnage. Alfonso Rossetti, ambassadeur du duc d'Este, venu avec l'armada en Afrique, a rapporté, à ce sujet, des propos significatifs de l'empereur, au lendemain de la victoire : « Sa Majesté, écrivait-il à son maître, me fit observer que le roi proscrit (il s'agit ici de Muley Hassen), qui était entré à Tunis avec lui, ne lui avait été d'aucune utilité parce que haï par ses sujets et chassé pour cela même de son royaume. Qu'aujourd'hui, après le sac qu'il n'avait pu empêcher, il était encore plus méprisé et son autorité absolument nulle, que cette considération lui donnait beaucoup à réfléchir... ». Les hésitations de l'empereur se justifient sans peine. Pourquoi finalement Charles Quint se décidera-t-il à laisser ce prince sur le trône de Tunis, alors que ses défauts ne lui échappaient pas ? On ne peut, sur cette question, que se perdre en conjectures ; l'épuisement de son armée, l'hostilité de l'arrière-pays, la crainte de nouvelles solutions ont peut-être eu, en dernière analyse, raison de ses hésitations. Le petit problème des origines du protectorat tunisien reste encore à résoudre.

L'expérience de Tunis se reproduisait, huit ans plus tard, à Tlemcen où le comte d'Alcaudète entrait victorieusement en 1543 (6 février), après une marche pénible de plusieurs jours sous la pluie, à travers un pays accidenté. Il installa sur le trône le jeune roi Abdallah, vassal de l'Espagne, et, le 1er mars avant l'aube, l'armée espagnole, ralentie par un « interminable convoi de captifs et de butin », quittait la ville et reprenait le chemin d'Oran.

On aurait tendance, à la réflexion, à expliquer ces solutions par des considérations générales plutôt que par l'examen des faits particuliers. N'a-t-on pas vu, à notre époque, dans la campagne du Maroc, les Espagnols procéder encore comme le comte d'Alcaudète, en 1543 ? Tout s'est passé comme si les Espagnols avaient obéi constamment à une habitude, à un instinct qui les empêchait de s'établir loin des côtes africaines, en plein pays ennemi. Peut-être à une nécessité : le ravitaillement des garnisons côtières était prodigieusement difficile, pouvait-on dans ces conditions envisager l'existence de garnisons dans l'intérieur du pays ? C'est justement que l'on a opposé les méthodes espagnoles aux pratiques des Turcs d'Alger. Les Turcs, dans les pays qui formeront la Régence, n'établiront qu'un système d'occupation restreinte, mais ils ne se contenteront pas de mettre des garnisons dans les villes importantes de la côte, ils laisseront dans les villes de l'intérieur des janissaires qui répondront de leur obéissance. L'occupation espagnole a été restreinte, il ne faut pas l'oublier, à quelques points du littoral.

Les conséquences de ces méthodes se firent à la fois sentir sur la vie quotidienne des présides et sur les résultats ultimes de la période que nous étudions.

Le tableau de la vie quotidienne des garnisons espagnoles d'Afrique, malgré la dispersion chronologique de nos documents, peut être esquissé aisément. On ne peut évidemment pas apporter à ce tableau une minutieuse précision de détail, et il ne faut pas oublier que la situation des présides fut essentiellement changeante. L'existence y apparaît, en général, grise, étriquée, monotone. Melilla, depuis 1525, avait été reconstruite sur un promontoire voisin de la ville indigène. Un mur la protégeait contre un coup de main éventuel des tribus voisines. Mais, sur son promontoire, malgré ses citernes, Melilla manque d'eau potable et doit en faire venir de Malaga. Les vivres y sont si rares que la disette se déclare quand un chef indigène a la fantaisie de chercher refuge, avec ses partisans, dans la petite place espagnole. À Hone, le soldat espagnol ne fit qu'un court séjour, il eut cependant le temps d'y connaître de mauvais jours et d'y subir l'exploitation éhontée des chefs, exploitation qui dut, souvent, être la règle dans les *fronteras*. À Bougie, la situation fut toujours précaire. Les quelques documents qui parlent de cette garnison sont encombrés de plaintes. Un jour on signale les lézardes des remparts, un autre jour on déplore l'insécurité des environs, insécurité telle que les corvées de bois nécessitent l'alerte de la moitié de la garnison. J'aime beaucoup la lettre que le gouverneur de Bougie, Perafan de Ribera, écrivait en mai 1534 à l'empereur : « Bougie n'est pas le Pérou, disait-il, où l'on peut ramasser de l'or et des perles en courant le pays ; en Afrique on ne trouve que des Turcs ou des Maures. » Mêmes difficultés, plaintes aussi vives à La Goulette. Après le départ de la flotte impériale, les soldats durent s'employer aux pénibles travaux de terrassement. La nuit, tant que les remparts ne furent pas achevés, on multiplia les gardes et les rondes. Les soldats se ruinaient à fournir sans cesse les mèches et la poudre nécessaires aux arquebuses et les marchands leur vendaient les vivres à prix d'or. L'eau potable n'était pas précisément abondante, Bernardino de Mendoza, leur chef, notait, comme une chose importante, la cession de 80 barriques d'eau consentie par André Doria au bénéfice de la garnison. Le détail en dit long. Déjà mécontent du travail prodigieux qu'on lui infligeait, le soldat de La Goulette était moins payé que son compagnon d'armes de Sicile, resté tranquillement à Messine ou à Syracuse. De là, dès 1535, des plaintes et des demandes d'augmentation de solde. À Bône, la situation prit des allures de tragédie. Le commandant de la place, à l'automne 1540, assassinait le payeur Miguel de Penagos. L'affaire suscita une enquête qui jette un jour tout particulier sur le moral de la garnison. Les soldats de Bône avaient sérieusement songé à abandonner leur poste et à passer du côté des musulmans. L'enquêteur Francisco de Alarcón, venu de Cagliari à Bône, écrivait à l'empereur en novembre 1540 : « ... Je m'empresse d'informer [Votre Majesté] que ces malheureux qui, par désespoir, voulaient se faire Maures, se confessent aujourd'hui et communient. » Les résultats de cette enquête ne furent sans doute pas étrangers à la décision d'évacuer la place.

Faut-il accepter à la lettre ces plaintes et ces doléances ? On peut douter de la sincérité de certains rapports. Que les soldats espagnols aient connu quelques jours heureux dans les présides, c'est ce que l'exemple d'Oran nous prouve clairement. La place commandait, ainsi que le remarque justement M. Bodin, « les deux plaines vastes et fertiles de la Méléta et de Sirat, favorables aux évolutions des troupes européennes. Les pâturages de ces deux plaines étant indispensables aux troupeaux des tribus voisines, celles-ci, pour s'en assurer la paisible jouissance, devaient de toute nécessité s'entendre avec les Espagnols ». À l'époque où les troupeaux, remontant du Sud, approchaient des pâturages de la région oranaise, s'ouvrait, pour la garnison espagnole, la période des razzias fructueuses. Sur la dénonciation d'un indigène, le plus souvent, on entreprenait contre un douar une expédition brusque qui rapportait aux soldats et au capitaine gouverneur un butin appréciable. Sous les murs mêmes de la place vivaient les Maures alliés, *los Moros de paz*, qui approvisionnaient la ville en légumes, en céréales et en bétail. Oran était le grand centre de la puissance espagnole en Afrique, le poste d'observation essentiel. La ville devait sans doute ce rôle éminent à sa situation privilégiée : proche de l'Espagne, Oran n'était-il pas, en outre, aux portes mêmes du Maroc ? L'activité, l'énergie du comte d'Alcaudète contribuèrent également à faire d'Oran la première place de l'Afrique espagnole.

Mais que l'on ne s'imagine pas une ville vaste, somptueuse, où la vie constamment rappellerait les douceurs et les joies de l'Andalousie. C'est un pauvre camp fortifié, sans cesse sur le qui-vive. La vie du soldat, là comme ailleurs, connaît tout un cortège de misères. Il suffit pour s'en rendre compte de laisser parler les textes. À maintes reprises Oran risque de mourir de faim. Tantôt les convois de blé n'ont pu franchir la mer en temps utile, tantôt le royaume de Tlemcen refuse les livraisons en nature stipulées dans le traité, une autre fois la famine est déclenchée par le pillage des fournisseurs, éternels profiteurs. « J'ai eu plus de peine, écrivait le comte d'Alcaudète en 1535, à défendre ces deux villes [Oran et Mers el-Kébir, son annexe] contre la faim que contre l'ennemi... », « que l'on se préoccupe un peu moins, ajoute-t-il, de l'intérêt des fournisseurs » [10]. En avril 1536, nouvelles plaintes. « La récolte de l'année précédente a été mauvaise et la ville d'Oran manque de blé... on ne paie pas régulièrement les troupes ; elles viennent seulement de toucher le second tiers de leur solde de 1535. Les soldats sont mécontents et demandent à s'en retourner en Castille. » En juin 1536, deux caravelles chargées de vivres entrent dans le port, « l'arrivée de ces navires, écrit le gouverneur, a eu lieu à propos, nous n'avions plus de pain et les autres vivres commençaient à nous manquer ». Il serait aisé d'allonger la liste de ces doléances. Les gens d'Afrique ont peut-être, maintes fois, noirci la situation réelle. On ne saurait cependant passer sous silence leurs plaintes réitérées.

Pour si intéressante et touchante que soit, en Afrique, la vie du soldat espagnol, elle n'est pas, il s'en faut, la conséquence la plus grave du système de l'occupation littorale.

L'Espagne, en l'adoptant, s'est condamnée à n'avoir aucune influence, aucun rayonnement sur l'immense pays maghrébin que ses armées n'occupaient pas. Écartons tout de suite l'idée d'une influence économique ou religieuse quelconque exercée par les postes espagnols. Au point de vue économique, leurs chefs n'ont eu que la constante préoccupation d'assurer sur place leur approvisionnement en blé, en orge et en bétail. Cette politique de ravitaillement, très imparfaite d'ailleurs, n'eut jamais rien de particulièrement éblouissant. On relève bien, dans les longues palabres engagées entre les gouverneurs d'Oran et les rois de Tlemcen, le désir de détourner, au profit d'Oran, le commerce du vaste pays tlemcénien : « Je donnerai des ordres, écrit notamment le roi de Tlemcen en 1535, pour que tout le commerce du royaume passe par la ville d'Oran. » Mais peut-être qu'en regardant les choses de plus près, on trouverait, à l'origine de cette stipulation, non pas la claire vision d'intérêts mercantiles, mais le désir d'assurer le paiement régulier du tribut tlemcénien [11].

L'influence spirituelle de la « catholique Espagne » fut assez piètre. Jamais les Espagnols ne purent pratiquer en Afrique le système des conversions en masse qu'ils appliquèrent aux musulmans de la péninsule. Malgré la pompe des cérémonies officielles qui accompagnaient toute conversion, le succès de la propagande catholique auprès des indigènes ne fut pas très vif. Il fallut, dès le début, tenir compte de l'intransigeance musulmane. Bien plus, il n'y eut jamais d'effort sérieux de la part des Espagnols pour attirer l'indigène à la foi du Christ. Pour les ecclésiastiques comme pour les soldats, l'Afrique n'apparaissait que comme une terre d'exil. En 1535, le comte d'Alcaudète énonçait ainsi ses recommandations à son envoyé en Espagne, Garcia de Navarette : « Vous direz... à Sa Majesté que je lui ai mandé l'extrême besoin qu'ont ici l'église et les monastères de personnes d'autorité, d'habileté et de bon exemple, pour attirer les Juifs et les Maures à la foi de Jésus-Christ et pour instruire et éclairer ceux qui veulent embrasser notre sainte religion. Vous demanderez que Sa Majesté fasse donner de quoi manger aux prêtres et aux moines et qu'à cet effet elle permette qu'on prenne sur l'ordinaire de la guerre 40 ou 50 pains pour les leur distribuer. Vous ajouterez que je trahirais ma conscience si je n'informais pas Sa Majesté combien peu d'ailleurs ces gens-là sont méritants. Je la supplie qu'elle veuille bien ordonner qu'on envoie ici, dans les monastères et dans l'église, des personnes connaissant les langues hébraïque et arabe, afin qu'elles puissent rendre les services qu'on doit attendre d'elles sur une frontière comme celle-ci, car il y a toujours des Maures et des Juifs dont elles peuvent gagner les âmes... » Un tel témoignage se trouve confirmé par d'autres documents, entre autres par ce billet de victoire religieuse que le comte rédigeait en 1535 : « Cinquante [Arabes], écrivait-il, de ceux qui ont été pris dans les razzias ont été baptisés. » Et il ajoutait, ce qui nous laisse assez perplexes sur les moyens employés pour aboutir à de telles fins : « Dans toute la ville d'Oran, il n'y a pas un seul ecclésiastique qui sache leur dire, en leur langue, un mot de notre foi. » Les conversions ainsi obtenues, on le sait par les Espagnols eux-mêmes, demeuraient précaires et douteuses. L'échec spirituel de la croisade espagnole ne fait aucun doute aux yeux d'un témoin impartial.

Les Espagnols ont essayé par des tractations, des intrigues et des alliances, d'asseoir leur autorité politique sur l'arrière-pays. Dans ces tentatives, le tact et la souplesse leur firent souvent défaut. La fierté, l'arrogance, et parfois la rapacité des chefs militaires espagnols furent toujours un obstacle à des négociations profitables. Les Espagnols ne firent presque jamais montre de cette habileté, de ce sens des réalités africaines que l'on note chez les Portugais dans leurs entreprises marocaines. Malgré le long apprentissage des guerres contre les Maures, les Espagnols ne semblaient connaître ni la langue, ni la mentalité des musulmans d'Afrique. Les interprètes étaient, la plupart du temps, des Juifs, des Arabes convertis ou non. Les libelles en langue *aljamiada* ne pouvaient toucher que des musulmans familiarisés déjà avec l'espagnol et rien ne prouve que ces libelles, où se trouvait exclusivement exposée la doctrine du Christ, aient été répandus en Afrique. Des Espagnols aujourd'hui, et non des moindres, parlent couramment de l'absence du sens de l'Europe qui caractérise leur pays, à notre époque. Avec plus de raison encore on peut dire qu'au XVIe siècle le sens de l'Afrique lui a fait totalement défaut.

Tous les concours indigènes à l'usage se révélèrent extrêmement fragiles. La mentalité des musulmans nord-africains, si versatiles, la haine instinctive des deux races firent de toutes les combinaisons politiques des échafaudages élevés sur le sable. Les *Moros de paz* d'Oran, en rapports quotidiens avec la garnison espagnole, la trahirent à plusieurs reprises, laissant pénétrer, sans donner l'alarme, des indigènes ennemis de l'Espagne jusqu'aux murailles de la ville. La grande alliance avec les chérifs du Maroc apparut très vite comme un bien pauvre expédient. Enfin, à l'est et à l'ouest, les deux grands systèmes de la politique espagnole, le protectorat tunisien et le protectorat tlemcénien, s'effondrèrent avant la fin de la période que nous étudions. Cette double histoire mérite que l'on s'y arrête, elle marque, dans le développement des entreprises espagnoles, une époque critique que l'on a jusqu'ici négligée bien à tort. Par ces deux protectorats, le gouvernement espagnol avait créé des marches véritables qui tout à la fois protégeaient ses places fortes et encerclaient la zone d'influence des Turcs d'Alger.

En 1550-1551, le protectorat tlemcénien, si souvent déjà compromis par les ambitions des rois indigènes, sombrait dans la tourmente que déchaîna l'invasion chérifienne de 1550. Tlemcen, un instant, subit alors la domination marocaine. Mais les tribus du royaume, notamment celle des Beni Amer, acceptèrent assez mal la conquête étrangère. De nombreux dissidents se replièrent en direction de Mostaganem. En février 1551, secondés par ces dissidents, les Turcs d'Hassan Corso taillaient en pièces l'armée marocaine. Tlemcen emporté d'assaut subit un effroyable pillage. Les Turcs victorieux se gardèrent bien de laisser dans cette ville si importante « un fantôme de roi ; ils y mirent une garnison et Saffa en fut le gouverneur ». L'installation définitive des Turcs à Tlemcen bouleversa complètement la situation de l'arrière-pays oranais. Les Espagnols ne dicteront plus désormais leur volonté dans la vieille capitale tlemcénienne dont l'accès leur fut, pour toujours, interdit.

La fin du protectorat tunisien n'est compréhensible que si l'on démêle les événements multiples et embrouillés qui se succédèrent, de 1535 à 1559, dans le royaume des Hafsides. La tâche est loin d'être aisée, et les résultats que l'on exposera n'ont pas la prétention d'être définitifs.

Dès le départ de Charles Quint, les difficultés surgirent de toutes parts devant l'autorité vacillante du vassal des chrétiens, Muley Hassen. Il lui fallut combattre les soulèvements du Sud tunisien, lutter contre les intrigues, puis contre la rébellion de son fils. Il ne pouvait se maintenir, dans cette situation instable et précaire, que grâce à l'appui de l'Espagne, aux soldats et aux flottes du chrétien. Dans le Sud tunisien, perpétuellement agité, les premiers efforts des Espagnols furent vains. En 1535 ils échouaient devant El Mehdia (Africa), en 1537 ils attaquaient Sousse, sans succès. En 1540, André Doria réparait tous ces insuccès, Sfax, Sousse et Monastir capitulaient devant les flottes chrétiennes. On laissa même, à demeure, une garnison espagnole dans le poste important de Monastir. Mais ces succès furent sans lendemain. Dans une expédition contre Kairouan, Muley Hassen était abandonné par ses soldats et échappait miraculeusement à la débâcle. Le Sud tunisien, centre vibrant du fanatisme musulman, en un instant se souleva contre le maître de Tunis. Les Espagnols évacuèrent alors Monastir. Tout, de ce côté, était à refaire.

En 1542 Muley Hassen partait pour l'Europe dans l'espoir d'obtenir du secours. Mal lui en prit. Pendant son absence son fils Muley Hamida se révoltait. À son retour, Muley Hassen était battu, emprisonné, puis aveuglé, il mourut misérablement.

Dès lors, le pays tunisien connut une confusion sans précédent. Trois politiques s'y opposent constamment au hasard des circonstances. Les Espagnols appuyés sur La Goulette surveillent les alentours de la place, négocient, intriguent, entreprennent quelques *cabalgadas*, quand le ravitaillement de Sicile et de Naples se fait par trop attendre. À plusieurs reprises ils essaient, avec des princes complaisants, de reconstituer un fantôme de protectorat. Bientôt, et définitivement, maître de Tunis, Muley Hamida essaie de rassembler sous son autorité les domaines des Hafsides. Ses agents vont jusqu'à Constantinople solliciter l'aide du sultan et, quand le danger presse, il n'hésite pas à négocier avec l'Espagnol, à signer des trêves, voire des traités. Malgré tous ses efforts le Sud tunisien lui échappe, comme à son père. C'est là, sur cette vieille terre musulmane, qu'apparaît un nouveau personnage, la troisième puissance du pays tunisien, le corsaire Dragut. Un intérêt particulier s'attache à ses actions. Dans un article vivant et documenté, M. Monchicourt a su nous donner un résumé substantiel de ce que l'on pourrait appeler les débuts de la grande politique de Dragut, son installation à El Mehdia d'où les Espagnols le délogent en 1551, les stratagèmes qui lui permettent, en janvier 1551, d'échapper, dans les canaux de Djerba, à la poursuite d'André Doria, sa soumission enfin au gouvernement de Constantinople. Dragut a vraiment recommencé, dans ces pays de l'Est, l'aventure de Barberousse dans la région algéroise. En 1551, le 16 août, Tripoli de Barbarie tombait en son pouvoir. Il disposait désormais d'un point d'attache en bordure de la Tunisie. Le Sud tunisien s'offrait à lui comme une conquête facile. Gafsa, qui jadis l'avait repoussé, lui ouvrit ses portes, le 20 décembre 1556, et le reçut en triomphateur. Le 3 janvier 1558, il était maître de la grande métropole religieuse, Kairouan. À mesure que ses succès se multipliaient et que sa puissance grandissait, le cercle de son action s'étendait. Malte, les côtes siciliennes, le littoral calabrais voyaient apparaître, au bon temps, les navires de Tripoli. Dragut était devenu une puissance méditerranéenne.

Tel était l'état des choses en pays tunisien à la veille du traité du Cateau-Cambrésis. La situation avait bien changé depuis l'éclatante victoire de 1535, et au détriment des Espagnols. Qu'à ces échecs de Tunisie on ajoute les défaites de la région tlemcénienne, et l'on s'apercevra du passif très lourd de la politique espagnole en Afrique, durant la période 1516-1559.

III

La situation de l'Afrique espagnole apparaît en 1559 déjà bien compromise. Dix-huit ans plus tard, en 1577, sa ruine à peu près complète est un fait accompli. L'édifice, en s'écroulant, a d'ailleurs fait si peu de bruit que sa chute est passée presque inaperçue. Il nous sera difficile d'exposer les conditions et les causes de l'événement.

*

Remarquons qu'au-delà de 1559, la guerre africaine a des allures nouvelles. Le fait le plus significatif semble bien être alors l'importance de premier plan que prennent les incidents du pays tunisien. On en arrive à croire, à certains moments, que la question d'Afrique est simplement devenue la question de Tunisie. L'explication de ce changement, si l'on considère la politique générale de l'Espagne durant cette période, s'impose d'elle-même. De 1559 à 1577 le gouvernement du Roi Catholique s'est vivement intéressé aux événements méditerranéens, il s'est minutieusement attaché à la connaissance des moindres détails, au développement des affaires en apparence les plus insignifiantes. La Méditerranée est en effet le théâtre d'une lutte grandiose, coupée de moments d'accalmie à la vérité, mais dont le gouvernement de Philippe II ne peut, un seul instant, se désintéresser. La Méditerranée occidentale, malgré les corsaires barbaresques, est dominée par le Roi Catholique. La Méditerranée orientale, si l'on excepte le domaine colonial de Venise, sans cesse menacé, et si l'on néglige les incursions des chevaliers de Malte toujours à l'affût des bonnes prises qui abondent dans les mers de l'Archipel, demeure le fief du sultan. Entre ces deux maîtres de la Méditerranée, le Roi Catholique et le sultan, il reste à débattre, au moment même où les luttes politiques de l'Europe s'apaisent, une question de suprématie. C'est à la limite des deux bassins méditerranéens que se dérouleront les phases essentielles de la lutte : Djerba en 1560, Malte en 1565, Lépante en 1571, Tunis en 1573 et en 1574. La localisation géographique de ces champs de bataille ne manque pas de signification.

On comprend que la guerre contre le Turc ait tout naturellement attiré l'attention des maîtres de l'Espagne sur les rivages tunisiens : ne constituaient-ils pas, en effet, dans ces luttes maritimes une ligne d'avant-postes utiles qui complétait les positions de Naples, de Sicile et de Malte dont les chevaliers étaient à la dévotion de l'Espagne ? Que l'on joigne sur la carte ces différents points, on tracera l'une des plus grandes frontières militaires de l'Espagne à cette époque. Posséder cette frontière, c'était non seulement surveiller les routes qui menaient vers les mers du « ponant », c'était aussi disposer de postes de guette d'où l'on pouvait surveiller les mouvements des armadas ottomanes, recueillir des renseignements sur les pays ennemis apportés par des agents, des renégats ou des captifs chrétiens échappés à leurs gardiens. Les *avisos* d'Italie et d'Afrique, envoyés à tous les grands fonctionnaires, semaient dans l'Empire espagnol les nouvelles sensationnelles où la part de l'inexact n'était jamais absente.

En dehors de la période 1573-1574 où les Espagnols furent maîtres de Tunis, le Roi Catholique ne disposa jamais que d'un poste dans l'est des pays barbaresques, La Goulette. Il avait pour l'Espagne une valeur singulière. Cette petite place demeurait le centre de préoccupations multiples. En Sicile et à Naples, on s'ingéniait à pourvoir à son ravitaillement en vin, en eau potable, en blé, en poudre, en artillerie, en chaux, en alambics pour distiller l'eau de mer... De l'Escorial, ou de toute autre résidence, Philippe II s'intéressait à la marche des vaisseaux de ravitaillement, s'impatientait de leur retard, déplorait les accidents, se réjouissait de leur arrivée à bon port. Durant les mois d'hiver, alors que les temps *borrascosos* empêchaient les vaisseaux de quitter les ports qui les abritaient, le gouvernement espagnol prenait des dispositions pour les beaux jours à venir. Jamais on n'oubliait, dans les ordres expédiés, de prévoir quelque détail pour La Goulette, on décidait une année l'élargissement de ses fortifications, l'année suivante, au reçu d'*avisos* alarmants, on augmentait le chiffre de sa garnison, on le diminuait au reçu de bonnes nouvelles. De là des ordres multiples, des mouvements de troupes, des levées d'Italiens et d'Allemands qui devaient prendre, à Naples, la place laissée vide par le départ des vieilles bandes espagnoles pour la garde de La Goulette. Détail curieux, notre ambassadeur à Madrid, le sieur de Fourquevaux, généralement tenu à l'écart des secrets de la cour, réussissait à connaître ou à soupçonner ces nouvelles relatives à la « Golette ». « J'ay pensé entendre, écrivait-il le 9 avril 1566, qu'il [le marquis de Pescaire] prendra les Alemans, Espaignolz et Italliens qui s'assemblent sur le duché de Milan pour la défence du dit Malte et de la Golette. » Le 5 mai 1566, il annonçait que le fils du duc d'Albe venait de partir à Naples et de là se rendrait à la « Golette ». En janvier 1567, il écrivait à Charles IX : « Le Roy [Philippe II] est fort déplaisant de ce que le roy de Tunes [il s'agit toujours de Muley Hamida] a commencé la guerre contre les Espaignolz de la Golette ; lequel roy de Tunes voyant qu'il s'y fait une nouvelle fortification en agrandissant la dite place, il fera son effort de l'empêcher et qu'il n'y aille point de vivres afin que, arrivant vers luy un bon secours du Turc comme il se promet l'avoir au bon temps, non seulement il ait donné le dit empeschement mais aussi il ait fait consumer les vivres d'icelle... » Durant toute son ambassade, qui ne prit fin, malgré ses demandes réitérées de rappel, qu'en 1572, Fourquevaux fut constamment attentif aux progrès, aux actions des Turcs et aux événements du pays tunisien. Il ne sut qu'imparfaitement et tardivement la vérité sur la prise de Tunis par Euldj Ali, le maître d'Alger, à la fin de l'année 1569. En décembre 1569, il faisait part à la cour de France des armements d'Euldj Ali, à Bône, en vue de son expédition contre Muley Hamida, roi de Tunis, dont il annonçait bien à tort le décès : « Le roy dud. Tunes s'est laissé mourir, écrivait-il, et les Turcs et habitants de la dite ville et partie des Mores ont appelé led. Allochaly [Euldj Ali] pour s'en faire Roy au nom du Grand Seigneur... » En mars 1570, donc avec un large retard, il rectifiait ses premières nouvelles et les complétait : « ... lequel roi de Thunes, rapportait-il, on avait faict mort il y a quelques mois, ce qu'il n'est pas ; ains s'est sauvé dans la Golette avec deux enfans, et une de ses femmes... [Après leur victoire les Turcs] sont entrez pesle mesle dans lad. ville de Thunes et à présent tiennent la Golette assiégée avec vingt-cinq gallères ou galliotes afin que gens ny vivres n'y entrent ; c'est en attendant lad. armée turquesque. Pour lever lequel siège... Sa Majesté Catholique a donné ordre que Jehan André Dorie [Doria] y aille accompagné de quarante-cinq gallères qui chargent cinq cens Espaignolz en Lombardie, quinze cens en Naples et trois mil Italliens... » Fourquevaux demeura assez longtemps à Madrid pour y apprendre la nouvelle de la bataille de Lépante, de « *Luparto* » ainsi qu'il écrivait. Il eut peut-être aussi l'écho des projets espagnols relatifs à Tunis et ne dut pas, de retour en France, trop s'étonner de l'expédition de Don Juan d'Autriche, en 1573, contre la vieille capitale des Hafsides.

Il n'est pas sans intérêt de voir ainsi notre ambassadeur s'occuper, alors que la France est déchirée par les guerres religieuses, des événements lointains du pays tunisien et des projets des Turcs. Il avait su, malgré la pauvreté de ses informations, discerner l'essentiel dans les complications nord-africaines. Sans doute les Espagnols se sont-ils battus, en Afrique du Nord, de 1559 à 1577, sur des points situés en dehors de la région tunisienne, en 1563 sous les murs de Mers el-Kébir, en 1564 devant le Peñon de Velez et même, en 1567, lors de la tentative de Gascon, dans Alger même, mais les questions tunisiennes si étroitement liées à la guerre turque ont eu alors une tout autre importance que ces événements. Il était nécessaire de le souligner.

*

La guerre contre le Turc eut une profonde répercussion sur les destinées de l'Afrique espagnole. En suivant les phases, en notant les erreurs et les fluctuations de la politique espagnole en Méditerranée, en indiquant ses échecs, on s'aperçoit que l'on explique presque entièrement, chemin faisant, les derniers moments de la grande expérience espagnole en terre d'Afrique.

Le premier caractère de cette politique espagnole, malgré ce que l'on a écrit à ce sujet [12], c'est son manque de continuité. Elle se révèle, à l'examen, changeante et contradictoire. On pourrait, en simplifiant beaucoup, distinguer quatre lignes politiques assez diverses, mais parfois entrecroisées, dans l'attitude du gouvernement espagnol à l'égard des conflits méditerranéens. Tantôt le Roi Catholique s'intéresse d'assez loin à ces luttes et se contente de diriger quelques expéditions de détail le long du littoral africain ; tantôt il s'abandonne aux extravagances d'une politique d'aventures orientales qui explique la présence des galères espagnoles dans les eaux écumeuses de l'Archipel ; à d'autres moments, assez rares, le gouvernement espagnol consacre toutes ses forces vives aux entreprises africaines dont Alger ou Tunis semblaient d'avance les buts tout indiqués ; enfin, malgré des préventions très fortes, on envisageait parfois dans les milieux espagnols la possibilité d'une suspension d'armes, d'une trêve avec le Turc analogue à celles que les ambassadeurs impériaux négociaient à Constantinople, de temps à autre, si laborieusement.

L'offensive espagnole en Méditerranée, entre 1559 et 1577, a donc pris une double direction : tantôt l'Afrique du Nord tantôt l'Orient en ont été les objectifs. L'offensive orientale a nui, on peut en être sûr, à l'offensive africaine. Rien ne le montre plus clairement que l'examen chronologique des faits.

Laissons un instant de côté l'histoire théâtrale de cette période. Djerba (1560), Malte (1565), Lépante (1571), Tunis (1573-1574), événements sensationnels entre tous, n'ont pas eu toujours l'importance de coupures qu'on leur attribue quelquefois. La période 1559-1577 nous semble partagée en deux par une crise, très courte, d'impérialisme espagnol dont les années 1570-1573 marquent, approximativement, les limites. Avant cette crise la politique espagnole demeure presque strictement défensive ; au-delà de 1573, elle semble rechercher une solution pacifique, momentanée et précaire sans doute, aux difficultés qui la contrarient.

Avant 1570, en effet, il ne saurait être question

d'une grande politique méditerranéenne de l'Espagne. Dans les années qui suivirent le traité du Cateau-Cambrésis, le gouvernement espagnol ne pouvait mener à bien aucune entreprise sérieuse. L'argent lui manquait, car les conséquences de la banqueroute de 1557 se firent sentir plusieurs années durant. En 1559-1560 cependant s'organisait et se déroulait l'expédition de Djerba, qui devait se terminer par un échec lamentable. Il est prudent de ne pas grossir l'importance de l'événement. Il ne semble pas, en outre, qu'il mette en cause l'existence, dans les milieux gouvernementaux d'Espagne, de vastes projets agressifs. L'opération n'était-elle pas dirigée uniquement contre Dragut, que la Porte pouvait très bien ne pas soutenir, et n'est-ce pas en marge du gouvernement de Philippe II que l'idée de cette expédition avait pris naissance ? M. Monchicourt a noté, dans son livre, que l'entreprise fut à son origine le fait du vice-roi de Sicile, désireux de conduire une expédition glorieuse, et des chevaliers de Malte qui rêvaient de reprendre à Dragut leur fief de Tripoli. Le Roi Catholique a laissé faire plutôt qu'il n'a donné des ordres. L'expédition a soulevé contre elle des protestations véhémentes. Le 10 janvier 1560, le duc d'Alcala, vice-roi de Naples, écrivait à Philippe II : « [Le Turc prépare] une grosse armada et ce royaume est sans aucun soldat, l'entreprise de Tripoli traîne singulièrement en longueur, je supplie Votre Majesté qu'en considération d'un si grand retard elle ordonne que les soldats de Naples fassent retour ici pour assurer la garde de ce royaume, sinon il sera en bien mauvaise sûreté... il serait temps aujourd'hui, ajoutait-il, de négocier une trêve avec le Turc tant à la faveur de la révolte de ses fils que pour la si grande nécessité où se trouvent les États de Votre Majesté, ici on juge que ce serait une chose très nécessaire... » En Espagne aussi on se plaignait que les préparatifs de l'expédition aient démuni les côtes « que les Mores osent infester... fort librement ». Dans ces conditions, pourquoi Philippe II a-t-il laissé partir l'expédition ? Une hypothèse semble vraisemblable. Le Roi Catholique aura voulu complaire au Saint-Siège et obtenir de lui, par la suite, l'aide financière dont le trésor espagnol avait besoin.

En 1564, Don Garcia de Toledo, capitaine général de la mer, enlevait sur les côtes marocaines un petit îlot rocheux, le Peñon de Velez. « Événement d'une grande importance », écrit Philippe II à l'inquisiteur général Hernando de Valdès. Il n'est cependant pas, à notre avis, l'indice d'une grande politique. Au point de vue militaire, l'événement apparaît même d'un intérêt assez mince. Le gouvernement espagnol a profité, pour agir dans les eaux du Ponant, d'une accalmie de la guerre turque. En 1564, en effet, en dehors des galères préposées à la garde de l'Archipel, aucune flotte n'est sortie de Constantinople. Le choix du Peñon de Velez comme but de cette opération se comprend aisément. Le petit rocher était, à proximité des côtes espagnoles, le point de ralliement de nombreux corsaires musulmans dont les incursions en terre chrétienne étaient fréquentes et dangereuses. L'affaire du Peñon a répondu aussi à d'autres préoccupations. Philippe II et ses conseillers ont voulu, par cette tentative contre les corsaires barbaresques, justifier les concessions financières obtenues, Dieu sait avec quelles peines, de la Curie romaine. Une lettre de Philippe II, datée du 3 août 1564 et adressée à son ambassadeur à Gênes, Figueroa, ne permet pas d'en douter. L'ambassadeur lui avait indiqué, quelque temps auparavant, que la république de Gênes désirait vivement être secourue par l'Espagne dans sa lutte contre la Corse révoltée : « ... Don Garcia de Toledo, répond le roi, se serait employé avec toutes ses galères à l'apaisement de cette révolte, mais on a considéré qu'il était déjà sur les côtes des royaumes espagnols et l'entreprise que nous avons décidée [contre le Peñon] est grandement nécessaire à leur bien. De plus nous avons su que Sa Sainteté nous guettait pour voir comment se dépense l'argent que l'on retire du subside qu'il nous a concédé pour l'entretien des galères et s'il s'emploie dans les entreprises contre les infidèles, comme le veut la principale intention de cette concession... » La crainte des reproches pontificaux et de leurs conséquences financières doit ainsi figurer au premier plan des causes de l'expédition du Peñon.

L'année suivante, en 1565, les Turcs assiégeaient Malte. Le secours espagnol s'organisa lentement, comme de mauvaise grâce. Il fut cependant décisif. Les Turcs durent abandonner l'île devant l'infanterie d'Alvaro de Sande. Dans ces événements sensationnels de Malte, l'attitude de l'Espagne a été purement défensive et les craintes si vives qu'inspira ce siège à l'Italie et à la chrétienté n'ont pas influé notablement, par la suite, sur la ligne politique du gouvernement espagnol. Peu après le drame de Malte, en 1566-1567, le pape Pie V proposait à Philippe II d'entrer dans une ligue contre le Turc. Sur les conseils du duc d'Albe, le Roi Catholique refusait catégoriquement. D'autres dangers, notamment celui des Pays-Bas, préoccupaient alors le gouvernement espagnol. Les circonstances ne se prêtaient pas aux aventures méditerranéennes. Il en fut ainsi jusqu'en 1570.

*

Tout change en 1570. Le signe des temps nouveaux c'est la conclusion, entre l'Espagne, Venise et la papauté, d'une ligue contre le Turc. Avec le rapprochement de Venise et de l'Espagne va s'ouvrir l'ère des grandes opérations méditerranéennes. C'est à Pie V, à son zèle infatigable, à son ardeur passionnée, à ses rêves de croisade, que l'on attribue couramment le mérite de cet accord politique, non sans raison. Mais d'autres facteurs ont compté dans la genèse de l'événement. La guerre de Grenade (1569-1570) avait, entretemps, ranimé les passions espagnoles contre les musulmans, rendu plus précis et plus tangible encore, pour les Espagnols, l'immense péril de l'Islam. Les avantages financiers que la Curie romaine sut concéder, fort à propos, au gouvernement espagnol facilitèrent singulièrement la conclusion de la ligue.

De quel côté l'offensive chrétienne allait-elle se diriger ? Les Espagnols songeaient à des expéditions contre les pays barbaresques. On jugeait dans les milieux gouvernementaux que nul profit ne pouvait résulter d'expéditions en Orient. Au temps de Charles Quint, l'expérience de Coron n'avait-elle pas prouvé qu'il était chimérique d'espérer que les Espagnols se maintiendraient sur les côtes orientales de la Méditerranée, en bordure du pays turc ? Par contre, les intérêts de Venise, les désirs de la papauté ne trouvaient satisfaction que dans des expéditions orientales. Les Espagnols réussirent bien à faire stipuler, dans les chapitres de la ligue, que l'on ne se contenterait pas de lutter contre la *gente turquesca*, mais que l'on mènerait aussi la guerre contre *los Reyes de Argel, Tunez y Tripol*. Précaution assez vaine, jamais les alliés n'accepteront de conduire les flottes de la ligue contre l'Afrique du Nord. Le gouvernement espagnol se bercera d'illusions à ce sujet, perdra son temps en projets. La Curie romaine et Venise entraîneront les Espagnols, bon gré mal gré, dans les aventures d'Orient. En 1570, en 1571, année de Lépante, en 1572, année du siège de Modon, le Roi Catholique gaspilla hommes, vaisseaux, argent dans ces guerres du Levant, vraiment ruineuses. Il dépensa des sommes énormes avec les croisières de Don Juan d'Autriche. Sans bénéfice, en dehors de la gloire. Ces années 1570-1572, il ne faut pas se le cacher, ont été des années perdues, les intérêts véritables de l'Espagne en Afrique du Nord sont restés en souffrance. Ce ne fut qu'après la rupture de la ligue que Venise abandonna, comme on le sait, en 1573, que les Espagnols purent songer aux guerres d'Afrique. À l'automne 1573, alors que de toute l'Italie méridionale on signalait l'approche de la flotte turque, Don Juan d'Autriche groupait ses galères sur les côtes de Sicile, à la Favignana, le poste d'observation par excellence d'où l'on pouvait surveiller les pays africains. Malgré les cris, les colères et les craintes des grands fonctionnaires de Naples et de Sicile, il levait bientôt l'ancre et mettait à la voile vers les rivages d'Afrique, abandonnant l'Italie à la merci des vaisseaux turcs (octobre 1573). Cette manœuvre audacieuse et téméraire lui livrait quelques jours plus tard, presque sans coup férir, la ville de Tunis. Les temps de Charles Quint et leur splendeur s'évoquèrent alors d'eux-mêmes. Don Juan d'Autriche ajoutait ainsi, à la longue histoire des expéditions espagnoles en Afrique au XVIe siècle, une page brillante, la dernière malheureusement. Les conseillers de Don Juan, à la veille de l'expédition, à une heure où l'on ne croyait peut-être pas à un succès si rapide, s'étaient fait bien des illusions au sujet de la conquête future. Le 26 juin 1573, Don Juan écrivait à son frère : « Il a paru ici que l'on devait entreprendre l'expédition de Tunis avec comme but de conserver la ville à Votre Majesté et non de la donner au roi Hamida. » Un mois plus tard, Don Juan écrivait de nouveau à son frère, s'inspirant des avis de son conseil : « La résolution que Votre Majesté a ordonné de prendre relativement à l'abandon, pour cette année, d'une expédition contre Alger, s'est trouvée la même que celle que nous avions formulée ici... » Si l'on gagne Tunis, poursuivait-il, « il conviendrait de fortifier l'entrée de Puerto Farina et de barrer celle de l'étang de Bizerte... Il faut conserver [Tunis] en votre nom et ne l'abandonner ni à son ancien roi ni à aucun des infants, pour le peu de confiance qu'il est possible de placer en eux tous... ». Après avoir signalé la nécessité d'élever une forteresse à Tunis même, Don Juan continuait : « Que l'on laisse vivre les Maures sous leur loi, qu'on leur conserve leurs habitudes, comme sous le règne des rois maures, sans que l'Inquisition ait rien à faire avec eux, que Votre Majesté ordonne de leur choisir des gouverneurs parmi les naturels du pays... » Ce programme de douceur avait bien des qualités. S'inspirait-il d'une claire vision de la réalité, ou du désir secret qu'avait Don Juan de se tailler un royaume en Afrique ? On ne saurait répondre à ce sujet. Aucun document ne nous permet en effet, jusqu'ici du moins, de parler avec précision des ambitions royales de Don Juan. Constatons du moins, comme une chose peu courante, les projets de politique tolérante des vainqueurs de Tunis, ce qui ne veut pas dire qu'à l'usage les pratiques d'autrefois ne furent pas mises en œuvre. Des bruits fâcheux circulèrent à ce propos. La voix commune à Constantinople, évidemment suspecte, accusait Don Juan d'avoir fait transporter en Espagne les marbres des mosquées tunisiennes. Il y a peut-être une part de vérité dans cette médisance.

*

Il était bien tard, assurément, en 1573, pour appliquer ce programme de mainmise sur le royaume de Tunis. Tout d'abord, c'était là la politique de Don Juan, non celle du gouvernement espagnol. Bien avant la prise de Tunis, Philippe II s'était clairement exprimé sur ce grave problème. Le 22 octobre 1573, dans une lettre à Granvelle, alors qu'il ignorait la victoire de Don Juan, il revenait encore sur la question. « Bien que l'on se représente ici, écrivait le roi [au cas où l'on prenne Tunis], la valeur de sa possession, il a semblé que ce serait là une source de grandes dépenses et que le seul profit que l'on en retirerait serait d'en priver les ennemis, pour cette raison et par suite de l'impossibilité de pourvoir sur place au ravitaillement, le mieux sera de la démanteler ou de la donner au roi Hamida ou à l'infant son frère qui est en Sicile... » Quand Philippe II connut la victoire de son frère, puis sa décision de construire une forteresse à Tunis, il accepta les faits accomplis, peut-être sans joie. Quoi qu'il en soit de cette opposition entre Philippe II et Don Juan, où l'on a voulu voir la marque du tempérament soupçonneux et jaloux du Roi Catholique, Don Juan abandonnait bientôt sa conquête et regagnait les côtes italiennes, laissant de fortes garnisons à Tunis et à La Goulette.

La prise de Tunis par le chrétien avait soulevé les passions et les colères de l'Islam. La victoire de Don Juan appelait une riposte. Elle ne tarda pas. En 1574, contre toute espérance, les Turcs s'emparaient à la fois de Tunis et de La Goulette. La prise de La Goulette, survenue la première, était particulièrement douloureuse. C'était un vieux bastion de l'Afrique espagnole qui s'effondrait.

On comprend aisément l'émotion de Granvelle au reçu de cette nouvelle. Il écrivait à Philippe II qu'il donnerait, de gaieté de cœur, sa vie et son sang pour effacer cet échec. Il y avait dans cette expression autre chose qu'une simple formule épistolaire. Le cardinal, vice-roi de Naples, n'avait-il pas dans l'échec de La Goulette une part de responsabilité, n'avait-il pas, par suite, à justifier sa conduite ? N'entrevoyait-il pas aussi les répercussions et les conséquences de la victoire ottomane ? Par leurs établissements de Tunisie, les Espagnols prenaient le pays maghrébin à revers. La chute de La Goulette et de Tunis ouvrait le chemin de l'Afrique du Nord, plus largement que jamais, devant les Turcs. Le désastre était immense. Il devint définitif parce que la force et la volonté manquèrent à l'Espagne pour le réparer. La victoire des Turcs pouvait être contrebalancée par une nouvelle expédition victorieuse de Tunis. Les circonstances ne s'y prêteront pas. Nous ne savons pas si le gouvernement espagnol envisagea seulement la possibilité d'une telle entreprise. C'est peu probable. Les moyens lui manquaient. Le trésor royal était complètement vide. On connaît les multiples plaintes de Don Juan à qui l'argent faisait terriblement défaut. On sait un peu moins, en général, qu'en 1575 se renouvelle, et dans les mêmes termes, une catastrophe financière analogue à la banqueroute de 1557, catastrophe qui laissera le Roi Catholique sans ressources et sans crédit pour plusieurs années. On devine plutôt que l'on connaît la misère et la détresse des États de Philippe II. On avait exigé des sujets du Roi Catholique des sacrifices énormes. Le royaume de Naples qui, en 1559, entretenait à ses frais six galères, subvenait, en 1573, aux besoins multiples de cinquante galères qui le vidaient de sa richesse, si l'on peut encore parler à cette époque de la richesse de Naples. Cela donne une idée des charges qui pesaient sur l'Empire espagnol.

À ces difficultés intérieures, combien de complications extérieures ne s'ajoutaient-elles pas ! Les États dispersés du Roi Catholique mêlaient leur souverain à tous les conflits du monde. En avril 1572, les Gueux s'étaient emparés de Brielle, aux Pays-Bas, et les provinces du Nord, brusquement, s'étaient dressées contre le duc d'Albe. De ce côté, depuis lors, les armées et l'argent du Roi Catholique se dépensaient sans compter. En Italie, chaque jour apportait son conflit, tantôt à cause de Florence et des présides de Toscane, tantôt à cause de la Curie romaine, de Venise ou de la Savoie, tantôt à cause de Gênes, de ses émeutes ou de ses prétentions sur le marquisat de Final. À cela s'ajoutaient encore les craintes des intrigues françaises, les menaces de l'Angleterre protestante... La liste de ces difficultés extérieures ne peut s'énumérer en quelques lignes. On est bien sûr d'ailleurs de ne jamais en fournir une énumération complète. Les fardeaux de ces luttes, de ces alertes, de ces suspicions, de ces dépenses étaient accablants. Ils étaient aussi nombreux que les papiers entassés sur la table de Philippe II. L'immense puissance espagnole s'en trouvait écrasée.

Ces difficultés empêchèrent le Roi Catholique de chercher en Afrique une revanche aux défaites de Tunisie. Bien plus, alors qu'il dépêchait des ordres aux galères de Méditerranée, le gouvernement de Philippe II prêtait la main à des négociations engagées depuis longtemps auprès de la Porte. Nos représentants auprès du sultan signalent, dès 1573, la présence à Constantinople d'envoyés officieux de l'Espagne dont ils essayèrent, à plusieurs reprises, de « traverser » les desseins politiques ou mercantiles. Après des palabres et des marchandages que nous ignorerons toujours, la trêve ne s'en concluait pas moins, en 1577, entre le Roi Catholique et le sultan.

Arrêtons-nous à cette date, ou mieux aux environs de cette date, et limitons notre horizon aux pays maghrébins. Dans Melilla, Oran, Mers el-Kébir, l'occupation espagnole se survit à elle-même, misérablement, médiocrement. La conquête du Portugal ne donnera à Philippe II, quelques années plus tard, que les débris de l'Empire portugais frappé à mort par la défaite d'Alcazar Kébir. Pauvres compensations. Cependant, l'Afrique du Nord achève de prendre sa physionomie de l'époque moderne. Les grandes luttes du XVIe siècle l'ont fait sortir de son Moyen Âge. Au pays morcelé d'autrefois se substituent les trois blocs politiques des Temps modernes : Maroc, Alger, Tunis. À l'ouest, malgré ses querelles tumultueuses, le Maroc restera de longues années durant le seul maître de ses destinées. Au centre et à l'est, les régences d'Alger et de Tunis s'enrichissent et grandissent. L'obéissance à l'égard de Constantinople n'est bientôt plus qu'une fiction. Entre le Turc et l'Espagnol, le Maghreb, malgré les apparences, les concessions et les trêves, a maintenu son indépendance.

*

Telles furent, de 1492 à 1577, du moins dans leurs grandes lignes, les entreprises officielles des gouvernements espagnols contre le Maghreb. Elles aboutirent à des résultats médiocres ; alors que Philippe II passait encore pour le maître de l'Europe, l'Espagne en Afrique faisait figure de puissance déchue. Inutilement, pendant près d'un siècle, elle avait « gaspillé son sang et son or », elle avait, en Afrique, « troqué des monceaux d'or pour des montagnes de pierres » (Vallejo).

Mais cette histoire officielle n'est pas toute l'histoire des rapports de l'Espagne et de l'Afrique du Nord. On entrevoit, en marge de cette histoire, le rôle des particuliers, aventuriers et marchands de la péninsule. Il serait intéressant de préciser la nature et l'importance de ces entreprises privées que favorisèrent rarement les mesures gouvernementales. C'est tout le domaine de l'exploitation spontanée de l'Afrique du Nord qui s'en trouverait éclairé. Aventuriers et marchands chrétiens de la Méditerranée ont tous, concurremment, su tirer profit de la situation particulière de l'Afrique du Nord. Il est par suite difficile de distinguer dans ce domaine l'œuvre de chaque nation, d'autant plus que nos renseignements demeurent fragmentaires et dispersés. Plusieurs genres d'entreprises prospèrent en Méditerranée au XVIe siècle. Faisons tout de suite une place à part au marchand respectueux des règlements et du droit des gens, qui acquitte les taxes de la douane et trafique au grand jour, et ajoutons qu'il est loin d'être la règle. Nous sommes moins bien renseignés sur le prospecteur qui va chercher fortune dans les pays neufs du Maghreb, il appartient à la masse innombrable des gens qui n'ont presque jamais d'histoire. Il y a d'autres métiers : loueur de navires, contrebandier, pirate. La spécialité n'est nullement absolue et l'on passe au gré des circonstances d'un métier à l'autre. Des exemples tirés de l'histoire de notre Midi ou des pays italiens illustreraient parfaitement les définitions de ces « industries » méditerranéennes. D'Espagne, les choses n'apparaissent pas aussi nettes. Nous ne connaissons avec quelque détail que le commerce au grand jour, en somme le commerce officiel. Il se réduisait essentiellement au ravitaillement des présides d'Afrique, du moins des présides des côtes algériennes et marocaines de nos jours, le ravitaillement des postes tunisiens était normalement assuré par les ports de Sicile ou du royaume de Naples. Barcelone, Valence, Malaga expédiaient presque toutes les « fanègues » de blé et d'orge et tous les biscuits que consommaient les garnisons algériennes et marocaines. Ce trafic n'était pas d'ailleurs sans importance. Il donnait lieu à des querelles, à des rivalités. Dans le mémoire si curieux du corregidor d'Oran, écrit vers 1520, on a comme un écho des disputes des marchands au sujet de la clientèle des garnisons d'Afrique. « Cristobal Rejon a été chargé, indique ce mémoire, d'approvisionner Oran. Le corregidor regrette que Juan Vazquez de Murcie n'ait pas été désigné pour cet objet. Il est déjà fournisseur de Bougie et du Peñon d'Alger. C'est un homme bien connu, jouissant d'un grand crédit et qui, au besoin, peut avancer l'argent nécessaire pour la solde et l'argent des vivres, ce que Cristobal Rejon n'est pas en état de faire »[13]. Les documents abondent sur cette question du commerce des vivres, mais ils nous renseignent plus encore sur les retards des livraisons, sur les querelles des fournisseurs et des gouverneurs des frontières, que sur la nature même des opérations.

Prospecteurs, patrons de navires au service de l'État, pirates et contrebandiers espagnols nous sont encore mal connus. Leur œuvre en pays maghrébin nous échappe, presque entièrement. On ne peut faire état, le plus souvent, que de soupçons, d'hypothèses fragiles. Quelques prospecteurs espagnols ont peut-être joué un rôle dans le trafic caravanier du royaume de Tlemcen, mais les précisions nous manquent. Par contre, il est à peu près certain que les Espagnols n'ont pas participé directement aux pêcheries de corail des côtes africaines où les Corses et les Génois régnèrent en maîtres incontestés. Ce manque d'initiative, dans un domaine d'exploitation aussi fructueuse, ne laisse pas de surprendre[14].

Le rôle des adjudicataires, des loueurs de navires, des *asientistas* fut sans doute des plus importants. La flotte espagnole, comme les flottes des princes italiens, n'était pas uniquement composée de navires de l'État. À côté des vaisseaux officiels, les armadas comprenaient toujours des navires affrétés par des particuliers pour le compte de l'État. Le gouvernement espagnol louait à des armateurs, en général des Italiens établis dans la péninsule, les vaisseaux qu'ils avaient construits. Un contrat, *asiento*, liait le particulier à l'État. Ces navires en location étaient prudemment menés par leurs patrons. En cas de perte, en effet, aucune indemnité n'était allouée à l'armateur. Le grand souci des adjudicataires était de remplir leurs cales de marchandises que l'on pouvait négocier en Europe ou sur les côtes d'Afrique. Lors des combats contre les musulmans, ils étaient bien souvent les premiers à s'abandonner, toutes voiles déployées, au vent qui les éloignait du champ de bataille.

Le chrétien pratiquait la course, sans doute dans des proportions moindres que le musulman, mais il la pratiquait tout de même. La littérature historique est toutefois très discrète sur ce point. Grammont a signalé depuis longtemps, ainsi que Mas-Latrie, l'existence de la piraterie chrétienne. M. Monchicourt a justement noté à ce sujet : « ... Les anathèmes copieusement décochés par nos écrivains contre les pirates musulmans ne doivent pas vous celer que, de temps en temps, les navires équipés dans ces ports de France ou *des deux péninsules* se plaisaient à des razzias maritimes dans les parages de la Barbarie. » Les Espagnols ont eu, eux aussi, leurs corsaires. Ils sont, en général, déguisés par leurs biographes sous des costumes magnifiques qui ne doivent pas faire illusion. Un exemple est bien curieux, celui de Pedro Navarro. On prétend que l'illustre capitaine n'a jamais vécu que pour « l'honneur et la gloire ». Or à l'approche de la trentaine, sous les ordres d'un aventurier, le marquis de Cotron, Pedro Navarro a écumé la mer du détroit de Gibraltar aux rivages tunisiens, jetant la terreur parmi les habitants des ports barbaresques et ne respectant même pas les navires chrétiens. Par la suite, dans sa vie aventureuse, bien des détails surgiront qui rappellent ces tristes et rudes années d'apprentissage. Les documents officiels, irrécusables, ne font pas défaut. Nous avons incidemment indiqué les pirateries des habitants des Canaries sur les côtes marocaines. Il y a mieux encore. À plusieurs reprises, Don Sancho de Leyva qui commande des galères de Naples, demande au gouvernement espagnol l'autorisation de courir les côtes de Berbérie, ces « correrias » permettant de ramasser quelques captifs qui compléteraient heureusement les effectifs des chiourmes.

Aucun doute ne subsiste, non plus, au sujet de la contrebande espagnole. Le sentiment national et religieux n'empêchait pas certains Espagnols de faire pénétrer des armes et de la poudre sur les rivages des régions hostiles à l'Espagne. N'accusait-on pas expressément, au Conseil de guerre, les Espagnols d'avoir fourni aux Maures les armes mêmes dont ils se servaient contre les soldats des présides ? La contrebande ne se restreignait pas aux armes. Les marchands tenaient souvent à éviter les postes espagnols à cause de leurs droits de douane. Par des chemins détournés, les marchandises espagnoles, draps ou toiles, pénétraient en pays maghrébin. Velez était aussi bien approvisionnée en marchandises, rapportaient deux prisonniers de la malheureuse expédition de 1525 contre le Peñon de Velez, qu'une foire de la péninsule, *como... un mercado o feriá de acá*.

Le gouvernement espagnol a eu constamment le désir de mettre fin à cette contrebande si contraire aux intérêts de sa politique. De là ses multiples interventions dans la réglementation des relations commerciales avec les Maures. Tantôt elles étaient entièrement prohibées, tantôt tolérées pour un seul port, tantôt absolument libres. Constamment, les milieux marchands réclamèrent l'entière liberté du commerce que le gouvernement, dans des buts militaires, ne se fit aucun scrupule de suspendre bien des fois. Mais la contrebande survécut à toutes les mesures que l'on prit contre elle.

Les quelques détails que nous possédons sur le commerce de la péninsule et de l'Afrique du Nord nous laissent à penser que la part prise par le peuple espagnol aux affaires africaines fut plus grande que l'on ne saurait le supposer d'après le seul examen des entreprises officielles.

Le témoignage de la littérature du XVIIe siècle laisse soupçonner cette vérité. N'assiste-t-on pas, au lendemain des luttes du XVIe siècle, à une invasion véritable des nouvelles, des drames et des romans espagnols par les mille formes du thème africain ? Dans la courbe compliquée que décrit l'existence des héros de Lope de Vega, un séjour en Afrique prend des allures d'accident normal. Des foules ont été émues par les malheurs que Cervantès conte dans le *Trato de Argel*, et, on aime du moins à se l'imaginer, les récits romanesques du captif un peu bavard qui surgit au détour du récit du *Quijote* ont dû éveiller, chez bien des lecteurs d'alors, les mauvais souvenirs de jours d'épreuve et de misère. Renégats, corsaires, captifs douloureux et héroïques, il y a, dans cette littérature, tout un monde qui vit et s'agite en terre d'Afrique. On entrevoit parfois, à travers les lignes d'un paragraphe, les rues étroites et montantes d'Alger, les maisons mauresques aux fenêtres grillagées, les jardins verdoyants d'un renégat enrichi. C'est, en notations brèves, toute la vie de la Méditerranée qui s'évoque, ses tempêtes furieuses, ses embuscades, ses batailles glorieuses...

Au XVIe siècle, les luttes ont absorbé toutes les énergies. L'heure de la littérature, comme toujours, est venue plus tard, au siècle suivant. Pour qu'il en fût ainsi, ne fallait-il pas que tout un public ait été préparé à comprendre et à aimer ces aventures en pays africain par une longue histoire de misères et de grandeurs passées ?

Il nous est particulièrement agréable, au terme de cet article, de remercier les personnes qui ont bien voulu nous aider dans la mise au point de notre travail, M. Gabriel Esquer, secrétaire général de la *Revue africaine*, M. Georges Yver, professeur à la faculté des lettres d'Alger, M. Monchicourt, M. Fayolle, membres de la Société historique algérienne, M. Souquet, agrégé d'espagnol, professeur au lycée d'Alger. M. Mariano

Alcocer, *jefe* del Archivo general de Simancas, et ses collaborateurs ont facilité à Simancas notre travail de recherches avec une bonne grâce et une bienveillance dont nous gardons un fidèle souvenir.

CHAPITRE II

L'HISTOIRE DE L'ALGÉRIE ET L'IMAGE

« Je suis tellement heureux de rencontrer un historien qui pense en images », disait, dans les années soixante-dix, le cinéaste Folco Quilici à son ami Fernand Braudel lors de la préparation d'une série d'émissions sur la Méditerranée. Cet intérêt se révèle dès le début des années trente lorsque l'historien consacre plusieurs textes à ce sujet : un article dans la Gazette des Beaux-Arts *est consacré à « L'histoire de l'Algérie et l'iconographie » : il est inspiré par l'ouvrage de Gabriel Esquer dont Fernand Braudel donne à la* Revue africaine *un compte rendu ; il évoque à nouveau la peinture dans le long compte rendu du livre de Jean Alazard.*

L'histoire de l'Algérie et l'iconographie*

L'iconographie historique de l'Algérie est d'une richesse singulière. En dehors de documents tant de fois utilisés comme les grandes compositions d'Horace Vernet, les lithographies de Raffet ou les aquarelles de Dauzats, elle nous apporte, sur le passé algérien, un nombre considérable de renseignements précis et suggestifs. Il ne s'agit pas là de détails sans portée, d'illustrations attrayantes sans plus, mais de documents véritables, dans toute la force historique du mot. Ces « images » permettent de retracer avec netteté l'histoire du pays algérien, des premières années du XVIe siècle à la fin du Second Empire. On s'est efforcé d'en fournir la démonstration dans les lignes qui suivent [1].

Les documents que nous pouvons utiliser proviennent d'Italie, d'Espagne, de France, d'Angleterre ou de Hollande. C'est dans ces divers pays que l'on a dessiné les plans des anciennes villes barbaresques, représenté les grands événements du passé algérien, non sans quelque déformation parfois, frappé les médailles commémoratives des fastes de l'Algérie. Ce sont des artistes d'Europe, de France surtout, qui ont essayé de fixer dans leurs œuvres la réalité fuyante de l'histoire algérienne. Sans doute, nous possédons, à la Bibliothèque nationale d'Alger, l'aquarelle d'un indigène, Bou-Zian-er-Remili, sur les bombardements de la capitale des corsaires en 1816 ; la fresque peinte à Constantine, sur les murs du palais de la Division, est probablement l'œuvre d'un indigène qui s'est plu à reproduire les vues de diverses villes maghrébines. Mais ce sont là des exceptions. On ne rencontre pas, dans le domaine de l'iconographie historique de l'Algérie, l'équivalent des documents arabes dont les histo-

---

* *Source : Gazette des Beaux-Arts*, 1930, pp. 388-409.

riens ont su, tant de fois, tirer parti, malgré l'imprécision des renseignements fournis. Ce simple fait entraîne quelques conséquences. L'histoire de l'Algérie dont nous essayons ici d'indiquer les très grandes lignes, d'après les documents iconographiques, reste une histoire vue du dehors, en somme une histoire européenne de l'Algérie. Le monde algérien s'est révélé peu à peu à l'Europe et n'a livré ses secrets que l'un après l'autre, avec une incroyable lenteur. Il faut attendre la conquête française pour que l'Algérie s'ouvre à la curiosité occidentale, pour que la lumière pénètre dans cette demeure si bien close jusque-là du côté de l'Europe, et cette lumière, remarquons-le dès maintenant, n'illuminera pas tout en un seul jour. De là les imperfections initiales de cette histoire par l'image, et son intérêt grandissant à mesure que l'on s'approche du temps présent.

Trois grandes périodes se marquent aisément dans le passé algérien, du XVIe siècle à la guerre de 1871. De 1509, année de la prise d'Oran par les Espagnols, à 1830, l'Europe ne connaît de l'Algérie que sa longue façade maritime. De 1830 à 1847, année de la soumission d'Abd el-Kader, l'iconographie attire notre attention presque exclusivement sur l'armée d'Afrique. Il n'en est plus de même dans la dernière période 1847-1871. Sans doute les luttes militaires se continuent-elles encore, principalement dans les hauts massifs des Kabylies, mais on assiste alors au développement progressif d'une Algérie nouvelle, où la place du militaire est encore grande mais où l'élément civil joue déjà un rôle considérable.

Avant notre conquête, l'Algérie ne compte, au regard de l'Europe, que par sa longue frange littorale. À cet « Armor » algérien se limite la curiosité des artistes, des cartographes, du public et des gouvernements. Le cas de l'Algérie ne demeure pas isolé, il en est de même du Maghreb tout entier. L'interminable route maritime, si dangereuse, qui longe sur trois côtes la masse énorme de l'Afrique du Nord, représente tout ce que l'Europe désire connaître du monde barbaresque. Les documents iconographiques relatifs à cette période se rapportent exclusivement aux côtes de l'Algérie. La mer s'encadre dans la plupart des gravures de cette époque. Souvent, une voile qu'un coup de vent fait pencher figure le premier plan, tandis que, plus loin, la ligne sombre des terres montueuses, les maisons blanches d'une ville signalent tel ou tel point intéressant de la côte. Les événements historiques notables du pays algérien sont invariablement des expéditions maritimes. Les hautes voilures compliquées, la houle de la mer, le feu des pièces d'artillerie, les embarcations légères que les vagues bousculent sont autant de détails que l'on retrouve immanquablement dans ces marines où sont résumées, avec plus ou moins d'exactitude et de bonheur, les attaques européennes contre Alger, Djidjelli, Bône ou Oran.

L'Europe s'intéresse surtout à Alger, mais il arrive assez fréquemment aux gouvernements européens de porter leur attention et leurs efforts sur d'autres points de la côte algérienne. L'Espagne s'inquiète ainsi de la sécurité des places qu'elle entretient en bordure de l'Algérie : Bône, occupée un instant après l'expédition victorieuse de Charles Quint contre Tunis, Bougie, où l'Espagne tiendra garnison de 1510 à 1555, Oran et Mers el-Kébir, où ses soldats lutteront pendant plus de deux siècles. Il ne faut pas demander aux archives et aux collections d'Espagne des documents pittoresques sur l'Afrique. C'est en soldats, en bâtisseurs de forteresses, que les Espagnols ont vu le pays algérien. Il faudrait ainsi beaucoup d'imagination, de patience et de science pour se représenter la vie du préside de Bougie d'après le plan, daté de 1549, que Tiran nous a rapporté de Simancas[2]. L'emplacement des murailles, des bastions et des portes se devine aisément, mais on chercherait en vain, sur le croquis, l'indication des logements de la troupe ou la moindre figuration du pays environnant. Aux documents espagnols les plus précis manquent toujours les allures et la poésie de la vie. Une vue d'Oran, datée de 1786, assez exacte dans l'ensemble, nous en offre l'exemple. On y reconnaît vers l'ouest le port bien abrité de Mers el-Kébir, où des vaisseaux font relâche. L'indication des châteaux qui protègent la ville comme autant de forts détachés ne fait pas défaut. La situation du château de Santa Cruz sur son piton rocheux apparaît avec toute la netteté désirable. Mais le dessin est d'une gaucherie évidente. Il ne s'agit là que d'un croquis schématique.

L'Italie n'a que des rapports assez lointains avec l'Algérie. Au Moyen Âge, sans doute, ses marchands venaient nombreux dans les escales du Maghreb, mais, probablement à la suite des expéditions espagnoles du XVIe siècle, ils ont déserté les ports nord-africains. Des Génois ont obtenu de l'Espagne l'exploitation des pêcheries de corail de Tabarca, petit îlot au voisinage de la frontière tunisienne. Les Florentins essaieront vainement de substituer là leur exploitation à celle des Génois. Les tentatives répétées des Médicis à ce sujet échouèrent régulièrement. En 1607, les galères toscanes s'emparèrent de Bône sans difficulté sérieuse, pillèrent et incendièrent la ville. Une gravure contemporaine donne à l'événement un aspect grandiose qui ne peut, de toute évidence, correspondre à la réalité historique.

La France, de bonne heure, s'est intéressée aux affaires du Maghreb central. Vers le milieu du XVIe siècle, se fonde le bastion de France, au voisinage de La Calle. Ruiné une première fois, le bastion est relevé au début du XVIIe siècle par l'étrange et célèbre Sanson Napollon. En 1664, le duc de Beaufort s'empare de Djidjelli. En 1682 et en 1683, Duquesne bombarde Alger. Évidemment, ce ne sont pas là des événements qui relèvent de la très grande histoire. Il y aurait une certaine témérité à affirmer, à la suite de discours officiels, que les rapports de la France avec les pays barbaresques ont préparé, deux ou trois siècles à l'avance, notre établissement en Algérie. Il n'en reste pas moins vrai que ces événements ont attiré l'attention, en France, sur le monde africain, et que cela nous a valu, dans le domaine iconographique, une série de documents d'un intérêt réel, notamment sur la ville d'Alger.

Cette dernière ville tient, dans les préoccupations européennes, une tout autre place que les points secondaires du littoral algérien dont nous avons, jusqu'ici, évoqué le rôle. Alger inquiète l'Europe par les raids incessants de ses corsaires. Vainement les Espagnols essaieront de s'emparer de la place. Trois de leurs expéditions échouent au XVIe siècle et la dernière, celle de 1541, est conduite par Charles Quint lui-même. Une seule fois, au XVIIe siècle, en 1601, l'Espagne renouvellera la tentative. La flotte de Jean André Doria se contentera, cette année-là, de paraître au large d'Alger. Au XVIIIe siècle, en 1775 avec O'Reilly, en 1783 et 1784 avec Don Angelo Barcelo, l'Espagne échoue encore devant la ville. Qu'à ces expéditions malheureuses on ajoute des bombardements comme ceux de 1682 et 1683 effectués par Duquesne, de 1815 et 1824 exécutés par les Anglais, et l'on comprendra facilement que, plusieurs siècles durant, Alger ait attiré sur elle l'attention européenne. Par suite, sans se lasser, on multiplie en Europe les représentations de la ville blanche des corsaires.

À suivre, dans l'ordre chronologique, la succession de ces « vues » d'Alger, on voit peu à peu la fantaisie perdre ses droits, au profit de l'exactitude. Dans l'ensemble les progrès sont indéniables. Au XVIe siècle, la représentation courante d'Alger, banale peut-on dire, est celle que popularisent les éditions successives de l'*Atlas* de Braun. Des erreurs criantes y éclatent. On les retrouve dans tous les plans, toutes les « vues » que nous a laissés le XVIe siècle. La gravure tirée d'un ouvrage de S. Munster, paru à Bâle en 1541, représente ou du moins prétend représenter l'attaque de la ville par Charles Quint. Tous les détails fournis sont d'une étonnante fantaisie. C'est par l'ouest, non par l'est, que l'empereur a attaqué la ville. L'îlot rocheux du « Pignon » jadis occupé par les Espagnols, emporté par Barberousse en 1529, avait été presque aussitôt rattaché par une digue à la terre ferme. La gravure bâloise ne tient aucun compte de ce changement si important. Que dire, en outre, de ces remparts de la ville analogues aux murailles flanquées de tours des burgs rhénans ! Les vues du XVIIe siècle, si l'on excepte les dessins très fantaisistes de Widman, sont, en général, plus soucieuses de la réalité. L'estampe de la Bibliothèque nationale de Paris intitulée *Veüe des ports et fortifications de la marine d'Alger* présente un intérêt de premier ordre. Elle fut dessinée, en 1683, au cours même de l'expédition de Duquesne. Elle a, par suite, la valeur d'un dessin exécuté d'après nature. Le port, le môle, les remparts, les forts détachés de la ville, apparaissent là esquissés et mis en place avec maîtrise. Une autre « vue » du XVIIe siècle parmi tant d'autres mérite de retenir notre attention. Il s'agit d'une gravure exécutée par le Hollandais R. Nooms. Autant qu'on en peut juger, le tracé paraît exact. L'auteur aura, sans doute, dessiné son croquis du pont d'un de ces navires chargés de toiles et de draps que la Hollande envoyait si fréquemment, au XVIIIe siècle, vers les pays du Levant. La valeur de cette vue d'Alger vient surtout, nous semble-t-il, de l'éclat laiteux des maisons que fait encore valoir le contre-jour. C'est bien là, à ne s'y pas tromper, la ville des corsaires et la cascade blanche de ses maisons.

Ainsi, dès le XVIIe siècle, la physionomie d'Alger apparaît avec netteté au travers des documents iconographiques. Le XVIIIe siècle apportera des précisions nouvelles, mais ce seront là simples retouches à un tableau dont l'ensemble était déjà connu.

Alger, avant 1830, est une porte entrebâillée sur ce monde musulman d'Afrique du Nord, alors à peu près inconnu. Autant que ses murailles, son mouillage ou les terrasses de ses maisons, il nous plairait de voir ses habitants, non pas les captifs chrétiens, mais les musulmans eux-mêmes. Nos renseignements à ce sujet sont malheureusement insuffisants. Derrière les murs d'Alger, l'imagination européenne a construit un monde fantaisiste qui s'apparente beaucoup plus au milieu des *Mille et Une Nuits* qu'au simple domaine de la réalité. L'iconographie historique est là d'une rare inexactitude. Les documents mis au jour sont, à ce point de vue, caractéristiques. Tout, ou presque tout, ce que nous indique l'iconographie relève de la plus pure fantaisie, depuis le corsaire aux allures de bandit péloponnésien, jusqu'aux femmes mauresques dont l'imagerie allemande multiplie les portraits. Dans une gravure française relative à l'expédition de Djidjelli, les indigènes sont coiffés de plumes comme les Indiens des Grands Lacs. L'Europe entière est ainsi logée à pareille enseigne. De même que Widman a planté au milieu de ses cités barbaresques des forêts de minarets hauts comme des flammes, les artistes d'Europe peuplent la ville des corsaires de personnages dessinés et vêtus au gré de leur imagination capricieuse. Sans doute les croquis de Wolffgang ont un accent de vérité. Mais, là comme ailleurs, l'exception confirme la règle. À la veille de la conquête française, l'Europe ignore tout, ou presque tout, de la population algéroise. Que dire du reste du pays ! En dehors des villes à minarets et à dômes, au milieu de déserts barrés de montagnes, les contemporains de Charles X peuvent de bonne foi se représenter la vie indigène sur le modèle de cette famille de Bédouins « dessinés d'après nature »[3].

De la conquête d'Alger à la fin de la guerre contre Abd el-Kader, l'Algérie est avant tout le domaine de l'armée d'Afrique. Que l'on ne dise pas qu'à mettre ainsi l'armée au premier plan on fausse l'histoire. Il y a des vérités peut-être élémentaires qu'il est indispensable de rappeler de temps à autre. On risquerait, sinon, de les oublier. On ne croit donc pas inutile de dire ici que l'armée d'Afrique a fait, avant les colons, l'Algérie française, ce sont là des titres qu'il y aurait injustice à laisser dans l'ombre. Sur ce grand sujet les documents iconographiques sont d'une merveilleuse précision. À les parcourir dans leur succession chronologique, on s'attarde encore quelque temps, avec la prise d'Alger, et durant la période de l'occupation restreinte, en bordure de la mer, mais bientôt commence la marche vers l'intérieur, à travers un pays immense. Les multiples aspects de la conquête totale s'esquissent avec une netteté magnifique. Voici les départs des troupes, officiers en tête, les marches harassantes qui disloquent les colonnes, les combats à l'improviste, alors que les roues des voitures s'enfoncent dans le sable, que les chevaux se cabrent et que tournoient les cavaliers arabes. Voici les apparitions blanches des villes au terme de l'étape, dans un pays d'oliviers analogues à ceux de Provence, les montagnes qu'il faudra escalader, à la poursuite d'un ennemi en fuite incessante, à travers les pistes, les lits desséchés des rivières et les forêts dominantes. Voici les chefs, les soldats de Charles X, les troupiers du Second Empire... Et de l'autre côté de la Méditerranée, voici les images populaires où l'histoire d'Afrique prend des allures de carnaval, où les événements se déforment comme les contours de ces pierres que l'on jette dans l'eau d'un bassin. Entre toutes les lithographies, toutes les aquarelles, tous les dessins, tous les tableaux, le choix s'avère presque impossible. On ne saurait distinguer ici les documents les plus significatifs, les plus riches d'histoire sans courir le risque de se tromper. Essayons tout de même.

Chaque fait notable de l'histoire algérienne entre les dates de 1830 et de 1847, c'est-à-dire chaque événement militaire, nous a laissé de multiples souvenirs iconographiques. Sur la prise d'Alger, on dispose, comme il fallait s'y attendre, d'une documentation très abondante. À chaque épisode de l'expédition il serait possible de réserver un large commentaire. Bornons-nous à examiner deux gravures. La première représente le camp de Sidi-Ferruch que domine la butte de la Torre Chica. L'auteur, un officier de l'expédition, indique à droite et gauche les barques et les navires de la flotte. Le camp est en voie d'installation. Le soldat n'a peut-être pas encore édifié « ces petites baraques de branches et de feuillages » où le vin ne devait pas manquer[4] et Hennequin de Nantes n'a sans doute pas installé, dès cet instant, sous la toile à voile, son café-restaurant « où les amateurs de bonne chère pouvaient se croire chez Tortoni...[5] ». Les travaux du génie commencent à peine, tout trahit, dans le dessin, le désordre habituel des premiers jours. Les fusils sont formés en faisceaux. Des chevaux dételés sont encore auprès du fourgon qu'ils ont amené. Le palmier de l'arrière-plan, les dromadaires, les indigènes accroupis donnent au tableau sa couleur locale. Au milieu du va-et-vient des uniformes se dressent, au loin, les tentes blanches, premières maisons d'une ville éphémère et pittoresque. Voilà donc pris sur le vif un détail exact de la grande expédition. En fait, l'iconographie, constamment, nous montre les événements d'Algérie sous un double aspect, un aspect de vérité, tout d'abord, et le croquis du camp de Sidi-Ferruch est à ce point de vue un exemple significatif ; un aspect de fantaisie, de liberté, d'invraisemblance et d'inexactitude où se complaît l'imagerie populaire.

La seconde reproduction, à propos de la prise d'Alger, est justement une lithographie populaire. Elle représente l'entrée de l'armée française dans la ville conquise. Le défilé s'organise comme à la parade. Avec leurs bonnets à poil, les soldats semblent échappés de l'épopée napoléonienne. Derrière quelques croupes de terrain où poussent de rares palmiers, s'enlève le panorama de la ville que surmontent des minarets et des donjons crénelés. Inutile de démontrer, avec preuves à l'appui, l'invraisemblance complète de la gravure. Il est simplement curieux de constater, sur un exemple choisi entre mille, la déformation étrange que l'imagerie populaire fait subir à la réalité. Constamment on nous parle, à propos de la conquête de l'Algérie, de l'opinion publique française, de son rôle obscur sur la marche des événements. Dans ces conditions, il n'est pas sans intérêt de noter que c'est au travers de ces « images d'Épinal » bariolées que le public s'est représenté, en France, le drame de la conquête algérienne.

La prise de Bône, les deux expéditions de Constantine, la bataille de l'Isly, la reddition d'Abd el-Kader, et nous citons ces événements entre cent autres, fourniraient matière à des commentaires iconographiques d'un réel intérêt. Nous les laisserons cependant dans l'ombre, faute de place tout d'abord, et parce qu'il nous semble possible, dans le domaine si riche de l'iconographie, de dégager des faits d'une portée autrement large que la simple histoire anecdotique de notre conquête.

Au premier plan des événements algériens s'agite la foule des chefs de l'armée d'Afrique. Dans les galops des charges, dans les revues, dans les mêlées, ils apparaissent à la place d'honneur. Le soldat est sans doute toujours à leurs côtés, sur ces images de la guerre d'Algérie, avec son haut képi, ses guêtres blanches et son énorme sac, mais la lumière se concentre assez rarement sur lui.

Rien de plus aisé que de faire connaissance avec l'état-major de la conquête. En rapprochant les innombrables portraits que nous avons conservés, on organise, pour son seul plaisir, un long défilé pittoresque des chefs militaires d'autrefois, dont les noms, distribués aux agglomérations nouvelles du pays algérien, sont demeurés prisonniers à jamais de la terre d'Afrique. Dans la succession des uniformes rutilants de dorures, éclatants de couleurs, on note les apparitions du général Marbot, dont la corpulence s'encastre tant bien que mal dans les vêtements de la tenue réglementaire, les portraits de Bugeaud, la physionomie méditative et triste de Lamoricière. Faisons un sort particulier aux portraits du maréchal Bugeaud. Puisqu'il nous faut forcément choisir, son nom ne s'impose-t-il pas ? Le visage de Bugeaud diffère étonnamment d'un portrait à l'autre. Dans son tableau de la bataille de l'Isly, Horace Vernet donne au maréchal le sourire de la victoire. Yvon lui fait froncer le sourcil comme dans un commencement de colère. Ducluzeau le représente dans une attitude de cérémonie. Daumier, dans une caricature, le gratifie d'un air comiquement furibond. Si l'on met les uns à côté des autres ces portraits de Bugeaud, la figure du grand vainqueur de l'Algérie prend brusquement un relief singulier. La vie semble à nouveau animer et modifier sa physionomie.

Il est malaisé d'évoquer la vie anonyme du soldat d'Afrique. Les dessins caricaturaux, malgré leur fantaisie, donnent sur l'existence de la troupe une note assez juste. Laissons de côté les plaisanteries que suggère aux gens de l'époque un prétendu Orient de voluptés et de délices. À ces soldats penauds dont la caricature peuple ses productions, aux troupiers qu'elle arme généreusement, contre le soleil, du fusil-ombrelle, nous trouvons un autre réalisme qu'aux figures mélodramatiques d'Horace Vernet.

Les peintres, surtout les peintres officiels, voyaient les états-majors, les gestes et les actes des grands. Les soldats apparaissent dans leurs œuvres comme de simples figurants. Un officier de la conquête, Théodore Leblanc, qui devait trouver la mort sous les murs de Constantine nous a laissé des croquis prestement enlevés sur les types de l'armée d'Afrique. Les études exécutées en vue de son tableau sur le combat de l'Habra nous donnent une idée de son habileté technique, mais, il faut bien le dire, son talent n'évoque que les apparences, l'uniforme, la silhouette du soldat d'Afrique. Il en est de même d'Horace Vernet qui prête aux soldats de ses tableaux des allures de pure convention. Il en va autrement de Raffet. Si l'on a la chance d'entrevoir la vraie figure du soldat de la conquête, c'est à son talent qu'on le doit, à son art d'une probe exactitude, à son sens merveilleux du mouvement. Raffet a le don inestimable de la vie. Il sait animer les formations massives des marches et des attaques. Il excelle à noter les petits détails, les incidents pittoresques. On connaît cette lithographie où il nous représente deux soldats déchargés de leur lourd fourniment que des indigènes portent, à leurs côtés, comme des bêtes de somme. À l'arrière-plan, dans la poussière, sous le soleil, la colonne poursuit sa marche. Les indigènes plient sous le poids des bagages. Les deux privilégiés, libres de leurs mouvements, devisent et l'un de confier gravement à son compagnon en lui désignant les porteurs : « Nous civiliserons ces gaillards-là. » La scène est d'une cocasserie un peu cruelle, mais elle a un accent d'étonnante vérité. Grâce à Raffet, le soldat d'Afrique semble revivre son existence quotidienne.

Faut-il l'avouer ? Parmi toutes les gravures qu'il nous a été donné de consulter, notre préférence secrète va à celles où s'évoque le pays algérien lui-même. Le cadre de ces actions militaires devient, à la longue, aussi intéressant que l'action elle-même. On ne se lasse pas d'examiner ces montagnes aux arêtes interminables, ces sols où la végétation apparaît en touffes rares, ces villes couronnées de minarets. La vue de Mascara qu'a dessinée un auteur anonyme, probablement un officier, porte la date de 1834, l'année qui précéda la prise de la ville par le maréchal Clauzel. Elle vaut surtout par la sincérité et l'exactitude. Derrière les peupliers grêles, la ville semble évoquer le terme d'une étape. Les aquarelles de Dauzats sur le passage des Portes de Fer sont avant tout la mise en place d'un extraordinaire passage géologique. Au milieu des blocs énormes, découpés en surfaces sombres, l'eau de la rivière et les soldats du duc d'Orléans passent presque inaperçus. Mais le paysage le plus caractéristique est bien encore celui qui représente, ou veut nous représenter, le combat d'Houmers. Qui sait aujourd'hui qu'il fut livré le 10 février 1836 par les troupes de Clauzel, dans leur retraite sur Oran ? Ce petit fait divers est déjà complètement oublié. Ajoutez qu'on ne connaît pas l'auteur du tableau. Ce document iconographique nous apparaît ainsi dénué de toute personnalité. Dans le paysage immense qu'il représente, inondé de lumière, les soldats de Clauzel sont si bien perdus que leur colonne apparaît sur la crête qu'elle garde comme une légère traînée de végétation. Voilà justement le côté intéressant de ce document. Dans la lutte pour la prise de possession de l'Algérie nos soldats n'ont pas trouvé leur plus grand ennemi dans l'hostilité de l'indigène, mais dans le pays lui-même, obstacle sans cesse renaissant, avec ses distances, son manque de routes, son relief tourmenté, son climat dangereux. Il a fallu vaincre l'espace et c'est pourquoi le paysage algérien présente un tel intérêt aux yeux de l'historien qui veut revivre les étapes si lentes de notre conquête.

En 1847, Abd el-Kader, qui avait tenu tête si longtemps à nos colonnes, se rendait au duc d'Aumale. Avec lui disparaissait du théâtre des luttes algériennes l'homme en qui s'était incarnée la résistance indigène. La personne d'Abd el-Kader demeure vivante dans les multiples portraits que nous avons conservés ; celui que nous devons au crayon de Pirou a l'avantage, sur tant d'autres, d'avoir été esquissé d'après nature, le 18 avril 1848, à bord du bateau qui transportait Abd el-Kader en France.

Le monde indigène que l'émir avait un instant soulevé contre nous, aux jours de splendeur de sa fortune, n'a pas trouvé, semble-t-il, la place qu'il méritait dans le domaine de l'iconographie. Avant de porter un jugement définitif à ce sujet, il importe de regarder les choses de près. Les tableaux consacrés aux grands épisodes de la conquête indiquent à profusion des masses tournoyantes de cavaliers indigènes ou des groupes de tirailleurs arabes armés de leur long fusil. L'aspect militaire de la société indigène est mis en pleine lumière aux dépens des autres. En pouvait-il être autrement alors que la lutte contre les Français dominait toutes les préoccupations ? On reprochera sans doute à Devéria ses fadaises sur la vie indigène, en retard d'un siècle sur son époque. Mais Devéria, heureusement, est un isolé. Delacroix, dira-t-on, a surtout peint des scènes marocaines. Chassériau a prêté beaucoup trop de ses rêves aux indigènes qu'il représentait pour ne pas avoir faussé la réalité. Acceptons toutes ces critiques. Mais, à vrai dire, si l'image que les artistes nous ont laissée du monde indigène des débuts de la conquête nous paraît bien insuffisante, cela tient à d'autres causes. Tant bien que mal, en face de notre vie européenne, s'est maintenue, en Algérie, une vie indigène analogue à celle qu'a connue Delacroix ou qu'a aimée Chassériau. La réalité vivante d'aujourd'hui fait tort, sans que nous nous en rendions compte, à des documents iconographiques. Si l'humanité indigène qui s'agite dans les tableaux de la période 1830-1847 avait fait entier naufrage depuis lors, la poésie du passé, des choses mortes, transfigurerait à nos yeux même l'immense toile, un peu conventionnelle, où Horace Vernet a essayé de fixer, dans le désordre pittoresque de la *Prise de la Smala*, l'étrange capitale errante de l'émir.

Après la défaite d'Abd el-Kader l'armée d'Afrique ne resta pas l'arme au pied. Elle fit, dans les Kabylies, connaissance avec une guerre de montagne particulièrement pénible. Mais le rôle de l'armée d'Afrique n'a plus la même importance qu'autrefois. L'œuvre militaire est plus qu'à moitié achevée. Dans les bureaux arabes, la tâche de l'officier cesse d'être exclusivement militaire pour devenir surtout administrative. Détail symptomatique : à parcourir les documents relatifs à cette période, dans l'ouvrage de M. Esquer, on s'évade peu à peu du monde militaire, les portraits de civils se font de plus en plus nombreux. Voici le défilé des personnalités algéroises d'autrefois, Berbrugger, l'infatigable chercheur d'inscriptions et de vieux documents, de Vialar, Arlès-Dufour... Voici même, en 1868, la photographie du groupe des *Francs-Tireurs d'Alger*. Une Algérie nouvelle se précise à nos yeux.

À vrai dire, cette Algérie française, par ses origines, remonte aux premiers jours de notre installation. Dès 1830, elle se constitue à côté du vieux monde musulman. Mais les débuts sont si modestes, si obscurs, qu'ils échappent aux contemporains dont l'attention s'hypnotise sur les pages brillantes de la conquête militaire. Des colons héroïques de la première heure, le *Voyage pittoresque dans la Régence d'Alger*, de Lessore et Wyld, publié en 1833, ne fera pas mention, de même l'*Algérie historique, pittoresque et monumentale*, dont Berbrugger assura, en 1843, la parution. Dans les planches de ces deux ouvrages classiques il n'y a pas eu place pour les colons et les civils, à côté des militaires et des indigènes.

En 1847, cette Algérie nouvelle fait encore pauvre figure, mais elle existe et ne cessera de grandir. Tant bien que mal, il est possible, de 1847 à 1871, d'en suivre les progrès et les changements. Mais il faut, pour cela, choisir les points d'observation. L'arrière-pays, avec ses montagnes abruptes, ses hauts plateaux steppiques, ses plaines littorales, que submerge à moitié l'eau des marécages, constitue un domaine hostile où la vie européenne ne s'insinue que très lentement. La plaine de la Mitidja est restée des années durant cette « infecte Mitidja » qui s'évoque si nettement dans les vues que Weindman nous a laissées sur Baba-Ali et ses environs. Le village de Boufarik, dont M. E. F. Gautier a retracé dernièrement l'étonnante histoire, ne fut, pendant très longtemps, au milieu de la plaine humide, qu'un marché assez médiocre dont Théodore Leblanc nous a donné un croquis précis. Dans l'arrière-pays algérien, de toute évidence, l'histoire stagne et, en bien des endroits, le voyageur aurait pu y retrouver intacte l'Algérie du temps des Barberousse. Au contraire, le décor change avec rapidité dans l'enceinte des villes, tout particulièrement à Alger. C'est là qu'il faut observer, avant 1871, le phénomène colonial, si l'on veut en saisir la portée. Avec ses changements multiples, avec la construction de places et de rues à l'européenne, avec l'écroulement de ses vieilles maisons et de ses remparts, Alger nous donne la meilleure image de cette Algérie nouvelle, en voie de formation, dont elle demeurera toujours le cœur vivant.

Il suffit pour entrevoir les transformations d'Alger d'observer la naissance de la place Royale, au centre même de la ville. C'est là qu'autrefois, devant le Djenina, se sont assemblées les bandes tumultueuses des raïs. Au début de notre conquête, quelques marchands avec leurs légumes et leurs ânes obstruaient à eux seuls complètement la vieille place indigène. En 1849, la place européenne est un large terre-plein où le lecteur familier avec la topographie de l'Alger contemporain pourrait reconnaître sans peine la place actuelle du Gouvernement. À l'arrière-plan, près de la mosquée blanche dont l'architecture avait retenu l'attention de Dauzats, se dresse la statue équestre du duc d'Orléans, inaugurée en 1846. Ce dernier détail n'achève-t-il pas de donner à la place son allure européenne ?

La monarchie de Juillet avait déjà contribué à modifier la ville, à agrandir le port. Le Second Empire poursuivait cette œuvre. Il y eut, à Alger, comme dans les vieilles agglomérations urbaines de France, une crise d'« haussmannisation ». Le voyage de Napoléon III et de l'impératrice Eugénie coïncide avec la construction du long boulevard du front de mer, baptisé, à cette occasion, « boulevard de l'Impératrice ». Une gravure, empruntée au *Monde illustré* de 1862, représente d'une façon plus ou moins fidèle la construction de la voie nouvelle qui devait entraîner la disparition des vieilles et pittoresques maisons à encorbellement.

Progressivement l'Algérie nouvelle gagne du terrain sur le pays d'autrefois. Il s'ensuit des changements multiples dont la vie indigène subit le contrecoup. Nul ne s'est peut-être plus nettement rendu compte de ces transformations que le peintre Guillaumet. Son premier voyage en Algérie date de 1862. Tout de suite, il se prit de passion pour le Sud algérien. Biskra, Bou-Saada, Laghouat, ces villes « situées en plein désert », comme on disait à l'époque, furent ses séjours préférés. C'est là qu'il peignit ses bergers nomades, ses fileuses indigènes, des intérieurs de terre battue, des maisons aux murs d'argile crue. Il avait retrouvé dans le Sud algérien l'Orient patriarcal et biblique qui avait enchanté ses devanciers, Delacroix, Chassériau ou Fromentin. Dans le Nord où grandissaient les villes neuves, au contraire, toute la poésie orientale était en train de faire naufrage. À lire les *Tableaux algériens* de Guillaumet, on comprend aisément les raisons de sa fuite vers le sud, loin de notre civilisation européenne. Dans ses multiples voyages, le peintre avait eu l'occasion de noter les agrandissements du pays nouveau. « Bouira, écrit-il à propos d'un voyage qui devait l'amener d'Alger à Bou-Saada, à travers la Kabylie, s'élève, s'agrandit, se peuple, avec une apparence de prospérité, une concurrence d'hôtels et de cabarets...[6]. » L'Algérie se couvre de chantiers, on construit des routes, on établit des voies ferrées. Mais le travailleur indigène, en se pliant aux besognes de la vie moderne, perdait « sa grâce et sa dignité natives ». Il n'avait plus l'allure magnifique d'un personnage de la Bible. « On ne se figure guère, note Guillaumet, Abraham sortant de sa tente pour faire du macadam[7]. » À Alger la démolition des vieux quartiers l'attristait profondément. La laideur de la ville moderne l'accablait. « Jour par jour, pierre à pierre, constate-t-il, croule la blanche cité, la Djezaïr des Arabes. Un vent de destruction emporte ses derniers vestiges, tandis qu'une vaste métropole, renaissant de tant d'éléments divers, fusionne en son rapide accroissement les débris de toutes les races, les matériaux de tous les pays, le présent avec le passé, l'ancien monde avec le nouveau[8]. » Guillaumet a senti toute l'importance de ce pays qui naissait à la vie. On lui pardonnera de ne pas en avoir goûté le côté pittoresque.

La découverte de l'Algérie et la peinture française au XIXe siècle *

Le livre de M. Jean Alazard[9] s'attaque à un sujet particulièrement difficile. Il nous apporte le premier essai de synthèse que l'on ait tenté d'écrire jusqu'ici sur la peinture orientaliste française du XIXe siècle. Cette constatation, à elle seule, indique le mérite et l'ampleur de l'entreprise. L'ouvrage se présente avec un fastueux cortège d'illustrations en tout point remarquables ; il dessine avec ingéniosité la courbe si complexe du mouvement orientaliste au milieu des remous du XIXe siècle, il s'impose, en un mot, à l'attention réfléchie des érudits et du grand public.

Depuis le XVIIe siècle, la part de l'Orient a toujours été grande dans notre art, comme dans notre littérature. C'est là, avec tant d'autres, l'une des marques de notre vie intellectuelle. En Allemagne, en Angleterre ou en Italie, le mot Orient n'a jamais eu, à coup sûr, l'étonnante résonance qu'il a chez nous. Il y a, dans le domaine de l'esprit français, et cela depuis des siècles, une question d'Orient, analogue à l'autre, celle des chancelleries, aussi confuse et passionnante qu'elle. On ne saurait la définir rigoureusement. L'Orient « intellectuel » n'a pas de frontières nettes que l'on puisse tracer sur la carte en toute tranquillité d'âme. Chaque époque a eu son Orient, l'a vu et organisé à sa guise. Cet Orient a éclairé d'une lumière changeante de nom-

---

* *Source : Revue Africaine*, 1931, pp. 102-110.

breuses villes, contrées ou civilisations. L'Espagne et Venise relèvent indéniablement de son domaine ; en relèvent aussi les pays turcs, les plateaux persans et, ne serait-ce qu'au XVIIIe siècle, l'Asie mystérieuse des pagodes, des brahmanes et des disciples de Confucius. Un pays que s'est annexé l'Orient, l'Orient des écrivains et des artistes, ne s'en libère jamais plus. L'enchantement qui pèse sur lui ne se dissipera pas. L'Inde picturale de M. André Besnard, de nos jours, ne trouve-t-elle pas place naturellement dans l'Orient artistique de nos classifications scolaires ? Monde mouvant, l'Orient des peintres est aussi un pays imaginaire, le pays de la fantaisie, du rêve, de la lumière irréelle. La géographie d'une pareille contrée, au XIXe siècle surtout, pour les multiples raisons que nous avons énumérées implicitement, et par suite des contradictions infinies que présente la vie artistique de ce siècle, n'est pas aisée à écrire. Pour mener l'œuvre à bien il faut une singulière richesse d'érudition, le sens des nuances, une rare solidité de jugement, des années de travail.

Les images d'Orient abondent dans la peinture française du XIXe siècle. De leur étude, de leur confrontation on hésite à tirer des considérations générales. On approuvera donc l'auteur de s'être placé résolument en face des œuvres et d'avoir ainsi pris le parti du sage. Il laisse au lecteur intempérant, amateur de vues d'ensemble, le soin de trouver les formules abstraites qui résument plus ou moins arbitrairement l'histoire du mouvement orientaliste. En suivant dans la mesure du possible l'ordre chronologique, M. Alazard indique, analyse, commente les toiles, les croquis, les aquarelles, les eaux-fortes des maîtres du siècle passé. De ses explications concrètes les conclusions se dégagent d'elles-mêmes, avec netteté.

Le XVIIIe siècle s'achève. L'heure des peintres du « Bosphore » est déjà passée. Avec l'épopée de l'armée d'Égypte, une nouvelle page de l'orientalisme est mise en couleurs. Gros la remplit à lui seul, ou presque, avec la fougue d'un Rubens. L'indépendance grecque, une vingtaine d'années plus tard, attire l'attention sur ces vieux pays du Levant méditerranéen où il semble qu'artistes et poètes veulent construire la maison orientale du siècle tout entier. En 1830, la prise d'Alger ouvre brusquement à la France la porte de l'Orient africain. Toutes les ébauches à qui l'avenir du siècle semblait promis sont renversées. La maison à peine construite s'écroule, un nouvel Orient s'édifie. C'est à cette construction robuste que l'auteur consacrera le meilleur de ses pages, le plus clair de ses descriptions. La conquête artistique de l'Algérie représente le cœur de l'ouvrage, ce qui explique et justifie le titre du présent compte rendu. L'Algérie avec ses villes animées, ses populations mêlées, ses paysages de montagnes et de déserts a jeté sur le marché artistique une masse considérable de faits nouveaux. L'orientalisme français en a été enrichi, transformé, élargi. L'Algérie a exercé sur des générations d'artistes la même fascination que l'Italie aux époques antérieures. C'est en Algérie que l'on vient, au-delà de la vingtième année, chercher les leçons que l'on demandait autrefois aux ruines romaines et aux paysages italiens. Le voyage d'Algérie, nous dit et nous répète M. Alazard, remplace le voyage d'Italie.

La réalité algérienne s'est offerte comme un thème sans limite à la fantaisie et à l'interprétation des peintres, mais elle ne s'est pas révélée, tant s'en faut, en un seul jour à la curiosité des visiteurs. Il y a eu découverte lente et progressive. Nous voudrions très sommairement en indiquer, d'après M. Alazard, les étapes marquantes.

Les noms de Delacroix (1799-1863), Fromentin (1820-1876), Guillaumet (1840-1886), du point de vue un peu étroit qui est le nôtre, jalonnent cette découverte de l'Orient africain. Leurs œuvres, en dehors des qualités qui les préservent de l'oubli, ont la valeur de points de repère. Ces trois artistes représentent, le simple examen des limites chronologiques de leurs existences relativement brèves le montre, trois générations successives du XIXe siècle ; Delacroix a connu Alger en 1832, le premier voyage de Fromentin en Afrique date de 1845, Guillaumet enfin ne prend contact avec le monde algérien qu'en 1862. Bien qu'un schéma de ce genre comporte une certaine dose d'arbitraire, nous croyons qu'ils ont révélé, chacun à leur tour, un aspect neuf de l'Orient nord-africain.

C'est au Maroc qu'a surtout séjourné Delacroix en 1832. Les hasards de son voyage l'ont conduit une fois à Meknès et trois fois à Tanger. Il n'a par contre vu Oran que pendant quelques heures et n'est demeuré à Alger que trois jours, « trois jours... très remplis », d'ailleurs. Consolons-nous en remarquant qu'à peu de chose près l'Afrique du Nord est taillée dans la même étoffe et que visions marocaines et algéroises se sont fondues dans la mémoire du peintre. Il est probable que le voyage de 1832 a eu sur les destinées de la peinture française une influence décisive. Sans Delacroix la prise d'Alger n'aurait peut-être pas eu, aussi rapidement, les répercussions que l'on sait. Cet Orient barbaresque que Delacroix a révélé à ses contemporains comporte, au milieu de détails fantaisistes et arbitraires, détails qui se multiplieront au penchant de son existence, une quantité de notations exactes, prises sur le vif. Fromentin remarquait, et M. Alazard reprend le jugement à son compte, que Delacroix s'était intéressé avant tout aux spectacles humains de la terre africaine. Il serait plus exact encore de dire que le grand peintre s'est particulièrement intéressé à l'humanité et au décor des villes musulmanes. Sans doute a-t-il voyagé, et par deux fois, à travers le plat pays marocain de Tanger à Meknès et de Meknès à Tanger, sans doute a-t-il poussé, dans ses promenades quotidiennes, jusqu'aux vergers qui, près des villes, annoncent le commencement des campagnes, sans doute a-t-il dans cette lumière un peu grise dont il a gardé le souvenir esquissé quelques larges paysages, mais la plupart de ses croquis et de ses tableaux reconstituent l'animation et l'aspect des rues des villes indigènes : femmes qui vont puiser l'eau, cavaliers qui passent, cérémonies officielles que domine la silhouette du sultan, Arabes accroupis devant les portes, groupes de femmes israélites... C'est encore aux intérieurs noyés dans une demi-obscurité que vont les préférences de l'artiste. Le tableau si connu des *Femmes d'Alger* apparaît comme l'intégration des multiples observations recueillies en Afrique. En résumé, Delacroix s'est signalé à ses contemporains comme le peintre des villes africaines, de leurs rues étroites et de leur population étrange si proche, dans son imagination, de l'humanité antique.

La connaissance de l'Algérie, grâce à Fromentin, s'est enrichie considérablement. Il a tout simplement fait la fortune du paysage algérien et là son œuvre exquise d'écrivain soutient, complète, dépasse même, si l'on veut, son œuvre de peintre. Mieux que Delacroix et plus à loisir, il a su analyser dans sa complexité la lumière du ciel d'Algérie. Il a fait comprendre le premier le charme virgilien des coteaux du Sahel et retrouver, en marge des paysages semés de tentes arabes, barrés de palmiers, ensanglantés par les terrains que rougit l'oxyde de fer, des horizons analogues à ceux de la France. Que l'on se reporte aux reproductions du livre de M. Alazard, les *Tentes arabes* du musée de Montpellier, la *Chasse à la gazelle dans le Hodna* du musée de Nantes, ou au tableau des *Femmes arabes* que possède le musée des Beaux-Arts d'Alger, ou encore à la toile célèbre de 1864, *Un coup de vent dans les plaines d'alfa*, on ne peut s'empêcher de noter l'exactitude, la vérité du décor. Fromentin n'évoque pas exclusivement, comme un Rousseau, les réalités terrestres du paysage. Ses tableaux baignent dans cette étrange atmosphère algérienne, diffuse et grise. Il s'est attaché à l'analyse de cette lumière complexe, insaisissable, il en a noté les divers aspects, il en a parlé aussi, dans ses écrits, avec un rare bonheur. Évidemment il y a bien autre chose dans l'art complexe, tout empesé de théorie, de Fromentin et M. Alazard en analyse longuement les multiples éléments, mais en définitive son nom reste lié à la connaissance complète du paysage algérien, il convenait, non de le démontrer, mais de le signaler une fois encore.

On ne donne pas toujours à Guillaumet la place qu'il mérite. M. Alazard, dans les quelques pages qu'il lui consacre, a su lui rendre justice. Il est entendu que Guillaumet n'est pas un grand peintre, mais son œuvre est si sincère, si intéressante, si heureusement éclairée par ses écrits, qu'il est bon de s'arrêter à son exemple. C'est en Kabylie et plus encore dans le Sud, en bordure du désert, que le peintre a le plus longtemps séjourné. Il a vécu, des mois durant, dans de misérables maisons de pisé ou sous la tente des nomades. Alors que Dehodencq, son contemporain, dépeint les villes tumultueuses de l'Islam, Guillaumet s'est penché avec une sympathie généreuse sur la vie quotidienne des indigènes, vrais personnages de la Bible ou de l'Antiquité, et dans ce domaine où il est si souvent émouvant il fait figure de précurseur. Les peintres, bien avant lui, s'étaient intéressés à l'indigène, voire à l'indigène des campagnes, mais aucun n'avait su peindre, jusque-là, aussi exactement, la simple chronique de leur existence. Jamais Guillaumet ne songe à dramatiser, à forcer la note. Fileuses du Sud, femmes qui pressent les olives, maisons aux murs énormes, atelier de céramique, place de Bou-Saada dans sa quasi-immobilité ensoleillée, tels sont les personnages et les décors des toiles de Guillaumet, personnages et décors que d'autres ont repris tant et tant de fois qu'ils ont perdu beaucoup de leur saveur passée. Quand on sait qu'à cette œuvre Guillaumet a donné en entier son existence fiévreuse et si courte, on a une naturelle tendance à n'en retenir que les plus beaux aspects. Il est hors de discussion d'ailleurs que grâce à lui l'Algérie a livré son dernier grand thème pictural et non le moins riche.

Avec Guillaumet se clôt une sorte de phase héroïque de la conquête artistique.

Sur ces thèmes, villes, paysages, indigènes de l'Afrique du Nord, les peintres ont brodé sans fin. Leur vision porte à la fois la marque de leur tempérament, de leur technique, de leurs préoccupations d'école et des souvenirs qu'ils empruntent à leurs devanciers. Chaque œuvre arrive ainsi à être la synthèse d'éléments complexes que la critique s'emploie à dissocier, à isoler et à préciser. M. Alazard a eu le constant souci de mener à bien les multiples analyses de détail que son sujet lui imposait, mais il sait élaguer, simplifier, ouvrir de larges avenues et, malgré la richesse de la matière, son livre ne s'égare pas dans les chemins sinueux de l'érudition pure. L'auteur a réussi à faire tenir ses explications dans un nombre relativement restreint de pages. Il a accompli là un tour de force. Il n'a garde cependant d'oublier les peintres qui, malgré la vogue de l'Algérie, s'égarent sur le chemin de Venise ou de l'Égypte. De Decamps à Auguste Renoir il n'y a pas un artiste notable dont l'œuvre ne soit étudiée. Une place éminente est réservée aux jugements des contemporains. La critique personnelle de l'auteur s'en trouve peut-être estompée ; mais l'histoire gagne à ce procédé.

Il nous est impossible de reprendre par le menu, ici, toutes les explications de l'auteur. Nous nous résignons à laisser dans l'ombre bien des questions intéressantes, à ne parler qu'en passant des pages consacrées à Chassériau, si riches de faits nouveaux, ou des notations justes qui définissent le procédé de Lebourg, ou encore des remarques heureuses que le dernier chapitre, un des mieux venus du livre, réserve à l'art subtil de Renoir. L'auteur n'a pas seulement fait un sort à tant d'éclatantes réussites, il a noté, dans le déroulement du mouvement orientaliste, les périodes d'accalmie, de stagnation, les points morts ; il a signalé ces moments, plus fréquents qu'on ne le supposerait, où l'orientalisme se meurt, où la fantaisie supplante l'observation directe, où le « poncif est roi ».

Il était malaisé de mettre en œuvre ces multiples détails, et cependant la difficulté essentielle contre laquelle il a fallu lutter ne vient peut-être pas de là. L'histoire de l'orientalisme n'aurait aucun sens si on ne la replaçait dans le cadre général de l'histoire de la peinture française dont elle est partie intégrante. L'opération simple à énoncer s'avère délicate à réaliser, surtout pour la période qui va des années 1830 aux années 1870. On devine à ce sujet les hésitations de l'auteur et il reste entendu que la porte reste ouverte, mettons entrebâillée, à des discussions et à des chicanes de détail. La période 1830-1870 est en effet, dans l'histoire générale de notre peinture, parcourue par des mouvements divers qui oscillent entre le romantisme et le réalisme ; elle est, dans le domaine particulier de l'orientalisme, marquée par les découvertes de l'Algérie. Il s'agit dès lors d'établir les rapports et les liaisons qui existent entre deux courants en continuelle transformation. Après 1870 la tâche n'est guère plus aisée. Personne n'oserait soutenir que cette nouvelle période soit plus simple que la précédente. L'image si diverse de la peinture française contemporaine se projette dans le domaine de l'orientalisme. Pour des raisons faciles à deviner, l'auteur n'a pas voulu parcourir les chemins si difficiles du XXe siècle. Le chapitre consacré à l'impressionnisme fournit au livre sa conclusion, une conclusion éclatante de couleurs d'ailleurs. On voit très bien, à suivre les explications de M. Alazard, comment l'image de l'Algérie se décompose à travers le prisme des impressionnistes, comment elle s'anime sous le pinceau prestigieux de Renoir, et c'est là de l'excellente critique.

Tel est l'ouvrage fondamental de M. Alazard. Nous n'avons pas la prétention d'avoir présenté l'inventaire complet de ses richesses. C'est un livre qu'il faut lire.

CHAPITRE III

À PROPOS DE *L'HISTOIRE DE L'AFRIQUE DU NORD* DE CHARLES-ANDRÉ JULIEN *

Fernand Braudel a donné deux comptes rendus, fort différents, du grand livre de Charles-André Julien, préfacé par Stéphane Gsell (Payot, 1931) : l'un assez neutre destiné au Bulletin de la Société des professeurs d'histoire et de géographie de l'enseignement public *(juin 1932, pp. 297-298), l'autre nettement plus critique que nous reproduisons ici. Entre les deux recensions, un an de réflexion historique sur son métier et sur le monde méditerranéen.*

Le gros volume de Ch.-André Julien est une excellente synthèse. Il implique un travail prodigieux. L'auteur a tout lu de son immense sujet, ce qui ne l'empêche ni de voir ni de raconter. On parcourt sans lassitude les pages animées de son interminable ouvrage. L'intérêt ne faiblit jamais car l'auteur a le don du mouvement et de la vie. La réussite est indéniable et nous sommes heureux d'y applaudir. Ce n'est ni par hasard ni par distraction que Stéphane Gsell aura écrit

* *Source : Revue africaine*, 1933, pp. 37-53.

la préface élogieuse du volume. Voilà un excellent instrument de travail, un livre de base, classique déjà. Il remplace l'ouvrage vénérable d'Ernest Mercier qui a rendu tant de services et auquel il serait injuste, évidemment, de comparer les pages plus nourries et plus larges de M. Julien. Entre ces deux synthèses s'interposent quarante années fructueuses de travail et de recherches.

« Le perfide Maghreb, écrit M. Julien, dans son avant-propos, n'est pas moins hostile aux historiens qu'aux conquérants » (p. XIII). Personne qui n'approuve cette formule heureuse. Il y a cependant aujourd'hui, Dieu merci, quelques positions assez fortement occupées par les érudits et les historiens. On connaît relativement bien, ainsi, l'histoire de l'Afrique du Nord pendant l'Antiquité, on commence à déchiffrer sérieusement les siècles obscurs du Moyen Âge maghrébin, et il n'y a plus grand-chose à apprendre, maintenant, sur les débuts de l'installation française en Afrique du Nord. Ainsi, pour de vastes questions, M. Julien n'aura pas manqué de guides avertis et sa route s'est établie sur un terrain solide. Mais, par ailleurs, que de siècles indéchiffrables, que de routes incertaines ! Parcourons, avec M. Julien, ce long passé de l'Afrique Mineure ; il n'est pas sans intérêt de marquer, après tant de travaux d'analyse, la ligne dernière qu'atteint la conquête historique en ces domaines. On se rendra compte, chemin faisant, du travail de l'auteur.

Le passé de l'Afrique du Nord, à ses origines, se noie dans une obscurité presque complète. Que sait-on, en effet, de la préhistoire nord-africaine ?

Un pays plus humide qu'aujourd'hui ; des glaciers, au moins sur les sommets de l'Atlas marocain ; pas de désert, mais des savanes et des steppes herbeuses sillonnées de troupeaux ; une faune exceptionnellement riche et diverse d'éléphants, de bœufs aux longues cornes, d'antilopes, de panthères, de lions, de chacals, de girafes, de buffles, de sangliers, d'autruches et de béliers ; des villages souvent perchés sur les hauteurs ; des hommes au corps ocré, la tête ornée de plumes, portant des bracelets et des colliers, maniant arcs, flèches, boomerangs et boucliers ; d'énormes escargotières formant de véritables collines... Tels sont quelques-uns des mille et un aspects de la préhistoire nord-africaine. Mais comme ces images sont indécises et leur interprétation difficile ! Personne n'oserait plus voir, comme G.B. Flamand, un homme armé d'une hache de pierre dans la gravure rupestre de Ksar-el-Ahmar. Tout le monde n'a pas la chance de visiter les collections du musée du Bardo en compagnie de son conservateur. Même les plus qualifiés d'entre les profanes se reconnaîtraient-ils au milieu des objets de l'industrie capsienne ou s'baïkienne ? M. Julien s'est efforcé de nous initier à cette science hermétique que bouscule chaque jour la fièvre des découvertes. Il a eu soin de rappeler la gamme chronologique de la préhistoire européenne pour lui comparer, ensuite, les classifications particulières que l'on a proposées pour l'Afrique du Nord : celle de Pallary qui fut un admirable chercheur et celle de M. Reygasse. L'auteur rappelle aussi les notions les plus courantes sur l'homme d'Heidelberg ou l'homme de Cro-Magnon... Ses explications l'entraînent fort loin, en Hongrie, en Égypte, dans les Somalis, en Afrique australe et même en Chine. M. Julien se garde, cependant, de choisir et de juger en l'obscur débat dont il montre le détail. À peine indique-t-il sa préférence raisonnée pour la classification de M. Reygasse qui permet d'établir des rapprochements curieux entre Asie, Afrique et Europe. « Il n'est pas présomptueux, écrit-il, d'estimer qu'au Paléolithique ancien la Méditerranée occidentale possédait une même culture, à laquelle l'Afrique du Nord participait. L'atérien, né, sans doute, au Maghreb et le s'baïkien gagnèrent la péninsule Ibérique où ils se mêlèrent. Il semble de plus en plus admis que ce fut par la Berbérie que se déversèrent les négroïdes chassés de l'Afrique centrale par la substitution des savanes, puis des steppes, aux forêts. Obermaier a pu affirmer que "l'Espagne présenta, durant la période aurignacienne, une région de transition de l'Afrique à la France". Comme le détroit de Gibraltar était ouvert depuis le début du quaternaire, "ce fut par des moyens, sans doute primitifs, de navigation que les paléolithiques abordèrent en Europe" » (p. 41). On sera sensible à cette large vision, mais est-elle juste ? Peut-être. En tout cas elle ouvre des perspectives qui, seules, justifient, quant à nous, les patientes recherches et les controverses héroïques qu'allument les escargotières ou l'industrie gétulienne. Là comme ailleurs, la synthèse est indispensable. Faut-il répéter que l'heure en semble encore très éloignée ? M. Julien le dit nettement : « *Praehistorici certant, adhuc sub judice lis est.* Le procès n'est pas près d'être tranché, car, quels que soient les résultats considérables déjà obtenus, la préhistoire maghrébienne est encore une science en formation. Ridicule serait l'historien qui se mêlerait de prononcer le jugement » (pp. 40-41).

La lumière ne commence pas, comme on pourrait le croire, avec la colonisation phénicienne et l'essor de Carthage. Le passé de Carthage nous échappera toujours en partie. Il en va de même des débuts de la conquête romaine et de l'histoire des États indigènes qu'elle laissera, tout d'abord, en marge de son emprise. L'érudition souveraine de Gsell a réuni, sur ces diverses questions, tout le matériel de nos connaissances. Il n'est pas excessif d'affirmer que sa monumentale *Histoire ancienne de l'Afrique du Nord* nous donne, sur cette longue période, le dernier mot de la science. Il est vrai que ce dernier mot frustre notre curiosité. Mais peut-on tout savoir dans le domaine de l'histoire ? L'œuvre magistrale de S. Gsell s'arrête, avec le tome VIII, à l'époque de César. « Au bout de huit volumes, écrivait-il peu avant sa mort [1], consacrés à des "siècles obscurs" je suis arrivé au seuil de la terre promise, de l'Empire romain, où une documentation plus abondante et plus sûre rend possibles des vues plus claires. » Gsell n'aura pas connu la joie de la terre promise mais il a défriché les terres incultes qui en précédaient les abords et il n'est pas besoin, ici, dans cette *Revue* toute pleine de son souvenir[2], d'indiquer la valeur et l'importance de son labeur. Reste à ses amis et à ses élèves le devoir de nous conduire en « terre promise ». C'est ce que M. Julien a fait excellemment, pour son compte, en des pages qui sont peut-être les meilleures de son livre. Après avoir repris les conclusions de Gsell pour l'époque antérieure, M. Julien a montré, avec beaucoup de sûreté, la vie de l'Afrique du Nord dans le cadre de l'histoire impériale. Il a utilisé, à cet effet, les ouvrages classiques de MM. Cagnat et Monceaux, les articles de M. Carcopino et les pages africaines de son livre consacré aux Gracques, la précieuse brochure de M. Albertini sur l'Afrique romaine qui est « le meilleur exposé d'ensemble » consacré à l'organisation provinciale. M. Julien a mis aussi à contribution les auteurs anciens et les richesses bibliographiques de l'histoire impériale... Il a, bien entendu, suivi, dans son exposé, la courbe même de l'histoire de l'Afrique romaine et parlé successivement de la conquête, de l'armée d'occupation, de l'épanouissement, puis de la désagrégation. À noter les pages neuves et originales qu'il a consacrées au donatisme qui ne s'est pas uniquement développé sur le plan religieux.

L'auteur n'aura pas utilisé le volume d'E. F. Gautier sur Genséric[3], paru à l'heure des dernières étrennes et qui renouvelle, faut-il le dire, l'histoire de l'épisode vandale. Remarquons que M. Gautier a fait place, dans son large exposé, à toutes les suggestions et remarques de M. Julien. Cet emprunt est le meilleur des éloges. Au-delà de la *reconquista* byzantine dont il brosse, d'après M. Ch. Diehl, un tableau exact, M. Julien a pu, abondamment cette fois, se servir des lumières de M. E. F. Gautier. Les illustres *Siècles obscurs du*

Maghreb sont avant tout, croyons-nous, une leçon de méthode. Derrière les précisions des chroniqueurs arabes ou les raisonnements d'Ibn-Khaldoun, M. Gautier a su évoquer la réalité géographique du pays maghrébin. Ses procédés cartographiques sont simplement prodigieux, ils constituent une arme difficile à manier mais indispensable et de premier ordre. M. Julien voit, dans ce livre maître, l'équivalent de ce qu'a été, pour les études anciennes, la *Cité antique* de Fustel de Coulanges. L'écrasante comparaison n'est pas hors de saison. Elle a d'ailleurs sa contrepartie. Quelle est, aujourd'hui, l'autorité du livre de Fustel ? La recherche historique s'est appuyée solidement sur ce point de départ, perdu de vue maintenant. Faut-il prédire pareil destin au livre de M. E. F. Gautier ? Il semble impossible de s'écarter beaucoup, dorénavant, des voies ouvertes par lui. L'avenir est aux études et vérifications de détail dans le cadre même des hypothèses qu'il a tracées. Mais laissons cet avenir, cette histoire de l'histoire ! Grâce à M. E. F. Gautier le premier pas est fait et nul n'ignore que c'est le plus difficile. Cela ne veut pas dire que M. Julien n'ait pas eu de peine à dessiner la carte d'ensemble des siècles obscurs du Moyen Âge. Il l'a fait avec un souci perpétuel d'évoquer la vie ; les constructions politiques et religieuses, les guerres continuelles ne lui ont pas caché les réalités économiques et sociales ou les productions incomparables de l'art. Le tour d'horizon qu'il nous présente est donc complet. Le grouillement des détails qui remplissent certaines pages ajoute encore à l'impression étonnante de vie que laisse cette lecture parfois austère. Ce sont les grands faits politiques qui ont déterminé les coupures du plan de M. Julien, l'invasion arabe avec ses légendes, l'invasion hilalienne avec ses catastrophes. Au-delà de chacun de ces orages il montre, peut-on dire, le rétablissement de l'ordre, la poussée drue et rapide des États qui grandissent et meurent vite : États Kharedjites comme l'étonnant royaume de Tahert qui mériterait à lui seul une longue étude ; Idrissides fondateurs d'Oulili et de Fez ; Aghlabites, Fatimides conquérants de l'Égypte ; puis, au-delà de la ruée hilalienne, les Almoravides, les Almohades dont les héritiers, Hafsides princes de Tlemcen et Mérinides, dureront jusqu'à l'époque moderne. On voit le nombre des personnages car chaque dynastie s'égrène, comme un chapelet, en princes, roitelets et conquérants. C'est une comédie et une tragédie à milliers de personnages qu'il s'agit d'animer.

M. Julien s'est acquitté avec bonheur de ce métier de metteur en scène. Jamais encore la comédie ne nous avait été donnée ainsi, de bout en bout, et avec un tel brio. Il est vrai que M. Julien s'embarrasse de scrupules qui ne gêneraient pas un auteur dramatique. Les acteurs qui lui obéissent répètent parfois leurs rôles pour tenir compte des variantes des historiens, car M. Julien, dans les controverses indécises, se garde de trancher. Le lecteur fera bien d'imiter sa prudence et sa réserve.

Nous ferions volontiers à l'auteur un reproche. Pourquoi n'a-t-il pas fait précéder ces larges chapitres consacrés au Moyen Âge d'une vue d'ensemble sur la période, guide qui permettrait au lecteur de se reconnaître dans la forêt qu'il aborde ? C'est ce que M. Georges Marçais aura tenté pour sa part, devant le congrès des Sciences historiques d'Alger[4]. M. G. Marçais s'est plu à donner les raisons de la complication de cette période, de son manque apparent de logique. Il a montré, judicieusement, les oscillations du Maghreb entre l'Orient égyptien et l'Occident andalou. M. Julien n'a pu utiliser cette lumineuse synthèse pour la rédaction de son livre. La communication de M. Marçais souligne, indirectement, la carence que nous signalons. Le lecteur pourrait assurément, tout seul, d'après le texte de M. Julien, s'élever à des vues surplombantes. Mais lire est devenu un terrible métier ; la pitié à l'égard du lecteur est un devoir.

Nous avions raison de dire que les siècles obscurs du Moyen Âge s'éclairaient peu à peu. L'écheveau des chroniqueurs arabes se dénouera, un jour, entre nos doigts. Heureux celui qui débute, aujourd'hui, dans ce domaine particulier des recherches historiques ! M. Julien le mettra au courant de tout ce qu'un honnête homme doit savoir de ces questions. M. Gautier lui fournira la méthode, M. Marçais une histoire exhaustive de l'art [5] et l'exemple d'une étude de détail, sa thèse sur l'invasion hilalienne [6], sans compter d'autres livres, d'autres dons et les richesses de l'*Encyclopédie de l'Islam*. Trop heureux débutant, peut-être.

Une période à part s'encadre entre les deux prises d'Alger, celle de 1516 et celle de 1830. Nous la connaissons fort mal encore. Le chapitre XVI de M. Julien résume exactement, sur ces trois siècles, tout ce que nous pouvons savoir. Nous l'avons lu avec un soin particulier et la poignée d'erreurs matérielles ou de critiques minuscules que nous signalons en note en serait le cas échéant la preuve [7]. La mosaïque de cette période est difficile à composer. M. Julien n'a négligé aucun des travaux connus pour reconstituer son ensemble, en bon ouvrier qu'il est. Quand on a eu l'occasion d'écrire quelque chose sur ces siècles, eux aussi, obscurs, on reconnaît bien sa propre pensée, au fil de la lecture, et d'ailleurs M. Julien signale ses emprunts avec insistance, mais on retrouve cette pensée asservie, disciplinée, utilisée dans un but précis, l'histoire du Maghreb, qu'elle ne se proposait pas toujours spécialement, encadrée dans un cortège de faits venus de tous les coins de l'horizon bibliographique. Ceci dit pour marquer, mieux que ne le fait le texte, la part personnelle de M. Julien dans cette partie de son œuvre.

Mosaïque très mutilée. Les livres des contemporains, Léon l'Africain, Haëdo, Marmol, El Kairouani, le P. Dan... sont ou mal édités ou d'une portée restreinte. On ne connaît pas le pays en profondeur. Toute notre attention, comme celle de l'Europe d'alors, se porte sur les côtes et sur les ports, sur Alger surtout comme le livre de M. Gabriel Esquer [8] nous l'avait déjà montré. Tous ces siècles sont sous le signe de la mer.

La conquête turque est une odyssée et par ses origines se perd dans les brouillards de l'Archipel. C'est par mer aussi que s'opère la conquête française, de la mer que vivent les corsaires. Cette vie maritime, qui s'ajoute étrangement à l'histoire du Maghreb irrémédiablement appauvri et « barbarisé », se dilue dans le cadre de l'histoire méditerranéenne. Nous ne voyons, ainsi, qu'un côté de l'histoire de l'Afrique du Nord mais sa reconstitution implique des recherches dans tous les dépôts d'archives des puissances de l'Europe méditerranéenne. Les premiers documents du consulat d'Alger qu'a négligés Plantet sont à Marseille aux Archives des Bouches-du-Rhône [9], la collection de Lencle est à la Bibliothèque nationale à Paris depuis quelques années, les archives espagnoles [10], italiennes, françaises et même anglaises n'ont pour ainsi dire pas fourni la millième partie de leurs renseignements barbaresques. Tout travail d'archives comporte en ce domaine de singulières découvertes. C'est ainsi que M. Masson trouve aux archives de Grenoble la substance de son livre sur la Compagnie du Corail [11] et que M. Capot-Rey, dans un travail de jeunesse que va bientôt publier la *Revue africaine* et dont le manuscrit a été utilisé par M. Julien, renouvelle, grâce à ses recherches d'archives, toutes nos idées sur la politique barbaresque de Louis XIV.

Supposez ce travail achevé, épuisées les ressources de Simancas, de Gênes ou de Rome, nous ne connaîtrions encore qu'en partie l'histoire de ces trois siècles. Il n'y a pas que l'Armor, il y a l'Arcoat, avec ses montagnards et ses nomades. Leur histoire a irrémédiablement fait naufrage. On ne la comprend qu'à la lueur du présent, par déduction. On l'imagine, ainsi, en lisant l'admirable ouvrage que M. R. Montagne [12] a consacré aux Berbères marocains. La méthode manque évidemment de précision.

La trame de l'histoire barbaresque se reconstitue, après tout, avec une facilité relative. Ce sont les images statiques qui nous échappent principalement. La collection du Centenaire prévoyait un volume sur l'Algérie en 1830. M. Yver devait le signer et seul, à vrai dire, pouvait et peut l'écrire. Le livre ne paraîtra pas dans la collection. On regrette qu'il n'y ait pas, en dehors de l'insistance amicale et respectueuse, un moyen d'imposer cette tâche difficile à M. Yver.

L'histoire française de l'Afrique du Nord est en train de s'écrire. Elle n'est certes pas achevée. Il serait inutile de reprendre les travaux définitifs de M. Esquer [13] et du général Azan [14], qui ont tout dit des conditions de notre installation et de notre conquête militaire. Mais ces travaux laissent encore d'immenses domaines à défricher. Nous ne connaissons presque rien de l'histoire économique et sociale de l'Algérie sous la monarchie de Juillet, rien sur la Seconde République et le Second Empire, moins que rien sur la Troisième République et la double conquête de la Tunisie et du Maroc. M. Julien n'a pas disposé, au moment de sa rédaction, pour ces deux chapitres importants, des synthèses de M. Georges Hardy [15], ni, dans la collection des documents français relatifs aux origines de la guerre, des volumes qui se rapportent à son sujet.

M. Julien, contrairement au précédent d'E. Mercier, n'aura pas arrêté son *Histoire de l'Afrique du Nord* à la date fatidique de 1830. Il a, en des pages rapides et bourrées de faits, poussé son exposé jusqu'au temps présent. Cette dernière partie de l'ouvrage, par la franchise de son accent, la sûreté de sa documentation [16], a assuré le succès du livre auprès du public. L'histoire que présente M. Julien n'a rien d'officiel, mais là n'est pas son seul mérite. L'auteur a objectivement présenté les choses. Il ne soutient aucune thèse simpliste ou doctrinale. Il montre la réalité complexe du passé, en accumulant les indications et les faits. Il aura donné, avec une rare économie d'explications et de notes subjectives, le bilan de l'histoire française du Maghreb. Il ne plaide pas, mais compose un dossier. De là certains dangers. On peut facilement prêter à M. Julien des opinions qui ne sont pas les siennes. Il suffit de laisser passer, sans les voir, quelques images pour que sa pensée soit déformée.

Ainsi M. Julien après avoir rappelé les conditions de notre installation à Alger et les étonnantes contradictions de notre politique résume, à larges traits, la conquête de l'Algérie. Puis il parle de l'armée d'Afrique et ne cache pas ses exactions que les historiens connaissent bien et que M. Augustin Bernard ne laisse pas ignorer davantage dans son magistral ouvrage [17]. La guerre d'Algérie n'a pas été une « pastorale » (p. 631) et M. Julien le démontre après beaucoup d'autres auteurs. Mais il sait faire la part des choses, des nécessités et des excuses du moment. Dans une incidente il parlera de Pierre Boyer, ce général d'Oran, que ses soldats avaient baptisé Pierre le Cruel (p. 586), un peu plus loin de l'habitude qu'avait Yusuf d'essoriller (p. 632) ses prisonniers pour les reconnaître par la suite, ou des lettres de Saint-Arnaud sur les dévastations systématiques de nos colonnes (pp. 602-603, 633)... Mais par ailleurs que d'éloges décernés à cette même armée d'Afrique et à ses chefs ! Citons quelques passages caractéristiques choisis entre cent : « La haine de certains colons et des hommes d'affaires pour ces généraux provient moins de leurs aspirations méconnues vers la justice que d'un appétit de lucre contrarié. Dans ce temps où beaucoup de civils s'encombrèrent peu de scrupules la plupart des chefs qui manièrent, sans contrôle, des sommes considérables, furent désintéressés » (p. 636). « Les officiers firent la guerre avec une foi quasi religieuse en la grandeur de leur tâche. Aussi les actes d'héroïsme abondent-ils dans la Geste africaine... » (p. 637). « À côté des jalousies professionnelles des généraux, il faut placer des amitiés et des dévouements indéfectibles... » (p. 637). M. Julien sait avec mesure parler des grands noms de cette armée d'Afrique, d'un Bugeaud dont il esquisse finement le portrait psychologique, de Bedeau dont il dira qu'il était « la plus belle figure morale de l'Armée » (p. 637), de Changarnier dont il loue le sang-froid, de

Lamoricière « d'une vive intelligence », de Cavaignac qu'il montre à l'écart des intrigues des « çofs militaires ». Inutile, évidemment, d'insister davantage.

À côté de la conquête, M. Julien indique sommairement cet autre drame, la colonisation algérienne. Signalons surtout ce qu'il dit des colonies agricoles de 1848, des entreprises des premiers capitalistes comme Vialar, des sociétés qu'il n'aime guère et non sans raison et enfin des importants sénatus-consultes de 1863 et 1865.

En seize pages, M. Julien fait tenir l'exposé des événements de la IIIe République, depuis la création de la « commune » d'Alger en 1870 jusqu'à la célébration du centenaire.

Le chapitre XX raconte la conquête de la Tunisie [18] (p. 700) et du Maroc.

M. Julien étudie minutieusement les origines de cette double conquête et est amené, par la logique de son sujet, à faire une très large place aux affaires financières qui, d'un côté comme de l'autre, en marquèrent les débuts.

Faute de place, nous n'examinerons que cette dernière question.

Il y a différentes formes de l'impérialisme. Il y a l'impérialisme sentimental. Il a fleuri, pensons-nous, surtout le long de la frontière algéro-marocaine, au temps du général O'Connor et du futur maréchal Lyautey, dans la longue guirlande de nos postes militaires. Quand le colonel Lyautey s'y installera, Aïn Sefra sera la capitale vivante de cet impérialisme. M. Julien n'a pas fait, à cet impérialisme-là, une place suffisante, à notre avis du moins. Au début du XXe siècle s'élaborait, le long de la frontière indécise, une conquête continentale du Maroc dont la conférence d'Algésiras, en nous ouvrant les ports marocains de l'Atlantique, a arrêté le développement. S'il n'en avait pas été ainsi, les destinées du Maroc français ne se seraient peut-être pas tournées, aussi exclusivement, vers l'ouest et l'Océan.

Il y a aussi l'impérialisme des hommes d'affaires,

M. Julien s'est montré très attentif à ses diverses manifestations. Il en parle avec une certaine satisfaction. Or cet esprit de conquête est difficile à déceler. Les fils d'or sont souvent, en l'histoire, invisibles. M. Julien a, comme le regretté Albert Mathiez, le sens et le goût de l'histoire policière. Peut-être fait-il à ces affaires d'argent une place trop grande ? Politique et finance, la collusion est ancienne. La *reconquista* byzantine est menée pour le plus grand profit des marchands de Constantinople et de Syrie. Saint Louis sert Dieu et les marchands en portant la Croix sous les murs de Tunis. On connaît les affaires Busnach-Bacri. Les conquêtes de la Tunisie et du Maroc ne font pas exception à la règle. On doit la Tunisie aux complaisances bismarckiennes et anglaises, à la décision de Jules Ferry, mais il y a aussi l'affaire de l'Enfida qui a d'étranges prolongements politiques. À côté, ou presque, en Égypte, on sait bien que l'établissement anglais est le résultat d'un complot, d'un « secret » de la finance [19]. « C'est la vie », diront certains, en haussant les épaules. C'est donc aussi l'histoire.

Mais il est du devoir de l'historien de classer, de mettre les faits sur leur vrai plan d'importance. Il serait puéril de ne voir dans la politique que la résultante des menées financières, la réalité est plus complexe. La vie d'un grand pays comme le nôtre se prolonge moralement, financièrement dans toutes les directions. On occuperait demain, mettons l'île de Sancho Pança, que l'on découvrirait des précédents financiers à l'entreprise.

Il y a certains signes avant-coureurs de la pluie qui n'en sont tout de même pas la cause. Ainsi pour la finance et la politique croyons-nous. Il y a évidemment une incidence des affaires financières sur la politique. Il est difficile de la peser rigoureusement. Pour le Maroc et la Tunisie M. Julien a indiqué le problème. Espérons qu'il développera, un jour, toutes ces questions qu'il n'a fait que signaler en passant.

Nous nous excusons de laisser dans l'ombre tant d'autres problèmes que soulève l'ouvrage. Ils nous fourniraient l'occasion de constater, assurément, combien il est difficile d'atteindre, en ces sujets qui nous touchent de si près, à la sérénité que réclame l'histoire.

M. Julien s'y est efforcé avec courage et succès. De l'examen impartial auquel il la soumet, l'œuvre française, en Afrique du Nord, ne sort pas diminuée, tant s'en faut. À côté de nos fautes et de nos erreurs qu'il serait impolitique de méconnaître, il y a notre œuvre de civilisation dont parle justement M. Julien. Le hasard qui est une grande force nous a conduits en Afrique du Nord. Nous avons accompli là de grandes choses. Nous pouvons regarder le passé, pensons-nous, sans remords. Puisse l'exemple de M. Julien avoir mis, pour toujours, hors d'usage l'absurde balance officielle dont usèrent trop d'historiens !

Travail prodigieux, il faut le répéter, d'autant plus qu'à son livre M. Julien en a ajouté deux autres, l'un qui constitue, à la fin du volume une longue bibliographie que l'auteur devrait bien reprendre dans un fascicule séparé, le second qui insère, dans le corps même de l'ouvrage, une longue série d'illustrations que le mauvais papier n'empêche pas d'être très parlantes.

La conquête historique du Maghreb est bien une lutte, aussi dure que les autres, là contre le silence ou la rareté de nos renseignements, là contre les hésitations du raisonnement ou la déformation sentimentale de nos jugements.

Mais quel impérialisme historique que celui de M. Julien ! On ne peut que rendre hommage à l'allant, à la vigueur, à la passion de savoir, au vigoureux tempérament d'historien de l'auteur.

CHAPITRE IV

AUTRES TEXTES

Professeur enthousiaste absorbé par son métier, Fernand Braudel, n'a plus, pendant ses années algériennes, de relations régulières avec ses maîtres lointains de la Sorbonne. Il se forme seul. D'abord par la fréquentation passionnée des archives dont il dira plus tard (1975) : « J'ai toujours soutenu qu'un historien se forme dans les archives. Lire des documents, c'est voyager, assister à une montée multiple d'images, vivre en esprit en un temps révolu et brusquement en sentir la chaleur et la réalité. » Ensuite, par des lectures surabondantes dont on retrouve l'écho dans de nombreux comptes rendus. En premier lieu à la Revue africaine *où il assure la fonction de secrétaire de rédaction, puis à la* Revue historique, *enfin, à partir de 1937, aux* Annales.

La conquête littéraire de l'Algérie *

Le livre de M. Tailliart peut se définir comme le bilan de notre conquête littéraire de l'Algérie. Dans cette « conquête », l'auteur a eu l'heureuse idée de

* Compte rendu de Charles Tailliart, *L'Algérie dans la littérature française*, Paris, 1925 (*Revue africaine*, 1927, pp. 123-127).

faire une place non seulement aux romanciers, aux poètes, aux dramaturges, aux auteurs d'ouvrages descriptifs, mais encore aux écrivains dont les œuvres relèvent du domaine de l'histoire : historiens de métier, mémorialistes, épistoliers, orateurs politiques, fonctionnaires, soldats de l'armée d'Afrique qui, sans toujours songer au public ou à la littérature, ont parfois parlé des choses d'Algérie. M. Tailliart n'a pas ainsi laissé en dehors de son enquête les ouvrages historiques consacrés au « long drame du passé algérien », ouvrages qui constituent même, selon lui, « la partie la plus vivante, la plus humaine, la plus prenante et la plus pittoresque de tout ce que l'on a écrit sur l'Algérie ». L'Algérie dont M. Tailliart a voulu préciser l'influence sur le développement de la littérature française n'est pas uniquement l'Algérie des paysages prestigieux, des races bariolées, elle est encore l'Algérie d'hier et de jadis. Cette large compréhension du sujet n'allait pas sans soulever des difficultés sérieuses de méthode. Les frontières de la littérature sont indécises, mais peut-on les déplacer au point d'y annexer le domaine de l'histoire ? M. Tailliart s'est défendu, dans sa préface, contre un tel impérialisme littéraire. S'il a fait place dans son livre aux nombreux ouvrages historiques, il s'est astreint à ne les jamais étudier en historien, mais du point de vue littéraire. Il a essayé de dégager, si l'on peut dire, l'image littéraire du passé algérien.

Dans l'effort qu'il a tenté pour « dominer une documentation très abondante », pour organiser les résultats multiples de son enquête, l'auteur est resté constamment fidèle à la même méthode d'exposition ; quelques exemples en mettront les détails et les procédés en pleine lumière. Dans le chapitre si vivant qui sert d'introduction au livre lui-même, chapitre consacré à l'« Algérie dans la littérature française avant 1830 », l'auteur feuillette ces « pauvres livres jamais lus » des missionnaires, des captifs et des agents consulaires, il en restitue les visions, en contrôle les détails bien sommaires à la vérité, mais il a su, chemin faisant, à côté des analyses, en phrases brèves, dresser le tableau historiquement vrai de la régence turque d'Alger avec les jardins de sa banlieue, ses ruelles étroites sous les maisons qui se joignent, sa population mêlée, affairée, avide et cruelle. Parle-t-il des souvenirs et des lettres des officiers de la conquête, il sait choisir les passages caractéristiques, intéresser, faire participer le lecteur à leur pensée et à leur vie, et, entre deux passages cités, il dépeindra brièvement l'existence de l'armée, « le fantassin qui, pliant sous son fardeau, escalade les pentes, dégringole dans les ravins, traverse les oueds, demeure gai, prêt à rire du moindre incident comique », l'hôpital de fortune, les souffrances de l'étape, les marches pénibles des expéditions sahariennes, les rencontres des grands chefs de la conquête. À côté de l'image littéraire de l'Algérie, qu'il a toujours présentée au premier plan de son œuvre, M. Tailliart a su esquisser, brièvement, mais sûrement, l'image de la réalité. L'idée essentielle de l'ouvrage est cette continuelle et intelligente analyse des rapports de la fiction littéraire et de la réalité algérienne. C'est dans le sens de cette idée que se développe l'œuvre tout entière. On ne saurait, dans les limites de ce compte rendu, énumérer et expliquer les multiples questions que pose la lecture attentive de ce livre, à peine pourra-t-on indiquer les grands problèmes qui se dégagent de la diversité et de la richesse des faits étudiés. En simplifiant à l'excès l'ordonnance de l'ouvrage, il est possible d'y distinguer deux parties : l'une où l'auteur étudie le passé de la colonie en tant que thème d'inspiration littéraire, la seconde où dans les romans, dans les ouvrages descriptifs, dans les poèmes et même dans les pièces de théâtre il s'est efforcé de rechercher l'image de la réalité algérienne.

La première partie intéressera particulièrement les historiens. Dans la masse des ouvrages historiques M. Tailliart a justement distingué les écrits d'histoire vécue, véritables documents, mémoires, recueils de correspondances, articles, discours et les livres d'histoire pure. Mais, dans son exposé, il ne s'en est pas tenu uniquement à cette simple division ; constamment préoccupé de distinguer de grandes questions autour desquelles il fût possible de grouper et de hiérarchiser les faits, il a tenu à faire un sort particulier à la polémique d'idées qu'a déchaînée, depuis 1830, dans la presse, dans les brochures et les livres de combat, la « question d'Alger ». Durant tout un chapitre de son ouvrage (ch. II), les querelles passionnées reprennent et s'animent sur l'occupation restreinte, sur l'abandon d'Alger, sur l'occupation totale, sur le régime militaire, sur le régime civil, sur les bureaux arabes, sur la politique à l'égard des indigènes. Dans le chapitre suivant, l'auteur revient, au passé de l'Algérie, mais avec des guides moins passionnés, plus désireux de comprendre, de décrire, historiens graves et impartiaux, mémorialistes au penchant de l'existence, épistoliers sans prétention littéraire. Il ne faut pas s'arrêter trop longuement aux détails de l'exposition et du développement, toujours aisément critiquables, si l'on veut saisir le dessein de l'auteur dans ces chapitres trop riches peut-être de connaissances et de faits ; il faut essayer, comme l'auteur lui-même, de poser, dans son ensemble le problème littéraire « du passé algérien ». M. Tailliart a tenu tout d'abord à préciser, mais à l'arrière-plan de son développement, la réalité de ce passé algérien, telle qu'elle nous apparaît du moins à la lumière de l'histoire. Cette œuvre de reconstitution, plus ou moins apparente, se devine et s'affirme ; elle se devine dans les notations brèves qui coupent les analyses, elle s'affirme quand l'auteur dégage des livres purement historiques, livres de science plus que de littérature, les faits dominants du passé de la colonie. Cette étude du passé, volontairement sommaire pour les périodes anciennes, prend les proportions d'un véritable travail historique pour les années qui suivent la prise d'Alger. Avec un sens critique très sûr, un don tout particulier de la vie, des aperçus originaux, M. Tailliart a su dessiner à larges traits l'histoire même du développement de l'Algérie française. Cette étude du passé, de sa physionomie mouvante, n'était pas le but véritable de l'auteur, mais bien l'influence littéraire de ce passé sur les idées françaises. Seul le passé proche, à ce point de vue, aura vraiment intéressé la pensée française, provoqué ses multiples réactions. En simplifiant quelque peu, on pourrait dire que ces réactions ont répondu à la fois au désir de polémiquer et au désir de décrire des actions vécues. Toute la lutte d'idées qu'a fait surgir la « question d'Alger » semble bien être venue de la métropole ; à l'origine de ces véhémentes polémiques on retrouverait sans doute les défauts mêmes de l'esprit français, les passions de l'opinion publique et peut-être des intérêts, comme toujours. Dans ces discussions, l'Algérie française du passé revit bien pauvrement ; ne s'est-elle pas constituée d'ailleurs sans tenir compte des discours, des écrits et surtout des prophéties « qui ont toujours reçu des événements de publics et criants démentis » ? Tout le passé de la conquête, de l'installation de la première heure, revit par contre dans les lettres, les biographies, les ouvrages historiques écrits au lendemain des événements par des officiers ou des fonctionnaires.

M. Tailliart a fait une large place, dans son livre, aux ouvrages purement littéraires. Seuls les romanciers et les auteurs d'ouvrages descriptifs auront compris l'Algérie au point de faire passer un peu d'elle-même dans leurs œuvres. La vie algérienne a bien mal inspiré les poètes, plus mal encore les dramaturges. Durant les trois cents dernières pages de son ouvrage, l'auteur s'est efforcé de dessiner à la fois l'image de l'Algérie du présent et de l'Algérie littéraire telle qu'elle apparaît dans les livres. Il a plutôt, si l'on peut dire, suggéré que décrit la réalité du pays algérien ; un mot, un simple adjectif, une phrase, un court développement suffisent pour qu'à l'imagination du lecteur se présentent tels détails du paysage, telles particularités de l'existence de ses habitants : voici la Mitidja, la bigarrure de son vêtement et sa ceinture de collines aux couleurs infiniment nuancées ; voici l'Aurès, « hautain et isolé » ; les collines du Sahel ; les Hauts Plateaux ; le désert ; la mer près de Tipaza ; le ciel au-dessus de Laghouat. L'auteur excelle particulièrement dans les petits tableaux de la vie algérienne : « Pénétrons dans un café maure, écrit-il, voici le maître du lieu, le kaouadji ; il est auprès de son fourneau aux faïences brillantes : le charbon pétille, l'eau bout dans les petites mesures de fer-blanc ; les tasses attendent, minuscules, avec dans le fond les poudres fines de café pilé et de sucre ; il ne presse pas ses mouvements, les clients assis sur un banc ou accroupis sur une natte attendent ; ils ne marquent aucune impatience ; aucun n'élève la voix, le tour de chacun viendra. » Quelques pages auparavant, l'auteur avait évoqué la baroque physionomie, l'animation particulière des quais d'Alger. Des vers de Léo Loups incitent M. Tailliart à dire quelques mots de « ce faubourg d'Espagne... que l'on appelle Bab el-Oued ». « Le dimanche, écrit-il, c'est un fourmillement de population : quelque rue ouvrière de Séville ou de Grenade ; vieilles jacassant sur les trottoirs, devant les seuils des portes ; jeunes par quatre, par six, se tenant par le bras, riant, se moquant, parlant haut ; vieux assis, immobiles, sévères, non loin des portes. »

C'est avec exactitude et finesse que M. Tailliart examine, critique, analyse les ouvrages descriptifs et les romans d'inspiration algérienne ; aucun écrit digne d'attention n'a échappé à son enquête. Ces pages, où s'évoque le paysage d'Algérie, où des centaines de personnages, échappés des romans de M. Louis Bertrand ou de M. Ferdinand Duchène, revivent leur vie endiablée et fiévreuse, sont parmi les plus attachantes et les plus fortes du livre de M. Tailliart. De la multitude des détails, l'auteur a toujours su dégager les faits essentiels, ainsi dans cette jolie analyse des procédés dont usèrent les écrivains pour peindre le ciel d'Algérie. « M. Louis Bertrand, écrit-il, dont les yeux se sont tant complu aux crépuscules délicats comme aux aubes divines ou aux violences du plein midi, ne décrit guère le ciel algérien sans l'aide de la mer, de la montagne ou du désert. » Masqueray décrit moins le ciel que les sensations qu'il éprouve « sous le vaste ciel lumineux aux confins du désert et des Hauts Plateaux ». « Fromentin seul semble avoir su, et avec quelle simplicité et quelle sobriété, peindre le ciel, tel, qu'au-dessus de nos têtes, nous le voyons en Algérie... Il avait à sa disposition, lui peintre, bien plus qu'un homme de lettres, le vocabulaire comme la gamme des couleurs. »

Le livre de M. Tailliart est la mise en œuvre d'une documentation formidable. On s'en convaincra sans peine en se reportant à son livre complémentaire : *L'Algérie dans la littérature française. Essai de bibliographie méthodique et raisonnée*. L'auteur y a rassemblé toutes les justifications bibliographiques de son œuvre ; plus de trois mille volumes, articles ou brochures y sont cités et analysés. Ce recueil méthodique, remarquable instrument de travail, a pris déjà place à côté de l'ouvrage classique de Playfair. L'ouvrage principal de M. Tailliart, malgré la large enquête qu'il présuppose, n'en reste pas moins d'une lecture aisée, suggestive, attachante. Le secret de cette clarté d'exposition, de cet intérêt, revient, en partie, à la conception même qu'a eue M. Tailliart de son immense sujet. D'autres façons de présenter les faits, d'exposer les problèmes étaient possibles, l'auteur lui-même, incidemment, les suggère. Il serait bien long d'indiquer les motifs qui justifient la solution qu'il a adoptée, aucune autre solution, en tout cas, ne pouvait toucher aussi profondément, émouvoir aussi sincèrement un lecteur familiarisé avec les choses d'Algérie.

La conquête politique de l'Algérie*

Le très beau livre de M. Schefer est le premier volume paru de la collection du Centenaire de l'Algérie dont il semble superflu de souligner ici l'importance et l'opportunité. C'est un ouvrage clair, d'une belle ordonnance, écrit en style alerte et rapide. Il ne manquera pas d'intéresser le grand public et les spécialistes par les aperçus très neufs de ses exposés.

Le point de vue qu'a choisi M. Schefer pour conduire son étude n'est pas la moindre originalité de son livre et vaut que l'on s'y arrête. Dans toute entreprise coloniale il y a naturellement deux côtés, le côté « colonie », le côté « gouvernement métropolitain ». C'est le second côté seul qui se trouve mis en lumière dans les pages de M. Schefer. « Les pionniers qui s'en allèrent au loin eurent constamment, écrit l'auteur dès sa préface, des collaborateurs dans la métropole et ce n'est point attenter au prestige des premiers mais simplement respecter la vérité que d'insister à l'occasion sur le rôle des seconds » (p. IX). De ces collaborateurs de la métropole, M. Schefer s'est fait non pas l'avocat, mais l'historien impartial et averti. Laissant de côté l'épopée brillante de la conquête de l'Algérie, dont il ne rapporte, chemin faisant, que les détails indispensables à l'intelligence de son sujet, il a présenté un résumé exact et parfois minutieux de l'activité du gouvernement de Louis-Philippe dans les affaires algériennes, activité qui ne se prêtait pas toujours, on le reconnaîtra sans peine avec l'auteur, à l'esquisse de tableaux pittoresques ou « chatoyants ».

Le sujet ainsi délimité imposait à l'auteur une tâche des plus malaisées. Il impliquait une étude attentive de tous les éléments qui, directement ou indirectement,

---

* Compte rendu de Christian Schefer, *La Politique coloniale de la monarchie de Juillet. L'Algérie et l'évolution de la colonisation française*, Champion, 1928 (*Revue africaine*, 1928, pp. 458-462).

ont pesé sur la politique gouvernementale à l'égard de l'Algérie, déterminé ses directions ou provoqué ses changements. Il apparaît à la lecture que M. Schefer, de parti pris, a singulièrement simplifié, du moins on peut le croire au premier examen, les difficultés de son sujet. De façon délibérée il a écarté de son livre nombre de questions, importantes cependant *a priori*. Il ne s'arrête pas, ainsi, à l'étude systématique de l'opinion publique, de ses tendances, de son influence, à l'analyse des polémiques pourtant si nombreuses au sujet d'Alger, à l'attitude de la presse. Le nom de Desjobert n'apparaît qu'une seule fois au cours du livre, et l'auteur se contente de le mentionner sans plus. Il n'a pas fait la part très grande aux discours parlementaires, son livre sur ce point n'ajoute pas grand-chose à ce que nous connaissons déjà. Seul le discours de Guizot, en 1835, se trouve analysé dans le détail, d'une façon très heureuse d'ailleurs. Le livre de M. Schefer ne vibre pas de l'écho des luttes parlementaires. Si l'auteur étudie au début de son ouvrage les travaux des commissions d'Alger et d'Afrique, il a bien soin de souligner que ces travaux n'ont pas marqué « une ère nouvelle » et n'ont été, somme toute, que des expédients gouvernementaux.

Ces oublis, ces raccourcis, ces jugements, nous en avons la conviction, procèdent d'une philosophie réfléchie et non d'une inadvertance que l'on ne saurait prêter décemment à un auteur si bien informé des choses de l'Algérie. Pour M. Schefer, le premier rôle dans la conquête de l'Algérie, du côté « métropole », revient sans discussion possible aux ministres et à leurs bureaux. L'exécutif a jalousement maintenu son autorité dans le domaine de la politique algérienne. M. Schefer insiste sur cette question avec raison. L'Algérie n'a pas été proclamée colonie, à la fois pour ne pas éveiller les craintes et les soupçons des puissances étrangères et pour interdire l'ingérence des Chambres dans la législation algérienne.

Toute la lumière du livre se concentre par suite sur

les divers ministres qui, soit à la Guerre, soit aux Affaires étrangères, soit même à l'Instruction publique comme Guizot, furent les maîtres et les responsables de la politique gouvernementale à l'égard de l'Algérie, du fait de leurs attributions et même très souvent de leur simple influence. L'exécutif et la conquête de l'Algérie, ce titre résumerait à souhait les meilleures et les plus fortes pages de l'ouvrage de M. Schefer. Si l'auteur nous présente en quelques mots certains ministres, comme Molé ou Sébastiani, s'il se contente de résumer les portraits traditionnels de Thiers ou de Guizot, il a mis, par contre, un soin particulier à nous présenter la physionomie et le rôle du maréchal Soult. M. Schefer voit dans le vieux maréchal un des grands artisans de la conquête et le place aux côtés de Bugeaud, non sans raison. Il montre à la fois les défauts et les grandes qualités du maréchal. « Hautain, épineux, cassant, violent, écrit-il, [le maréchal] admettait les avis et les recherchait même tant qu'il délibérait encore ; une fois la décision prise il ne tolérait ni l'inertie ni la discussion. Et comme son esprit très lucide formulait clairement les ordres, comme chacun d'autre part reconnaissait son droit à commander, personne ne songeait à biaiser... » « Toutes les dépêches d'Afrique, ajoute l'auteur, passent sur son bureau : toutes, en effet, sont maintenant obliquement zébrées des longues annotations qu'il dictait, très rapidement sans doute, car l'écriture témoigne que le secrétaire avait parfois peine à suivre, mais avec une précision de pensée qui ne se dément jamais. La forme est d'ailleurs invariable. D'abord l'ordre laconique : "Tel bureau répondre que..." ; puis la reprise point par point de la dépêche ; enfin, au bas de la note, souvent longue de plusieurs pages, un petit signe où se lit à volonté "Maréchal" ou "Ministre" affirme qu'il s'agit de la volonté du chef. » Dans d'autres passages, M. Schefer souligne les aspects de la politique de Soult et insiste particulièrement sur son « opportunisme » « terre à terre » qui ne s'embarrasse pas d'idées préconçues ou de systèmes.

L'auteur a suivi pas à pas l'œuvre de Soult et l'on ne peut que souscrire au jugement qu'il énonce dans sa conclusion : « Soult... fut un des principaux fondateurs de l'Algérie. »

M. Schefer a eu le constant désir de replacer les événements dans le cadre de la politique coloniale de la monarchie de Juillet, ce qui explique et justifie les deux titres de son ouvrage. L'Algérie n'est donc pas l'unique objet du livre où de longs paragraphes sont consacrés aux Antilles, aux comptoirs du Sénégal, aux entreprises de Madagascar, aux escales du Pacifique. Une telle méthode a conduit l'auteur à nous présenter une succession de chapitres assez indépendants les uns des autres. M. Schefer ne nous cache pas d'ailleurs que les entreprises coloniales ont rarement réagi les unes sur les autres. « ... Il serait aussi absurde, écrit-il lui-même plaisamment, de rattacher le protectorat sur Tahiti à la création des conseils coloniaux ou à l'organisation de l'Algérie, que de rapprocher l'installation à Grand-Bassam de la défaite à peu près concomitante d'Abd el-Kader [...] l'activité coloniale de la monarchie de Juillet, écrit-il très justement, apparaît singulièrement fragmentée. » Le désir qu'a eu l'auteur de présenter un croquis d'ensemble de la politique coloniale de la monarchie de Juillet n'a pas eu, nous le croyons, des conséquences toujours heureuses. La lumière ne jaillit que rarement du rapprochement de faits aussi différenciés que les actes coloniaux du gouvernement de Louis-Philippe et le lecteur éprouve une certaine gêne au fil de la lecture à passer d'un problème à l'autre. Comme malgré tout l'Algérie reste la question principale dont parle l'ouvrage, on a tendance à lire rapidement les passages qui nous en éloignent et à sous-estimer peut-être la valeur des détails si neufs que M. Schefer fournit sur les autres domaines coloniaux de la France, à cette époque.

Nous croyons cependant que la méthode de l'auteur lui a permis de mettre en lumière deux ou trois grands faits d'une large portée qu'il eût été difficile autrement d'indiquer ou même de déceler. La persistance des vieilles idées coloniales dans les milieux officiels, la décadence et l'effondrement de « l'ancien système », n'avaient jamais été présentés jusqu'ici avec un pareil luxe de détails, de preuves et de précisions. Un fait surtout nous paraît intéressant. Dans le chapitre intitulé « La crise internationale », M. Schefer montre quelle valeur de coupure il faut attribuer à l'année 1844 dans l'histoire de notre expansion coloniale. Avant cette date, sans qu'il soit facile d'en indiquer les causes multiples, la politique française est une large politique d'expansion coloniale. Au-delà de 1844, partout on note un ralentissement. L'exécutif ne s'emploie plus dès lors à vaincre, comme par le passé, les multiples difficultés parlementaires. Il semble même les provoquer pour justifier devant l'opinion publique sa propre inertie. En 1845, on abandonne le projet d'une expédition contre Madagascar, décidée en principe par le ministre de la Marine. La même politique d'abandon et de renoncement se marque dans les affaires du Pacifique. Même constatation sur un autre théâtre, au Sénégal où le gouvernement ne donne pas suite aux projets du commandant Bouet, présentés en 1844. Enfin, en Afrique du Nord, l'année même de la bataille de l'Isly voit notre conquête se limiter brusquement, du côté de l'ouest, par le traité de Tanger signé au mois de septembre dans des conditions étonnamment favorables aux intérêts du Maroc. Dans cet arrêt ou mieux ce ralentissement de l'activité coloniale, M. Schefer n'hésite pas à voir des conséquences de la crise internationale de 1844. On connaît les multiples incidents que soulevèrent, cette année-là, entre la France et l'Angleterre les affaires d'Océanie et la guerre du Maroc. Le gouvernement anglais s'est inquiété alors de l'importance de notre expansion coloniale. La possibilité d'une guerre un instant se confirma. Au lendemain de la « crise internationale », Guizot semble décidé à éviter désormais le retour d'événements analogues et pour cela modère la hardiesse de notre politique coloniale.

Cette crise de 1844, malgré tout, n'était pas sans précédent. En 1830, en 1840, on avait connu de pareils dangers et on en avait triomphé. Sans doute, mais en 1844 le gouvernement de la France dépend du roi et de Guizot. « On peut se demander, écrit M. Schefer, en parlant du ministre, si un trop long exercice du pouvoir ne l'avait pas quelque peu usé, comme l'âge même commençait d'user le roi ; si, par conséquent, le régime qui s'incarnait dans ces deux protagonistes ne se trouvait pas atteint d'une sorte d'ankylose sénile. L'étude des événements coloniaux tendrait à le faire croire... »

Au terme de l'ouvrage de M. Schefer, une question vient naturellement à l'esprit. La conquête de l'Algérie demeure le titre de gloire de la monarchie de Juillet ; quelle image peut-on donner justement de cette conquête, en se plaçant comme l'auteur du côté « métropole » ? Une image assez incohérente, sans doute, l'auteur en convient lui-même. Les erreurs, les fautes, les projets des ministres sont loin de former un ensemble logique. La politique du gouvernement a été à la remorque des événements. C'est à une même constatation que l'on arriverait, croyons-nous, en regardant les événements du côté « colonie ». Le hasard a été un grand ouvrier de la conquête de l'Algérie. Mettons que la monarchie de Juillet a su, dans ce domaine, bien des fois, être à la hauteur du hasard.

La prise d'Alger (1830)*

La seconde édition de la *Prise d'Alger* vient à son heure. Nous avons là, en cette époque de commémoration, le livre du Centenaire par excellence. On ne peut

* Compte rendu de Gabriel Esquer, *Les Commencements d'un empire. La prise d'Alger (1830)*, 1929 (*Revue africaine*, 1930, pp. 166-167).

que se réjouir de l'épuisement rapide de la première édition. Après le Grand Prix littéraire de l'Algérie, le second Grand Prix Gobert de l'Académie française, le suffrage du public n'aura pas manqué à cet ouvrage. Ce légitime succès nous vaut aujourd'hui une seconde édition impeccable dont le texte a été soigneusement révisé, enrichi d'appendices et d'illustrations. La plupart de celles-ci sont empruntées, bien entendu, à l'*Iconographie historique de l'Algérie*. Les trois appendices donnent la composition de l'armée expéditionnaire par régiments et services, de la flotte par navires et la liste des officiers, sous-officiers et soldats tués, morts de leurs blessures ou de maladie pendant l'expédition. Cette liste, outre les renseignements qu'elle nous apporte, méritait, on en conviendra, de ne pas rester inédite. La présentation de cette nouvelle édition est pratiquement parfaite, elle est, en tout point, digne de l'ouvrage.

Ce livre, malgré sa courte existence, sept ans à peine, est déjà devenu classique. Il méritait de l'être par la solidité et l'ampleur de son information. Chaque jour, sans que la vérité historique y gagne toujours, la littérature du sujet ne cesse de s'accroître. L'auteur ne s'est pas contenté d'exploiter cette masse d'imprimés. Son ouvrage repose avant tout sur un énorme travail d'archives. C'est au ministère des Affaires étrangères, à la Bibliothèque nationale de Paris, aux archives de la Guerre, voire à Londres au Public Record Office (Foreign Office), et l'énumération n'est pas complète, que M. Esquer a trouvé, au milieu des papiers inédits, le meilleur de sa documentation. Un livre établi dans ces conditions, suivant toutes les règles du métier, a des chances incontestables de solidité et de durée.

L'auteur a soin de ne restreindre son sujet ni dans le temps ni dans l'espace. Chaque question que soulève la suite du récit est examinée attentivement jusque dans ses derniers prolongements. L'étude des créances Busnach-Bacri qui ouvre tout naturellement le livre nous vaut ainsi un tableau très large de la Régence d'Alger, une mise au point de l'activité des marchands juifs. À la suite de Bacri et de ses partenaires, l'auteur nous conduit à travers la France du Directoire, du Consulat et de l'Empire. Les tergiversations de la Restauration nous valent un chapitre documenté, bourré de faits et de précisions. Dans le chapitre V, l'un des meilleurs du livre, c'est toute l'opinion européenne que l'auteur essaie d'analyser, dans ses multiples réactions à l'égard de la question d'Alger. Le champ d'observation de l'ouvrage s'est là démesurément étendu. Ne faut-il pas justement voir dans cette large méthode compréhensive l'un des secrets du charme même de l'ouvrage, de sa profonde valeur ?

À force d'exactitude, M. Esquer a su, dans le récit des événements militaires de l'expédition, donner l'impression même de la vie. Certaines pages méritent d'être retenues. Citons, au hasard de nos préférences personnelles, les quelques lignes consacrées au désordre du débarquement (p. 287), la description du camp de Sidi-Ferruch (pp. 293-298), admirable de pittoresque et de mouvement, la prise du Fort-l'Empereur (pp. 345-367), l'entrée des troupes françaises dans Alger (pp. 357-361)...

Le dernier chapitre du livre est consacré à l'occupation de la ville et aux problèmes que souleva cette question avant les derniers jours de la monarchie de Charles X. Ces pages ont un peu l'allure d'une préface. Elles fourniraient un excellent point de départ à une étude sur la politique algérienne de la monarchie de Juillet. Après avoir mené son lecteur jusqu'en juillet 1830, M. Esquer est-il absolument décidé à ne pas le conduire plus avant ?

Un témoignage sur le Maroc*

Le livre de M. Saint-René Taillandier se présente à nous, et c'est là un de ses très grands charmes, comme un volume de souvenirs où le détail pittoresque, la notation directe des caractères et des événements ne font jamais défaut. L'auteur, pendant cinq ans, de 1901 à 1906, à une époque dont l'importance rétrospectivement s'affirme avec tant de netteté, a eu la très lourde tâche de représenter la France au Maroc. Le présent ouvrage dresse le bilan de ces cinq années de mission, mais, notons-le tout de suite, son ton s'écarte constamment du plaidoyer apologétique ou de la polémique. Qu'il présente ses souvenirs, qu'il résume ses dépêches ou ses instructions, qu'il relate les mille incidents de la scène marocaine toujours si bruyante, qu'il juge les hommes ou les politiques suivies, M. Saint-René Taillandier donne l'impression de s'acquitter toujours de sa tâche avec la correction d'un diplomate et l'impartialité d'un historien.

L'exposé de l'auteur n'est pas de ceux qui se résument en quelques lignes. Les pages qu'il a écrites sont pleines de détails souvent amenés pour la première fois au grand jour, presque toujours mal connus, se dégageant avec difficulté de cette masse confuse de faits qu'est l'histoire marocaine de 1901 à 1906. Mais, à mesure que progresse le récit, les événements se groupent autour de centres importants, de grands ensembles se dégagent. Tantôt l'auteur transporte son lecteur à Paris, aux côtés de M. Delcassé, tantôt il le conduit à Tanger, la ville des missions étrangères et des palabres officielles ; ou bien encore de Meknès à Rabat, ou de Rabat à Fez, il le promène le long des pistes marocaines à la suite du gouvernement itinérant du sultan.

---

* Compte rendu du livre G. Saint-René Taillandier, *Les Origines du Maroc français (1901-1906). Récit d'une mission*, Paris, Plon, 1930 (*Revue africaine*, 1930, pp. 398-403).

Le livre assurément comporte d'autres déplacements géographiques, Alger où se trouve pendant quelques années M. Revoil que remplace M. Jonnart, Figuig où se déroule l'opération militaire de juin 1903, Algésiras où siégera la célèbre conférence diplomatique, Madrid, bien d'autres encore... La lumière du livre cependant se concentre surtout sur les trois tableaux que résument les noms de Paris, Tanger et Fez, disons Fez, à défaut de formule commode et simple pour désigner les capitales du sultan. Le récit, quand on essaie ainsi de le simplifier, semble se dérouler sur trois plans différents.

M. Saint-René Taillandier ne nous fournit pas, à vrai dire, sur l'attitude du gouvernement français, ou mieux encore sur la politique du Quai d'Orsay, une étude suivie : les notes multiples, les jugements qui se rapportent à ce sujet s'égrènent tout le long de l'ouvrage. Le portrait de M. Delcassé s'esquisse ainsi à l'arrière-plan du récit, simplement, sobrement, au hasard des explications fournies et des souvenirs rapportés par l'auteur, tous détails empreints d'ailleurs d'une franche et chaude sympathie, voire d'une déférente admiration, que l'auteur n'a garde de nous cacher. Dans le premier paragraphe du chapitre XIX, M. Saint-René Taillandier, arrivé à Paris en novembre 1905, à la veille même de la conférence d'Algésiras dont le ministère des Affaires étrangères met au point les derniers préparatifs, nous conte ses visites à Rouvier, président du Conseil, à Revoil qui doit nous représenter à la conférence et à Delcassé lui-même dont la chute récente ne sera pas sans conséquences pour la carrière même de l'auteur. On regrettera la brièveté des pages initiales de ce chapitre XIX, non pas leur ambiguïté d'ailleurs. Présenter des hommes comme Rouvier, Revoil, Delcassé, n'était-ce pas l'occasion d'instituer un large débat au sujet de notre politique marocaine, de procéder, en somme à un examen de conscience ? La réponse de M. Saint-René Taillandier à cette question est aussi claire que possible. Nous le chicanons simplement de n'avoir pas repris là tous les arguments présentés antérieurement. Pour l'auteur la politique française à l'égard du Maroc n'a jamais été agressive. Au moment où s'écroulait le Maroc indépendant, il s'agissait pour nous de défendre les intérêts vitaux de nos établissements nord-africains. L'Afrique Mineure n'est-elle pas un bloc que l'on ne saurait partager avec une puissance étrangère ? « Notre politique, écrit-il, était loyale et saine. » Rouvier, à la tribune de la Chambre des députés, le 16 décembre 1905, le montrait et le déclarait en des termes catégoriques que l'auteur ne manque pas d'approuver. Entre une pareille politique et l'impérialisme aveugle dont on a parlé, il y a une différence. Il eût été nécessaire d'insister sur ce sujet de polémique.

Que de pages justes et pittoresques, que de détails savoureux n'y a-t-il pas dans cet ouvrage au sujet de Tanger, porte du Maroc, où résident les représentants étrangers ! « Dans une petite maison arabe de la ville basse, à proximité de la marine, écrit ainsi l'auteur, entre une vieille mosquée et la paroisse catholique desservie par des capucins espagnols, le délégué de Sa Majesté chérifienne auprès du corps diplomatique, Si Mohammed Torrès, recevait ses visiteurs. Introduit par un mokhazni dans une salle minuscule décorée de mosaïques, garnie de divans, toujours ouverte sur un petit patio plein de silence, on voyait arriver bientôt un petit vieillard appuyé sur une longue canne. La belle ordonnance de ses draperies de laine blanche, la blancheur de sa longue barbe, la fraîcheur poupine de son teint où brillaient deux petits yeux noirs, faisaient penser au bonhomme Noël de nos contes enfantins. Ce personnage remplissait dans la vie du makhzen un rôle d'importance. Il n'était pas lui-même le ministre des Affaires étrangères, il était le tampon interposé par la diplomatie chérifienne entre elle et le monde extérieur. Sa fonction principale était de recevoir, verbales ou écrites, les communications des représentants étrangers, de les transmettre au makhzen avec les commentaires appropriés, de les rappeler si l'on insistait, de faire accepter enfin aux réclamants quelque réponse dilatoire. » On imaginera d'après ce seul détail la difficulté du rôle de ministre de France au Maroc.

C'est dans cette toute petite ville aux ruelles trop étroites pour le cortège officiel, au milieu des danses guerrières, pour le plus grand étonnement de la population habituée « à l'humble vie du menu peuple indigène, au trottinement sec des petits ânes chargés d'œufs... », que débarque Guillaume II, le mercredi 31 mars 1905. Nous recommandons particulièrement la lecture des pages si vivantes que l'auteur consacre à cet événement hors de pair. Nous ne connaissons pas, dans notre littérature historique, sur ce débarquement romanesque, de récit que l'on puisse comparer à celui de M. Saint-René Taillandier.

Sur le makhzen, son entourage, ses déplacements, ses avatars, ses calculs, ses intrigues, sur cette cour médiévale, sur le pays barbare mais si pittoresque que le sultan est censé gouverner, les remarques sont innombrables, elles se coordonnent en tableaux multiples. Le vieil édifice marocain qui va s'écrouler est dessiné avec précision et maîtrise. À chaque individu marquant, l'auteur fait un sort. Près du jeune sultan Abd el-Aziz que fascinent, au grand scandale des vrais croyants, les amusements européens, l'Anglais Mac Lean — le caïd Mac Lean —, pourvoyeur de plaisirs et agent officieux, est un type saisissant d'aventurier ; Si Abd el-Kerim ben Shmane est un ministre onctueux, impénétrable dont l'habileté se consume à lutter contre les coteries rivales. Que de noms ne faudrait-il pas citer pour que la galerie fût complète ; que de détails ne serait-il pas nécessaire de fournir pour animer et faire vivre un tel milieu ! Qu'il nous raconte sa mission à Rabat auprès du sultan en 1902, la mission de M. Descoz à Fez en 1903 ou sa propre visite dans cette même ville de Fez en 1905, qu'il nous expose simplement dans sa réalité quotidienne l'enchevêtrement des affaires marocaines, M. Saint-René Taillandier a réussi de façon étonnante à faire vivre ces personnages falots, secrets ou violents, à deviner et à nous rendre intelligible le jeu de leurs intérêts, de leurs passions et de leurs intrigues.

La tâche essentielle du ministre de France à Tanger c'est d'établir, entre Paris et le gouvernement ambulant du makhzen, la liaison. Les télégrammes envoyés de Tanger au Quai d'Orsay n'arrivent à destination qu'un ou deux jours après leur envoi. Passe encore. Pour établir la liaison avec le sultan il s'agit d'une question non plus de jours mais de semaines. À Tanger, le représentant de la France, comme ses collègues des autres légations, est une sorte de prisonnier, réduit à utiliser la voie si lente, si peu sûre, de l'honorable Si Mohammed Torrès. Il faut à tout prix, en dehors des moyens officiels qui s'avèrent inefficaces, joindre le gouvernement marocain. De là, du côté français, le rôle du docteur Linarès et des officiers de la mission militaire française qui vivent près du souverain et, du côté anglais, l'importance du fameux caïd Mac Lean. Jamais le contact n'était établi de façon permanente. Des ruptures se succédaient. Les diverses missions de M. Saint-René Taillandier ou de ses collaborateurs auprès du sultan ont répondu à ce besoin impérieux d'entrer en communication, de poursuivre ou même d'engager les conversations.

C'est dans leur succession chronologique que l'auteur, bien entendu, a présenté les événements essentiels de sa mission. La question marocaine est un édifice de sable en perpétuelle ruine, en continuelle reconstruction. L'auteur a noté avec scrupule les moindres mouvements de cette masse de sable. À lire son ouvrage on constate, à nouveau, la vérité de cette affirmation bien connue, à savoir qu'il nous a fallu conquérir le Maroc non tant sur les indigènes que sur l'Europe. Il s'est agi là d'une conquête plus encore diplomatique que militaire. Si l'on néglige la politique espagnole qui, au-delà de l'accord du 3 octobre, cesse d'être une gêne, si l'on laisse dans l'ombre le rôle très modeste de la diplomatie italienne, il semble que la France n'ait dû vaincre que trois obstacles pour se saisir du Maroc, le Maroc lui-même, l'opposition anglaise, l'impérialisme allemand. Au-delà de 1911 nous resterons face à face, seuls avec le Maroc, et l'obstacle ne tiendra pas longtemps devant la force française. Mais bien avant 1911, et du temps même où M. Saint-René Taillandier dirigeait notre légation au Maroc, la désorganisation de l'État chérifien, sa détresse financière, ses convulsions intérieures, nous avaient permis de marquer de sérieux avantages, tels ces accords de 1901 et 1902 assez vagues pour être ultérieurement susceptibles de larges et fructueuses interprétations.

La lutte contre l'Angleterre s'arrête au-delà de la signature de l'accord du 8 avril 1904. C'est alors que par l'intervention allemande l'affaire marocaine rebondit et se transforme, à la suite du voyage de Tanger, en une très grave question européenne. Ce sont donc les derniers moments de la mission de M. Saint-René Taillandier qui sont les plus riches d'histoire et par suite les plus dramatiques. Pas plus que son chef M. Delcassé, il ne s'était laissé impressionner par le jeu brutal de la politique allemande. Il eût, alors, été d'avis de refuser de donner satisfaction à l'Allemagne. Les circonstances en décidèrent autrement. Delcassé, suivant l'expression tant de fois déjà employée, était lâché par le président Rouvier. La France, on le sait, devait prendre sa revanche à Algésiras.

Tel est, trop brièvement résumé, le contenu de ce très beau livre. M. Saint-René Taillandier s'est acquis ainsi à un double titre, en tant qu'historien et en tant qu'ouvrier de la première heure, des droits à la reconnaissance du Maroc français.

Les Européens à Tunis (XIIe-XVIe SIÈCLES)*

Le petit livre de M. Sayous, si plein de choses, si riche d'aperçus neufs, si débordant de remarques heureuses et judicieuses a, dès à présent, sa place marquée aux côtés des ouvrages classiques d'un Mas-Latrie ou d'un Heyd. Sa lecture s'avère dès l'abord particulièrement austère, elle réclame un effort soutenu de compréhension, mais elle s'impose, avec force, à qui veut saisir l'un des aspects les plus curieux du passé nord-africain. L'auteur, chacun le sait, est un économiste, de là le caractère technique de son étude, de là sa façon de voir les faits qui sort de la norme familière aux historiens, de là aussi l'intérêt singulier de l'œuvre.

On trouvera, tout d'abord, dans cet ouvrage, une étude très sobre et très poussée, que le titre fait naturellement prévoir, celle des colonies de marchands européens établis à Tunis, du XIIe au XVIe siècle. C'est à ces pages qu'il faudra dorénavant se reporter pour fixer le point de départ et les vicissitudes du commerce de Pise, de Florence, de Venise, de Barcelone, de Gênes ou de Marseille avec la capitale tunisienne. Les échanges commerciaux, au cours de ces cinq siècles, ont toujours porté, ou peu s'en faut, sur les mêmes éléments. L'Ifriqya, comme le reste de l'Afrique du Nord, n'exporte que des produits bruts, laine, cuirs et exceptionnellement blé. Les marchands européens y introduisent, en quantité variable, des produits manufacturés et, durant les périodes de disette, des céréales. De l'exposé de M. Sayous les caractères particuliers du XVIe siècle se dégagent avec vigueur. Jamais on ne nous avait montré, comme le fait l'auteur, la brusque primauté qu'acquiert alors, dans les transactions tunisiennes, la monnaie d'Espagne aux dépens des dinars

---

* Compte rendu d'André-E. Sayous, *Le Commerce des Européens à Tunis depuis le XIIe siècle jusqu'à la fin du XVIe. Exposé et Documents*, Paris, 1929 (*Revue africaine*, 1930, pp. 412-414).

d'or et des dirhams d'argent du temps jadis. Jamais non plus on ne nous avait indiqué, avec cette netteté, la brusque transformation de Tunis, au lendemain de la reconquête turque de 1574, en une échelle française, analogue à celles du Levant. La domination turque, en effet, introduisit immédiatement dans la ville le régime des capitulations. Bien mieux, dans des pages qui sont parmi les meilleures du livre, l'auteur étudie, au penchant du XVIe siècle, d'après les documents de l'ancien consulat de France à Tunis dont on doit la publication à M. Grandchamp, la vie de cette échelle de Barbarie. Il en souligne les misères, la médiocrité, il en indique les habitués, gens de Trapani, de Naples, de Gênes, de Marseille et de la côte provençale. Toute cette étude est menée avec une critique sûre. C'est de l'excellent travail historique.

Mais il y a bien autre chose, dans ce livre, qu'une simple monographie d'histoire locale. Dès ses premières pages l'auteur nous offre une bibliographie très détaillée qui dépasse les limites strictes de son sujet. Pour comprendre le cas particulier de Tunis, il lui a paru bon, soit du côté du Maghreb, soit du côté de l'Europe, d'étendre le champ de son observation. Cette bibliographie large, abondamment nourrie, où la remarque critique ne fait jamais défaut, est remarquablement au point. Elle est appelée à rendre les plus grands services.

Cette bibliographie si vaste indique déjà, à l'avance, que M. Sayous n'a pas l'intention de limiter son sujet à l'histoire de la seule capitale tunisienne. Son but est plus large et autrement intéressant. Pour l'auteur, Tunis n'est qu'un cas particulier, riche d'enseignements et commode, d'une question plus générale, à savoir celle des rapports commerciaux de la Chrétienté méditerranéenne et de l'Islam nord-africain, durant la période si obscure qui va des croisades à la fin du XVIe siècle. Notons qu'il s'agit là d'un domaine bien délaissé. Les publications de documents comme celles de Blancard ou de Mas-Latrie ont déblayé le terrain, mais il restait à construire. M. Sayous s'est attaqué à l'un des problèmes les plus ardus de ce domaine historique : l'étude des techniques commerciales employées de part et d'autre par les marchands musulmans ou chrétiens, de ces actes qui évoquent ou mieux annoncent, sous leur forme rudimentaire, nos contrats de société, nos assurances maritimes ou nos lettres de change du temps présent. On sera reconnaissant à M. Sayous d'avoir précisé le mécanisme de ces techniques. Les arabisants ne liront pas sans profit ce que l'auteur écrit au sujet du *chirkat* ou du *quirddh*. Mais la portée de ces mises au point dépasse la valeur de simples définitions. De l'étude comparée, qu'institue l'auteur, entre les pratiques commerciales des marchands chrétiens et musulmans se dégagent quelques grandes idées qui ont leur prix. Au XIIe siècle, et le fait ne peut se contester, les techniques musulmanes sont en avance sur celles de la Chrétienté. Au XVIe siècle par contre, la situation s'est renversée. On assiste, alors, en Afrique du Nord, à une baisse, à un recul de la civilisation musulmane. Les conséquences, ou mieux les symptômes en sont très curieux. À Tunis, comme l'écrit l'auteur, « les contrats se rattachant au vieux droit arabe s'européanisèrent au point que leurs noms primitifs furent beaucoup moins employés dans le langage courant. Au lieu d'appeler *binasi atin* les ventes à crédit, on dit assez souvent que les marchandises étaient données « *credito* » ; le vieux nom de changeur, *sarraf*, fit place au mot « *banker* », quant à l'*awala*, il devint « *kambiala* » (pp. 133-134). De ce recul de civilisation les causes, en ce qui concerne le Maghreb, sont multiples. L'auteur indique à la fois la découverte des routes nouvelles de l'Atlantique et la conquête turque. Nous croyons fermement qu'il est nécessaire d'appuyer, de mettre l'accent sur la seconde de ces causes. La conquête turque, là comme dans toutes les terres de l'Islam, a provoqué, avec ses multiples remous, ses dévastations et sa barbarie, un recul décisif de la civilisation.

Nous espérons que ce livre suscitera des tentatives

analogues. Il le mérite. Qui nous donnera, ne serait-ce que sur Tlemcen, cet autre pôle du Maghreb, si important au point de vue nord-africain et saharien, le pendant de l'étude substantielle de M. Sayous ?

Portrait d'un Saharien*

La figure si curieuse du colonel Ludovic de Polignac mérite, maintenant que le Sahara, plus que jamais, est à l'ordre du jour, de retenir notre attention. M. Esquer a su, dans les pages rapides et serrées de son livre, présenter l'essentiel d'une vie fort longue dont l'activité s'est surtout dépensée, en terre d'Islam, au service de la grandeur française. L'auteur s'est contenté d'indiquer, dès les premières lignes de son étude, les grands traits d'un caractère très généreux, très ardent mais très mobile, sujet à des sautes d'humeur, capable de partis pris passionnés, et parfois des raisonnements les plus fantaisistes, en un mot extraordinairement « capricant ». Peut-on d'ailleurs définir cette personnalité si riche, si complexe et si contradictoire ? L'esquisse très prudente qu'en trace l'auteur fait, au cours du récit, l'impression d'un cadre dont le personnage s'échapperait constamment.

Anglophobe, catholique pour des raisons qui n'ont, semble-t-il, rien à voir avec la métaphysique, arabophile, le colonel de Polignac est avant tout un patriote passionné. N'ayant pas les préjugés monarchiques de son père, le prince Jules de Polignac, il servira l'Empire et la Troisième République. L'École polytechnique le conduit à l'armée et, en 1859, il est attaché, avec le grade de capitaine, au bureau politique d'Alger.

---

* Compte rendu de Gabriel Esquer, *Un Saharien. Le colonel Ludovic de Polignac (1827-1904)*, Émile Paul, 1930 (*Revue africaine*, 1930, pp. 417-419).

Sa carrière algérienne, ou mieux saharienne, commence. Elle occupera toute son existence, ou peu s'en faut. En 1859, la conquête française déborde des marches méridionales de l'Algérie sur l'immense désert. Au bureau politique d'Alger, le capitaine de Polignac suit avec passion le drame qui commence. En 1862, d'une plume avertie, dans un rapport officiel qui est un chef-d'œuvre de précision et de clarté, il résume les résultats obtenus par les explorations sahariennes. De septembre à décembre 1862, il fait partie de la mission qui rapporte au gouvernement français le traité si fragile, si inutile à l'usage, de Ghadamès. Ce traité devait nous ouvrir les routes commerciales du Sahara, pacifiquement. Les illusions qu'il provoqua durèrent peu. De ces trois années qui vont de 1859 à 1862 date, sans aucun doute, l'enthousiasme de Polignac pour la conquête du Sahara qui doit donner à la France un domaine immense, base de notre domination sur le monde musulman d'Afrique. De près ou de loin, même au-delà de la retraite, prise en 1887, il en suivra le déroulement, non sans critique. Il reproche amèrement, âprement, aux ouvriers de la conquête saharienne de ne pas suivre les méthodes qu'il préconise. Il le fera avec violence, mais avec une entière bonne foi. Il n'a cessé de prôner, durant toute sa vie, la valeur des moyens pacifiques, l'utilité primordiale et exclusive des Azdjer, la nécessité qui s'imposait à nous de respecter le Touat sacro-saint. Il ne s'est pas toujours rendu compte que la vie, la dure expérience des faits condamnaient ces principes. De là, dans ses écrits, une certaine injustice à l'égard de nos gouvernants et de nos militaires.

Le Sahara tient une telle place dans l'existence ardente et passionnée de Polignac que son biographe est constamment obligé de transporter le lecteur au milieu du désert, au temps lointain de la splendeur des Ouled Sidi Cheik ou à l'époque de la mission Flatters, de célèbre mémoire. Éloigné de bonne heure du théâtre même du drame, retiré « en plein paysage historique », à la Bouzaréa, Polignac ne cessa de donner ses avis sur les événements de l'extrême Sud. Il les prodigue dans des articles véhéments, souvent étincelants. Critiques, enthousiasmes et projets tiennent tour à tour, dans ces publications, la première place. Aux diatribes contre l'Angleterre, succèdent des plaidoyers en faveur du Transsaharien, ce « Nil » de la France africaine, ou des reproches très vifs à l'égard des gouverneurs généraux.

Polignac s'est trompé au sujet du Sahara, c'est incontestable, mais, ouvrier de la première heure, il a voulu de toutes ses forces la conquête du vaste empire désertique. Cela seul doit compter. « Il a mérité que son nom soit inscrit, nous dit M. Esquer, dans sa conclusion, parmi ceux qui ont contribué à donner au pays ces régions sahariennes par quoi la France nord-africaine est maintenant réunie à la France de l'Afrique centrale et qu'il y soit inscrit au premier rang. » On ne peut que souscrire à un pareil jugement.

Est-il besoin d'ajouter, étant donné le nom de l'auteur, que ce petit livre se présente sous le signe de la plus stricte impartialité ?

En Algérie : problèmes généraux et problèmes d'Oranie*

Le centenaire de l'Algérie avait provoqué toute une série, pas encore achevée, d'excellentes publications. L'Exposition de 1937, celle de Paris bien entendu, aura eu des conséquences analogues pour les études algériennes, sur un plan évidemment plus modeste. Elle nous vaut la réédition de la brochure de M. E. Albertini sur l'Afrique romaine, la publication d'un bon guide

* Comptes rendus de E. Albertini, A. Berque, René Lespès, etc. (*Annales d'histoire économique et sociale*, décembre 1938, pp. 509-512).

sur Cuicul, d'excellentes photographies, un livre intéressant consacré par M. J. Berque à l'art et au passé de l'Algérie, enfin l'ouvrage le plus important du lot pour nos études, celui où M. René Lespès avec netteté, concision, des chiffres bien choisis et les richesses que donne une longue connaissance du pays, présente un bilan de l'Algérie 1937. Le lecteur trouvera à son gré, dans ce volume, le renseignement précis, les illustrations parlantes, ce qu'il faut savoir de la production, des routes, des cadres physiques, humains, administratifs, pour comprendre, comme le dit le titre, l'Algérie d'aujourd'hui.

Il se peut qu'à côté des publications officielles la véritable enquête se soit organisée d'elle-même pour l'ensemble de l'Afrique du Nord, dans les réunions annuelles qui groupent en congrès, depuis 1935, les membres des diverses sociétés savantes du Maroc, de l'Algérie et de la Tunisie, en 1935 à Alger, en 1936 à Tlemcen, en 1937 à Constantine, à Pâques 1938 à Rabat. Rien de plus fructueux que de tels rassemblements, si à l'œuvre orale correspond la publication rapide des actes, comme c'est précisément le cas, grâce à la Société historique algérienne et au dévouement de M. Gabriel Esquer, administrateur de la Bibliothèque nationale d'Alger.

Nous avons beaucoup à retenir des quatre volumes dont on dispose déjà pour les deux premiers congrès. Les communications placées sous la rubrique histoire sont assez peu nombreuses, mais — c'est la méthode des *Annales* — il faut tenir compte des communications des sections voisines, sociologie, droit et législation, langues et littératures orientales, archéologie, préhistoire, géographie. Elles offrent, les unes et les autres, des aperçus sur de vastes, peut-être même trop vastes domaines ; puisqu'elles vont, par exemple, des considérations de M. Debruge, sur la station quaternaire de Tihodaine dans le Tassilit, aux observations toujours actuelles de M. Chauveau sur la question indigène en Algérie. D'où une étonnante dispersion, qui est un peu regrettable. Il importerait, pour leur utilité, que de telles communications, qui ont l'avantage de venir d'horizons différents, convergent et se rejoignent si possible sur un sujet d'études fixé à l'avance. Ainsi pourrait-on éviter, en même temps, d'accueillir certains articles parfaitement dépourvus d'intérêt. On a fait un gros effort dans ce sens pour la préparation du 3ᵉ congrès, celui de Constantine ; mais le programme du congrès de Rabat paraît encore bien en éventail. Au fait, cette dispersion dont nous tenons les preuves écrites, a un avantage : celui de délimiter assez bien les zones vivantes et les régions délaissées de ce champ d'études encore neuf. Elle porte témoignage, indéniablement, de la faveur des questions indigènes qui, à elles seules, représentent presque la moitié de ces pages. Ensuite vient le lot encore compact des études consacrées à l'archéologie classique et, très loin, la géographie, la préhistoire.

La zone morte, ou presque, correspond exactement à ce que l'on pourrait appeler le présent européen. On a fort peu parlé, dans ces deux congrès, des colons, des fonctionnaires, des ouvriers des champs et des villes qui sont en Afrique du Nord une vivante et fragile Europe. Pourtant, même sous l'angle de nos disciplines, l'Afrique européenne vaut en intérêt intellectuel et dépasse en utilité pratique l'Afrique romaine ou byzantine. Il serait regrettable que les congrès africains la négligent systématiquement et nous privent des renseignements qu'ils peuvent — certaines communications le montrent — et doivent nous fournir. L'Afrique du Nord n'est pas seulement un musée. Je me demande l'image qu'un lecteur consciencieux d'une université, mettons américaine, pourra avoir de ce pays lointain en parcourant les présents volumes.

Plaignons-nous aussi de la part si mesurée faite aux questions économiques. Rien sur les banques, rien, ou presque rien, sur les salaires et les prix. Regrettons pareillement que l'on n'ait pas accordé plus d'attention aux cadres régionaux. C'est presque le mouvement opposé qui se dessine. Ainsi le regretté Charles Monchicourt réclamait le choix d'un mot pour désigner le bloc Tunisie, Algérie, Maroc et, plus d'une fois, on étudie tel problème « algérien » comme si l'Algérie représentait un monde homogène, point diversifié. Je ne dis pas que cette tendance soit entièrement illégitime ; mais n'est-il pas plus urgent de s'informer sur les variétés régionales ? Ensuite il sera temps de recoudre. L'enquête géographique a fixé des cadres, des instruments de mesure commodes. Ne les laissons pas sans emploi. Ne pourrait-on choisir tel ou tel de ces groupes régionaux comme domaine d'une enquête qui saisirait, dans la mesure du possible, tous les aspects du social ? L'Oranie par exemple, toujours un peu négligée par la recherche.

Cette fois encore, malgré le choix de Tlemcen, comme lieu de réunion du second congrès, on n'a à signaler, sur cet Ouest algérien, que quelques notes d'art, deux indications sur des poètes tlemcéniens du XIIIe siècle, une communication charmante et importante de M. Georges Marçais sur Tlemcen, « ville quasi montagnarde » et, par ses relations, marocaine, saharienne et méditerranéenne à la fois, une bonne étude sur les vestiges architecturaux de la domination espagnole à Oran, un excellent travail relatif au tapis végétal dans le Tell oranais et à sa destruction par l'homme, des remarques sur le Chélif, quelques pages sur les ressources minières, hydroélectriques et sur l'occupation de Tlemcen en 1836, dont il s'agissait de fêter le centenaire.

Ces travaux ne signalent guère, malgré leurs qualités, l'ensemble des problèmes oranais et, une fois de plus, l'occasion est perdue d'insister sur l'originalité de cette vaste région, moins prospectée que les autres. On dit bien, et souvent, qu'à l'ouest du méridien d'Alger, jusqu'au Maroc, s'étend une Algérie à part, assez basse, par laquelle un peu de la sécheresse saharienne glisse jusqu'à la Méditerranée. Mais personne n'a étudié vraiment ses paysanneries, ses ouvriers et ses propriétaires venus d'Espagne, ses formes économiques et sociales. On dit bien aussi qu'il y a eu, au début de ce siècle, un impérialisme oranais, en dehors des milieux militaires, dirigé contre le Maroc voisin ; que les Oranais étaient alors « à l'étroit ». Mais on serait bien gêné de placer, derrière ces mots, les précisions qui sont déjà à un bon tiers de siècle de nous. On n'a pas remarqué non plus (à ma connaissance du moins) que la culture européenne s'est saisie en Oranie de tout l'espace utile pour ses vignobles ou ses terres à blé. Dans la zone des céréales, on cultive généralement les terres par moitié une année sur deux, mais le colon n'en réquisitionne pas moins tout l'espace de façon permanente à cause des « labours de printemps ». Suivant les principes un peu modifiés du *dry-farming*, une fois les champs moissonnés, les chaumes sont, en effet, labourés au printemps suivant pour les humidifier et les préparer à la semence de l'année qui vient.

Échappant à l'emprise de la culture européenne, il ne reste que quelques terres vides d'hommes et de plantes et aussi des massifs où une existence primitive indigène s'accroche encore, vit misérablement de mauvais champs de blé ou d'orge, de la cueillette d'arbres fruitiers dont on porte très loin parfois les produits, ou de ce que donne la vente, malgré l'autorité forestière, de perches pour soutenir les gourbis. Ces questions vaudraient peut-être une bonne étude. La mise en place de cette culture conquérante du blé, de quand date-t-elle ? Quand a-t-elle entraîné la disparition du bœuf comme bête de travail et son remplacement, ainsi que dans l'Espagne médiévale et moderne, par le mulet ? Quand emploie-t-on la charrue fixe ? Quelles contraintes ces changements — entre autres — ont-ils apportées à l'élevage, dépossédé de terres de parcours et qui aujourd'hui passe surtout à travers les chaumes ? Et aussi à la masse indigène, autrefois mal enracinée et qui est prise maintenant, entière, comme dans un filet, dans les mailles de la culture européenne ? Derrière cette culture et cette rapide progression, il y a eu des banques. Qui nous en parlera ? Les banques — et les fortunes, n'ont-elles pas poussé plus vite ici qu'en d'autres terres algériennes ?

Je n'ai pas la prétention de signaler tous les problèmes, encore moins de les résoudre. Mais enfin, cet exemple occidental fixé, ne comprendrait-on pas mieux, par contraste, ce qui se passe à l'Est du méridien d'Alger, dans cette Algérie haute, montagneuse, semée de pâturages encore vastes et de réserves puissantes de vie indigène libre ?

On devine le but de ces récriminations un peu longues. Les sociétés savantes ont un rôle considérable à jouer dans la poursuite de nos études et c'est une chance, en Afrique du Nord, qu'on ait su les lier les unes aux autres, les grouper en un organisme vivant. Alors, que l'on fasse l'impossible pour que leurs travaux, dont on a tant à attendre, ne s'inscrivent pas en dehors de l'effort géographique considérable accompli au cours de ces trente dernières années et qui se poursuit encore. Aux géographes du Nord-Afrique, qui comptent parmi les meilleurs que possède « l'école française », demander des communications ne suffit pas. Ils ont à diriger pour une large part, du moins je le pense, l'enquête de ces congrès annuels.

La prise d'Alger, 8 novembre 1942*

On lira avec passion le livre passionné de Gabriel Esquer, *8 novembre 1942, jour premier de la Libération*, où se trouvent contées les menées multiples de la Résis-

* Compte rendu de Gabriel Esquer, *8 novembre 1942, jour premier de la Libération*, Paris, Éditions Charlot, 1946 (*Annales*, octobre-décembre 1947, pp. 500-502).

tance à travers l'Afrique du Nord française, par quoi finalement les portes furent ouvertes au débarquement des Alliés et favorisé un des plus grands tournants de l'histoire de la Seconde Guerre mondiale. Ceux qui connaissent et qui aiment Gabriel Esquer (et l'auteur de ces lignes le connaît et l'aime depuis plus de vingt ans) ne s'étonneront pas de la passion avec laquelle, historien, et historien chargé de gloire, il s'est hâté de réunir, alors qu'il était encore temps, preuves, documents, témoignages et arguments, sur une aventure qu'il a connue de près, suivie et peut-on dire vécue souvent au jour le jour et au récit de laquelle, malgré tout son calme qui est grand, il se brûle encore les mains.

Ce n'est pas nous, aux *Annales*, qui protesterons contre cette entreprise, qui critiquerons cette passion brutale de saisir l'actuel, ou qui nous amuserons au jeu stérile d'opposer l'historien érudit de la *Prise d'Alger* ou de l'*Iconographie de l'Algérie* ou de tant de publications savantes d'une perfection impeccable de chartiste, au livre d'un ton en apparence différent qu'il consacre aux années qui suivirent, en Afrique du Nord, l'amère défaite de 40... Mais la différence n'est que d'apparence. Sans doute, cette fois, ici ou là, le style de Gabriel Esquer perd cette politesse glacée à laquelle il tient et à laquelle il retourne avec une secrète coquetterie... Lui-même sans doute sait que ses portraits rapides (eaux-fortes, jugements plus que portraits nuancés) ne sont pas sans appel ; il sait bien aussi que le livre qu'il a écrit n'est pas un livre qu'on ne récrira pas selon la sotte formule courante, alors qu'une dizaine de livres ou de récits lui font déjà concurrence (mais généralement mauvaise concurrence). Ici ou là encore, l'auteur se devine fort bien avec ses passions. Et je ne crois pas d'ailleurs qu'il se dissimule.

Mais à moi qui n'ai pas vécu — et pour cause — au milieu des hommes qui firent la Résistance et la contre-Résistance, au Maroc, comme en Algérie ou en Tunisie, et qui vois ce livre avec la même absence de parti pris que j'ai eue en parcourant les autres écrits de Gabriel

Esquer, le présent ouvrage me semble indéniablement sous le signe de la bonne foi, de l'honnêteté, de la saine critique, donc sous le signe redoutable et réconfortant de l'histoire. Tout ce que ce livre bouscule, par son témoignage direct, d'un folklore hélas rapide à pousser, est autant de gagné pour l'histoire. Je crois aussi qu'on ne discutera pas dans ce récit précis les quelques très originales figures qu'il éclaire avec force, comme celle de Pillafort (qu'on aime au passage) ou les grands rôles efficaces qu'il souligne, comme celui du lieutenant-colonel Jousse, ou tel récit d'une étonnante vivacité comme celui de la conférence de Cherchell... Mais cela n'est que le détail d'un livre évidemment abondant en faits particuliers, microscopiques, observés selon la méthode de l'auteur, avec la patience du naturaliste. L'important, comme toujours, reste l'ensemble de ces détails, le tissu dont ils sont les fils, l'important ce sont ces vérités ajoutées les unes aux autres et qui donnent un premier croquis vivant et valable de ce que fut l'aventure compliquée et passionnante et belle de la Résistance à travers l'Afrique du Nord. On y retrouvera, avec des interférences des circonstances, les courants mêmes de notre vie politique et idéologique, ou du moins certains de ces courants. En gros, sans employer les mots mêmes de Gabriel Esquer, la Résistance en Afrique du Nord a été dans ses organes directeurs une Résistance de droite, d'où des surprises, les coups de théâtre, les difficultés qui suivirent le 8 novembre, « Journée des Dupes, Jour premier de la Libération », écrit même notre auteur. Il en résulta une série de déviations et de conflits que n'interrompra pas, plus tard, l'arrivée à Alger du général de Gaulle. Je ne crois pas que l'on puisse contester cette thèse à laquelle aboutit le livre, cette opposition entre les artisans de la Résistance (notamment l'actif groupe des Cinq), gens d'ordre, en qui un des espoirs de Vichy a continué de vivre, et ceux que Gabriel Esquer appelle — mais d'un mot dont je discuterais volontiers l'exactitude au passage — « le peuple gaulliste et républicain ». *Peuple*, est-ce le mot qui convient à cette Afrique du

Nord aux races mêlées, où la Résistance, sous toutes ses formes, a représenté une petite masse d'hommes attentifs au milieu de masses, indigènes compris, beaucoup plus vastes, et dont la pensée était ailleurs ?

Ce dont je suis sûr, c'est que ce livre restera une source de cette histoire encore brûlante — un classique. Raison de plus pour souhaiter que de nouvelles éditions aménagées, munies d'un index et de références, nous en soient données par l'auteur. Raison de plus aussi pour souhaiter que ce moment passionnant d'histoire, dans ces futurs tirages, soit mieux encore qu'il y apparaît dans la première mise au point, encadré dans la vaste histoire de l'Afrique du Nord, lente, complexe, originale, sous les vastes courants de la vie du monde, qui l'encadrent sans toujours la déterminer. Savoir ce qu'était l'Afrique du Nord avant 40, puis de 40 à 42, et au-delà de 42, quelle est la pente sur laquelle glisse son destin, voilà qui n'est pas une tâche aisée. Mais celle-là, comme tant d'autres, n'est au-dessus ni du courage, ni du talent de Gabriel Esquer.

Faillite de l'aristocratie indigène en Algérie (1830-1900)*

J'ai bien connu Augustin Berque, historien, essayiste, arabisant, homme de goût et de cœur, longtemps directeur de l'Intérieur au gouvernement général de l'Algérie et, de ce côté de la Méditerranée, l'un des meilleurs serviteurs de la France et de la civilisation française, dans la ligne illustre des Daumas, des Mercier et des Luciani, et père de notre collaborateur Jacques Berque, contrôleur civil au Maroc... L'inédit

* À propos d'Augustin Berque, « Esquisse d'une histoire de la seigneurie algérienne », *Revue de la Méditerranée*, 1949 (*Annales*, avril-juin 1951, pp. 277-279).

que publie la vivante *Revue de la Méditerranée* (1949, n°s 29 et 30, tirage à part, 31 p.), « Esquisse d'une histoire de la seigneurie algérienne », établirait à lui seul la qualité des observations de notre ami sur le passé d'un monde qu'il n'a cessé d'étudier et d'aimer pour en mieux comprendre le présent. J'y verrais aussi une excellente mise en garde pour nos professeurs d'histoire coloniale qui — parlant de l'Algérie — oublieraient après quelques autres de parler de ses masses et aristocraties indigènes. Et le sujet abordé est passionnant. On en jugera sans peine.

En 1830, et longtemps encore par la suite, deux aristocraties indigènes s'affrontent en Algérie, l'une de sang bleu — celle des *djouads* — de souche militaire, l'autre d'origine maraboutique. Soldats et religieux se partagent le pouvoir, à ceux-ci l'Ouest et la Kabylie, à ceux-là les pays de l'Est (occasion, une fois de plus, de distinguer, de l'est à l'occident, les deux provinces antinomiques de l'Algérie). Ces aristocraties sont en fait des mondes imperméables, hostiles. « Le caïd, fier de son ascendance guerrière, méprise et opprime le santon local ; et inversement, le chef issu d'une *zaouïa* traque impitoyablement le fils des *djouads* déchus. » S'étonnera-t-on dans ces conditions qu'Abd el-Kader, issu d'une « famille de marabouts », ait eu contre lui les grands chefs indigènes de l'époque et, en général, tous les *djouads ?*

Avec leur désir d'analogies, au temps du déterminisme ethnique d'un Augustin Thierry, les Français des premières années de la conquête ont vu « dans ces djouads la pureté immaculée du sang arabe ». A. Berque n'a pas de ces illusions : « À l'arbre généalogique des djouads, de savantes greffes ont pu... dans le cours des âges, infuser des sèves de choix. Mais ses racines plongent au plus profond du terroir berbère. » En tout cas, comme les Turcs, habiles à opposer classes, hommes, tendances, pour mieux diviser et plus facilement régner, les Français avec Bugeaud ont pris ces seigneurs indigènes à leur service. Ainsi les désarmait-on à l'avance. « L'administration, écrit A. Berque, peut bien prodiguer sur les burnous ses multicolores honneurs. Elle dessert qui la sert. User d'un homme, c'est l'user. » Mais en même temps, cette aristocratie qui vend son âme prospère matériellement. Dès 1860, la voilà gonflée de richesses neuves, humanité étonnante qui apparaît dans les romans français du temps à sujets algériens, *Le Véloce* d'Alexandre Dumas, *Le Maître de l'heure, Gens de poudre*, d'H. Le Roux, *La France au soleil*, d'H. de Bruchard, *Le Maghzen d'Oran* de Wolsin Estherazy... D'autres portraits plus sûrs, d'un Douttré, d'Augustin Berque lui-même, bien que plus tardifs, restent valables. Voici Mohammed Ben Hadj, caïd de Beni Ouragh, « cupide, souple, retors, courageux... hardi même au besoin, avare et parfois prodigue, enveloppant... tous ses vices d'un voile de bonhomie candide... ». Voici, encore, le Bachagha Ould Kadi de Frenda, dans le département actuel d'Oran, bienveillant, retors, brutal, haïssant le Roumi, mais le servant, « trop militaire pour nous combattre, trop intelligent pour nous trahir, trop arriéré pour nous comprendre ». Le Second Empire, avec « le royaume arabe », marque l'apogée de ces grands seigneurs. Mais déjà cette aristocratie était menacée. En fait, elle survivait à son utilité sociale. La paix — la pacification — réduisant le rôle des hommes d'épée et de cheval, protecteurs et oppresseurs des faibles, les condamnait sans appel.

Longtemps préparée à l'avance par des mesures souvent indirectes, échelonnées de 1844 à 1872, une démocratisation du caïdat se poursuivit assez vite. « Les anciens militaires, les bourgeois, les notables sans ascendance, les humbles maîtres jacques d'administration », tels sont les nouveaux agents de l'administration. « La fonction de caïd, de traditionnelle est devenue professionnelle ; de familiale, individuelle ; d'héréditaire, personnelle... » Au terme de cette évolution, vers 1919 et même plus tard, « le caïd cesse d'être une autorité sociale... L'aristocratie était l'incarnation vivante de la tribu, elle en était la mandataire-née. Le caïdat actuel se superpose au douar, il ne s'y mêle pas ; et il nous représente beaucoup plus qu'il ne le représente ».

Mille causes, fortuites souvent, ont ruiné cette aristocratie algérienne. Ses dépenses, ses gaspillages, ses folies... Mais aussi, comme le dit l'auteur, l'introduction de 1830 à 1850 d'une masse monétaire considérable. Les *djouads*, eux surtout, furent surpris par cette abondance d'argent. Elle les affola... « L'huissier avec son papier timbré triompha de l'homme de poudre qui jadis aurait liquidé sa créance à coups de fusil... » Parlera-t-on de dégénérescence, de fin de race ? Le terme ne serait pas tout à fait injuste. Mais aussi, de 1860 à 1900, nos administrateurs n'ont-ils pas été leurs ennemis, n'ont-ils pas voué « à certaines de ces grandes familles une animosité rancunière » ? Sans compter mille autres rivalités, nées du hasard des circonstances et des décrets, terribles aux uns, favorables aux autres — ajoutées à la lutte éternelle entre nobles d'épée et nobles de chapelet ?

En tout cas, c'est un vrai spectacle d'histoire que ce lent naufrage de quatre ou cinq cents familles par qui aura été tenue la masse des paysans, des bergers et des montagnards de l'Algérie française, entre 1830 et 1900...

Pasteurs et nomades dans l'Ancien Monde*

J'ai la plus grande admiration pour les notes et recensions de Xavier de Planhol sur la vie des nomades et des pasteurs dans l'Ancien Monde que présentent

---

* Compte rendu de Xavier de Planhol, « Nomades et pasteurs », *Revue géographique de l'Est*, pp. 291-309 et 295-318 (*Annales*, 1964, pp. 366-367).

ses deux derniers bulletins de la *Revue géographique de l'Est* (1961, n° 3, 291-309 ; 1962, n° 2, 295-318), l'un et l'autre d'une exceptionnelle richesse d'information. Autant, si ce n'est plus, qu'aux géographes, ces notes s'adressent aux historiens.

Signalons surtout ses remarques vigoureuses sur les origines et la diffusion du nomadisme pastoral dans l'Ancien Monde, appuyées sur les multiples découvertes de l'archéologie préhistorique et les travaux divers, anciens ou récents, d'E. Hahn (1896), de Stéphane Gsell (1926), d'O. Lattimore (1951), d'E.F. Gautier (1927), de K. Jettmar (1954-55), de Math. Hermanns (1949), de K. Butzer (1959), d'E. Dechambre (1950), de H. Pollansen (1954), d'Emil Werth (1956). Les idées de ce dernier auteur ont été reprises au soir d'une longue vie dans un ouvrage d'ensemble passionnant et discutable, mais qu'il faut lire : *Grabstock, Hacke und Pflug* (Ludwigsburg, 1954).

Pour les origines du nomadisme, une carte des découvertes préhistoriques avec la date de leurs témoignages ferait notre affaire et éclaircirait les problèmes, car ceux-ci se modifient sans se résoudre pour autant. Les premières domestications sont, sans doute, à inscrire à l'actif des peuples chasseurs. Cependant le nomadisme pastoral peut être issu de la transhumance à l'intérieur des massifs montagneux. En tout cas, il ne subsistera qu'appuyé sur les civilisations de la charrue dont l'aire s'étale largement à travers le Vieux Monde. Autour des cultures à la houe *(Hackebau)*, pas de nomadisme pastoral.

Pour la domestication du chameau et du cheval, il faut partir du livre prestigieux de F. Hancar, *Das Pferd in prähistorischer und früher historischer Zeit*, Vienne, 1955, et des études de J.R. Kupper, de R. Walz, de H. Schafer sur les camélidés. La mise en place d'un nomadisme agressif et belliqueux dérive des techniques de l'attelage et de la monture... Et, sans doute, des liaisons caravanières. R. Capot-Rey (Travaux de l'Institut de recherches sahariennes, XIX, 1960) « voit... dans la décadence du grand commerce transsaharien à l'époque romaine, et dans la ruine des nomades qui en est résultée, la cause fondamentale du développement de leur agressivité ».

De ces notes, puis-je détacher un épisode ? En octobre 1949, des Kazaks fuyant les opérations militaires chinoises en Dzoungarie et dans le Tian Chan, gagnent, en février 1951, d'avatar en avatar, le Cachemire « à travers le Tibet... et en majeure partie pendant ce terrible hiver ». Sur 2 800 Kazaks au départ, survivent 800 rescapés. « L'enseignement majeur à tirer de ces données, écrit X. de Planhol, est la capacité presque indéfinie de survivance d'un groupe nomade, hommes et bétail, pourtant placé dans les pires conditions. On s'explique mieux ainsi les migrations historiques ou protohistoriques et leurs possibilités de résurrection rapide. » Sur cet épisode, au livre de G. Lias (*Kazak exodus*, Londres, 1956), il faut ajouter un ouvrage écrit en turc par l'un des rescapés, réfugié en Turquie, Hasar Oraltay (1961) : « L'impression générale qui ressort de ces notes [celles de H. Oraltay] est le grand rôle de la chasse dans ces procédés de subsistance. La densité du gros gibier est soulignée par le fait que les fugitifs peuvent utiliser comme combustible les déjections séchées non seulement des animaux domestiques, procédé classique, mais aussi des animaux sauvages. »

De X. de Planhol citons enfin, sans l'analyser, le merveilleux article, *Caractères généraux de la vie montagnarde dans le Proche-Orient et dans l'Afrique du Nord*, paru dans les *Annales de géographie* (mars-avril 1962) auquel le lecteur peut se reporter. Dans ce vaste secteur, il est possible de distinguer les montagnes de la frange sèche, tôt occupées par l'homme, et les montagnes littorales boisées et humides où le peuplement pénètre mal et tard. Les montagnes sèches ont souvent comporté un très ancien peuplement. Ainsi dans l'Aurès de la légendaire Kahena, ainsi dans le

Zagros iranien... Au contraire, « à l'époque romaine le Liban reste une immense silve à peine éclaircie par les chemins d'exploitation forestière que jalonnent les inscriptions d'Hadrien ».

Ces montagnes sèches tôt occupées, nous pouvons les voir avec les yeux mêmes de Xénophon, « observateur génial », décrivant, il y a deux mille quatre cents ans, le Kurdistan et l'Arménie, leurs habitants troglodytes vivant dans la promiscuité d'un abondant bétail : vaches, porcs, brebis et chèvres, exploitant des prairies et cultures au fond des vallées et des champs de céréales « sur les hautes croupes, au-dessous des hauts alpages où monte le bétail en été ».

Pour cette humanité tôt installée, les invasions arabes (avec le dromadaire incapable de pénétrer les massifs élevés) et turques, avec le chameau aux remarquables qualités montagnardes (« *Le vaisseau du désert* est devenu en Anatolie le rival du chamois des Alpes », selon le mot d'un naturaliste russe) — ces humanités *paléomontagnardes* ont été soumises à des épreuves bien différentes. Elles seront « bédouinisées » dans la zone des victoires turques. Elles résistent dans la zone des conquêtes arabes. Double règle qui ne vaut qu'en gros bien sûr. Il y aura aussi, surtout dans cette zone, des « montagnes-refuges ». Entre les VIIIe et XIe siècle, Maronites et Druses s'installent dans le Liban. Vers le XIVe siècle, s'achève la colonisation des massifs forestiers de la Grande Kabylie commencée, sans doute, au lendemain de l'invasion hilalienne.

[illegible]

[illegible]

Il continua [illegible]

[illegible]

Puis tel ou tel de ses élèves [illegible]

Martin. D'autre part, il ordonna [illegible]

[illegible] français vers les archives [illegible]

et Pierre Chaunu qui préfaçait [illegible]

tique, ou Bartolomé Bennassar [illegible]

les archives de [illegible]

De cette longue fréquentation de [illegible]

DEUXIÈME PARTIE

L'EMPIRE ESPAGNOL

Dès l'époque de la Sorbonne, Fernand Braudel avait été attiré par l'histoire de l'Espagne. Il a parlé plusieurs fois d'un exposé qu'il consacra alors à la paix de Vervins, un exposé perdu depuis longtemps mais qui compta dans sa vie car il fit à cette occasion (il n'avait guère que 18 ou 19 ans) sa première expérience d'archives dans la fameuse série K dont les documents, « rapportés » de Madrid par Napoléon, luxueusement classés et présentés aux Archives nationales, ont été depuis restitués à l'Espagne. Son intérêt fut même assez vif pour qu'il se mette alors à l'étude de l'espagnol.

Quelques années plus tard, le choix de son sujet de thèse le mena régulièrement à Simancas et à Madrid durant plusieurs étés. Rien ne le séparera dès lors de ce pays, pas même après la guerre son éloignement forcé, pendant les années où le régime franquiste interdit en Espagne la diffusion de La Méditerranée.

Il comptait beaucoup d'amis parmi les historiens espagnols, assez pour pouvoir diriger et soutenir de Paris tel ou tel de ses élèves, par exemple Felipe Ruiz Martín. D'autre part, il orienta plusieurs jeunes chercheurs français vers les archives espagnoles Huguette et Pierre Chaunu qui préparaient Séville et l'Atlantique, *ou Bartolomé Bennassar qui classa à Valladollid les archives de Simón Ruiz, marchand du* XVI*e siècle.*

De cette longue fréquentation de l'Espagne sont

nées plusieurs idées d'ouvrages ; il pensa même, un instant, à une biographie de Philippe II. La deuxième édition de La Méditerranée, *puis* Civilisation matérielle, économie et capitalisme *mirent fin définitivement à ces projets.*

CHAPITRE I

EMPIRE ET MONARCHIE AU XVIe SIÈCLE

Le 1er juin 1942, Lucien Febvre écrit à Fernand Braudel alors en captivité : « Dans le plan de la collection Berr ["L'Évolution de l'humanité"], il y a un livre sur Charles Quint et Philippe II prévu : le titre, Empire et monarchie au XVIe siècle, *indique la direction. Dans ma pensée, c'est F.B. qui doit l'écrire. Et, s'il faut l'encourager, L. F. est prêt à l'aider en ce qui concerne Charles Quint. Songez-y. Il y a là un bel emploi à faire de tout ce que vous savez ; et une belle "monarchie espagnole" à camper. [...] Dites oui et commencez à y penser ! »*

Un peu plus tard (19 juin), Lucien Febvre insiste : « Réflexion faite, voulez-vous un Charles Quint-Philippe II *pour la collection Berr ? Étude non pas d'histoire diplomatique, mais d'histoire générale : comment s'est faite, comment a fonctionné la première grande puissance monarchique du monde moderne. Monarchie, Empire aussi, au sens déjà moderne. Je ferais les antécédents, la tradition bourguignonne, si vous le vouliez. Il y a un très beau livre à écrire. »*

Ce livre ne verra jamais le jour. Après la mort de Lucien Febvre, l'éditeur rappellera ce projet à Fernand Braudel qui y a pensé sérieusement puisqu'il y consacre ses cours au Collège de France en 1957-1958 et 1958-1959. Il en a seulement rédigé, à la fin des années cinquante, une introduction, restée inédite, que nous reproduisons ici. De ce projet abandonné, nous retrouverons également la trace dans deux essais biographiques inattendus sous la plume de Fernand Braudel qui, remaniés, ont été publiés en italien en 1965 et 1969. Ces textes ont paru en français en 1990. Pour Philippe II, le texte français, alors introuvable, avait dû être retraduit de l'italien. Il est reproduit ici, dans sa version originale, pour la première fois.

Introduction à l'Empire espagnol *

Un historien n'en finit pas de mesurer le temps vécu. Il n'en finit pas de le casser en morceaux menus, heures, journées, années. Ou de le recomposer à partir de ces fragments pour en fabriquer des périodes ou brèves, ou longues, ou même très longues et qui seraient d'une certaine façon homogènes. Le siècle à part qui va en gros de 1550 à 1650 — soit le second XVIe siècle, ou si l'on veut le premier XVIIe siècle — est l'une de ces mesures longues vis-à-vis desquelles nous avons quelques certitudes et quelques doutes. Au vrai, jamais le temps passé, malgré les illusions du spectateur rétrospectif qu'est l'historien, jamais le temps présent n'est d'une seule coulée, d'une seule couleur. Or nous partons à la recherche obstinée d'unités, d'autonomies, d'originalités chronologiques. Mais le temps des hommes se révèle toujours multiple, faussement monotone. Les événements qui s'accomplissent ne s'effacent pas mais laissent derrière eux des résidus, des fumées, des leçons, des conséquences ; ils compliquent la vie en train de se réaliser et il faut continuer à vivre avec ces bruits, ces musiques insistantes, leurs leçons vraies ou fausses, ce passé vivant. Ainsi pourrions-nous parler du massacre affreux de la Saint-Barthélemy (24 août 1572), qui pour Michelet coupait en deux l'histoire de France, ou des événements en chaîne de l'Invincible Armada (31 juillet — 12 août 1588). Ils existent en eux-mêmes, puis dans leurs siècles.

Plus encore, au-dessous des événements, il y a l'évolution lente et comme imperceptible des structures en place, car elles s'usent et sont donc faussement les mêmes, quoi qu'il y paraisse, au fil des années et plus encore des siècles. Un lent travail, un peu fort, mais nécessaire, de démolition et de recréation, agit sans

---

* *Source* : Manuscrit inédit. Archives Braudel.

cesse, les fait vivantes — mais cette vie elle-même se place sous le signe du changement. Bref dans notre arpentage rétrospectif rien n'est vraiment sûr, ou définitif, ni nos échafaudages ni nos maisons. Les jalons, les poteaux indicateurs, les coupures, les années tournantes se déplacent, au gré de l'explication, doivent se déplacer comme des décors commodes de théâtre, selon les optiques adoptées et l'état même de nos connaissances. L'historien n'est pas comme le joaillier : il ne dégage jamais des pierres précieuses qui soient d'une eau pure. Sa matière première ne permet guère ce qui serait un faux exploit, la fabrication, à force de soins, d'une période qui serait homogène, c'est-à-dire d'une eau vraiment limpide.

Je ne crois donc pas à un « second XVIe siècle » qui aurait des limites précises, indiscutables, des caractères reconnaissables d'entrée de jeu, et permanents. Un siècle n'est jamais d'une seule coulée. Seulement il y a avantage, dans l'état actuel de nos connaissances et comme à la limite raisonnable de notre explication, avec l'arbitraire indispensable, de le saisir comme un tout, comme une époque en soi, un seul paysage, un seul groupe de probables, ou mieux une seule expérience vécue. Ces simplifications sont nécessaires, certes, à condition de ne pas nous induire en erreur. De 1550 à 1650 de grandes lignes s'avèrent dominantes, bien sûr, mais elles ne sont pas, à elles seules, le destin entier des hommes, tant s'en faut, entre ces deux repères chronologiques. Et ces lignes majeures, nous le savons aussi, dépendent de notre problématique, de nos préférences, de la conception même que nous avons de notre métier. Si la politique est placée ainsi au premier plan et si l'on choisit, pour être au centre de l'explication, la plus vaste des formations étatiques d'alors, la plus monstrueuse — non le seul des empires (au sens moderne du mot) qui essaient d'imposer autour de lui sa loi —, alors ce « siècle » est sans doute celui de la prépondérance espagnole ou ibérique et c'est le titre selon la tradition que nous avons donné, sans trop hésiter, au présent livre. Comme l'histoire politique permet des chronologies précises, fines, le siècle alors courrait, selon l'optique de la grandeur espagnole, du traité du Cateau-Cambrésis (1er-3 avril 1559) à la paix des Pyrénées (7 novembre 1659), signée comme chacun le sait au milieu du couvent de la Bidassoa, dans l'île des Faisans. Rien de plus net, mais tout n'est pas dit.

L'Espagne tout d'abord, ce n'est pas le monde entier, ni l'Amérique entière, ni l'Europe entière, et avant l'annexion du Portugal (1584) pas même l'entière péninsule Ibérique. Plus encore, la politique implique, suppose le destin entier des hommes, mais elle ne le saisit jamais dans sa plénitude. Le second XVIe siècle, c'est aussi bien, aux limites entières de l'humanité d'alors, une énorme poussée biologique, une crue des hommes. Si nous ne nous trompons pas, cette montée n'est pas limitée à la seule Europe, mais générale, si l'on ne tient pas compte, un instant, de l'épouvantable régression de la population amérindienne au contact des Blancs et de leurs exigences, de leurs violences. Plus encore, des affreuses maladies importées d'Europe. Ainsi une montée des hommes, sans doute beaucoup plus vive avant 1550 qu'au-delà, et qui arriverait à son plafond avec les années 1590-1650, un peu plus tôt un peu plus tard. L'histoire du monde alors serait une expérience inconsciente, à la Malthus, avant que ce dernier ait même écrit une ligne. Il y aurait de par le monde bientôt trop d'hommes pour les ressources dont ils disposent, en France dès 1560 peut-être. Brantôme ne dit-il pas à son propos, dès cette époque, qu'« elle est pleine comme un œuf » ? Toutes les pannes, avant et après 1600, ces gênes, ces pénuries, ces « chertés », ces épidémies apocalyptiques, tout viendrait de là ou presque tout. Lucien Febvre aura parlé souvent, à propos de la France, des « tristes hommes d'après 1560 ». Ceux-ci ont l'excuse d'être devenus trop nombreux. Ainsi, selon l'expérience biologique, le monde succomberait sous le nombre, comme le glorieux XIIIe siècle qui fut une expérience de même type. J'ai pu dire un jour que « le XVIe siècle, pris dans ses mesures habituelles 1500-1600, avait échoué », il aboutit en effet au marasme, aux stagnations, aux calamités du siècle suivant. N'est-on pas jugé par ses enfants ?

Mais de 1550 à 1650, une autre vue d'ensemble, et non pas la dernière, s'offre encore à nous. C'est le « siècle » de l'argent américain. Jusqu'au milieu du XVIe siècle, le Nouveau Monde a surtout envoyé de l'or, l'or pris aux civilisations amérindiennes, pillées sans vergogne, ou obtenu déjà des orpailleurs indigènes. Ce n'est guère que vers 1554, date peu sûre mais valable, que le procédé de l'amalgame s'installe dans les mines d'argent du Mexique (la Nouvelle-Espagne), en 1572 qu'il s'installerait au Pérou dans une des prodigieuses mines du Cerro Rico du Potosi. Dès lors, les « Indes » dégorgent leurs trésors vers l'Europe. Un historien anglais de nous dire, aujourd'hui, avec le sourire, qu'un pipe-line transporte le métal blanc d'Amérique à Séville, à savoir les convois de vaisseaux de la *Carrera de Indias*. Mais le métal blanc se redistribue à travers l'Europe et même à travers tout le Vieux Monde, il gagne les Indes, l'Insulinde, la Chine. L'économie mondiale et les économies branchées sur elle marchent au métal blanc, il est leur combustible. Et quand les Espagnols s'installent aux Philippines, en 1563, la nouvelle liaison achève l'unité économique du monde : d'Acapulco, le métal blanc du Mexique gagne les îles par le « galion dit de Manille », y rencontre les jonques chinoises, et là l'argent s'échange contre l'or, les porcelaines et les soies incomparables de Chine. Que les oscillations des divers « indicateurs » de l'économie des Philippines soient les mêmes, ou peu s'en faut, qu'au Mexique ou à Séville, voilà la preuve que cette économie mondiale, si désaccordée qu'elle semble souvent, avec ses décalages, la gêne des distances, admet cependant une sorte de chef d'orchestre. C'est le métal blanc qui est le signe et le moyen de ces unissons. Qu'il cesse d'abonder, à la suite du retournement séculaire de 1590 à 1620 et le drame évident de ces vastes replis trouve une première explication.

Tristes hommes d'après 1560 ? Ce jugement est-il juste, après tout ? S'il y a des époques heureuses, sous le signe de la gaieté, de la joie de vivre — la Renaissance à Florence, le Siècle des Lumières à Londres ou à Paris —, craignons que ce ne soient là encore des illusions, des masques de fête... Et surtout, élevons-nous contre la mauvaise réputation, ou la moindre réputation intellectuelle de ces années de la prépondérance espagnole. La Renaissance, avec ses lumières, leur fait tort injustement.

L'admiration que l'on éprouve devant l'extraordinaire floraison d'idées et d'œuvres d'art, devant les grandes créations littéraires, les découvertes, les intuitions scientifiques de la Renaissance — devant Léonard, Machiavel, Michel-Ange, Rabelais — ne nous rend que trop injustes souvent pour l'âge qui a suivi. Mais cette impression disparaît lorsqu'on réfléchit à ceci : que la restauration du catholicisme à Trente détermine l'avènement et l'universelle diffusion d'une nouvelle forme d'art, le « Baroque » ; que cette époque a donné à l'Europe ses deux ou trois plus grands peintres, Le Titien, Vélasquez et Rembrandt ; qu'aux gloires tumultueuses de la première moitié du XVIe siècle les lettres françaises voient s'ajouter un Ronsard et un Montaigne, en attendant que s'ouvre l'âge classique ; que l'Angleterre entre dans le cadre de la littérature européenne avec les écrivains de l'ère élisabéthaine, puis avec Shakespeare, un des plus grands noms de l'histoire de la pensée et de la poésie ; que le temps de Cervantès est aussi « l'âge d'or » de l'Espagne. Mais plus encore qu'au trésor artistique de l'humanité, la période 1550-1650 apporte à notre patrimoine scientifique un enrichissement sans égal. Ce n'est plus l'enthousiasme dionysiaque des premiers jours, où l'on s'enivrait aussi bien du vin de l'Antiquité que de celui de la nature. C'est l'ère de l'observation, de l'expérimentation déjà, de l'étude systématique des faits, de la recherche des lois, de la constitution des méthodes, de la conception scientifique du monde. Une Renaissance scientifique s'annonce, en retard sur l'autre, dont les conséquences seront immenses. Notre civilisation actuelle en découle. J'ajoute que les civilisations en place ne sont plus dès lors limitées à une seule ville (l'exception confirmant la règle, Venise et Bologne). Elles mettent en cause les vastes espaces « nationaux ». Le Siècle d'Or de l'Espagne, le *Siglo de Oro*, c'est sur la scène de Madrid la mise en œuvre des richesses de l'Espagne entière, de la péninsule entière. Paris va aussi pour les gloires du classicisme reprendre à son profit toute la substance française.

Bref, on voit bien comment les historiens procèdent. Ce sont des metteurs en scène. Désireux, obligés, de dramatiser le passé, ils nous donnent le choix entre des mouvements alternés, dramatiques : la grandeur de l'Espagne, visible, solide en 1559 et qui va s'affirmer, puis décliner lentement : en 1659 c'en est fini, et cependant le navire flotte encore et conserve belle allure. La poussée biologique générale des hommes, autre vue d'ensemble : la Renaissance, puis le Baroque, ce sont après tout quelques millions d'hommes ajoutés aux millions préexistants, mais la poussée est stoppée et le mouvement se renverse. De même, disons sans plus attendre, grandeur et décadence du métal blanc américain. Et, pour conclure, fin de la civilisation des villes, début de la civilisation des États, naissance, renaissance, réinvention de la science. Mais nous sommes là, en dernière position, prisonniers de l'Europe. Or c'est le monde qui doit retenir notre attention, lui d'abord, dans sa totalité. La civilisation chinoise des Ming ne vaut-elle pas qu'on parle d'elle ?

L'historien n'en finit pas de se battre avec l'espace, avec les espaces. Il lui faut, pour avancer et penser, être géographe. C'est la condition *sine qua non* de son métier. Or, depuis les grandes découvertes de la fin du XVe siècle, ce vaste monde tend vers l'unité. L'Europe s'est répandue à travers le vide immense des sept mers du monde, ses navires touchent tous, ou presque tous, les rivages utiles. Certes, de cette liaison décisive ne grossissons pas les effets. Ce sont là des voyages dérisoires, des quantités médiocres de marchandises transportées, des poids d'argent ou d'or insignifiants. Et pourtant il faut lutter contre de telles impressions. Derrière ces actes étroits du commerce international, du capitalisme marchand, imaginons les actes innombrables qui les préparent ou les suivent. C'est selon ces masses d'actes, non selon les poids du métal précieux, qu'il faut jauger et juger. Si modeste qu'il soit — surtout à nos yeux —, le capitalisme marchand oriente à la longue les économies, les pénètre de ses contraintes et de ses impératifs.

Cela dit, le monde reste cloisonné, désarticulé. De 1550 à 1650, c'est un kaléidoscope multicolore, des fragments menus y restent indépendants, libres, sous le signe de leur propre vie. Pour les zones de fort peuplement relatif (au voisinage d'une vingtaine d'habitants par kilomètre carré), ce sont des arrière-pays impénétrables ou presque. Enfin, que les tensions de l'économie internationale se relâchent, comme ce sera le cas avec le vrai XVIIe siècle, et voici les autonomies qui s'affirment avec une netteté tranquille. L'Amérique qui n'a pas résisté aux Blancs, qui se vide devant eux de sa population autochtone, mais la voilà au-delà des années 1600, avec ses colons, abandonnée à elle-même. Alors, écrit un historien récent, elle va vivre son « Moyen Âge » : il lui faudra tout tirer d'elle-même. À ce régime-là, ni l'Inde ni la Chine, masses compactes, ne s'ouvrent vraiment à l'Européen. Pour l'Inde, il faudra attendre la victoire de Lord Clive à Plassey en 1757, qui sera suivie de l'occupation du Bengale ; pour la Chine, la guerre de l'Opium (1839-1842). L'humanité, ce sont ainsi des univers à peu près clos sur eux-mêmes, sauf l'Europe, ruche dont tant d'abeilles s'envolent. L'histoire unie du monde frôle à peine des univers restés anciens.

En vérité, cette histoire du monde, elle peut se voir à partir de chaque histoire particulière et chaque fois l'image générale en sera différente. C'est ce que les historiens d'Europe ont fait à partir de leur étroit continent. Ce que vient de faire, à partir de l'Inde, un « subcontinent », un historien de grand talent, le Sirdar Panikkar. Forcément, du cœur de l'histoire de l'Inde, à peine verra-t-on l'arrivée des Européens, quelques vaisseaux, quelques marchands, des soldats, des mousquets, de la poudre à canon. On rejetterait l'Europe dans une demi-obscurité en voyant le monde à partir de la Chine ou du Japon... Ou plus encore d'Afrique. Et chaque fois ce serait choisir des dates qui ne sont pas celles de l'Europe, malgré des voisinages chronologiques qui prêtent à confusion. Pour l'Inde, la date majeure, c'est, après la victoire de Baber à Panipat (1526), la constitution de l'empire du Grand Moghol ; pour la Chine la prise de Pékin par les Mandchous en 1644, prélude de la ruine complète de la Chine des Ming qui seule retiendra notre attention dans les pages de ce livre ; pour le Japon 1638, date à laquelle il se ferme, sans se fermer totalement d'ailleurs, au monde extérieur... Et ainsi de suite. Ce sont des dates aussi importantes, humainement parlant, que la bataille de Pavie (1525), ce gros fait divers, ou que le traité de Westphalie (1648), ou, cette même année 1648, l'expérience de Pascal au puy de Dôme. Éclatantes ou non, ces dates racontent, ponctuent d'autres histoires que l'européenne.

Par surcroît, il est des histoires que nous n'entendons pas. Faute de témoignages directs, tout un tiers monde est condamné au silence, à l'oubli. Et pourtant il joue son rôle. La Chine est impensable sans les pays qui dépendent d'elle : l'Insulinde est pour elle une zone d'exploitation coloniale. Le drame de la Chine des Ming, autant que les incursions des nomades, au nord, ce sont les attaques des pirates japonais, la révolte en somme d'une ancienne « colonie »... Pour l'Europe, une des formes de son aventure, c'est l'ouverture sur des civilisations et des peuples primitifs, des « peuples sans histoire » : c'est la rencontre si souvent célébrée sur le plan littéraire avec le bon sauvage, la rencontre de l'ogre de la fable et du petit Poucet. L'Europe s'émerveille, outre mesure, mais exploite aussitôt le nouveau venu...

Partir de l'empire et de la primauté de l'Espagne, on le voit bien, c'est choisir une voie préférentielle, avec ses avantages et ses inconvénients. Promettons-nous alors de ne pas nous en tenir à un seul itinéraire et au seul langage qu'il nous impose. Toutefois, profitons de nos avantages : ils sont nombreux. L'Espagne de 1559 à 1659 n'a en fait jamais, jusqu'ici, été placée au centre de l'histoire du monde, et cependant cette place lui revient de droit. En réalité, l'histoire même de l'Europe a été écrite hier, avant tout, par les historiens anglais, allemands et français. Elle a été comme un luxe des pays européens les plus avantagés. L'Espagne ou l'Italie ont été vues, replacées au second plan. La légende noire des ennemis de l'Espagne ne cache pas seulement le vrai visage de Philippe II, le Roi Prudent, elle nous dérobe, ce qui est bien plus grave, l'histoire vraie de l'Espagne. Cette remise en perspective s'annonce l'un des avantages, l'un des mérites dirais-je, de ce livre.

Plus encore l'Empire espagnol, l'Empire sans crépuscule, n'est pas seul en cause. Au sens *moderne* du mot, il y a des empires. Ainsi des comparaisons sont possibles, une typologie élémentaire s'offre à nous. Car ces empires ne sont pas au même stade d'évolution, ils ne sont pas davantage de même nature, s'ils ont cependant des traits communs : ce sont de monstrueuses formations ; il leur faut beaucoup d'hommes et, dès que l'économie monétaire les anime, ce sont de gros consommateurs de métaux précieux ; il leur faut d'importants moyens pour agir, des armées, des flottes, et toujours et encore de l'argent, quelle que soit sa nature : papier, or, argent, cuivre... Notons bien qu'ils ne sont pas de même âge... et ceci est évidemment décisif, ces êtres politiques portent la marque de la date de leur naissance, et si l'on admet que ce sont des êtres vivants, donc périssables, la vieillesse travaille contre eux. Le plus ancien, le plus précoce, c'est l'Empire turc : la prise de Constantinople est de 1453 et sa victoire essentielle est celle de Mohacs, août 1526, qui lui ouvre l'Europe centrale. Mais la Hongrie n'a vraiment été conquise que vers 1540-1541. Le deuxième, par rang d'âge, c'est l'Empire portugais, étendu à la péninsule indienne dès le voyage de Vasco de Gama. Ensuite c'est l'empire du Grand Moghol, fondé en 1526. Le quatrième est l'Empire hispanique, il se dégage de l'empire de Charles Quint et s'affirme (j'y reviendrai) au-delà de la crise de 1558-1559. L'Empire moscovite quant à lui s'esquisse seulement avec la prise des villes musulmanes de Kazan (1551) et d'Astrakhan (1556), avec les migrations paysannes vers les terres riches du Sud et avec l'équipée des Strogonoff vers la Sibérie — c'est évidemment un empire jeune, très imparfait, pris dans une économie élémentaire encore. Ne disons pas pour conclure : *pas* d'Empire chinois. Il n'y a *plus* d'Empire chinois, depuis la grande rupture de l'« Empire des steppes » constitué par les Mongols, qui coïncide avec le soulèvement de la Chine paysanne de 1368 et l'instauration de la dynastie des Ming. Citons pour être complet le seul empire, au sens européen, une relique, le Saint Empire romain germanique, mort dès 1250.

Que tous les vrais empires vivent de l'élan général du XVe et du XVIe siècle, nul n'en doutera sérieusement. Ils représentent l'entreprise politique de dimension maximale. Longtemps la conjoncture les favorise, sa marée soulève ces bâtiments lourds. À partir de l'Amérique une conjoncture du métal blanc va mettre à leur service un « multiplicateur » efficace. Nul ne sait évidemment quand la première pièce de huit espagnole arrive dans l'Empire turc, aux Indes ou en Chine, mais elle y arrive pour être refondue, devenir ou pièce, ou lingot. Les officiers du trésor du Grand Moghol percent les pièces d'or ou d'argent lorsqu'elles arrivent dans les caisses impériales d'un poinçon très étroit. Il arrive que certaines soient ainsi poinçonnées, percées, plusieurs fois, car elles ne cessent de circuler. La Chine elle-même participe à ces distributions de métal blanc. Alors, avec le retrait du métal blanc, la géographie commande, ce sont les empires lointains qui souffrent plus tôt que les autres, la Chine avant l'Inde, l'Inde avant la Perse (qui n'est que l'esquisse d'un empire), la Perse avant les Osmanlis, avant les Habsbourg d'Espagne...

Comme ces replis sont significatifs ! Partout les mêmes signes : aux frontières, parfois au cœur mal gardé de ces empires, la piraterie établit ses quartiers. Elle fait au XVIIe siècle le tour du monde. Et rien ne peut avoir raison d'elle. Tout la favorise, la faiblesse des gendarmes et la connivence des gendarmes et des voleurs dans cette suite d'échanges forcés et bizarres qu'est la piraterie. Tunis au début du XVIIe siècle, c'est Shanghai au dire d'un récent historien. Les rapports au XVIIe siècle de la Hollande, de l'Angleterre, de la France et de l'Espagne, ce sont des incidents sans fin identiques : un bateau saisi, une cargaison revendue, saisie encore, des informations judiciaires, des ambassadeurs qui sollicitent, et à peine l'affaire est-elle classée qu'une autre recommence, identique. Nul ne tient la mer qui est la clef du monde. Le bateau qui la traverse la conquiert et la perd aussitôt en continuant sa route.

Les empires appuyés sur la mer incertaine sont aussi bornés, rituellement, par des voisinages hostiles. En face de la Chine, le Japon ; en face de l'Inde musulmane, le réduit irréductible du Dekkan ; en face de la Turquie, la Perse ; en face de l'Empire hispanique, l'Europe hostile et la Réforme. Tout empire implique une force, une base religieuse, une idéologie, une « idée impériale ». Mais la contre-idéologie naît d'elle-même, à côté. L'empire de l'Espagne naît après la Réforme, la Contre-Réforme le porte sur son flot, mais lui suscitera des hostilités inexpiables. Peut-on dire que la Turquie orthodoxe, sunnite, a ses protestants, les chiites maîtres de la Perse ? Empires et contre-empires se dressent les uns contre les autres. La conjoncture, selon l'étiage de ses eaux, favorise tantôt les uns, tantôt les autres. Qu'elle soit peu favorable, au-delà des années 1590, aux vastes ensembles politiques, aussitôt les États de moyennes dimensions semblent favorisés : la Toscane des grands-ducs, l'Angleterre des Stuarts, la Hollande qui n'est au vrai que la « banlieue » d'Amsterdam, le Japon des Tokugawa, la France d'Henri IV. Après la mort de Philippe II (1598) et d'Elizabeth (1603), celui-ci paraît l'arbitre de l'Europe. Il le doit à son prestige, à la France redevenue forte, à la conjoncture maussade aussi qui frappe plus encore les vastes empires que les États de moindres dimensions. Ainsi va le monde. L'Empire espagnol n'est pas seul de son espèce, il pousse en même temps que d'autres, il décline en même temps que d'autres. Il y a presque une loi des grands corps politiques.

Chronologie de l'Espagne, chronologie du monde

Bien sûr, l'Espagne impériale n'est pas le monde en son entier, mais une bonne partie de celui-ci. D'ailleurs, l'Espagne possède ses vastes réseaux d'information et de nouvelles, son *Intelligence Service*, pourrait-on dire, et qui s'intéresse aussi bien à l'Inde qu'à la Chine ou au Japon, à la Caspienne, à la mer Noire comme à la mer Rouge, aux côtes de Norvège et d'Irlande, même en Amérique aux littoraux de l'actuelle Virginie... Si bien que le dépôt des archives de Simancas, où tous ces documents sont réunis, est la meilleure source globale d'information sur le monde entier. Et que la chronologie mondiale de l'Espagne enregistre tout de même, d'une façon certaine, la vaste respiration du monde. Quand elle marque un tournant, le monde ou a déjà pris ou va prendre le même virage. Disons-le avec insistance, car les dates clés de l'histoire espagnole seront celles de notre livre ; elles l'organisent à l'avance.

Elles se situent naturellement au voisinage de cassures, d'années tournantes :

Vers le milieu du XVIe siècle, je note une récession profonde de la liaison Séville-Amérique (peut-être un *intercycle*) ; la mise en place du procédé de l'amalgame dans les mines du Mexique vers 1554 ; les premières banqueroutes de l'État castillan, qui se répercutent à travers l'Europe, en 1557 et 1560 ; la mort de Charles Quint en 1558, symbole de la fin d'une génération ; la paix du Cateau-Cambrésis (1er-3 avril 1559), très importante car elle durera plus d'un quart de siècle ; enfin le retour de Philippe en Espagne, le 8 septembre 1559, acte décisif — le souverain ne quittera plus la péninsule.

Vers 1576-1580, se notent : la seconde banqueroute espagnole de 1576 ; l'indépendance de fait des Provinces-Unies, 1579 ; la conquête du Portugal, 1580, achevée par l'occupation des Açores, 1582 ; un des points les plus bas de la conjoncture économique qui se situe au voisinage de 1575 ; au-delà, reprise du grand essor économique du siècle.

Au voisinage de 1600, la mort de Philippe II, 1598 ; le retour en France de la paix intérieure ; la paix de Vervins ; la mort d'Elizabeth, 1603 ; la paix hispano-anglaise 1604 ; la trêve de Douze Ans avec les Provinces-Unies, 1609 ; et surtout le renversement de la tendance séculaire, au plus tôt vers 1590, au plus tard vers 1620.

La fermeture de notre « siècle » se fait mal, *au voisinage de 1650*, par les traités incomplets de Westphalie, 1648 ; par le dernier combat de l'Espagne jusqu'à la paix des Pyrénées, 1659 ; par la paix du Nord, signée à Oliva en 1660 : elle rétablit un ordre autour de la Baltique. Rapprochons de ces dates la prise de Pékin, 1644 ; et surtout signalons le ralentissement des arrivées d'argent, et ce creux accusé de la conjoncture vers

1680. Une explication économique devant aller jusqu'à cette date qui *semble* décisive, vingt ans après la fin théorique de notre livre.

À l'intérieur de ces barrages, se situent trois paysages et comme trois expériences, *vus* de l'Espagne :

1559-1580, l'Empire espagnol se forme sans difficultés insurmontables — ce sont ses années heureuses, non pas calmes.

1580-1609, il se défend sur mer, avec des hauts et des bas, mais survit à ses échecs les plus spectaculaires, comme celui de l'Invincible Armada (1588).

1609-1659, sur terre, l'Espagne achève de perdre la partie, mais non sans s'être longuement battue.

Ce plan n'est évidemment qu'un cadre. Il ne doit donner qu'à moitié satisfaction. Mais il me semble clair. À condition qu'on l'accompagne d'un diagramme explicatif, celui des *asientos* de la monarchie espagnole, cette courbe marque les élans, les efforts de l'Espagne. Elle suggère aussi le rôle décisif de la conjoncture. J'y reviendrai chemin faisant.

Charles Quint *

Le futur Charles Quint naissait à Gand, dans la nuit du 24 au 25 février 1500, au Prinzenhof, palais aujourd'hui détruit. L'enfant était le fils de Philippe le Beau — fils lui-même de Maximilien d'Autriche et de Marie de Bourgogne — et de Jeanne la Folle, l'une des filles des Rois Catholiques, Ferdinand et Isabelle. « La très désirée et profitable naissance du très illustre infant Charles d'Austria », comme dit un libelle imprimé cette année-là à Valenciennes, donna lieu, lors de son

* *Source : I Protagonisti della Storia universale*, Milan, Compania Edizione Internazionali, 1965, texte français in : *Écrits sur l'histoire*, t. II, Arthaud, 1990.

baptême le 7 mars, à de grandes réjouissances ; il était le second enfant, mais le premier héritier mâle de la famille princière des Pays-Bas.

Ainsi commençait une vie qui devait être prodigieuse. Passe un très long demi-siècle et le vieil empereur mourait, le 21 septembre 1558, en cette étroite résidence qu'il avait fait construire dans le couvent des hiéronymites de Yuste, en Estrémadure, où il s'était retiré au début de l'année précédente. Certes une vie glorieuse, et une longue vie. Longue du moins selon les normes du siècle où les existences sont brèves d'ordinaire, surtout celles d'hommes de guerre comme Charles Quint, épuisés avant l'heure par les incommodités et les duretés de la vie des camps. Glorieuse assurément, elle nous éblouit encore comme elle a ébloui les contemporains, amis ou ennemis. Et elle est certainement un étonnant témoignage sur ce premier XVIe siècle qu'elle domine de haut, sur ses héritages et ses innovations, ses rêves et ses actes, ses repentirs et ses contradictions — qui sont la preuve même de son ardeur à vivre.

La part du hasard moins grande qu'on ne le dit d'ordinaire

Le hasard, force aveugle, et le hasard seul a préparé, dit-on, cette étonnante fortune princière et politique. En 1506, la mort prématurée de son père en Espagne, à Burgos, a fait de Charles l'héritier des Pays-Bas. Il y régna dès lors sous la tutelle de sa tante, l'incomparable Marguerite d'Autriche, et sa majorité fut proclamée le 2 janvier 1515, dans la salle des États de la Cour de Bruxelles. Peu après, en janvier 1516, Ferdinand le Catholique mourait. Il laissait à son petit-fils tous les royaumes d'Espagne, ceux de la Couronne d'Aragon dont il était l'héritier direct, ceux de Castille qu'il administrait depuis qu'il avait écarté de leur gouvernement sa fille, Jeanne, devenue Jeanne la Folle...

Dans cet énorme héritage se trouvaient, en outre, les royaumes de Naples, de Sicile, de Sardaigne, quelques présides sur la côte d'Afrique du Nord et ce que la Castille tenait déjà de l'Amérique — les « Indes de Castille » avant les vastes conquêtes de Hernán Cortès, de Francisco Pizarro et d'Almagro, soit quelques positions dans les Antilles et sur l'isthme de Panama. Ainsi Charles de Gand était-il proclamé, le 23 mars 1516, à Bruxelles, dans l'église Sainte-Gudule, roi d'Espagne. Dès lors il est Carlos Primero.

Passent à peine trois années : Maximilien, empereur d'Allemagne (ou plus exactement roi des Romains, il n'a jamais été couronné par le pape) meurt, à son tour, le 12 janvier 1519. Charles d'Espagne va hériter des États autrichiens, l'*Erbland*, et il pose presque aussitôt sa candidature à la succession impériale : il l'emportera, on le sait, sur François Ier, le 28 juin. La nouvelle parvenait au jeune empereur à Barcelone dans la nuit du 6 au 7 juillet : étant donné les vitesses de l'époque, on peut dire qu'elle avait volé vers lui.

Dans tous ces événements, le hasard évidemment a eu sa grosse part. La fortune de Charles est faite d'une série de circonstances fortuites. C'est tout de même un hasard singulier que le seul fils des Rois Catholiques, Don Juan, soit mort en 1497 sans enfant (bien que marié à Marguerite d'Autriche) ; c'est tout de même un hasard que le nouvel héritier des couronnes de Castille, d'Aragon, et de Portugal, don Miguel, reconnu par les Cortès de Castille et d'Aragon, petit-fils lui aussi des Rois Catholiques, meure à la Saint-Jean 1500, c'est-à-dire quelques mois après la naissance de Charles. C'est un hasard qu'à la mort prématurée de Philippe le Beau s'ajoute la folie de sa femme qui, internée à Tordesillas, n'y mourra qu'en 1555. À la cour de Ferdinand le Catholique, on songea même très sérieusement à donner les royaumes d'Espagne au frère de Charles, Ferdinand, qui portait le même prénom que l'Aragonais et avait été élevé dans la péninsule. Enfin, le résultat de l'élection impériale de juin 1519 aurait pu être différent si François Ier n'avait été aussi présomptueux, si les Fugger et le capitalisme international n'avaient misé sur « l'Autriche ».

Cependant, ne disons pas que Charles Quint a été, sans plus, cette somme de hasards.

Premièrement, sur le très vaste échiquier de l'Europe politique, le jeu des mariages princiers a été poursuivi avec méthode et même acharnement par les Rois Catholiques. Leurs cinq enfants (un fils et quatre filles) donnent lieu à six mariages importants, deux avec les héritiers successifs du Portugal, deux avec les héritiers successifs du trône anglais, deux avec la Maison de Bourgogne. Tout a été fait pour faciliter d'une part l'unité de la péninsule Ibérique et de l'autre l'encerclement de la France, dangereuse voisine des Pays-Bas et de l'Italie et, depuis septembre 1494, après la descente de Charles VIII au-delà des Alpes, candidate à l'hégémonie européenne, à la « monarchie universelle », comme l'on dira bientôt... C'est ce jeu, conscient et certes pas frivole, qui a créé Charles Quint, assemblage de princes, de souverainetés, d'États : plus de soixante-dix titres sont à énumérer quand il est question de le désigner avec exactitude. Mariages, héritages, droits dynastiques dominent alors l'Europe princière et politique. Charles Quint est impensable en dehors de sa famille, des droits innombrables qu'elle a collectés et qu'elle entend maintenir. Ses revendications sur la Bourgogne, en 1526, sont bien dans la ligne des pratiques du temps ; il entend ne pas renoncer aux droits qu'il tient de Charles le Téméraire et de ses ancêtres, enterrés dans la chartreuse de Champmol, près de Dijon. Il y mettra pour sa part un acharnement sentimental.

Secondement, le XVe siècle finissant avait vu surgir les monarchies modernes : l'Aragon de Jean II, puis de Ferdinand le Catholique, la Castille d'Isabelle, la France de Louis XI, l'Angleterre des Tudors... Mais le XVIe siècle allait être sous le signe des empires. Les économistes parlent souvent, pour un lieu et une conjoncture donnés, de l'entreprise de dimensions optimales. Disons alors qu'avec l'élan du XVIe siècle il y a dépassement des petites unités politiques : celles-ci sont destinées à périr, pour le moins à s'effacer. Voyez le cas exemplaire du royaume de Naples dès la fin du XVe siècle et durant les premières années, dramatiques pour lui, du siècle nouveau. Trop étroit pour survivre, il est destiné à être la proie ou des Turcs, ou des Français, ou de l'Espagne, en l'occurrence de l'Aragon appuyé sur la Castille, soudé à elle, et qui n'hésitera pas, après l'entente avec la France, à chasser l'Aragonais de ligne bâtarde qui règne à Naples...

Le premier de ces nouveaux empires ne se trouve d'ailleurs pas en Chrétienté : c'est bel et bien l'empire des Osmanlis, qui ne cesse de grandir au-delà de la prise de Constantinople (1453), s'emparant de la Syrie (1516), de l'Égypte (1517), de Belgrade (1521), de Rhodes (1522), de la Hongrie (1526-1541). Le vieux livre de Leopold von Ranke a un titre significatif : *Die Osmanen und die spanische Monarchie* (1837) : il marque le parallélisme entre la poussée des deux monstres politiques, l'un à l'est, l'autre à l'ouest de la mer Intérieure, les Osmanlis d'un côté, les Habsbourg de l'autre. En 1519, le problème reste ouvert de savoir qui essaiera, pourra essayer de dominer l'Europe. Mais on est sûr, d'une manière ou d'une autre, que cette expérience sera faite, qu'elle doit se faire. Ce n'est pas le multiple héritage de Charles Quint qui le pousse, à lui seul, dans cette voie difficile ; la vocation impériale relève aussi de la conjoncture du siècle, d'une époque qui se place sous le signe du grandiose politique, car elle peut s'offrir ce luxe dangereux.

Charles Quint n'est le prisonnier ni d'une idée impériale, ni d'une politique définie une fois pour toutes

La politique de Charles Quint ne saurait se ramener à quelques lignes simples. Lui-même, par ses origines, par son action, est un personnage très compliqué. Élevé dans les Pays-Bas, en un carrefour exceptionnel de l'Europe, jeté dès 1517 en Espagne où peu à peu il s'acclimatera, ayant fait de longs séjours en Italie, en Allemagne, il est forcément de tendances, de goûts très mêlés, même contradictoires. Les contemporains se sont trop pressés de le juger et de faire écho à des paroles dont la véracité reste d'ailleurs très douteuse. Il était si jeune lorsqu'il apparut pour la première fois sur la scène politique qu'il eût été naturel d'attendre, de ne rien préjuger. Chacun relève, au contraire, ses premières timidités, ses lenteurs, ses maladresses, son aspect décevant d'adolescent. « N'était son amour de la chasse, aurait même déclaré son grand-père Maximilien, je penserais que Charles est un bâtard. » Un paysan espagnol qui le verra bouche ouverte (il a la mâchoire proéminente des Habsbourg et sa bouche se ferme avec difficulté) lui crie : « Attention, Sire, ici les mouches sont insolentes ! »

On l'a décrit entièrement sous la dépendance de ses conseillers. D'autant que Charles sait écouter, peser les arguments d'autrui, qu'il a eu la chance d'avoir à ses côtés d'admirables conseillers. De là à ne reconnaître chez lui que l'ombre portée de ces grands hommes, un Adrien d'Utrecht qui fut son précepteur et succéda sur le trône de saint Pierre à Léon X en 1522, un Chièvres qui fut son gouverneur, un Mercurino Gattinara son grand chancelier, il n'y a qu'un pas qui a été franchi allégrement. C'est supposer que Charles ne pense, ni n'agit par lui-même. Or des preuves précoces de sa fermeté nous sont connues, ainsi à l'égard de sa sœur aînée, Éléonore, en 1517 ; ainsi en 1522, alors qu'il prépare, en français (sa langue maternelle), sa pathétique réponse au Reichstag qui, la veille, en sa présence avait admis Luther. Ce document essentiel, il l'écrit seul.

D'ailleurs ces premiers conseillers sont de vieilles personnes : Adrien, né en 1459, meurt en 1523 ; Chièvres, né en 1458, meurt en 1521 ; le Piémontais

Gattinara, né en 1465, meurt en 1530. Charles leur survivra, toujours entouré de conseillers certes, le duc d'Albe, Perrenot de Granvelle et son fils l'évêque d'Arras, Francisco de los Cobos : comment ferait-il, à lui seul, pour assumer l'immense tâche bureaucratique qu'implique le gouvernement de tant d'États ? Mais ces collaborateurs, surtout dans son âge mûr, il les tient à distance, les juge à l'occasion, les supporte seulement en raison de leurs services. Francisco de los Cobos qui, aux côtés de l'empereur dès 1520, aura la merveilleuse fortune d'y rester jusqu'à sa mort, en 1547, a le mérite d'être un bourreau de travail et, non moins, de deviner les intentions à peine exprimées de son maître, de s'y prêter à l'avance.

Plus encore, autant que par ses conseillers, ces intentions ne sont-elles pas suggérées souvent à l'empereur par les événements ? Je ne veux pas dire qu'il n'y ait pas eu chez lui des partis pris, des lignes de conduite arrêtées : son souci de la gloire et du devoir à accomplir, la défense passionnée de sa famille, ses exigences vis-à-vis d'elle — il veut qu'elle obéisse, serve, se sacrifie à l'occasion, comme il le fait lui-même. Mais, au cœur de son existence mouvementée, toujours difficile, Charles est pris dans le perpétuel tourbillon de la grande histoire qui le condamne aux solutions du moment, nécessaires, inévitables. Voyez-le dans sa perplexité, désespéré par le manque d'argent, rédigeant une longue note (que nous avons conservée) dans les derniers jours de février ou les premiers de mars 1525, alors que la nouvelle foudroyante de Pavie (24 février) ne lui est pas encore parvenue ! Alors n'essayons pas de l'emprisonner à l'avance dans une ligne de conduite définie avec netteté, une fois pour toutes. Il lui a fallu changer de programme tant de fois !

C'est donc une controverse assez vaine d'historiens que de vouloir définir avec précision l'idée impériale de Charles Quint. Pour les uns, elle serait d'inspiration « laïque » (si l'on peut dire) et aboutissant à un simple désir d'hégémonie politique selon les conseils, les leçons et les prises de position du grand chancelier, Mercurino Gattinara (et alors centrée sur l'Italie, clef de la domination du continent). Pour les autres, d'inspiration religieuse, cette fois selon la tradition vigoureuse des Rois Catholiques et les vœux de l'Espagne, en faveur de la lutte contre les infidèles, depuis l'Afrique du Nord jusqu'au Levant.

D'un côté, ce serait suivre Peter Rassow ou Karl Brandi, historiens incomparables de l'empereur ; de l'autre, écouter Ramón Menéndez Pidal, gloire de l'érudition espagnole et avocat passionné. Bien sûr, l'idée de croisade s'est exprimée avec force et violence en Espagne, sinon toujours avec une sincérité naïve. « Je suis le Maure contre lequel arme le roi d'Aragon », disait volontiers Louis XII de Ferdinand le Catholique. Peut-on accepter comme argent comptant ces slogans de propagande et contre-propagande de jadis ? C'est un peu comme si, aujourd'hui, l'on définissait les politiques par les seules déclarations publiques des responsables. En fait, la politique de l'empereur est, comme toutes les politiques, susceptible de plusieurs interprétations qu'il est bien inutile de vouloir opposer, ou tenter de concilier, ou rejeter les unes au nom des autres. Toutes peuvent être vraies ou fausses tour à tour, ou même simultanément.

Ainsi l'évêque Mota, aux Cortès de Santiago, en 1520, définit, devant Charles Quint et ce « parlement » convoqué aux extrémités de la péninsule, les conceptions du monarque espagnol quant au rôle qu'il va devoir assumer en devenant empereur. Pour l'évêque qui parle au nom du souverain, celui-ci n'a accepté la couronne d'or que *para desviar grandes malos de nuestra religion cristiana*, « pour éviter de grands malheurs à notre religion chrétienne », et pour lutter contre les infidèles. C'est répéter le conseil obstiné de l'Espagne à son roi. Plus tard, toutefois, c'est d'autres avis que lui prodigue Gattinara, le Piémontais : *Non solum regna ac dominia hereditaria servare, sed etiam maiora consequi ipsumque imperium augere*, « Ne pas se contenter de conserver les domaines et royaumes héréditaires, mais en acquérir davantage et agrandir l'empire ». C'est mettre l'accent sur l'idée impériale, comme dans ce mémoire de 1522 où Gattinara parle de Charles comme du « plus grand prince des Chrestiens », qu'il « tient debvoir estre le Monarche du monde ».

Mais, dans l'un comme dans l'autre cas, faut-il prendre les mots tout à fait à la lettre ? Le discours de l'évêque Mota a un but précis : obtenir des subsides, et il ne nous est pas garanti qu'il exprime la pensée réelle du souverain. Quant à Gattinara, les propos que nous venons de rapporter se trouvent le premier dans ses *Mémoires*, le second dans un rapport destiné au seul souverain. Là encore, il ne s'agit pas pour nous d'un dialogue. Charles Quint écoute et ne répond pas.

Mais c'est lui qui parle, par contre, qui parle lui-même et de lui-même, dans son orgueilleux discours du 17 avril 1536, à Rome, après son retour triomphal de Tunis : *Algunos dicen que yo quiero ser Monarca del Mundo y mi pensamiento y obras muestran que es lo contrario... mi intención no es de hacer la guerra contra los cristianos, sino contra los infieles y que la Italia y la Cristiandad esten en paz y que posea cada uno lo suyo* — « Certains disent que je veux être le monarque du monde et ma pensée comme mes œuvres démontrent tout le contraire... Mon intention n'est pas de faire la guerre contre les chrétiens, mais bien contre les infidèles ; je souhaite que l'Italie et la Chrétienté soient en paix et que chacun possède ce qui lui appartient ». La citation est en espagnol, comme tout le long discours que l'empereur prononce devant le pape Paul III, le Sacré Collège et la longue suite de personnages qui l'a accompagné. En espagnol, car, attaquant violemment le roi de France, pourrait-il décemment s'exprimer en français ? Mais, parlant mal l'italien, le voilà condamné à la langue castillane, qu'il manie avec plaisir et brio. Cependant, est-il très raisonnable de détacher de ce long discours les mots incisifs que nous avons retenus après Menéndez Pidal et qui, isolés, prennent un tel relief ?

En fait, François Ier vient d'occuper la Savoie et le Piémont, il touche dès lors au Milanais, proie convoitée, si difficile à saisir. Le problème, pour Charles Quint, est de souligner la félonie de François Ier, parjure une fois de plus, son ambition sans limites. Il souhaite maintenir l'Italie et la papauté en paix sur ses arrières alors qu'il va foncer vers la Provence. Son invasion y tournera court : il était plus facile de saisir La Goulette et Tunis en plat pays que Marseille, bâtie sur des collines et puissamment défendue par l'artillerie ! Mais Charles Quint n'avait pas prévu cette issue. « À la place du roi de France, déclarait-il au départ, je commencerais par me rendre, mains jointes et corde au cou... » C'est le langage du plus fort, justement celui que ne lui pardonneront ni l'Europe inquiète, ni la France du Très Chrétien, ni le Turc de Constantinople.

On voit bien quel est le contexte du discours véhément de Rome. Dans tout cela, il y a, en même temps que beaucoup d'artifice, de la sincérité et une émotion réelle. Mais de là à penser que Charles Quint est entièrement pris dans le piège et le mirage de l'idée de croisade, il y a malgré tout une certaine distance. Cet homme qui combat le Turc devant Vienne en 1529, qui emporte Tunis en 1535, qui se risque corps et biens dans la malheureuse expédition d'Alger (1541), n'est certes pas étranger à une politique active de croisade, mais il n'en est pas le prisonnier inconditionnel. Il est capable de la sacrifier au besoin, quoi qu'il dise, quoi qu'il lui faille dire. En effet, la tradition fait de la croisade la politique par excellence de la Chrétienté : qui la commande commande celle-ci, y prend la première place, ou croit la prendre.

Conclure, comme Menéndez Pidal, que ce langage est celui d'un homme que l'Espagne a saisi, soumis à sa loi, à son langage, à la défense de ses intérêts propres et de ses passions, est assurément très exagéré. Son premier séjour en Espagne (1517-1520) a été plutôt une épreuve, car il a rencontré le mécontentement de ses nouveaux sujets. À peine les avait-il quittés, en mai 1520, que les villes de Castille se soulevaient. Révolution équivoque, brusque, rapidement maîtrisée (bataille de Villalar, le 23 avril 1521), mais preuve manifeste d'une hostilité ouverte vis-à-vis du souverain.

Cette mésentente initiale se dissipera après le deuxième séjour de Charles en Espagne (1522-1529). Mais l'hispanisation de l'empire des Habsbourg sera progressive. Elle s'est faite peu à peu, grâce à la vigueur de la Castille qu'épaule l'immense fortune américaine. Avec les « trésors » du Nouveau Monde, toute la vie européenne va s'activer, les prix monter et, avec eux, les énormes dépenses de la guerre. Dans l'empire immense de Charles Quint, il n'y aura plus qu'un trésor, qu'une économie vigoureuse, celle qui se tend de Séville à Madrid et qui, ensuite, se répand à travers le monde. Les budgets de tous les autres États de Charles seront en déficit, à la traîne et la Castille deviendra le cœur exclusif de l'empire. Mais cette géométrie contraignante ne s'affirme guère avant 1552. Elle concerne beaucoup moins Charles que Philippe II, dont le vaste empire basculera vers l'océan Atlantique. Du père au fils, on peut dire qu'on passe à un autre temps, un autre empire, une autre physique, une autre idéologie politique.

Le rêve d'une France impériale (1522-1529)

Charles n'est pas seul sur la vaste scène de l'Europe. Quand commence sa vie politique, le premier rôle est encore tenu par la France. Elle s'est donné pour ambition de rechercher la « monarchie universelle », donc de se saisir de l'Italie, c'est-à-dire de la région décisive du continent, à la fois par sa richesse et par la présence de la papauté, à Rome. L'acte décisif par ses conséquences, c'est bien la descente de Charles VIII en Italie, en septembre 1494. Le morcellement, la faiblesse politique de la péninsule déchaînent sur elle la longue tourmente des guerres dites d'Italie, en fait visant à la domination de l'Europe entière.

Le voyage facile de Charles VIII jusqu'à Naples, son passage à Rome où Alexandre VI tremble de peur, son entrée triomphale à Naples en qualité de roi de France, de Sicile et de Jérusalem (il a revêtu les insignes impériaux ; dans sa main gauche, il porte le globe et, sur la tête, une riche couronne d'or « à l'impériale »), voilà qui, les racontars d'Italie s'y prêtant, dessine une monstrueuse politique française : elle traverse d'un seul coup la Méditerranée, jusqu'à Rhodes où s'inquiètent les chevaliers, jusqu'à Jérusalem et à Constantinople. Rêves, billevesées, c'est possible, mais ils font penser que le jeune roi convoite la couronne impériale, la première place en Chrétienté. Maximilien s'acharnera à propager l'accusation, même après l'échec de Charles VIII et après la mort de ce dernier, quand Louis XII l'aura remplacé sur le trône de France. Et Ferdinand le Catholique, en 1510, dans une lettre à son vice-roi de Naples, répète à son tour que Louis XII aspirerait à la monarchie universelle, à tyranniser autrui, à s'emparer des terres d'autres princes sans y avoir le moindre droit. Il y aura ensuite les défaites, les replis des dernières années de Louis XII. Mais d'un seul coup Marignan (13-14 septembre 1515) rétablit, avec la situation prépondérante de la France, tous les soupçons. François Ier a de nouveau occupé le Milanais par quoi on coupe l'Italie de ses liaisons continentales avec l'Allemagne, ou peu s'en faut, et avec la France. L'année suivante, la signature du Concordat, à Bologne, avec le pape Léon X achève de fonder cette prépondérance. Car, dans ce ballet pour la domination de l'Europe, rencontrer, subjuguer le souverain pontife, c'est une façon de tenir le premier rôle, comme aux temps lointains de la querelle du Sacerdoce et de l'Empire.

Il est possible rétrospectivement d'imaginer un

« empire » français de part et d'autre des Alpes, centré sur Lyon dont les grandes heures ont commencé avec le règne de Louis XI. La France se trouve alors en pleine montée d'hommes, de travail et de richesse. Un peu rustique et en retard, « sous-développée » dirions-nous, elle s'offre d'autant mieux comme un champ d'action séduisant pour les hommes d'affaires d'Italie, milanais, lucquois, génois, florentins surtout. Ils apportent au grand pays voisin leur expérience, leurs capitaux, les produits de leurs industries, plus les épices et le poivre du Levant... Un économiste d'aujourd'hui rêvera de ce que l'initiative italienne aurait pu créer alors.

Or, cette réussite impériale de la France, esquissée, possible sinon certaine, c'est Charles Quint et l'Europe, je dis bien *et l'Europe*, qui la brisent dès l'entrée en scène du Habsbourg. L'élection de juin 1519 en faveur de Charles a été, d'une certaine manière, le triomphe de la finance internationale, entraînée par les Fugger et les Welser d'Augsbourg dans le sillage desquels se notent certains Florentins et des Génois. C'est la preuve que le capitalisme international a alors, autant qu'en Italie, ses pôles décisifs à Augsbourg — dont les marchands sont les maîtres des mines d'argent de l'Europe centrale et des Alpes — et à Anvers qui résume en elle toute la puissance des Pays-Bas, énorme carrefour, centre de la puissance de Charles. Toutefois, ce premier échec n'a pas abattu l'orgueil ou la confiance des Français. Ils crient et menacent tant, ils font un tel étalage de leurs forces et de leur argent qu'après l'entrevue du camp du Drap d'or le trop prudent Henry VIII et son conseiller Thomas Wolsey se décident, au nom de la *Balance of Power*, en faveur de celui que l'on considère comme le plus faible, Charles Quint, contre le plus fort, François Ier. Autre signe : le pape Léon X lui-même se dresse contre les Français.

Le conflit, commencé en 1521, va comporter une série de revers et d'échecs pour les mercenaires au service de la France. Les armées impériales sont mieux conduites, mieux armées (elles utilisent massivement, dirions-nous en exagérant, l'arquebuse) ; la diplomatie habsbourgeoise qui enveloppe la France de ses mailles et réseaux est lente, mais pallie sa lenteur par une évidente efficacité : elle sait prévoir, utiliser les défections, elle constitue à sa façon un étonnant *Intelligence Service.* Voyez comme elle utilisera le désespoir du connétable de Bourbon. Et, militairement, tout s'achèvera en coup de foudre, le 24 février 1525, sur le champ de bataille de Pavie, en moins d'une heure. Le Milanais est perdu, le roi de France prisonnier. On connaît les suites politiques du désastre : le roi de France pour recouvrer la liberté signe la désastreuse paix de Madrid (14 janvier 1526), renonce à l'Italie, cède la Bourgogne, promet d'épouser Élisabeth, la sœur aînée de Charles Quint, veuve du roi de Portugal, un instant promise au connétable de Bourbon. Le prisonnier qui reste surveillé voit, le 17 février, sa future femme, elle tombe à genoux devant lui, il la relève et la baise sur la bouche, selon la politesse française d'alors...

La suite est non moins connue. François Ier libéré se parjure, n'exécute pas les clauses du traité, ne cède pas la Bourgogne, reprend la lutte et, cette fois, l'équilibre européen joue en faveur du vaincu : la ligue de Cognac (22 mai 1526) lui apporte l'aide de l'Angleterre, de la papauté, de Francesco Sforza (rétabli dans le duché de Milan), de Florence, de Venise. « Je ne demande pas à votre roi de l'argent, s'écrie Charles Quint, furieux, aux envoyés de François Ier... Je demande que le Roi Très Chrétien tienne sa parole. » Mais il ne la tiendra pas. En 1527, le sac de Rome sera la punition effroyable infligée par Charles Quint au souverain pontife, Clément VII ; en 1528, l'armée française de Lautrec, ayant traversé toute l'Italie, arrive devant Naples, mais le typhus la décime et le prince André Doria rallie la cause impériale, lève le blocus maritime de la ville. Le désastre est alors aussi complet que devant Pavie. L'aide de la flotte génoise lui ayant été retirée, la marine française ne peut tenir, face aux galères de l'empereur. Quelques années plus tard, il lui faudra s'appuyer sur les escadres ottomanes pour éviter une infériorité catastrophique.

La France perdue et sauvée

Cette seconde liquidation de la grandeur française conduit à la paix de Cambrai, ou paix des Dames (3 août 1529), non sans difficulté malgré la bonne volonté des deux princesses qui la négocient, Louise de Savoie, mère de François Ier, et Marguerite d'Autriche, tante de Charles Quint, gouvernante en son nom des Pays-Bas. Dégageons l'essentiel : François Ier renonce à l'Italie et abandonne ses alliés, Venise en particulier ; Charles Quint renonce à la Bourgogne et au rêve de constituer jusqu'au cœur de l'Europe un empire continental.

Cependant l'Italie est à lui et il s'y montre un vainqueur modéré. Il débarquait à Gênes le 12 août 1529. Au mois de février 1530, le pape Clément VII le couronnait empereur à Bologne. Moins de quinze ans après le concordat signé entre le pape Léon X et François Ier au temps de sa jeunesse triomphante, quel renversement de situation ! Sans doute François Ier et Charles Quint reprendront-ils deux fois encore leur lutte, de 1536 à 1538 et de 1543 à 1545. Les manuels comptent ainsi, avant la mort de François Ier (1547), quatre guerres entre les deux adversaires. Mais, en fait, tout a été réglé pour l'essentiel lors des deux premières rencontres et peut-être faut-il ne pas exagérer le triomphe de l'empereur : en 1529, un équilibre est atteint dont ni l'un ni l'autre des deux souverains ne pourra plus s'écarter.

Il est établi que la France n'accédera pas à ce que les historiens appellent la prépondérance et les contemporains, dans leurs querelles, la « monarchie universelle ». François Ier sera « empereur en son royaume », selon la prétention de ses légistes, non pas au-dehors. Voilà la grandeur française ajournée pour plus d'un siècle, jusqu'à Louis XIV. À l'inverse, Charles Quint n'a pu supprimer l'obstacle énorme de la France dont le territoire, immense à l'échelle des vitesses de transport de l'époque, troue la masse de ses possessions, en interrompt la continuité. Si Charles Quint délègue ses pouvoirs aux membres de sa famille, les Pays-Bas à sa tante Marguerite jusqu'en 1530 (date de sa mort), puis à son admirable sœur Marie de Hongrie (veuve de Louis, roi de Hongrie, qui a trouvé la mort sur le champ de bataille de Mohacs, le 29 août 1526, contre les Turcs) ; s'il cède en toute propriété l'*Erbland* à son frère Ferdinand et le fait nommer roi des Romains (1530), c'est-à-dire son représentant en Allemagne, c'est qu'il ne peut que difficilement aller d'un de ses États à l'autre. Ses voyages sont de vraies expéditions et d'autant plus que, chaque fois, il s'agit de contourner la France. Lors de son abdication à Gand, le 25 octobre 1555, il faisait le compte de ses nombreux déplacements : « Neuf en Allemagne, six en Espagne, sept en Italie, dix aux Pays-Bas, quatre en France, tant en paix qu'en guerre, deux en Afrique... » En réalité, il n'a traversé la France pacifiquement qu'une seule fois, en décembre 1539-janvier 1540, lors de la brève période de collaboration entre les deux couronnes, sous la responsabilité d'Anne de Montmorency. Juste le temps de traverser, des Pyrénées à la frontière des Pays-Bas, un pays hostile en dépit de la beauté et du faste des réceptions, et d'aller frapper les gens de Gand révoltés — que la France ainsi a trahis. Le reste du temps, Charles Quint n'a jamais pu utiliser le nœud essentiel des routes françaises. Deux fois (1524 et 1536), il attaquera la Provence, cette voie naturelle vers le Languedoc et l'Espagne, mais elle lui sera refusée, tout comme la Bourgogne, juridiquement acquise en 1526, puis perdue pour toujours, quatre ans plus tard.

Évidemment, la France de son côté a le sentiment

d'être une place assiégée, elle est encerclée. Mais elle est alors si vaste que la guerre ne peut mordre sur elle : elle ne sera touchée que d'une façon périphérique, épidermique. Sauf quand l'empereur, parti des Pays-Bas en 1544, fonce vers Paris et ne s'arrête sur la Marne qu'au voisinage de Meaux. Mais son armée se heurte aussitôt à de telles difficultés qu'il préfère abandonner la partie et bâcler avec François Ier la paix de Crespy-en-Laonnois. En réalité, la France isole les pays qui la menacent de tous côtés et nul ne saura dire laquelle des deux situations était la plus désagréable : faire le blocus de la France à Milan, en Franche-Comté, dans les Pays-Bas, ou se sentir emprisonné par cette vigilance. Car les deux situations ont leurs inconvénients.

En tout cas, la France se retrouve à la fois perdue et sauvée. Perdue dans les espoirs que ses maîtres, non pas tant elle-même, avaient conçus. Et sauvée au même instant : les sages pensent rétrospectivement qu'installée à partir de 1536 en Savoie et dans le Piémont (qu'elle abandonnera à la légère, mais en 1559) elle a tiré quelque chose de substantiel des « fumées » des guerres d'Italie ; on pensera surtout qu'elle s'est révélée à l'épreuve plus solide et coriace que ne le supposaient ses adversaires. Rabelais aurait voulu changer en « chiens courteaults » les fuyards de Pavie. C'est un cri politique. Plus nettement encore, le langage de François Ier est celui des égoïstes États nationaux, auxquels Machiavel va, longtemps après sa mort, offrir ses leçons. Charles Quint habite pour sa part « un autre univers », traditionnel et désuet.

En outre, l'équilibre européen glisse ses contrepoids dans la balance qui, autrement, favoriserait trop l'empereur. La poussée turque, dont nous allons parler, est elle aussi un élément dans cet équilibre sans cesse remis en cause. Même sans la soi-disant alliance du Croissant et des fleurs de lys (1535), cette énorme force se serait d'elle-même, et avec d'autres complicités que la française, introduite dans le jeu politique qui commande les destinées de l'Occident, de la mer

Intérieure et, au-delà, du monde entier. Car peu à peu, derrière l'Europe, les autres continents se profilent à l'arrière-plan de la politique impériale. Celle-ci s'étend au monde entier.

La Méditerranée plus qu'à moitié perdue (1538)

La grande politique, ou mieux la grande histoire, a dérobé à l'Espagne la conquête du Maghreb qui lui fait face, au-delà de la coupure du détroit de Gibraltar. Il y a eu la concurrence de l'Amérique. Il y a eu la concurrence des guerres d'Italie, ces grandes luttes de prestige qui ont dévié de son destin traditionnel l'Espagne plus encore que la France.

Sans doute les Espagnols se sont-ils installés sur quelques points du littoral africain : Melilla en 1497 ; Mers el-Kébir en 1506 ; Oran en 1509 ; Alger, de 1510 à 1516 ; le Peñon d'Alger, petit îlot rocheux qui sera tenu jusqu'en 1529 (il abrite et ferme le port face au vent de noroît, grand tourmenteur de la mer Intérieure, surtout en hiver) ; Bône et Tripoli de Barbarie en 1510. Pour mieux faire, il eût fallu disposer en Méditerranée d'une flotte importante de galères et vaisseaux de charge. À partir de 1528, la sécession d'André Doria résout en partie le problème, mais alors a déjà surgi l'immense danger de la flotte turque. Dès 1480, la prise et le sac d'Otrante avaient révélé sa force, après tant de combats antérieurs contre Venise. Mais le succès essentiel des Ottomans, c'est Alger s'affranchissant de la tutelle espagnole (1516) et se transformant, avec les Barberousse, en une capitale active de la course, rendez-vous presque aussitôt de l'aventure méditerranéenne. Cette force maritime de l'Islam découle aussi de la série des succès continentaux des Turcs (Syrie, 1516 ; Égypte, 1517 ; Rhodes, 1522 ; Belgrade 1521 ; Mohacs, 1526...). Toute la Méditerranée orientale est subjuguée, mise au pas, ses ressources mobilisées, qu'il s'agisse des Grecs des îles, ces marins de toujours, des forêts de Nicomédie ou de la mer Noire, du blé des pays danubiens... À quoi s'ajoutent les réquisitions brutales d'hommes, rameurs ou soldats, par le gouvernement turc.

C'est forcément à la jointure des deux Méditerranées, l'orientale et l'occidentale, des rivages de Djerba et de Tripolitaine à ceux de Sicile et de Grèce, que la géographie situe à l'avance le champ des luttes prévisibles et proches. Pour l'Islam, le point le plus faible, le plus exposé, ce sont ses rivages africains : Charles Quint y conduit son expédition victorieuse contre Tunis (1535), établit dans la ville un prince qui sera peu après détrôné, mais retient dans sa main l'étroite forteresse de La Goulette : jusqu'en 1574, des garnisons espagnoles vont s'y relayer, crever de faim et d'ennui. Conséquence importante de ce succès facile, dont les tapisseries de Jan Vermeyer évoquent à merveille l'atmosphère héroïque et fastueuse, il a donné à l'empereur le goût des expéditions maritimes, de ces raids où les navires de l'armada restent en somme soudés à l'armée qui opère au lieu de s'en séparer dès le débarquement, comme c'est le cas lors des expéditions terrestres, de l'invasion de la Provence par exemple, en 1524 ou en 1536. Le prince André Doria a sans doute joué le premier rôle dans cette conversion de l'empereur à la guerre maritime.

Mais Tunis aura été la source de bien des illusions. Car en réalité, contre la puissance maritime du sultan, nul en Méditerranée ne peut faire le poids à lui seul. Il y faudrait la Chrétienté entière. Or à ce rendez-vous manquent obstinément la flotte du Très Chrétien et, chaque fois que la chose est possible, l'énorme flotte de Venise. La république de Saint-Marc reste à cette époque la plus riche ville de Chrétienté, bien que la Méditerranée ne soit plus l'unique chemin vers l'Orient et vers les épices lointaines. Depuis le périple du cap de Bonne-Espérance et les trafics directs des Portugais, Lisbonne, Séville, Anvers sont devenus les points de ralliement d'une nouvelle fortune, d'un *new deal* du monde. Mais les portes du Levant ne sont pas fermées, l'énorme monde turc progresse et Venise continue à tirer marchandises, profits et ravitaillement de ces pays de bas prix, où elle arrive à écouler une partie de sa production. Son rêve : ne pas avoir à reprendre la lutte contre le monstrueux adversaire et à se priver du coup des avantages du négoce.

Mais cet adversaire a ses passions, ses fureurs, ses desseins. En 1536, il se précipite sur Venise qui, malgré ses appréhensions, est bien obligée alors de s'appuyer sur les forces maritimes dont dispose Charles Quint. Deux années durant, la Sainte Ligue tiendra en échec la flotte ottomane que commande Barberousse, devenu Kapudan Pacha, général de la Mer du sultan. La diplomatie impériale essaie, selon ses habitudes, de corrompre le corsaire, de le tenter : d'infinies tractations se succèdent, dont les papiers encore inédits encombrent les dépôts d'archives. Qui trompe l'autre ? Se trompent-ils l'un et l'autre, comme c'est probable ? En tout cas, le 27 septembre 1538, dans le golfe d'Arta, en bordure du littoral albanais, les deux grandes flottes se rencontrent, à la Prevesa.

Rencontre décisive à laquelle l'histoire rarement fait sa place, alors que ses conséquences emplissent l'espace entier de la mer. L'affrontement, il est vrai, est ambigu. À la Prevesa, André Doria, le Génois, s'est-il montré réticent à l'égard des Vénitiens, obéissant à cette vieille rancune réciproque que Génois et Vénitiens ont dans le sang ? S'est-il laissé leurrer par des pourparlers où Barberousse réclamait Tunis comme prix de sa trahison éventuelle ? En tout cas, les armes chrétiennes ne sont pas utilisées à fond, Barberousse n'est pas encerclé et même le champ de bataille est abandonné à l'infidèle. Sans doute Castelnuovo, à l'embouchure du golfe de Cattaro, est-il enlevé, mais la garnison est laissée sans ressources suffisantes. Elle succombera devant Barberousse l'année suivante, résultat analogue en somme au court épisode de l'occupation de Coron par les Espagnols, de 1533 à 1534, sur la côte du Péloponnèse.

Avons-nous raison de grossir ces événements ? Oui et non. Non s'il s'agit des faits pris en eux-mêmes : ils sont d'une petitesse réelle. Mais les conséquences sont assez graves. Venise est accablée par les dépenses de guerre, mécontente des atermoiements de ses alliés, peu convaincue de la détermination de l'empereur qui, durant l'hiver qui suit la Prevesa, a promis d'aller en personne avec sa flotte contre les infidèles. Bref, profitant de l'entremise française, elle signe avec le Turc une paix onéreuse que le doge Mocenigo annonce le 12 mars 1539. C'est cette défection qui donne à la Prevesa les allures d'une étonnante victoire turque. Sans Venise, Charles Quint n'est plus le maître de la Méditerranée. Le voilà en état d'infériorité et les conséquences s'en marqueront pendant plus d'un quart de siècle, jusqu'à la revanche chrétienne de Lépante, le 7 octobre 1571. Vingt-cinq ans durant, le Turc fera ce qu'il voudra, ou peu s'en faut, il imposera sa loi, ravagera les côtes chrétiennes, organisera à son profit d'énormes opérations de pillage, se nourrira de la substance, des richesses, des hommes de Chrétienté.

Pour le plus faible, une seule ressource : agir durant la mauvaise saison. Dès l'équinoxe d'automne, la mer est la proie du mauvais temps, à peu près jusqu'à l'équinoxe du printemps suivant. Les flottes turques ont viré de bord pour regagner Istanbul et leurs quartiers d'hiver. Il est alors possible de profiter des quelques beaux jours de la mauvaise saison pour une expédition à courte distance. Ainsi est conçue l'expédition contre Alger. La flotte chrétienne se concentre aux Baléares. Elle surgit à l'embouchure de l'oued el-Harrach, le 23 octobre 1541, et jette son monde à terre. La ville ne semble pas capable de résister derrière ses mauvaises murailles. Alors se produit pour elle le miracle : la tempête surprend la flotte, l'oblige à se réfugier vers l'est, en arrière du cap Matifou. L'armée regagne la côte, s'embarque, plutôt mal que bien, sur les navires qui ont échappé au désastre. La flotte fait halte à Bougie, puis regagne les Baléares. Elle est à Carthagène le 1er décembre 1541, échappant à un dernier coup de tabac en face du port.

Cet échec, le premier grand échec de Charles Quint, n'a fait qu'accroître l'insolence et la force de l'adversaire. La liste de ses succès et déprédations remplirait des pages et des pages. Un événement qui fit sensation mesurera la détresse de la Chrétienté méditerranéenne, déchirée contre elle-même et livrée aux exactions de l'Islam. Quand la guerre recommence entre François Ier et Charles Quint — leur dernière guerre (1542-1544) à la suite de l'assassinat de deux ambassadeurs au service de la France, le Génois Cesare Fregoso et l'Espagnol Anton Rincon, exécutés à quelques milles de Pavie, en juillet 1541 — la flotte turque collaborera, en vain d'ailleurs, avec les Français au siège et à la prise de Nice ; puis elle hivernera à Toulon, la ville ayant été au préalable vidée de ses habitants. « Malheureux sommes-nous, écrit alors un poète français, de vivre en un tel âge ! »

L'Allemagne tenue un instant seulement : 1547-1552

Le dialogue de Charles Quint avec l'Allemagne traverse sans s'interrompre tout son règne. Ce sera même le dernier acte du vieil empereur, peu avant sa mort, que de se dépouiller de la dignité impériale. Mais ce dialogue se poursuit souvent à voix basse, comme si l'empereur avait autre chose et mieux à faire. À trois ou quatre reprises seulement, la discussion s'élève et alors on n'entend plus qu'elle, elle perce le tumulte du monde et le domine. Ces éclats ne sauraient passer inaperçus : en 1521, la rencontre avec Luther ; en 1530, l'étonnante diète d'Augsbourg (qui malheureusement n'aura pas la ferveur humaine de Vatican II, et cependant !) ; le 10 avril 1547, la bataille de Mühlberg, décisive : il y aura eu une Allemagne avant et une

Allemagne après Mühlberg ; enfin, le 25 septembre 1555, la paix d'Augsbourg, véritable édit de Nantes avant la lettre...

La rencontre avec Luther

Pour un romancier, rien de plus dramatique que la comparution de Luther devant le Reichstag de Worms, le 18 avril 1521. Charles Quint, ne l'oublions pas, entre seulement dans sa vie de souverain. Il a vingt et un ans. L'année précédente, le 23 octobre 1520, il a été couronné empereur dans la basilique-cathédrale d'Aix-la-Chapelle. Luther est arrivé à Worms avec un sauf-conduit de l'empereur, le 16 avril. Il se présentera le lendemain devant la diète, mais demandera un délai d'un jour pour réfléchir. La grande entrevue est donc celle du lendemain, avec le long discours du moine en latin, puis en allemand. Impossible ici d'en donner un résumé. Ce qui compte, c'est la réponse finale à la question qui lui est posée : oui ou non, se rétracte-t-il ? « Non, à moins qu'on ne me convainque, répond-il, par des témoignages tirés des Écritures ou par une raison d'évidence, car je ne crois ni aux papes, ni aux conciles ; il est constant qu'ils ont erré trop souvent et se sont contredits eux-mêmes. Je suis lié par les textes que j'ai apportés. Ma conscience est captive dans les paroles de Dieu. Révoquer quoi que ce soit, je ne le puis, je ne le veux, car agir contre sa conscience n'est ni sans danger, ni honnête. Que Dieu me soit en aide ! Amen. » Ce ne sont pas là, bien entendu, ses paroles exactes. Peut-être même a-t-il dit pour conclure, et c'est le texte ordinairement cité : « Je ne peux faire autrement. Là je suis debout où je me trouve. Que Dieu m'aide ! Amen. »

Scène grandiose, les partisans de Luther le disent, le pensent ; mais ses adversaires, sur le moment, n'ont pas eu ce sentiment. « Impression très médiocre », note l'ambassadeur vénitien Contarini. « Ce n'est pas lui qui fera de moi un hérétique », confie Charles Quint, mais qu'a-t-il compris à ce discours en latin et en allemand ? Il ne domine aucune de ces deux langues. N'empêche que, dans la nuit du 18 au 19 avril, le jeune empereur rédige lui-même, en français, une longue déclaration qui sera traduite en allemand : « Je suis résolu à rester fidèle à tout ce qui a été fixé par le concile de Constance. Il est clair qu'un frère isolé dans l'erreur, lorsqu'il contredit l'opinion de toute la Chrétienté, a tort, sinon la Chrétienté se serait trompée durant mille ans ou plus. Aussi je suis résolu à engager mes royaumes et mes possessions, mes amis, mon corps, mon sang, ma vie, mon âme. Car ce serait une honte pour nous et pour vous, membres de la noble nation germanique, si, de votre temps et par votre négligence, la seule apparence de l'hérésie, d'un tort fait à la religion chrétienne pénétrait dans les cœurs des hommes... »

Le 26 mai, devant une diète réduite à quelques membres, Luther était mis au ban de l'empire. Enlevé par des cavaliers de l'électeur de Saxe, il restera à l'abri du château de la Wartburg jusqu'au 1er mars de l'année suivante. Mais avant même cette condamnation, la guerre avec François Ier avait commencé en Navarre et en Gueldre. L'empereur revint vers les Pays-Bas. L'Allemagne était abandonnée à ses humeurs, à ses passions, à ses désordres impuissants. Politique d'abord, guerre d'abord. Le reste ne compte plus, ne peut plus compter pour l'empereur.

La diète d'Augsbourg

Presque dix ans plus tard, à Augsbourg, la ville des Fugger, le Reichstag se réunit et tient ses assises, de juillet à novembre 1530. Maître de l'Italie, dégagé du côté de la France, sûr de lui, l'empereur va-t-il régler, comme l'espèrent tant d'esprits sages et fervents, le conflit religieux ouvert par la révolte de Luther ? Ce conflit qui a traversé toutes les vicissitudes de l'histoire allemande, notamment la brutale et brève révolution des paysans, en 1525, contre laquelle Luther a finalement jeté feu et flamme, lui l'ami, le prisonnier des princes protestants.

Pour beaucoup d'observateurs ou responsables, une conciliation, un compromis restent possibles. Gattinara en est partisan, mais il meurt le 4 mai, avant la réunion même de la diète. Heureusement, il est d'autres amis d'Érasme et de la conciliation religieuse, ainsi Alonso Valdès, un secrétaire de l'empereur. Ainsi, du côté des protestants, Melanchton lui-même qui va de concession en concession, à propos de la hiérarchie épiscopale, des sept sacrements, de la confession auriculaire... Son seul désir, maintenir la communion sous les deux espèces, le pain et le vin. De loin, à Fribourg-en-Brisgau, Érasme s'inquiète, mais n'agit guère. À Cobourg où, de loin lui aussi, il suit la controverse, Luther s'enflamme, s'indigne : mieux vaut la guerre que ces concessions en chaîne... Néanmoins, en septembre, les adversaires sont d'accord sur 21 des 28 articles, mais il en reste 7 en discussion. Ah, si seulement il n'y avait pas la question des biens ecclésiastiques sécularisés et qu'il faudrait restituer ! « Les princes luthériens disent qu'ils ne voient pas par quel chemin, en bonne conscience, les restituer », informe un correspondant des Gonzague de Mantoue. Et les uns comme les autres d'invoquer leur conscience et les Évangiles. « Les Évangiles, dit un jour le duc de Saxe en colère, je n'en suis tout de même pas l'adversaire. » « Moi pas davantage », rétorque l'empereur...

Rien, finalement, ne sortira de ces discussions longues, considérées sans aménité par le pape Clément VII, bien qu'il ait à Bologne, lors du couronnement de l'empereur, promis mais du bout des lèvres de réunir un concile. Quand les protestants quittent Augsbourg, rien n'est encore décidé. Les catholiques restés seuls déclarent que les choses demeureront en l'état jusqu'au 15 avril 1531 : au-delà de ce terme, la hiérarchie épiscopale sera rétablie. Mais ce sont là des mots et qui ne seront pas suivis d'effet. D'autant qu'en 1532 la frontière allemande est menacée par les Turcs, ou semble l'être. Une nouvelle diète se réunit pour accorder les secours nécessaires contre l'infidèle, mais en échange, le 23 juillet 1532, les princes protestants obtiennent le droit d'organiser la vie religieuse à leur guise dans leurs États, en attendant la réunion d'un concile général, toujours réclamé par eux.

La faute de Charles Quint, a-t-on dit : être venu à Augsbourg sans soldats.

La victoire de Mühlberg

Or justement il reviendra en force en Allemagne, une quinzaine d'années plus tard, en 1545. À nouveau il est libre à l'ouest et le sera bientôt à l'est : à l'ouest par la paix de Crespy-en-Laonnois qui s'accompagne de bien des promesses destinées à n'être pas tenues ; à l'est, par cette trêve que Ferdinand va signer avec les Turcs en 1546. Avantage supplémentaire, la papauté pousse l'empereur à agir contre les protestants de la ligue de Smalkade. Les temps sont bien changés : le croirait-on, le concile s'est ouvert enfin à Trente, le 13 décembre 1545, mais il n'apportera pas la réconciliation, au contraire. Luther meurt le 18 février 1546 (« rien de bon, prophétise-t-il, n'attend le monde »). L'année suivante, Henry VIII disparaissait et, peu après, François Ier, dans la nuit du 31 mars au 1er avril. Mais la mort la plus dramatique, digne d'un roman noir, avait été celle du jeune duc d'Orléans, le 8 septembre 1545. On a soutenu qu'il avait été assassiné sur l'ordre des Impériaux, ce qui semble peu probable. En tout cas, Charles Quint, libéré des promesses faites au jeune prince de lui concéder le Milanais — ce qui avait été au cœur de la paix de Crespy —, en accordait l'investiture à son propre fils, Philippe d'Espagne, le futur Philippe II.

Mais laissons ces faits divers. L'essentiel c'est qu'une fois de plus il soit permis à l'empereur, au milieu des tâches multiples qui l'assaillent, d'en choisir une seule et de lui consacrer le maximum de ses moyens. D'autant qu'aux circonstances politiques s'ajoutent, pour l'Occident tout entier, des difficultés économiques et sociales tenaces. Or, dans ces conditions générales de repli, de crise, seuls les pays très riches échappent aux contraintes de la conjoncture. C'est avec de l'argent tiré d'Espagne que Charles Quint frappera l'Allemagne.

Toutefois, avant de frapper, il temporise, négocie, observe... Il est arrivé seul, ou presque, à la diète qui s'ouvre à Ratisbonne. Mais il a donné des ordres pour que les mouvements nécessaires s'opèrent : l'argent s'achemine vers l'Allemagne ainsi que les troupes, les unes en provenance des Pays-Bas, les autres du Milanais, d'autres enfin levées sur place. « Tu sais, écrit-il à sa sœur Marie de Hongrie, le 9 juin 1546, comme je te l'ai dit en prenant congé de toi [quand il a quitté les Pays-Bas, en mars de cette même année], que je ferais l'impossible pour arranger et pacifier, de quelque manière que ce soit, les affaires d'Allemagne, en évitant jusqu'à l'extrême limite de recourir à la force. » Mais, ajoute-t-il, « je n'y ai pas réussi », les princes allemands ne paraissent plus à la diète...

C'est donc la guerre, dans une Allemagne indécise, mécontente, dont les sujets, exploités par les princes « jusqu'au dernier denier », ne demanderaient pas mieux que de profiter des changements possibles. Les alliés de la ligue de Smalkalde essaient bien d'empêcher la convergence des troupes impériales vers le Danube, mais la longue paix intérieure de l'Allemagne, si profitable au développement du protestantisme, n'a pas favorisé les apprentissages de la guerre ; les alliés ratent leurs opérations et se replient vers le nord, en direction de la Hesse et de la Saxe, repli d'autant plus nécessaire que la diplomatie impériale vient de frapper un coup foudroyant en suscitant la trahison de Maurice de Saxe. Celui-ci, étrange et énigmatique personnage, représente la branche cadette de la maison de Saxe, celle qui règne à Dresde, alors que la branche aînée, en possession de la dignité électorale, règne à Leipzig. Contre la promesse de la dignité électorale, le traître s'est jeté sur les terres de la branche aînée. Du coup l'Allemagne protestante se disloque. Pendant l'hiver 1546-1547, l'armée impériale occupe les grandes villes du sud, Augsbourg, Ulm, Strasbourg, Francfort. Les princes menacés viennent demander leur pardon, l'électeur Palatin, le duc de Wurtemberg. Celui-ci, goutteux, ne peut s'agenouiller devant l'empereur ; qu'à cela ne tienne, ses serviteurs s'agenouillent en son lieu et place... Toute l'Allemagne du Sud est réduite à l'obéissance.

Volontiers l'empereur eût abandonné la tâche facile à achever à ses lieutenants, à son frère Ferdinand, roi des Romains, et à Maurice de Saxe. Mais ceux-ci réclament son aide devant la résistance obstinée de l'électeur de Saxe. L'armée impériale fait donc mouvement vers le nord, à partir de mars, peu favorisée par un printemps maussade. Elle traverse la Bohême, alors prête à se soulever contre Ferdinand et que l'armée de Charles Quint, par sa seule présence, ramène à l'obéissance ; la Saxe est atteinte dans la haute vallée de l'Elbe, au voisinage de Dresde, et, à la hauteur de Mühlberg, à la faveur de la nuit et du brouillard matinal, l'armée impériale franchit le fleuve, surprend ainsi, en train de faire mouvement, l'armée saxonne qui se croyait en sécurité. L'intrusion des Impériaux n'est reconnue que lorsque se dissipe le brouillard : il en résulte une fuite éperdue. Johann Friedrich, l'électeur de Saxe, tombe aux mains du vainqueur. Toute la Saxe est occupée. Peu après, le landgrave de Hesse se rend à merci ; il sera dès lors en résidence surveillée, pratiquement prisonnier.

En cet été 1547, Charles Quint atteint le sommet de sa puissance. Il est probable que le succès de Mühlberg, qui a tant de points communs avec la victoire de

Pavie, a été, autant que le succès du duc d'Albe qui commande l'armée, le fait du souverain lui-même. Notez que l'empereur demandera à Titien de le peindre lance au poing sur le champ de bataille de Mühlberg... À Pavie, il avait triomphé sans être présent.

L'intérim d'Augsbourg

Victoire totale ? Oui, sans doute, mais éphémère. L'empereur a triomphé entièrement des princes, il les tient dans sa main. Mais il n'a pas triomphé des peuples. Ceux-ci le lui montrent en défendant victorieusement Magdebourg et Brême, les deux villes qui protègent ce qui reste, vers le Nord, de l'Allemagne protestante encore indépendante. Et voilà déjà une restriction grave. Tout l'immense débat, si souvent repris, de la guerre de Trente Ans le prouvera de façon éclatante : l'Allemagne protestante ne peut être maîtrisée qu'une fois occupés les littoraux de la Baltique et de la mer du Nord. Et puis, en matière religieuse, la force souvent ne résout rien. Chasser les prédicateurs protestants comme des chiens de l'Allemagne méridionale, rien après tout de plus facile, mais ils vont plus loin. Tout reste à régler en profondeur et dans une situation assez nouvelle.

Pourtant, apparemment, tout semble recommencer dans le même décor puisque, comme dix-sept ans plus tôt, la diète est convoquée à Augsbourg où elle tiendra ses assises, du 1er septembre 1547 au 30 juin 1548. Mais Augsbourg II n'est pas du tout Augsbourg I. Les passions religieuses se sont avivées et les positions se sont durcies. Ces dix mois ne seront que querelles, vaines négociations, colères inutiles, complications inattendues. Avec Calvin, un nouveau protestantisme s'est développé à Genève, à partir de 1540. Et son intransigeance exclut tout esprit de conciliation. L'intransigeance est égale du côté des catholiques et de la papauté. Paul III, en cette même année 1540, a reconnu les jésuites. Au concile de Trente, sans attendre l'arrivée des délégués protestants, les catholiques ont tranché seuls quelques questions décisives, celle des livres apocryphes, celle de la Vulgate, celle du péché originel, la place de la tradition... Bref, la Contre-Réforme s'est mise en place, elle aussi, et elle ne cédera pas le terrain. Autres signes : le pape dès avant Mühlberg a retiré ses troupes de l'armée impériale ; de plus, il a transféré le concile de Trente à Bologne. Pour les protestants allemands, aller à Trente c'était gagner une terre d'empire ; à Bologne, c'est sortir du Reich.

Enfin, la querelle n'est pas seulement religieuse, elle est politique. Comme tant de princes de la Chrétienté et, au premier chef, ceux d'Italie, le pape ne peut accepter la domination politique de l'empereur, ne peut se résigner à courber la tête. Paul III de dire : « Ce n'est pas à César, c'est à saint Pierre que le Christ a dit : Tu es Pierre et sur cette pierre je bâtirai mon église. » Voilà qui donne une importance sensationnelle, dramatique, à l'assassinat, le 10 septembre 1549, du fils de Paul III, Pier Luigi Farnese, investi par son père, en 1545, de la possession de Parme et de Plaisance, érigés en duchés. Nul doute que cet assassinat, camouflé en révolte populaire, n'ait été ourdi par le gouverneur de Milan, Ferrante Gonzaga. Dans ces conditions, que pouvaient missions, menaces, ou même ces mises en demeure exposées avec hauteur par Diego Mendoza, l'ambassadeur de Charles Quint à Vienne, ou portées par des personnages de haut rang devant les pères du concile de Bologne ?

Les historiens se sont demandé, après coup, ce que l'empereur aurait pu et même dû faire. Comme tout, en principe, restait lié aux décisions d'un concile général — celui de Bologne —, que faire sinon attendre, gagner du temps, préserver l'avenir ? L'intérim d'Augsbourg a été la médiocre solution trouvée à un grand problème. Il instaurait, de façon autoritaire, un *modus vivendi* acceptable, semblait-il, pour les deux parties. Le texte en avait été rédigé par deux évêques et un protestant, Agricola, le prédicateur de l'électeur de Brandebourg. Ses vingt-six articles ne résolvaient rien et mécontentèrent tout le monde. À quoi bon les énumérer ? Disons en gros que les sept sacrements sont maintenus ; la hiérarchie épiscopale reste en place ; de façon un peu hypocrite le mariage des prêtres est accepté, ainsi que la communion sous les deux espèces ; la messe sera considérée comme une action de grâce. En fait, le souverain pontife ne donnera son accord que du bout des doigts, et en août 1549 seulement. Quant aux protestants, ils utiliseront des rédactions différentes de l'intérim, ainsi dans le Brandebourg, ainsi en Saxe...

Cependant, si rien n'est consolidé, rien n'est absolument compromis. Surtout après la mort de Paul III, le 10 novembre 1549, quand son successeur, Jules III, se rallie à la conciliation. Presque d'entrée de jeu, il accepte de ramener le concile de Bologne à Trente et la question se pose d'y recevoir les délégués protestants.

Philippe d'Espagne ne sera pas empereur d'Allemagne

Rien de compromis, rien de réglé non plus sur le plan politique. Le problème est de transformer l'empire, d'électif qu'il est, en monarchie héréditaire. Si les princes y avaient consenti, alors pouvait s'accomplir, dans le désordre politique allemand, comme dit un historien, « une révolution par en haut qui aurait absolument transformé le Reich ». Mais tout cela était-il possible, autrement que sur le papier ?

Première condition, que la famille des Habsbourg soit d'accord avec elle-même, ce qui certes ne fut pas le cas, à la grande surprise et au désespoir de Charles Quint. Cette famille, il en avait défendu sans fin les droits, les prérogatives ; il avait vu l'Europe et le monde en quelque sorte à travers elle ; il avait gouverné ses États par l'intermédiaire de sa parenté : Marguerite d'Autriche ; Marie de Hongrie ; Ferdinand, son lieutenant dès 1521, puis, à partir de 1530, roi élu des Romains ; plus tard son neveu Maximilien, qui est aussi son gendre ; enfin son fils Philippe à qui il avait laissé en 1542, malgré son jeune âge — il a quinze ans —, la régence des royaumes d'Espagne. Au vrai, se sentant chargé d'ans et de maladies, Charles eût souhaité une promesse formelle des princes électeurs de choisir son fils comme maître de l'empire. Non dans l'immédiat puisque c'est à Ferdinand, déjà roi des Romains, que devait revenir *ipso facto* la couronne d'or. Mais dans l'avenir, quand se poserait sa succession.

Or Ferdinand et son fils Maximilien sont très réticents face à la demande de Charles. En fait, les « Ferdinandiens » forment déjà une maison à part : en 1522, Charles a cédé à son frère sa part de l'*Erbland* autrichien ; en 1526, après le désastre de Mohacs, Ferdinand a recueilli la succession de Louis de Hongrie, son beau-frère, c'est-à-dire ce qui restait de la Hongrie amputée par la conquête turque, et le vaste royaume de Bohême. Autant de raisons pour les ferdinandiens de refuser de renoncer à la dignité impériale. Deux fois, Marie de Hongrie est venue des Pays-Bas à Augsbourg pour concilier les adversaires et, comme l'écrit l'empereur, « conserver la grandeur de notre Maison ». Bientôt la discussion, de familiale et secrète, tend à devenir et devient publique. Maximilien est à l'origine de ces éclats et de ces fuites. En décembre 1550, l'empereur va jusqu'à écrire à Marie de Hongrie : « Je vous puis certifier que je n'en puis plus, si je ne crève. »

Pour sortir d'une discussion sans issue, le 9 mars 1551, Charles Quint fait rédiger un « diktat » par l'évêque d'Arras, très secrètement, dans sa chambre même, et l'impose à son frère et à son neveu. Quand la couronne d'or reviendra à Ferdinand, Philippe obtiendra le titre de roi des Romains ; à son tour élevé à la dignité impériale, il laissera à Maximilien, son cousin, le titre de roi des Romains. En outre, dès l'accession de Ferdinand à l'empire, Philippe recevra le titre de vicaire impérial, c'est-à-dire l'autorité « féodale » de l'empire sur les terres italiennes. Mais tout cela sera bientôt emporté par les événements.

L'Allemagne princière, en effet, ne veut pas de cette solution. Les ferdinandiens, qui le savent, s'appuient sur elle, se laissent porter par elle. Et la roue tourne bientôt très vite. La victoire de l'empereur reposait sur un concours de circonstances qui, à l'avance, la rendait très fragile. Elle n'a été possible, en somme, que grâce à l'inattention momentanée de l'Europe. Or le silence de celle-ci n'aura duré qu'un instant. Il se produira, après Mühlberg, ce qui s'était produit après Pavie : un mouvement convergent contre le vainqueur.

L'Europe contre Charles Quint

L'Europe entière, Turcs compris, va jouer contre lui, selon la loi monotone de l'équilibre européen. Sans doute y faudra-t-il un peu de temps. La France d'Henri II ne se dégagera de la guerre anglaise (pour Boulogne) que le 24 mars 1550. Les Turcs, pour agir en Méditerranée, attendront le prétexte d'une action de Charles Quint contre Dragut, délogé en 1550 du minuscule port d'Africa, sur la côte tunisienne. Ils lanceront alors l'expédition qui aboutit, le 14 août 1551, à la reprise de Tripoli de Barbarie sur les chevaliers de Malte, installés là par Charles Quint en 1530. Enfin, les protestants allemands s'entendront avec le Très Chrétien pour que l'empereur soit mis en danger, militairement cette fois. L'accord, négocié secrètement près de Lochau, cède au roi de France les trois évêchés : Metz, Toul et Verdun, clause reprise par le traité de Chambord (15 janvier 1552) et l'accord militaire de Friedewald (17 février de la même année).

L'âme de ces accords c'est bel et bien Maurice de Saxe, le prince énigmatique qui ne s'embarrasse d'aucun scrupule. Il a su, sous prétexte de ramener Magdebourg à l'ordre, maintenir à sa disposition une armée de mercenaires, alors que l'empereur, pour des raisons d'économie, retirait du Wurtemberg ses troupes espagnoles et italiennes. En principe, les princes protestants devraient marcher sur le Rhin, y rejoindre le roi de France et, avec lui, surprendre les pays catholiques sans défense en bordure du fleuve. Or Henri II qui, au passage, a occupé Toul et Metz, arrive bien sur le Rhin en mai 1552, mais nul n'est là pour l'accueillir. Alors il bat en retraite, non sans occuper Verdun, sur le chemin du retour. L'explication c'est que Maurice de Saxe a préféré foncer sur l'empereur sans défense, le forcer à abandonner Augsbourg où le prince entre le 4 avril 1552. Charles se trouve à Innsbruck. désarmé. Le mieux pour lui, négocier, gagner du temps. Ferdinand a ménagé une trêve, une diète se réunit même, le 19 avril, à Linz, sur les bords du Danube. Mais, profitant des points douteux de la trêve, Maurice de Saxe pousse ses troupes jusqu'à Innsbruck qu'il enlève le 23 mai. Charles Quint a dû s'enfuir vers l'est, à travers les Alpes encore enneigées, jusqu'à Villach, en Autriche, où il parvient le 27 mai.

Évidemment l'Allemagne est perdue. L'empereur s'est laissé surprendre malgré tant d'avertissements reçus. Pour une fois, l'étonnante diplomatie impériale, trop calculatrice, s'est trompée. Mais une immense mobilisation d'hommes et d'argent s'opère rapidement en faveur du vieil empereur et lui permet de faire face à trois guerres simultanées : contre le Turc, contre le Très Chrétien, contre l'Allemagne protestante. Ni contre le Turc, ni contre le Très Chrétien (bien qu'une trêve de courte durée ait été signée avec Henri II, le 10 mai 1552), il ne peut espérer de répit. La sagesse, donc, si durs qu'en soient les conseils, c'est de s'entendre avec l'Allemagne. De ce côté-là, toutes les conversations sont possibles et Ferdinand s'en charge, en qui Charles Quint finit par replacer sa confiance après avoir eu à son endroit les pires soupçons et cru même, un instant, à sa connivence avec les protestants — ce qui est certainement inexact.

D'ailleurs les princes allemands, si secoués au cours des années qu'ils viennent de vivre, sont désormais éperdument en faveur de la paix. Maurice de Saxe lui-même parle de « paix sans condition et pour toujours »... Cette paix bâclée est instaurée par le traité de Passau que l'empereur ratifie, le 15 août 1552. En conséquence Maurice de Saxe, avec une partie de ses troupes, prend le chemin de la Hongrie et de la guerre contre les Turcs. Mais il avait laissé derrière lui, autour de Francfort, une partie des troupes qui l'avaient accompagné contre Charles Quint. Elles se rallient à la conduite du margrave de Brandebourg, Albert Alcibiade, chef de bande qui par ses pillages méthodiques devient le scandale public de l'Allemagne : c'est, longtemps à l'avance, le spectacle des pilleries honteuses de la guerre de Trente Ans. Charles prendra finalement l'affreux condottiere à sa solde. Il s'est décidé, en effet, à marcher contre la France, donc à traverser l'Allemagne avec ses troupes italiennes, espagnoles et allemandes (celles-ci nombreuses) et à mettre le siège devant Metz.

Il était logique de frapper la France qui, de l'Italie aux Pays-Bas, avait recommencé le grand jeu de la guerre contre l'empereur. C'est ainsi qu'en juillet 1552, Sienne s'était soulevée aux cris de *Francia ! Francia !* Et il était logique de frapper Metz, symbole de la conquête française au détriment du Reich. Mais était-il raisonnable de venir assiéger la ville en novembre ? L'assiégé, en l'occurrence François de Guise, dispose d'une abondante artillerie et se défendra avec vigueur. Quant à l'assiégeant, le voilà en rase campagne autour de la ville, mal abrité durant un hiver inclément. Lorsque Ambroise Paré, voulant rejoindre les assiégés, arrive de nuit devant la place, il découvre les feux allumés autour desquels se pressent les soldats de Charles Quint : passer entre ces taches lumineuses et gagner la ville sera un jeu d'enfant.

Mais, une fois de plus, Charles Quint et le duc d'Albe pouvaient-ils agir autrement ? Ne pas attaquer

Metz, c'était courir le risque que l'armée, si difficilement rassemblée, se débande d'elle-même. L'emporter, c'était peut-être une chance de rouvrir la question allemande. Mais ce ne fut pas le cas. Et l'échec de Metz, le 1er janvier 1553, ne fit que confirmer définitivement les termes de la paix allemande, une paix qui n'était d'ailleurs qu'apparente, car les remous ne s'apaiseront pas du jour au lendemain. Ainsi, après la levée du siège, Albert Alcibiade est reparti avec les siens et, pour lui, il n'y a ni catholiques ni protestants ; seulement des gens et des biens à piller. Il ne sera mis à la raison que le 11 juillet 1553, à Lunebourg, par Maurice de Saxe, mais celui-ci meurt peu après de ses blessures.

L'Allemagne va donc connaître la tranquillité (et même sa tranquillité religieuse si longtemps recherchée, avec plus ou moins de sincérité au demeurant) grâce à la paix d'Augsbourg (25 septembre 1555), compromis qui laissait chaque religion en possession de ses territoires et de ses avantages. Répétons-le, un édit de Nantes avant la lettre.

Le mariage anglais

Charles Quint avait quitté les abords de Metz le 1er janvier 1553. Il se retrouvait bientôt à Bruxelles, le 6 février. Il devait rester dans le pays de son enfance et de sa jeunesse jusqu'en 1556, date de son retour en Espagne — de son dernier grand voyage. Ces quelques années aux Pays-Bas, en un merveilleux poste d'observation, ne seront pas inactives. La guerre, on le sait, a repris avec le Très Chrétien et le siège de Metz n'en a été qu'un épisode. Autre épisode, en 1554, ce combat de cavalerie à Renty, près de Boulogne, sur la petite rivière de l'Aa. Il a failli tourner au désastre pour le roi de France : Henri II a été sur le point de tomber aux mains des Impériaux, comme François Ier à Pavie.

Observer le monde du carrefour des Pays-Bas, ce n'est pas seulement voir la France, riposter à ses attaques, c'est voir aussi l'Allemagne en voie d'apaisement, c'est apercevoir, comme à l'œil nu, les affaires d'Angleterre. Or celles-ci prennent un tour inattendu. La catholique Marie Tudor, nièce de Charles Quint, succède sur le trône d'Angleterre à son jeune frère Édouard VI, mort le 6 juillet 1553. L'empereur a pensé un instant offrir sa propre main à la souveraine, puis il a préféré mettre en avant la candidature de son fils Philippe, veuf depuis huit ans déjà. La négociation a été menée rondement, vigoureusement, par le Comtois Simon Renard « qui mérite son nom » et, le 12 juillet 1554, Marie Tudor signe son contrat de mariage. Le 13, Philippe s'embarquait avec une énorme flotte à La Corogne, et arrivait à Southampton six jours plus tard. Les noces furent célébrées à Winchester, le 25 juillet.

Il s'agit là d'un immense succès. Une pièce de plus, et de quelle importance, ajoutée d'un coup à la chaîne des États hostiles à la France et qui l'entourent de leur vigilance. Évidemment un mariage est un succès fragile, à courte portée parfois. Mais ne jugeons pas celui-ci à l'avance, d'après ses conséquences qui, au vrai, devaient être minces. Ce mariage, en effet, a été infécond et le rétablissement du catholicisme en Angleterre s'avérera difficile, imparfait, sanglant. La reine, plus âgée que son époux, mourra en 1558 et la politique comme la vie anglaises reprendront leur cours avec Elizabeth. Mais nul, en 1553, ne pouvait prévoir pareil dénouement. Quelques années durant, on a pu penser, et Charles Quint a pensé lui-même, qu'il avait remporté un immense succès. Il a d'ailleurs songé très sérieusement à la dot qu'il faudrait réserver au prince à naître de cette union : dans son esprit, l'Angleterre et les Pays-Bas à la fois. Construction politique étrange, mais fort viable, qui, il est vrai, ne viendra pas au monde, elle non plus.

Les abdications de Charles Quint

Ce n'est pas seulement sa santé défaillante qui a dicté les abdications de Charles Quint, ni un certain dégoût de la vie, des honneurs et des hommes, cependant réel. Par ses abdications, il a voulu aussi régler de son vivant une succession difficile. Dans ce domaine comme dans tant d'autres, il a fait ce qu'il a pu, non ce qu'il avait désiré ou longuement préparé. Ne lui prêtons donc pas de trop grandes pensées.

Je ne crois pas, ainsi, que Charles Quint ait eu le sens aigu de l'évolution qui dégageait comme d'elle-même un empire atlantique, centré sur l'Espagne, de la vaste construction politique continentale, européenne, où il avait été condamné à tourner presque un demi-siècle durant, comme l'écureuil dans sa cage. S'il détache l'héritage de Philippe II de l'Allemagne, c'est qu'il a bien été forcé de renoncer, de ce côté-là, à toute politique d'union. Bien avant sa dernière abdication, celle où il dépose la couronne d'or le 28 février 1558, il y a eu séparation des Habsbourg en deux branches, les Habsbourg de Vienne et, quand Philippe II se sera définitivement fixé en Espagne, les Habsbourg d'Espagne, avec toutes les conséquences que cela implique, sur le plan européen. La guerre de Trente Ans, de ce point de vue, ce sera le rapprochement des deux branches des Habsbourg.

De toute façon, on ne peut pas discuter de l'abdication de Charles Quint comme d'une décision qu'il aurait prise d'un coup, sous la pression de tel ou tel événement, ou de telle attitude mentale. Ses renoncements successifs, fruits des circonstances, s'étalent sur une longue période de temps. D'ordinaire, on ne veut voir que la cérémonie pathétique de Gand, le 8 septembre 1555. C'est la première fois qu'il manifeste publiquement sa volonté de se retirer du monde, mais, dès avant cette date, il avait, en 1545, donné à son fils l'investiture du Milanais ; en 1554, il lui avait cédé Naples et la Sicile : c'est donc un roi, et à double titre, qui avait épousé Marie Tudor. À Gand, dans la grande salle du palais de Bruxelles, en 1555, c'est aux seuls Pays-Bas qu'il renonce en faveur de son fils — notez-le à la veille d'une nouvelle paix avec la France, car on peut penser que la trêve de Vaucelles, depuis longtemps en discussion, était acquise bien avant le 5 février 1556, date de sa ratification. Dans son discours, Charles justifie sa décision, énumère ses fatigues, ses déceptions. « Honorez la religion, conseille-t-il à son fils, d'une manière constante ; raffermissez la foi catholique dans toute sa pureté ; considérez les lois du pays comme sacrées et inviolables et n'essayez pas d'enfreindre les droits et privilèges de vos sujets. Et si jamais vous désiriez, plus tard, chercher comme moi le repos dans la vie privée, puissiez-vous avoir un fils qui mérite que vous lui tendiez le sceptre avec autant de joie que je le fais aujourd'hui. » Cette dernière phrase, beaucoup moins citée que d'autres, dit l'immense affection, l'estime de Charles Quint à l'égard du fils exemplaire qui lui a donné tant de raisons d'espérer, qu'il s'est plu à former de loin, en lui prodiguant ses conseils.

La trêve de Vaucelles n'était pas encore ratifiée que Charles avait, sans bruit cette fois, renoncé le 16 janvier 1556 aux royaumes de Castille et d'Aragon et à toutes les provinces qui en dépendaient. Après cette deuxième abdication, quand il s'embarque le 17 septembre 1556, à Flessingue, à bord d'un bateau biscayen aménagé luxueusement, Charles n'est plus qu'empereur (il le restera jusqu'au 28 février 1558).

La retraite et la mort

Il arriva à Laredo le 28 septembre. Son voyage avait été si rapide que nul ne l'attendait encore, lui et ses sœurs, Éléonore, veuve de François Ier, et Marie de Hongrie, qui, l'une et l'autre, avaient tenu à l'accompagner. Aussi bien, plusieurs jours durant, à cause de certains serviteurs, malades du voyage, et du débarquement de plusieurs de ses vaisseaux à Santander au lieu de Laredo, l'empereur connut-il quelques difficultés : les serviteurs, les médecins, les courriers manquèrent, et même le prêtre pour dire la messe chaque matin devant lui. Puis les choses reprirent leur cours. À Burgos où il arrivait le 13 octobre, toutes les cloches de la ville se mirent à sonner.

Sur le chemin de Valladolid, Don Carlos était venu à sa rencontre. L'empereur fut vite déçu par ce petit-fils pas tout à fait normal, mal élevé par surcroît, qui ne savait jamais quand il devait enlever ou mettre son bonnet. Répondant à ses questions, l'empereur lui raconta ses guerres, puis sa fuite à Innsbruck : « Même dans ces conditions, s'écria l'enfant, moi je n'aurais pas fui »... À Valladolid, capitale de la Castille, Charles Quint rencontra sa dernière fille, la princesse Jeanne, veuve de l'infant de Portugal, qui en l'absence de Philippe II resté aux Pays-Bas, « dans le brouilly du Nord », gouvernait le royaume de Castille. Dès qu'il le put, il prit le chemin de l'Estrémadure, se dirigeant vers le monastère de Yuste qu'il avait choisi pour son ultime retraite, au-delà de Plasencia, sur le chemin du Portugal. Pendant que se construisait son logement, dans le cloître, mais à part toutefois de la vie des religieux hiéronymites, il séjourna à Jarandilla, dans la demeure du duc d'Oropesa.

Il se trouva fort bien dans cette maison, même s'il prit la précaution, dans sa propre chambre, de faire faire, ou plutôt refaire une cheminée. Il arrivait, en effet, au mois de novembre, dans un pays sujet à des pluies diluviennes, à des coups de froid fréquents. Un pays merveilleux, assurément, mais au bout du monde, mal ravitaillé, où le pain était rare et seules les châtaignes bonnes. Y nourrir une suite, même peu nombreuse, était un problème. Quand viendront lui rendre visite les reines de France et de Hongrie, la disette se fera sentir dans la troupe des serviteurs. Petites joies : l'empereur qui mange toujours sans mesure, au détriment de sa santé, se réjouit chaque fois qu'il reçoit des nourritures un peu fines : poissons, huîtres fraîches ou en escabèche, pâtés d'anguilles, perdrix de Gama, saucisses de Tordesillas... Mais il s'accommode beaucoup mieux que les gens de sa suite de cette vie au désert, en prenant même avec bonne humeur les déconvenues. Comme n'ont poussé dans son jardin que de mauvais melons, il s'exclame qu'un « mauvais melon est meilleur qu'un bon concombre », *que es mejor un ruin melón que un buen pepino*...

Ce n'est que le 3 février 1557 au soir qu'il prendra possession de son logement à Yuste, ayant rendu leur liberté à un certain nombre de ses serviteurs qui n'auraient pas trouvé place dans le monastère. De la chambre où il va vivre ses derniers jours, une fenêtre s'ouvre sur l'autel de l'église, si bien qu'il peut entendre et suivre la messe de son lit. Outre sa chambre, il dispose d'une garde-robe, d'une grande salle de réception. Par ses fenêtres, il voit les orangers du cloître, les chênes desséchés de la montagne... Son majordome Quijada, qui élève dans le secret celui qui sera Don Juan d'Autriche — ce fils naturel qu'a eu l'empereur de la belle Barbe Blomberg, en 1546 —, se désole : « C'est la vie la plus délaissée et la plus triste qui se soit jamais vue, une vie que peuvent accepter seuls ceux qui ont renoncé à la fortune et au monde. » Mais ce dénuement n'est pas pour déplaire à Charles Quint. D'ailleurs l'ermite voit le monde venir vers lui, il est pris dans le fleuve des courriers qui lui apportent nouvelles, présents, ravitaillement et visites, certaines que l'illustre vieillard refuse...

Sa santé n'est ni pire ni meilleure que durant les cinq ou six années précédentes. Il est travaillé horriblement par la goutte et souffre de maux divers dont des correspondances répétées décrivent les symptômes. Mais quel médecin d'aujourd'hui porterait un jugement valable sur cette santé chancelante qui a cependant des hauts et des bas, le malade gardant toujours sa pleine connaissance ? En fait, au printemps qui suit son installation à Yuste, après la visite de Ruy Gómez que son fils Philippe a envoyé vers lui, le voilà repris par la passion des affaires et par l'inquiétude. La guerre a recommencé avec la France à la suite de l'intervention intempestive et passionnée du pape Paul IV, l'ennemi juré des Habsbourg. Certes, Charles Quint ne reprend pas les affaires en main. Cependant, il donne des conseils, se passionne, s'inquiète. Parfois il esquisse une action personnelle. Mais il n'a conduit de bout en bout que la négociation au sujet de la princesse Marie de Portugal, fille du premier mariage d'Éléonore d'Autriche, obtenant qu'elle fasse le voyage d'Espagne pour rencontrer sa mère, l'ex-reine de France, n'obtenant pas toutefois qu'elle reste finalement auprès de cette dernière. Mais il s'agit là d'une affaire de famille. Pour les affaires du monde, celles de l'État, ses conseils — à la princesse Jeanne notamment qui, de Valladolid, gouverne le royaume d'Espagne — sont donnés de façon discrète, avec la préoccupation de ne pas diminuer, même en apparence, l'autorité de la régente. Sans doute arrive-t-il parfois que la passion soulève le vieil homme, ainsi quand il apprend que l'argent venu d'Amérique a été distribué aux marchands et non pas confisqué pour le service du roi ; ou que l'on vient de découvrir une communauté « protestante » à Valladolid. Alors il s'abandonne à la fureur, il voudrait que les coupables soient punis sur-le-champ. Mais une seule fois il aura songé à agir vraiment.

Antoine de Bourbon, duc de Vendôme et roi de Navarre (mais la Navarre espagnole a été occupée en 1512 par Ferdinand le Catholique), reprenant les négociations assez poussées de son beau-père Henri d'Albert (mort le 25 mai 1555), chercherait à obtenir, contre la Navarre perdue, le Milanais, avec le titre de roi de Lombardie. En échange, il introduirait les Espagnols dans le Midi de la France, les aiderait à conquérir Bayonne, Bordeaux et la Guyenne : c'est le type même de négociation à base de trahison pour lequel la diplomatie habsbourgeoise a un penchant marqué. La trêve de Vaucelles, le 5 février 1556, avait interrompu l'intrigue, mais avec la reprise des hostilités contre la France, c'était le moment ou jamais de ne pas laisser Antoine de Bourbon « le bec dans l'eau ». Or toute l'affaire (qui finira par tourner court) a été remise entre les mains de Charles Quint, sur l'ordre même de Philippe II. La négociation s'engageant de façon ferme, il fallait penser à concentrer une armée sur les Pyrénées. Charles Quint songea à en prendre le commandement. Le grand commandeur Don Luis d'Avila, qui le voit alors, écrit le 13 août 1557 : « Je crois tout de l'amour qu'il porte à son fils, de son grand courage et de ses anciennes habitudes, car il a été nourri dans la guerre, comme on dit de la salamandre qu'elle l'est dans les fours de verrerie. Mais de l'infanterie nouvelle [qu'il va falloir lever], de la cavalerie des seigneurs [soit le ban et l'arrière-ban avec quoi sera faite l'armée d'invasion], en un mot d'une armée tout entière de troupes fraîchement rassemblées, je ne sais comment il en ira avec celui qui toujours eut sous ses ordres les soldats les mieux aguerris du monde. » Finalement cette mobilisation tumultueuse n'aura pas lieu et le vieil empereur restera à Yuste, écoutant les bruits du monde, se remémorant ses années passées et se préparant au dernier voyage.

Ces mois ultimes que l'on peut suivre au jour le jour nous familiarisent avec un personnage hors série, d'une grande élévation de pensée. Quelles qu'en aient été les raisons, cette retraite volontaire est la preuve d'un détachement, d'une absence de vanité rares parmi les hommes qui ont occupé largement la scène du monde. Il est probable qu'à peine un mois avant de mourir, il fit célébrer ses propres obsèques, pour y assister et y prier de son vivant. « Autant vaut porter le cierge devant un homme que derrière lui », aurait-il dit. C'est sans doute à sa propre intention que furent récitées ce jour-là les vigiles des morts, avec psaumes et lectures de l'Écriture, suivant le rituel même qui célébrait, chaque 1er mai, le souvenir de sa femme, l'impératrice Isabelle, morte en 1539.

Le Nouveau Monde

Mais l'histoire de Charles Quint ne peut se comprendre complètement si, comme nous l'avons fait jusqu'ici, on reste fasciné par les événements d'Europe. Que se passe-t-il, durant ce premier XVIe siècle, au-delà de l'Atlantique, dans le Nouveau Monde ? Question primordiale si l'on veut dresser le bilan de la vie de Charles Quint.

C'est l'Espagne populaire, prolétarienne, pauvre qui a conquis de façon brutale (et aussi héroïque) l'immense Nouveau Monde, sauf le nord de l'Amérique septentrionale où s'installeront bien plus tard Français et Anglais, sauf l'est de l'Amérique du Sud, le Brésil, où les Portugais avec lenteur s'installeront au long des côtes, relais sur le chemin des Indes et points d'implantation pour la culture de la canne à sucre qui n'y démarre vraiment qu'au-delà de 1550. Cette immense Amérique des conquérants espagnols, de la Californie au Chili et au Rio de la Plata, n'existait pas quand Charles a reçu les royaumes d'Espagne (alors n'étaient occupées que quelques positions antillaises). Elle s'est constituée au milieu des tempêtes et remous que l'on devine, au cours du long règne de Charles.

Notez qu'elle est plus vaste encore que peuplée : il n'y a de populations denses que sur les plateaux du Mexique et dans les Andes des actuelles républiques de la Colombie, de l'Équateur, de la Bolivie et du Pérou. Ailleurs, d'immenses déserts humains. Partout des difficultés inouïes à vaincre. Mais la *Conquista* n'a été rapide et profitable que là où le peuplement indien était assez dense, où une société cohérente s'offrait comme une proie facile à saisir. Ce que les conquérants apportent avec eux, les armes à feu, les chevaux, les chiens habitués à la chasse à l'homme, les avantage, certes, mais plus encore leur conception même de la guerre, la guerre sans pitié du Vieux Continent qui fait aussi, malheureusement, partie de leurs bagages. Les sociétés amérindiennes ne connaissent au plus que des guerres rituelles. Elles se défendent moins bien contre le Blanc que les sociétés plus primitives, celles des Caraïbes dans les Antilles, celle des Araucans dans le Chili d'aujourd'hui, celle des Chichimèques dans le Mexique du Nord... Ce sont des sociétés faites pour être cueillies comme fruit, trompées au premier rendez-vous : ce sera le cas de Montezuma à Mexico, en novembre 1519, devant Hernán Cortès ; le cas d'Atahualpa, l'empereur des Incas, le 16 novembre 1531, en face de Francisco Pizarro et de sa poignée de soldats. Tout est donc facile, relativement, pour le vainqueur, là où les richesses sont concentrées, des villes bâties qui semblent réalités ou rêves, Mexico sur sa lagune, Cuzco dans la haute montagne endormie.

Ailleurs, conquérants et découvreurs risquent de connaître les pires déceptions, de vivre, aussi dénudés que les Indiens, de racines, de lézards... Buenos Aires, sur le Rio de la Plata, fondée en 1536, ne peut se développer et s'éteint au milieu des hostilités indiennes. La ville renaîtra en 1580, mais n'ayant en face d'eux que ces mêmes Indiens sauvages, les habitants se plaindront amèrement de manquer de main-d'œuvre, d'être obligés de gagner leur pain à la sueur de leur front.

Ces grandes lignes tracées, disons que la « conquête » coïncide à peu près, chronologiquement, avec l'époque du règne de Charles Quint. Elle ne dépasse guère les années 1540, au plus 1550. Au-delà de ces années-là, par mort naturelle (ce qui est rare) ou par mort violente, toute une génération, celle des conquistadores, a disparu. Hernán Cortès est mort près de Séville (le 2 décembre 1547), misérable dit-on ; Francisco Pizarro a été assassiné en plein jour dans son palais de Luna, la gorge tranchée, le 16 juin 1541... Il y a, bien sûr, les exceptions qui confirment la règle : tel Pedrarias d'Avila, brute monstrueuse qui terminera sa vie à quatre-vingt-dix ans comme gouverneur de Nicaragua ; tel Bernal Diaz del Castillo, qui lui aussi vivra longtemps et aura le temps de rédiger ses commentaires.

L'étonnant, si l'on s'en tient aux grandes lignes du drame, c'est que cette conquête monarchique, faite d'elle-même, sans que rien soit vraiment dirigé d'Espagne, ait finalement abouti à une soumission régulière, plus ou moins rapide, à l'égard de la monarchie espagnole. En fait ces conquérants, au milieu de leurs conquêtes, restent liés à la péninsule, à ses croyances, à ses habitudes, à ses mœurs, à ses fidélités. L'or et l'argent, les esclaves ou les serfs indiens, ce sont là des biens précieux, mais ils en appellent d'autres, le vin, la farine, l'huile, les étoffes du Vieux Monde, tout ce que les vaisseaux d'Espagne, chargés à Séville, sont seuls à pouvoir apporter à ces nouvelles Espagnes — Nouvelle-Castille ou Nouvelle-Grenade — que plante la *Conquista*. Il y a là, dès les débuts, une dépendance biologique. Et bientôt, les flottes européennes apporteront les esclaves noirs d'Afrique, ce recrutement indispensable pour maintenir les nouvelles dominations.

Sans être extrêmement facile, le jeu de la politique espagnole n'a pas rencontré d'obstacles insurmontables. Dès 1503, la Casa de la Contrataciòn était organisée à Séville où se concentre le trafic vers les « Indes » ou en revenant. En 1511, le Consejo de Indias prenait sa forme définitive. Ce sont les deux institutions de base de la domination espagnole sur l'Amérique. Charles Quint en a hérité, il n'a pas eu besoin de les créer. Dès avant son règne également, les marchands étrangers établis à Séville, et tout d'abord les Génois, ont établi les systèmes de crédit à long terme qui permettent, dès 1506-1507, l'exploitation régulière du Vieux Monde. Le « capitalisme marchand » n'a pas ici le moindre retard.

Pourtant ces assises solides et anciennes, posées de bonne heure, n'ont diminué ni les soucis ni le mérite de Charles Quint. En fait, il lui a fallu arbitrer de loin les tempêtes de la *Conquista :* ce fut relativement facile en ce qui concerne la Nouvelle-Espagne (le Mexique au sens large) ; ce fut dramatique par contre en ce qui concerne le Pérou. Au Mexique, l'empereur devint le maître sans conteste dès qu'Hernán Cortès eut été dépouillé de son autorité par la création de la première Audiencia, le 13 décembre 1527, et par la nomination du premier vice-roi, Antonio de Mendoza, en 1529. Au Pérou, les querelles entre Pizarro et son compagnon Almagro, puis avec le fils de ce dernier, provoquèrent des troubles sanglants entre Espagnols, de 1537 à 1548. Mais l'autorité de l'Espagne lointaine s'impose, s'organise : Antonio de Mendoza, premier vice-roi du Mexique, sera aussi le premier vice-roi du Pérou où son long gouvernement imposera un ordre évident.

Dans cette œuvre « impériale », en particulier dans l'élaboration des lois nouvelles des Indes de 1542, il n'est guère possible de dire quelle a été la part de Charles Quint. Il est hors de doute que l'Espagne a joué là son destin pour des siècles. Mais il ne faut pas confondre long terme et court terme et attribuer à celui-ci le poids de celui-là. Charles Quint, à la différence des bâtisseurs de l'empire américain du Nord, n'a pas eu le sentiment net qu'il fabriquait un empire moderne, en fait le premier empire colonial de l'Europe au-delà des mers. « Votre Majesté, lui écrivait Hernán Cortès, peut s'intituler à nouveau empereur de Nouvelle-Espagne, avec non moins de droit et de profit qu'elle s'intitule empereur d'Allemagne. » Mais l'empereur en était-il convaincu ?

Toutefois, la liaison entre Espagne et Amérique donnera forcément de nouvelles dimensions à l'empire, nous voulons dire au groupe de forces qui s'incarne dans la personne de Charles Quint. Bien entendu, cette extension hispanique sera plus évidente et nette encore sous le règne de Philippe II, mais l'Amérique nouvelle a imposé déjà sa place dans le jeu de Charles Quint et dans les luttes européennes qui en étaient l'accompagnement monotone. C'est pour échapper aux corsaires et aux pirates français de l'Atlantique que l'Espagne a organisé les convois de la *Carrera de Indias*, au moment où les arrivées d'or et d'argent américains, destinés aux marchands et à l'État castillan, devenaient un élément majeur de la vie économique et politique de l'Europe.

Si l'on voulait à tout prix fixer ce moment, nous dirions à partir de 1552, quand l'Espagne, pour secourir l'empereur après la fuite d'Innsbruck, avant et pendant le siège de Metz, ouvre ses portes et autorise les sorties de pièces et lingots d'argent. Tout le capitalisme, qui a si curieusement joué en faveur de Charles Quint, s'était appuyé, au début de son règne, sur les mines des Alpes et de Hongrie et sur la ville clé d'Augsbourg où le rôle « impérial » des Fugger est évident. Mais, dès avant la fin du règne de Charles Quint, les circuits capitalistes sont passés sous la dépendance étroite des arrivées de métaux précieux à Séville. Et c'est à Séville que se prennent les options décisives : le jeu déjà passe des Fugger aux mains des banquiers génois...

Un bilan du règne de Charles Quint

Dès après l'abdication de 1555, avant même que sa vie ne soit éteinte, les contemporains n'ont pas hésité à porter des jugements catégoriques sur le règne de l'empereur. Et c'est d'échec qu'ils ont parlé volontiers. Pour l'un, Vénitien, il a agité le monde, mais a raté ses ambitions. Pour Monluc, qui met dans le même sac François Ier et son adversaire, tous deux ont fait le malheur en Occident d'un million de personnes — ce qui est bien possible. « Que si Dieu eût voulu que ces deux monarques se fussent entendus, la terre eût tremblé sous eux »... Mais je ne crois pas que les historiens puissent dresser un bilan aussi simple.

D'ailleurs réussir, échouer, que faut-il entendre par

là ? Toute cette activité de Charles Quint que nous avons essayé de résumer, sans la juger un seul instant, elle évoque assez bien une longue, une difficile partie sur l'échiquier compliqué du monde. Alors, plutôt que de parler de vainqueur ou de vaincu, essayons de nous mettre à la place du joueur. Il nous faut disposer les pièces sur les cases qui conviennent, dire leur force respective, placer en face d'elles les pièces que manœuvrent les adversaires — je dis bien *les* adversaires, aussi bien le Très Chrétien que le Turc, le protestant en soi que le prince allemand en soi... Ainsi une partie d'échecs qui ne suit en rien les règles habituelles.

Encore l'empereur n'a-t-il jamais joué à sa guise, il a fallu qu'il écoute ses conseillers, qu'il tienne compte de la valeur des pièces, des cases, des traditions du jeu de l'adversaire, des avantages contradictoires de tel ou tel coup. Sans vouloir simplifier outre mesure, disons qu'il lui a fallu choisir : tel voyage ou tel autre, telle dépense ou telle autre, telle attaque ou telle autre... À certains moments, il nous est possible, aujourd'hui, sinon de reconstruire l'échiquier vivant et mouvant sur lequel la partie ne s'arrête pas, du moins de surprendre le jeu même de l'empereur, je veux dire les choix qui lui sont proposés.

Ainsi, au lendemain exactement de la paix de Crespy-en-Laonnois, de grandes discussions se déroulent en Espagne, de novembre à décembre 1544, et nous en avons le compte rendu détaillé. Au vrai, des discussions qui ne sont qu'un exercice politique : elles seront sans conséquences sérieuses, n'ayant finalement pas entraîné de décision ferme, mais elles nous font pénétrer dans l'intelligence de la politique impériale. Le problème ? Trancher l'alternative que pose le traité : ou céder Milan, ou céder les Pays-Bas. Dans le premier cas, le duc d'Orléans, alors héritier présomptif de la couronne de France, épouserait Anna, la fille de l'empereur Ferdinand Ier ; dans le second cas, il épouserait Maria, la fille de Charles Quint. Or les discussions à Valladolid sont des plus vives et n'aboutissent pas à une décision majoritaire.

Deux groupes s'affrontent, irréductibles, et qui ne correspondent pas aux habituels clivages des discussions et des sympathies électives. Les deux chefs de file sont, cette fois, le vieux cardinal de Tolède, Juan Pardo y Tavera, et le jeune duc d'Albe. Pour le cardinal aucun doute : il faut céder Milan. Les Pays-Bas sont, en effet, un État héréditaire, indispensable pour modérer les ambitions françaises ; Milan, au contraire, occupé par l'empereur en 1535 (à la mort du dernier Sforza), est un *estado inquieto, posseydo sin muy justo titulo*, un « État inquiet, possédé sans droit très bien établi ». Cause, par surcroît, « de tous les malheurs et discordes de la Chrétienté », il n'est pour l'Espagne qu'une occasion de dépenses et de guerres. Donc abandonner Milan et mettre un frein à la politique italienne qui, depuis si longtemps, est celle de l'empereur. Pour le duc d'Albe, l'argumentation se renverse. Sans Milan, Charles Quint perd le chemin qui, par les Alpes, gagne l'Allemagne et les Pays-Bas et il se trouve condamné à ne plus employer que la route de l'Atlantique, avec ses difficultés inhérentes. Perdre Milan, c'est aussi perdre Gênes, plaque tournante essentielle par quoi l'empereur tient Naples, la Sicile, voire la Sardaigne. Donc sa solution : céder les Pays-Bas et tenir fermement Milan, même agrandir cette place essentielle en mordant sur le Piémont.

Faut-il, comme le pense l'admirable historien que fut Federico Chabod dont j'ai suivi l'analyse pas à pas, reconnaître, sous les arguments du cardinal, une affirmation de la vieille politique d'Isabelle la Catholique : se défier des fumées d'Italie, porter ses efforts au contraire sur la côte barbaresque, cette Afrique du Nord à quoi se soude la péninsule Ibérique ? Ce même cardinal ne disait-il pas déjà, une quinzaine d'années plus tôt : *Esto* (l'Afrique) *es lo que a de durar y quedar a sus succedores* (aux successeurs de Charles Quint) *y lo de allá* (l'Italie) *es gloria transitoria y de ayre*

— « C'est l'Afrique qui durera et qui restera à vos successeurs ; l'Italie n'est que gloire éphémère, du vent » ?

Toutes ces discussions furent, je le répète, sans conséquences pratiques : à l'heure où la décision s'approchait, le jeune duc d'Orléans mourait inopinément, assassiné, le 9 septembre 1545. Mais elles nous apportent sur le règne de Charles Quint des lumières irremplaçables. L'ensemble de ses États est une coalition permanente de forces, d'intérêts souvent divergents : l'Espagne dirige efforts, rêves, projets contre l'Afrique barbaresque ; l'Italie, espagnole et non espagnole, craint le Turc et ses armadas irrésistibles ; les Pays-Bas songent à la paix marchande dont ils vivent, et notamment avec la France, d'où leur désir de signer les trêves qui permettent échanges et pêches pacifiques en mer du Nord ; l'Allemagne recherche l'impossible équilibre qui résoudrait ses discordes religieuses...

Bien entendu l'empereur, dans sa personne, dans ses idées les plus secrètes, dans son action concrète, n'est jamais prisonnier et pour toujours d'une de ces forces vives. Mais à chaque instant, il doit composer, céder à l'une, écluser l'autre. Pour peu qu'il hésite, le choix s'impose de lui-même : ainsi en 1552, il perd l'Allemagne ; puis il y renonce en toute lucidité et gagne l'Angleterre, en 1553.

De ces avancées et de ces replis, on ne saurait toujours juger sur le moment, il y faut un certain recul. La politique est comme la toile de Pénélope, elle n'est jamais achevée. Si nous devons faire le bilan, nous dirons que, malgré ses efforts, Charles Quint a plus qu'à moitié perdu en Méditerranée contre les Turcs ; il n'a ni gagné ni perdu contre la France : celle-ci se maintient indépendante au cœur même des États de l'empereur qu'elle disloque de sa masse interposée ; il a faussement gagné en Angleterre où son succès s'effondrera en septembre 1558, avec la mort de Marie Tudor ; il a pleinement gagné en Italie ; il a pleinement gagné, en apparence du moins, dans les Pays-Bas (soustraits par ses soins en 1548 à la juridiction de l'empire) ; il a liquidé l'imbroglio allemand en ce qui concerne l'avenir de ses entreprises, c'est-à-dire l'héritage de Philippe II ; il a enfin triomphé, sans trop s'en rendre compte et peut-être sans mettre toujours lui-même la main à l'ouvrage, en Amérique.

Mais peut-être ces remarques ne sont-elles pas tout à fait exactes. Peut-être faut-il, pour juger sainement de l'œuvre de Charles Quint, s'avancer bien au-delà du seuil de sa mort et parcourir une à une les étapes du règne de son fils Philippe II (1555-1598) : la France qui s'effondre devant la puissance espagnole, en 1559 ; les Pays-Bas qui se soulèvent (1566-1572) et vont devenir le cancer inguérissable de l'« empire » de Philippe II ; le recul des Turcs en Méditerranée (Lépante, 1571) ; l'éloignement persistant de l'Allemagne (il faudra attendre pour une liaison étroite des Habsbourg de Vienne et d'Espagne les débuts de la guerre de Trente Ans, 1618) ; le triomphe accentué de l'Amérique des mines d'argent, tout au long du règne de Philippe II que cette victoire matérielle soulève, place au-dessus de toutes les puissances du monde (même en Chine, le Roi Catholique est le roi de l'argent). En fait, l'empire de Philippe II, achevant l'évolution des dernières années du règne de Charles Quint, devient un empire atlantique, son sort est lié à un destin maritime dont les ombres premières se dessinent en 1588, l'année de l'Invincible Armada.

Rétrospectivement, les historiens n'ont pas résisté au besoin de donner d'inutiles conseils à Philippe II : Carlos Pereyra aurait voulu l'abandon pur et simple des Pays-Bas ; Gounon Loubens aurait placé sa capitale à Lisbonne où le Roi Catholique devient le maître en 1580 ; nous dirions volontiers nous-mêmes : à bas le comte-duc d'Olivares qui, de 1621 à 1640, jette la force espagnole en Méditerranée et en Europe et ne sait pas voir l'*ultramar*... Mais l'histoire n'est pas à refaire. Un seul fait est hors de discussion : l'empire de Charles Quint s'est survécu en se transformant, en glissant vers l'ouest et vers les immensités de l'Atlantique. Philippe II a disposé de moyens qui ont fait défaut à son père, bien qu'il n'ait pas eu le titre prestigieux d'empereur.

Charles Quint en lui-même

Le lecteur l'a remarqué : tout au long de ce large résumé, l'histoire de Charles Quint aura débordé sa propre personne. Celle-ci se perd au milieu des problèmes soulevés et des péripéties vécues. Il faut faire effort pour le dégager de cet éclat, non pour le voir, mais l'apercevoir, car l'homme n'est pas de ceux avec qui l'historien peut engager à fond le dialogue. Moins distant que son fils, Philippe II, il est aussi secret, mystérieux, difficile à atteindre. Les historiens ont essayé, sans guère y réussir, de dégager ses pensées, son tempérament, son caractère. Rien de plus difficile ; trop de témoignages sont suspects, trop de documents officiels révélateurs non pas du souverain, mais de cette folie d'écriture qui, au XVIe siècle, est comme une Renaissance du pauvre. Au milieu de cette paperasserie, rechercher la personnalité de l'empereur, c'est chercher une aiguille dans une meule de paille.

Il y a bien la succession de ses portraits, mais sont-ils authentiques ? Et si oui, véridiques ? De leur série étroitement étudiée, depuis son portrait d'enfant attribué à Bernard Van Orley, jusqu'à ce dramatique crayon de la collection d'Arras qui représente l'empereur à la fin de sa vie (mais ce portrait bouleversant est-il authentique ?), on retiendra les traits caractéristiques de son visage, le nez étroit, la bouche ouverte et difforme, le prognathisme des Habsbourg l'ayant marqué avec violence ainsi qu'une mauvaise respiration, compliquée par un anormal développement des amygdales. Très tôt l'empereur souffrira d'asthme. Les portraits de la jeunesse manquent déjà, comme toute leur suite, de gaieté, de bonheur de vivre, d'abandon.

Même le portrait assis du Titien, en 1548, donne l'impression d'une mauvaise photographie. Nous voulons dire seulement par cette réflexion désobligeante que ce portrait, comme tant d'autres, ne livre pas l'être secret, au-delà du masque qui s'est imposé à lui dès son plus jeune âge, dès une enfance dépourvue de parents : il a été élevé par Madame Grande, veuve du Téméraire, puis par sa tante, Marguerite d'Autriche. Une lourde hérédité pèse sur lui, dont Jeanne la Folle n'est ni le premier ni le dernier maillon. Il lui faudra des années pour se libérer de ses maîtres, Adrien d'Utrecht, le sieur de Chièvres, qui meurt en 1521. C'est peu après que le jeune empereur, cédant à la mode, laisse pousser barbe et moustache.

Une vie triste, austère, des voyages pesants, des tâches interminables : l'empereur a été une sorte de « bagnard de la puissance ». Ses distractions : la chasse, comme tous les hommes de son temps ; les femmes, et cela sans aucune retenue (« il s'est montré dans les plaisirs de Vénus d'une volonté sans faille ») comme tous les princes de son temps, mais avec une discrétion que ceux-ci n'eurent pas toujours ; le luxe des nourritures, nous l'avons dit : sa forte constitution résista des années et des années à un estomac intempérant. « Les rois se figurent sans doute, notait un jour le majordome Quijada, que leur estomac et leur complexion diffèrent de ceux des autres hommes. » Nous savons que, dans la retraite de Yuste, l'empereur renoncera à tout, sauf aux plaisirs de la table.

Peut-être n'y a-t-il eu, dans sa vie difficile et sérieuse, qu'une période de bonheur véritable, au lendemain de son mariage avec la princesse Isabelle de Portugal. Elle était arrivée avant lui à Séville, en février 1526. L'empereur la rejoignit le 20 mars, dans une ville en fête, suivi d'un cortège somptueux. Leur lune de miel les mena ensuite à Cordoue, puis à Grenade, dans le palais de l'Alhambra. Cette union, voulue par la raison d'État, fut des plus heureuses ; le prince taciturne trouva dans l'impératrice son seul confident et sa mort, lors de la naissance de leur troisième enfant, en 1539, le plongea dans un chagrin qui l'accompagna jusqu'à son dernier jour. Ce bonheur qui lui fut repris, un tableau du Titien le remémore : dans la *gloria* de *L'Adoration de la Sainte Trinité* (1554), apparaît derrière l'empereur une silhouette poétique, l'impératrice, vêtue de la chemise des morts, à côté de ses trois enfants. À Yuste, ce tableau était suspendu dans la grande salle, à côté de la chambre même de l'empereur. Il s'est repu de cette vision magnifique.

L'idée, la méditation de la mort, une vie religieuse intense et, de plus en plus avec les années, une capacité de total détachement, ces traits qui apparemment contredisent la vie tumultueuse et ostentatoire du maître de l'empire où le soleil ne se couchait jamais, expliquent peut-être l'impression de secret, de mystère que laisse toute tentative d'approcher Charles Quint. Car il ne s'agit point là d'une attitude tardive, accompagnant sa décision de se retirer du monde. Des gestes significatifs trahissent la dualité inhérente de sa personnalité. Ne l'a-t-on pas surpris parfois étendu les bras en croix, la face contre terre ? À Ingolstadt, en 1546, un de ses officiers l'aperçoit à minuit agenouillé devant un Christ. La musique religieuse a toujours été un de ses refuges préférés, sa *capella* qui le suivait partout était l'une des meilleures d'Europe. Et souvent, chaque fois que le frappait un chagrin, connu ou secret, il choisissait de faire retraite. Le projet de finir sa vie loin des tourments du monde a commencé très tôt à le hanter, peut-être dès son retour triomphal de l'expédition de Tunis, confiait-il au soir de sa vie.

On a essayé de percer ce secret. À quoi bon ? Y voir un signe de déséquilibre, de dérangement mental, comme l'ont fait quelques-uns en parlant un peu vite d'hérédité, serait simplement absurde. Je ne pense pas non plus que sa conduite à l'égard de sa mère, la malheureuse Jeanne la Folle, ait été le tourment et le remords de sa vie. Nul n'en sait, n'en saura jamais rien. Mais ce n'est pas le remords qui semble avoir mené Charles Quint à Yuste, « pour s'y desnuer de tout ». Plutôt le détachement, et le détachement est sans doute ce que les hommes comprennent le moins aisément. En tout cas, quel qu'en soit le secret, rien de plus lucide, rien de plus beau que cette fin voulue, préparée, acceptée avec courage, simplicité et grandeur d'âme.

Philippe II *

Philippe II d'Espagne naissait à Valladolid le 21 mai 1527, il mourait à l'Escorial le 13 septembre 1598, après un très long règne : les abdications successives de son père, Charles Quint, l'avaient mis en possession de Naples et de la Sicile en 1554, des Pays-Bas en 1555, des couronnes d'Espagne en 1556. Et l'Espagne, c'est en plus, alors, dans le Nouveau Monde, les Indes de Castille et leurs « trésors ». Il aura régné ainsi pendant plus de quarante ans et, par l'ensemble de ses possessions, pesé sans fin, lourdement, sur le destin entier de l'Europe et du monde. En lui s'est ainsi incarnée une grande, une monstrueuse force de l'histoire.

Pourtant, presque d'entrée de jeu, toute étude qui s'attache à sa personne ne manque pas de décevoir. Non qu'il ne soit pas à sa vraie place parmi les *protagonisti*, c'est-à-dire parmi les hommes qui ont fait l'histoire de leur temps, et même préparé celle des temps qui devaient suivre. Aucun doute n'est possible à ce propos : il a dominé ses contemporains de tout le poids énorme, et alors sans égal, de l'Espagne impériale. Mais au centre de cette immense toile, le personnage qu'il a été, en réalité, se dérobe à nos curiosités,

* *Source : I Protagonisti della Storia universale*, Milan, Compania Edizione Internazionali, 1969 ; texte français, avec variantes, *cf.* p. 159, in *Écrits sur l'histoire*, t. II, Arthaud, 1990.

comme à nos jugements. Si bien que l'homme, l'homme de chair et de passion qu'il fut assurément comme tous les autres, est absent, infidèle au rendez-vous que les historiens lui ont donné, avec insistance, les uns après les autres, tentés par sa figure énigmatique. Voilà plus de quarante ans que, personnellement, je m'occupe du silencieux personnage et que, de document en document, cent fois pour une, j'ai eu l'illusion de me trouver à ses côtés, à cette table de travail où il a passé le meilleur de ses jours de puissance. Et cependant je ne le connais pas plus que mes prédécesseurs. Eux et moi, il faut nous contenter de le surprendre, à certains moments de son existence. Le surprendre sans toujours être sûr de l'avoir bien compris.

D'autant qu'une précaution impérieuse s'impose au départ : rejeter d'un bloc la monstrueuse accumulation de vilenies aussi bien que d'éloges éperdus dont il a été l'objet. Ennemis et amis l'ont littéralement enseveli sous le mensonge de contes à dormir debout. Toute une série de légendes noires — et non pas seulement celle dont on parle depuis le livre vengeur du Danois Charles Bratli, paru en 1912 — s'opposent à une série de légendes dorées également inacceptables. Alors tout doit commencer, en ce qui concerne Philippe II, par un nécessaire, salutaire et énorme coup de balai. Après quoi, repartir à zéro.

Mais nous l'avons dit : rien ne nous assure à l'avance que nous pénétrerons dans ce cœur fermé à triple tour. En tout cas, la seule façon de jouer honnêtement cette partie difficile, c'est de chercher à ne rien affirmer qu'à la lumière d'une histoire attachée à la seule vérité *saisissable*. Évidemment, il nous faudra voir, en même temps, les drames extérieurs dans lesquels cette vie silencieuse et pathétique a été sans fin engagée, et comme gaspillée à plaisir. C'est même une nécessité de savoir, au juste, de quel poids sa vie aura pesé dans un destin si grandiose et qui, très souvent, en raison de sa grandeur même, l'aura largement dépassée.

Ce drame, le lecteur en connaît à l'avance les événements majeurs : la victoire de Saint-Quentin (10 août 1557) qui ouvre à l'armée espagnole, inutilement d'ailleurs, le chemin de Paris ; la paix sans surprise du Cateau-Cambrésis (1er-3 avril 1559), qui — paix sans vainqueur — réconcilie Valois et Habsbourg et, cahin-caha, durera une trentaine d'années (donc un traité important, *puisqu'il a duré*) ; la guerre des Pays-Bas esquissée en 1566, en 1567, et lancée avec tant de force en 1572 qu'elle traverse tout le règne de Philippe II et lui survit ; la victoire navale prestigieuse de Lépante, dans les eaux du golfe de Corinthe (7 octobre 1571), remportée sur les Turcs par les forces combinées de l'Italie et de l'Espagne ; l'occupation du Portugal et la saisie de son empire (1580-1582) ; le désastre de l'Invincible Armada (août 1588), face aux brûlots et aux navires anglais d'Elizabeth, en bordure des bancs de sable de la côte des Flandres, désastre, disons-le tout de suite, qui ne brise pas d'un seul coup et une fois pour toutes la robuste et encore jeune puissance de l'Espagne ; enfin la lutte pour le trône de France, 1589-1598, qui se termine par un échec ou du moins par la paix, blanche elle aussi, de Vervins (5 juin 1598), l'année même où meurt le vieux roi (13 septembre 1598).

Cela dit, c'est vers le roi, vers l'Escorial dont la construction, en l'honneur de saint Laurent et de la victoire espagnole de Saint-Quentin, commence en 1563 (elle s'achèvera seulement en 1584) que nous porterons surtout nos regards. Au-delà de son siècle tumultueux, violent et aussi triste après tout que sa personne elle-même, l'homme d'abord nous intéresse, c'est-à-dire son enfance, sa jeunesse, ses apprentissages, 1527-1559 ; ses années heureuses, 1559-1568 ; les années terribles de sa maturité, 1568-1582 ; les années grandioses de sa vieillesse, sous le signe de la solitude et aussi de la guerre à outrance, 1582-1598. Entre ces dates qui sont celles de sa vie, le spectacle du monde se projettera de lui-même, en une continuelle toile de fond.

Les années d'enfance, de jeunesse et d'apprentissage

Nous ne connaissons presque rien de l'enfance, de la jeunesse de Philippe d'Espagne, je veux dire rien qui compte vraiment et nous offrirait, à l'avance, la clef de son caractère et de son destin. Si nous évoquons ses premiers pas, nous retrouverons sans peine, non pas le prince, mais les grands personnages de son entourage : l'empereur Charles Quint ; sa mère, la belle princesse portugaise Isabelle, la seule femme que l'empereur ait profondément aimée ; son précepteur Juan Martínez Siliceo, plus tard archevêque de Tolède (1546) et cardinal peu avant sa mort (1557) ; son gouverneur Don Juan de Zúñiga, grand commandeur de Castille ; enfin, parmi les enfants de noble famille élevés en même temps que le prince, son ami le plus cher, de cinq ans son aîné, le Portugais Don Ruy Gómez da Silva (1552-1573), qui sera le favori de Philippe II et que l'histoire connaît sous le nom de prince d'Eboli qu'il porta à partir de 1559 (Eboli est une toute petite ville du royaume de Naples). Qu'un jour le jeune page ait frappé l'infant par inadvertance, que Philippe ait sauvé son camarade de jeu d'une punition exemplaire, se rebellant même contre son renvoi éventuel, prouve que le futur roi a des sentiments humains, normaux, il le montrera d'ailleurs plus d'une fois de façon éclatante, au cours de sa longue vie. Mais tel geste, ou tel autre, ne fournit pas la clef d'un caractère dont le trait principal restera le besoin de se dérober aux curiosités et indiscrétions d'autrui. Est-ce sa timidité, sa mélancolie native, maladive (il est tout de même le petit-fils de Jeanne la Folle), qui seules entrent en jeu ? Faut-il incriminer l'étiquette de la cour qui l'oblige, si jeune, à une vie de représentation, qui ainsi l'isole sans cesse, en fait le rappelle à l'ordre ? L'amour très vif de sa mère, princesse de toutes les vertus et si pieuse, bigote au vrai, qui veut qu'il soit élevé et traité « avec tous les égards dus à l'héritier du plus grand empereur que la Chrétienté ait jamais connu » — cet amour-là n'est pas fait non plus pour le conduire au naturel et à l'abandon. Voici comment Antonio de Guevara, humaniste, évêque et courtisan, décrit l'impératrice dans une de ses lettres au marquis de Los Vélez : « Veux-tu savoir comment elle prend ses repas ? Compassée, frissonnante de froid, seule et silencieuse, pendant que tous la regardent fixement ; quatre circonstances, dont une seule suffirait déjà à me couper l'appétit. » Elle aussi, une prisonnière de l'étiquette !

Bref, tout se ligue pour que le jeune prince ne puisse vivre à sa guise, de sa vraie vie. Dès ses premiers pas, il est accablé par les rôles qu'il doit jouer les uns après les autres, parfois tous ensemble. Le hasard fait qu'il est l'aîné : après lui sont nées deux princesses, Marie (1528-1603), qui épousera plus tard Maximilien d'Autriche et, veuve en 1576, viendra achever sa vie dans le couvent des Descalzas de Madrid ; et la plus jeune, Jeanne (1535-1575), si belle, qui épousera le prince de Portugal (elle sera la mère du roi Sébastien, « le dernier des croisés » qui, follement, ira mourir au Maroc sur le champ de bataille d'Alcazar Kébir, en août 1577). Philippe aura ainsi reçu en partage les avantages et aussi les tristesses de l'aîné, d'autant que sa mère meurt prématurément, le 1er mai 1539, à Tolède. L'empereur, très frappé par ce deuil, s'est retiré dans un couvent et c'est Philippe — il a douze ans — qui chevauche en tête du lugubre cortège qui porte le corps de l'impératrice jusqu'à Grenade, où elle sera inhumée dans le tombeau magnifique des Rois Catholiques, Isabelle et Ferdinand.

Mis à l'épreuve de bonne heure, Philippe, à coup sûr, est entré volontiers dans son rôle. Luis de Cabrera raconte qu'un jour, le cardinal Tavera, archevêque de Tolède, rend visite au jeune prince au moment où son gouverneur l'habille. La bienséance voulant qu'il dise au prélat : *cubraos* (couvrez-vous), le prince commence par mettre son manteau et son chapeau, puis se retourne vers le visiteur : « *Aora podeis poneros el bonete, cardenal* » (« Maintenant, Cardinal, vous pouvez mettre votre chapeau »).

Appliqué, consciencieux, l'enfant paraît avoir eu très tôt sur lui-même cet empire extraordinaire dont il ne se départira jamais plus par la suite. Il accepte aussi sans rechigner les contraintes exigées du bon élève à qui l'on apprend son dur métier de prince. Cet apprentissage-là, Philippe l'a poursuivi avec bonheur, d'autant que le professeur, en la matière, a été souvent l'empereur lui-même, père prestigieux et que l'enfant pour toujours « intériorise », comme diraient les psychiatres. On suppute ce que la gloire d'un tel père a signifié pour le cœur d'un jeune prince, né deux ans après Pavie, qui a huit ans quand l'empereur enlève Tunis, quatorze lors de l'expédition dramatique contre Alger, vingt ans l'année même de Mülhberg. C'est assez d'aventures pour tourner la tête d'un enfant, même très sage. Et ce père glorieux est fort tendre, il lui donne l'occasion de le voir, de s'entretenir longuement avec lui, de se laisser conquérir jusqu'au fond de l'âme. Dans ses instructions à son fils, dont les plus célèbres sont celles datées de Palamos des 4 et 6 mai 1543, l'empereur, obstiné à méditer sur sa propre mort, médite sans fin aussi et de façon morose, terriblement sérieuse en tout cas, sur la vie et l'avenir du prince. Pour lui, Philippe est la plante vivace, la lampe allumée. Mais pour le protéger, quel langage de raison ne tient-il pas à longueur de pages : se méfier de ses conseillers, les tenir à distance, ne pas avoir d'illusions à leur sujet, se méfier aussi de certains de ses royaumes, par exemple l'Aragon, et à jamais de la mauvaise foi française... Ce langage de l'expérience désabusée, pourquoi ne glacerait-il pas le cœur, ou la langue, d'un enfant méditatif, au fond peu sûr de lui-même ? Ces directives, sa vie durant, seront hélas pour lui la loi et les prophètes.

L'éducation religieuse du prince a été, elle aussi, totalement acceptée. Les gestes extérieurs, les attitudes obligées trompent-elles ? Ses ennemis plus tard se sont posé la question pour répondre que la religiosité du souverain n'était qu'un masque atroce. Ce sont là paroles assez gratuites. Philippe n'est certes pas un chrétien que tourmentent les problèmes du libre examen. Pourtant les historiens rejoignent sur ce point ses amis : Philippe a été un croyant absolument sincère. Et surtout ce sont deux choses très différentes que *croire* et *gouverner*. Pour un prince du XVIe siècle, gouverner, c'est n'avoir que Dieu au-dessus de soi, n'être responsable que devant lui de ce que l'on a fait, sa vie durant, pour le bien de ses sujets. Le Souverain Pontife ne saurait couper à sa guise ce dialogue essentiel et Philippe ne le permettra jamais. Si le mot ne détonnait pas par trop, quel bel exemple de « gallicanisme » que sa vie, je veux dire son indépendance ferme vis-à-vis du Saint-Siège, sa défense efficace des prérogatives royales vis-à-vis de l'Église...

En contrepartie à cette éducation sévère, rigide, abstraite, le jeune prince n'a pas eu à marquer le pas, à frapper du pied, à se ronger d'ambition comme le fera plus tard son fils Don Carlos, ou son frère bâtard, Don Juan d'Autriche. En mai 1543, régent des royaumes d'Espagne avant d'avoir seize ans, entouré de conseils et de conseillers, il est déjà seul, de la solitude du pouvoir. En novembre de la même année, il épouse, sur ordre peut-on dire, sa cousine Maria Manuela de Portugal qui, le 8 juillet 1545, lui donne un fils, l'infortuné Don Carlos, et meurt quatre jours plus tard. Par ce premier mariage (il sera suivi de trois autres), Philippe est engagé, corps et biens, dans cette haute politique qui se meut au-dessus de l'Europe et de ses peuples et qui se joue à coups de mariages, plus soigneusement et longuement calculés qu'une savante partie d'échecs. Philippe, collection de titres princiers, d'héritages à venir, est l'une des pièces essentielles de cet échiquier. Imbattables sur ce terrain, les Habsbourg sont les dignes héritiers des Rois Catholiques qui, par leur politique acharnée de mariages anti français, ont longtemps à l'avance préparé la monarchie universelle et monstrueuse de Charles Quint.

En tout cas, régent d'Espagne avant son seizième anniversaire, marié à seize ans, veuf à dix-sept, gouvernant l'Espagne jusqu'à dix-neuf ans, avouons que ce sont là des tâches lourdes précocement assumées. Louis XIV, auquel on pense un instant, a tout de même attendu, pour régner, la mort du cardinal Mazarin et sa vingt-troisième année (1661). Que Philippe s'en soit trouvé mûri, et aggravé le côté déjà trop sérieux de son caractère, c'est probable. Il aura gagné cependant à ces expériences une indéniable maîtrise de soi, et cette sorte de courage ne l'abandonnera jamais, volonté surhumaine de tenir son rôle coûte que coûte, orgueil qui après tout n'est pas haïssable. Cette continuelle tension lui aura évité, sans doute, les oscillations dramatiques, les crises, les dépressions neurasthéniques, les abandons de soi-même qui ont caractérisé ou son père, Charles Quint, ou son demi-frère, le très brillant Don Juan d'Autriche. Aussi bien, quel que soit le jugement que l'on porte sur Philippe II, remarquons qu'il ne donne jamais, comme son père, l'impression hallucinante de ne pas habiter réellement ses propres portraits, de s'en évader sans fin. Philippe est ce qu'il est, mais reste toujours présent à nos yeux, des portraits de sa jeunesse à ceux, si souvent terribles, de son âge avancé.

En somme les hasards — y compris ceux de son hérédité biologique —, les tâches très tôt assumées, voire l'étiquette bourguignonne (établie à la cour en 1548) ont ravi à Philippe son enfance, puis sa première jeunesse, toutes ses spontanéités, l'ont préparé à se taire, à dissimuler.

En octobre 1548, commence pour lui un long tour d'Europe voulu par l'empereur : ce voyage le conduisit d'Espagne à Gênes, puis à Milan, Munich, Heidelberg,

Bruxelles, enfin bien plus tard à Augsbourg où, en 1550, il put croire, à tort, que la question allemande était réglée une fois pour toutes en sa faveur ; qu'il serait un jour roi des Romains, puis empereur du Saint Empire romain germanique. Le 12 juillet 1550, il était enfin de retour en Espagne.

Quatre ans plus tard, presque jour pour jour, il quittait La Corogne et gagnait l'Angleterre pour épouser sa cousine, Marie Tudor, à Westminster, le 25 juillet 1554, jour de la fête de saint Jacques, patron de l'Espagne. Ce mariage voulu par la politique avec une princesse peu jolie, de onze ans son aînée, ne fut pas plus malheureux que beaucoup d'autres. Le jeune prince, sans illusions, disait à ses compagnons, gagnant l'Angleterre : « Ce n'est pas une partie de plaisir mais une croisade. » Il s'agissait d'amarrer l'île au catholicisme, une fois pour toutes, et de l'attacher une fois pour toutes aussi à la fortune de l'Espagne, à la place de l'Allemagne perdue au même instant. L'enjeu en valait la peine. Mais la guerre reprenait une fois de plus avec la France et Philippe assurait bientôt aux Pays-Bas la relève de Charles Quint. Celui-ci commençait, en octobre 1555, la série de ses abdications et regagnait l'Espagne où il allait mourir, le 21 septembre 1558. Deux mois plus tard, le 17 novembre, Marie Tudor s'éteignait à son tour.

Ce n'est qu'au lendemain de la paix du Cateau-Cambrésis (1er-3 avril 1559), qui devait rétablir pour longtemps la paix avec la France, que Philippe II regagna l'Espagne. Lorsqu'il débarqua à Laredo, le 8 septembre 1559, il venait d'avoir trente-deux ans quelques mois plus tôt.

Premières et dernières années heureuses

L'année 1559 est, à sa façon, une coupure profonde de l'histoire du monde. Le conflit entre la France et l'Espagne vient de se suspendre, mais cette fois la pause va durer, en gros jusqu'en 1589. Philippe échappe de la sorte à l'un des tourments majeurs de la vie de son père. Certes la France lui suscitera des ennuis, des inquiétudes, des agacements, et à ces petites choses Philippe II, trop fidèle aux leçons de son père, sera exagérément sensible. Mais enfin, ces soucis s'effacent les uns après les autres. Et à partir de 1562, la France s'abîme dans la longue querelle de ses guerres de Religion. Par rapport au premier XVIe siècle, elle n'est plus dès lors que l'ombre d'elle-même. Notez que l'espace français, si hostile au temps de François Ier et d'Henri II, s'ouvre maintenant aux courriers réguliers de l'Espagne. Sans ces commodités des routes de France en direction des Pays-Bas et de l'Italie, Philippe n'aurait sans doute jamais pu diriger ses États de la lointaine Castille où il se délecte à vivre, depuis son retour des Pays-Bas.

Mais goûte-t-il ces avantages à leur prix et aperçoit-il leur vraie raison ? J'en doute. La peur réelle d'une extension du protestantisme à travers la France et, de là, vers les Pays-Bas, l'Italie et même l'Espagne, le tourmente. Il lui faudrait intervenir, « au cas où le danger huguenot s'accroîtrait ». « Il y va en effet, écrit-il un jour à Catherine de Médicis, des intérêts vitaux de l'Espagne. » Il lui arrive de faire des remontrances amères, comme au temps de l'ambassadeur Chantonay, le frère de Granvelle dont Catherine de Médicis obtint le renvoi en février 1564, mais qui n'a pas agi seulement au gré de sa mauvaise humeur ; ou de détacher un corps de troupes espagnoles de la frontière du Guipúzcoa, en juillet 1562, sous les ordres du vieux et valétudinaire Diego de Carvajal (ces Espagnols, non leur chef, participeront à la victoire catholique de Dreux, 19 décembre) ; ou durant l'hiver 1568-1569, de préparer et d'envoyer à partir des Pays-Bas un « secours » sous les ordres du comte Pierre de Mansfeld...

Ainsi la politique française ne cesse de l'inquiéter, vaste chaudron du diable où l'on ne sait jamais au juste ce qui bout, le pire sans doute, car depuis 1559, les ambassadeurs du Très Chrétien sont hommes d'épée, non plus d'Église, Fourquevaux et non plus l'évêque de Limoges. Ces soldats tapent volontiers du pied, parlent fort, troublent les quiétudes de l'Europe espagnole. Mais tant qu'a vécu la « reine de la paix », la princesse française que Philippe II a épousée en troisièmes noces, tout peut s'arranger et s'arrange. Même plus tard.

Petits soucis également que ceux de Philippe du côté de l'Allemagne. Il l'a perdue, mais il n'a plus aux pieds ce boulet de la politique de Charles Quint. Celui-ci n'avait pas réussi, on le sait, à assurer la succession impériale à son fils et l'Allemagne, au-delà de sa paix de religion (Augsbourg, 1555), a vécu tranquille, hors des grandes querelles de l'Europe, jusqu'au sinistre réveil de la guerre de Trente Ans (1618-1648). Le seul problème pour Philippe, c'est de rétablir de bonnes relations avec les Habsbourg de Vienne, Ferdinand Ier, puis Maximilien II, ses parents qu'a traumatisés à Augsbourg, en 1550, la violence désespérée de Charles Quint. Soumis alors en apparence, ils n'ont pas cédé au chef de la famille, et dès 1552 ils triomphent : l'Allemagne impériale est à eux. Et la paix d'Augsbourg leur en assure la paisible propriété.

Ce conflit latent n'a pourtant rien brisé, ni rompu. Vienne a besoin des subsides de l'Espagne, face au Turc. Mariages et bonnes paroles font leur effet. Marie, sœur de Philippe II, femme de Maximilien II, travaille à ce rapprochement lent, mais nécessaire selon son cœur. Ses enfants, les archiducs Rodolphe et Ernest, sont envoyés en 1564 en Espagne, un peu comme des otages. Elle-même, après la mort de son époux (1576), gagnera Madrid où elle vivra de 1584 jusqu'à sa mort, en 1603. C'est d'ailleurs de ce lent rapprochement des deux branches des Habsbourg, ceux de Vienne et ceux de Madrid, que naîtra plus tard le grand orage de la guerre de Trente Ans.

Ajoutons que de 1559 à 1575, dates approximatives mais valables, une récession économique tenace enlève à toutes les querelles européennes le nerf de la guerre : pas de finances à l'aise, pas même celles de la toute-puissante Espagne. Tout tend ainsi vers le calme, celui de l'essoufflement, sinon celui de l'apaisement.

Toutefois le plus important des éléments de la situation nouvelle, au lendemain du Cateau-Cambrésis, reste encore celui-ci : l'empire de Philippe II se dégage sans bruit de l'héritage de Charles Quint, se déprend de l'Europe continentale où s'était enfoncée la politique quasi médiévale, et souvent rétrograde, du grand empereur. Cet empire ne se centre plus ou sur Anvers, ou sur l'Italie, mais bel et bien sur l'océan Atlantique, sur l'Amérique minière dont le poids mondial augmente vite. Son centre n'est même pas Madrid, nouvelle capitale qui, en 1561, remplace Valladolid, mais bien Séville — ce dont ni le Roi Catholique ni ses conseillers ne se rendent alors vraiment compte. L'Europe, la Méditerranée familières les fascinent. Comme toujours les très grands événements ne font pour ainsi dire pas de bruit : alors la structure du monde aura changé, sans qu'on y prenne vraiment garde.

Ces années 1559-1568, ce sont, avons-nous dit, des années heureuses pour Philippe II. Il a épousé, en exécution des clauses du traité du Cateau-Cambrésis, la princesse Élisabeth de France, fille d'Henri II et de Catherine de Médicis. Pour les Espagnols qui traduisent son prénom, elle est la reina Isabel, plus encore la *Reina de la Paz*. C'est une enfant — elle a quatorze ans — quand elle épouse le Roi Catholique à Guadalajara, le 31 janvier 1560, une enfant gaie, vive, bonne, intelligente, presque un être de paradis. Elle a l'avantage de parler l'espagnol avec facilité. Brantôme va jusqu'à dire : « Son langage espaignol estoyt aussi beau, aussi friand et aussi attirant qu'il estoit possible. » Aimée de ses sujets, elle fut aussi aimée par le roi de façon sincère et vive. D'ailleurs ne l'imaginons pas, à cette époque, insensible aux charmes féminins. On l'a dit, on a essayé de le dire, pour lui en faire une vertu bien inutile. En 1558, avant son troisième mariage, un Vénitien dépeint cependant le prince comme « trop adonné aux femmes » et, pour ses aventures, dit-il, « *prendendo dilettazione di andare in maschera la notte, anco in tempo di negoziazioni importanti* ». L'homme au masque, quel psychiatre, quel critique littéraire de la « nouvelle école » ne retiendraient-ils pas l'image avec délectation ? Notons aussi que même son retour en Espagne et son mariage avec Élisabeth de France n'ont pas assagi le jeune souverain ; il conserve le goût très vif des femmes élégantes, l'évêque de Limoges, ambassadeur du Très Chrétien, note, avec indulgence d'ailleurs, qu'une certaine conduite sentimentale ne l'empêche pas d'être « un bon mary » ; « il couche ordinièrement avec elle [Élisabeth] », écrira-t-il à Catherine de Médicis, en 1561, pour la tranquilliser au sujet de sa fille. Oui, un bon mari, attaché à cette jeune femme joyeuse et qui prendra tout à fait au sérieux, avec beaucoup de grâce, son rôle de reine d'Espagne, heureuse de l'être au demeurant. Les deux filles qu'elle donnera au roi, Claire Isabelle Eugénie et Catherine, seront d'ailleurs tendrement aimées par celui-ci, l'aînée surtout. Et quand la reine Isabelle le quitte un instant, le 15 mai 1565, pour gagner Bayonne où elle rencontrera une dernière fois sa mère, Catherine de Médicis, les deux époux, à dire de témoins, se sont séparés « non sans pleurer ». Aussi bien en octobre 1568, quand la jeune reine mourra à vingt-trois ans d'un accouchement prématuré et de la sottise de ses médecins, le roi subit ce malheur « *con dolore inestimabile*, écrit un ambassadeur génois, [...] *per il molto amore che portava alla bontà di essa Regina et per quello anche che da lei conosceva esserli portato* ».

Faut-il accepter comme argent comptant ce bref roman sentimental « à l'eau de rose » ? Un historien, Oreste Ferrara (1961), nous conseille vivement d'en douter. Évidemment, en ces domaines, rien n'est sûr. Qu'Isabelle écrive à sa mère Catherine de Médicis :

« Je vous dirai comment je suis la plus heureuse femme du monde », c'est peut-être là une façon de rassurer, voire de tromper une mère inquiète, ou l'expression, après tout, de la vérité. Le dossier revu de ce petit problème, je pencherais en faveur de la solution heureuse. Mais plus que sur la reine, c'est sur le roi que ce long fait divers porte témoignage. Trop d'historiens veulent le voir, à tout prix, sombre et sans joie. Or un Philippe II fort différent de ses portraits habituels se devine, s'aperçoit même en ces années-là, où Isabel vit un instant à ses côtés. Quand elle meurt, il a 41 ans — ce qui à l'époque est un âge déjà avancé. Assurément une page est tournée pour lui, celle de sa jeunesse, et non moins celle de ses années encore heureuses.

Jusque-là, le roi, dans l'éclat de sa force, aura été tel que le représente le crayon de la Bibliothèque nationale de Paris, malheureusement mal identifié, ou le portrait un peu solennel du Titien ou celui d'Antonio Moro : il est l'élégance, la distinction même. Si son grand-père (le mari de Jeanne la Folle) n'avait déjà porté ce surnom, il aurait été, lui aussi, en ces années-là, Philippe le Beau. Sans doute sa taille est-elle médiocre, mais le corps bien proportionné donne l'impression d'une robustesse certaine. Le teint clair, souvent pâle, fait dire à un Vénitien qui l'aperçoit aux Pays-Bas : « *ha apparenza di Fiammingo* », et cela malgré ses manières espagnoles, comme si sa nature physique contredisait à l'avance sa vocation qui sera d'être espagnol jusqu'à la moelle des os. En ces années-là, sa grâce est donc souvent vantée, non sans raison. Comme le dit l'évêque de Limoges à la fin de l'année 1561, et le détail est précieux : on lui donnerait « à le voir... vingt-cinq ans », c'est-à-dire dix de moins que son âge.

Déjà dans les correspondances des ambassadeurs et au travers d'autres témoignages, émerge le portrait classique du roi assis sans fin à sa table de travail. Ce timide qui n'ose élever la voix, ni toujours regarder ses visiteurs droit dans les yeux, qui, intimidé, intimide ou terrorise les autres, cet étrange monarque prend par compensation un plaisir évident à écouter, ou plutôt à lire sans fin ce que les autres lui écrivent, à tenir dans ses doigts les fils essentiels d'une histoire en train de se faire sur la scène immense du monde. Ce timide retrouve là sa puissance, son aisance. Les nouvelles du monde entier convergent inlassablement vers lui au pas des courriers fourbus et les papiers s'entassent chaque jour sur sa table, par paquets énormes. Voilà la matière même de sa vie laborieuse, secrète. L'intelligent et sensible évêque de Limoges dit de lui, dès septembre 1560 : il est « lui-même le maître et le secrétaire, qui est grande vertu,... et fort entier en ses affères et qui n'en pert pas une heure, estant tout le long du jour sur des papiers ».

Ces papiers, il les lit lentement, soigneusement. Ses multiples notes marginales sont le témoignage irrécusable de cette minutie, parfois un peu puérile. Que dans une lettre, soumise à sa signature, il soit question d'un *« Don Antonio Valentino, caballero que se dize Senor de Polonia »*, le roi ne se contente pas de rayer le *Don*, il explique : « *fuera de aqui* [c'est-à-dire d'Espagne] *no se usa el don* » ; que le déchiffreur ait lu par erreur Sigenburg, « cela veut dire sans doute Luxembourg », note le roi dans la marge ; il corrige *Obdonia* en *Bolonia*, raye le mot *predicador general* dans une lettre venue de France, pour lui substituer avec raison, car il s'agit du Parlement de Paris, *procurador* ; ou bien il renvoie au déchiffreur un texte qui lui paraît peu clair à la lecture...

Cette minutie témoigne que le roi, à sa table de travail, n'est pas toujours pressé d'expédier sa besogne, il y trouve un certain plaisir. Mais dans cette masse de remarques, de corrections consciencieuses ou tatillonnes, dans sa correspondance avec les si nombreux agents de la politique espagnole, dans ses billets à ses collaborateurs les plus proches, jamais ou presque ne se rencontrent un cri du cœur, un aveu. Même dans ces conversations qu'il tient, plume en main, s'il parle beaucoup, il ne se livre presque jamais.

De cet énorme et lent travail, il sera bientôt rituel de se gausser : Philippe II, c'est le *rey papelero*, le roi paperassier aux pieds de plomb, qui veut tout voir par lui-même, réticent à se décider, voire ne se décidant jamais. Cette image va s'imposer durant les années qui viennent, non sans motifs, non sans injustice aussi. Quand Venise se trouve aux prises avec le Turc, en cette année 1571 qui verra la victoire de Lépante (7 octobre), pour la ville menacée tout est urgence, dès le printemps qui ouvre pour les flottes les possibilités de l'action. À Madrid, le 22 mars, Leonardo Donà, qui représente la Seigneurie, s'exaspère devant le flegme du roi : « *tornando io a dir che il tempo vola, mi licientiai da Sua Maesta* ». Je doute que cette flèche ait frappé le Roi Prudent en plein cœur, mais le reproche, qui va s'amplifier par la suite en risée, est-il si juste que cela ?

Philippe II à sa table de travail, c'est tout de même l'image, la réalité de l'État moderne. Avec Charles Quint, l'empereur voyageur (et déjà paperassier), un âge gouvernemental s'est achevé. De même qu'au-delà de la rupture des foires de Champagne, avec le milieu du XIVe siècle, le marchand itinérant a peu à peu quitté l'avant-scène du négoce occidental. C'est de son comptoir que le grand marchand dirige dès lors ses affaires. Ainsi pour les princes, en retard seulement sur cette évolution. Chaque fois qu'une difficulté, une surprise surgissent, Philippe II déclenche, souvent sans tarder, une masse énorme d'écritures, il bombarde d'ordres les exécutants qui sont à son service. Nous le verrons agir ainsi cent fois pour une, et c'est agir bel et bien selon la règle du monde moderne, et non pas, comme on a voulu le dire, par une sorte de protestation secrète à demi inconsciente, pour se distinguer de l'empereur, l'homme des voyages politiques et des campagnes guerrières. La lenteur de Philippe II, c'est aussi celle des courriers de l'époque et si elle est plus accentuée que celle d'autres chefs d'État (ce qui reste à prouver), c'est peut-être qu'elle est aux dimensions d'un empire mondial, « sans crépuscule », comme celui de Charles Quint. « Ces interminables liaisons, ai-je écrit, leurs lenteurs toujours au fond du désespoir, expliquent ce cœur de l'Espagne, trop grand pour elle, et qui bat au ralenti. » Ce cœur, autant dire Philippe II et les longs fils qu'il tient, qui aboutissent à lui, mais qui le conduisent aussi, lui dictent ses réponses, ses décisions ou indécisions, ses attentes répétées, comme si le temps alors travaillait pour lui.

Et d'ailleurs en ces années qui, jusqu'en 1568, sont relativement calmes, nul ne songe encore sérieusement, parmi les gens qui l'observent avec plus ou moins de bienveillance, à critiquer cette façon de gouverner et d'agir. Les Français comme les autres. « Je ne croy pas, écrit l'évêque de Limoges, le 24 août 1561, à la longueur dont use ce prince en ces affaires, que je n'estime plus grande dextérité ni finesse... [car] de... gaigner le temps par remises. » « Gaigner le temps », non pas le perdre. Fourquevaux, qui n'est pas un observateur aussi fin que l'évêque de Limoges, ni aussi chaleureux, ne songe pas non plus à sourire de l'attitude de Philippe : « Croyez, Sire, écrit-il à Charles IX, que ce Roy ne faict pas grand bruit en ses affaires, mais il les sçait faire venir à son point par subtils moyens. » Et à Catherine de Médicis, il explique qu'« il est si couvert en ses conseils et si tardif en ses déterminations qu'il est comme impossible de savoir ses entreprises ». Oui, l'Espagne n'est pas la France où chacun bavarde des secrets d'État.

D'ailleurs ces années que je dis heureuses, dans le droit fil de la vie personnelle de Philippe II, ne sont pas éclatantes dans l'histoire de l'Espagne et de l'énorme empire dont elle est le pivot. Le Siècle d'Or n'est pas encore né, ni les gloires de Madrid, ni même encore la pleine richesse minière des « Indes ». La politique se ressent obstinément d'une économie maussade. Tout cela n'a-t-il pas favorisé le jeu un peu terne du Roi Prudent, attentif à rétablir l'ordre et notamment dans ses finances, au lendemain de la banqueroute de janvier 1557, assortie bientôt d'une nouvelle banqueroute discrète que l'on ne mentionne pas d'habitude, celle de 1560, poursuivie avec l'aide, la résignation au moins, des marchands prêteurs d'argent ? La puissante *Casa de la Contratación* est choisie alors pour l'assignation des *juros*, le paiement des rentes qui sont la dette consolidée de la Castille. À cette remise en ordre, nul gouvernement ne pouvait mieux convenir que celui d'un roi ponctuel, ennemi de l'aventure, tenant en laisse, sans le moindre effort, les deux partis entre qui se divisent ses conseillers, nous pourrions dire ses ministres — le parti de la guerre du magnifique et hautain duc d'Albe, le parti de la paix de Ruy Gómez, on dit parfois par un jeu de mots innocent *el rey* Gómez, ses partisans étant désignés sous le nom, d'*ebolistas*, les hommes du prince d'Eboli. Le Roi Prudent semble d'abord pencher de leur côté, mais quand, en 1566, en avril puis en août, les Pays-Bas se soulèvent, c'est du côté de leurs adversaires qu'il se retournera, et cette fois sans hésiter. Alors a sonné l'heure malencontreuse du duc d'Albe.

Toutes ces années de paix sont donc emplies de sages mesures administratives, menues et grises, d'actes raisonnables, par exemple la construction à partir des arsenaux de Méditerranée, Palerme, Messine, Naples, Gênes, Barcelone, d'une puissante flotte de galères pour se défendre contre les attaques et pilleries des musulmans, sur les côtes d'Espagne et d'Italie. Ainsi commence une petite guerre acharnée : en 1560 surgit inopinément le désastre de l'« armée navale » de l'Espagne à Djerba, sur la côte tunisienne, mais en 1564 est emporté l'îlot du Peñon de Vélez, écharde plantée sur la côte marocaine ; en 1565, un succès incontestable au cœur même de la Méditerranée cette fois : les Turcs lèvent le siège de Malte devant les *tercios* espagnols qui viennent de débarquer dans l'île... Tout de même une petite guerre, dirons-nous, si coûteuse qu'elle soit, si utile qu'elle s'affirme pour la protection de l'Italie. Car le vrai problème serait alors de tenir l'Atlantique, où tout va s'enflammer bientôt, après 1566, ou mieux 1567 et 1568.

Cependant, en Espagne, qui pourrait dire combien ces années tranquilles ont assis la réputation du jeune roi ? Le pays lui a été reconnaissant de cette présence prolongée, de cette paix. Au cœur de l'empire de Philippe II se met en place le nationalisme vif, prompt aux sacrifices et plus encore à l'orgueil, de la Castille. Philippe II est entouré de cette chaleur-là, de ces illusions-là, de ces impératifs-là. Tout devient castillan, son cœur, son esprit, ses conseillers eux-mêmes.

L'année 1568 clôt cette période de tranquillité. Cette année-là se noue définitivement le drame des Pays-Bas, guerre quasi coloniale, dirions-nous, au cœur de l'Europe, guerre pourrie où les adversaires de l'Espagne s'empressent de l'acculer à une épreuve de force. Car tout y est à son désavantage, d'immenses lignes de ravitaillement sont à utiliser de la péninsule aux Flandres par l'Océan, la Manche, et la mer du Nord — les plus commodes sans doute car la route d'eau océanique est plus économique que les longs détours par la Méditerranée, l'Italie, la Savoie ou les Cantons suisses, la Lorraine ou le Rhin. Un soldat espagnol ou italien amené aux Pays-Bas coûte finalement au moins quatre fois plus cher qu'un de ses adversaires.

Les troubles avaient commencé en avril 1566, avec les intrigues ouvertes des grands seigneurs ; en août, comme une flamme jaillie de partout, le soulèvement des iconoclastes avait signifié le pillage des églises et le triomphe brusque de la réforme calviniste. Cependant, l'intelligente gouvernante des Pays-Bas, Marguerite de Parme, avait su rétablir sinon son autorité, au moins l'ordre apparent, en opposant les seigneurs et le populaire.

Dans ces conditions, Philippe II aura-t-il la sagesse

d'adopter cette politique, de refuser le combat, de s'entendre avec les seigneurs, en somme de transiger ? C'est l'avis sans doute des *ebolistas* qui sont, à Madrid, les agents mêmes de ces seigneurs. Ou bien céder à l'intransigeant duc d'Albe ? Ce dernier l'emporte auprès du roi et prend le commandement de la plus formidable armée qu'on ait vue depuis longtemps. De tous les pays d'Europe, chacun a pu suivre la marche des *tercios* et le tambourin des recruteurs sonnait encore en Andalousie que le duc d'Albe faisait son entrée à Bruxelles (30 août 1567). Pouvons-nous dire, historiens, que ce fut là une grosse faute, la plus grosse qu'ait commise Philippe II ? N'aurait-il pas mieux fait, comme il en avait eu l'intention, et surtout comme il l'avait dit et laissé dire, de se rendre lui-même, en personne, dans ses Pays d'En-Bas ? Une fois de plus, l'homme au masque aura préféré se cacher derrière autrui.

Cependant, à la première surprise, tout parut résolu par ce geste de force et peut-être, le gendarme une fois en place, les choses auraient-elles pu se résoudre encore à l'amiable, avant les exécutions spectaculaires des comtes d'Egmont et d'Hornes, en décembre 1568. Dès lors, plus d'accord possible.

À ce même moment, dans sa propre famille, Philippe II doit faire face au plus cruel des drames, indubitablement en liaison avec la révolte des Flandres. Son fils, Don Carlos, probablement dans la folle hostilité qui le dresse contre son père, a entretenu des relations avec les Flamands. Mais, plus que la trahison, c'est la folie que rencontre alors Philippe II et dont il lui faudra « se séparer ». Charles Quint s'était trouvé pareillement confronté au drame de la folie de sa mère, Jeanne la Folle (1479-1555), à qui d'ailleurs il ne devait survivre que de quelques années, mais le problème avait été réglé, dès 1506, par Ferdinand le Catholique, le père de la malheureuse. Enfermée à Tordesillas, la reine y mena une vie silencieuse, sauf lors de l'alerte des *Comuneros*, en 1521.

Le drame sera beaucoup plus angoissant pour Philippe II. Non pas inopiné ; il a su, des années à l'avance, que le fils de son premier mariage n'était pas un enfant normal et que, sauf miracle, il serait incapable de lui succéder. Il suffisait d'ailleurs de le voir « demi-idiot, scrofuleux, boitant, déjeté et parlant avec difficulté », « laid d'aspect et désagréable... », « avec un visage plutôt ravagé que pâle... ». Quand on pense au dialogue confiant de Charles Quint et de son fils, comment ne pas plaindre Philippe II face à Don Carlos ? Les extravagances et violences d'un enfant irresponsable ont la cour pour théâtre, rien du drame n'a pu être celé. Il s'étale dans toutes les correspondances. Débile de corps et d'esprit, cruel, sadique avec les hommes comme avec les animaux, ou les femmes qu'il aborde grossièrement dans la rue, la chronique à son sujet multiplie les détails, certains crapuleux, sans que l'on sache faire le tri au milieu de ces faits divers déplaisants entre la vérité et les rumeurs. Le malheur de Don Carlos, dirons-nous rétrospectivement, c'est de n'avoir pas succombé au terrible accident d'Alcalá de Hénarès (19 avril 1562). Tombant dans un escalier, il se fracture le crâne, les médecins l'opèrent (mais il ne s'agit pas d'une vraie trépanation) et le sauvent, sans rien changer bien entendu au caractère extravagant du petit prince.

Une seule passion se dégage de ses actes, les domine : sa haine mortelle à l'égard de son père. Il rêve de fuite, se jette dans mille intrigues, négocie des emprunts qui ne réussissent qu'à moitié, cherche des complicités, notamment auprès de Don Juan d'Autriche qui est de deux ans son cadet. Le roi, au courant de ces faits et gestes, reste silencieux, l'épie d'heure en heure et finalement, accompagné d'une suite nombreuse, force la porte de sa chambre, au palais de Madrid, dans la nuit du 18 au 19 janvier 1568. Un grand feu brûle dans la cheminée, Don Carlos veut s'y précipiter. « Si vous vous tuiez, ce serait l'acte d'un fou », dit le roi qui porte cuirasse et casque (preuve que l'on redoutait le pire de la part de l'enfant qui avait toujours à portée de main une arquebuse chargée). « Je ne suis pas fou, réplique Don Carlos, je suis désespéré des mauvais traitements de Votre Majesté envers moi. »

Mais le mot terrible — la folie — a fait balle. Il vole, on le retrouve désormais dans toutes les lettres et conversations officielles qui vont suivre, vrai déluge de propagande précautionneuse, jetée aussitôt dans toutes les directions. Ruy Gómez, aux ambassadeurs de France, de Venise et d'Angleterre, explique que le prince « est encore plus mal composé de son cerveau que de sa personne et qu'il n'aura jamais l'entendement bien rassis ». Philippe II, dans une lettre à l'impératrice, du 19 mai 1568, parle du *« defecto de entendimiento que por mis pecados ha permitido Nuestro Señor que huviesse en mi hijo ».* Emprisonné dans sa chambre dont les fenêtres ont été clouées, puis transféré dans une tour contiguë du palais de Madrid, surveillé étroitement, Don Carlos est réduit au désespoir. L'ambassadeur de Venise, Cavalli, bavardant avec un courtisan, s'apitoie. Y aurait-il une réconciliation possible ? Et l'interlocuteur de répondre : *« se non perde il cervello, sara segno che prima l'haveva perduto ».* La folie de Don Carlos ne peut être contestée, pas plus que l'attitude impitoyable de Philippe II à son endroit. En juillet, le prince tombait malade : indigestion, dysenterie, abus d'eau de neige... Le petit prisonnier a-t-il voulu sciemment cette fin, c'est possible. Il fit en tout cas admirable contenance, le 24 juillet, devant la mort, mais n'obtint pas, malgré sa demande, la présence de son père.

Même si, pour ce dernier, la mort de Don Carlos a été un soulagement — mais nous n'en saurions jurer —, elle ouvrait d'assez sinistres perspectives. Veuf en octobre de cette même année de la reine Isabel, n'ayant que deux filles, il lui fallait aussitôt se remarier. Il épousera bientôt sa nièce, Anne d'Autriche, charmante princesse au demeurant et qui arrivera en Espagne en 1569, pour ne pas y être toujours très heureuse. Elle donnera au Roi Prudent cinq enfants, dont survivra seul le fils qui fut son héritier, Philippe III.

Mais comment oublier, dans ce roman noir, qu'elle avait été la fiancée de Don Carlos ? Comment oublier aussi que le roi allait prendre pour confesseur ce père Chaves que l'on ne saurait rétrospectivement estimer sans réserves, et qui avait été le confesseur de Don Carlos lui-même ? Ces détails, d'autres encore, disent bien que, de ce drame, nous ne connaissons certainement pas tout. Certes le dossier peut se plaider de nouveau. Mais aucun jugement ne donnera satisfaction à personne.

Les années terribles : 1568-1582

En fait, 1568 ne fait qu'ouvrir la porte à une série d'années terribles. Le roi sera encore frappé dans sa vie privée : mort de Ruy Gómez en 1573, de sa sœur, la princesse Jeanne, en 1575, de Don Juan d'Autriche dans des conditions dramatiques en 1578 ; trahison d'Antonio Pérez, son homme de confiance, presque son *valido*, son favori, trahison patente dès le lendemain de l'assassinat d'Escovedo, le secrétaire de Don Juan (1578) ; mort de la reine Anne, octobre 1580, sa dernière épouse, qui le laisse dès lors à la solitude. Vieilli prématurément — plus de dents, des cheveux rares, tôt blanchis — le roi est-il, comme c'est possible, travaillé dans sa santé par les infirmités multiples héritées de son père et de son ascendance portugaise ? Son premier accès de goutte le surprend en 1568, des fièvres intermittentes se répètent, tenaces. Sans doute, au-delà de ces symptômes, faut-il diagnostiquer en plus une syphilis héréditaire, bien que les preuves n'en soient pas absolument irrécusables, même aux yeux de G. Marañon, historien perspicace qui a l'avantage d'être un médecin de grande qualité. On n'ausculte pas aisément des malades à des siècles de distance. Ces misères physiques qui n'épargnent pas le roi, ne sont-elles pas d'ailleurs, alors, le lot commun des hommes, au-delà de la quarantaine ?

Désastres publics : l'année 1568, au moment de se terminer, a apporté une nouvelle catastrophe : les Morisques du royaume de Grenade se sont soulevés dans la nuit de Noël, au milieu de tempêtes de neige. Puis surgit la guerre manquée avec l'Angleterre, 1569-1573, dont les manuels ne parlent pas, bien à tort ; la victoire de Lépante, 7 octobre 1571, qui laisse au vainqueur les mains vides ; l'entrée en scène, les 1er et 2 avril 1572, des Gueux de la mer qui s'emparent de Brielle, dans une île de Zélande ; la guerre manquée avec la France dont rêva Coligny et qui s'achève, sans s'achever, avec le massacre de la Saint-Barthélemy (24 août 1572). En 1575, se produisait la seconde banqueroute de l'État castillan, voulue sans doute par le souverain, mais dont les conséquences seront désastreuses aux Pays-Bas où Don Juan d'Autriche brouille le jeu, un instant pacifique ; bientôt avec l'intensification de la guerre commence la carrière dramatique et éblouissante d'Alexandre Farnèse. Ouverte dès 1578, la succession de Portugal, réglée en 1580, est, elle aussi, une victoire plus apparente que réelle ; l'Empire portugais ajoute sa faiblesse et son immensité à l'immensité et à la faiblesse de l'Empire espagnol.

Pour ces années surchargées d'événements, les grands personnages, outre le roi, lui d'abord, ont été le duc d'Albe, vaincu aux Pays-Bas mais finissant sa vie en apothéose avec la victoire du Portugal ; Don Juan d'Autriche, le demi-frère de Philippe II ; Antonio Pérez, nommé secrétaire du roi en décembre 1568 ; enfin le cardinal Granvelle, Comtois d'origine, le fils de Perrenot de Granvelle, le conseiller de Charles Quint. Comme son père, il a servi l'empereur au début de sa carrière, puis a été l'homme de confiance de Philippe II auprès de Marguerite de Parme jusqu'à son rappel, en 1564, imposé par les grands seigneurs. Il est à Rome en 1579 quand le roi l'appelle d'urgence, pour remplacer Antonio Pérez. Présentons au moins les trois premiers rôles, Don Juan d'Autriche, Antonio Pérez, le roi.

Celui-ci n'a guère changé au moins dans la conduite des affaires. C'est toujours à l'Escorial, bien qu'inachevé jusqu'en 1584, qu'il se retire souvent pour travailler, accompagné d'un seul secrétaire (la plupart du temps Antonio Pérez). Même en route, il poursuit son travail, son goût de la minutie s'exagère alors jusqu'à la manie. Mais n'est-ce pas, comme dans la vie d'un simple particulier, un moyen comme un autre d'échapper aux préoccupations trop graves, une façon de se duper soi-même ? Et ce goût des petites choses ne le détourne pas des grandes. C'est même la rencontre de ces menues et ridicules affaires et des très grandes qui surprend, chaque fois, l'historien indiscret et l'entraînerait à juger un peu vite.

La timidité du roi n'a pas disparu, elle non plus, mais son emprise sur lui-même s'affirme plus forte que jamais. Il a comme trouvé son *style*, une fois pour toutes. Toujours vêtu sobrement, en noir, le plus souvent sans épée au côté — « il a plutôt l'air d'un médecin que d'un prince », s'exclame un témoin —, il maintient toujours une sorte de distance entre lui-même et les autres, un vide où nul ne s'aventure sans appréhension ni effort. C'est ce que disent les ambassadeurs étrangers ; ce qu'éprouve sainte Thérèse elle-même : « *Toda turbada*, écrira-t-elle, *empecé a hablarle porque su mirar penetrante, de esos que ahondan hasta el alma, fijó en mi, parecia herirme, asi que bajé mi vista y con toda brevedad, le dijé mis deseos* » — « Toute troublée, je me mis à parler parce que son regard pénétrant, de ceux qui plongent jusqu'au fond de l'âme, fixé sur moi, me faisait l'effet d'une blessure, de sorte que je baissai les yeux et lui exprimai précipitamment mes désirs ». Cette puissance d'intimidation, le roi la possédera, en jouira toujours.

Il a si bien appris à maîtriser son propre trouble que son seul geste incontrôlé est de porter de temps à autre la main à sa barbe — et il y a sûrement du jeu dans sa façon de fixer son interlocuteur, ou dans cet habituel : *Sosegaos*, apparemment destiné à tranquilliser, et qui inquiète aussitôt. Il y a parfois aussi son sourire, à peine esquissé, sorte de signe d'humour froid et qui, dira Antonio Pérez, « coupe comme une épée ». Tout cela, c'est son « masque », la personne qu'il s'est composée et derrière laquelle, souriant parfois, il s'abrite même du regard des historiens. Souriant, mais rarement, secret toujours, méprisant jamais...

Bien entendu, il n'est pas entièrement responsable de ces attitudes. Les masques ne sont pas nos œuvres exclusives. Les rois sont d'une race à part. Une étiquette méticuleuse les fait vivre hors du commun des mortels. L'historien Ludwig Pfandl (1942) a raison de nous le redire : « Ce cérémonial de cour [l'étiquette bourguignonne] est donc en dernière analyse [...] une folle idolâtrie du souverain temporel, une assimilation sacrilège de concepts humains et divins... » Le roi, envoyé de Dieu, est seul au milieu des hommes. Ceux-ci lui ont fabriqué le masque le plus redoutable de tous. Quelle excuse à invoquer, si l'on voulait plaider, que de montrer le roi dans cette inhumaine et perpétuelle solitude !

Par comparaison, c'est un mince, clair et fluet personnage qu'Antonio Pérez, sans doute l'homme qui a, *jusqu'à un certain point*, le mieux connu ou le plus approché son énigmatique souverain. En tout cas, le suivre dans le livre *extraordinaire* que lui a consacré Gregorio Marañon, c'est arriver au plus près du monarque insaisissable, sans pour autant le contempler vraiment en pleine lumière. C'est d'ailleurs la raison de l'attention particulière que nous porterons à Antonio Pérez et à la ténébreuse affaire à laquelle il a donné son nom.

L'homme est d'origine obscure, modeste : fils naturel de Gonzalo Pérez (lequel était d'Église, probablement d'origine juive, et avait été successivement le secrétaire de Charles Quint, puis de Philippe II), peut-être un fils naturel de Ruy Gómez, en tout cas son protégé. Mais cette origine n'est pas un obstacle à une carrière de secrétaire — le Roi Prudent ne les recrute pas dans les rangs de la haute noblesse. L'homme est d'ailleurs intelligent, habile dans son métier de plume, travailleur d'une puissance invraisemblable, capable de dominer, en se jouant, toutes les affaires de son maître, les grandes et les moins grandes, expert même en matière d'armements, admirable déchiffreur de dépêches, esprit clair comme sa belle écriture tranquille, et apte comme pas un à résumer en quelques lignes une série de dépêches, très à l'aise enfin dans les tractations que nous dirions d'*Intelligence Service*, si le mot comme la chose n'étaient anachroniques. Gouverner, cependant, c'est écouter, épier, surprendre l'adversaire, et le gouvernement des Habsbourg, de ce point de vue très en avance sur les gouvernements rivaux, dispose dès l'époque de Charles Quint d'un large réseau d'espionnage. On peut le voir, preuves en main, dans le cas de la France. Antonio Pérez justement est au centre de ces toiles compliquées et c'est peut-être par ce métier de *Deuxième Bureau* qu'il s'expliquerait le mieux, au moins pour sa propre réputation.

Ce collaborateur exceptionnel, le roi, gros travailleur lui-même, ne pouvait que l'apprécier. Toutefois, que de défauts visibles, surtout aux yeux d'un prince puritain comme Philippe II, informé de tout, et sûrement des prévarications répétées et de l'immoralité évidente de son secrétaire. Oui, mais peut-être, en ce mois de décembre 1568, le cœur désemparé du roi a-t-il eu besoin après tout d'un être très différent de lui-même, à son opposé, et jeune (Antonio Pérez a alors vingt-huit ans), et surtout décidé ? La volonté ambitieuse de Pérez a fait le reste, entendez un certain art de s'identifier au souverain pour lui suggérer les solutions aux difficultés de l'heure, de deviner les goûts, les tendances secrètes de sa volonté. Tous les êtres ambitieux autour de Philippe II composent avec une susceptibilité que chacun connaît, aussi bien Ruy Gómez qui a toujours fait effort pour rester dans l'ombre, que le duc d'Albe dont les exposés si clairs se présentent toujours comme des informations ouvertes plutôt que comme des conseils précis. Antonio Pérez se permet des suggestions, et elles sont acceptées. Sans doute dans la mesure où il devine, vivant dans l'intimité bureaucratique du roi, la solution qui est déjà la sienne ? D'ailleurs, dans cette relation du secrétaire et du roi, ne prêtons pas trop à l'habileté astucieuse du premier et, du même coup, trop à la faiblesse intellectuelle supposée du second. Ce serait tomber dans le sens même des plaidoiries *a posteriori* de Gregorio Marañón.

D'autant que cette relation du roi au secrétaire ne paraît surprenante qu'à cause, peut-être, des suites scandaleuses qu'elle a eues. Car enfin Antonio Pérez n'est pas le seul qui ait donné l'impression aux contemporains de posséder un instant l'entière confiance du roi. N'a-t-on pas dit et répété que Ruy Gómez avait été le roi Gómez ? Ou le cardinal Espinosa, en son temps, « le monarque de l'Espagne » ? Ou encore, que dans les affaires des Pays-Bas « carte blanche » avait été laissée au duc d'Albe ? Chaque fois, un peu plus tôt un peu plus tard, le roi *régulièrement* reprend sa confiance. S'il n'était mort tôt de la maladie de la pierre en 1575, Ruy Gómez lui-même aurait *peut-être* été victime d'un de ces retours de flamme, le roi n'ayant guère prisé ses conseils dans l'affaire des Flandres. Le cardinal Espinosa, président de la puissante *Casa de la Contratación*, puis nommé président du Conseil de Castille et grand inquisiteur, ne restera en ce sommet de sa puissance que sept années seulement. Après sa disgrâce, en 1572, il se réfugiait à Ségovie, ayant passé « tel l'éclair », dira Antonio Pérez. Mais celui-ci n'aura duré lui-même que onze années dans la faveur du roi. Lui non plus ne comprendra pas, le moment venu, sa disgrâce et le peu de chemin qui pouvait séparer, comme on le disait pourtant, « le sourire du roi de son épée ».

Un statisticien dirait qu'en moyenne on ne conserve les grâces du roi qu'une dizaine d'années durant, comme si c'était là la limite naturelle de ses patiences. De 1569 à 1578, don Juan se sera maintenu dix ans dans les faveurs mitigées de son frère, la mort surgissant pour lui lors d'une évidente demi-disgrâce. Le sombre Mateo Vázquez navigue dans les eaux de la faveur jusqu'à sa mort, en 1591, mais il n'était guère en cour que depuis 1578-1579. La même règle jouera pour le prince Alexandre Farnèse, authentique grand homme, à la tête des troupes espagnoles et italiennes des Pays-Bas de 1578 à 1592, date de sa mort, mais sa demi-disgrâce se dessinait depuis des années déjà. Le cardinal Granvelle durera lui aussi jusqu'à sa mort, 1586, mais il n'eut guère la faveur du roi que pendant les première années, si fécondes, de son « ministère ». Le duc d'Albe se maintient auprès du souverain et ne prend une influence décisive que de 1567 à 1569. Ensuite c'est le déclin : rappelé des Pays-Bas en 1574, il est exilé sur ses terres à la suite du mariage non autorisé de son fils, Don Fadrique. Il sera rappelé en 1580, il est vrai, et placé à la tête de l'armée d'invasion du Portugal. Mais ce retour, fruit de circonstances, ne s'est fait que sur les instances de Granvelle. Ces exemples révèlent-ils une règle du jeu ? Le roi pense-t-il que son prestige est à ce prix ? Ou bien, ce qui est non moins sûr, supporte-t-il mal les trop fortes personnalités ?

Pourtant, pendant les vingt dernières années de sa vie, le roi sera fidèle à ses conseillers. Juan de Idiáquez, le comte de Chinchon, Christoval de Moura ne connaîtront pas de disgrâce. Peut-être parce qu'ils le méritent : Don Juan de Idiáquez est une très noble figure. Mais surtout, Philippe II a peut-être changé et s'est alors comme réconcilié avec lui-même, avec ses passions et ses suspicions. La fin de sa vie est sous le signe d'une autorité incontestée, d'une certaine paix intérieure. Nous y reviendrons. Dans le visage que lui a donné le Greco, vers 1584, parmi les nombreux personnages de la *gloria* de l'*Enterrement du comte d'Orgaz*, un Philippe II comme inconnu, avec une expression nouvelle de bonté, se révèle à nous et nous surprend.

Mais revenons en arrière. À la mort de son père, Philippe II a appris qu'il avait un frère naturel, Don Juan d'Autriche. Charles Quint avait eu cet enfant d'une servante ou chanteuse de Ratisbonne, Barbe Blomberg, sûrement vulgaire et vivante personne, qu'il connut en 1546 pendant la campagne qui s'engageait contre les protestants ; il l'avait fait élever en secret en Espagne. Quand Philippe II est mis au courant, Don Juan a déjà douze ans. Il entourera ce jeune frère (de vingt ans son cadet) d'affection et d'égards et en 1569, il lui confia la conduite de la guerre de Grenade qu'il devait, non sans mal, mener à bonne fin. Cependant, il le tenait en bride, l'empêchant d'agir à sa guise, l'entourant de conseillers chenus contre lesquels s'irritait en vain sa jeune ardeur. Don Juan, comme le malheureux Don Carlos, ne rêve que de gloire militaire. D'une bravoure folle, magnifique entraîneur d'hommes, il est idolâtré de ses soldats qui murmurent : « *Este, si, que es el hijo del Emperador !* » Et sans doute ce frère jeune, et beau par surcroît, a-t-il pu inspirer quelque envie à Philippe II qui n'a rien du héros des champs de bataille. Mais que Don Juan ait une tête sage ou intelligente, doutons-en sérieusement. Philippe II n'a eu que trop d'occasions et de raisons de lutter contre ses incartades et ses imprudences. Don Juan, à qui Philippe a refusé sa vie durant le titre d'*Alteza*, qui l'eût relevé en somme de sa macule de bâtard, rêve de conquérir pour lui-même un royaume qui le sortirait une fois pour toutes de cette situation humiliante. Cette blessure d'amour-propre, dont il ne se guérira jamais, jette le jeune prince dans des abîmes d'inquiétude et de mélancolie et dans des rêves peu raisonnables.

Cela dit, que Don Juan est donc sympathique dans son romantisme puéril, dans ses défauts souvent graves, dans son humanité évidente ! La guerre de Grenade, guerre coloniale soudée au corps même de la métropole, s'est achevée sous ses ordres, après une chasse à l'homme sans pitié et des atrocités réciproques. Les Morisques, descendants des musulmans et convertis de force en 1502, ne se sont pas tous révoltés et la rébellion s'est logée, comme toujours, dans les hautes montagnes. Mais elle vit de la complicité du bas pays qui ravitaille les révoltés. Elle ne s'apaisera que lorsque des déportations massives auront vidé en partie ce bas pays. Ses malheureux habitants furent finalement emmenés, attachés à de longues chaînes comme des galériens et répartis en Castille. Sachons gré à Don Juan, témoin de ces horreurs, et agissant sur ordre, d'avoir écrit le 5 novembre 1570 : « C'était la plus grande tristesse du monde car au moment du départ, il y eut tant de pluie, de vent et de neige que ces pauvres gens s'accrochaient les uns aux autres en se lamentant. On ne saurait nier qu'assister au dépeuplement d'un royaume est la plus grande pitié qui se puisse imaginer. Enfin, c'est fait. » *Al fin, Señor, esto es hecho !* Cette lettre d'un homme de vingt-trois ans n'est bien entendu pas adressée au roi, mais à Ruy Gómez.

La guerre de Grenade a ouvert la voie à la dernière grande croisade de Méditerranée. Les Turcs en ont d'ailleurs assumé la responsabilité. Ils ont attaqué Venise, en occupant la grande île de Chypre que la Seigneurie possédait depuis 1479. Les instances de Pie V ont permis, dès 1570, une collaboration maritime entre Venise et la flotte espagnole et pontificale. En 1571, une Sainte Ligue a même été conclue entre Rome, Venise et l'Espagne, et c'est à don Juan que sera confié le commandement de la flotte alliée qui remportera sur la flotte turque, le 7 octobre 1571, la spectaculaire victoire de Lépante, la plus grande que la Chrétienté avait remportée depuis plus de trois cents ans. Philippe II accueillit la nouvelle sans manifester la moindre émotion, disant seulement : « Don Juan s'est beaucoup exposé. » Et c'était vrai, il avait risqué d'un coup, dans l'incertaine aventure, la totalité des forces maritimes de la Chrétienté. Nul doute que le Prince Imprudent n'ait alors forcé le destin.

Mais les gloires de Lépante se dissipent vite. Les opérations de l'année 1572 sont mornes, décevantes. Venise, en mars 1573, s'accorde avec le Turc, grâce à l'inévitable entremise française. Alors Don Juan tente une expédition contre Tunis, à la fin de la bonne saison, quand la flotte turque obligée de regagner ses bases lointaines laisse le champ libre. Le 11 octobre 1573, le prince emportait la ville. Ses instructions — qui seraient arrivées trop tard — lui recommandaient de la démanteler et de se retirer — et c'était la sagesse. Mais Don Juan fit construire un fort près de la ville conquise et y laissa une forte garnison. La désobéissance est flagrante. Son but, avec la complicité de Rome, était de se faire donner la couronne du royaume de Tunis. Mais l'année suivante, 1574, une armada turque puissante enlevait le fort en même temps que le préside de La Goulette, occupé par Charles Quint en 1535 et conservé depuis lors. Ce fut à qui rejetterait la faute sur autrui. À Madrid, Don Juan, et plus encore son ambitieux secrétaire Juan de Soto, furent considérés comme les responsables.

En fait, la grande guerre allait abandonner d'elle-même la Méditerranée. Les Turcs s'enfonçaient de plus en plus dans d'immenses campagnes contre la Perse. La papauté elle-même se tournait contre la Réforme, non plus contre l'Islam. Philippe II se trouvait engagé à fond du côté des Flandres. Il fallait donc, à tout prix, mettre un terme aux énormes dépenses espagnoles qu'entraînait la guerre en Méditerranée. Les agents du roi à Constantinople, officieux et semi-officiels, permirent la conclusion, en février 1577, d'une trêve de trois ans, qui fut renouvelée par la suite. Mais cette trêve était pratiquée de fait bien avant cette date. Et Don Juan se trouvait pratiquement au chômage. Cela dit, il me semble impossible de voir rétrospectivement, dans le triomphe de Lépante, le sommet et comme le symbole du règne de Philippe II. Le grandiose spectacle ne doit pas trop nous éblouir. Ni même nous faire juger Don Juan d'une façon romantique, tentante à vrai dire.

Cependant, aux Pays-Bas où la situation tournait à la catastrophe, venait de mourir le grand commandeur de Castille, don Luis de Requesens (mars 1576). Une seule solution, y envoyer Don Juan qui reçut l'ordre, dirions-nous, de changer de front.

Don Juan ne manifesta aucun enthousiasme, supputant à l'avance les dangers d'une mission aussi difficile. Il fallut, pour l'y décider, lui promettre que, les Pays-Bas une fois pacifiés, il serait autorisé à envahir l'Angleterre, à délivrer Marie Stuart, qu'il l'épouserait et alors régnerait sur l'île. Le prince romantique se laissa sinon séduire, du moins convaincre. Déguisé en valet morisque d'Ottavio Farnese, il accepta même de traverser la France à ses risques et périls et arriva à Luxembourg, le 3 novembre 1576. Il y reçut une lettre du roi lui confirmant les promesses faites lors de son passage à Madrid.

Don Juan était-il vraiment la meilleure solution possible ? Aux Pays-Bas, il s'agissait en fait de mener une politique de paix très urgente. Or Don Juan était un soldat, et qui ne demandait qu'à en découdre. Dans un billet à Antonio Pérez, Philippe II dit cependant à peu près : aucun remède, sauf Don Juan.

Notons que depuis 1566, la politique du roi aux Pays-Bas n'avait pas été fixée une fois pour toutes. Certes, il avait toujours été décidé à défendre ses États, à y sauvegarder coûte que coûte la cause du catholicisme et de la prépondérance espagnole. Mais il avait parfois changé brusquement d'avis et de moyens : au début partisan de la répression que lui recommandait le duc d'Albe, tout en lui laissant la responsabilité des exécutions impopulaires ; puis essayant, avec Requesens, une fermeté mitigée. Avec Don Juan d'Autriche c'est d'une pacification qu'il s'agira tout d'abord, et sincèrement. Et, après tout, le choix même de Don Juan pouvait s'expliquer dans ce contexte : menace d'un côté, étant donné la réputation militaire du prince, conciliation de l'autre. La paix de toute façon s'affirmait une nécessité pour l'Espagne : la banqueroute de 1575 avait été provoquée sans doute par le roi lui-même, désireux de se défaire une bonne fois des prêteurs génois, mais il n'était pas, en ces domaines, un bien grand expert et ne s'attendait certes pas au résultat : les prêteurs menacés réagirent aussitôt en bloquant les paiements en or aux Pays-Bas, et le système financier sur lequel reposait jusque-là l'État espagnol tomba en panne.

Pour ses divers besoins, en effet — dont ceux de la guerre des Flandres —, le roi doit assurer des paiements réguliers et en monnaies d'or, celles-ci indispensables lorsqu'il s'agit de payer les soldes des mercenaires. Les ressources principales du roi sont, on le sait, des lingots de métal blanc qu'il reçoit d'Amérique à Séville, mais de façon irrégulière. Les prêteurs génois transforment en courant régulier le courant intermittent et, de plus, l'argent est transmuté par eux en or, payable dans les Flandres. Donc, menacés par la hargne espagnole, les Génois ont bloqué aussitôt le marché de l'or dont ils sont les maîtres depuis une vingtaine d'années déjà. Premier résultat, deux jours après l'arrivée de Don Juan, les soldats espagnols qui ne sont pas payés se mutinent à Anvers et mettent la ville à sac. Le 8 novembre, par l'Acte de pacification de Gand, les Pays-Bas, catholiques et protestants, se mettent d'accord pour exiger avant tout le départ des troupes espagnoles.

Il faut donc négocier et durant l'hiver la discussion traîne, à qui trompe l'autre, toutes les fausses nouvelles de l'Europe étant lancées tour à tour comme autant de brûlots pour incendier les projets de l'adversaire. Don Juan, au milieu de ces conversations, tiendra plus ou moins bien son rôle. Son nouveau secrétaire, Don Juan de Escovedo, réussit à vendre des lettres de change sur l'Espagne à quelques marchands, lançant au vrai de la « cavalerie » comme diraient les financiers d'aujourd'hui. Mais les soldats peu à peu rentrent dans l'ordre. Enfin, le 12 mai 1577, à Bruxelles, est proclamé l'Édit perpétuel : les troupes espagnoles évacueront les Pays-Bas. Elles commencent leur mouvement vers le sud et Philippe II est d'accord sur cette immense concession.

Pour Don Juan, la guerre écartée, c'est la fin de ses rêves. De sa propre autorité, il s'engage alors dans des négociations personnelles avec Rome, avec les Guise, et le très ambitieux Escovedo se prête à cette politique, si peu secrète que les fils en aboutissent régulièrement à Antonio Pérez... Philippe II s'irrite des menées belliqueuses de son frère qui enlève Namur en décembre 1577 et, le 31 janvier 1578, avec les soldats espagnols qui ont repris le chemin du nord, rosse de façon magistrale les troupes des révoltés à Gembloux. Pourtant, quelques mois plus tard, il était repoussé vers Namur, et donc presque rejeté hors des Pays-Bas, et c'est là, au milieu de soldats malcontents, décimés, malades, qu'il meurt lui-même, enlevé par le typhus, le 1er octobre 1578. Ses derniers appels à l'aide sont demeurés sans réponse.

Certes, le Prince Imprudent n'a pas été, en ces dernières années de sa vie, facile à manier, à surveiller, à diriger. Le roi, trop disposé à soupçonner autrui, a tout de même eu l'occasion plus d'une fois de se tourmenter, de se fâcher à bon droit. Antonio Pérez, de son côté, n'est que trop enclin à attiser ces pensées troubles et irritées. *Sur l'ordre de son maître*, il entretient à la fois une correspondance officielle et une correspondance secrète, ou prétendument secrète, avec Don Juan, celle-ci passant très souvent par Escovedo. Ce dernier, placé auprès de Don Juan pour mieux le surveiller, est évidemment infidèle à cette mission. A-t-il succombé au charme de Don Juan, ou, au contraire, a-t-il « capté » Don Juan, prince de cœur indécis, pour en faire l'outil de sa propre ambition ? Escovedo est un *montanès*, un hidalgo de la montagne en arrière de Santander ; son ambition, comme sa ruse, est sans limites.

À la veille de sa mort, aux prises avec les difficultés que l'on sait et les amertumes que l'on devine, Don Juan a envoyé son secrétaire en Espagne, où il arrive le 21 juillet 1577. Dès sa première entrevue avec Antonio Pérez, ce n'est plus de paix qu'il est question : « *Es rota*, lui dit-il, *la paz con Francia... y est menester tomar las armas* [La paix est rompue avec la France... et il faut prendre les armes] ». Ce qu'il vient chercher, au vrai, ce sont des ordres d'action, de l'argent et encore de l'argent. Or, ni les ordres ni l'argent ne viennent, malgré ses démarches, ses explications, ses colères, à travers ce monde compliqué qu'est la Cour étroite de Philippe II. « Il y a des montagnes, s'écrie-t-il, un beau jour, près de Saint-Sébastien et de Santander, et là je vivrais plus volontiers entre les bêtes sauvages qu'au milieu des gens de la cour. » Et sans doute y eût-il été plus en sûreté, car quelques mois plus tard, le 1er mars 1578, il était assassiné en pleine rue à Madrid. Ce meurtre, après trois tentatives ratées d'empoisonnement, s'est fait non pas sur l'ordre du roi, mais avec son accord. Ne nous étonnons pas : le roi, source de toute justice, la distribue sans remords comme sans joie au nom de Dieu lui-même. Ses scrupules, s'il en a, ne peuvent relever que de son désir très vif d'équité. Mais, s'il l'estime juste, il a le droit, sans autre forme de procès, de faire exécuter un de ses sujets. Le droit, voire bel et bien le devoir : il a fait étrangler ainsi dans la forteresse de Simancas Montigny, représentant des seigneurs des Pays-Bas et malheureusement leur avocat. Il a fait tout pareillement donner le garrot à un aventurier, Martín de Acuña, le 4 février 1585, à la prison de Pinto, sans autre forme de procès. Et n'y a-t-il pas eu d'autres cas qui nous restent inconnus ?

Laissons donc de côté le caractère expéditif, dans le cas d'Escovedo, de la justice royale. Et ne jugeons ces actes ni avec nos mentalités ni avec notre sensibilité. Les vraies questions ? Savoir qui a donné l'ordre de l'abattre, et surtout pour quelles raisons. Le roi, répétons-le, n'a été que *consentant*. Escovedo avait sûrement excédé les limites de la patience royale. Il faut tenir compte de sa jactance, de ses colères, de ses indiscrétions publicitaires. Le Roi Prudent, qui ne l'impressionne peut-être pas autant qu'il conviendrait, s'est convaincu facilement que le secrétaire était le mauvais conseiller, l'âme damnée de son frère, ou même qu'ils étaient damnés l'un et l'autre. Il y a eu les désobéissances répétées des deux compères dans les affaires des Pays-Bas, dans les négociations avec Rome comme avec les Guise, soit une façon insistante de traverser les desseins propres du roi, ce que celui-ci n'est pas homme à pardonner. Mais enfin, aux Pays-Bas, les jeux (c'est-à-dire la guerre ou la paix) sont faits dès décembre 1577, quand Don Juan s'est retiré et installé de force à Namur. Alors, à quoi bon supprimer, le 1er mars 1578, Escovedo, inspirateur d'une politique dès lors accomplie, et inéluctable ? Il est trop tard. Plus encore, Don Juan n'a pas été le seul à rallumer la guerre, Guillaume le Taciturne, la reine Elizabeth, Henri III et le duc d'Anjou, les Guise, tous ont soufflé sur cette guerre qui ne pouvait s'éteindre d'elle-même. Philippe II d'ailleurs va bientôt accorder à Alexandre Farnèse les moyens, soldats et argent, qu'il a refusés (sans les refuser ouvertement) à son frère. Bref, au printemps 1578, à quoi bon abattre Escovedo pour sauver une politique défunte ? Faut-il alors ne voir dans l'attitude du roi qu'une preuve supplémentaire de sa jalousie profonde et tenace à l'égard de don Juan, de la crainte qu'il a de ses succès, de ses exigences éventuelles, de ses extravagances, ou même de son retour en Espagne pour y fonder un « parti politique », une coterie qui lui permettrait de s'imposer aux côtés du vieux roi ? Ce projet a bel et bien été conçu par don Juan et Escovedo.

Tout cela pourtant reste peu convaincant rétrospectivement. Rien ne se serait passé probablement sans un long travail de sape, celui même d'Antonio Pérez qui s'est développé au jour le jour, selon les circonstances de l'heure et les humeurs du roi, et au gré des intérêts particuliers d'Antonio. Mais quels sont ces intérêts ? Ce serait un autre roman à développer et où intervient sûrement la princesse d'Eboli (qui tyrannise Antonio Pérez et serait selon la rumeur publique sa maîtresse). Dans tout cela, le tort de Philippe II a-t-il été sa faiblesse insigne, sa demi-folie au dire d'un historien récent, que cache un visage imperturbable, sa crédulité excessive vis-à-vis de ses services d'espionnage ? Avouons qu'il vit dans une étrange atmosphère. Le voici des mois, des années durant de connivence avec son secrétaire dans des jeux doubles, triples — sûrement troubles. À Don Juan qui, en avril-mai 1577, se dit désireux de venir à la cour pour y jouer le rôle que nous avons signalé, Antonio Pérez répond, parlant du roi : « *Es hombre terrible, y si entra en sospecho de que fuimos con fin particular en lo que le decimos, no acertaremos el golpe* [C'est un homme terrible, et s'il lui vient le soupçon que nous avons eu un but particulier, dans ce que nous lui disions, nous ne réussirons pas notre coup] ». Et le roi lui-même, à qui la lettre est communiquée avant l'envoi, note en marge : « Ce paragraphe va très bien ainsi et ce que vous y dites également »... Est-ce félonie de sa part, désir de maintenir à tout prix le Prince Imprudent dans les limites du raisonnable, ou est-ce un piège pour juger des possibilités de trahison de l'interlocuteur ? La dissimulation, l'humour macabre, la pensée tortueuse du roi taciturne accablent le spectateur.

Mais arrêtons-nous. Ne jouons ni les juges ni, moins encore, les détectives, car tout peut être repris, et remis à l'envers, du pesant et noir dossier. Ainsi rien, absolument rien, ne nous assure que Philippe II n'a pas eu, à un moment ou un autre, les faveurs d'Anne d'Eboli, la belle princesse borgne ; rien absolument rien ne nous assure non plus qu'Antonio Pérez, qu'elle comble de dons extravagants, n'ait été pour elle qu'un simple instrument politique. La mentalité de l'époque achèverait de nous égarer, et les réserves du Roi Prudent qui n'a jamais rien dévoilé, sauf à son confesseur, des replis de son cœur, nous dérobent à jamais l'essentiel. Le roi a-t-il même été lucide vis-à-vis de lui-même ? Il est probable, en tout cas, qu'après la mort de Don Juan, la lecture des papiers personnels du prince qui lui furent remis des Pays-Bas lui apporta plus d'une révélation, peut-être surtout celle de la loyauté de son frère. Le remords, le sentiment d'avoir été trompé, l'esprit de vengeance entrèrent alors dans son cœur. Qui l'en blâmerait ? Mais qui peut être sûr de ce processus ?

Le 28 juillet 1579, le roi faisait arrêter la princesse d'Eboli et Antonio Pérez. La véritable affaire Antonio Pérez commençait, dont nous dirons seulement quelques mots rapides par la suite. Le roi avait ainsi dissimulé une année durant son ressentiment à l'égard de son secrétaire, jusqu'au jour même de son arrestation. Sans doute parce qu'un roi tout-puissant ne peut alors agir à sa guise et surtout un Roi Prudent. L'irascible et inconséquente princesse d'Eboli, c'est, par sa famille un lot important de la grande noblesse, force énorme que le souverain tient soigneusement à l'écart, mais ne subjugue pas aisément. Et d'Antonio Pérez, il a besoin tant que les remplaçants valables ne sont pas à pied d'œuvre. Le secrétaire, en particulier, tient dans sa main habile (et probablement indélicate) tous les fils de la prodigieuse affaire portugaise, conduite par les services espagnols comme une immense entreprise de corruption, de subordination et d'espionnage. Les remplaçants, ce sont le cardinal Granvelle, appelé de Rome à cet effet et qui, à la tête du Conseil d'Italie, va jouer les premiers ministres ; et Don Juan de Idiáquez qui l'a rejoint à Gênes, venant de Venise où il représentait le Roi Catholique. Granvelle achevait son voyage le 28 juillet 1578. Son arrivée fut le signal de la chute immédiate d'Antonio Pérez.

Un seul problème est urgent, essentiel pour la nouvelle équipe : la conquête du Portugal. Réaliser ainsi l'unité ibérique, joindre à l'Empire espagnol le vaste et fragile, mais richissime, Empire lusitanien, additionner les Indes occidentales et les Indes orientales, voilà, certes, qui ne paraissait pas, sur une carte du monde, une petite affaire. Or l'exécution s'en révéla relativement aisée. Le petit roi du Portugal était mort en Afrique le 4 août 1578. Il avait été remplacé sur le trône par son oncle, le vieux cardinal Henri, qui mourut en février 1580. En fait, depuis plus de deux ans, la succession était virtuellement ouverte. De tous les candidats, le duc de Savoie, Catherine de Médicis, les Farnèse, Philippe II avait certainement les droits les plus évidents et l'avantage du voisinage et de la force. Le duc d'Albe rappelé d'exil poussa en avant une armée d'invasion qui ne rencontra pas de résistance et pilla le pays sans vergogne. Un bâtard de la famille royale, Dom Antonio, prieur de Crato, s'était proclamé roi du Portugal, mais il dut fuir devant les Espagnols, abandonner la capitale après un simulacre de défense, le 18 juillet, se retirer à Porto dans le Nord. Délogé peu après par un raid de cavalerie de Sancho Dávila, il s'embarqua finalement sur un navire anglais.

Pourquoi cette facilité, alors qu'Espagnols et Portugais ne s'aiment guère. Pour ceux-ci les Espagnols seraient plus haïssables que les Turcs ; pour ceux-là les Portugais ne sont que des sauvages... À cause de la rapidité de l'intervention espagnole, d'une trahison omniprésente, méticuleusement préparée à partir de Madrid, oui, sans doute. Mais aussi pour quelques raisons d'ordre général. L'Empire portugais est, avec ses chaînes de comptoirs, une immense plante parasite à travers le monde. Cette plante fragile s'accroche aussi aux flancs occidentaux de l'Espagne, elle vit du blé, plus encore de l'argent, du métal blanc de sa voisine qu'elle réexporte vers l'Extrême-Orient, jusqu'en Chine. Séville est le cœur qui anime le grand commerce portugais. En outre, le Portugal ne peut à lui seul défendre ses immenses possessions, l'aide espagnole s'offre comme un bouclier utile. Enfin, dans l'aventure, le Portugal ne perd pas ses libertés ou ses privilèges, Philippe II et ses successeurs respecteront les institutions du royaume conquis, mais non pas soumis. Le Portugal a vécu tel un « dominion » à l'intérieur de l'empire de Philippe II, il est demeuré un être autonome.

En octobre 1580, Philippe était à Badajoz où la reine Anne mourait, le 26, à trente et un ans. Le 5 décembre, accompagné de l'archiduc Albert, son neveu qu'il considérait comme son fils, il gagnait le Portugal et s'arrêtait à Elvas, qu'il abandonna en février de l'année suivante. Les Cortès, convoquées à Thomar (à cause de la peste qui régnait à Lisbonne), le reconnaissaient comme roi et, devant elles, il prêtait serment de respecter les libertés du royaume. Il multipliait d'ailleurs les grâces, supprimait ainsi (à l'avantage des Portugais) les douanes en direction de la Castille, s'efforçait de gagner ses nouveaux sujets, et leur garantissait notamment tous leurs privilèges dans le commerce des Indes orientales.

C'est un moment très important que ce séjour de Philippe dans son nouveau royaume, où il est, selon l'ordre portugais, Philippe Ier. À Lisbonne, le voici face à l'Océan qu'il n'avait pas revu depuis son débarquement à Laredo, en septembre 1559. Dans ses lettres charmantes aux infantes ses filles, Claire Isabelle et Catherine, il parle de l'étonnant mouvement des bateaux sur le large estuaire du Tage. Justement, un historien, Gounon Loubens, a soutenu hier (1861) que la vraie solution, pour Philippe II, aurait consisté à maintenir sa capitale à Lisbonne, en ce point névralgique de l'Atlantique et du monde. Et il a sûrement raison. La présence du roi valorisait la puissance, énorme par elle-même, du grand centre maritime, hâtait l'exécution des ordres donnés. On le vit bien, le 26 octobre 1582, quand le marquis de Santa Cruz, parti de Lisbonne, réussit, bien qu'inférieur en nombre, à écraser la flotte française et à occuper l'archipel essentiel des Açores. C'est de Lisbonne, avec son port magnifique, ou de Cadix avec son énorme rade, ou de Séville — il est vrai trop enfoncée dans les terres — que la lutte pour l'Océan pouvait être engagée à plein, et peut-être gagnée. Or Philippe II quittait Lisbonne en février 1583 pour n'y plus revenir, faute capitale penserons-nous. Car toutes les positions atlantiques de la péninsule étaient déjà compromises, elles exigeaient une attention particulière, ou mieux exclusive.

Il y avait à peu près quinze ans, en effet, que la lutte pour la domination des mers était engagée, dès 1566 avec le premier soulèvement des Pays-Bas et tant de pirateries (françaises, puis anglaises et hollandaises) contre les bateaux privilégiés de l'Espagne. De 1568 à 1573, une guerre couverte, mais réelle, hispano-anglaise avait tourné court par la faute du duc d'Albe, mais avait suffi à couper pratiquement les liaisons maritimes faciles, d'importance stratégique, entre la péninsule et les Flandres. Or la péninsule ne peut se passer ni du bois (mâts, madriers, planches, bateaux) ni du blé du Nord (Bretagne, Angleterre, mer Baltique). En 1580, la disette du Portugal et de l'Espagne oblige ainsi a des achats massifs dans le Nord, d'où une crise brusque en raison de l'importance des paiements en numéraire faits dans cette direction : la Méditerranée est privée, un instant, de sa part habituelle des « trésors » d'Amérique. Or ces liaisons entre Nord et péninsule sont assurées de façon majoritaire, dès le milieu du XVIe siècle, par les navires de Hollande et de Zélande, d'autant que la place est vide, les marins et navires d'Espagne et surtout les beaux galions de Biscaye ayant pris de plus en plus du service sur les routes d'Amérique. Bref, alors que l'Espagne ne peut plus utiliser *militairement* l'Océan de la Biscaye aux

Flandres, ses ennemis du Nord continuent chez elle un commerce avantageux et ont ainsi leur part des « trésors » d'Amérique.

Autre catastrophe silencieuse : au voisinage de cette même année 1566, un peu plus tôt, un peu plus tard, a cessé le financement du commerce du Nouveau Monde par les marchands génois. Tout un circuit essentiel se transforme alors. Jusque-là, ces « financiers » se chargeaient des paiements extérieurs du roi d'Espagne contre remboursement sur l'argent royal des flottes d'Amérique, mais ce métal blanc, sauf autorisation spéciale, n'était pas autorisé à quitter la péninsule. Les Génois transformaient sur place cet argent, qu'on leur assignait, en laines, huiles, alun, cochenille, et les exportaient pour obtenir hors d'Espagne le numéraire ou les lettres de change sans quoi leurs crédits eussent été gelés et leurs engagements de paiements pour le service du roi, dans telle ou telle place d'Europe (surtout Anvers), impossibles à remplir.

Mais, au-delà de 1566, les urgences des Flandres entraînent le roi à accorder régulièrement les sorties de numéraire jusque-là si surveillées et si rares. Les Génois se détournent alors du commerce des marchandises qui ne leur est plus nécessaire. À Séville, ils laissent une place vide. Or le métal blanc ne vient pas gratuitement d'Amérique, il faut le payer en vin, huile, farine, tissus, quincaillerie, en marchandises qui viennent en partie d'Espagne et surtout du Nord, et qui ne seront payées ensuite qu'au retour des flottes d'Amérique, trois ou quatre ans plus tard. Pour financer cette attente, les Génois avaient été particulièrement précieux. Leur abandon fit surgir d'autres promoteurs, les marchands du Nord eux-mêmes prendront l'habitude d'avancer leurs marchandises et les Sévillans deviendront, les uns après les autres, les simples commissionnaires d'un trafic dont le Nord tient dès lors tous les leviers de commande : avançant les marchandises, il s'adjuge une part importante des retours d'Amérique.

Ainsi, Séville et sans doute Lisbonne, ces forteresses

atlantiques de l'économie de la péninsule, ont été conquises sans coup férir, du dedans, par un capitalisme marchand élémentaire, beaucoup moins sophistiqué que celui des Génois, grands manieurs de papier. De tout cela, Philippe II reste peu conscient. Arrivé trop tard sur les bords de l'Atlantique, il les quitte trop tôt. Il a pris l'habitude, le goût, la passion secrète de la Castille.

Les années de solitude : 1582-1598

Je ne sais si ce titre convient pour les dernières années de Philippe II : la solitude a été, sa vie durant, sa patrie d'élection. L'Escorial des dernières années n'en est que le signe extérieur, le moyen. En tout cas, pendant que le roi continue sa tâche, le monde autour de lui ne cesse de faire entendre son immense rumeur, d'autant que ces années-là sont les années grandioses de la politique de Philippe II.

La raison matérielle en est bien connue. Un progrès considérable s'accomplit dans l'exploitation des mines d'argent d'Amérique avec l'introduction du procédé de l'amalgame, vers 1545 en Nouvelle-Espagne et, ce qui est bien plus important pour notre propos, vers 1572 dans les mines du Potosi, au Pérou. Bientôt, une masse grandissante de métal blanc, colossale pour l'époque, se met à affluer à Séville avec le retour des flottes de la *Carrera de Indias*. Tout est soulevé par ce flux, le luxe, les richesses latentes, la vie économique, les prix, la guerre si grosse mangeuse de crédits, et la politique espagnole que privilégie cette distribution. La voici, cette politique, engagée encore aux Pays-Bas où la sert l'incomparable génie d'Alexandre Farnèse, opposée à visage découvert à l'Angleterre d'Elizabeth, après comme avant l'Invincible Armada, enfoncée dans les luttes intérieures de la France dès avant l'assassinat d'Henri III (2 août 1589). À l'intérieur de l'Espagne, ou mieux de la péninsule Ibérique, ces années d'efforts prodigieux amènent des tensions sur lesquelles nous sommes mal informés, ainsi ces troubles d'Aragon qui se produisent au moment de la fuite d'Antonio Pérez, Aragonais lui-même, qui s'est réfugié à Saragosse, à l'abri des *fueros*. Cependant, une simple promenade militaire y rétablira l'ordre (1591), sinon le calme des consciences. Peut-être s'est-on trop hâté, hier, de parler du déclin de l'Espagne et d'en voir à tout prix les symptômes précoces, à l'époque de Philippe II, dans les grands événements extérieurs et dans ces craquements du dedans que l'on soupçonne, plus encore qu'on ne les connaît.

En fait, cette perspective nous semble discutable. À la mort de Philippe II, l'Espagne reste la puissance colossale dont la masse domine encore l'histoire entière du monde. Philippe II n'a pas été le fossoyeur de sa grandeur. À l'intérieur de la péninsule, l'ordre du moins n'est pas sans cesse troublé, comme dans tant d'autres pays d'alors. Les Grands ne peuvent plus soulever le pays à leur gré. Un Florentin de dire, en 1590, qu'il suffit d'un *alguazil* pour les ramener dans le droit chemin ! Avouons que cet *alguazil* eût été le bienvenu dans la France tumultueuse encore d'Henri IV.

Avec une rectitude sans pareille, Philippe II aura fait son devoir jusqu'au bout. Cet exploit ne nous condamne pas à prononcer, nous historiens, son éloge inconditionnel. Mais c'est un fait que tout le gouvernement de l'Espagne et de son empire, tout ce que la machine gouvernementale peut saisir de cette énorme vie dispersée et diverse, aboutit à ce travail de galérien, à ce moteur qui, à son rythme, aura tourné sans arrêt. À plus de soixante ans, le roi passe encore chaque jour neuf heures à sa table de travail, ce qui l'entraîne à se lever avec le soleil et à se coucher très tard, car dans la journée il se repose quelques instants, rend visite à sa fille Claire Isabelle (Catherine s'est mariée avec le duc de Savoie, Charles Emmanuel, en 1585), à son fils Philippe dont l'éducation reste une de ses grandes préoccupations ; ajoutez les moments de recueillement et de prière, enfin les audiences : « *Quasi ogni mattina sull'ora di desinare* [c'est-à-dire une heure de l'après-midi], note un ambassadeur (1587), *da audiencia quando non è impedito da malattia.* »

Sans doute a-t-il des collaborateurs. Il discute fréquemment avec le comte de Chinchón et, plus encore, avec Juan de Idiáquez qui, avec Christobal de Moura, forment le triumvirat (la *Junta*) auquel il ne reprendra pas sa confiance. Y seront adjoints par la suite le marquis de Velada, l'archiduc Albert, l'infant Don Philippe. Mais ce ne sont pas là des « ministres » (il n'en a plus eu depuis la mort de Granvelle, en 1586), seulement des commis, des exécutants. Le vieux roi les domine tous et s'il se fait vraiment aider, c'est, des heures durant, pour avoir le réconfort à sa table de travail de la présence de sa fille Claire Isabelle Eugénie, la *luz de sus ojos*, la prunelle de ses yeux, une des rares joies de sa vie finissante : elle a été son élève comme il le fut de Charles Quint. Elle lui lit les dépêches. Encore l'empêche-t-il, nous assure-t-on, de parler seule avec le jeune prince Philippe, hors de sa présence à lui, si grandes sont ses craintes au sujet de l'éducation de son héritier.

Dans cette vie, toutes les journées, toutes les soirées se ressemblent. Il y a évidemment les voyages d'une résidence à l'autre, le plus souvent de Madrid à l'Escorial, mais ils sont à peine une interruption ; ou ces voyages difficiles qui l'ont conduit à Saragosse et à Barcelone en 1585, aux Cortès de Tarragone en 1592. Il y a aussi parfois la chasse. Ainsi, le 16 août 1597, le roi a alors soixante-dix ans, un ambassadeur génois note : « *Il freddo che S. Mta prese nella caccia di lupi li sparo il quarto giorno in dolori colici che le travagliano molto, pero con le purgationi... resto con buone salute et pensava... andar a Segovia a veder le fabriche che ha fatto far in quell'Alcazar, pero questa notte passata li è sopragionto gota* [1]. »

Seule la maladie peut déranger ses horaires, encore

ne sommes-nous pas sûrs qu'elle interrompe son travail. En fait, malgré le diagnostic des médecins de son temps (et du nôtre), le roi se révèle d'une santé bien supérieure à celle de Charles Quint. Peut-être est-ce le résultat d'une vie réglée et prudente. À table, il boit peu, son goût exclusif de la viande ne le conduit jamais à de gros repas, il goûte à chaque plat, mais « *non si differenzia nel numero de bocconi*[2] », selon les dires des officiers de sa chambre, rapportés par un Florentin (1590). Cette maîtrise de soi à table fait contraste avec l'appétit désordonné de l'empereur. En récompense de cette sagesse, Philippe II a toujours pu demander à son corps le service qu'exigeait son patient et méthodique travail, tel qu'il l'avait conçu une fois pour toutes. Il a eu ainsi la possibilité d'atteindre à sa propre perfection — une perfection voulue que nous n'avons pas à juger avec trop, ou trop peu, d'illusions. Ce qui compte, c'est le sentiment qu'il a eu de faire au mieux son métier de roi, de justicier, de responsable devant Dieu.

Ce ne sont pas là, de notre part, des paroles générales et sans fondement. Une preuve nous en est fournie par cette affaire Antonio Pérez qu'ont ouverte la disgrâce et la prison du favori, le 28 juillet 1579, et qui va durer autant que le règne même et au-delà. Si le roi est lent et hésitant, c'est qu'il veut éviter des scandales, des épreuves de force. Mais pour lui, cœur inexorable, il n'est pas question de renoncer à sévir, pour autant, contre un ministre prévaricateur, perfide et qui, par surcroît, détient des papiers d'État compromettants. Le roi s'acharne à récupérer ceux-ci les uns après les autres, mais le coupable sait que ce sont ses armes ultimes. Cette lutte compliquée, inexorable, avance au ralenti.

Aspect inattendu du problème et qui seul mérite ici notre attention, au soir de sa vie, le roi désirera éclairer sa conscience : il veut connaître le dernier mot au sujet de la mort d'Escovedo et peser sa propre responsabilité. Le 23 février 1590 (ou douze ans après le premier emprisonnement), Antonio Pérez est sommé par le roi, dans un billet écrit de sa propre main, d'avoir à déclarer les raisons exactes qu'il lui a données pour la condamnation d'Escovedo, « parce que, pour ma satisfaction et celle de ma conscience, écrit-il, il faut que je sache si ces raisons étaient suffisantes ou non ». Arrêtons là l'affaire sans fin, sans nous attarder aux aveux mitigés du coupable, soumis à la torture, à sa fuite en Aragon, puis en France. Ne retenons que ce drame révélateur de la crise de conscience royale. Elle éclaire le Philippe II de ces dernières années d'un jet de lumière brusque, un Philippe II que je ne trouve pas sans grandeur.

À partir de 1580-1582, l'Espagne, agrandie du Portugal, enrichie par des arrivées grandissantes de métal blanc d'Amérique, s'abandonne à une débauche d'impérialisme. La lutte est offerte à Philippe II partout à la fois. Or nulle part il ne la refuse, dans un combat à la Don Quichotte, a-t-on dit (par un anachronisme léger, le *Quijote* est de 1604-1614). Non pas qu'il s'agisse de lutter contre des moulins à vent, des ennemis illusoires, mais aucun compte n'est tenu de la disproportion entre la grandeur de la lutte et les moyens utilisés. Sans doute ceux de l'Espagne sont-ils immenses, à l'échelle du monde d'alors, mais est-il naturel, ou raisonnable, qu'elle se batte partout à la fois, sur les champs de bataille classiques de l'Europe et sur les sept mers du monde, contre ses ennemis politiques et religieux, tout à la fois contre les Pays-Bas révoltés, l'Angleterre d'Elizabeth et la France qui va bientôt devenir celle d'Henri IV, « Monsieur de Vendôme », comme disent obstinément les documents espagnols qui ne veulent pas reconnaître le Béarnais comme légitime successeur d'Henri III, pas plus que comme vrai roi de Navarre.

Ne nous arrêtons pas avec complaisance à ces jugements souvent répétés. En vérité, les flammes de cette guerre qui, au-delà des années 1580, court le monde, sont des flammes anciennes, elles ne font alors que grandir. L'Espagne n'a pas eu le choix. Elle est attaquée, plus encore qu'elle n'attaque.

La France vaincue sans l'être en 1559, mais vaincue du fait même de ses querelles au-delà de 1562, n'a jamais renoncé à son rôle essentiel : être le contrepoids de l'Espagne. Encerclée par les possessions de son adversaire (Roussillon, Milan, Franche-Comté, Pays-Bas), on ne saurait dire qui menace le plus l'autre, ou l'assiégeant qui encercle, ou l'assiégé qui isole et sépare les unes des autres les positions de l'Espagnol. En 1572, à la veille de la Saint-Barthélemy, la guerre a semblé très proche, inévitable ; en 1578 et 1582, le duc d'Anjou, frère d'Henri III, intervient aux Pays-Bas, désavoué par sa mère, Catherine de Médicis, et par son frère, mais du bout des lèvres. C'est ce qu'on appellera au XVIIe siècle, d'un beau mot, la *guerre couverte*, on dirait de nos jours la guerre froide. Mais froide ou couverte, la guerre est la guerre. La tentation, la nécessité sont donc grandes, pour l'Espagnol, de s'immiscer dans les affaires françaises, d'y attiser les querelles religieuses et politiques. Il est même possible que le Catholique ait soutenu de son argent les protestants, y compris Monsieur de Vendôme, avant son accession au trône. Tant il est vrai que la politique, même dans les actions de Philippe II, peut prendre le pas sur la religion elle-même. Ce qui ne veut pas dire que les passions religieuses n'aient pas joué leur rôle. Bien au contraire. Dans les dernières années des luttes franco-espagnoles, les catholiques français, sauf des ambitieux démoniaques comme les Guise, ne se sont pas vendus à l'Espagnol, ils se sont *donnés* à lui, c'est ce que prouvent les comptes maintenant connus de la trésorerie espagnole.

Appelé ainsi par les passions françaises, l'Espagnol n'a eu souvent qu'à se laisser porter par les événements. Pouvait-il agir autrement, ne pas s'opposer à la victoire du Béarnais, ne pas soutenir la Ligue, machine de guerre qu'il n'avait pas eu à créer, ne pas essayer malgré la loi salique de mettre la couronne de France sur la tête de sa fille aînée, Claire Isabelle, petite-fille d'Henri II ?

Aux Pays-Bas, la patience avait eu son heure, mais ni la tolérance ni la résignation. Bien sûr, nous diagnostiquons aisément, nous historiens, qu'il eût été possible d'accepter une sorte de paix d'Augsbourg — d'Édit de Nantes avant la lettre — lors même de la Pacification de Gand (1577), le Sud restant catholique, le Nord protestant. C'eût été faire un bond de vingt ou trente ans vers l'avenir, car c'est la solution qui s'imposera avec la signature de la trêve de Douze Ans, mais en 1609. Ce n'est donc là qu'un raisonnement *a posteriori*. L'Espagne n'y aurait rien perdu, déclare tel historien : il y aurait eu avantage à renoncer à cette épreuve de force, dispendieuse en raison de l'éloignement même du théâtre des opérations. Ce raisonnement de Carlos Pereyra me semble tout à fait discutable. Quelle suprématie, quelle prépotence à travers l'histoire qui n'ait toujours trouvé ses opposants, ses contrepoids automatiques ? Supposons apaisé, réglé, le problème des Pays-Bas, l'Espagne eût rencontré *ailleurs* le travail dangereux et la hargne de ses adversaires, ou sur les routes du vaste monde maritime, ou sur les côtes de ses possessions des « Indes », ou même sur les côtes d'Espagne que les marins protestants du Nord insultent avec facilité — d'ailleurs ce fut le cas durant les vingt dernières années du règne de Philippe II et lors du sac de Cadix par les Anglais, en 1596. Notons aussi, sans vouloir clore le débat, que l'Espagnol après tout a tenu aux Pays-Bas, qu'il y a sauvegardé sa domination sur les provinces du Sud et sauvé le catholicisme en cette marche frontière. Qu'il n'en sera politiquement délogé qu'en 1713, à la paix d'Utrecht. Alors, se battre là ou ailleurs !

Nous tiendrons le même raisonnement, ou peu s'en faut, en ce qui concerne l'Angleterre.

Quand Philippe II lui déclare officiellement la guerre, en 1587, le prétexte est tout de même d'un certain poids : l'exécution de Marie Stuart, décapitée sur l'ordre de sa geôlière, Elizabeth. Mais bien avant cette date, depuis dix, vingt ou même trente ans, l'invasion de l'Angleterre a été à l'ordre du jour de toute l'Europe catholique. En 1559, au lendemain du Cateau-Cambrésis, la France d'Henri II s'offrait à tenter l'opération, de concert avec Philippe II. Celui-ci n'eut garde d'accepter, ce qui prouve, encore une fois, que dès cette époque, la religion est pour lui une chose, la politique une autre. En 1569, le duc d'Albe eût-il été moins sage, ou moins pusillanime, l'opération se tentait au compte de la seule Espagne, ce que Philippe II, imprudent pour une fois, aura voulu. Au lieu de cette aventure, on arriva à la Convention de Nimègue (15 mars 1573) qui replâtra mal la situation, mais permit d'attendre.

La grande guerre des pirateries anglaises, cependant, s'est accélérée avec le dernier tiers du siècle. Avant 1566, ces pilleries existent, mais à la bonne franquette, au vrai elles relèvent souvent du commerce interlope vers les îles de l'Atlantique et les côtes du Nouveau Monde. Hawkins en a été longtemps le héros tranquille. Ensuite, la violence est devenue la règle, le grand voyage de Francis Drake autour du monde (avec au passage le pillage des côtes du Chili et du Pérou) couvre les années 1577-1580. Donc la guerre est là, bien vivante, dès avant 1587 ; l'Invincible Armada existe, dans les esprits, avant même que ne commencent, à Lisbonne et ailleurs, ses laborieux rassemblements de vaisseaux, de vivres, de munitions et d'hommes.

L'*Invincible* conduite avec tant de moyens n'a eu, du point de vue de l'Espagne, que deux torts graves : surgir si tard, alors que la puissance anglaise a tellement crû durant le second XVIe siècle ; échouer dans les conditions dramatiques que l'on sait. Un beau livre récent et objectif d'un historien américain, Garett Mattingly, prouve que l'*Invincible* s'est courageusement comportée, qu'elle a traversé en force le « Canal », qu'elle a fait front à l'adversaire... Finalement, autant et plus que l'Anglais, ce sont les vents contraires, le mauvais temps, les bas-fonds sablonneux mal repérés de la côte flamande qui ont eu raison de sa résistance. Ensuite, pour revenir à Santander, elle a accompli le périple des îles Britanniques, voyage fantastique, hallucinant à vrai dire, avec des naufrages sans nombre. Cette catastrophe, le roi en apprit la nouvelle sans se départir de son calme, il accueillera même avec bonté le vaincu, le duc de Medina Sidonia. Il avait envoyé la flotte se battre contre des hommes, non *contra los vientos y la mar*.

Bien sûr, on peut épiloguer sur les responsabilités. Pour Gregorio Marañon, le coupable serait Philippe II lui-même qui a mis à la tête de l'Armada, après la mort du merveilleux marquis de Santa Cruz, l'incapable Medina Sidonia. Mais celui-ci était assisté de marins prestigieux : Recalde, Bertendona, Oquendo, Pedro Valdès ; de même, la flotte anglaise était commandée par un aristocrate, Howard, peu familier avec les choses de la mer. On a accusé aussi la lourdeur des navires espagnols, grands corps flottants dont les canons ennemis mirent à mal les coques à la ligne de flottaison, alors que leurs boulets tirés de haut passaient au-dessus des ennemis ; ils ne valaient que pour l'abordage. Mais enfin l'abordage était une solution et ces navires ont su tenir, face à l'ennemi, leur ligne de combat. Ou bien ce serait la faute d'Alexandre Farnèse qui tenait prêts pour l'invasion les soldats et les bateaux plats, mais n'avait pas su s'emparer au moment voulu d'un port commode, au moins de la qualité de Flessingue...

En fait, la catastrophe n'a pas été complète, une partie de la flotte a regagné l'Espagne. Puis l'argent ne manque pas après l'échec : le métal blanc continue, « comme si Dieu le guidait », de traverser l'Atlantique et gagne Séville. Or l'argent peut réparer et répare bien des choses. En 1597, une seconde armada menace, en vain, l'Angleterre : la tempête lui fait faire demi-tour. Une troisième, en 1601, recommencera l'aventure, sans plus de succès il est vrai. Mais pendant ce temps la guerre d'Irlande, entretenue d'Espagne, a ruiné l'Angleterre d'Elizabeth, comme les comptes du trésor anglais le prouvent. Et ce n'est pas l'Angleterre qui va grandir, au lendemain de cette défaite, mais bien la Hollande. Or la Hollande, malgré les saisies de centaines de ses navires dans les ports de la péninsule et les interdictions édictées tant de fois contre ses marins et ses marchands, reste attachée en fait aux trafics nourriciers d'Espagne. La Hollande, c'est d'une certaine façon une résurgence des richesses espagnoles, leur mise en œuvre, preuve que l'Espagne n'est pas encore morte.

La grande défaite des Ibériques, ce n'est pas l'*Invincible*, c'est le doublement du cap de Bonne-Espérance par les navires hollandais de Cornelius Houtman, en 1596. Un empire oriental de la Hollande va se mettre en place, copie de l'Empire portugais, mais comme celui-ci il aura dépendu du métal blanc d'Amérique, donc de Séville, c'est-à-dire de l'Espagne.

Résumons-nous : l'Invincible Armada, en 1588, cette bataille de dix jours, c'est assurément un cap des Tempêtes du règne de Philippe II, mais non pas une coupure définitive dans la chair vive de la grandeur espagnole. L'Espagne a survécu à cette épreuve.

Si Alexandre Farnèse, des Pays-Bas où il a repris la tâche interrompue par la mort de Don Juan, c'est-à-dire la guerre à outrance, avait été le maître des destinées de l'Empire espagnol, il eût choisi sa guerre, celle qu'il menait contre les Provinces du Nord, de préférence à toute autre. Une seule guerre à la fois.

Il avait su, d'entrée de jeu, séparer les provinces du Sud des provinces du Nord. Celles-ci formèrent l'Union d'Utrecht, celles-là l'Union d'Arras. Les Pays-Bas ont été alors définitivement « coupés en deux ». Soutenu par l'argent de l'Espagne et par une admirable armée, il ressaisit Bruxelles, Gand et, après un siège gigantesque, Anvers (1585). L'année précédente, Guillaume d'Orange, le Taciturne, avait été assassiné par un agent de l'Espagne. Il semble, alors, que la partie soit gagnée. Ce que le duc d'Albe n'a su faire, le prince de Parme le sent à portée de main. Le petit corps expéditionnaire anglais qui vient de débarquer n'y changerait rien.

Mais ses projets sont traversés par le destin de l'*Invincible* ; puis quelques années plus tard par le destin de l'aventure française. Le prince débloque Paris, assiégé par le Béarnais en 1590 ; il l'oblige l'année suivante à lever le siège de Rouen, mais, blessé, il meurt à Saint-Waast d'Arras, à quarante-sept ans.

Choisir sa guerre, c'est bien ce que l'Espagne n'a jamais su, ne pouvait faire. Il aurait fallu disposer d'une rapidité de mouvement, d'une force de choc que nul ne possède alors, même le plus fort. Les guerres du XVIe siècle s'allument vite, s'éteignent mal, parce que les adversaires ont toujours le temps de se reconnaître, de se concerter. La lenteur du Roi Prudent, disons-le une fois encore, quelle magnifique image de la lenteur de toutes les formes d'action de ce temps-là !

La lutte entre France et Espagne, rendue officielle en 1595 par la déclaration de guerre dont Henri IV prit alors l'initiative, dura trois ans, jusqu'à la paix de Vervins. Celle-ci s'annonça très tôt à l'horizon. Depuis la reprise d'Amiens (25 septembre 1597) qui fit grand bruit en Europe, Henri IV avait eu le sentiment qu'Anglais et Hollandais le soutenaient mollement, partisans, au vrai, d'une guerre longue qui leur offrait en pillage le monde hispanique en son entier. Pour reconstruire la France, le nouveau roi, au contraire, avait besoin de la paix, et le plus vite possible, même d'une paix blanche, comme en 1559. Le vieux roi d'Espagne, de son côté, après la nouvelle banqueroute de 1596, se trouve dans la même situation difficile qu'en 1575. Le système de distribution de l'argent politique de l'Espagne est de nouveau coincé. Dans les Pays-Bas où il devient difficile d'assurer le ravitaillement en numéraire, la situation s'aggrave et l'archiduc Albert d'Autriche qui y commande s'en plaint amèrement. Inutile de se leurrer, une fois de plus l'Espagnol apprend à ses dépens que la France est trop vaste alors, selon les vitesses de l'époque, pour être saisie d'un seul coup. Elle résiste par la masse même de son espace ou, comme disaient les experts du temps : la guerre contre elle ne pouvait être que « périphérique ».

À cette paix avec la France, Philippe II trouvait un avantage supplémentaire, d'un prix inestimable pour lui. Cet homme que l'on nous dit n'être plus qu'un fantôme, une ombre, a bel et bien son secret. Il veut marier sa fille, l'enfant de son cœur, Claire Isabelle Eugénie, avec l'archiduc Albert (celui-ci, cardinal pour rire, dirions-nous, n'avait pas reçu les ordres) et leur céder les Pays-Bas, les y installer comme souverains à demi indépendants, les mettre à l'abri des influences nouvelles que le vieux roi devine déjà dans l'entourage du futur Philippe III. Cette solution est impensable sans la paix avec la France. La maladie — fièvre, goutte, évanouissements — travaille si fort le roi que, le 6 mai 1598, chacun croit sa dernière heure venue. « *Percio subito stipulo et sottoscrisse di sua mano la renuntia delli stati di Fiandra*, écrit une correspondance diplomatique du 19 mai suivant, *in benefitio della Sra Infante per doversi casare con l'Arciduca Alberto d'Austria*[3]. » *Laissons de côté les conditions qui restreignent cette cession et que le gouvernement de Philippe III entourera par la suite de limitations voulues. Ce n'est pas l'avenir qui nous intéresse, mais le présent en ce printemps de l'année 1598, et ce « secret » que caresse le vieux roi.*

C'est une bien petite chose, en vérité, sur le vaste océan de l'histoire, alors qu'un siècle mouvementé est sur le point de s'achever, et de s'achever sur une série de transformations profondes. Les historiens de l'économie nous disent, en effet, que vers 1595, un retournement de la tendance séculaire s'opère, c'est-à-dire que se met en place tout un changement profond et défavorable du climat de l'économie et, par suite, de la vie entière des hommes. Forcément, ce retournement ne peut pas affecter uniquement le conflit hispano-français, en le vidant de sa substance, il intéresse au même degré les deux autres guerres. Sans l'allié français, Anglais et Hollandais sont plus exposés aux coups d'un adversaire toujours redoutable. Sur l'Atlantique, en Amérique, en Méditerranée, dans l'océan Indien, la guerre protestante est d'ailleurs de moins en moins une industrie prospère. La carcasse espagnole s'avère solide encore. Un peu de temps, un peu de patience, et l'inévitable se produit : la paix hispano-anglaise se conclut en 1604, la paix avec les Provinces-Unies en 1609. Mais le vieux roi a déjà quitté la scène d'un monde où il s'était si longuement attardé.

Le 13 septembre 1598

Philippe II, si souvent alerté par le mal, a su organiser sa mort longtemps à l'avance, en toute lucidité, comme une œuvre d'art calculée, à laquelle ne se mêla par la suite aucune fausse note. Malgré l'avis de ses médecins, aux premières atteintes douloureuses du mal (une septicémie généralisée), en juin, il s'était fait transporter à l'Escorial pour y mourir. Non pas en solitaire : il vient là où sont tous les siens, ses morts l'attendent dont il a rassemblé les corps et il est accompagné de son fils, le futur Philippe III, de sa fille l'infante qui va partir pour les Flandres, des Grands de l'Église et des Grands de ce monde qui le suivront au cours d'une passion qui fut bien plus longue que prévue. C'est une mort aussi accompagnée, aussi « sociale », aussi cérémonieuse que possible. Cette fois, ce n'est ni l'orgueil ni la solitude qui l'accompagnent, mais l'armée des saints, la nuée des prières, en une procession ordonnée où il tient son rôle sans défaillir. Il mourra ainsi dans le droit fil de la vie catholique la plus pure.

Sa maladie fut atroce, décomposition, pourriture du corps, énormes tumeurs que les médecins incisent les unes après les autres, rien ne lui fut épargné. Le 12 août, un mois avant la fin, tout espoir semblait déjà perdu et « *sta sera in casa della Imperatrice* [la sœur de Philippe II retirée à Madrid] *se ne stava quasi in lutto*[4] ». Mais la maladie ne cessa d'osciller, des améliorations surgirent qui s'effaçaient dès le lendemain, ainsi le 14, puis retombée du 16 au 24. Nouvelle amélioration ensuite, « *tale che li medici pigliavano speranza che forse potesse andar a settimàne, come prima correva per hore*[5] ». À ces moments de répit comme au milieu de ses souffrances, le roi conservait une « *incredibile constanza, resignatione et tranquillità d'ànimo*[6] », il continuait à donner des conseils, à s'occuper des uns et des autres, « *descendendo... a cose minutissime*[7] » ainsi en ce qui concernait le deuil de la maison royale, ou les récompenses de ses vieux serviteurs, voire de leurs enfants, ou de ses collaborateurs directs comme don Juan de Idiáquez ou le comte de Chinchón.

Au cours de cette agonie fastueuse, comme Philippe II reste encore l'homme au masque, ou plutôt, mettons le mot au pluriel, l'homme aux masques ! Au vrai, pour un masque que nous pouvons fabriquer de notre substance même et à notre goût, dix, vingt nous sont imposés par la société, ou l'époque où nous vivons. Philippe II est, bien sûr, impensable hors de son temps et des règles du jeu, conscientes ou inconscientes, qu'il impose : il ne pouvait mourir que dans ces fastes religieux.

Je n'ai cessé de penser, à partir du portrait du Greco, le seul émouvant que je connaisse de Philippe II (et Gregorio Marañón a éprouvé avant moi ce sentiment-là) que le Roi Prudent, dans son cœur religieux, restait à expliquer par les eaux vives de ce que l'on appelle — d'un mot que je rejetterais volontiers, mais il est commode — la Contre-Réforme espagnole : Réforme et Contre-Réforme sont, en fait, un même incendie spirituel, jailli au même instant des mêmes causes, à la fois de dissemblables et semblables mouvements. Ce que je veux dire, en d'autres termes, c'est que Philippe II a été le contemporain (et il s'explique par eux) de sainte Thérèse d'Avila, de saint Jean de la Croix et du Greco, même s'il n'a pas, semble-t-il, apprécié l'art de celui-ci, même s'il ne s'est pas agenouillé d'émotion devant ceux-là.

Forcément, le gouvernement, ce sont toujours « les mains sales », ou plus exactement les mains rouges du sang soit innocent, soit coupable. Philippe II n'échappe pas à cette malédiction, ses fines mains sont rouges du sang des autres. Mais cela tout de même ne touche pas à ce qu'il a voulu ou rêvé d'être, et assurément ne lui vaut pas le monopole du fanatisme. Je ne crois pas d'ailleurs que le conflit que nous autres, hommes d'un autre âge et riches de tant d'expériences vécues depuis le XVIe siècle, nous instaurons entre la puissance et la religion, soit la dialectique explicative de la vie et de l'œuvre du Roi Prudent. Tout allait de soi, puisque Dieu veillait sur les princes.

Je ne crois pas non plus qu'en ces heures ultimes le roi ait été effleuré par l'idée affreuse qu'il léguait à son fils une situation amoindrie, obérée, une Espagne, comme nous disons, en « décadence ». N'avait-il pas lutté, préservé, au total élargi, jusqu'aux lointaines « Philippines » l'énorme héritage de grandeur qui avait été le sien ? Même ce Siècle d'Or dont les flammes vont brûler, si hautes, dans l'Espagne des années à venir, il en a été, par sa sensibilité aux choses de l'art et de l'esprit, par son goût des livres, des enquêtes scientifiquement menées sur la population et l'économie de la Castille (les *Relaciones topográficas*), un bon ouvrier. Francisco Quevedo, né en 1580, dira plus tard du vieux roi : « Il laissa la paix en ses royaumes, la gloire dans ses armées, la crainte chez ses ennemis. »

Le travail des historiens, au cours des cent dernières années, a peu à peu débarrassé le souvenir de Philippe II de ses légendes, la dorée et surtout la noire, la *leyenda negra*. Mais aujourd'hui encore, moins grossière, mais subtilement déformante, une sorte d'*historia negra* cache trop souvent la grandeur exceptionnelle de l'Espagne. Par les caprices de l'historiographie, l'Espagne a été trop souvent livrée aux historiens d'Italie, d'Allemagne, des Pays-Bas, d'Angleterre, de France, qui l'ont vue et jugée, sans méchanceté toujours, mais à partir de documents qui luttent d'eux-mêmes encore contre cette Espagne si longtemps pesante aux autres. Mais ni Philippe II ni l'Espagne qui s'incarne en lui ne sont à voir au travers de l'*Apologie* de Guillaume d'Orange, ou de la *Satire Ménippée*... Il faut reprendre ces bilans nationaux dressés contre l'Espagne. Reposer ainsi — pour signaler un seul de ces exemples — à partir de Benedetto Croce, pour en arriver aux récents livres de Francisco Elias de Tejado, les rapports multiples de l'Espagne et de l'Italie... De tels travaux dépassent évidemment les cadres de la biographie qui sont ceux de cette étude. Je souhaite seulement, mais vivement, que celle-ci ait pu rendre justice au souverain si étrange qu'il nous semble avoir été au cours d'une vie longue et fort *changeante*. Justice à lui d'abord, c'est le plus facile, mais aussi, répétons-le, à l'Espagne de son temps qui a eu la gloire — laquelle ne va jamais sans tristesse — de dominer le monde entier, des Indes occidentales aux Indes orientales, soit d'un bout à l'autre de l'Univers.

CHAPITRE II

LES FINANCES DE L'EMPIRE

Les deux contributions qui suivent ouvrent la voie, alors mal explorée, à l'étude des finances publiques du XVI*e siècle qui, à la fin des années cinquante, restait à écrire. Mais une série de recherches s'étaient engagées, dans plusieurs pays et plusieurs directions. Elles étaient suivies avec attention par Fernand Braudel, parfois suscitées par lui dans le cadre de ses séminaires de la VIe section des Hautes Études où les auditeurs étrangers, espagnols, italiens, portugais, anglais, étaient nombreux.*

Le pacte de ricorsa au service du roi d'Espagne et de ses prêteurs à la fin du XVIe siècle*

Je ne crois pas que la recherche économique, aujourd'hui, reconnaisse toute la valeur de l'histoire des finances publiques. L'énorme difficulté des enquêtes préalables dans les trop abondantes archives fiscales et financières a sa part de responsabilité : à l'impossible nul n'est tenu. Cependant, à ce jeu, ne risquons-nous pas de rejeter vers l'arrière-plan de nos explications ou reconstructions le rôle considérable, à la fois novateur et destructeur, des États ?

Dès avant le XVIe siècle, et avec plus d'éclat encore durant ce siècle de renouveau, les États — du moins ceux qui vont vivre, prospérer et surtout résister aux épuisantes dépenses de la guerre terrestre et maritime — les États dominent, déforment la vie économique, l'assujettissent à un réseau de contraintes ; ils la captent dans leur filet. Tout expliquer par leurs appétits ou leurs faiblesses, leurs jeux instables, la tentation est grande. Mais l'histoire n'est jamais unilatérale. On pourrait soutenir, cependant, avec des arguments solides, que la vie économique alors la plus moderne, celle que nous placerions volontiers sous le signe dominant du grand capitalisme marchand, reste liée à ces agissements financiers de l'État ; stimulée, sollicitée, elle est progressivement paralysée par la gloutonnerie et l'inévitable stérilité de trop de dépenses publiques. Cette gloutonnerie et cette inefficacité — grandes forces d'histoire — ont eu leur part dans ce qui sera le repli du XVIe siècle.

---

* *Source : Studi in onore di Armando Sapori*, 1957, pp. 1113-1125.

De tous les États, le plus important au XVIe siècle, car *puissance dominante*, aura été l'Espagne, dès ces premiers grands essors économiques du siècle qu'André-E. Sayous plaçait, à l'heure essentielle de Séville, vers 1506 [1]. Son rôle s'affirme plus encore avec l'avènement de Charles de Gand, roi d'Espagne en 1516, peu après, en 1519, porté à l'empire, à lui seul coalition de richesses et de forces politiques. Justement, sur les finances et emprunts de Charles Quint, nous disposons d'un livre décisif, en voie d'achèvement, de l'économiste-historien Ramón Carande [2]. L'empereur y apparaît comme le plus étonnant des collecteurs, le plus grand aussi des dispensateurs d'or et d'argent, son rôle étant de recevoir, puis de prodiguer les métaux précieux et les espèces sonnantes à travers l'Europe et le monde, pour soutenir ses trop nombreuses entreprises politiques, cependant que les déficits permanents de la balance ibérique, voire européenne, conduisent métal jaune et métal blanc vers les sorties pérennes du Nord et, plus encore, du commerce du Levant.

Politique et argent, on devrait plutôt dire : « politique et crédit ». Rien ne serait possible, en effet, sans l'intervention des hommes d'affaires. Les dépenses de la politique impériale, si elles se veulent efficaces, doivent être à peu près régulières, à échéances mensuelles (ainsi pour le paiement des gens de guerre). Or, tous les revenus de l'empereur, y compris ceux du Nouveau Monde, sont, par nature, irréguliers : seuls les marchands prêteurs d'argent peuvent, par leurs avances, assurer la régularité des débours, tandis que l'empereur, et plus tard son fils Philippe II ne disposent jamais, pour les rembourser, que de ressources sans échéances fixes, souvent peu accessibles dans l'immédiat. Manger leur blé en herbe, longtemps à l'avance, ils y sont contraints, bien que cette politique soit coûteuse, même pour les plus riches princes de la Chrétienté.

Ramón Carande a étudié ce multiple problème au

temps de Charles Quint, dans le seul cadre des emprunts garantis par les finances castillanes, mais ce cadre est déjà l'essentiel[3]. En tout cas, le total des emprunts consentis par les hommes d'affaires génois, allemands, flamands ou même espagnols, pour ce seul secteur, dépasse le montant global des arrivées de métaux précieux à Séville. C'est dire que la richesse de l'empereur n'est pas seulement américaine, mais aussi que sa politique téméraire est poussée au-delà des limites du possible et même très au-delà, comme le montre, au début même du règne de Philippe II, la banqueroute de 1557, premier héritage du jeune roi.

Ces dernières années, j'ai continué, à mon propre compte, la grande enquête de Ramón Carande. Tant bien que mal, je suis parvenu jusqu'en 1598, à la fin du règne de Philippe II. Il s'agit là d'un premier dépouillement, rien de plus, mais deux séries qui se recoupent et se complètent m'ont permis d'assurer au mieux cette reconnaissance. En outre, grâce à l'aide de mon collègue et ami Felipe Ruiz Martín, j'ai disposé d'une assez bonne soudure entre finances de Charles Quint et finances de Philippe II au long de la difficile période qui court de 1555 à 1559, au moins en ce qui concerne ces emprunts essentiels, à clauses multiples, qu'on appelait *asientos*. Conduite par les chemins mêmes de Ramón Carande, mon enquête n'a guère mis en cause, elle aussi, que les emprunts castillans, sauf quelques sondages en ce qui concerne la place de Gênes, où l'ambassadeur du Roi Catholique a été longtemps gros emprunteur, et quelques recherches aux archives de la chambre des comptes de Lille. Les services des recherches scientifiques française et belge ont photographié, il y a quelques années, les gros registres lillois qui, entre bien d'autres chiffres, offrent le relevé de tous les emprunts faits sur la place d'Anvers et de toutes les arrivées, aux Pays-Bas, de « comptant », entendez de pièces et de lingots, « en provenance des coffres du roi ». Richard Ehrenberg, il y a longtemps, utilisa ces indications précieuses. Mais, pour progresser valablement, il faudrait épuiser *toute* cette documentation chiffrée. J'espère que la tâche sera entreprise.

En somme, j'ai largement pris contact avec une documentation exceptionnelle, admirablement conservée, à Simancas comme à Lille, sinon à Gênes où manquent, jusqu'à plus ample informé, les lettres et livres de compte des grands marchands. Resterait à bien saisir cette documentation, à l'organiser, à la condenser en graphiques et en cartes. Nous n'en sommes pas encore là.

Ce bref article en l'honneur d'Armando Sapori n'a d'ailleurs pas la prétention de présenter l'ensemble de l'enquête en cours, il voudrait seulement éclairer un détail, un étroit problème. Mais il faut, pour cerner ce problème, parler assez longuement des finances de Philippe II et des actes de ses prêteurs intéressés.

Les techniques de l'emprunt, qui ont beaucoup varié au cours du XVIe siècle, sont, en effet, très compliquées. Les *asientos* ont toujours été des contrats à clauses multiples, fixées avec minutie, bien que pas toujours respectées, particulièrement en ce qui concerne les remboursements. Ceux-ci sont généralement assignés sur telles ou telles ressources publiques, la *cruzada*, les *alcabalas*, le *servicio*, plus tard les *millones*, les ventes de vassaux et, de plus en plus, les arrivées de métal blanc à Séville... Mais l'assignation, quelle qu'elle soit, reste simple promesse. Le roi ne paie presque jamais à l'heure dite, d'où la nécessité rituelle de pénaliser à l'avance ces retards prévisibles, au taux de 10 % l'année.

Mais si le roi entend rembourser quand il le pourra, il exige par contre, en ce qui le concerne, d'être payé avec la plus grande exactitude. Sinon, tout l'avantage, ou presque, de l'opération s'évanouirait pour lui. En Espagne et hors d'Espagne (avant tout en Italie et plus encore aux Pays-Bas), les *asientos* se présentent comme de vastes opérations de crédit, des transferts d'espèces et des paiements échelonnés selon des calendriers très précis. Bref, rigueur du paiement d'un côté, incertitude du remboursement de l'autre : les deux faces du contrat ne se ressemblent pas. Mais je ne plaide ici ni pour ni contre les hommes d'affaires. Ne les plaignons pas. Ils surent se défendre et triompher souvent, sinon toujours...

À partir d'une date difficile à préciser, mais assurément antérieure au règne de Philippe II, les hommes d'affaires se firent, par exemple, octroyer des *juros* (entendez des titres de rente) *de resguardo* (traduisons ce dernier mot, si l'on veut, par « sécurité » ou « garantie »). Garantie, ces titres de rente le sont toujours, car papiers négociables portant intérêt. Le prêteur doit les rendre, évidemment, lors de la liquidation de l'emprunt, et rembourser les intérêts qui y sont attachés.

Mais tout compte fait, les avantages sont beaucoup plus substantiels que ceux d'une simple garantie. Par un privilège obtenu assez tôt, le marchand a le droit de restituer, non plus ces mêmes *juros* qu'il avait reçus en dépôt, mais bien n'importe quels autres, pourvu qu'ils portent un intérêt identique (entre 5 et un peu plus de 7 %) et qu'ils représentent le même capital. Ainsi se révèle à nos yeux une activité fructueuse pour les marchands, lesquels peuvent placer dans le public, par coupures de différentes valeurs, ces *juros de resguardo*. Ils récupèrent ainsi, parfois d'entrée de jeu, tout ou partie du capital qu'ils viennent de prêter au roi : il suffira, lors du *finiquito*, quand se liquidera l'*asiento*, de racheter, sur le marché, des *juros* pour les rendre au roi. Ces manœuvres jettent des lumières assez neuves sur la vie économique et sociale au temps du Roi Prudent. Le jeu de la monarchie et des hommes d'affaires suppose, en effet, un troisième rôle, celui d'une masse de petits, moyens ou même gros prêteurs, en somme un crédit public. Le roi en profite autant que les hommes d'affaires : tous les *juros* ne sont pas *de resguardo*. En fait, des *juros* à titre viager ou à vie sont vendus directement, avec des assignations très diverses, par les agents du roi. De leur côté, les hommes d'affaires, remboursés souvent en rentes ordinaires, garantis toujours par ces avances que nous avons signalées, tiennent boutique de *juros*. Travailler avec l'argent des autres, grand principe de la finance...

Inutile d'ajouter que la spéculation sur les rentes comportait des risques, les cours oscillant de façon évidente, avec une fâcheuse tendance à rester très au-dessous du pair et à baisser considérablement. Mais comme les hommes d'affaires furent les maîtres du marché, on peut imaginer qu'ils surent souvent acheter à la baisse et vendre à la hausse ; imaginer aussi qu'ils savaient choisir, car il y avait évidemment de bons et de mauvais *juros*, selon les sources de revenus sur lesquelles était assigné le paiement des intérêts.

Vers la fin du XVIe siècle, un peu plus tôt un peu plus tard, une pratique nouvelle allait s'insinuer dans les arrangements et discussions entre prêteurs et agents de la couronne. Que celle-ci soit la victime, ceux-là les profiteurs de la nouveauté, le contraire surprendrait. Mais la couronne y a sans doute trouvé ses avantages et commodités. En outre, il est certain que la pratique, destinée à cacher l'usure, s'était déjà introduite dans les milieux d'affaires, sans doute dès le milieu du siècle, et je n'aurais probablement pas décelé son apparition tardive dans les finances royales, si mon attention n'avait pas été éveillée à l'avance par la lecture du livre de Giulio Mandich sur le *Pacte de ricorsa*[4], sur ces suites de changes et rechanges, ces longues courses de relais qui véhiculent une même lettre de change de place en place, ou de foire en foire. Créatrices à chaque passage de crédit facile (sinon toujours très sûr), ces lettres voyageuses ressemblent à ces « émissions de cavalerie » dont parlaient les banquiers d'hier.

La pratique semble courante, ai-je dit, dès 1550 dans le milieu des affaires. Ainsi, en mars 1560, le comte Brocardo, qui a besoin d'argent comptant pour acheter des chevaux selon la commission même que Philippe II lui a donnée, emprunte 2 500 écus d'or à un marchand de Crémone, Jacopo Sforzoso[5], qui, en accord avec ses amis de Milan et des marchands actifs aux foires de Plaisance, fait courir une lettre de change de Crémone à Plaisance, puis de Plaisance à Crémone, etc. Le montant de la lettre, à ce jeu, ne cesse de croître, et en même temps la dette du gentilhomme qui, en fait, est celle du roi. Le coup d'envoi est du 10 mars 1560, le 6 mars 1561 la dette est déjà de 3 060 écus, 17 sols, 6 deniers : l'intérêt a donc été de plus de 20 % en quatre foires. Ces écus prêtés, reconnaît le marchand de Crémone, « *hano patito un grande interesse* », c'est pourquoi il n'a plus voulu les tenir sur les changes et, dans l'intérêt du comte, il a arrêté ce va-et-vient. Du moins le prétend-il... Je ne donne pas cette opération comme un pacte classique de *ricorsa*, et elle n'est probablement pas la première du genre.

L'important, à mon avis, c'est que la pratique paraisse très inhabituelle à la cour espagnole en 1560 et que, quelque trente ans plus tard, nous la retrouvions au cœur de ces immenses affaires que constituent les prêts à la couronne.

La banqueroute de 1597 a jeté le monde des affaires dans un marasme d'autant plus grand que rien ne la faisait prévoir et que peut-être rien ne justifiait ce coup de théâtre qui fut aussi un coup d'État — telle fut du moins l'opinion des hommes d'affaires qu'il ne faut pas prendre, sans doute, pour argent comptant[6]. Leur surprise fut tout de même entière. Comme en 1557, comme en 1575, aussitôt brouillé avec les marchands, le gouvernement du Roi Catholique dut, dès le lendemain, traiter avec eux : celui-là ne pouvait se passer de leurs services et ceux-ci, engagés jusqu'au cou dans les affaires de l'État, avaient trop à récupérer de leurs dettes anciennes pour refuser la conversation et donc de nouveaux services... Comme en 1557 et 1575 également, les Fugger ne furent pas compris dans le décret de suspension qui frappa les autres grands marchands, en raison, dirent les voix officielles, des exigences raisonnables et des nombreux services des marchands d'Augsbourg, en raison aussi, penserons-nous, de la nécessité pour le gouvernement royal, après ce *lock out*, de conserver au moins une firme importante avec qui travailler. Il y a toujours des urgences, dans une maison gouvernementale. C'est dans ces conditions que les Fugger, le 9 juin 1598, avancèrent 200 000 écus au gouvernement du vieux roi. Le règlement définitif ne devait s'opérer que huit ans plus tard, à Valladolid, le 21 février 1606, après nombre d'opérations et de péripéties qui, justement, nous intéressent[7].

Au départ, le paiement des 200 000 écus se fait (selon la cédule du roi, en date du 9 juin) entre le 20 juillet et le 20 août 1598, à Milan, grâce à une lettre de change de l'agent des Fugger en Espagne, Thomas Carg, tirée sur les Fugger eux-mêmes (*Marcos Fucares y hermanos*). Cette dette, prévoit la même cédule, circulera ensuite sous forme de lettres de change voyageuses, de places en foires et de foires en places. D'où une accumulation automatique de frais, de changes onéreux, de taxes, voire d'intérêts composés, la note grossissant régulièrement de trois mois en trois mois, selon le calendrier des foires de Plaisance, essentiel en l'occurrence, et suivant les taux des diverses remises et commissions. Petite complication, pour l'historien qui suit cette piste, la dette royale ne voyage pas sous la forme d'une seule lettre, mais se divise en lettres multiples, aux parcours différents, avec, cependant, les rendez-vous et regroupements obligatoires des quatre foires annuelles de Plaisance : « Apparition » [Annonciation], Pâques, Août, Toussaint.

La comptabilisation de la dette est si parfaite, si automatique, que l'on peut se demander, à première vue, si ces voyages multiples ont été fictifs ou non, si ces *cambios y recambios* ne furent pas des expédients comptables, voire des opérations réelles, mais conduites par les Fugger avec la complicité de leurs amis et correspondants, ou d'eux-mêmes. Tirer sur soi-même est une solution, aussi.

En fait, on ne peut trancher le problème par oui ou par non, vu l'état de notre documentation. Cependant, je pencherais plutôt en faveur de la réalité de ces opérations successives. En tout cas, dans la relation jurée des Fugger (seule pièce comptable exigible, la cédule royale de 1598 le spécifie bien), ces différentes manipulations sont présentées comme réelles. Croyons-le jusqu'à plus ample informé.

On pourrait également montrer à quelle cadence cet « entretien sur les changes » pouvait faire monter la dette initiale du roi. Deux remboursements partiels et successifs en 1602 brisent la ligne de l'opération qui, autrement, serait plus simple. Mais le taux moyen des bénéfices annuels, pour les Fugger, se maintiendrait au voisinage de 15 %.

J'ai calculé aussi le coût des divers parcours entre Plaisance, Gênes, Venise, Naples, Rome, Florence. Les allers et retours vers l'Espagne ne sont pas assez nombreux pour entrer dans une statistique valable. Du calcul ressort que tous les chemins d'argent qui mènent à Plaisance — ou s'en éloignent — ne sont pas également onéreux ou profitables (l'épithète dépendant de la position du juge en la matière : ou le prêteur, ou l'emprunteur). Si l'on se place du point de vue du prêteur, donc du marchand capitaliste, les trois chemins les plus profitables furent ceux qui menaient *à* ou revenaient *de* Naples, Gênes, Milan. Deux allers et retours, calculés moitié au plus haut taux, moitié au plus bas, et additionnés donnent respectivement pour le chemin passant par Naples 13,56 %, par Gênes 12,32, par Milan 11,36. Comme les deux derniers voyages furent fréquents (le premier reste inhabituel), disons que les Fugger ont choisi souvent des routes avantageuses à leurs intérêts. Mais le contraire surprendrait. Sur Venise, Florence et Rome (allers et retours) les taux correspondants auraient été 8,80 %, 5,56 %, 5,80 %. N'en concluons pas trop vite, cependant, que les routes romaines et florentines étaient les moins coûteuses. Notre information est, malheureusement, trop étroite pour que l'on risque pareille affirmation. Imaginons seulement une circulation d'argent compliquée, très variable...

En décembre 1604, le vérificateur de la relation des Fugger, le *contador* Antonio González Legarda, proposa d'arrêter les comptes à la foire d'août de Besançon (c'était le vieux nom des foires de Plaisance), avant le retour des lettres sur la foire de Burgos (celle-ci avait remplacé la foire décadente de Medina del Campo). Au-delà, et jusqu'au règlement définitif, les banquiers d'Augsbourg recevraient un intérêt annuel de 10 %, tarif ordinaire dont nous avons déjà fait mention. Les Fugger semblent avoir été consentants : ils avaient alors à régler et à négocier de très grosses affaires et notamment le renouvellement du pacte des *Maestrazgos*.

Au total avons-nous eu tort, avons-nous eu raison de penser que cette affaire était assez caractéristique en soi ? Le roi, en utilisant cette solution rapide et simple, sinon toujours économique, de se procurer de l'argent, étendait aux finances publiques la pratique de la vie marchande qu'a décrite Giulio Mandich. Dans le monde des affaires, ces séries de changes et rechanges comportaient toujours un accord général au départ, une connivence de longue durée, le pacte de *ricorsa*, disaient les marchands italiens. Or, si l'on y regarde d'un peu près, cet accord préalable a bien existé entre le roi et les Fugger. L'exposé méticuleux et lent à souhait du contrôleur rappelle, en effet, que l'ordre du roi était, les 200 000 écus payés, que « *lo que asi montase su valor, los tomasen* [les Fugger] *a cambio para las plazas y ferias donde mejor pudiesen y los truxesen y entretuviesen por quenta de la real hazienda de S. M. con la mayor ventaja que ser pudiese* ». Voilà la trace du contrat, du pacte de *ricorsa*, sans quoi, comme le dit Giulio Mandich, l'opération serait en l'air... La course est commencée sur ordre.

Chaque terme de la phrase citée, et même du rapport en son entier, pourrait d'ailleurs nous retenir utilement. Ainsi les mots *traer, entretener* — conduire, entretenir sur les changes — ainsi *corriendo los cambios*, comme dit un autre passage du même document, et, plus loin, l'expression caractéristique de *factoria : « a cesado la dicha factoria »* des Fugger, écrit le rapporteur... Les Fugger sont censés, en l'occurrence, avoir agi comme les *facteurs*, c'est-à-dire les agents, du roi. Tout ce vocabulaire est à retenir pour juger utilement, demain, de documents analogues ; il constitue, en quelque sorte, une grille de déchiffrement.

Notons que cette petite affaire compliquée — petite au regard des grandes opérations de la monarchie qui se chiffrent alors par millions d'écus, plus compliquée encore que nous ne l'avons dit, notamment, dans le détail des remboursements échelonnés du roi — cette petite affaire n'est pas seule de son espèce parmi les papiers que nous avons examinés. Entre 1598 et 1604, nous avons relevé plusieurs prêts analogues, avec voyages répétés de lettres de change, pareillement « entretenues » de foire en foire. Voici, le 1er juin 1598, 6 500 écus payés à Rome, au duc de Sesa, par les soins de Juan Enrique de Herrera et Octavio Costa, et, le 29 décembre 1599, 10 880 écus payés à Anvers, par Giuseppe Lorenzo Arnolfini, Bonaventura et Pompeo Micheli, sur l'ordre de Sebastian de Galdo Arrugo. Voici, le 17 octobre 1599, une opération de *fattoria*, engagée, cette fois, avec le marchand génois Felipe Adorno, pour payer 16 000 écus au duc de Sesa, ambassadeur du Roi Catholique à Rome. Par une autre opération, toujours de factorerie (21 décembre 1600), Baptista Serra, autre Génois, paie 150 000 écus à l'archiduc Albert, gouverneur des Pays-Bas, et une série d'opérations, à la charge des Fugger, assurent le versement des annuités ou mensualités de l'ambassadeur don Guillen de San Clemente, représentant le Roi Catholique auprès de l'empereur... J'en passe.

Ces opérations, toutes de moins longue durée que la

première, sont absolument du même type et se tiennent, quant au taux réel de l'intérêt, calculé sur pièces officielles, au voisinage de 15 %. Notons aussi que tous ces cas évoquent des urgences, des affaires hors série qui se gâteraient à ne pas être résolues sur-le-champ... Il a fallu faire vite. Dirons-nous que les hommes d'affaires en ont profité ? En tout cas, le caractère onéreux de ces procédés n'échappait pas aux hommes du *Consejo de Hacienda*. Il faut en conclure qu'ils n'ont accepté le marché que parce qu'ils ne pouvaient pas faire autrement.

Resterait à savoir si, sous le règne difficile de Philippe III, ces pratiques se sont généralisées, ou non ; enfin si elles ont, comme il semble probable, obéi aux règles générales qu'a dégagées le livre de Giulio Mandich. Signalées dans leur relative jeunesse, à l'étage de la trésorerie espagnole, tant mieux si elles jettent un peu de lumière sur l'immense domaine de l'histoire des pratiques marchandes et des finances publiques, de ces détresses répétées des États, plaie et aubaine de la vie des nations et des hommes d'affaires. Tant mieux si des historiens, demain, sont attentifs à ces petits détails précis. Ils ont marqué un âge des affaires, petites ou grandes, quotidiennes ou exceptionnelles.

Les emprunts de Charles Quint sur la place d'Anvers*

La présente communication, pour l'essentiel, est l'œuvre de Mlle Ghislaine Bellart, archiviste-paléographe (présentement attachée aux Archives du Pas-de-Calais), et qui a travaillé longtemps à l'École des

* *Source* : « Charles Quint et son temps », in : *Colloques internationaux du C.N.R.S.*, 30 septembre-3 octobre 1958, publiés à Paris, 1959, pp. 191-201.

hautes études sous ma direction. Je ne partage pas ses mérites, je partagerai volontiers ses responsabilités.

D'entrée de jeu, précisons que notre communication n'aboutit qu'à des résultats provisoires. Autant dire qu'après un travail qui a représenté des années d'efforts et n'est pas le premier de son espèce, l'histoire financière, et, au-delà, l'histoire économique de Charles Quint et des Pays-Bas pendant la première moitié du XVIe siècle, n'ont pas encore été écrites. Il y faudra du temps, des efforts, des recherches heureuses, des collaborations multiples. Espérons que la tâche sera conduite, malgré tout, à son terme. Nous nous y emploierons pour notre part.

*

Partons d'un premier graphique d'une certaine ampleur. Utilisant les documents de la chambre des comptes de Lille, il s'agissait de faire, pour les Pays-Bas, ce que Ramón Carande a accompli de façon magnifique, et seul, en ce qui concerne le recensement des emprunts de Castille. Charles Quint est une collection de princes, d'États, il est forcément aussi une collection de budgets, de possibilités et, plus encore, de faiblesses financières. C'est la somme de ses forces et faiblesses qu'il faudrait calculer. Sa politique s'est appuyée solidement sur la Castille, mais elle a mis en cause aussi, sur le plan financier, même les très pauvres pays de la couronne d'Aragon ; elle s'est appuyée pareillement sur les possessions d'Italie, sur la Sicile, sur Naples, sur le Milanais, encore si fructueux (évidemment la Sardaigne était trop pauvre) ; elle a mis à contribution la connivence de très grandes places marchandes, comme Gênes, définitivement du côté de l'empereur à partir de 1528, et qui, dès lors, sera l'un des éléments essentiels de la politique impériale. Un jeune historien espagnol, Alvaro Castillo, vient justement, à Simancas, de s'attaquer à la masse des comptes de l'ambassadeur Gómez Suárez de Figueroa, comptes qui, à partir de 1541, donnent le relevé sans doute complet des emprunts faits sur la place de Gênes au bénéfice de Charles Quint.

Dans cet ensemble figure également la place d'Augsbourg, avec, au sommet, la fidélité éclatante des Fugger ; mais cette fidélité n'est pas la seule à représenter vis-à-vis de l'empereur une place si importante.

Quant aux Pays-Bas et à la place d'Anvers, ils ont puissamment aidé Charles Quint.

Vous avez sous les yeux, avec le premier graphique [voir p. 354], une ligne générale en trait fort qui représente le montant global de la dette flottante du gouvernement des Pays-Bas. Ce sont là des sommes empruntées au jour le jour et pour des délais très courts, trois mois le plus souvent, l'intervalle entre deux foires consécutives, ou six mois. Cette dette, à court terme, a été calculée exactement — chaque somme prêtée y figure de son entrée à son remboursement [1] — dans la mesure, évidemment, où les comptes mis en cause, ceux de la Recette générale des finances des Pays-Bas, sont exacts. Richard Ehrenberg, dans son livre classique, à la fois si vieux et si jeune, les avait exploités déjà et signalé que certaines années manquaient. Nous n'avons pas toujours réussi à aller plus loin que Richard Ehrenberg. Vous remarquerez ainsi que la courbe est interrompue par des pointillés, entre 1532 et 1533 : petite déchirure ; elle est interrompue entre 1546 et 1548 : grosse déchirure ; et, ce qui est beaucoup plus grave, de 1550 à 1553. Elle a été reconstituée au mieux, mais les chiffres et totaux obtenus pour ces années particulières doivent être utilisés avec prudence. Pour combler ces vides, il faudrait recourir aux riches archives de Bruxelles. Mlle Bellart vient à peine d'achever la lecture des microfilms des Archives de Lille ; ensuite, elle ira voir les documents de Bruxelles, que Lonchay signale dans son article de 1907, spécialement ces contrats d'emprunts — ces *asientos* — qui, lorsqu'ils étaient exécutés (c'est-à-dire

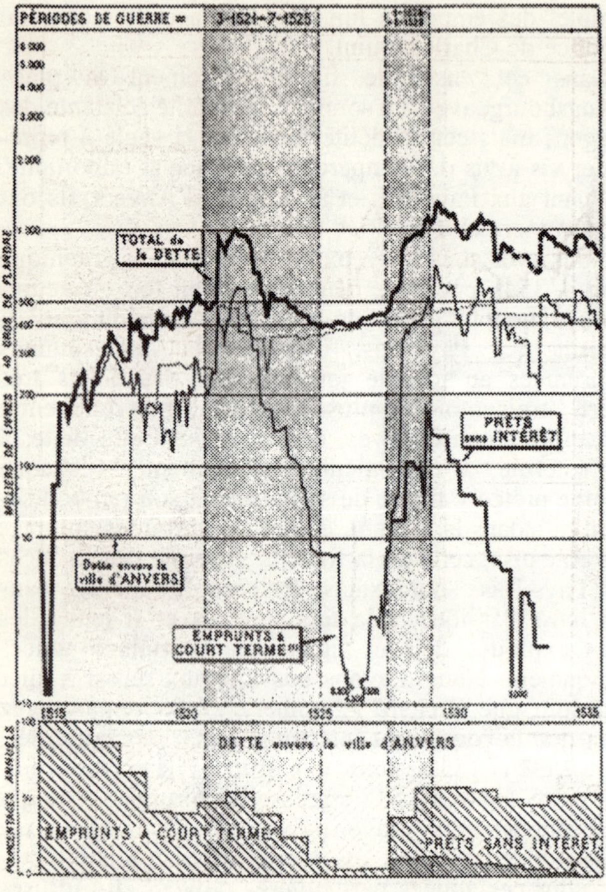

LES EMPRUNTS DE CHARLES QUINT SUR LA PLACE D'ANVERS

(1) Y compris, pour les années 1515-1519, 1522, 1531-1539 et 1544-1549, quelques rentes au denier 10 ou 16 rachetées au bout de quelques mois.

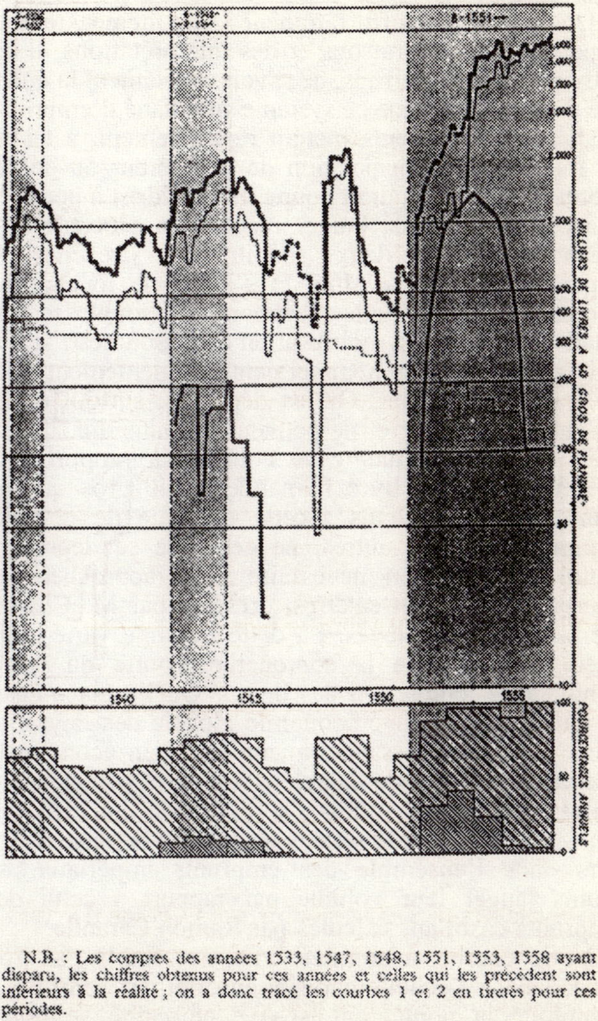

N.B. : Les comptes des années 1533, 1547, 1548, 1551, 1553, 1558 ayant disparu, les chiffres obtenus pour ces années et celles qui les précèdent sont inférieurs à la réalité ; on a donc tracé les courbes 1 et 2 en tiretés pour ces périodes.

remboursés), étaient déchirés en bas de page, mais cependant conservés.

Une courbe se suffit rarement à elle-même. Celle-ci appelle des comparaisons et des interprétations. Il est difficile, nous le verrons, de savoir exactement la quantité d'argent frais que ce système simultané d'emprunts et de remboursements mettait régulièrement, à tel ou tel moment, à la disposition de l'empereur ou de ses représentants. Il faudrait connaître le budget à peu près exact des Pays-Bas, jauger recettes et dépenses, car c'est entre ces deux chapitres — recettes et dépenses — que se situe et s'insère le mécanisme nécessaire des emprunts : il apporte une souplesse, une relative rapidité à la mobilisation de ressources fiscales qui, autrement, s'achemineraient fort lentement vers les caisses de l'État. Or les dépenses, surtout celles qu'entraîne la guerre, ne peuvent pas attendre. Il faudrait également situer cette courbe par rapport à la dévaluation de la livre flamande de 40 gros qui est l'unité de nos calculs : cette monnaie de compte, comme toutes les autres, ne cesse de se déprécier. Autre confrontation nécessaire : la rapprocher des courbes des prix et salaires, dressées par M. Charles Verlinden et ses élèves. La dette flottante varie-t-elle avec les coups de la conjoncture courte ou de la conjoncture longue, ou des deux ? Quelle place aussi lui attribuer dans une économie globale des Pays-Bas dont, à ma connaissance, aucun historien économiste n'a jusqu'ici tenté de calculer les masses principales ? Enfin il faudrait — mais j'y reviendrai dans un instant —, situer la masse des emprunts sur la place d'Anvers dans l'ensemble des emprunts impériaux, au moins jauger leur volume par rapport à celui des emprunts castillans calculés par Ramón Carande.

Notre courbe, à première vue, ne semble pas trop ascendante : l'échelle choisie, en effet, est semi-logarithmique, la montée qui est vive, en réalité, se trouve ainsi tempérée. Le point de départ, en 1515, se situe entre 10 et 50 000 livres et le point d'aboutissement, en 1556, au voisinage de 7 000 000. Donc une montée considérable, spectaculaire, à l'échelle de la « révolution » des prix.

Tel qu'il est, ce premier graphique montre une coïncidence évidente entre les périodes de guerre et les montées de la dette flottante. Il fallait s'y attendre. Ces emprunts n'apportent d'argent frais que quand s'exagère fortement le montant de la dette. Les dénivellations sont productrices de rentrées sans que l'on puisse affirmer qu'elles soient équivalentes, sans plus, aux rentrées réelles dans le Trésor de Charles Quint.

Vous remarquerez l'allure assez particulière de la courbe pour la première guerre contre la France, qui commence en 1521 et, largement interrompue en 1525-1527, s'achève à la paix des Dames en 1529.

En 1520, la dette flottante, qui atteint 500 000 livres, monte brusquement jusqu'au million ; elle double ainsi, ou presque, en une année. Mais elle ne se maintient pas à ce haut niveau ; elle descend même assez rapidement — il a fallu rembourser — au-dessous de 400 000 : alors s'ouvre une période de « dégringolade », de retrait massif. La remontée s'esquissera au moment où la guerre reprend, au-delà de 1527. En 1528-1529, nous dépassons à nouveau le million.

L'incidence de la courte guerre de 1536-1537 sera assez nette elle aussi : elle provoque une augmentation, puis une diminution, flux et reflux, car les hommes d'affaires n'aiment pas la guerre, ni avec la France ni avec les autres pays ; ils luttent contre tout ce qui contrarie leur métier de marchands et ne veulent jamais trop s'engager. Donc, en 1537, légère descente ; elle ramène rapidement le niveau de la dette flottante au-dessous d'un million.

De 1542 à 1544, nouvelle phase belliqueuse jusqu'au traité de Crespy-en-Laonnois, dont vous a parlé le professeur Hantsch. Il y a au-delà de 1542 un effort pour se procurer de l'argent frais, effort couronné de succès, semble-t-il ; le million est dépassé, les deux millions atteints.

Dans sa dernière partie, la courbe devient plus significative encore. Mais ni Mlle Bellart ni moi-même ne réussirons à répondre à toutes les questions qui se posent. En effet se produit alors, avec la reprise de la guerre, une montée générale de la dette flottante, montée considérable qui se terminera à sept millions de livres environ. Il est probable alors que les Pays-Bas n'aient pas seuls supporté cette montée d'emprunts. À côté de leurs revenus propres, il y a eu intervention déjà de l'argent de la Castille : entendez des envois d'argent, en lingots ou en pièces, au moins à partir des années 1550. Mlle Bellart a noté pour ces années tendues l'arrivée de lettres de change. Or ces lettres de change forment une sorte de « pont aérien » depuis l'Espagne jusqu'aux Pays-Bas ; elles deviendront à certains moments critiques une règle, un expédient de politique financière au temps de Philippe II.

Des comparaisons nécessaires que nous évoquions, la plus importante, peut-être, du point de vue de l'histoire générale de Charles Quint, est le rapprochement entre dette flottante des Pays-Bas et montant des emprunts en Castille. Il nous faut rejoindre les chiffres de Ramón Carande. Mais le rapprochement est malaisé. Il a étudié les emprunts castillans à leur naissance, non dans leur durée, non dans leur total cumulatif et oscillant, comme il a été loisible de le faire pour les emprunts anversois. Alors contentons-nous, pour l'instant, faute de mieux, de rapprocher deux périodes courtes des courbes en présence. De 1551 à 1555, les emprunts castillans atteignent en gros douze millions de ducats. Pendant la même période, la dette flottante des Pays-Bas passe, approximativement, de un à sept millions de livres, soit une dénivellation de six millions de livres. Ces deux chiffres ne sont pas le résultat de calculs raffinés qui, en l'occurrence, seraient bien superflus. Nous pouvons dire que Charles Quint a emprunté d'une part douze millions de ducats, de l'autre six millions de livres. Le rapport des deux sommes est exactement celui que les « changes » établissent entre deux ducats d'une part, et, de l'autre, une livre de Flandre. Ce rapport est variable. La livre mise en cause est la petite livre de Flandre à 40 gros (la grosse livre qu'utilise la comptabilité des marchands est celle de 240 gros). Cette petite livre se divise soit en quarante gros (monnaie de compte), soit en 20 patars (les Espagnols disent *placas*), petites monnaies d'argent, réelles, qui par suite mesurent la valeur de la livre monnaie de compte, irréelle. Si bien que Raymond de Roover a pu dire : « Anvers est fidèle à l'étalon-argent. »

À la fin de notre période, un écu d'Espagne vaut 350 maravédis, un ducat 375 maravédis, le ducat figure dans les comptes espagnols à usage interne, l'*escudo* à usage externe. Pour un calcul approché comme le nôtre, un ducat est à peu près l'équivalent d'un écu. Or le change d'un écu est, à Anvers, au voisinage de 80 gros (ou *gruesos*) ou 40 patars (ou *placas*), l'écu représente donc deux livres. Et le rapport que nous cherchions entre les hauteurs des emprunts anversois et des emprunts castillans est, très approximativement, de un à quatre — un pour les Pays-Bas, quatre pour la Castille. Il reste bien entendu que ce calcul est grossier et se présente comme tel. Exact, il indiquerait qu'à la fin du règne de Charles Quint la quote-part castillane est devenue majoritaire. C'est sur elle que, de toute évidence, s'appuie la dépense, disons la politique impériale.

*

Le premier graphique, dans sa partie inférieure, essaie de distinguer entre les diverses catégories d'emprunts : les emprunts à court terme, les rentes sur la ville d'Anvers, les emprunts volontaires à titre gracieux.

Les emprunts à court terme, désignés par le terme de « finances », sont souscrits par les marchands, garantis sur le produit des aides accordées par les États et levées par les « receveurs ». Nos documents les désignent souvent en bloc comme « les marchands d'Anvers », ou les marchands génois d'Anvers, ou les marchands d'Allemagne, ou les marchands de Berg op Zoom, ou les marchands d'Arras, « associés » ou non aux marchands d'Anvers. Des noms émergent : celui éblouissant des Fugger, si souvent cité, celui du Florentin Philippe Gualterotti, de Georges Van der Donch, de Christophe Herwart (d'Augsbourg), ou d'Erasmus Schetz, ou d'Ambroise Höchstetter, ou des Affaitati... La longue liste des noms cités ne saurait être reprise ici intégralement, d'ailleurs elle n'indique pas, à première vue, de changements d'ensemble au cours du règne de Charles Quint.

Les rentes[2] sur la ville d'Anvers sont des emprunts à court terme, mais garantis par la ville, et à un taux relativement bas, au denier 16 (6,25 %), tandis que les prêts des marchands, si l'on s'en tient aux chiffres officiels, se situent entre 12 et 15 %. Bien des témoignages nous laissent à penser, d'ailleurs, que ces taux officiels sont au-dessous de la réalité. Dès que le marché de l'argent se tend, les prêteurs manifestent des exigences accrues (20 % ainsi de juin 1536 à juin 1537). En 1544, au taux ordinaire 12 %, s'ajoutent les frais extraordinaires (2 %) et les frais supplémentaires d'anticipation qui montent jusqu'à 2 %. Vers 1557, le prêt par lettres de change d'Anvers sur Espagne et retour (vrai système de *ricorsa*) permet, à dire d'expert, des taux de 43 %, alors que le simple emprunt d'Anvers sur Anvers (*tomar a finança* ou *a finanças*) implique un loyer de 25 %, bien au-dessus, on le voit, des taux d'intérêt de nos contrats ou de nos comptes[3]. Ne soyons donc pas trop dupes de ces chiffres officiels, rêvons aussi de connaître le nom des vrais prêteurs que nos documents dérobent, ceux qu'enhardit la garantie de la ville ou ceux qui confient aux marchands l'argent que ceux-ci prêtent au gouvernement des Pays-Bas. Car les « financiers » ne hasardent volontiers que l'argent des autres.

Troisième catégorie : celle des prêts sans intérêt[4] ; on disait les prêts « libéraux ». Leur durée variait de dix-huit mois à deux ou cinq ans. Quand le souverain rencontre des difficultés inattendues, les grands personnages doivent lui prêter et lui prêtent de l'argent. Quelquefois même de petites gens lui avancent des sommes très modiques, ce qui donnerait, si l'on voulait, sur la misère endémique du Trésor impérial aux Pays-Bas, des témoignages dont il ne faudrait pas grossir, évidemment, la signification. Une multitude de petits prêts apparaissent ainsi en 1542, 1543, 1544, puis en 1552-1553 et en 1558. Ces prêts consentis par des bourgeois, des ecclésiastiques, voire des marchands, avaient en général une durée d'un an. Ils furent en grande partie transformés en rentes viagères.

Car ces prêts sans intérêt sont malgré tout remboursables, soit en argent, soit en avantages, notamment en honneurs. La première série se situe vers 1528-1534, la deuxième entre 1542 et 1546 ; la dernière en 1552-1556. À première vue, ce sont des prêts d'urgence, ils surgissent quand les autres sources sont taries. L'intervention des représentants du souverain permet d'obtenir régulièrement ces aides toujours mesurées : en 1528-1529, au moment où l'on ne sait pas encore si la guerre, qui a repris après le retour de François Ier en France, ne va pas continuer au-delà de tractations toujours fragiles, lentes à aboutir ; en 1542-1544, où va s'organiser, à partir des Pays-Bas, la première grande poussée militaire contre la France (Gaston Zeller) ; en 1552-1553, enfin, lors du siège dramatique de Metz. Au total, à l'échelon de notre recensement, ces prêts sont épisodiques, secondaires.

Au contraire, le rôle des rentes sur la ville d'Anvers est considérable. Leur intervention coupe en deux l'histoire des emprunts anversois. En 1525, 1526 ou 1527 : la ville a pris en charge, sous sa responsabilité, les neuf dixièmes des sommes avancées à Charles Quint. Cette participation diminuera en importance, mais se poursuivra longtemps, par suite de nouveaux appels, de remboursements imparfaits et qui s'achèveront par la consolidation, difficile et tardive, de la dette flottante. Mais c'est une autre histoire, dont je parlerai dans un instant. En gros, c'est-à-dire en simplifiant beaucoup, disons que la dette vis-à-vis de la ville d'Anvers disparaît au-delà de 1561.

Cette dette vis-à-vis de la ville aura été, je le répète, considérable. Encore faudrait-il en bien connaître les raisons, le mécanisme et l'évolution. Sur le plan de nos documents, il s'agit d'une poussée de crédit à bon marché au denier 16 (soit 6,25 %). Mais quelles personnes se sont mises à l'abri de cette intervention ?

Dès le début des grandes entreprises de Charles Quint : 1516 (la succession d'Espagne), 1519 (la succession impériale), les marchands se sont très prudemment retirés du jeu des emprunts à court terme : ils le considèrent, malgré ses avantages — le taux d'intérêt élevé — comme dangereux. Et ils sont remplacés, voire garantis (car qui détient ces rentes ?) par l'intervention de la ville. Il y a ainsi, à ce moment-là, substitution de la ville aux marchands. Ceux-ci s'enhardissent et ne reprennent confiance qu'au-delà de 1527-1528, quand les choses ont pris bonne tournure pour l'empereur.

J'ai cru à un moment donné (mais nous avons été découragés dans cette voie de recherche), j'ai cru qu'il y aurait intérêt à voir quels étaient les marchands prêteurs avant et après ce que j'appellerai « la crise anversoise ». Mais, comme je l'ai déjà indiqué, avant comme après la large mise en place des rentes anversoises, la structure de la place marchande ne me semble pas avoir changé. Si l'opération a été une mesure de protection voulue par les marchands, elle aura donc été, pour eux, efficace. Mais rien n'autorise à considérer cette explication autrement que comme une hypothèse, une première façon, bonne ou mauvaise, de poser un problème important.

*

Avances, remboursements, émissions de rentes, toutes ces opérations — les rares exceptions confirmant la règle — se déroulent sur la place d'Anvers. S'y situent également les emprunts à long terme qui sont le second graphique que je doive vous soumettre. Les rentes « héritières » ou « viagères », comme l'on dit, ont été un expédient pour régulariser le vaste système des emprunts dont se nourrissait le gouvernement des Pays-Bas. Celui-ci a trop emprunté à court terme. Ne pouvant rembourser au moment voulu par l'intermédiaire des receveurs des aides, il s'efforçait de rejeter à trois ou six mois plus tard l'échéance redoutée, mais ces « rallonges » (partielles ou totales) ne réglaient pas toutes les difficultés. Par sa masse, la dette flottante — rentes, prêts à taux usuraire, prêts gratuits — exigeait régulièrement des mesures d'assainissement, ou alors la machine eût cessé de fonctionner. D'où ces consolidations successives[5] dont le montant, apparent et réel, ne cesse de grandir avec les années. En 1516, le niveau des 80 000 livres est atteint. En 1528, la ligne des 200 000 est dépassée ; même niveau en 1535 ; en 1552, où tout s'exagère, la ligne des 400 000 ; en 1554 le million. En fait, ces rentrées d'argent ne sont pas en totalité affectées aux consolidations. Des dépenses militaires sont indiquées en 1528, en 1554, en 1555, et des dépenses diverses dont le montant est singulièrement élevé, ainsi de 1550 à 1553.

Ces nouvelles indications expliqueraient à elles seules la fragilité de nos calculs pour établir une proportion entre emprunts anversois et emprunts castillans. Autre difficulté : il y a eu aussi en Castille, au-delà des emprunts spectaculaires aux hommes d'affaires, des emprunts multiples sur le marché des rentes, des *juros*. À ce sujet, une abondante documentation subsiste à Simancas. Mais sa masse est redoutable. Puisse Ramón Carande, dans le travail qu'il a en chantier, nous ouvrir la voie vers ces études essentielles, mais difficiles ! Jusqu'à plus ample informé, nous ne pourrons donc que rêver aux proportions réelles entre

DETTE CONSOLIDÉE DU GOUVERNEMENT DES PAYS-BAS SOUS LE RÈGNE DE CHARLES QUINT

d'après les comptes de la recette générale des finances

(Capitaux des rentes héritières et viagères émises par le prince, ou par les villes pour le compte du prince)

UTILISATION DES CAPITAUX :

- Dépenses militaires
- Extinction de la dette flottante
- Dépenses diverses. (rachat de domaine engagé, paiement de pensions, construction de digues) ou inconnues.

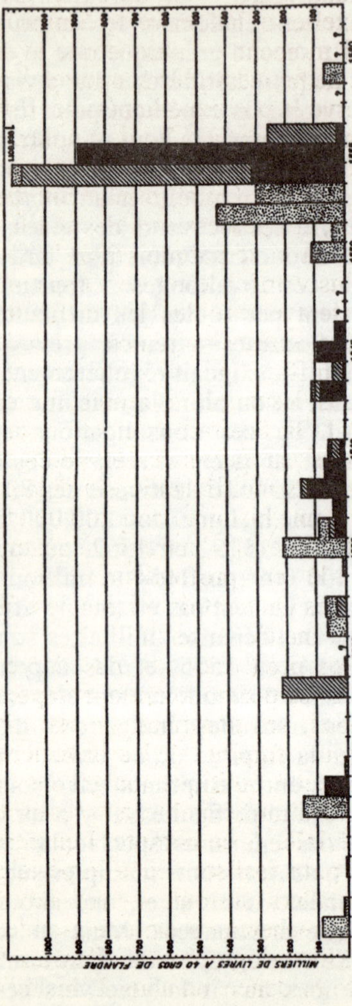

les différentes sources de revenus de Charles Quint : la géographie impériale complique sans fin nos études. Il faudra donc regarder de près les documents de Bruxelles et les séries de Simancas. L'enjeu ? Savoir à quel moment — sans doute avant 1550 — les Pays-Bas ne peuvent plus supporter à plein le poids que leur réserve la politique impériale. Il faudrait comparer leur comportement à celui de Naples, de Milan, de la Sicile. Peu à peu, dans l'immense mouvement de la politique de Charles Quint dont Philippe prendra bientôt le relais, ces possessions essentielles deviennent des vaisseaux à la remorque. Tout l'effort peu à peu devient exclusivement le lot de l'Espagne et, au-delà, de l'immense aventure du Nouveau Monde.

Des années nous seront nécessaires pour chercher les chiffres qui se dérobent encore. Jusqu'ici nous avions, les uns et les autres, décrit, presque uniquement décrit. Il faudrait compter, évaluer les sommes, les masses en présence, les budgets, les dépenses, les emprunts multiformes. Au-delà de cette histoire financière, une histoire économique et une histoire politique sont l'une et l'autre à dégager, celle-ci en surface, celle-là en profondeur. Une nouvelle histoire de Charles Quint et de son siècle s'élabore. Elle sera difficile à mettre au point.

Nos prédécesseurs ont essayé de rattacher Charles Quint, sa politique ondoyante, ses aventures, ses désillusions, ses surprises — ses triomphes mêmes l'ont toujours surpris —, les historiens ont essayé de rattacher cette politique malgré ce qu'elle a eu de zigzaguant, d'imprévisible, à la réalisation d'un idéal : l'idée impériale. À ce compte, l'empereur ne semble exister que pour réaliser l'idée impériale, que d'autres — ses conseillers surtout — ont fabriquée autant que lui. Cette recherche a été une grande, une fructueuse ligne de l'historiographie de Charles Quint, mais aussi, de toute évidence, un abus. L'histoire ne se réduit jamais à une ligne, si brillante soit-elle. Gardons-nous, porteurs d'une interrogation nouvelle, d'une erreur analogue.

Une explication financière et économique ne peut suffire à elle seule. L'histoire de Charles Quint ne peut être que la somme des explications possibles de sa vie, de son œuvre et de son temps. L'essentiel est, si possible, de ne rien oublier dans cette comptabilité d'argent, d'actes et d'intentions, de hasards et de certitudes.

Chapitre III

LÉPANTE : BILAN D'UNE BATAILLE *

L'analyse d'un événement exceptionnellement bref qui modifia en un après-midi l'histoire de la Méditerranée. Mais pas exactement dans le sens qu'on aurait imaginé après cette victoire inattendue et retentissante de la Chrétienté sur la Turquie.

Comme je l'ai écrit, il y a longtemps déjà (en 1949) : « Lépante est le plus retentissant des événements militaires du XVIe siècle, en Méditerranée. » C'est une énorme flamme, et nous la voyons encore brillante, malgré quatre siècles de recul. Qu'elle ait été, comme l'on disait au XVIe siècle, « une nouvelle sonnante », un énorme choc propagé aussitôt à travers tout le système nerveux de l'Europe et même de l'Empire ottoman — il n'y a à cela aucun doute. Dans les eaux du golfe de Lépante, au bas mot 100 000 hommes se sont affrontés, soit, aux dimensions de l'époque, l'équivalent d'une énorme ville. Un tel rassemblement n'a été

* *Source : Il Mediterraneo nella seconda metà del' 500 alla luce di Lepanto*, Actes du colloque consacré au quatrième centenaire de Lépante tenu à Venise en octobre 1971, publié à Florence, 1974 (pp. 109-120).

possible qu'à la suite d'efforts colossaux, de mobilisations difficiles. Par là s'affirme la double puissance de la Chrétienté et de l'Islam, de l'Empire espagnol secondé par Venise et l'Italie — et du vaste Empire turc.

Néanmoins Lépante a été et reste, dans la trame de l'histoire, *un événement*, une action de brève durée ; la bataille commence avec la journée du 7 octobre 1571 et s'achève avant elle. Le gros problème, au vrai sans solution satisfaisante, ce sera de replacer un spectacle momentané dans les longues lignes de l'histoire, c'est-à-dire d'en rechercher les antécédents, le vaste contexte qui l'accompagne et les suites qui en seront visibles. Un événement n'est considérable, disait Henri Pirenne, que dans la mesure où il a eu des conséquences. C'est donc un bilan multiple qu'il nous faut présenter de l'énorme bataille — un bilan difficile à dresser et, à chaque instant, dans chacune de ses parties, comme vous le verrez, un bilan discutable.

*

Je dirais volontiers que, ni à Istanbul, ni à Madrid, ni à Venise, Lépante n'a été voulu, préparé à l'avance comme une explication nécessaire, voire inéluctable.

À Istanbul, sorte de cœur maritime exigeant, greffé sur le vaste corps de l'Empire ottoman, une telle politique est-elle seulement pensable ? Ce que les maîtres de la politique ottomane désirent, c'est, en juillet 1570, l'occupation aux moindres frais possibles de l'île de Chypre que détient Venise. L'île menace les communications de l'empire avec la Syrie et avec l'Égypte ; elle sert de base et de refuge aux corsaires chrétiens du Ponant ; touchant presque les rivages du continent asiatique, elle s'offre, en vérité, comme une proie facile. L'île de Chio avait été enlevée sans coup férir aux Génois, en 1566. Il est vrai que Venise n'est pas Gênes, que Chypre, bien plus vaste, n'est pas l'île de Chio.

Sans doute y a-t-il eu, favorisant l'attaque turque, une série de circonstances, toutes d'un certain poids : ainsi, que les Morisques de Grenade se soient soulevés à la Noël 1568 — dès lors le feu est dans la maison de la lointaine Espagne ; ainsi, qu'un vaste incendie, en 1569, ait ravagé largement l'arsenal de Venise, compromettant sa puissance. Plus encore, que la flotte turque règne en Méditerranée depuis la rencontre du 27 septembre 1538, à la Prevesa. En abandonnant le champ de bataille à Barberousse, le prince André Doria a, alors, abandonné à l'Islam turc la prééminence à travers toute la Méditerranée. Cette prééminence s'affirme encore éclatante en 1551, lors de la prise de Tripoli, plus encore en 1560, lors du désastre chrétien à Djerba. De cette suprématie, la course musulmane, avant tout les galères et galiotes des Algérois, a tiré d'immenses avantages des années durant. Évidemment, il y a eu le coup d'arrêt de Malte en 1565, l'échec du corps expéditionnaire turc devant la résistance acharnée des chevaliers et du grand maître. Mais cet échec n'a été qu'un demi-échec. Les Turcs ont d'eux-mêmes retiré leurs troupes et leur flotte. En 1570, ils n'éprouvent aucun complexe d'infériorité. Paul Herre, qui a longuement étudié (1902) les débuts de la guerre de Chypre, nous rapporte les propos plus ou moins fallacieux du grand vizir, Méhémet Sokolli : alors une politique d'envergure se discute encore, et elle semble normale au baile vénitien puisque son interlocuteur, dont la confiance nous semble trop grande pour être sincère, envisage de secourir les Morisques révoltés à l'autre extrémité de la mer Intérieure. Mais paroles et projets ne sont pas des actes.

Je ne crois pas davantage que l'Espagne de Philippe II ait recherché, de son côté, un affrontement décisif, coûte que coûte. Pour les mêmes raisons que l'Empire turc et pour quelques autres. D'ailleurs, comme nous sommes mieux renseignés — nous historiens — sur la politique espagnole que sur les décisions ottomanes, nous avons la preuve, dix fois pour une, des prudences, des hésitations, des choix impossibles du gouvernement de Madrid. Je ne suis pas de ces historiens qui reprennent volontiers, à l'égard de Philippe II, les habituelles critiques ou les sempiternels sarcasmes dont il est l'objet. Philippe II est un Prince Prudent, très prudent, mais il est condamné à cette prudence, à ces lenteurs. Il est, dans sa personne, la seule unité, le seul lien d'un immense empire, dispersé à travers l'Europe et à travers le monde. Cet empire enjambe l'océan Atlantique. Depuis 1564 et la prise de possession des îles Philippines, il enjambe même l'océan Pacifique. Il est donc un réseau de routes interminables, une somme de nouvelles qui cheminent à la vitesse d'alors, d'ordres qui ne peuvent vaincre la distance. Il est ainsi une somme de problèmes, d'urgences, de politiques divergentes — un total de faiblesses qu'il faut compenser comme autant d'erreurs de route qui appellent des corrections nécessaires. Les Pays-Bas, qui relèvent de cet empire et s'y trouvent mal à l'aise, sont devenus dès le lendemain des grandes découvertes le centre de la vie économique, de la richesse du monde. Anvers, dès le début du siècle, a commencé sa carrière foudroyante. Dès 1530, toute la liaison maritime avec la péninsule Ibérique est assurée par les navires du Nord — hollandais et zélandais. Or les troubles des Pays-Bas éclatent, en 1566, un an après Malte. Et c'est suffisant pour que la Méditerranée passe aussitôt au second plan des préoccupations du Roi Prudent. En 1569, le soulèvement des Morisques à Grenade immobilise, en principe, toute éventuelle action de l'Espagne en direction de la Méditerranée centrale — là où logiquement se situent les habituels conflits avec les Osmanlis. En 1570, chaque année apportant ses labeurs, ses peines et ses appréhensions, la France sort de sa troisième guerre civile par l'édit de pacification de Saint-Germain, signé le 8 août. Voilà la France plus apaisée en apparence qu'en réalité ; le feu y couve sous la cendre. Mais, pour l'Espagne inquiète et dont c'est la vocation de s'inquiéter, quelle source de préoccupations nouvelles ! La France est au cœur de l'Empire espagnol d'Europe, elle commande ses liaisons internes. Sur une carte, bien sûr, c'est la France qui est cernée, encerclée. Et c'est ce que disent les contemporains et les historiens à leur suite. Ce qu'ils ne disent pas et qui est pourtant l'exact revers de cette médaille, c'est que la France risque, à chaque instant, d'exploser à l'intérieur même de l'Empire espagnol : au début du siècle vers l'Italie toujours convoitée mais qui s'est verrouillée contre elle à partir du traité du Cateau-Cambrésis (1559) ; et, durant la seconde moitié du siècle, vers les Pays-Bas, vers ce point névralgique de la richesse du monde et de la faiblesse chronique de l'Espagne. En 1570, une fois de plus, Catherine de Médicis se rapproche des protestants, la politique de l'amiral de Coligny s'impose au jeune Charles IX et se dessine bientôt : unir tous les Français contre l'Espagnol.

Voilà qui ajoute aux soucis et aux responsabilités de la politique espagnole. Finalement, elle doit s'élaborer au milieu de périls jugés ou de loin ou de près, et jamais sans qu'il y entre une part d'appréciation qui risque de fausser le jugement. C'est une erreur ainsi de surestimer la France ; une erreur aussi, sans doute, de surestimer le danger turc et, en général, le danger de l'Islam.

Même Venise, elle aussi très prudente, c'est-à-dire prévoyante, est surprise par l'alerte de 1570. Certes, les incidents se multiplient, en janvier et en février. Le 27 de ce dernier mois, le chaouch Oubat demande au Sénat vénitien la cession de Chypre, laquelle est refusée très sèchement. Les premiers débarquements turcs dans l'île n'auront cependant lieu qu'en juillet.

En fait Venise, la principale actrice du drame qui se noue, a pensé longtemps, envers et contre tout, que l'orage ne serait pas pour elle, qu'elle y échapperait. Depuis 1540, n'est-elle pas en paix avec l'Empire turc, ce qui lui a valu une prospérité évidente ? Sans doute, du fait même de ses précautions répétées et couronnées de succès d'année en année, a-t-elle sans trop le savoir connu un certain relâchement de sa force militaire. Mais de cela, elle n'est pas consciente. Si bien que, les circonstances l'exigeant, les gestes de courage et de témérité qui sont dans sa nature ne vont pas manquer.

Toutefois, comprenons bien sa prudence, sa circonspection. Dans l'univers en soi de la Méditerranée, l'heure a sonné des monstres politiques : à l'ouest les Habsbourg, à l'est les Osmanlis. Léopold von Ranke a su dire, hier déjà, que ces deux monstres s'expliquaient l'un par l'autre. Entre les deux États, Venise essaie de vivre, de continuer à vivre. Elle est, en exagérant à peine, l'étroite frontière, la longue lisière qui sépare ces corps massifs. Or, tandis que sa vie naturelle ne regarde qu'assez peu vers l'Occident, elle est fortement liée à l'Orient turc, balkanique, syriaque et égyptien. L'Orient est depuis toujours pour Venise, jusqu'à Ormuz, la Perse, l'océan Indien et l'Inde, la route des épices et du poivre qu'elle a réussi à réanimer, à partir des années 1550. Le monde balkanique c'est, pour elle, un réservoir de marchandises à bon marché : le blé, les laines, les cuirs, et même les chevaux. Venise, dont la Chrétienté raille si volontiers la prudence, la pusillanimité, appartient à ces couples d'ennemis complémentaires dont Germaine Tillon a parlé à propos de la France et de l'Algérie, hier en guerre. Ce sont des couples indissolubles et malheureux : la politique dit non, l'économie dit oui. Venise, « la courtisane du Turc », est dans une de ces situations difficiles, malheureuses, dont elle s'est tirée, trente années durant, avec habileté, car elle participe de trop près aux intrigues d'Istanbul pour ne pas tirer souvent son épingle du jeu. Mais il arrive que le jeu se renverse contre le partenaire le plus habile.

*

Venise a eu la chance, qui d'ailleurs bientôt se retourne contre elle, de gagner sur la table de jeu de l'Occident, déjà un concert européen aux cordes trop tendues. Au vrai, la chance s'est dessinée, créée d'elle-même. Car Venise hésite à se lancer dans une nouvelle Sainte Ligue ; la première, conclue avec la papauté et l'Espagne de Charles Quint, avait conduit la Seigneurie à la Prevesa et à la paix désastreuse de 1540. La seconde Ligue, cette fois avec la papauté et l'Espagne de Philippe II, si l'on néglige l'immense gloire de Lépante, allait avoir pratiquement les mêmes résultats pour elle. Venise paiera cher son sursaut, son courage, son indéniable héroïsme.

L'ouvrier infatigable, par qui la guerre va s'étendre jusqu'à l'autre bout de la Méditerranée, c'est un pape indomptable, magnifique, Pie V. Il est, en tout bien tout honneur, en toute passion aussi, l'homme de la croisade à quoi, en principe, le condamne sa haute position. Mais il s'y condamne lui-même avec une frénésie sans limite. C'est lui qui prend en main la cause de Venise, expédie à Philippe II Luis de Torres, son conseiller et confident intime. L'ambassadeur extraordinaire rencontre le Roi Prudent à Cordoue, en avril 1570 — à deux pas de la guerre de Grenade en train de s'éteindre. Sans doute, le lieu, l'heure de la rencontre sont propices. La guerre contre les Morisques a replongé l'Espagne dans un climat de croisade. Philippe II peut-il se désintéresser de Venise, la frontière même de la Chrétienté ? Luis de Torres apportait aussi à l'Espagne la concession de la bulle de la *Cruzada*, soit un cadeau annuel de 400 000 ducats qui s'ajoutait au *subsidio* et à *l'excusado*, ces autres grâces dont l'Église d'Espagne faisait sans enthousiasme les frais. En fait, l'*excusado*, concédé en 1567, n'avait pas été levé, tant on craignait les protestations du clergé.

Tout compte fait, ne disons pas que le Roi Catholique s'est vendu à Rome. Il a accepté *vite* de prêter une partie de ses galères avec Jean André Doria, pour organiser le secours de Chypre.

Tout s'est alors improvisé. Marcantonio Colonna qui commande les galères pontificales prend le commandement de la flotte. Mal conduite, l'expédition se terminera, on le sait, par un échec. La flotte, après avoir appris la chute de Nicosie enlevée par les Turcs le 9 septembre, rebrousse chemin alors qu'elle est déjà à la hauteur des côtes d'Asie. Le mauvais temps traite durement les navires au retour. À Chypre, seule résistait encore, île dans une île, la solide forteresse de Famagouste. La Sainte Ligue, semble-t-il, s'était brisée, cette fois, avant même d'avoir été dûment signée. Le cardinal de Granvelle, alors vice-roi de Naples, venait de dire à son frère, Chantonay, au lendemain de cette décevante campagne : « Colonna n'entend pas plus que moi la mer. » Tant il est vrai que l'on pouvait faire une confiance sans limites à l'intelligence de Granvelle, à son sens politique aigu — et non moins à sa médisance toujours en alerte.

Ne racontons pas — pour tout en dire il faudrait un livre — comment pendant le long hiver 1570-1571 Pie V a raccommodé les morceaux brisés de la Sainte Alliance. Rien n'a résisté à son zèle, ni les arrière-pensées des uns et des autres, ni leurs calculs divergents, ni leurs prudences. L'Espagne voulait que l'Islam fût frappé en Afrique du Nord — c'est là son intérêt personnel. Venise pense, avec raison, passion et acharnement, que l'ennemi essentiel est à l'est. Mais cette géographie divergente n'est pas le seul conflit latent entre les alliés virtuels que le Souverain Pontife oblige finalement à s'accorder. La Ligue est conclue le 20 mai 1571 et officiellement proclamée à la basilique Saint-Pierre, cinq jours plus tard, le 25. Tout cela malgré mille obstacles, dont la vigilante malveillance française, dont les réticences répétées de Venise, autrement graves.

Il ne s'agit pas pour nous, à une telle distance des événements et des hommes, de porter des jugements décisifs sur les actes et les attitudes des uns et des autres. Tout au plus essayons de les comprendre, ce qui est déjà une façon de les excuser. Trois fois, les négociations engagées à Rome sous le contrôle du Souverain Pontife furent interrompues. Venise en porte la responsabilité essentielle. Mais il faut, une fois de plus, bien voir, bien jauger sa situation dramatique. Seule une diplomatie habile, réaliste, pouvait sauver Chypre, l'île du sel, du vin, du coton, et interrompre une guerre qui avait si mal commencé pour la Seigneurie. Le secours manqué de Chypre a montré l'impréparation de sa propre flotte. Voyez d'ailleurs comment, avec une énergie sans défaillance, elle punit pendant l'hiver les mauvais exécutants, à commencer par le malheureux Hieronimo Zane, le commandant de sa flotte, dont on a voulu faire un bouc émissaire. Ce que Venise peut tenter — et elle le fait en envoyant Jacopo Ragazzoni en mission à Istanbul, en janvier 1571 — c'est d'abandonner la ligue en voie de formation et, contre ce cadeau au Turc, obtenir une paix honorable, voire le *statu quo*. D'ailleurs, entre Méhémet Sokolli et son ami, le baile vénitien, la conversation ne s'était pas interrompue. Il s'en est donc fallu d'un cheveu que Venise ne « trahisse » dès avant Lépante dont on ne prévoyait guère alors la lumière et les illusions. Mais les négociations ont échoué.

Venise a donc finalement choisi de se battre. Mais ce 25 mars 1571, à la basilique Saint-Pierre, était-on sûr que l'on se battrait ? Don Juan d'Autriche, que Philippe II avait imposé comme commandant de la flotte alliée, se trouvait encore en mai à Aranjuez, ne sachant pas quand il recevrait l'ordre de partir, mort d'impatience à l'idée de rester dans cette incertitude. Galères, navires ronds, soldats, munitions, vivres se rassemblaient avec lenteur au long des côtes de l'Espagne. La flotte n'en partit que le 18 juin, pour arriver à Gênes le 29. Le problème qui se posait, même en cette journée-là, et qui se posera encore au fil des jours, c'était de savoir si la flotte espagnole arriverait à temps à Messine, lieu du rendez-vous général, et au-delà, avec les flottes alliées, serait capable — ou non — de s'opposer à l'énorme flotte que le Turc, en avance comme toujours sur ses adversaires, avait lancée vers l'ouest.

Le 15 juin, l'armada turque entrait déjà dans la baie de la Suda, à Candie. Bientôt, elle s'étira, de Corfou à Modon, dans l'attente de la flotte alliée.

Le 24 août seulement, Don Juan était à Messine. Tous les éléments de la flotte vénitienne ou s'y trouvaient avant lui, ou le rejoignirent. Le 16 septembre, l'énorme flotte alliée quitta le port sicilien et gagna Corfou. Le 7 octobre au matin, les deux escadres, la chrétienne et la musulmane, se rencontraient dans les eaux du golfe de Lépante. Bilan : 60 000 morts et blessés. L'eau du champ de bataille parut rouge de sang aux yeux des combattants.

Cette victoire de Lépante qui, dans la chaîne des événements ordinaires, parfois médiocres, qui la précèdent, éclate comme la figure finale d'un feu d'artifice, que rien ne faisait prévoir — cette victoire inattendue comment l'expliquer, ou du moins la placer dans des explications raisonnables, ou qui nous semblent telles ? Premières raisons du succès chrétien : la fatigue des galères turques sorties trop tôt ; leur mauvais armement : l'infanterie turque utilise encore des arcs, des frondes, non pas l'arquebuse. Il faut faire aussi l'éloge de l'infanterie espagnole. Mais, en gros, dans ce combat quasi terrestre de Lépante, les vaisseaux se prenant à l'abordage (comme les énormes pertes humaines l'indiquent), les combattants se valent.

Je suis à peu près sûr que l'essentiel a été le jeu des galéasses vénitiennes. Ce sont de grosses galères, bien munies d'artillerie, peu capables de se déplacer par elles-mêmes ; il faut les remorquer. Les chrétiens les ont placées en avant de leur propre ligne de galères. C'est elles qui ont foudroyé les galères turques. Mais la même opération sera vainement tentée l'année suivante : conscient du piège, le Turc saura cette fois l'éviter. En réalité, nous voilà en présence d'un détail significatif de l'histoire maritime dont les conséquences vont bientôt s'écrire ailleurs de façon évidente. La galère, avec ses rameurs, avec son coûteux et trop nombreux moteur humain, est fragile. Les navires ronds qui avaient réussi à ravitailler Chypre, en 1570, avaient foudroyé avec leur artillerie les galères turques surchargées d'hommes. Mais la leçon évidente n'avait pas été comprise. Ces galéasses que les fines galères remorquent, songez qu'il suffirait de les laisser aller à la voile pour avoir à l'avance ces vaisseaux de ligne à qui est promis, puis accordé au siècle suivant, l'empire de la mer, autant dire l'empire du monde. Mais Venise, si intelligente, ne l'est pas encore assez pour en tirer aussitôt la leçon.

Toutes ces explications données bien des fois par les historiens sont-elles convaincantes ? Aucun d'entre eux ne le pense sérieusement.

Il y a eu rencontre, bataille et victoire à Lépante, de même qu'il y a eu contre vents et marées une Sainte Ligue à Rome, parce que Pie V l'a voulu, exigé, imposé. À Messine et à Lépante, Don Juan d'Autriche s'est évadé de toutes les consignes de prudence qui lui étaient données, il s'est abandonné à son goût héroïque du risque. Quel étrange, quel fascinant personnage ! Pour l'un de ses derniers historiens et des plus valables, G. Hartlaub, c'est un héros romantique, disons pour être moins anachronique un héros shakespearien. En tout cas un merveilleux entraîneur d'hommes. Passionné de la gloire, déesse implacable, il est l'homme des actions éclatantes, à la recherche d'un vêtement somptueux où ce perpétuel inquiet voudrait dissimuler sa bâtardise. Car il souffre d'être le fils naturel de Charles Quint comme d'une macule indélébile. Le Roi Prudent ne connaît que trop bien le malheur qui habite et torture son demi-frère — le Prince Imprudent. Il s'obstinera à lui refuser le titre d'Altesse auquel il prétendait. Plus tard, quand l'historien devra être psychanalyste — ou ne pas être — il ne lui sera que trop facile d'expliquer le héros ensorceleur et malheureux que fut don Juan.

Rien n'apaise cet être fiévreux. Sauf des promesses de couronnes illusoires — celle de Tunis en 1573, promise par le pape ; celle de France à la mort de

Charles IX, en 1574 ; celle d'Angleterre promise par Philippe II, en 1576, quand il lui faut coûte que coûte envoyer l'Imprudent aux Pays-Bas. Bref, dans la mesure où Lépante pouvait être humainement inventée, don Juan en a été l'inventeur, l'indéniable créateur. Car sans lui ?

*

Nous voilà arrivé à la partie la plus difficile, la plus incertaine de ce débat. Les grands événements se mesurent à leurs conséquences. C'est vite dit. À la suite de Voltaire, beaucoup d'historiens se sont donné le luxe d'affirmer que l'énorme bataille avait été pratiquement sans suite. Je crois l'affirmation tout à fait erronée. Encore faut-il remarquer que les événements ne sont pas liés entre eux comme les maillons d'une chaîne, ou les grains d'un collier. Par suite, juger un *événement* par les *événements* qui suivent, n'est pas rigoureusement juste. Les conséquences d'un événement ne sont pas forcément, ou seulement, des événements. Cela dit et qui appellerait bien des commentaires, il est évident que Lépante n'a pas eu les conséquences que tout observateur raisonnable eût été en droit d'en attendre pendant l'hiver 1571-1572. La campagne de 1572 allait être plus que décevante. Tout d'abord l'Empire turc a su ramasser ses forces, construire, armer des galères, en confier le commandement à un renégat calabrais, Euldj Ali, qui, roi d'Alger depuis mars 1568, saura réformer, moderniser l'armada turque, la fournissant d'arquebusiers et de bouches à feu. Finalement, il en a fait un outil de haute qualité. Les vainqueurs de Lépante avaient-ils seulement « rasé la barbe du Sultan » ?

La première catastrophe, c'est, le 1er mai 1572, la mort du saint pape Pie V. Catastrophe supplémentaire, l'ordre donné, le 20 mai, par Philippe II à Don Juan d'Autriche de surseoir au départ de ses galères vers le Levant. Motif invoqué : l'attitude menaçante de la

France de Charles IX. Rien ne nous oblige à y croire les yeux fermés. Le 4 juillet (un mois et vingt jours avant la Saint-Barthélemy — 24 août — qui, en l'occurrence, ne joue aucun rôle), l'ordre était rapporté et Don Juan ralliait la flotte des alliés à Corfou. Les opérations se déroulèrent au long de la Morée, en face de Navarin et de Modon. C'est à l'abri des canons de cette dernière place qu'Euldj Ali se réfugia avec sa flotte, désarmant ses galères, disposant l'artillerie sur les hauteurs de la ville — et l'abri demeura inviolé.

L'échec de la campagne de Morée entraîna la signature, le 7 mars 1573, d'une paix turco-vénitienne, ménagée par le Très Chrétien. Restée seule, l'Espagne était contrainte à la prudence, mais Don Juan imposa un coup de main réussi sur Tunis, le 11 octobre 1573, aux portes de la mauvaise saison. L'opération allait se révéler très infructueuse : l'année suivante, en effet, l'armada turque avec Euldj Ali et Sinan Pacha enlevait La Goulette (espagnole depuis 1535) le 25 août, et le fort de Tunis, construit l'année précédente, le 13 septembre.

Arrêtons-nous là dans l'énumération des suites immédiates de Lépante. En cette année 1574, les deux empires assis aux deux extrémités de la Méditerranée ont fait match nul : honneur aux vainqueurs de Lépante ! Honneur aux vainqueurs de Tunis ! Il eût fallu profiter de la victoire de Lépante sans tarder, ou peut-être savoir à l'avance qu'une victoire maritime, aussi éclatante fût-elle, ne pouvait abattre l'énorme corps, l'énorme amas de terres qu'est l'Empire turc. Au vrai, pouvait-on faire mieux ?

Mais cessons de jouer aux stratèges et acceptons le déroulement des événements. Admettons même, pour nous sortir du temps trop court, que les événements, de l'hiver 1570 à l'été 1574, ne forment qu'une série, qu'un événement majeur, et mettons sur cet ensemble le nom flamboyant de Lépante.

Je crois que ce « bloc historique » a eu son poids,

ses conséquences, son importance, qu'il est un bon « indicateur » d'histoire.

Nous avons dit : un match nul. Cela ne signifie pas rien. En effet, de 1538 à 1565, ou mieux 1571, la suprématie maritime de la Turquie avait été indiscutable dans la longue rivière marine des îles et des côtes du Levant jusqu'à Gibraltar, et même un peu au-delà. Or, Lépante a livré de nombreux prisonniers aux chrétiens. Les chiourmes des galères du Ponant voient grossir leurs rangs, tandis que le Turc avait perdu, en un jour, 15 000 forçats. D'ailleurs, signe qui ne trompe pas, la course chrétienne, après 1571, pénètre de plus en plus dans l'espace oriental de la mer. Ce n'est pas un mince bénéfice, non plus, d'avoir libéré la Chrétienté d'un complexe évident d'infériorité. Dès 1565, après le siège de Malte, on avait commencé à savoir que le Turc n'était pas invincible. Lépante, c'est une démonstration irréfutable.

Mais là n'est pas l'immense portée de ces années 1570-1574. Ces années-là ont marqué la fin des grandes luttes maritimes du XVIe siècle : c'est leur toute première signification.

La fin des grandes opérations. J'avais cru et j'ai écrit que ces années-là avaient porté un coup terrible à la grandeur maritime de l'Empire turc. Mais si l'on se restreint à la seule Méditerranée, il est net aussi qu'il y a eu un repli évident de la force maritime de l'empire de Philippe II, bien avant les grands échecs et les grands efforts atlantiques de la fin du siècle. Les deux empires colossaux ont épuisé pour de longues années leurs désirs, et sans doute leurs possibilités de lutte directe. La première trêve hispano-turque, suivie de renouvellements, a été conclue en 1577. Les grandes flottes ne se reconstitueront donc pas en Méditerranée. Sur l'immense mer Intérieure commence dès lors le règne abusif, exclusif, pittoresque et obsédant des guerres de course : Alger, Malte, Livourne, Pise, Tunis se perdent dans une longue guerre sordide, coupée de connivences. Tunis, dit un historien, Carmelo Trasselli, c'est un « Changaï, au début du xxe siècle : une ville interlope ».

La conjoncture est-elle en l'occurrence une dernière (non la seule) explication ? C'est bien possible. L'oscillation longue de la conjoncture dégage quelques sommets : 1529, 1559, 1585 ; quelques points bas : 1509, 1539, 1575. Au moment de Lépante (1571) et au moment de Tunis (1574), la vie économique connaît une régression lente des prix. Le retournement se fera à la hauteur de 1575.

Or, c'est une règle insistante, curieuse, explicative : les guerres saintes, croisade ou djihad, se situent toujours durant ces périodes de repli. Tout va mal chez soi, on se précipite au-dehors sur l'ennemi héréditaire. Le mouvement change de sens, chaque groupe culturel, ou la Chrétienté ou l'Islam, se retourne alors contre ses ennemis du dedans. Les guerres fratricides, ou civiles, ou du dedans, sont filles de la prospérité. Tout va mieux, quelle occasion d'en découdre chez soi, entre chrétiens, entre musulmans ! Catholiques contre protestants, Français contre Espagnols en attendant d'autres combats singuliers — et de l'autre côté, car la Turquie est prise dans les remous et les rythmes économiques de l'Europe : Turcs contre Perses, sunnites contre chiites.

Ces images sont simples, trop simples sans doute. Non pas abusives. Trois ou quatre ans après Lépante, la conjoncture s'améliore, vire au beau. Chrétiens et musulmans se tournent le dos. C'est seulement à la fin du siècle, avec la détérioration de l'économie, que la haine leur remontera au cœur. Mais il n'y eut, alors, en Chrétienté, qu'une guerre de projets et de paroles. Autant en emporte le vent.

Chapitre IV

AUTRES TEXTES

Quelques livres d'histoire sur le XVIe siècle espagnol *

Parmi les dernières publications relatives à l'Espagne du XVIe siècle, aucune n'a l'importance du livre de M. Merriman [1] sur l'histoire de l'Empire espagnol de 1516 à 1558 ; c'est là le troisième volume de ce grand ouvrage où l'éminent historien américain a entrepris d'expliquer la formation et l'évolution de l'Empire espagnol, de ses origines à la mort de Philippe II. M. Merriman ne donne pas dans son livre une histoire complète de l'œuvre de Charles Quint. Malgré le sous-titre : *The Emperor*, son étude n'est pas groupée dans ses différentes parties autour de la figure attachante, mais si difficile à comprendre du grand empereur. Il est caractéristique, à ce point de vue, de trouver, au milieu même du livre, le chapitre consacré aux dernières années de Charles Quint. M. Merriman a restreint l'objet de son étude aux questions qui touchent à la vie et à la grandeur de l'Espagne. Il s'est,

---

* Compte rendu de plusieurs ouvrages, voir la liste p. 499 (*Revue d'histoire moderne*, 1927, pp. 367-372).

dans la mesure du possible, désintéressé des complications de la politique impériale étrangères à l'Espagne. C'est de la péninsule même, peut-on dire, qu'il a observé et suivi la vie du grand empereur. Dans les limites si vastes encore de son sujet, M. Merriman a accumulé une documentation impressionnante. Il a lu tous les ouvrages qui, de près ou de loin, se rapportent à l'Empire espagnol, entre les dates de 1516 et de 1558 [2], et il a toujours su, à propos des différents problèmes, résumer avec maîtrise l'ensemble de nos connaissances historiques. Je ne crois pas, bien qu'il soit malaisé de vérifier rapidement des notes bibliographiques dispersées au bas des pages ou rejetées à la fin des chapitres, qu'un livre de réelle importance ait échappé à l'investigation consciencieuse de l'auteur. On ne pourrait trouver cette documentation en défaut que sur des points insignifiants de la politique extérieure de Charles Quint et tel livre dont M. Merriman n'indique pas la référence eût peut-être changé seulement une phrase ou ajouté un détail à ce qu'il a écrit [3].

L'exposé de l'auteur ne s'appuie pas uniquement sur l'étude des documents imprimés, sur les volumes de la *Coleción de documentos inéditos para la historia de España* ou des *Nuntiaturberichte aus Deutschland* ; de nombreuses notes et citations apportent le témoignage de documents originaux. M. Merriman aura été singulièrement heureux dans sa recherche des documents manuscrits. Souvent il lui a été possible, sur le rôle présumé de la France dans le soulèvement des *Comuneros*, sur l'état de l'Espagne dans la première moitié du XVIe siècle et même sur la lutte de la France et de l'Espagne, chapitre où tout, semblait-il, avait été dit, de trouver des documents nouveaux et d'un intérêt certain. Il nous semble cependant qu'il reste encore dans ce domaine des recherches une tâche immense à accomplir et la lecture des différents catalogues des Archives de Simancas, par exemple, ne peut que confirmer cette opinion.

M. Merriman a plutôt dressé le bilan de la période

1516-1558 que présenté, dans leur succession déconcertante ou leur synchronisme accidentel, les événements de l'histoire espagnole. Il étudie, dans la première partie de son livre, l'Empire espagnol dans l'Ancien Monde, dans la seconde le développement de la domination espagnole dans le Nouveau Monde.

En 1516, après bien des intrigues menées autour de Ferdinand le Catholique, Charles est maître de l'Espagne. De 1516 à 1522 les événements se précipitent, Charles devient empereur, la Castille et Valence se soulèvent, les Français envahissent la Navarre espagnole. Tels sont les événements que l'auteur analyse tout d'abord. Il présente ensuite un tableau de la vie intérieure de l'Espagne, du développement de ses institutions, de l'état de ses richesses et de sa littérature. Seuls les historiens qui ont quelque idée de l'éparpillement invraisemblable de nos renseignements apprécieront, à leur réelle valeur, ces pages claires et nourries de faits. L'exposé des guerres avec la France et les Infidèles termine l'étude consacrée au Vieux Monde.

Pendant que l'empereur guerroie sur les frontières de France, sur les côtes d'Afrique ou sur les champs de bataille d'Allemagne, un nouveau monde espagnol se constitue au-delà de l'Atlantique par les découvertes, par les conquêtes sanglantes, et par l'organisation pacifique ; c'est à ce triple point de vue que l'auteur étudie, dans la seconde partie de son ouvrage, l'œuvre des Espagnols en Amérique et dans les îles du Pacifique.

Le livre de M. Merriman s'impose comme un guide très sûr à qui voudra, dorénavant, étudier l'œuvre du règne de Charles Quint en Espagne. Son information si riche le rend plus précieux, en ce qui concerne la période 1516-1558, que les bibliographies déjà classiques de Sánchez Alonso et de Ballesteros ; il est, sans contredit, le meilleur livre d'ensemble dont nous disposions aujourd'hui pour retracer le cours des destinées espagnoles dans la première moitié du XVIe siècle.

*

C'est à la liste déjà longue des ouvrages consacrés aux saints espagnols du XVIe siècle, qu'il faut ajouter les volumes récents de Mme Jeanne Galzy[4] et de MM. Louis Bertrand[5] et Jean Baruzi[6]. La vie religieuse de l'Espagne à l'époque de Charles Quint et de Philippe II a suscité d'innombrables études. C'est une image courante aujourd'hui, presque un lieu commun, que de parler de l'Espagne passionnément catholique et sensuellement mystique du XVIe siècle. L'inventaire le plus rapide de cette littérature[7] ne manque pas de montrer qu'elle s'est surtout attachée à nous retracer la vie des saints, à nous montrer la valeur de leur exemple, à reconnaître les chemins parfois si compliqués de leur pensée. On ne compte plus les ouvrages sur saint Ignace, sur sainte Thérèse ou saint Jean de la Croix. Mais il faut bien dire que la valeur historique de ces écrits reste, en général, très discutable, et nous avons peut-être pris dans leur enseignement la mauvaise habitude de ne voir dans l'épanouissement de la vie catholique espagnole du XVIe siècle que les grandes figures des saints. Une simple étude sur la *cruzada* et les démêlés qu'elle provoquait en Cour de Rome, ou sur l'histoire des archevêques de Tolède, serait infiniment plus précieuse pour la connaissance du passé religieux de l'Espagne que cette trop abondante littérature.

Mme Jeanne Galzy a refait dans son ouvrage la biographie de la sainte d'Avila. On se demande en vain après la lecture de ce livre les éléments nouveaux qu'a apportés l'auteur. L'originalité de l'ouvrage est sans doute dans la multiplicité des détails pittoresques, des descriptions de rues étroites, de lourdes bâtisses, de jeux de lumière, de jardins fleuris. Il serait peu charitable d'insister et de demander à l'auteur ses références.

M. Louis Bertrand se défend, dès son prologue, d'avoir voulu nous donner, dans son livre, un récit de la vie de sainte Thérèse. « Je n'écris pas, indique-t-il, une vie de la Sainte, elle-même l'a écrite d'une façon qui devrait décourager les biographes. Je ne parlerai de sa vie, de son milieu, de son temps, des conséquences de son action que dans la mesure où cela pourra servir à mieux faire comprendre et à mieux établir la valeur de son témoignage. » Une telle déclaration est quelque peu contradictoire, elle n'a pas empêché M. Louis Bertrand de conter à sa façon la vie de sainte Thérèse. Accordons cependant à l'auteur qu'il a réellement consacré le meilleur de ses efforts à prouver contre les incrédules, les sceptiques et les hommes de science la haute valeur du témoignage de sainte Thérèse sur les vérités surnaturelles. Mais il me semble qu'il n'appartient pas spécialement aux historiens de suivre l'auteur dans ce domaine. M.L. Bertrand, heureusement, a saisi toutes les occasions de nous donner des explications, des éclaircissements et des lumières sur l'époque de sainte Thérèse ; son livre fourmille de tableaux, de fresques, de jugements généraux et catégoriques sur le XVIe siècle espagnol. On se sent tout à fait à l'aise, sur ce terrain, pour suivre la pensée véhémente de M. Louis Bertrand. L'auteur nous parle en termes excellents de la « figure matérielle de la petite ville d'Avila, de la vie mondaine qui est alors le partage de bien des religieuses d'Espagne, du réalisme pathétique du catholicisme espagnol. Par contre, les pages qu'il a consacrées aux rapports de l'Islam et de l'Espagne et au caractère même de Philippe II, pour ne prendre que ces exemples, appellent de multiples réserves.

« Nos historiens oublient trop, écrit M. L. Bertrand, qu'au XVIe siècle l'Islam était redevenu un danger terrible pour la Chrétienté et pour l'Europe occidentale » (p. 302). Pour l'Espagne, ce danger musulman est triple ; elle est à la fois menacée par la puissance turque, par les musulmans du Maghreb et par les descendants encore si nombreux des Maures qui peuplent la péninsule. C'est à l'étude du problème morisque que s'attache particulièrement l'auteur, « une chose que les Modernes ne comprennent plus », a-t-il soin d'écrire. M.L. Bertrand, qui a la chance de comprendre, nous offre, malgré tout, un tableau inachevé de cette grande question. Je ne crois pas un instant qu'il ait eu recours à des recherches d'archives, ni même qu'il ait lu les documents qu'a publiés Pascual Boronat dans son ouvrage [8]. L'auteur ne voit dans le problème morisque que les côtés politique et religieux, politique surtout ; il ne nous indique pas les innombrables questions fiscales, sociales et économiques qu'ont signalées à juste titre, à propos des Morisques, les historiens modernes. Enfin le jugement que porte l'auteur sur la civilisation des musulmans d'Espagne me paraît tout à fait partial. Il a repris à propos des Maures d'Espagne la thèse qu'il a soutenue, avec tant d'éclat, sur l'Islam maghrébin. M. Louis Bertrand nous parle avec obstination des seules origines de cette civilisation, ne serait-il pas logique, avant d'énoncer un jugement d'ensemble, d'étudier l'état de cette civilisation au XVIe siècle ? M.L. Bertrand a systématiquement simplifié ce grand problème [9]. On pourrait, dans un autre sens que l'auteur, avec moins de paradoxe que lui, retrouver dans l'Espagne catholique du XVIe siècle la marque profonde du génie de l'Islam, n'est-ce pas d'ailleurs là une des idées du livre de Barrès sur les Grecs ?

L'entrevue de sainte Thérèse et de Philippe II (voir p. 379), sur laquelle on peut conserver quelques doutes, fournit à M. Louis Bertrand l'occasion de nous décrire l'Escorial et de présenter un portrait de Philippe II. Ces très belles pages de l'illustre romancier sur l'Escorial ne manqueront pas de faire les délices de Miguel de Unamuno. Le chapitre où M. Louis Bertrand entreprend la réhabilitation intégrale de Philippe II semble annoncer de prochains ouvrages. L'éminent académicien n'a fait que suivre là, et d'assez près, l'argumentation du livre de Charles Bratli, *Philippe II, roi d'Espagne*, paru en 1912, du moins dans sa traduction française. On connaît toutes les réserves qu'il faut apporter à l'œuvre consciencieuse de Bratli. La démonstration de M. L. Bertrand ne convaincra, à son tour, que des gens de bonne volonté.

La thèse de M. Jean Baruzi sur *Saint Jean de la Croix et l'expérience mystique* est l'un des ouvrages philosophiques les plus importants de ces dernières années. Il présente aussi un réel intérêt historique. M. Baruzi a su, autant que les textes le permettaient, nous retracer la vie de saint Jean de la Croix. On appréciera particulièrement les croquis de M. Baruzi, notamment la description de Medina del Campo, et son étude sur les milieux universitaires de Salamanque. On trouvera dans cet ouvrage une excellente bibliographie sur saint Jean de la Croix et la vie mystique espagnole. M. Baruzi nous offre, dans son livre d'une si haute valeur scientifique, une étude, semble-t-il définitive, des idées si subtiles de l'auteur de la *Nuit obscure*[10].

*

Les lecteurs du livre du docteur Cabanès, *Le Mal héréditaire*, seront déçus, il ne s'agit que du prognathisme des Habsbourg.

La documentation insuffisante de l'auteur rend son livre absolument inutile.

L'Espagne au « siècle de bronze »*

Voilà un nouvel et remarquable article de M. Earl J. Hamilton. On le lit avec plaisir et profit. Il y a plus à apprendre dans les trente-cinq pages de cette étude que dans certains in-octavo volumineux. L'auteur aurait pu d'ailleurs aisément écrire sur son sujet tout un livre encombré de références d'archives. Il a préféré nous donner uniquement l'essentiel. On ne saurait que l'en féliciter. Un lecteur pressé et quelque peu familiarisé avec l'économie politique n'aurait qu'à se reporter

* Compte rendu d'Earl J. Hamilton, « Monetary inflation in Castille, 1598-1660 », *Journal of Economic and Business History*, 1931 (*Revue historique*, nº 2, 1931, pp. 387-389).

au tableau (pp. 203-204) et au graphique (p. 205) qui accompagnent le texte pour avoir, en quelques minutes, une idée d'ensemble de cette étude.

M. Hamilton limite son champ d'observation, comme l'indique le titre de l'article, à la seule Castille. Il arrête son étude en 1660. Cette date n'est pas une coupure parfaite. La dernière année du règne de Philippe IV, 1665, offrait peut-être un terme plus juste. M. Hamilton ne s'explique d'ailleurs pas sur cette question, somme toute secondaire.

Le XVIe siècle a été pour l'Espagne, à tous les points de vue, le siècle de l'or ; le XVIIe, nous dit l'auteur, a été celui du bronze. Il faut entendre cette dernière expression à la lettre. Le système monétaire des Rois Catholiques, organisé par l'ordonnance de Medina del Campo de 1497, création « géniale », se maintient à peu près intact sous les règnes de Charles Quint et de Philippe II. Il se dérègle au-delà, sous Philippe III et Philippe IV. Des émissions massives et répétées de monnaies de billon, où n'entre généralement que du cuivre, déterminent un décalage entre les monnaies d'argent et de cuivre. Il y a inflation progressive, le cuivre jouant alors le même rôle que le papier dans nos crises contemporaines. Le cuivre éliminera peu à peu les monnaies d'argent, au point que les indulgences des bulles pontificales, payables en argent, ne peuvent que difficilement être acquises par les sujets du Roi Catholique. Les plaintes et les résistances des Cortès, les conseils des économistes, et leur nombre est légion, demeurent à peu près inefficaces. Le gouvernement royal multiplie les émissions de billon comme nos révolutionnaires, plus tard, feront marcher la planche aux assignats. Ordre est parfois donné au public d'avoir à porter les pièces de cuivre aux « monedas » les plus proches. Des indemnités sans doute sont versées aux particuliers pour les frais du transport, mais les pièces ont, après le réestampage, une valeur doublée, triplée, quadruplée ; ainsi en 1603, 1636, 1651... Tout le bénéfice de l'opération est pour le gouvernement. La nécessité explique de tels procédés. Le luxe éclatant de la cour et surtout les dépenses qu'implique l'impérialisme espagnol ont imposé cette politique d'inflation. On ne s'étonnera donc pas de constater que les années 1641-1642 ont marqué le point culminant de l'inflation au lendemain des graves révoltes de Portugal et de Catalogne.

Voyons les conséquences. Le cuivre est devenu en Castille la monnaie courante des échanges. De multiples faits l'établissent. Cette monnaie, difficile à manier, est en outre très instable. L'afflux des métaux précieux avait, au XVIe siècle, provoqué, ainsi que l'a montré ailleurs M. Hamilton sur le cas particulier de l'exemple andalou, une montée générale des prix. La hausse continue au cours du siècle suivant, mais cette fois par suite de l'inflation monétaire : les variations de prix sont plus amples et plus rapides qu'au siècle précédent. Les métaux précieux arrivaient, au XVIe siècle, avec une lenteur relative. Le contrecoup des émissions de billon est pour ainsi dire immédiat. Le billon circule très rapidement car chacun a intérêt à convertir en marchandises ou en biens des devises qui se dévalorisent vite. L'exemple de cet hôpital de Valladolid qui augmente anormalement ses achats en février 1638 « par crainte d'une réduction de la valeur du billon » est à ce point de vue caractéristique. Pour mesurer l'amplitude de l'inflation, il suffisait, comme l'a fait l'auteur, d'indiquer, pour différentes années, les rapports des monnaies d'argent et de billon, l'une variant peu et l'autre beaucoup. La prime de l'argent sur le billon en gros n'a pas cessé de croître jusqu'en 1641-1642 (maximum en mai et août 1642, 190 %) ; au-delà de 1642, la prime de l'argent sur le billon, retombée à 25 %, se relève lentement pour atteindre, en 1660, 50,25 %. Cette reprise est due en partie, comme le remarque M. Hamilton, à la diminution des métaux précieux importés du Nouveau Monde, très nette au-delà des années quarante. Le graphique de ce « change » donne une idée des phases de la crise, dans le détail de laquelle nous ne pouvons pas entrer ici. M. Hamilton a établi cette courbe seulement pour l'Andalousie. Il serait cependant imprudent d'en étendre, sans réserves, les indications à tous les pays de la Couronne de Castille. L'Andalousie est, en effet, le *hinterland* de Séville, c'est-à-dire d'un centre économique exceptionnel, très sensible, où l'argent américain joue encore un rôle.

Le gouvernement n'a pas ignoré le mal, il a songé aux remèdes. Sa bonne volonté évidente n'a pas été servie par les circonstances. Il y eut cependant de sérieuses tentatives de déflation : celle du 15 septembre 1642 coupe en deux l'histoire monétaire du siècle. En 1651, Philippe IV voulut même retirer tout le billon de la circulation. La nécessité de secourir les armées de Milan et des Flandres, de dépêcher quelques navires, la crainte de provoquer des difficultés sans fin en créant de nouveaux impôts obligèrent le gouvernement en novembre à quadrupler la valeur nominale du billon réestampé.

On a dit que l'altération des monnaies de billon avait coûté à l'Espagne plus cher que la guerre des Pays-Bas. M. Hamilton trouve le jugement un peu fort. Cette politique monétaire a cependant lourdement pesé sur l'économie de la péninsule. Elle fut un des innombrables facteurs de la décadence espagnole. Telle est la conclusion de cette excellente étude qui résume, malgré ses modestes dimensions, des années de patientes recherches et dont l'intérêt, répétons-le, est de tout premier ordre.

La Catalogne de G. de Reparaz*

Les historiens qui s'intéressent aux divers aspects de l'expansion catalane devront dorénavant se reporter au

* Compte rendu de G. de Reparaz (fils), *Catalunya a les mars*, Préface de Gonzalo de Reparaz, Barcelone, 1930 (*Revue historique*, septembre-octobre 1931, pp. 170-171).

présent ouvrage. M. de Reparaz nous offre, pour la période qui va en gros du XIe au XVIe siècle, une mise au point d'une valeur indéniable. S'il ne nous apporte pas de documents inédits, son livre utilise, avec beaucoup d'habileté, les renseignements d'une bibliographie imposante. Une claire intelligence des faits géographiques rehausse le ton de l'ouvrage et en élargit les horizons. M. de Reparaz a su nous montrer, de façon judicieuse, l'emprise profonde de la mer sur la Catalogne que l'Aragon, âpre et désertique, isole presque entièrement du reste de la péninsule ; il a su également caractériser, avec exactitude, le domaine géographique de l'expansion catalane : pays du Levant méditerranéen, hautes terres du Maghreb, régions que baigne l'Atlantique, cette mystérieuse *Mar Tenebrosa* qui s'étend au-delà des Colonnes d'Hercule. Qu'il nous parle de la marine, du commerce, des cartographes du pays catalan, voire des marchands, des pirates, des captifs ou des apôtres, il le fait en termes heureux, en des pages riches d'aperçus, comme celles qui concernent les écoles cartographiques, par exemple.

Tout en reconnaissant les fortes qualités de l'œuvre et son utilité, il faut bien avouer qu'elle ne nous donne pas entière satisfaction. Le chapitre consacré aux relations des Catalans avec l'Afrique du Nord nous a paru confus (l'arrivée des Turcs à Tunis est incidemment placée, et bien à tort, en 1550). L'auteur nous explique assez mal les origines de la fortune catalane et plus mal encore son déclin. Le rôle de Barcelone se détache insuffisamment de la grisaille du texte. Les pages consacrées à l'industrie effleurent seulement une question d'importance capitale. L'étude des flottes catalanes, où les remarques intéressantes abondent, néglige trop les détails techniques (l'auteur consacre seulement une page et demie aux divers navires catalans du Moyen Âge et se contente de renvoyer le lecteur qui désire connaître de plus amples détails à l'ouvrage de Gervasio de Artiñano y de Galdacano). Le plan suivi par l'auteur a considérablement nui au dessin général de l'ouvrage. Au lieu de tracer la courbe de l'expérience catalane et de replacer constamment les événements dans leur cadre historique, M. de Reparaz morcelle son étude en chapitres cloisonnés, réservés à la marine, au commerce, à l'expansion dans le Levant, dans le Maghreb, dans les pays atlantiques... ; il supprime ainsi des liaisons indispensables et s'expose à des redites. Ce livre a le défaut d'être construit comme un répertoire.

M. de Reparaz montre, à plusieurs reprises, que l'expansion espagnole en Méditerranée est à la fois musulmane et chrétienne. Il a certainement raison, mais peut-être n'était-il pas nécessaire, pour établir cette vérité première, de faire, à plusieurs reprises, le procès des historiens espagnols traditionalistes.

Sur l'histoire de l'Espagne *

On ne sait comment définir ces derniers livres de M. de Reparaz. Ils ont l'exubérance, le désordre, la richesse de la vie. Sous des titres différents, ils traitent un seul et même sujet, immense d'ailleurs, l'histoire de l'Espagne. Tout le passé espagnol est mis en cause, passé au crible, démoli, reconstruit à larges traits, de l'aube des temps préhistoriques à la seconde dictature qui suivit la retraite de Primo de Rivera. L'auteur nous parle aussi, chemin faisant, de lui-même, de ses impressions, de sa famille, de son passé, de ses actes, de telle petite maison de Port de la Selva sur la côte catalane, de telle excursion lointaine sur les pentes du pays Basque, voire de ses préoccupations quotidiennes,

* Comptes rendus de Gonzalo de Reparaz, *La Constitución natural de España y las de papel*, 1928 ; *Geografia y politica. Veinticinco lecciones de historia naturalista*, 1929 ; *Demelición y reconstrucción, Hombres, hechos, doctrinas*, 1930 (*Revue historique*, 1931, pp. 171-173).

de son menu, de sa machine à écrire, du panorama que l'on découvre, à Barcelone, des fenêtres ou du jardin de sa maison. Il parle tour à tour en géographe et, pertinemment, en historien, en philosophe, en mémorialiste, en journaliste, en politique, en conférencier, en simple maître d'école qui reprendrait, simplifierait constamment sa pensée pour enfoncer quelques idées élémentaires dans la mémoire de ses élèves. Le lecteur a l'impression que, de sa plume alerte, M. de Reparaz pourrait écrire des centaines de volumes sans tarir les sources de son inspiration ou dire le dernier mot de ses confidences. De tels procédés entraînent des longueurs et des digressions, bien entendu. Le paradoxe c'est qu'un pareil ouvrage se lise avec facilité et profit. M. de Reparaz a tout simplement des dons précieux. Il sait voir et dessiner les grands ensembles, choisir le détail significatif, donner à ses idées une forme originale.

M. de Reparaz pense, après tant d'autres écrivains, qu'il y a une crise espagnole dont les symptômes se marquent depuis des années et même depuis des siècles. De 1808 à nos jours, les nombreuses Constitutions de « papier » que les circonstances dispensèrent à l'Espagne prouvent, à elles seules, la profondeur du mal. L'auteur se plaît à les analyser, à indiquer les conditions de leur élaboration, à noter, enfin, leur fragilité et leur inefficacité. Cette revue lui permet d'organiser, en marge des discussions de textes et des précisions chronologiques, un long défilé d'hommes politiques, Prim, Serrano, Zabala, Cánovas, Maura..., médecins bien intentionnés parfois, mais dont les remèdes n'ont pas eu grande valeur. Leur échec total ne fait aucun doute aux yeux de M. de Reparaz. Tous ces hommes politiques, d'après lui, ont méconnu la véritable structure, la constitution naturelle de cet être complexe qu'est l'Espagne géographique. Ils ont voulu construire sur la *meseta* castillane, c'est-à-dire sur le vide de la steppe, un État centralisé, ils ont ignoré la diversité de la péninsule, l'importance et la nature de sa mission africaine, la valeur de ses cadres locaux... L'argumentation très vive de l'auteur est un long réquisitoire contre les fautes du passé et les erreurs du temps présent qu'il ne se lasse pas de signaler à l'attention de ses concitoyens.

Le tome suivant reprend et développe les attaques et les idées du précédent, sous la forme, assez inattendue, d'un parallèle entre l'histoire de la Russie et celle de l'Espagne. Les deux pays occupent, en Europe, des positions analogues : l'un fait face à l'Afrique, l'autre se soude à l'Asie ; ils sont, avec les îles Britanniques dont nous parle également l'auteur, les extrémités essentielles de l'Europe. Les destinées de la Russie et de l'Espagne concordent dans leurs traits principaux. M. de Reparaz, du moins, le soutient, avec beaucoup d'ingéniosité. Au morcellement des Russies (Russie blanche, Ukraine, Grande-Russie), l'auteur fait correspondre le morcellement des Espagnes (Espagne levantine, Espagne centrale. Espagne atlantique, en comprenant dans cette dernière formule le Portugal). La comparaison est discutable, mais le tableau que nous trace M. de Reparaz des trois Espagnes est écrit de main de maître. Le fédéralisme actuel de la Russie soviétique retient longuement l'attention de l'auteur. Il en examine l'organisation, il en montre la souplesse, la vigueur, les avantages. Cette peinture optimiste est une façon de nous dire que le morcellement régionaliste s'imposera pareillement à l'Espagne comme la seule solution de ses difficultés présentes.

Le dernier tome a, de toute évidence, été rapidement écrit. Il est moins une conclusion que la reprise, sur des exemples nouveaux, des idées chères à l'auteur. M. de Reparaz nous offre en vrac une quantité étonnante d'observations. Les multiples zigzags du récit rendent impossible une analyse serrée. Nous croyons utile d'indiquer au lecteur pressé les pages 295-297. L'auteur résume, dans ce court paragraphe, les arguments épars de tout l'ouvrage. La géographie imposait, selon lui, une constitution fédéraliste à l'Espagne ;

l'histoire aurait nécessairement abouti à cette solution « sans l'État monarchique et théologique qui entra par les Pyrénées... ».

Du voyage que l'auteur nous invite à faire, en sa compagnie, à travers le passé espagnol, une autre idée se dégage. Toute l'histoire de la péninsule, nous dit M. de Reparaz, est africaine dans ses régions profondes. Les Ibères et les Berbères, des Africains, sont les vrais ancêtres des Espagnols. La conquête musulmane du VIIIe siècle a été facilitée par la communauté des origines africaines qui existait entre vainqueurs et vaincus. L'auteur a retrouvé, dans la période de la domination musulmane, les traits les plus espagnols peut-être de l'histoire de la péninsule. Ne nous signale-t-il pas, au Xe siècle, un pronunciamiento musulman à Cordoue et, au IXe siècle, une épopée orientale, conduite par des musulmans d'Espagne et qui aboutit à la création d'un royaume dans l'île de Crète, prototype des aventures catalanes des siècles à venir ? Par le Nord, se sont introduits les Celtes, les Wisigoths et le fanatisme de la *Reconquista*. En 1492, le détroit de Gibraltar devient brusquement une frontière. L'Espagne et l'Afrique du Nord, séparées l'une de l'autre, périclitent désormais ; les rois étrangers de la Maison d'Autriche réduisent les pays ibériques à l'obéissance, tandis que les Turcs s'emparent de la majeure partie du Maghreb.

L'œuvre de M. de Reparaz appelle des critiques quant à la forme et quant au fond. Son originalité ne va pas sans une pointe de paradoxe. Pouvait-il en être autrement ? Mais la place nous manque pour discuter dans le détail ces grandes vues d'ensemble. Un volume entier n'y suffirait pas. Le travail de M. de Reparaz est d'un éveilleur d'idées ; on ne saurait lui demander les précisions et la solidité d'un ouvrage d'érudition.

Sur le monde espagnol*

Je suis bien en retard pour présenter ici les brillantes thèses de notre collègue Albert Girard, indiquer leurs conclusions nouvelles et dire les qualités qui en font le prix : une documentation étendue, le souci constant d'éclairer l'arrière-plan des problèmes, un don pour condenser l'explication et la maintenir avec aisance en dehors des méandres inutiles. Voilà un travail qui déborde constamment les limites apparentes de son titre, assez riche pour que l'on ne s'étonne pas, les circonstances aidant, que vingt années de recherches aient passé entre ses prémices et son achèvement. On sait l'importance des faits économiques dans l'histoire générale, mais on n'apprend qu'à ses dépens, je crois, la difficulté de leur étude. Outre les difficultés du genre il y a, ici, celles qui tiennent à la position de ce travail dans l'espace — l'Espagne moderne est plutôt mal connue — et dans le temps, dans le temps surtout ; pour le XVIe et le XVIIe siècles, à la différence du XVIIIe, les documents économiques ne sont pas disposés en longues séries. Tout, ou presque tout, le matériel de l'étude de M. Girard était ainsi pulvérisé, dispersé entre les dépôts d'archives de France et d'Espagne. On en retrouvera encore, de-ci, de-là — pour le XVIe siècle dans la série K de nos Archives nationales et dans la série Estado (*Flandes* et *Castilla*) de Simancas — des fragments dont il sera aisé de mesurer le poids et la portée maintenant que nous disposons, grâce à lui, d'un ouvrage de base.

Le dessin de la thèse principale est d'une grande

---

* Comptes rendus d'Albert Girard, *Le Commerce français à Séville et Cadix au temps des Habsbourg. Contribution à l'étude du commerce étranger en Espagne aux XVIe et XVIIe siècles, 1932 ; La Rivalité commerciale et maritime entre Séville et Cadix jusqu'à la fin du XVIIIe siècle*, 1932 (*Bulletin de la Société des professeurs d'histoire et de géographie de l'enseignement public*, 1935, pp. 300-304).

netteté. Dans une première partie qui va des débuts du XVIe siècle à 1659, M. Girard étudie le monde espagnol et les étrangers, la pénétration française, la situation juridique des « métèques » en terre espagnole. Au-delà de 1659, la seconde partie montre la conquête, par le commerce français, des positions stratégiques de Séville puis de Cadix, concurrent et bientôt héritier du port du Guadalquivir, et nous mène jusqu'à la veille de la guerre de Succession d'Espagne. Enfin, la troisième et dernière partie — de beaucoup la plus riche et la plus suggestive — examine les conditions techniques des échanges franco-espagnols. C'est à ces pages que les spécialistes, économistes ou historiens de l'Espagne, se reporteront de préférence.

Il est loisible et naturel de discuter un tel plan, ce qui est, en somme, s'abandonner, quand l'auteur vous a tout appris, au plaisir de refaire son livre. Pour ma part — pourquoi ne pas le dire — il me semble regrettable que l'exposé revienne dans sa dernière partie, surtout économique, sur les étapes que l'on a déjà franchies dans les deux premières, plutôt consacrées à l'aspect politique et juridique des questions. Il y a ainsi division du réel, solution toujours discutable. Maintenant, à tout incorporer, à tout tisser dans une seule trame, je devine que des restrictions s'imposeraient, que des problèmes qui méritent d'être vus en eux-mêmes et dans la continuité de leur ligne seraient mal abordés ou laissés dans l'ombre, qu'il faudrait mettre au début de cet exposé unique une sorte d'étude d'ensemble où risquerait de passer toute cette troisième partie du livre...

Mais là n'est pas l'essentiel des réflexions que suggère une lecture attentive. M. Girard, dans son livre, s'est placé à la fois au point de vue de l'Espagne et au point de vue de la France. C'est donc dans deux éclairages qu'il importe de montrer les conclusions auxquelles parvient ce livre, d'autant plus que pour ce double résumé l'auteur a facilité énormément — trop peut-être — la tâche de ceux qui rendront compte de son travail en écrivant une conclusion courte, claire, mesurée qu'il serait si tentant, si simple de recopier à partir de cette phrase.

Comment la France a-t-elle planté ses colonies marchandes en pays andalou, jeté les bases de ce trafic qui l'associa à l'exploitation du Nouveau Monde ? M. Girard l'explique longuement et met l'accent sur quelques dates, 1625, 1635, 1659, 1686, 1692. Le commerce français en terre hispanique, à la différence de ses concurrents, ne se développe pas à l'abri des traités, comme celui de 1607, prototype des autres, concédé aux hanséates. Il s'ensuit qu'au XVIe siècle et pendant plus de la première moitié du XVIIe, les marchands français se heurtent à des difficultés que d'autres ignorent, pour porter à Séville, ou ailleurs, les toiles bretonnes, le blé de Provence ou de Guyenne, le poisson, voire le cacao des îles américaines, la bimbeloterie, la quincaillerie, les marchandises hollandaises qui, longtemps, furent de contrebande, et surtout et principalement pour emporter les seuls « retours d'Espagne », le numéraire, dont officiellement la sortie est interdite. L'alerte diplomatique de 1625 amène la saisie des biens de nos nationaux en Espagne et cet embargo ne sera levé qu'après rançon, en 1627 (p. 68). Avec la déclaration de guerre de 1635, d'autres difficultés prévues en partie, contre lesquelles on s'est un peu prémuni, commencent et durent, mais le courant commercial est plus fort que tout et s'écoule, malgré la guerre, tant bien que mal, d'une nation à l'autre. En 1659, la porte jusque-là entrebâillée s'ouvre à deux battants, car la victoire des Pyrénées se double d'une victoire économique « plus complète encore » (p. 130). Dès lors, marchands et marchandises de France font irruption dans la péninsule sans que le mouvement soit vraiment gêné par des restrictions provisoires, comme l'interdiction de trafiquer avec le Portugal révolté contre le Catholique (art. X), ou permanentes comme celles qui concernent le commerce des armes... Mais le gouvernement espagnol s'emploiera à limiter cette victoire économique dont il fait, en partie, les frais, ses brimades se multiplieront, que la démonstration navale de 1686, devant Cadix, ordonnée par Louis XIV, n'arrêtera pas. En 1692, au lendemain de notre défaite de la Hougue, les autorités espagnoles portent des coups terribles à un commerce que l'industrie française défaillante ne soutient plus avec force au-delà de 1680, et dont notre change défavorable a constamment fait glisser, en partie, les bénéfices réels vers Londres et Amsterdam.

M. Girard aura bien montré la place de ce commerce d'Espagne dans la vie économique de notre pays, la première à coup sûr. Le pays en entier, dans toutes ses classes et dans toutes ses provinces, est intéressé à ce large courant économique qui aura fourni à la politique louis-quatorzienne des moyens financiers et aussi un thème d'ambition. Mais ce commerce d'Espagne, par la puissance même des intérêts privés qu'il met en jeu, limite souvent l'action du gouvernement français. Les marchands sont toujours prêts à amplifier les brimades ou les avanies dont ils sont victimes et qui ne leur manquèrent pas d'ailleurs au cours de cette longue histoire que nous conte M. Girard. Mais on comprend leur répugnance à l'égard des méthodes et des actes de force, gros pour eux de risques immédiats puisqu'ils demeuraient exposés aux représailles espagnoles. C'est à cause de nos marchands précisément, suggère M. Girard, que le gouvernement français ne s'attaque ni aux flottes ni aux côtes d'Amérique, et que se bloque ainsi une tentative contre le Nouveau Monde en 1696. Enracinés à Cadix, les marchands français s'accrochaient à cette position acquise et n'essayaient pas de trafiquer directement avec l'Amérique espagnole comme les Anglais et les Hollandais, de pratiquer ce que l'on appelait alors chez nous « le commerce à longueur de la pique ».

Côté espagnol. Il entre, disions-nous, beaucoup plus de matière historique dans le livre de M. Girard que le titre ne le laisse supposer. C'est dans le sens hispanique que l'œuvre se prolonge ainsi avec insistance et, j'ajoute, avec bonheur. L'Espagne, même au temps de sa splendeur, demeure un pays pauvre. Sa richesse brusque c'est le Nouveau Monde, gagné à la loterie, écrivait dernièrement un essayiste de la péninsule. De cet empire, fait avant tout de l'addition des terres américaines et de la péninsule, un instant complète, M. Girard nous montre la masse économique et, tandis que les historiens de la politique espagnole regardent avec raison vers l'Europe, il se tourne, quant à lui, comme MM. Haring, Sayous, Earl J. Hamilton, vers l'Atlantique et l'Amérique. Or l'économie péninsulaire, pour des raisons que l'on voudrait mieux connaître, n'est pas à la hauteur de ce coup de fortune. L'industrie espagnole ne peut suffire à la demande américaine et l'argent du Nouveau Monde, malgré les défenses gouvernementales, glisse vers l'étranger, vers l'Angleterre, vers la France, vers l'Italie, vers les Pays-Bas, voire vers des ports barbaresques... Toute l'économie européenne est engluée de pièces espagnoles, venues ici pour payer des services économiques, là pour rétribuer des dévouements politiques ou religieux. De cette puissance, celle du client et du payeur, l'Espagne — métropole anormale — joue dans la mesure où le contrôle gouvernemental sur l'Atlantique, en Amérique ou ès ports d'Andalousie, permet, malgré les fraudes ou la nature des choses, de contrôler des courants économiques puissants et rapides. En somme, le gouvernement s'efforce d'écluser ces courants étrangers, non pour servir toujours l'économie péninsulaire ou impériale, mais pour atteindre des buts fiscaux et politiques. Il ferme l'écluse des Pays-Bas vers 1597 — et je pense que l'acte extrêmement important aura des conséquences mondiales — et ouvre celle du trafic hanséatique que l'on referme presque, sans le faire exprès, en ouvrant à nouveau, vers 1650, l'écluse hollandaise. M. Girard nous a montré comment par force, en 1659, l'écluse française s'ouvrait toute seule et comment le fonctionnaire espagnol s'emploiera, d'instinct semble-t-il, à la refermer.

Je ne dis pas que ce jeu politique, dont chacun trouvera aisément les raisons dans l'histoire générale, soit le seul à rythmer ces trafics. Il y a dans l'Europe cloisonnée du XVIIe siècle des différences de niveau économique, des pentes naturelles de trafic, des pressions variables..., mais la politique, dont M. Girard parle presque exclusivement, semble avoir été en ce domaine primordiale. Son jeu sera efficace tant que la force espagnole demeurera intacte, c'est-à-dire jusqu'au voisinage des années 1640. Pour les Français attachés à la route andalouse, le jeu continuera plus longtemps, jusqu'au terme du XVIIe siècle mais n'allaient-ils pas, comme le dit à peu près l'auteur, au-devant du danger ? Hollandais et Anglais ont, dès la seconde partie du XVIIe siècle, mis à profit le relâchement de la force espagnole pour pratiquer le commerce à longueur de la pique. Je pense qu'en ce domaine le grand événement est le retrait, par le gouvernement espagnol, en 1647, de la flotte de Barlovento créée par lui quatre ans plus tôt pour assurer la police des eaux antillaises (p. 7). La route, dès lors, n'est plus gardée et les aventuriers, qui la fréquentaient déjà, s'y pressent de plus en plus nombreux. Le « commerce officiel » — l'expression est de M. Girard — s'y engage à leur suite et y prospère à son tour. Vers 1680 le trafic transatlantique de la Hollande et de l'Angleterre vaut, à peu près, par son volume, le commerce de leurs nationaux restés fidèles à Cadix. Mais nous ne participerons pas, comme on l'a déjà signalé, de façon notable, à ce commerce direct. Parmi les raisons qu'invoque M. Girard pour expliquer cette carence, ne conviendrait-il pas de souligner, davantage qu'il ne le fait, l'importance de notre infériorité technique en matière d'armement maritime ? Simple question peut-être d'appréciation personnelle. En résumé, ce n'est pas l'un des moindres mérites de cet ouvrage que d'avoir ainsi précisé le cadre espagnol et parfois international dans lequel s'inscrit l'objet même de son étude.

C'est à l'Espagne, et uniquement à elle, que se rapporte la thèse secondaire qui analyse le gros dossier des disputes et de la rivalité des deux grands ports andalous, Séville et Cadix, pour se saisir du commerce américain et de ses immenses profits. Les conditions géographiques ont très vite défavorisé Séville, située à l'intérieur des terres sur le fleuve sinueux et facilement ensablé qu'est le Guadalquivir. Son avant-port, San Lucar de Barrameda, n'a pu se saisir de l'héritage sévillan à cause d'une barre rocheuse qui rendait difficile l'accès de ses quais. Les qualités nautiques exceptionnelles de sa baie, les facilités aussi qu'elle offrait pour la fraude, ont fait pencher la balance en faveur de Cadix à la fin du XVIIe siècle. Mais M. Girard nous a montré autre chose dans ce livre dense qu'un drame géographique. Il s'est attaché à préciser les intrigues que cette lutte a logiquement déterminées, à en dénouer les fils, à montrer leurs prolongements et à juger, chemin faisant, l'administration espagnole, cette lente machinerie, qui se déjuge sans vergogne, que la corruption met en mouvement, que les avis ensevelissent sous une marée de papier... Il y a bien dans cette dernière image une pointe d'excès, mais tout le reste est vérité.

Ai-je dit, au cours de ce long compte rendu, comme je l'aurais voulu, toute la valeur de ce probe et riche travail ? Il place assurément M. Girard au premier rang des historiens français spécialistes des terres et des mers hispaniques.

La prépondérance espagnole d'après un ouvrage récent*

Le nouveau livre de M. Hauser, étincelant, rapide, chargé d'idées, bourré de faits précis, dresse prestement le bilan d'un siècle à part qui n'est ni le XVIe ni le XVIIe, mais à la fois l'un et l'autre puisqu'il enferme dans ses limites les événements mondiaux de 1559 à 1660, du traité du Cateau-Cambrésis à la paix du Nord signée dans le monastère d'Oliva. Les coupures choisies, à elles seules, montrent que le point de vue européen s'impose ici, une fois de plus, et que l'arsenal de l'histoire politique a fourni les bornes chronologiques du récit. Position défendable. L'Europe est en train de se saisir du monde, de lier à ses destinées la vie des terres lointaines, et les faits politiques par leurs prolongements sont encore les bornes les plus commodes pour découper et répartir une si vaste matière. Mais M. Hauser ne regrette-t-il pas un peu ce plan, que l'ordonnance de la collection lui imposait, quand il écrit à la dernière page de son ouvrage : « L'année où siège le congrès de Westphalie voit aussi se réaliser la grande expérience du Puy de Dôme. La naissance de la science expérimentale, c'est peut-être le fait capital de cet intervalle séculaire que de vieilles habitudes nous entraînent encore à délimiter par des traités de paix ou des faits de guerre, à désigner par des prépondérances qui s'éteignent et d'autres qui s'élèvent » (p. 533).

Dans ce gros livre, écrit d'une plume alerte, chacun retrouvera le talent et la maîtrise de M. Hauser, certains y retrouveront aussi le souvenir d'un enseignement familier, direct, vivant, déconcertant d'habileté. Si grand que soit le nombre des pages, c'est un tour de force que d'avoir enfermé, dans un espace malgré tout

---

* Compte rendu de Henri Hauser, *La Prépondérance espagnole, 1559-1660*, Paris, Alcan, 1933 (*Revue de synthèse*, février 1935, pp. 55-60).

restreint, tant de problèmes, tant de faits discordants, d'avoir donné, en se jouant, l'essentiel, dégagé des chicaneries érudites ce qui mérite de rester, et, à chaque tournant, parfois d'un geste amusé, mis une tache de couleur, mot étranger, détail qui fait vivre un monde, un personnage ou un milieu. Voilà, parmi les ouvrages d'histoire qu'il faut lire, un livre maître que l'on parcourra d'un trait.

Le dessin d'ensemble est tracé fermement, mais en quelques mots, car M. Hauser préfère remuer des idées plutôt que de s'embarrasser de plans pédagogiques. Une introduction brève, des titres de chapitres souvent heureux, toujours parlants, une conclusion dense permettent d'ailleurs, aisément, de saisir et de reconstituer la trame.

L'exposé se met en place avec le récit des événements de la période 1559-1576 qui montre, chemin faisant, les bases permanentes et mobiles de la grandeur espagnole. Le coup de dés du Cateau-Cambrésis l'établit officiellement, le mouvement de la Contre-Réforme la soutient, la défaillance des autres États lui profite. Cette situation suffit longtemps à l'ambition « philippine », prudente, calculatrice, que la précarité des ressources financières lie et gêne perpétuellement. Il y a économie constante des forces espagnoles, engagées toujours avec précaution et quand la nécessité ou les circonstances le commandent, au moment de Lépante par exemple ou aux Pays-Bas. Le livre II consacré aux tumultes des années 1576-1603 les résume dans ce titre parfait : *La Maîtrise des mers*. M. Hauser montre que la balance européenne, mondiale, si favorable à l'Espagne, penche peu à peu dans le sens opposé. À la faveur des révoltes des Pays-Bas naissent les Provinces-Unies, au-delà des guerres civiles qui l'ont déchirée longtemps, la France — ce champ de bataille essentiel — se débarrasse de l'emprise espagnole, reconstitue ses forces, et enfin, et surtout, la puissance anglaise prend son essor. Maîtrise des mers, le titre d'ensemble à lui seul rappelle que c'est sur le plan maritime, mettons sur l'Atlantique, que se situent les épreuves capitales, celles qui doivent décider du sort des Ibériques et fonder, mais plus tard, la primauté anglaise.

Ce n'est pas sur cette base solide, la maîtrise de l'Océan, que grandira la prépondérance française dont le livre III conte les péripéties et les progrès, mais bel et bien sur les champs de bataille classiques du continent, bords du Rhin et du Danube, plaines de sable et d'argile, lignes d'eau du Nord, pays catalans, terres italiennes. En cette partie si familière aux lecteurs français, le récit est un modèle de pondération, d'exactitude et de mise en place, qui fait aux hommes, aux maîtres politiques Richelieu et Mazarin, et aux choses, leur part strictement équitable.

Le quatrième et dernier livre reprend dans un tableau d'ensemble l'histoire de l'évolution matérielle et spirituelle de l'Europe, présentée par ailleurs de 1559 à 1600, et en dessine les courbes jusqu'en 1660. Tableau vaste, esquissé en phrases plutôt courtes, incisives, qui présentent avec aisance ces multiples problèmes, traçant de brusques zigzags à travers l'Europe pour atteindre ici les signes de la vie économique au lendemain des orages de la montée des prix, pour parler là de Campanella, de Descartes, de Spinoza, de François de Sales, ou pour donner à l'art si négligé la place qui lui revient de droit et dégager les traits marquants de sa physionomie. Si brèves que soient ces touches, elles composent un ensemble vivant et intelligent et font au livre la large conclusion qu'il méritait.

Ce serait un jeu compliqué, difficile, je ne dis pas utile — un jeu pour spécialistes — que de rechercher les sources du récit, de refaire pour soi-même, mais en sens inverse, le travail de M. Hauser, bien entendu sans recourir aux notes bibliographiques sélectives qui accompagnent le texte et donnent la solution. L'auteur s'appuie sur l'énorme travail d'une génération d'historiens dont il est l'un des représentants les plus qualifiés, une génération qui, au cours de ces trente dernières années, a déplacé les frontières de nos connaissances, ouvert des horizons nouveaux. Toutes ces acquisitions ont trouvé place dans cette mise au point. On les reconnaîtra au fil de la lecture, mais utilisées avec tant d'intelligente adresse qu'il semble que M. Hauser ajoute perpétuellement aux données de ses devanciers et n'utilise leurs travaux que pour voir mieux et plus loin qu'eux. Au sommet de son livre il y a, constante, cette flamme qui en assure l'originalité et le prix. Comment ne pas dire, aussi, le charme d'un récit souple qui fait le tour des problèmes et des personnages, qui nuance les jugements, progresse d'un pas aisé, toujours pressé, donne aux événements leur précipitation et leur densité dramatique au point que l'on songe souvent à certaines pages de Michelet. M. Hauser a rendu sensible, admirablement, l'écoulement des choses et des êtres ; le monde qu'il étudie se déforme sans cesse, glisse, se renouvelle ; les personnages, quand leur rôle mérite que l'on s'y arrête, apparaissent dans le changement même de leur existence. L'auteur n'est pas de ceux qui présentent des portraits immobiles, encadrés une fois pour toutes. Le court portrait de Philippe II et les notes si justes qui, deci de-là, le complètent et le retouchent, mériteraient d'être médités par les apprentis historiens et même les historiens qui oublient souvent qu'entre la jeunesse et la vieillesse d'un personnage le glissement est continu, l'altération des traits aussi importante pour nous que pour le psychologue. M. Hauser ne l'oublie jamais, toujours préoccupé de noter les variations et les mouvements. Son récit s'accélère à mesure que passent les années et au sortir du XVIe siècle où sa course souvent audacieuse, en des terres qu'il connaît mieux que personne, ne peut surprendre, l'exposé du XVIIe siècle tourne plus rapidement encore. On serait tenté, pour justifier l'éloge que l'on ne peut manquer d'adresser à ce modèle, disons — bien que le mot puisse aussi ne pas être entendu dans un sens bergsonien —, d'histoire-fleuve, de donner de longs extraits des passages les mieux venus : pages consacrées à la réforme catholique en

Espagne, séances prestement contées du concile de Trente, tableau des ruines de la guerre de Trente Ans ou ce court chapitre sur la minorité et la jeunesse de Louis XIII...

C'est sur le plan européen, et quelquefois mondial, que M. Hauser a placé son étude. Même l'histoire intellectuelle n'est pas distribuée, on l'a vu, dans des alvéoles particuliers. Tout un réseau de liaisons se trouve ainsi mis au jour entre des événements ordinairement classés dans leurs fichiers nationaux. C'est ce qui vaut au livre le meilleur de son charme et de ses richesses nouvelles. Par ailleurs cette méthode ne va pas sans des sacrifices, elle a dicté certains choix, prescrit certaines exclusions. Faut-il s'en plaindre, inscrire au passif de ce livre l'absence d'une étude réelle sur les minces filets d'eau de l'État brandebourgeois-prussien, par exemple, de 1640 à 1660 ? regretter que des images arrêtées n'interrompent pas ce film qui brouille à dessein les lignes ? Seule l'étude des institutions, dont M. Hauser ne donne pas un herbier complet, souffre à ce jeu et mérite d'être plainte, si l'on veut ; mais le jeu ne vaut-il pas qu'on lui sacrifie quelque chose ?

Ce travail ne fait pas la partie aisée à qui voudrait relever les erreurs typographiques ou les inexactitudes qui échappent à toutes les plumes. Il faudra, si l'on veut le chicaner vraiment, s'en prendre aux jugements, aux interprétations. Je pense que c'est là un hommage.

D'un tel livre, que reste-t-il en fin de lecture ? La réponse est malaisée, on ne résume pas un ouvrage qui ne défend aucune thèse rigide et se contente de donner une image de la vie, de ses aspects, de ses complexités, de ses courants. Peut-être faut-il retenir l'intention, le sens général, que révèle le titre : *La Prépondérance espagnole*. Assurément le livre en déborde le cadre et, en 1660, la prépondérance espagnole n'est plus qu'une ombre, un souvenir. Il y a cependant, dans ce titre, une évidente réaction contre la tendance qui veut que l'Espagne, dès 1598 et même auparavant, connaisse une décadence dont on a beaucoup parlé sans jamais l'éclairer convenablement. Retenons donc, puisque l'analyse détaillée est impossible et qu'il faut choisir, cette idée qui traverse le livre presque entier : le voyage d'Espagne ne vaut-il pas, pour cette époque, autant qu'un autre, plus qu'un autre ?

Dans ce monde en route vers les Temps modernes, hors du Moyen Âge, de la Renaissance et de la Réforme, où se prolongent et s'endiguent courants et luttes d'hier et d'autrefois, l'Empire espagnol aura représenté longtemps une architecture plus solide, moins malléable que celles du reste de l'Europe et offert, sur des scènes privilégiées — Madrid, Séville — le spectacle d'une civilisation brillante, originale, attachante. Là comme ailleurs, M. Hauser aura fait le point avec exactitude, qu'il s'agisse des bases ibériques, de l'hispanisation de l'Italie, de la mise en valeur des Indes ou du mysticisme de saint Jean de la Croix... C'est avec un sens intuitif du réel, en quelques mots, qu'il montre le jeu ample, minutieux, de la mécanique impérialiste de l'Espagne. « C'est merveille, écrit-il, de voir ce monarque [Philippe II], dans sa solitude pierreuse, ordonner de la même main impériale la proscription du prince d'Orange, l'invasion de l'Irlande et une révolte contre Elizabeth ou la ruine du trône des Valois, empêcher les Habsbourg d'Autriche de suivre une politique indépendante, faire face au péril turc, s'occuper des détails les plus infimes comme des plus importants, nommant un vice-roi de la Nouvelle-Espagne ou de Naples, pourvoyant de canons ses galères, ou bien faisant expédier dans ses présides africains les alambics qui ravitaillent en eau potable ses garnisons » (p. 109). N'est-ce pas restituer à l'action de Philippe II, à la politique espagnole, son unité qui ne se peut penser que mondialement ? L'Espagne, avec ses besoins, ses richesses, les passions impériales de ses maîtres, ses forces et ses déficiences aura, pendant des années, rythmé la plus grande partie de la vie politique et économique du monde. M. Hauser l'aura montré souvent et la littérature historique n'offre rien de comparable aux pages qu'il consacre à la grandeur espagnole.

Si l'on voulait se plaindre, cependant, c'est sur le plan de l'Espagne elle-même qu'il faudrait situer critiques et regrets. En ce domaine particulier, la prospection des hispanistes n'a pas toujours été assez large. Même le récent et important ouvrage de M. Merriman, paru après le présent volume, n'éclaire pas ces profondeurs. La synthèse était donc difficile. Que sait-on de la réalité économique des Espagnes, du mécanisme de la vie financière, de la portée réelle des banqueroutes du temps de Philippe II, du système et du cours variable des *juros* ? Que sait-on aussi de cette vénalité des offices, si importante à mon avis, et que l'auteur a le mérite de signaler, en passant, alors que les spécialistes de l'histoire de l'Espagne semblent ignorer ce fait considérable ? Paysage encore flou sur lequel les opinions, les impressions, peuvent diverger. Je vois autrement que M. Hauser la conquête du Portugal, la paix de Vervins, l'expulsion des Morisques... Mais ce sont là des détails. Le fait essentiel c'est qu'avant 1640 on ne peut pas parler de décadence espagnole. C'est entre 1630 et 1640 que le métal blanc, ainsi que l'a montré M. Earl J. Hamilton, cesse d'arriver des mines providentielles du Nouveau Monde, en 1640 que Catalogne et Portugal se soulèvent, que partout, en Europe et hors d'Europe, on sent que la prise espagnole se desserre, que la France de Richelieu voit la balance pencher en sa faveur, que la cause de l'Espagne est presque perdue. La puissante machine résistera encore longtemps, essaiera de profiter des circonstances, de calculer sa défense, cédant, en 1648, aux Provinces-Unies, l'avenir et la richesse des Pays-Bas catholiques pour profiter, à l'aise, des troubles de la Fronde ; abandonnant au Très Chrétien, en 1659, provinces, villes, dot et fille pour porter son effort entier contre le Portugal. Lutte dramatique et vaine dont le livre a presque dit le dernier mot quand il s'achève.

J'avais trouvé mauvais, un instant, que M. Hauser

n'ait pas mis dans son cadre espagnol le tableau du Siècle d'Or, mais l'ait rejeté au milieu de la cartographie intellectuelle de l'Europe, ne rejoignant pas, dans l'exposé, ce qui, vivant, ne formait qu'un bloc. Je sais bien que les intrépides font remonter ce Siècle d'Or jusqu'en 1492 et qu'il devient ainsi bien encombrant par son ampleur quand on lui cherche une place. Mais rapprocher de l'histoire de ce siècle si long, si complexe par ses remous, de bout en bout pourtant si officiel, le luxe un peu tapageur de la cour madrilène qui sacrifie au bluff, au désir d'éblouir l'étranger, n'était-ce pas logique ? Je ne critique pas d'ailleurs, je trouve intéressant, au contraire, que les amarres aient été coupées et que le Siècle d'Or ait ainsi dérivé. À le placer dans le cadre européen, on en pèse au fond les splendeurs sur une balance inhabituelle et qui est de vérité. Vérité que l'on ne voudrait pas trop affirmative, qu'il faudrait nuancer assurément et qui est peut-être celle-ci : l'Espagne ne participe pas efficacement à ce mouvement scientifique qui voit naître la méthode expérimentale, cette « renaissance scientifique », en retard sur l'autre, dit à peu près M. Hauser. C'est en Italie, en France, en Angleterre, en Hollande surtout que voyage, s'installe et prospère la pensée libre. Il y a donc déficience du côté de la péninsule, ses autres splendeurs intellectuelles ne peuvent le faire oublier. Déficience lourde. C'est loin de l'Espagne que la vie économique développe et perfectionne ses organismes modernes, loin d'elle que se multiplient les découvertes techniques, que se prépare l'avenir. Progrès techniques ? Je pense surtout aux innovations de l'architecture navale qui échappent à nos yeux mal avertis d'historiens, par exemple à ces *flûtes* hollandaises, aux flancs renflés, plus aptes à charger et à transporter les cargaisons et qui gagnent la partie engagée pour le commerce lointain.

Mais nous voilà, à notre tour, en train de dresser la liste des symptômes, des causes de la décadence de l'Espagne. Les essayistes de la péninsule n'ont que trop bourré ce dossier. On ne voudrait pas apporter de l'eau ou du vent à leurs moulins.

Je m'aperçois au terme de ce long compte rendu que je n'ai presque rien dit du livre de M. Hauser en dehors du plaisir que j'ai eu à le parcourir. Faut-il en recommander la lecture ? J'ai bien la conviction que ce conseil arriverait, pour beaucoup, heureusement, un peu tard.

L'Empire espagnol sous Philippe II *

On connaît l'ouvrage que M. Merriman a consacré aux destinées de l'Empire espagnol et l'on a dit, ici même [*cf.*, p. 383], les mérites des trois premiers volumes : le quatrième et dernier, dont on s'excuse de donner un peu tard l'analyse, nous offre une longue et sérieuse étude du règne de Philippe II. Construit avec autant de soin que les précédents, ce livre est destiné à remplacer, dans nos bibliographies hispaniques, la synthèse vieillie de Forneron, l'esquisse tendancieuse de Bratli et même le fragment, consacré à Philippe II, de la grande histoire d'Espagne, bourrée de références, de M. Ballesteros. Cet avenir, l'ouvrage de M. Merriman le devra à l'excellence, au fini de son détail. Dans la mesure où il y a, en ce domaine, une perfection, son livre l'atteint, où l'on ne rencontre pratiquement aucune erreur matérielle. Pour le quereller, il faudrait lui reprocher, par exemple, d'appeler Margliani, que je connais pour avoir retrouvé ses dépêches, Marigiliano, alors qu'il n'est pas le seul à déformer ce nom et qu'à l'échelle de son étude, il pouvait parfaitement ignorer ce modeste ouvrier de la diplomatie espa-

* Compte rendu de Roger B. Merriman, *The Rise of the Spanish Empire in the Old World and in the New*, t. IV : *Philip the Prudent*, 1934 (*Revue historique*, juillet-août 1936, pp. 78-84).

gnole en Orient, négociateur heureux de la trêve de 1581, conclue entre le Catholique et le sultan. Donc, une perfection dans le détail et aussi, disons-le, une rare exactitude dans les indications chronologiques. Ajoutez que les notes bibliographiques qui terminent chaque chapitre sont établies avec clarté et intelligence, qu'elles donnent, presque toujours, l'essentiel d'une surabondante littérature, qu'elles constituent vraiment une aide, un répertoire utile, un programme éventuel de recherches, et que l'index général à la fin de ce tome IV porte sur l'ensemble de l'ouvrage et nous livre une mine de renseignements. Quand on aura besoin de situer tel personnage du passé espagnol, on fera bien, après avoir consulté le catalogue de la *Colección de documentos inéditos*, dressé par M. Paz, de se reporter aux pages ultimes de M. Merriman.

Un dernier mérite encore : la pondération du jugement. Un effort continu place ce livre loin des extrêmes, le maintient ainsi dans le chemin de la sagesse et sans doute, très souvent, de la vérité.

Il s'en faut, cependant, que la lecture de cet ouvrage me donne pleine satisfaction. J'aurais désiré un livre révolutionnaire, neuf, qui rompît, brutalement même, avec les deux légendes, légende hostile, d'une part, et de l'autre légende dorée, qui ont déformé, l'une après l'autre, le vrai visage de Philippe II. Or, l'éminent historien américain, dont je ne soupçonne pas une seconde l'impartialité, nous a donné un livre plein d'images anciennes, les deux légendes qu'il rejette encadrant et étouffant son œuvre qui a souvent l'allure d'un chemin étroit entre ces deux zones dangereuses.

Peut-être en va-t-il ainsi parce que M. Merriman aura surtout travaillé dans l'« imprimé », qu'il aura vécu dans l'histoire livresque de Philippe II et en prolonge, parfois sans le vouloir, les échos et les rumeurs. Il lui aura manqué, je le pense, un long commerce avec les dépôts d'archives hors desquels l'histoire du fils de Charles Quint ne peut ni s'écrire ni utilement se rêver. L'auteur annonce bien, dans sa préface, la publication prochaine, sur son sujet même, d'un volume de documents d'archives, mais les cotes qu'il donne au bas de ses pages laissent vite deviner que son enquête a été rapide, limitée, en fait, aux deux centres de Londres et de Madrid, ce qui ne saurait suffire. À Londres, M. Merriman a prospecté les richesses du British ; à Madrid, son investigation a porté sur les fonds de l'Archivo Historico et plus encore sur ceux de la Nationale. Quelques modestes emprunts ont été faits à Simancas, à la série *Diversos de Castilla*, pour laquelle on a un bon catalogue. Au total, la recherche paraît très insuffisante, si l'on songe surtout aux régions inexplorées, mille fois plus vastes que le terrain reconnu. M. Merriman s'est attardé à dépouiller les dépôts et séries secondaires, alors qu'il négligeait les longues séries, aux documents enchaînés, de Simancas et qu'il ignorait les autres dépôts de la péninsule, la série K de nos Archives nationales, les fonds de la Bibliothèque nationale de Paris et aussi les archives italiennes, simplement prodigieuses pour qui veut connaître l'histoire et l'époque de Philippe II ! Le tour d'Europe qu'imposait le sujet, et qui seul aurait renouvelé l'atmosphère de ces grands problèmes, n'a donc pas été accompli par l'auteur.

J'ai bien peu de critiques à adresser à M. Merriman en ce qui concerne la documentation imprimée qui est la base solide de son travail. Quelques lacunes sont à signaler au sujet des sources brésiliennes et italiennes, un reproche s'impose également à propos de la note incomplète qui signale mal les importantes *Relaciones topogràficas*, dont les fragments publiés n'ont pas été utilisés pour mieux comprendre les réalités castillanes. On a bien aussi l'impression que M. Merriman a préféré souvent les ouvrages de seconde main, d'histoire pensée, de Forneron et de Pastor, par exemple, aux sources documentaires. La *Colección de documentos inéditos* a été, en plus d'un point, consultée d'un doigt rapide : les dépêches du Catholique à Vienne ont été ainsi laissées de côté. Mais quel livre de synthèse n'appellerait semblables remarques ! Je ne vois qu'un reproche grave, en ce domaine, à adresser à M. Merriman, je le crois même très grave : à ses devanciers en synthèse, M. Merriman a pris le plan vénérable qu'ils se transmettent de l'un à l'autre pour parler de la vie, des entreprises et des épreuves de Philippe II, ce plan en pièces détachées qui est chez Watson, Prescott ou Forneron. Héritage dangereux entre tous et qui pèse sur tout le livre. Voici la liste des chapitres de l'ouvrage qui indiquera, à elle seule, les dangers auxquels M. Merriman s'exposait dès lors et qu'il ne pouvait plus éviter : *A spanish sovereign champion of the Church, The last of the crusades, America and Philippines, Spain in Western Europa 1559-1578, The annexion of Portugal, The government of Spain under Philip II, The Invincible Armada, Antonio Pérez and the liberties of Aragon, Spain, France and the Netherlands 1584-1598, Final reflections* — un fichier par matières, en somme, ou peu s'en faut. Sans doute l'auteur a-t-il réparti son récit sous deux titres d'ensemble, vaste diptyque dont une face est consacrée à l'Empire espagnol *at its greatest Extent* et dont la seconde s'inscrit sous l'appellation un peu vague *The Turn of the Tide*. La coupure se place après l'étude consacrée à l'annexion du Portugal mais, si l'on se reporte aux titres et contenus des divers chapitres, on s'aperçoit que la vaste division qui domine tout l'ouvrage est plus apparente que réelle. Le lecteur, au début, va vivre auprès de Philippe II, de 1527 à 1598, puis, sous prétexte de justifier les titres du Prudent à la qualité de champion de l'Église, c'est un résumé clair du travail de Paul Herre, et le défilé s'organise des démêlés du Catholique avec Rome de 1556 à 1598. Ensuite, on est transporté en Méditerranée de 1559 à 1581, dans l'atmosphère de cette dernière croisade de la Chrétienté, celle de Lépante, que M. Merriman fait commencer tôt et finir tard. Au-delà de cette date de 1581, jamais plus l'auteur ne nous ramènera en Méditerranée, d'où, au-delà de la trêve de 1581, les appréhensions et les luttes de la chrétienne Espagne, les galères ou les cargos du Roi Catholique ne se sont tout de même pas évanouis... Continuons. Le voyage en Amérique, très écourté, me semble-t-il, offre l'occasion de descendre de nouveau la série complète des années du règne. Ainsi, la charnière chronologique du diptyque est douteuse ou, si vraiment, dans l'esprit de l'auteur, elle est constituée par la réduction du Portugal en « dominion » espagnol, il faut reconnaître que le lecteur passera souvent du premier au second volet, ici pour enterrer Philippe II, là pour suivre le développement de l'affaire morisque, là pour voir germer l'Amérique espagnole, là encore pour suivre la querelle de l'Espagne avec Rome. Pareillement, du second volet on reviendra vers le premier, à propos du gouvernement de l'Espagne, prétexte pour parler, en outre, de ces fragments d'empire, Sicile, Naples, Milan, Sardaigne, qui n'avaient pas trouvé place — pourquoi ? — dans cette première partie consacrée à l'Empire hispanique au moment de son apogée territorial. On comprendra tout ce que le travail de M. Merriman a pu perdre à être ainsi construit d'après un plan plus géographique que chronologique, bien qu'il ne soit, au vrai, ni l'un ni l'autre et ne trouve son excuse que dans les habitudes des historiens qui l'ont précédé, régulièrement incapables de dominer et d'organiser l'énorme histoire impériale de Philippe II. Il eût fallu renoncer à cette optique ancienne, plus dangereuse peut-être que les déformations de la double légende dont on se défie d'instinct, plus dangereuse parce qu'elle ne montrera pas, sur le plan de l'histoire, l'unité vivante de l'Empire espagnol de jadis. Sans le vouloir, mais avec une régularité systématique, M. Merriman a coupé les liaisons entre les divers théâtres de l'activité hispanique. Il nous donne le passage de son étude par secteurs, ou bien, s'il indique les liaisons, il ne les marque jamais avec force. A-t-il rendu vraiment sensible, ainsi, dans la politique générale de Philippe II, le rythme décisif que détermine l'affaire flamande, alors qu'il en a justement signalé la primauté ?

Optique désuète, aussi, que celle qu'il emploie encore par surcroît quand il se borne à montrer les cadres politiques, les institutions, les accidents militaires de la grandeur espagnole et ne donne qu'une image rapetissée, insignifiante, des réalités économiques et sociales. Comme ses prédécesseurs, M. Merriman est peu attentif au spectacle de ces activités, à la vie des hommes d'affaires, au trafic, aux routes, aux problèmes du crédit, à l'histoire du doit et avoir. Soupçonnera-t-on, à le lire, qu'il y a des marchands dans chaque port, dans chaque centre de l'Espagne et de son empire, et que, sur ce plan qu'il néglige — qui sait ? —, presque toute l'histoire s'est jouée de la grandeur hispanique ?

Les réserves que je viens de présenter et qui visent la méthode, les conditions mêmes dans lesquelles a été conçue cette synthèse importante, j'ai à les répéter, sous une autre forme, en ce qui concerne les résultats atteints par M. Merriman. Dans ce volume, qui est l'achèvement d'un ouvrage consacré à l'essor de l'Empire espagnol et que domine le nom de Philippe II, on ne trouvera, au vrai, ni le Roi Catholique, ni l'Espagne, encore moins l'Empire hispanique.

Non, le lecteur ne rencontrera pas ici le Roi Prudent. M. Merriman lui réserve le premier chapitre de son travail, soixante-quatorze pages au total ; mais, dans la même maison, il a logé un résumé de la politique hispanique sur la scène européenne, de 1556 à l'autodafé de Valladolid du 8 octobre 1559, quatorze pages, puis une esquisse de la politique religieuse du règne, dix-sept pages, si mon calcul est exact ; il reste donc pour l'étude du souverain, cette force, cet élément de l'histoire mondiale, une quarantaine de pages seulement. M. Merriman découpe son étude biographique en une série de tranches : les parents, l'éducation, le portrait physique, le costume, le gouvernement *by pen and ink*, la méfiance à l'égard des subordonnés, son amour de la justice, le cas de Don Carlos, un parallèle entre Louis XIV et le bâtisseur de l'Escorial. À ce jeu, la réalité s'émiette. Cette collection d'individus que l'on nous présente au galop : l'homme physique, l'homme habillé, le mangeur épris de frugalité, le père tragique, le père tendre, le justicier, le monarque gouvernant le monde de sa plume royale, est-ce un être vivant, saisi dans sa profondeur psychologique ? M. Merriman, si habitué à distinguer et à classer d'habitude, ne distingue pas, ici, les années, le lent glissement qui conduira Philippe de l'aube, vue par Titien, au soir du portrait de Pantoja de la Cruz. J'en veux pour preuve les dates des références prises dans cette collection Alberi, traditionnellement mise à contribution, et que M. Merriman utilise à son tour pour décrire le physique de son personnage : 1591 (?), 1557, 1573, 1555, 1557, 1559, 1559, 1582, 1594, 1557, 1565, 1557, 1582, 1582, 1557. Sans doute, pourrait-on plaider les circonstances atténuantes, et, cependant, il y a bien longtemps, à propos du *Philippe II* de R. Clauzel, M. Lucien Febvre avait signalé ce même danger que l'auteur n'a pas évité. M. Merriman nous donne donc une image simplifiée, arrêtée, d'un être dont on aurait voulu suivre le destin, le mouvement. Son roi paperassier, prudent, acharné à la besogne et qu'il nous montre d'un peu loin, il nous arrive en droite ligne des travaux d'hier. J'aurais aimé un portrait plus nuancé, une étude plus souple, plus neuve et mieux documentée que ces quarante pages, et, par-dessus tout, je crois qu'il eût été indispensable d'analyser les conditions mêmes de ce travail royal, de marquer tout de suite autour et audessous du solitaire de l'Escorial le labeur des secrétaires, le rôle des conseils, « ces républiques », des proconsuls aussi, Granvelle, Requesens. Don Juan d'Autriche, le duc d'Albe, toujours représentés auprès du souverain par leurs rapports et leurs clientèles politiques, les courriers, les pulsations de l'énorme circulation épistolaire, dont les délais après tout ne nous sont pas scientifiquement connus, étudier, en un mot, la lourde machinerie gouvernementale, la perpétuelle torsion que lui impose la lutte des deux grands partis, l'équilibre précaire, tendu, que cette lutte implique au centre même du mécanisme. C'est à cinquante, cent, ou deux cents pages que le lecteur trouvera ou ne trouvera pas le renseignement dont je vois la place logique dans le portrait même du roi... Il s'en faut, d'ailleurs, que notre curiosité trouve épars dans le livre tous les renseignements qu'elle exigerait volontiers. M. Merriman ne nous dit rien de l'activité bureaucratique dont il présentera les rouages plus que le jeu, presque rien de la cour et des partis. Les dépêches des ambassadeurs étrangers accrédités auprès du Catholique, les missives des agents espagnols, documents qu'il ne connaît que dans le modeste secteur des publications imprimées, lui auraient donné sinon la clef de la machine gouvernementale, du moins la possibilité de délimiter le travail du souverain au cours de son règne, de nous donner le Philippe II qui intéresse l'histoire générale. On ne comprend guère que l'on puisse, dans le récit d'un voyage maritime, parler du bateau sans indiquer les conditions de la mer ou l'action de l'équipage. Imagine-t-on le récit qui parlerait de la biographie du commandant du bord, de son caractère, pour nous entretenir longtemps après et insuffisamment du navire ? Philippe II n'est compréhensible que sur le pont même de cette lourde nave impériale qu'il aura conduite un demi-siècle durant, à peu près.

M. Merriman trompe également nos attentes en ce qui concerne l'Espagne. Il dresse un excellent catalogue des institutions espagnoles, dit quelques mots des ressources et des misères du budget, de la vie économique, et même de la poésie, de la théologie, de l'*imaginative prose*, de l'art, sans omettre la musique. Le dernier mot de ce chapitre, intitulé : « Gouvernement de l'Espagne », se rapporte même à la musique du siècle de Philippe II. Théoriquement, rien n'est donc omis. En fait, M. Merriman nous parle des institutions, non des fonctionnaires, de leur esprit, de leur recrutement ou du développement de la vénalité. Il nous entretient du budget, non du crédit, ou si peu ! Enfin, le croira-t-on, il laisse dans l'ombre la société espagnole, le clergé, la noblesse, le paysan qui se déracine et glisse vers Séville et l'Amérique. M. Merriman nous a montré Philippe II tout seul près de son encrier. Il montre dans ce chapitre si important le gouvernement de l'Espagne séparé des réalités profondes du pays, réalités sociales passées sous silence, religieuses abordées à peine, économiques présentées en six pages. Songez qu'il suffit à l'auteur d'une page pour marquer l'influence de l'Église sur l'éducation et la culture. À propos de la littérature et de l'art, on ne voudrait pas insister sur le résumé superficiel qui nous est offert, et pourtant, dans la littérature, dans l'art, un historien retrouverait mille lueurs et la chaleur même de la vie espagnole. Cette vie politique, financière, intellectuelle, religieuse de l'Espagne, elle avait sa place au cœur même de cet ouvrage, et, au vrai, aucun effort n'est fait pour en marquer profondément l'ampleur, pour montrer avec toutes ses conséquences le rythme des finances hispaniques, cette respiration pénible, haletante et qui commanda presque tout...

On ne trouvera pas, enfin, dans ce livre qui lui est consacré formellement, l'Empire espagnol lui-même. La gageure étonnera. Déjà, j'avais été surpris, en lisant le tome III de M. Merriman, de ne pas le voir centrer son étude sur l'activité vagabonde de Charles Quint, et je l'avais dit. Aujourd'hui, j'en reviens à un reproche du même ordre : l'Empire espagnol, mais il existe tout d'abord dans la personne même de Philippe II. C'est lui, le solitaire, qui est le centre de l'énorme système politique, lui qui, par son existence, sa filiation, ses héritages, ses droits réels et de prétention, sa volonté, son labeur, fait l'empire et tente de lui donner une impulsion. Les dépêches venues par les voiliers d'Amérique, par les bateaux de Flandre, les galères de Méditerranée, les courriers exprès ou ordinaires, elles s'accumulent sur la table de Philippe II, s'additionnent, s'intègrent, écrivent en se mêlant une histoire impériale particulière, celle dans laquelle le souverain aura vécu, médité et agi. Contre Granvelle à Naples, contre le duc d'Albe, sentinelle isolée dans les pays du Nord, contre Don Juan, impatient de pousser ses galères en Méditerranée, Philippe II représente l'empire tel qu'il le voit, tel qu'il le sent, sa somme de faiblesses et de forces, de nécessités et de possibilités. Entre Philippe II et les serviteurs de l'empire, enfoncés dans l'action, mais qui ne voient du monde hispanique qu'un secteur, le conflit vient tout autant de la différence des points de vue que de celle des caractères... J'aurais cherché aussi l'empire dans ses serviteurs, dans ses moyens, « escuz frappés au coing d'Espaigne », soldats, vaisseaux, dans les nécessités des liaisons terrestres et marines. M. Merriman a pensé autrement, il réserve une page à l'armée, une page à la flotte, une page à la diplomatie, n'écrit rien sur Séville, rien sur le consulat de Burgos, sur les *ferias* de Medina del Campo, ou si peu, rien non plus sur le prodigieux enracinement de l'idée impériale en Espagne au temps du Roi Prudent. Dans sa mise au point, M. Merriman aura oublié toutes ses fiches relatives au Nord européen et, du même coup, disparaît de la carte qu'il dessine cette longue antenne marine que l'impérialisme espagnol tend de Séville aux eaux pâles de la Baltique, antenne sans laquelle on ne peut comprendre la politique de Philippe II dans ces pays lointains, fournisseurs de blé et de bois de construction. Omission plus grave, M. Merriman ne dit rien de la route essentielle qui, par l'arc nord de la mer Tyrrhénienne, lie la péninsule Ibérique à Gênes, Livourne et aux autres ports italiens. Bien plus, entre l'Amérique espagnole qu'il inventorie trop vite, le Portugal dont il parle longuement, le Brésil sur lequel il a écrit un résumé maigre et peu au courant, les Açores qu'il aborde en même temps que la flotte victorieuse de Santa Cruz, la Floride rouge du sang français, Madère que Monluc emporte en 1566 et où il meurt, M. Merriman oublie l'Atlantique, et les morceaux qu'il nous en donne, collés aux diverses terres, ne permettent pas d'en reconstituer le puzzle. Or, l'Atlantique sud en entier, l'Atlantique septentrional en grande partie, la route des galions montant haut vers le Nord, sont des provinces contestées, mais des provinces tout de même du monde espagnol. Azorin, dans un article récent, comparait l'Empire hispanique à l'Empire anglais d'aujourd'hui, parallèle judicieux, autrement riche d'enseignements que celui que reprend l'auteur entre Louis XIV et Philippe II. L'image du coup souligne la grandeur colossale de l'Espagne que M. Merriman, me suis-je trompé, ne nous a jamais rendue sensible, pas plus que l'on ne mesure, à le lire, l'effort, le gaspillage de l'énergie espagnole, l'ampleur du rôle de Philippe II, en qui l'auteur s'obstine à ne voir que le disciple de Charles Quint, perdu dans sa tâche paperassière. Pour reprendre la comparaison d'Azorin, peut-on concevoir une histoire de l'Empire britannique sans l'étude au jour le jour de l'action de ses dirigeants, en dehors de la carte des routes, et sans l'étude des fils d'or que tendent, ici et là, le trafic et le crédit ?

Avec ce tome IV, qui s'achève en 1598, M. Merriman a mis un terme à son vaste ouvrage. Je ne crois pas que les réflexions finales — ce qu'il y a de moins bien venu dans tout ce livre — justifient le choix de cette borne chronologique. L'auteur nous affirme qu'avec la mort du dernier grand souverain de la Maison d'Autriche, c'en est fini de la splendeur et de la puissance espagnoles. Après les travaux de M. Earl J. Hamilton surtout, une telle façon de voir ne peut se défendre. On comprend que l'historien, fatigué de son effort, ait eu le désir d'atteindre le port. En fait, ce n'est pas avant 1630-1640 que la machinerie espagnole se détraque sérieusement, et ce n'est qu'en 1647 qu'en retirant la flotte de Barlovento, elle lâche prise dans le carrefour des Antilles...

À ce livre, dont les mérites sont grands, je n'ai pas épargné les critiques. Peut-être, même assurément, ce qui m'oppose à M. Merriman, est-ce la façon différente dont je vois et dont je conçois l'histoire. Je pense qu'il est presque toujours dangereux de briser, dans un récit, les cadres chronologiques du passé, plus dangereux encore de se limiter aux faits politiques et diplomatiques, sans aller jusqu'aux réalités profondes qu'ils traduisent plus ou moins bien, religieuses, économiques, intellectuelles ou sociales.

L'Inquisition espagnole et les « illuminés » *

La courte étude du P. Bernardino Llorca, solidement documentée, présente clairement, sèchement peut-être, le bilan de la difficile question des « illuminés », maigre cours d'eau qui traverse pourtant tout le XVIe et une partie du XVIIe siècle espagnol. À la bibliographie compacte de l'introduction, on ne voit guère à ajouter que la thèse de M. Baruzi sur Jean de la Croix et surtout la précieuse brochure de même auteur sur les *alumbrados*. De 1509 à 1667, le père Llorca ne nous donne que le pointillé de ce courant souterrain, tenace autant que faible, des Illuminés ; on ne le saisit, en effet, que par moments, grâce surtout à l'activité vigilante de l'Inquisition. Par trois fois seulement, le courant grossit : à Tolède de 1512 à 1530, à Llerena de 1570 à 1582, puis à Séville de 1620 à 1630. Encore ne faut-il pas exagérer. Durant cent cinquante ans de guet inquisitorial, le nombre des condamnés *alumbrados* ne s'élèvera qu'à cent quinze.

Le père Llorca verse au débat beaucoup de documents nouveaux ; ainsi les pièces du procès de la Béate de Pedrahita ou celles d'une victime du petit groupe

* Compte rendu de Bernardino Llorca, *Die spanische Inquisition und die « Alumbrados » 1509-1667 (Revue historique*, septembre-octobre 1936, p. 328).

tokdan, Luis de Beteta, qui avaient échappé aux érudits... Il y a donc beaucoup à apprendre dans ce travail probe, objectif. On signalera notamment — exemples vivants, parlants, des procédés de l'Inquisition espagnole et de leur rude réalité — les deux procès que l'auteur analyse pp. 31-35 et surtout le texte donné en appendice p. 127 et suiv., que l'on ne peut pas, malgré la douteuse moralité de la victime, ne pas trouver émouvant. Il convient aussi de retenir les claires et intelligentes distinctions que cette étude introduit, en conclusion, dans la classification des *alumbrados*.

Je ne pense pourtant pas, malgré les qualités que je viens de signaler, que le père Llorca ait consacré à ces illuminés de Dieu un travail définitif. Son étude trop étroite, trop formelle aussi, au vrai, n'a pas replacé dans le cadre de l'histoire spirituelle de l'Espagne le mouvement qu'il s'agissait de reconnaître et d'analyser. Sans cette cartographie d'ensemble, exactement dessinée, peut-on discuter de croyances qui se sont, plus ou moins identiques à elles-mêmes, dans des milieux divers, prolongées pendant plus d'un siècle ? Et cela, d'autant plus que l'auteur n'emploie que des papiers inquisitoriaux qui ne donnent et ne peuvent donner qu'une histoire officielle et simplifiée. De la localisation de ces taches religieuses dissidentes, du synchronisme que l'illuminisme peut présenter, dans son histoire, avec les autres manifestations de la vie spirituelle et temporelle de la péninsule, il y avait des conséquences, des hypothèses à déduire, sinon des certitudes. On regrettera que cette entreprise n'ait pas été abordée. Pour ces raisons, aussi et surtout à cause des obscurités inhérentes à la discussion, le problème reste entier. D'où vient cette flamme de perfection perversement orientale ? Est-elle un feu follet négligeable ou jaillirait-elle des profondeurs de l'Espagne ?

Voyage dans l'Espagne primitive*

Le manuscrit de ces ultimes promenades archéologiques était achevé quand la mort surprit Pierre Paris à l'automne de 1931. Il a fallu cinq années, le zèle de MM. René Paris et Maurice Legendre, la bonne volonté intelligente d'un éditeur, le concours de l'Académie des inscriptions et belles-lettres pour que le livre fût sauvé. La note préliminaire de M. Maurice Legendre dit, avec la plus grande simplicité, ce qu'ont été ces efforts et ces difficultés. Nous ajouterons qu'il n'y avait pas de meilleure façon de rendre hommage à l'un des plus notoires serviteurs de la cause française en Espagne et aussi l'un des plus passionnés chercheurs et découvreurs du passé ibérique. Notre gratitude est acquise à ceux qui nous donnent aujourd'hui le plaisir de lire ce beau livre, parfaitement illustré, riche d'idées et de faits.

Il est bien probable que Pierre Paris aurait retouché largement son texte primitif, mais non les lignes essentielles de la promenade qui, limitée en apparence au Musée archéologique de Madrid et aux pièces qu'il possède, parcourt en fait, on le pense bien, de vastes espaces, de longs itinéraires, depuis ces époques lointaines des premières tribus qui campèrent — il y a peut-être « cent mille ans » — à San Isidoro, dans la campagne madrilène, jusqu'aux siècles, si proches de nous par comparaison, ouverts aux influences de l'Étrurie, de Carthage, de l'Italie et de Rome, enfin. Il n'est pas besoin d'être archéologue — le livre ne s'adresse pas à eux spécialement — pour se prendre au charme de cette conversation simple, directe, où d'un mot on rappelle telle définition générale, pour que le lecteur saisisse bien, et sans effort, l'explication qui lui est présentée. Au

---

* Compte rendu de Pierre Paris, *Promenades archéologiques en Espagne. Le Musée archéologique de Madrid*, 1936 (*Revue historique*, avril-juin 1937, pp. 425-426).

fil de la lecture, on s'éloigne constamment de Madrid, du Manzanares, cependant important préhistoriquement, des stations proches de la capitale comme San Isidoro ou encore Ciempozuelos, aux célèbres vases en forme de gobelets. Le riche musée de Madrid se peuple donc des images que Pierre Paris évoque de toute l'Espagne primitive et ancienne. Le musée ne possède ainsi que trois de ces blocs de granit, travaillés par des artisans « à la main lourde », où l'on peut voir des monstres, des porcs, des sangliers ou des taureaux. Occasion excellente de parler du vaste troupeau dont ils sont la délégation, de sa signification probable, certaine même. Les illustrations sont fort belles, et, à elles seules, marquent la ligne du récit. À l'aube de l'Espagne primitive, toute la place est prise par des bêtes monstrueuses. Ce n'est que peu à peu, à mesure que passent les millénaires et les siècles, que le livre se dégage de cette faune multiple, envahissante, et que, avec les idoles, les amulettes, les formes humaines apparaissent plus nombreuses, plus précises, plus étoffées, puis, aux flancs des vases d'inspiration ou d'importation grecques, ou dans le marbre, prennent la souplesse et l'animation de la vie. Tout autre chose, en somme, qu'un répertoire de musées, un voyage splendide à travers le temps perdu et l'espace ibériques.

Dans les Espagnes d'avant la Reconquête *

Il n'y a peut-être pas de civilisation andalouse, au sens géographique du mot, avant le XIe siècle. C'est

* À propos de Henri Pérès, *La Poésie andalouse classique au XIe siècle. Ses aspects généraux et sa valeur documentaire*, Paris, 1937 (*Annales d'histoire économique et sociale*, juillet 1938, pp. 333-335).

alors seulement qu'originale ou non, autochtone ou non, elle emplit à peu près l'espace de l'Espagne musulmane. Au siècle précédent, il ne s'agit sous ce nom, que d'une civilisation installée au dernier étage d'une société, limitée dans son éclat et dans ses réalités — mis à part le cas secondaire de Séville — aux milieux de Cordoue et Madinat az-Zahra, la résidence des califes. Dozy l'a bien vu. Il indiquait, il y a longtemps, que l'émiettement du califat en Espagnes indépendantes avait, par la création de centres politiques libres, multiplié, au XIe siècle, les foyers de civilisation. Il y a donc intérêt, pour les historiens, à lire le volume, pas spécialement écrit à leur intention, mais riche de faits et d'érudition, que M. Pérès vient de consacrer à la poésie andalouse en arabe classique du XIe siècle. D'autant que l'auteur ne se borne pas à recenser le matériel poétique et qu'il est amené, assez naturellement, à marquer les grandes lignes de ce paysage du XIe siècle ibéro-musulman.

Il le fait deux fois au moins : avant d'aborder le vif de son sujet et quand il en présente ensuite les richesses. Son désir de nous amener à penser, comme lui, qu'il s'agit et d'une civilisation et d'une poésie originales, le pousse, en effet, dès le seuil de son livre, à insister sur les forces qui, obscurément et efficacement, ont pu travailler à cette originalité. La société musulmane d'Andalousie ne devient-elle pas, par les multiples mélanges qui s'y opèrent, assez homogène dans sa masse ethnique et, de ce fait, très à part dans l'ensemble de l'Islam ; n'y a-t-il pas bientôt réaction (on dirait réaction nationale si le mot n'était pas trop inexact) contre les modes et les intellectuels venus d'Orient ? En même temps, sur un autre plan, on réagit contre ces Berbères un peu incultes qui ne cessent de gagner l'Espagne. Nous revenons à des considérations presque analogues quand le livre s'achève. M. Pérès inventorie, en effet, les textes poétiques pour dénombrer leurs richesses et leurs thèmes, essaie, en un mot, sans le dire toujours avec assez de force, de voir, au travers de ces fenêtres bizarres, l'histoire du XIe siècle. Cela implique, bien entendu, un choix particulier et déformant parmi les secteurs éclairés.

Rien sur la vie économique à vrai dire. Beaucoup de choses, par contre, sur la marqueterie ethnique, « mosaïque harmonieuse », nous dit l'auteur, sur la vie de cour, les mœurs, l'existence quotidienne, les vergers... Deux mots sur la Méditerranée, mais singulièrement précieux. Invité à venir à Séville un poète sicilien Abu-l-'Arab Mus'ab as-Siquilli, se refuse à courir les risques du voyage et déclare, entre autres choses : « La mer appartient aux Rum, les navires n'y circulent qu'en s'exposant à de grands risques, le continent seul est aux Arabes. » Cette remarque n'est-elle pas à rapprocher de la phrase assez connue d'Ibn Khaldoun sur la suprématie que possédaient, antérieurement, les musulmans, dans cette Méditerranée occidentale, où le chrétien ne pouvait « faire flotter une planche » ? On pense bien que ces deux indications ne sont pas, sur les vicissitudes de la Méditerranée, des documents décisifs. Mais ne rappellent-elles pas, de façon opportune, l'ouverture, puis la fermeture de la Méditerranée aux flottes musulmanes, facteurs importants et cependant si négligés qu'ils ne sont pas encore incorporés dans le passé, tel qu'on nous le présente, de l'Islam en général, ou de l'Espagne en particulier ? Cette Méditerranée conquise en même temps que la Sicile, au IXe siècle, ne lie-t-elle pas l'Espagne à l'Orient dont les turbulences de l'Afrique du Nord la séparaient depuis le milieu du VIIIe siècle ? N'explique-t-elle pas cette montée et ces splendeurs — qu'il ne faut pas exagérer, mais qu'on ne peut méconnaître — du Xe siècle cordouan ? Et la rupture, commencée avec le XIe siècle, ne donne-t-elle pas, mieux que les très ingénieuses explications de M. E. F. Gautier (du moins, je le pense), la raison de l'arrêt assez brusque de ce qu'il appelle la civilisation sarrasine, la raison aussi du ralentissement de l'influence orientale en Espagne, au penchant du siècle ? Les danseuses mésopotamiennes, dans leurs étoffes rouges préférées, les prestidigitateurs d'Égypte, les esclaves, les médecins, les musiciens, les poètes d'Orient arrivent sans doute moins nombreux, mais en même temps l'Andalousie n'est-elle pas frappée dans les forces vives qui lui auraient permis peut-être d'arriver à une véritable originalité ?

*

Le Moyen Âge espagnol n'est prospecté utilement qu'à de rares intervalles. Il n'est peut-être pas trop tard pour revenir sur le livre du père Serrano, paru en 1930 et consacré au cartulaire de l'abbaye de San Millán. De ce sanctuaire très fréquenté jusqu'au XIIe siècle, par les fidèles de Castille et de Navarre, qui s'élève non loin de l'Èbre, de ses forges paysannes et de ses vignobles, il nous offre, non pas une histoire en forme, bien que la préface soit excellente, mais des matériaux édités avec le plus grand soin. Documents vivants, abondants en informations, notamment économiques. L'abbaye se dégage d'un passé étroit avec le Xe siècle. Détruite au temps d'Almanzor par les musulmans, elle est reconstruite au XIe siècle. C'est un véritable État, avec ses paysans, ses villages, ses pans de forêts, ses pacages, ses moulins, à l'abri de privilèges qui lui confèrent une puissante autonomie. Un État et même un empire, avec ses colonies, dispersées ici et là, ses églises et ses monastères dépendants, des « villes » et des pêcheries en bordure de l'Èbre, des droits d'usage pour ses troupeaux à travers les pâturages de Navarre et des régions voisines ou encore, à Salinas de Añana dont il possède le quart, le droit d'exploiter le sel une fois par semaine et de le faire charger ; avec aussi, sans doute, ses désirs de conquête. Les dévots du sanctuaire sont si nombreux bientôt que les abbés envoient des collecteurs de *votos* qui recueillent vœux et offrandes et évitent aux donateurs la longueur et les fatigues de la route. Mais avec le XIIe siècle la dévotion se portera vers d'autres sanctuaires.

N'est-il pas permis, au travers de cet exemple particulier, de songer aux autres abbayes bénédictines, elles aussi centres d'activité rurale et de vie intellectuelle, qui peuplent ces premières Espagnes chrétiennes ? Elles sont si nombreuses qu'un canton comme le Bierzo apparaît alors comme une vraie Thébaïde. Mais n'est-il pas permis, pareillement, de songer que l'histoire ecclésiastique, abordée tant de fois mais trop souvent sous l'angle des institutions, est à reprendre dans son ensemble ? Pour bien des raisons, et aussi parce que ce sont les hommes d'Église qui ont écrit les chroniques dont nous avons à nous servir pour reconstruire ce passé. La reconquête chrétienne, à ses débuts, est, en grande partie, un fait d'économie montagnarde : la recherche de pâturages, d'espace, de vignobles, de terres à blé. Il y a eu, beaucoup plus qu'on ne le pense, coupure entre cette Espagne chrétienne des Wisigoths, fragile, mal assise, que la conquête musulmane bouscule avec tant d'aisance — et le bourgeonnement des nouvelles chrétientés ibériques. Or justement, avec du gros fil, les chroniqueurs n'ont-ils pas cousu ensemble l'histoire de ces cantons montagneux et des splendeurs, ou de ce qu'ils croyaient être les splendeurs de l'Espagne wisigothique et isidorienne ? Il y a assurément assez tôt, et bien avant l'essor de la Castille, le sentiment d'une unité hispanique, une politique consciente, un idéal de la reconquête. M. Menéndez Pidal l'a dit avec force et M. H. Hüffer a repris l'idée peu après. Justement cet idéal, comment, par qui a-t-il été élaboré ?

Les éducateurs de l'Espagne contemporaine *

Beaucoup d'historiens doivent ignorer, du moins je le pense, le nom même du *krausisme* et nombre de philosophes révolutionnaires méconnaître la descendance spirituelle inattendue que le hasard a donnée, en Espagne, au plus effacé de ces bâtisseurs allemands de systèmes philosophiques du premier tiers du XIXe siècle, Karl Christian Friedrich Krause. À côté de la triade Fichte, Hegel, Schelling, y a-t-il place pour cet obscur, ce modeste, fils de pasteur-professeur, professeur lui-même, théologien et philosophe, père d'une douzaine d'enfants et de quelques livres d'accès difficile, disparu prématurément, à cinquante et un ans, en 1832 ? M. l'abbé Jobit ne s'attarde d'ailleurs pas à ce responsable : il ne dit que l'essentiel à peine de sa vie et de son œuvre. Krause n'a vraiment guère de chance, alors que son nom, pour une fois, chez nous, est à l'honneur, de ne pas trouver place réellement dans un livre auquel il donne son titre.

Peut-être est-il bien qu'il en soit ainsi. La jeune et inquiète génération espagnole des années quarante, que d'autres générations inquiètes et avides de savoir relaieront, avait besoin d'un message. Elle a pris celui de Krause comme elle en eût pris un autre. Il a donné son nom au mouvement, l'Espagne lui a donné son contenu, sa richesse, sa vie et Krause, en définitive, n'est là que pour copie conforme. Le message n'arrive à la péninsule qu'en 1844, quand Julián Sanz del Río revient de son voyage d'études en Allemagne. Message assez simple : il faut chercher en soi, aux lumières de la vérité intérieure, la vérité de Dieu, franchir le pas-

* Compte rendu de l'abbé Pierre Jobit, *Les Éducateurs de l'Espagne contemporaine*. I : *Les Krausistes*, 1936 ; II. *Lettres inédites de Don Julián Sanz del Río* (*Revue historique*, avril-juin 1938, pp. 362-365).

sage décisif qui mène, miraculeusement, du Moi à l'Être. Oui, sans doute, Julián Sanz del Río, professeur, sans l'être exactement, rapporte-t-il dans ses bagages une philosophie plus confuse et plus riche que ce schéma, compliquée, comme à plaisir, par le style du maître, tout hérissé de barricades. Mais que l'on ne s'y trompe pas, c'est une règle de vie, une religion qu'a adoptées ce pèlerin passionné, avide de croire et de se dévouer. Remarquons que le maître était mort depuis onze ans déjà et que « Don Julián » n'a rencontré que ses disciples, ses rares disciples, Ahrens à Bruxelles, Leonhardi et Rœder à Heidelberg, qui lui ont révélé une philosophie krausienne revue et corrigée, peut-on dire, pédagogiquement plus assimilable que dans son édition originelle. Mais ce n'est pas la question. Cette plante bizarre rapportée du Nord a pris racine et prospéré dans l'Espagne d'avant-hier, d'hier et même d'aujourd'hui. Pour quelles raisons, dans quelles conditions, à la faveur de quelles circonstances ? C'est l'intéressant pour un historien. Ce réactif du « krausisme » ne permettrait-il pas de suivre les courants de la pensée espagnole en ces époques proches de nous et qui, pour nous, restent encore bien obscures ?

Un grand sujet donc. Je crois même que M. l'abbé Jobit aurait mieux élucidé ces divers problèmes s'il avait eu, plus encore que ne le marque sa préface, la conviction qu'il s'agissait d'un grand et très beau sujet, s'il avait étoffé davantage ses explications, élargi son enquête bibliographique, étudié de plus près cette histoire récente de la péninsule pour y faire revivre ce monde étonnant, émouvant et révélateur des krausistes. J'aurais aimé m'arrêter plus longtemps, au fil de la lecture, auprès de Don Julián, auprès de Francisco Giner, dont j'ai entendu parler en Espagne avec ferveur, auprès de tous ces personnages qui, dans ce livre un peu pressé, restent de simples noms, auprès de ce père Miguel Sánchez aussi que tous attaquent, ses supérieurs, les krausistes, les adversaires de ces derniers, les néocatholiques, et qui se défend contre tous sans faiblesse. J'aurais voulu une enquête historique plus large, plus minutieuse et aussi plus de vie, plus d'ironie vis-à-vis des choses et des êtres.

Surtout, faut-il le dire, ce n'est guère l'analyse philosophique du krausisme — ou mieux des krausismes — qui me semble attachante. Elle était, bien entendu, nécessaire, et celle de M. Jobit, prudente, sympathique, juste, mérite des éloges. C'est même en ce domaine que l'auteur a peut-être dépensé ses qualités les plus sûres, apporté les documents les plus utiles à cette cartographie intellectuelle de l'Europe du XIXe siècle que l'on entreprendra peut-être, un jour, de nous donner. Mais ces mouvements, il importait de les replacer dans le cadre de l'histoire de la péninsule, d'en bien marquer la ligne et le caractère. M. Jobit sera-t-il de mon avis, il me semble que de bout en bout le rôle des groupes, du coude à coude, a été décisif ? C'est l'union des enthousiasmes, des espoirs, des volontés, le désir partagé par tous de bâtir un monde meilleur qui a entretenu ou ranimé la flamme. Voici, au début, avant 1843, le petit groupe « amical » de Sanz del Río et de ses condisciples qui s'initient à la philosophie allemande. Une ruche déjà prête au travail. Après 1845, la ruche est le « second Ateneo », plein de querelles bourdonnantes. Au-delà de 1854, les cours de Sanz del Río à l'université centrale. Vers 1860, la Petite Chapelle, assiégée par l'ennemi et qui porte le nom de « Circulo Filosófico ». Arrivent les attaques des néocatholiques, plus politiciens et hommes du siècle que gens d'Église, contre ce libre mouvement réformateur, puis les destitutions de 1867, qui atteignent Sanz del Río, peu avant sa mort, et, parmi ses collègues de l'université centrale, F. de Castro, Salmerón. Le krausisme se réfugie alors dans le groupe sévillan logé à l'université de la grande ville et sous la protection du doyen « harmoniste », F. de Castro. Au lendemain des décrets Orovio de 1875, qui épurent les universités espagnoles, les krausistes fondent l'*Institucion libre de Enseñanza*, sur le modèle de l'université libre de Bruxelles, et, sous la direction rayonnante de Francisco Giner, la tâche est reprise. Il a fallu du courage, on le voit, à ces « éducateurs de l'Espagne » pour bâtir les temps nouveaux.

Notez que le krausisme rayonne au-delà de ces cellules vivantes, qui le créent, l'empêchent de s'éteindre, l'obligent à vivre. Si j'insiste sur ces groupements de combat, c'est qu'ils nous révèlent dans quelle atmosphère l'expérience s'est déroulée. M. Marcel Bataillon, à la fin de son travail sur Érasme et l'Espagne, compare, pour en marquer la parenté fragile, le mouvement krausiste au mouvement érasmien, que trois siècles et tant d'autres différences séparent. Personnellement, c'est à une autre comparaison que je penserais volontiers, au Brésil du XIXe siècle et du temps présent, qui a fait l'accueil que l'on sait au positivisme. L'Espagne du XVIe siècle est, en gros, à la hauteur du monde européen qui la touche et qu'elle domine. Au XIXe siècle un décalage énorme existe. Les influences étrangères s'exercent avec la force de courants indispensables. De Mazade, que cite M. Jobit, l'a dit avec justesse de l'influence française, elle est pour la péninsule « une initiation à la civilisation générale qui enrichit le monde ». L'Espagne doit apprendre cette civilisation, en rejoindre les dernières étapes, en assimiler les résultats. Chez elle, l'Ancien Régime se dissout mal, car la vie moderne tarde à bousculer le passé. Rien n'est organisé, d'un point de vue moderne, dans ce royaume chaotique. Pas d'enseignement secondaire, au vrai, et même presque pas d'enseignement. Des classes dirigeantes hostiles que ne touchent guère les lumières. Une situation plus grave que celle du Brésil, qui a l'excuse et l'avantage d'être un pays neuf. Mais, ici et là, parmi les jeunes qui ne veulent pas désespérer de leur pays ni d'eux-mêmes, une tendance à s'accrocher à des systèmes qui apportent en un instant, semble-t-il, l'ordre que l'on cherchait dans la nuit, quitte ensuite à donner au système plus de souplesse. On agrippe une planche de salut, puis on essaie d'en faire un navire.

Ce que l'Espagne a fait du krausisme, la manière dont elle l'a déformé, adapté à ses besoins, à ses désirs obscurs, n'est-ce pas l'essentiel du débat ? M. l'abbé Jobit a, je crois, trop immobilisé le mouvement krausiste pour l'examiner en philosophe et en moraliste et, du coup, le mouvement se comprend mal. Car, plus que les idées elles-mêmes, c'est l'Espagne du XIXe siècle, diverse, mouvante, difficile à saisir, qui est le personnage essentiel de ces luttes, de ces bondissements, chocs et retentissements intellectuels.

Je ne prétends pas compléter, ni même avoir résumé, comme il convenait ce travail intéressant. J'ai dit, ou voulu dire, tout le plaisir que m'a procuré sa lecture. Les historiens qui pensent que l'histoire de la péninsule au XIXe siècle reste à écrire et qui ne veulent pas se contenter, sous ce nom, d'un récit de l'affaire des mariages espagnols ou de la liste des ministères, voire des révolutions, se reporteront volontiers à cet ouvrage probe et riche, ainsi qu'aux documents de la « petite thèse » qui le complètent. On ne reprochera à l'auteur, en dernière analyse, que d'avoir été trop bref ou peut-être trop modeste.

Feijoo *

Il faut se reporter à la Galice et aux Asturies si l'on veut saisir à sa source, et dans ses cadres permanents, la longue existence de Benito Jeronimo Feijoo. Continûment, il est resté l'homme de ce coin de terres ibériques. Il y naît en 1676, dans le village galicien de Casdemiro, il fait ses études à deux pas de là, au collège de San Julián

---

* Compte rendu de G. Delpy, *L'Espagne et l'esprit européen. L'œuvre de Feijoo, 1725-1760*, Paris, 1936 ; ID., *Bibliographie des sources françaises de Feijoo*, Paris, 1936 (*Revue historique*, 1938, n° 2, pp. 374-376).

de Samos qui lui sera toujours cher, sans doute parce que, d'un même mouvement, s'y dessineront sa vocation religieuse et sa passion intellectuelle. C'est là, en effet, qu'il se décide, en 1690, à recevoir la prêtrise et s'engage dans l'ordre militant des bénédictins. Plus tard, ses études, le sacerdoce, le professorat l'amèneront à quitter ces régions océaniques et à séjourner, trois années durant, à Salamanque. Mais, dès 1708, il arrivait à Oviedo, dans les Asturies, au collège de Saint-Vincent, qu'il ne devait plus abandonner, que pour de brèves et très rares absences... Il allait gravir les échelons universitaires, sur place, au fil des années : maître d'étudiants, titulaire successivement des chaires de saint Thomas, d'Écriture, puis des vêpres de théologie. Abbé une première fois en 1721, une seconde fois en 1729, il occupait, en 1736, la chaire de prime, la plus haute de toutes, mais sa santé l'obligeait à abandonner cet enseignement deux ans plus tard. Heureusement, une autre existence avait déjà commencé pour lui depuis une dizaine d'années, avec les succès de sa carrière de publiciste. Il va donc pouvoir, désormais, tout en demeurant dans son collège, consacrer à la littérature les forces d'une existence qui se prolongera longtemps encore, jusqu'en 1760.

M. Delpy n'a pas eu de peine à retracer cette carrière unie. Aussi bien, l'intérêt que suscite Feijoo n'est-il pas là, mais dans son activité d'écrivain.

C'est en 1726 qu'il avait publié à Madrid le premier tome de son *Théâtre critique*. « Cédant à un noble et impérieux besoin, nous dit M. Delpy, il va répandre à pleines mains toutes les vérités qu'il a la persuasion d'avoir acquises. » Tout y passera, en effet : ses expériences, ses notes de lecture, ses réflexions, ses conversations, peut-être ses feuilles de cours.

Ces semailles abondantes et tardives représentent pour nous deux ouvrages, ou plutôt deux séries d'ouvrages : le *Teatro Critico* (neuf volumes parus entre 1726 et 1740) et les *Cartas cruditas y curiosas*, dont les cinq tomes occuperont le vieux moine de 1740 jusqu'à sa mort, survenue en 1760. Ces deux collections forment, à elles seules, une encyclopédie, sans plan préconçu et passablement désordonnée. Feijoo s'est abandonné, en écrivant pour les autres, au plaisir et à la passion d'instruire, en un mot, à son talent de vulgarisateur. Sans cesse, avec la facilité de la conversation, il passe d'une question à une question voisine ou lointaine, pour revenir sur ses pas, puis s'égarer encore. Il est, à la fois et successivement, pédagogue, sermonnaire, philosophe, théologien, moraliste, un peu, et même beaucoup, médecin, économiste comme tout le monde, conteur le cas échéant ; ses livres étant finalement à l'image de sa cellule encombrée d'ouvrages rares, d'objets hétéroclites, munie d'une cheminée de sa confection, et animée par la présence de ses amis qu'il réunit pour discuter, à l'occasion, aussi pour réaliser des expériences de physique...

M. Delpy s'est efforcé de mettre de la clarté et de l'ordre dans cette vaste production, pas toujours cohérente, répétons-le. Son livre, patiemment mené, permet d'en reconnaître, vite et sûrement, les régions diverses. Jamais on ne nous avait aussi bien montré cette œuvre imposante et, tout à la fois, ses faiblesses, ses détours, ses emprunts, ses mérites et son originalité. Cependant il n'a pas échappé à M. Delpy, malgré une vive sympathie à l'égard de son auteur, combien l'essor de la pensée de Feijoo demeurait mesuré. Sans doute fonce-t-il contre les aristotéliciens démodés, contre toutes les superstitions, et c'est bien ; mais il n'entend pas, pour autant, gagner le camp des cartésianistes, accepter la philosophie de Malebranche, l'atomisme de Gassendi ou les théories, qui l'attirent, de Leibniz. Le catholicisme de Feijoo, sa prudence, ses limites expliquent cette attitude, cette retenue ; également, comme le note M. Delpy, le désir qu'il a eu de conserver son public, de rester à sa portée. Assurément, il n'a pas su, ou voulu échapper à certaines contraintes, et peut-être en partie pour avoir trop cru à « la nécessité de jouer un rôle de conseiller ».

On se demandera donc, après avoir mis à profit le

travail de M. Delpy, s'il n'y aurait pas eu intérêt à examiner sur un autre plan l'existence et l'œuvre de Feijoo, en dehors d'elles-mêmes, comme des témoignages sur une époque... Ne parlent-elles pas de bien des choses, du monde bénédictin, des terres de Galice et des Asturies, de la vie intellectuelle et sensible du XVIIIᵉ siècle espagnol dans son premier épanouissement ? Se contenter de placer des bornes et des points de repère dans ce monde intellectuel de Feijoo, trop rapidement pensé et écrit pour avoir l'ordonnance d'un jardin à la française, c'est peut-être la sagesse ; mais n'aurait-il pas fallu se risquer, partir de ces témoignages pour saisir les réalités indiquées ou suggérées, au-delà du champ particulier de la pensée de Feijoo ?

J'avais espéré, en lisant les pages qui ouvrent ce livre, qu'il nous donnerait une étude poussée sur l'Ouest ibérique, lequel a apporté — comme on nous le dit un peu vite — des leçons à Feijoo, une moisson de souvenirs et aussi de préjugés contre lesquels, plus tard, il s'insurgera. S'il déploie tant d'énergie contre les fausses croyances, n'est-ce pas parce qu'il les a parfois apprises, partagées au temps de son enfance ? Le folklore galicien et asturien, les coutumes, l'histoire même de ces régions assez tournées vers le dehors auraient dû prendre leur large place dans ce livre.

Autre question, nous ne trouverons que de brefs détails sur le père Martín Sarmiento, bénédictin lui aussi, ami et un peu secrétaire de Feijoo — pourtant comme on voudrait en savoir davantage et sur lui et sur le monde original des bénédictins, sur la place réelle qu'il a occupée en Espagne et la politique qu'il a alors suivie !

Enfin, et surtout, j'avoue ne pas me contenter de la rapide cartographie intellectuelle du XVIIIᵉ siècle espagnol qui nous est donnée presque en conclusion. Tout d'abord parce qu'elle est rapide, ensuite parce qu'elle immobilise un peu ce qui fut réalité de mouvement. Feijoo est à juger — M. Delpy nous le dit avec raison — dans le cadre de son siècle, mais justement le cadre présenté paraît trop schématique.

En somme, si fines, si justes que soient les images que nous donne M. Delpy de la vie littéraire et scientifique de l'Espagne d'alors ou de la Galice semée d'abbayes bénédictines, l'encadrement et le prolongement historiques de ce beau livre ne semblent pas avoir été réalisés avec toute l'ampleur désirable, à notre point de vue du moins. On le regrette d'autant plus que ce sont ces promesses et les indications de cet ouvrage (ainsi que celles de la thèse complémentaire sur les sources françaises de Feijoo, appelées à rendre de grands services) qui suggèrent les pages que l'auteur a oublié d'écrire ou dont il n'a pas voulu grossir son livre.

Actions en hausse : Philippe II ? *

Les biographies de Philippe II se succèdent sans grand bénéfice pour nos études. Un besoin d'amour aveugle les anime, de réhabilitation à tout prix, de surestimation, de méditation sans limites... Car, à propos du Roi Prudent, si souvent perdu de vue, c'est l'esprit religieux en soi qui est mis en cause, ou la catholicité, ou plus encore l'Espagne, que l'on veut saisir dans son originalité irréductible, dans son essence, dans sa, dans ses grandeurs.

Hier, c'était à qui stigmatiserait le Démon du Midi, celui qu'Auguste Comte appelait, sans remords, un « rétrogradeur de l'humanité ». Hier, c'est-à-dire avant la parution, en 1912, dans sa version française, du petit livre combatif du Danois Bratli, qui a vraiment porté un coup décisif à la légende noire de Philippe II — à cette *leyenda negra* contre laquelle les historiens de la

* Compte rendu de plusieurs ouvrages, voir la liste p. 651 (*Annales d'histoire sociale*, 1944. *Mélanges d'histoire sociale* VI).

péninsule, eux surtout, s'étaient déjà si vivement inscrits en faux.

La légende n'a pas survécu. Pouvait-on juger toujours le Roi Prudent sur le seul témoignage de ses ennemis, d'après les calomnies intéressées d'un Guillaume d'Orange, par exemple, ou les racontars d'une Europe qui lui fut si largement et si passionnément hostile ? Mais la légende noire n'a disparu que pour céder la place à une légende... dorée, cette fois, foisonnante elle aussi, chacun s'y prenant à sa façon (et souvent sans le vouloir) pour en entretenir ou en agrandir les mirages... Ouvrez tous ces livres : les actes du roi y sont justifiés par avance, magnifiés, les ombres soigneusement écartées, les « ténébreuses affaires » classées les unes après les autres ; les insuccès eux-mêmes tournent à la glorification du roi. « L'Armada vogue toujours, écrit Reinhold Schneider [1], historien romantique, avec ses dix mille soldats. En fait, elle est invincible parce que l'idée pour laquelle elle sombre, reste inviolée. Lorsqu'il s'agit de la foi, le triomphe n'est pas plus persuasif que le naufrage. » Ainsi, Reinhold Schneider (qui veut cependant voir dans l'action de Philippe II un anachronisme, une non-adaptation) célèbre lui aussi sa victoire spirituelle, sa grandeur — et son importance décisive ; pour lui, la fin du roi aura été la fin de l'Espagne elle-même. « ... Dieu lui impose de donner l'exemple à tous. En sa personne, le peuple espagnol tout entier va voir se consommer la destruction des valeurs — car, lorsque la cime se flétrit, l'arbre meurt. » Voilà qui est bien discutable. Et rien ne nous assure que la grandeur de l'Espagne se soit achevée en 1598. Sinon, que fera-t-on du Siècle d'Or ? J'ai peur, en outre, qu'à ce jeu répété, le personnage de Philippe II n'échappe aux règles de notre métier. C'est scientifiquement, objectivement, simplement qu'il nous faut aborder ce mort redoutable, non pour le louer, non pour le vilipender — ce qui n'est pas notre rôle — mais pour le comprendre en historien, avec nos moyens d'historien et une prudence redoublée. Ou alors, nous risquons fort de ne jamais saisir cet homme au singulier destin posthume, cet homme si à part, l'un des plus secrets, des plus repliés sur soi que connaisse l'histoire ; tout au plus aurons-nous la chance de l'apercevoir, un instant, dans les lumières de nos recherches, hors de ces messes noires d'hier, hors de tout cet encens, de tous ces faux et brillants problèmes d'aujourd'hui...

*

Le gros livre pesamment chargé de Ludwig Pfandl [2] ne nous donnera pas cette joie, certes non. Mais il est intéressant, utile à consulter. La légende dorée y est présentée avec prudence et habileté, débarrassée de ses détails inutiles, sans la moindre défaillance au demeurant. Et non sans candeur. Le Philippe II de Pfandl réunit toutes les perfections que l'on pouvait attribuer à son personnage ; il est bon fils, bon époux et bon père de famille (ce que nous savions depuis la publication par Gachard [3] des lettres que Philippe II écrivit de Lisbonne aux infantes ses filles) ; il est en sus, naturellement, prince accompli, travailleur, raisonnable, prudent, admirablement laborieux, pénétré de sa mission et de ses responsabilités, animé d'un catholicisme sincère...

Le récit, car ce livre est un récit, s'ouvre par une minutieuse étude de l'enfance et de la jeunesse du prince qui est, de beaucoup, la plus longue et la meilleure partie du livre : pittoresque, animée, parlante [4]. Je ne reprocherai pas à l'auteur l'étendue de cette première partie, ni d'être resté ainsi très longtemps aux côtés de son héros, dans l'ombre insistante de Charles Quint — car cette ombre a pesé lourdement sur le règne et la vie de celui qui fut un fils attentif et affectueux, et plus encore un disciple, préoccupé de ne pas oublier la leçon et l'exemple du maître, si différentes que devaient être par la suite les circonstances de son propre règne. Le cardinal Granvelle, lui aussi héritier des leçons de son père le chancelier, ne se reportera-t-il pas avec insistance, sa vie durant, aux précédents du grand règne — occasion pour lui, et pour d'autres, et pour le roi lui-même d'un certain nombre de faux jugements ?

La seconde moitié du livre est consacrée au roi, en principe à partir de 1556, en fait après le retour de Philippe II en Espagne (septembre 1559). Je crois que cette partie est très critiquable, très décevante ; il est vrai qu'elle était de beaucoup la plus difficile à écrire. Comment juger, en effet — puisque Ludwig Pfandl est de ces historiens qui prétendent juger et distinguer les bons des mauvais — ou comment comprendre et expliquer le souverain et l'homme, en dehors d'une étude sérieuse de son règne, de ses actes et de ses responsabilités ? Il y a ce qu'on lui prête et on lui prête beaucoup. Il y a ce qu'il a fait, ce qu'il a tenté, ce qu'il n'a pas voulu entreprendre, ce qu'il n'a pas osé, ce que d'autres ont fait en son nom, ce qu'il a interdit, ce que les circonstances, qui vont vite, lui ont sans fin imposé. Rien de ces actions, rien de ce long drame ne nous indiffère. Or, tout cela est laissé dans l'ombre par l'auteur... Les chapitres, les passages qui racontent le règne, le racontent très mal et ne nous offrent que des toiles de fond sommaires. Philippe II, dans le texte de Ludwig Pfandl, ressemble à ces personnages de tragédie qu'un professeur de littérature retire de la pièce pour en mieux expliquer les caractères... La méthode vaut ce qu'elle vaut.

Il est tout de même curieux que Philippe II ne nous soit pas présenté, ici, à sa table de travail. C'est là, cependant, qu'a vécu, pensé, agi ce roi paperassier, ce *rey papelero*, comme on le surnommait de son vivant — « le plus zélé de ses secrétaires », comme disait de lui, au début de son règne, un ambassadeur français. N'a-t-il pas été un souverain acharné à tout lire, à tout décider par lui-même de sa plume infatigable, un homme à fiches, dont nous pouvons suivre le travail jour par jour — car les papiers de Philippe II nous ont été conservés. Restait à les lire, il est vrai... Ludwig Pfandl — qui ne les a point lus — ne méconnaît pas cette vie acharnée de labeur : comment la méconnaître, d'ailleurs ? Il sait que le Roi Prudent, « par scrupule, se noie dans un océan d'encre, de sable à sécher et de papier » (p. 509), il sait qu'il est le roi d'une bureaucratie lourde, puissante (p. 313). Mais cela est indiqué d'un mot, sans plus, et cet énorme secteur de la vie du souverain ne comptera plus dans les explications qui nous seront données. Est-ce raisonnable, est-ce sérieux ? De même, malgré le sous-titre du livre, rien n'est dit de l'époque de Philippe II, rien ne sera dit non plus des réalités de l'Espagne. Or, comment peser la vie du souverain sans mettre dans la balance ces lourdes réalités ? Parler du catholicisme du roi, sans savoir de quel catholicisme, original ou non, il s'agit, comme s'il y avait « le catholicisme » en soi, comme si, en ce XVIe siècle tourmenté, il y avait une façon et une seule, bien claire, d'être catholique — même en Espagne ? Est-ce là démarche d'historien ?

Je comprends les nécessités d'une biographie, l'obligation de simplifier les arrière-plans, de concentrer la lumière, coûte que coûte, sur le personnage central. Ludwig Pfandl l'a fait d'autant plus volontiers qu'il s'est flatté d'expliquer son héros par le dedans. Voilà qui abrège la besogne. Pour lui, Philippe II est un roi intouchable et *tabou*, prisonnier d'une royauté qui l'enveloppe et l'isole : le cérémonial bourguignon, imposé à sa cour par Charles Quint en 1548 (p. 116 *sq.*), la faveur de ses peuples d'Espagne, sa propre nature enfin le mettent au-dessus, à part des autres hommes. Il est cloîtré dans sa solitude, et cette solitude donne à sa royauté une sorte de rayonnement magique. Mais l'asservit pareillement à de dures lois internes. Telle est la thèse du livre, plutôt affirmée et suggérée d'ailleurs, qu'établie preuves en mains. Baltasar Porreño, dans ses *Dichos y hechos de Felipe II*, a bien dit du souverain : « Il y avait un certain trait de frontière que même le plus intime de ses confidents ne dépassait jamais » (p. 483). L'indication a sa valeur, même venant d'un « anecdotier » comme Porreño, mais que démontret-elle au juste ? Beaucoup moins, assurément, que ce que nous dit l'auteur.

Pour lui, cette religion monarchique est donc la grande coordonnée du règne ; elle doit être invoquée à chaque instant. Voici donc quelques cas particuliers : Philippe II s'est opposé, en 1557, à Emmanuel Philibert, au lendemain de Saint-Quentin, il l'empêche alors de marcher sur Paris et de frapper à mort la puissance des Valois ; il s'est opposé à Don Juan d'Autriche en 1572, durant l'année décisive qui suivit Lépante ; enfin, quand son règne s'achève, il détourne par deux fois Alexandre Farnèse de la réduction des Pays-Bas, qu'il est sur le point d'achever, pour le lancer en 1591 sur Paris, en 1592 sur Rouen. Chaque fois, Philippe II n'a pas agi par pure jalousie humaine ; le coupable, ce n'est pas lui, mais le caractère même de sa royauté, la « petite frontière infranchissable », dont parle Porreño, cette zone d'isolement que le souverain ne veut ni ne peut laisser franchir, personne n'ayant le droit de le rejoindre là où il est, à plus forte raison de le dépasser. En conséquence, il ne peut se résoudre à laisser un Emmanuel Philibert, un Don Juan d'Autriche, un Alexandre Farnèse escalader tout simplement l'échelle de la victoire. Tant pis si on laisse passer ainsi, sans les exploiter, des possibilités uniques et qui ne se représenteront plus ; tant pis si des occasions historiques sont perdues ; ces considérations n'arrêtent point Philippe II. On entend son rappel — sans bruit, mais sans réplique — chaque fois qu'un de ses grands capitaines s'est risqué trop loin et avec un trop grand succès. « Jusque-là et pas plus loin ! Arrière, avant que ton pied ne touche la limite interdite, arrière avant que tu n'aies dépassé ma tête ! » Ne disons pas que l'intéressé inspire jalousie au Roi, mais que celui-ci ne peut agir autrement... (p. 486).

Tabou oblige, dirions-nous... Mais serons-nous convaincus pour autant ? Où sont, non pas les vraisemblances, mais les textes ? Les problèmes posés sont-ils posés par surcroît ? En ce qui concerne non seulement

Don Juan d'Autriche (les documents m'en ont convaincu), mais aussi les deux autres héros, il faut tenir compte, en dehors de toute jalousie, des circonstances et du point de vue si net de Philippe II : celui d'un homme sur la table duquel arrivent autre chose que des papiers sans importance, comme on a toujours l'air de le dire, et au milieu desquels il se noierait, mais bien toutes les affaires vivantes de son empire — et quel empire ! Ses lieutenants, ses exécutants sont, chacun pour soi, engagés dans un secteur de cet empire, ils ne voient pas au-delà de ses limites étroites. Philippe II voit l'ensemble, *il est l'ensemble...* cette somme de forces et de faiblesses, de besoins, de richesses et de détresses qu'est cet ensemble. Toute une série d'exigences avec lesquelles on peut ruser un instant quand on veut gagner du temps, mais que l'on retrouve, plus lourdes, le lendemain... N'oublions pas cette vérité constante. Ce n'est pas la jalousie qui, si souvent, fait agir Philippe II, qui lui fait freiner ou parfois accélérer les actes de ses subordonnés ; ce n'est même pas le souci de son intouchabilité ; ce sont des considérations objectives, stratégiques les unes, financières les autres... Ce roi colossalement riche a toujours été pauvre, ayant toujours plus dépensé encore, au cours de son règne, qu'il ne possédait.

Voilà, sans discuter davantage, pourquoi le livre de Ludwig Pfandl ne me donne pas satisfaction. Il lui manque aussi, si je ne me trompe, l'irremplaçable contact, la familiarité indispensable avec les papiers qu'a sans fin manipulés et annotés le Roi Prudent. Le livre imprimé dans des collections inédites ne suffit pas. S'il avait eu la moindre pratique des archives espagnoles, il ne nous aurait pas donné (p. 508) comme spécimen de l'écriture de Philippe II des notes marginales dont seules les trois dernières lignes sont de la main du roi, contrairement à ce que dit l'auteur...

Je pourrais chicaner facilement sur tel ou tel point de détail — mais à quoi bon ? C'est sur l'ensemble que nous ne sommes pas d'accord. Je crois qu'une biographie, entreprise fragile entre toutes, ne s'aborde pas avec de gros souliers, entendez de bonnes grosses thèses, mais avec précaution et prudence avec le souci de *tout* peser, ou alors mieux vaut ne rien faire. Ai-je besoin de dire aussi, dans les *Annales*, que ce genre d'histoire « littéraire » et événementielle, à plaidoyer facile nous semble très suranné ? que, pour nous, le gros problème vis-à-vis du passé n'est pas, ne peut pas être de juger, mais de comprendre. Sinon l'on substitue aux points de vue d'une époque révolue — les seuls valables — des points de vue d'aujourd'hui et, sous prétexte de mieux saisir un personnage, on se glisse, historien, dans ses propres vêtements, sans s'en apercevoir toujours, et sans profit pour personne.

L'Espagne de M. legendre *

C'est une gageure d'écrire en trois cents pages une histoire complète de l'Espagne. Dans un espace aussi mesuré, comment dire l'essentiel, classer, ordonner les faits, et surtout comment recréer l'illusion de la vie ? Bien plus — et c'est là la vraie difficulté — dans cette histoire forcément abrégée, et que l'on est censé raconter à tous, comme le veut la collection où écrit M. Legendre, qu'est-ce que l'on ne racontera pas ?

Le livre achevé, j'avoue que ce qui me surprend et me chagrine le plus, ce ne sont pas, après tout, les grisailles du récit — ou les erreurs dont M. Legendre est prodigue de temps à autre (voyez à titre d'exemple grossissant la page 195), ou même la polémique que je juge inutile et nuisible à la thèse qu'il veut soutenir au sujet de la guerre civile d'hier, celle de Franco.

---

* Compte rendu de Maurice Legendre, *Nouvelle Histoire d'Espagne*, 1938 (*Revue historique*, janvier-mars 1946, pp. 85-86).

Non, ce qui m'étonne, c'est l'ignorance effarante où reste M. Legendre de son métier d'historien. Il nous offre exactement une histoire limitée aux faits politiques, religieux, littéraires, artistiques, telle qu'on la concevait aux temps de Rosseeuw-Saint-Hilaire ou de Forneron. Une histoire où il n'y a place que pour les grandes vedettes et elles seules. Des biographies de célébrités mises bout à bout, est-ce ainsi qu'il convient d'écrire l'histoire réelle du Siècle d'Or ? À ce jeu, une histoire vieillotte envahit ce gros manuel avec ses poncifs, ses couplets, ses faux et irritants problèmes.

D'un tel livre la vie est exclue.

L'Espagne de M. Legendre ne laboure pas, ne moissonne pas, ne commerce pas. A-t-elle des villes ? des universités ? des provinces diverses ? des classes sociales ? des crises économiques ? Je ne dis pas que M. Legendre ne parle pas, ici et là, de ces questions et de quelques autres. Mais enfin où trouver vingt lignes, par exemple, sur les paysanneries ibériques, sur Tolède au XIIIe siècle, sur Séville au XIIe, sur la Catalogne ? M. Legendre a le don des abstractions, et c'est bien regrettable. Même les grands personnages, à son tribunal, ne sont plus que des ombres.

Pourtant il y a une Espagne qui vit avec force, en ce livre décevant. Une Espagne à part, un peu irréelle... L'Espagne une, l'Espagne éternelle... À elle, Maurice Legendre rattache les lignes de son récit, vers elle il rejette ses lumières. Il la place, et elle est à la cime de son livre. Maintenant est-elle autre chose qu'un rêve ? Une Espagne qui serait comme un château de l'âme. C'est une personne, comme la France, déclare-t-il d'entrée. Non pas une péninsule ouverte aux influences du dehors, comme on peut le penser avec quelques bons juges, mais bien une île, même, pour reprendre son expression, « une plus qu'île ». Contrastée, bigarrée, diverse, diront les historiens. Oui, mais, ajoute M. Legendre, prompt à reprendre, enclose dans « une unité infrangible ». Et l'on voit vers quoi tend cette métaphysique tenace, à resserrer encore l'espace de cette plus qu'île, à lui donner finalement l'épaisseur d'un point, mettons d'une de ces cimes des Jurdes dont M. Legendre s'est fait un jour le géographe attentif. Et à ce point idéal se ramène ce livre déconcertant et inégal. Ce point, c'est, au gré des formules, la *Raza*, la *Tradición*, c'est encore, et je m'en expliquerai dans un instant, le *Siècle d'Or*, l'*Espagne du Cid*, l'*Espagne des Conquistadores*... Vers ce centre, disions-nous, le récit se rabat. Voyez d'après ces quelques exemples : Goya, un Aragonais ? non, un espagnolissime. Cordoue, un morceau d'Orient ? non, une ville espagnole. L'Inquisition, une mauvaise chose (c'est M. Legendre qui pose la question) ? non, elle a rendu possible le Siècle d'Or. À chaque instant, nous retournons à la Plus qu'île, les diamètres et les rayons de ce livre y reconduisant obstinément.

Et le voyage est d'autant plus aisé que l'Espagne de Maurice Legendre est l'éternelle. Elle est hors du temps. Elle ne change pas. Quand il s'agit d'elle, les siècles peuvent se confondre. Alors ne nous formalisons pas si, pour le temps présent, M. Maurice Legendre parle du Siècle d'Or ou de l'Espagne du Cid, c'est sa façon de parler à lui, et qui a son charme, des châteaux inchangés de l'âme espagnole.

Nous, historiens, nous passons notre temps à distinguer le passé selon les régions, et selon les âges. M. Maurice Legendre, d'un même mouvement, ferme l'un et l'autre de nos éventails, mais l'Espagne dont il nous entretient, qu'il nous impose avec obstination, n'est plus que celle de son esprit et de son cœur. Elle ne nous est pas indifférente. Mais elle échappe à la vie, celle d'hier et celle d'aujourd'hui, et M. Legendre, nous entretenant de l'Espagne, ne nous parle guère, en définitive, que de lui-même. Il faudrait, après avoir enlevé à cet ouvrage ses pages scolaires, lui trouver, en toute honnêteté, un autre titre.

En Espagne au temps de Richelieu et d'Olivarès*

La paix et l'idée de croisade. — Des nécessités d'enseignement m'ont amené à relire l'excellente étude d'Auguste Leman sur les négociations secrètes poursuivies de 1636 à 1642 entre le cardinal de Richelieu et son rival Olivares, le tout-puissant *valido* de Philippe IV. On savait depuis longtemps — sinon depuis toujours — que les deux adversaires avaient longuement négocié. Mais on ne le savait pas avec les précisions que nous apporte, à profusion, ce livre alerte, captivant, fondé sur une ample moisson de documents inédits puisés dans les archives du Quai d'Orsay et (ce qui, pour un historien de chez nous, est d'un mérite plus grand), conquis au cœur de la péninsule, dans la forteresse de Simancas où s'entassent les archives de l'Espagne ancienne.

Que cette étude ne soit pas conçue selon nos préférences d'histoire, il est inutile de le dire longuement. Nous ne pensons pas qu'il y ait en soi une histoire des événements diplomatiques. Cependant, au-delà des événements que le récit place dans sa pleine lumière, que d'observations heureuses, que de fenêtres ouvertes sur la vie ! Autour de la France en guerre, armée, pressée par l'ennemi, les conversations sont engagées et vont leur train... À Londres, un instant ; à Bruxelles ; à Rome ; à Madrid, où le baron de Pujols est bientôt un agent à demeure du cardinal... Deux fois, des voyages diplomatiques importants sont accomplis par des Espagnols, don Miguel de Salamanca, en 1638, Jacques de Brecht en 1639. Missions inutiles, discrètes, aventureu-

---

* Compte rendu d'Auguste Leman, *Richelieu et Olivares. La paix et l'idée de croisade*, Lille, 1938 ; Gregorio Marañón, *El Conde-Duque de Olivares (la pasión de mandar)*, Madrid, 1936 ; Alfred Van der Essen, *Le Cardinal Infant et la politique européenne de l'Espagne, 1609-1634*, Louvain, 1944 (*Annales*, juillet-septembre 1947, pp. 354-358).

ses ; la seconde surtout ravirait les amateurs de petite histoire romanesque. Mais, je le répète, est-il sans intérêt de voir se développer ces tentatives (plus encore d'inspiration espagnole que française), à tel point qu'au-delà de 1640, quand la roue de la fortune s'est enfin décidée en faveur de la France, le cardinal, en fait, rompt les contacts, casse les fils des négociations secrètes, ou, pour le moins, les laisse se relâcher ? À Madrid il abandonne à son sort le baron de Pujols, lequel, inquiet pour sa propre vie, se désespère en cette ville où, écrit-il en 1642, « le prix d'assassiner un étranger ou l'ampoysonner est une pistolle et moins... ». Il n'est pas sans intérêt non plus de voir brusquement dans ce récit exact passer, avec une impression de surprendre l'homme sur le vif, ou le cardinal de Richelieu lui-même, ou le comte duc, facilement rodomont quand il s'agit de parler aux Espagnols, mais prudent, avisé, réaliste, quand il est question de traiter ou de ne pas traiter avec l'ennemi du Nord...

Auguste Leman a bien noté aussi, chemin faisant, le climat diplomatique du siècle. Car il y a alors un climat de l'Europe, des princes et des chancelleries. Partout les politiques sont attentives aux questions de prestige, à la réputation du prince, au souci tyrannique de ne pas perdre la face... Réalisme politique, souvent, où es-tu ? De temps à autre, d'étranges mots rappelleraient, si nécessaire, un âge aboli de croyances, de sentiments, d'idées, ne serait-ce que sur la solidarité des souverains, sur l'exécrable engeance des révoltés... Bien sûr, ce sont là thèmes à déclarations officielles, et donc à hypocrisies. Mais ces thèmes existent, avec les indispensables réalités sous-jacentes. On ne comprendra pas pleinement, même au XVIIe siècle, le conflit de l'Espagne et des Pays-Bas, si l'on oublie qu'il s'agit là, à côté de bien d'autres réalités, de sujets révoltés contre leur souverain. Et cette vérité resterait à considérer avec l'esprit du temps... Lucien Febvre a bataillé dans ses livres et dans nos *Annales* pour une histoire de la sensibilité et des mentalités. Puis-je dire, en passant, que l'histoire diplomatique la plus étroite ne peut pas se désintéresser de ces recherches-là, de ces niveaux d'idées et de sentiments par rapport à quoi tout se mesure, ou presque, de la vie des hommes ?

Le plus intéressant (de notre point de vue, s'entend), dans l'étude serrée d'Auguste Leman, c'est peut-être encore le thème sans fin évoqué de la Croisade. Et répété, notons-le, surtout par les Français. En 1637, Chavigny écrivait que l'union des deux couronnes permettrait de « faire de bonnes choses contre le Turc, ce qui divertirait toute sorte d'orages de la Chrétienté ». Dix fois la réflexion révélatrice viendra sous la plume des hommes d'État français. Cette insistance pose une foule de problèmes. Toute la France est travaillée par le renouveau catholique. N'y a-t-il pas, en outre, une sorte de rythme de cette Chrétienté fidèle à Rome et qui, pour elle, consiste à faire face tantôt au nord contre les hérétiques, tantôt au sud contre le Turc, double guerre idéologique, entre quoi elle est prise et partagée ? Vérité du XVIe siècle, dira-t-on. Mais au XVIIe ? Les deux premières décennies du siècle sont marquées par une flambée de projets de croisade. Elle ne s'éteint qu'avec la grande tourmente de ce qui va être la guerre de Trente Ans. Or, de 1636 à 1642, entre ces années 30 et 40, n'y a-t-il pas une remontée des projets chrétiens de guerre contre les Turcs, d'une croisade mal éteinte et qui brûle encore, d'autant de cœurs chrétiens ?

*

Olivares expliqué ? ou : de l'explication médicale en histoire. On doit au docteur Gregorio Marañón une brillante biographie, médico-historique, du comte duc d'Olivarès, parue à Madrid en 1936. Elle nous parvient, après bien des détours, dans la traduction allemande qu'en a publiée, en 1939, l'hispaniste bien connu de Munich, Ludwig Pfandl. Le sous-titre de l'original espagnol *La pasión de mandar* est devenu

Der Niedergang Spaniens als Weltmacht, il y a là un gonflement gratuit, sinon un contresens sur la portée du livre, qui parle d'un homme et en parle de façon amusante, vivante, fine, mais ne met pas en cause, de façon utile, l'immense péninsule avec ses royaumes et ses peuples divers.

Le seul bénéfice que vaut à l'histoire cette seconde édition est la préface qu'a écrite Ludwig Pfandl, tableau excellent bien que traditionnel, en 56 pages, pleines de faits du règne de Philippe III. Sans doute le retour de l'Espagne à la grande politique dans les dernières années du règne de Philippe III n'y est-il pas expliqué et ce n'est pas la seule lacune du tableau, trop limité à l'histoire politique, voire anecdotique, du règne de Philippe III. Mais, telle quelle, la mise au point rendra des services.

C'est d'une tout autre encre qu'est écrit le livre de Gregorio Marañón. Une flamme intelligente en anime les lignes pressées, des heures de l'enfance aux tristesses de la disgrâce et de la mort, tout au long d'une vie surchargée d'événements et d'histoire. Le personnage est campé avec un brio indéniable. Qu'Olivares ne soit pas de la qualité vulgaire d'un duc de Lerme, on le savait déjà. Pas de motifs bas à sa passion de gouverner, et notamment pas le désir sordide de s'enrichir. Il y a chez lui un sens de la grandeur, des responsabilités, un goût puissant du travail et du travail bien fait, un souci magnifique de ses devoirs vis-à-vis du monarque. Que cette forte et puissante nature soit victime d'un étrange organisme, voilà ce que nous dit surtout le docteur Marañón, curieux de mystères médicaux. Le comte-duc, avec ses périodes d'euphorie, d'exaltation, puis ses crises de mélancolie noire, de dépression et de panique, est prisonnier des rythmes cyclothymiques de sa vie organique. Où trop d'historiens ont vu des ruses, un machiavélisme facile, des duperies, un jeu pour autrui et destiné à impressionner le faible et généreux souverain qu'est Philippe IV, où les contemporains ont dénoncé de la magie, Gregorio

Marañón révèle les flux et reflux d'une vie organique incapable jamais de trouver le calme. Et c'est bien là un drame, et c'est bien là une explication que les historiens ne pourront plus méconnaître désormais quand ils parleront des offres de démission répétées du favori, ou de ses curieuses tendances à la fugue, ou des conditions de son accès au pouvoir, ou des circonstances dramatiques de sa chute en janvier 1643...

Cependant, est-ce tout d'un homme, surtout quand cet homme a été un grand homme, je veux dire une force considérable d'histoire ? Peut-on sans dommage le ramener à son être organique, à supposer que le diagnostic médical (comme c'est, semble-t-il, le cas) soit juste ? Il y a le tempérament, mais il y a aussi le caractère, la volonté. Et un être n'est jamais simple. Il y a par surcroît le moment, le milieu humain, le déroulement même du temps. Olivares est un cortège de personnages, et il réclame un cortège d'explications... Dirions-nous ainsi, dans le cas de Dostoïevski, qu'il s'explique, sans plus, par ses crises d'épilepsie ?

Je ne crois pas, malgré quelques justes notations, que Gregorio Marañón soit assez attentif au temps, aux changements qu'il peut apporter et apporte à l'intérieur de son personnage. Enfin et surtout, malgré des passages excellents, le tableau de l'époque sur laquelle se détache la vie du comte-duc me paraît une toile de fond sommaire, un décor de théâtre, et non pas ce qu'elle est : une source de vie. Ce que l'auteur dit du siècle malade de Philippe IV, de son côté miraculaire, de sa passion de magie noire, de son goût de l'occultisme, ou du drame de sa pensée religieuse, est trop rapidement dit pour rejoindre utilement le personnage du livre et le nourrir de vérité... Là encore, pourquoi ne pas le dire et le redire, il n'y a pas de biographie possible sans la lente et méticuleuse prospection d'une époque, de son outillage mental, de sa sensibilité, sans la fixation des valeurs courantes, sans la minutieuse étude d'une civilisation au sens le plus large, du milieu vivant, biologique où le héros que l'on a choisi se déplace, agit et par quoi finalement il s'explique en partie...

J'ai bien peur que la leçon du *Rabelais* de Lucien Febvre, si claire à qui veut réfléchir, n'embarrasse pas à l'avenir les faiseurs impénitents de biographies. Nous aurons toujours des portraits, de pied en cap, avec décors de théâtre à l'arrière-plan, soi-disant explicatifs, assez ridicules avec leurs accrocs, leurs fausses perspectives, et leurs dessins conventionnels. La biographie est le genre le plus difficile de l'histoire : à chaque instant le personnage échappe aux historiens, nous nargue ou, quand il s'abandonne, ne laisse entre nos mains qu'une peau qui n'est pas toujours la sienne... J'avoue que si j'avais le désir d'étudier le comte-duc d'Olivares, je reculerais devant l'énormité de la tâche. Est-il possible de saisir l'homme si l'on ne suit les travaux au jour le jour, pendant plus de vingt ans, de celui qui a été le maître de l'Empire hispanique, acharné à lire, à écrire, à commander, à contrecarrer ou à utiliser les circonstances ? Et hors de cette enquête, que savoir de l'homme ?

*

L'impérialisme et les routes de l'Europe moyenne. — On s'en voudrait de ne pas dire le bien que l'on pense du livre d'Alfred Van der Essen, *Le Cardinal Infant et la politique européenne de l'Espagne*, dont nous avons sous les yeux le tome Ier (1609-1634), paru en 1944. Cet ouvrage a réclamé de son auteur un gros effort de documentation dans les Archives générales du royaume de Belgique à Bruxelles, et une immense lecture de sources imprimées. Il est écrit avec élégance. En ce premier tome, il s'attaque au grand tournant de la politique européenne qu'a été la bataille de Nordlingen (6 septembre 1634). Nul doute que la politique espagnole n'ait assez consciemment poussé à la conflagration générale et que le cardinal infant n'ait été l'ouvrier du destin. Ajoutons que les événements sont racontés de façon vivante, les personnages éclairés comme il sied, que le livre se lit avec facilité, enfin qu'il nous apprend mille choses et qu'il ne cessera de nous rendre service.

Cependant, puis-je dire pourquoi ce livre me laisse insatisfait ? Pour de petites raisons, tout d'abord. Je n'aime pas le titre hybride. On étudie ou la biographie du cardinal infant ou la politique européenne de l'Espagne ; si l'on prétend étudier les deux sujets, ils se disputent les pages du livre, et se font tort. Alfred Van der Essen ne nous donne pas une très bonne biographie du cardinal infant. Il ne nous donne pas davantage une étude suffisante de la politique européenne de l'Espagne (quelle Europe, quelle Espagne, quels moyens, quels hommes, quels sentiments, etc. ?). Puis-je, parmi les petites raisons qui m'arrêtent encore au passage, indiquer que je n'aime pas la familiarité de l'auteur avec le cardinal infant, baptisé, ou du moins désigné par lui, sous le simple prénom de Fernando... Cette simplicité n'est-elle pas une atteinte à la vérité, aux perspectives de l'histoire et, par la répétition même, léger anachronisme ? Mince grief, certes, et dont je m'excuse volontiers.

Ce que je reproche plus volontiers à ce livre, fruit d'un travail dont l'ampleur ne m'échappe pas, c'est de ne pas avoir dégagé le problème essentiel qui domine son étude. Ou plus exactement, de l'avoir dégagé dans les premières lignes de son introduction, avec force et intelligence, mais ensuite de ne pas avoir tenu compte de ces lignes capitales. À jurer, une fois de plus, que les introductions sont toujours écrites après que le livre est achevé. Or, l'introduction plaide contre le livre. Alfred Van den Essen nous dit que « les Pays-Bas catholiques furent toujours à l'avant-plan des préoccupations espagnoles » ; par suite, que l'Espagne impériale a toujours eu le souci de maintenir ses liaisons avec ce poste avancé de ses possessions vers le nord. « Je n'ai pas la prétention, continue l'auteur, d'avoir découvert la nécessité pour l'Espagne d'assurer ses communications avec Bruxelles... Mais jamais on n'a donné à ce fait l'importance qu'il mérite, jamais on ne s'est aperçu *qu'il explique toute la politique espagnole...* » C'est moi qui souligne, et j'approuve, et j'ajoute que le grand, le précieux mérite d'Alfred Van der Essen, c'est d'avoir signalé cette nécessité de la liaison, en somme ce déterminisme de la liaison. Mais je me désole tout aussitôt. Car une fois annoncé ce grand sujet, ce vrai sujet d'histoire, l'auteur s'engage, se perd, l'enchevêtre dans ses récits, déroule ses interminables rubans d'événements ; sans doute retrouve-t-il son sujet de-ci, de-là, mais pour le perdre régulièrement de vue.

Nous qui militons, aux *Annales*, depuis des années, en faveur de l'*histoire* — problème que Marc Bloch et Lucien Febvre auront exposé dix fois pour une —, nous ne pouvons pardonner à l'auteur cette erreur de conduite. Le problème est le cadre de la recherche. Et non pas ces compartiments de manuels, ou ces tranches d'histoire narrative, ou ces piles de documents... Est-il logique de signaler avec force un éclatant problème, pour ensuite ne pas le traiter (que l'auteur me pardonne) — je veux dire ne pas le traiter à fond ? Pourquoi la guerre a-t-elle recommencé en 1621, avec la rupture de la trêve de Douze Ans, ce recommencement déterminant l'urgence des liaisons ? Pourquoi, malgré la neutralité presque continue de l'Angleterre, la liaison maritime joue-t-elle si peu et si mal ? Enfin, la nécessité de la liaison de Gênes à Bruxelles pose des problèmes techniques : les routes, les transports, les prix de revient, les levées de troupes. Pourquoi tous ces problèmes vivants (et par surcroît les transferts de métaux précieux et de crédits) ne sont-ils pas abordés dans ce livre plein de choses, mais qui s'égare dans l'histoire-récit, dans l'histoire biographique, dans l'histoire-bataille, formes incomplètes d'histoire dans lesquelles l'historien d'aujourd'hui n'a pas le droit de se complaire comme ses devanciers ?

L'Espagne de Charles Quint et de Philippe II*

Deux voyages en Espagne, le premier à l'époque de Charles Quint et presque de Philippe — celui-ci vient de naître, 1527, et grandit... —, le second de 1568 à 1598 à travers les trente dernières années du règne de Philippe II. Le premier grâce à un recueil de documents, celui du R.P. José M. March, paru en 1941 et 1942, le second par les faveurs du livre surchargé d'intelligence et de pensée du docteur Gregorio Marañón, qui, en l'écrivant pour notre plaisir, a rempli les années d'amertume et de tristesse que l'exil et les circonstances ne lui ont pas épargnées.

Les deux gros volumes de documents consacrés à l'enfance et à la jeunesse du futur Philippe II, que publie le J.M. March, de façon paradoxale nous renseignent assez peu sur les premières années du prince. On apprend à les lire que l'enfant aima moyennement l'étude et davantage la chasse, que son *maestro* Siliceo, futur cardinal de Tolède, fit preuve de faiblesse ou, pour le moins de complaisance à son endroit, que le petit prince fut élevé dans l'admiration de son père — on le savait —, qu'il fut d'une foi vive et précoce. Sur l'homme jeune, sur sa froideur à l'égard de sa première femme, Marie de Portugal, telle note jette sans doute une lumière aiguë, mais brève. Au total, peu de chose et donc, en ce qui concerne la biographie des premières années du prince, une assez grosse déception.

Et pourtant, comment dire l'intérêt de ces deux gros volumes riches d'enseignements souvent inattendus sur l'entourage du prince et sur l'Espagne de la première moitié du XVIe siècle ? Les historiens feront bien de ne

* Comptes rendus de José M. March, *Niñez y Juventud de Felipe II*, Madrid, 1941 et 1942 et de Gregorio Marañón, *Antonio Pérez*, Madrid, 1948 (*Annales*, 1950, pp. 49-60).

pas négliger cette source importante. Ils y trouveront une série de notes biographiques intéressantes, sur Pedro González de Mendoza (frère de Diego Hurtado de Mendoza), sur Juan Martinez Siliceo, ou Juan de Zúñiga (précepteur et majordome de la maison du prince) et sa femme, Estefania de Requesens. Ces deux derniers personnages, celle-ci si douce, si lumineuse, celui-là si honnête et si rogue, sont les vedettes de ce gros recueil. On devine, au travers de leurs lettres, une grande famille de la noblesse d'Espagne, à cheval sur Castille et Catalogne, prise dans mille difficultés, dont celles d'argent, obligée de compter pour elle et les siens sur les largesses de l'empereur, d'où des demandes réitérées, insistantes — une famille engagée aussi, ne serait-ce que par ses liaisons avec les jésuites, dans les courants religieux les plus vifs du temps.

Ce temps se présente à nous de façon inattendue, au fil d'une lecture souvent divertissante, toujours instructive, dans une pluie de petites et de grandes nouvelles, extraites des lettres de Charles Quint à ses ministres et serviteurs d'Espagne, ou des lettres de ces ministres et serviteurs à l'empereur qui s'obstine à poursuivre ses voyages lointains, pour la plus grande peine de ses sujets et le chagrin profond de l'impératrice Isabelle. Mais comment choisir, pour ce bref compte rendu, entre tant de nouvelles isolées ? Elles ne se rapprochent de façon un peu suivie que pour les années 1544-1546 et dessinent alors, de façon assez nette, une crise des finances publiques en Espagne. Crise de l'État, non des particuliers qui n'hésitent pas malgré les lois somptuaires à gaspiller des fortunes en fanfreluches et vêtements de soie (I, pp. 147-148, 19 janvier 1544), et cependant le Trésor est à sec, les ministres à court d'imagination se sont décidés à convoquer les Cortès, bien que les « services » passés soient encore en voie de recouvrement et que l'on ait songé à vendre des biens des ordres, des rentes *(juros)* et *otras cosas* ? Juan de Tavera, archevêque de Tolède (3 février 1544,

I, pp. 145-146), recommande en tout cas la paix, à cause de la détresse des finances et de la gêne économique, par suite du « manque qui se fait sentir dans les royaumes de l'argent qui avait l'habitude d'y circuler ». Aussi bien l'État ne peut-il vivre, à Valladolid, qu'au jour le jour (I, pp. 146-147, 15 février 1544). Les princesses, sœurs de Philippe II, n'ont pas d'argent pour dépêcher des courriers urgents (19 et 21 juin 1544, I, pp. 175-176). Philippe, chargé depuis 1543 du gouvernement des royaumes d'Espagne, écrit à son père (Valladolid, 17 septembre 1544, I, pp. 140-142) qu'il faut faire la paix, de plein gré, avant d'y être contraint par la pénurie du trésor, d'autant « qu'il faut voir ce que souffre la Chrétienté... et le manque d'argent pour soutenir la guerre davantage et l'impossibilité même d'en trouver pour les dépenses ordinaires... ». Quand la nouvelle de la paix de Crespy-en-Laonnois arrive à Valladolid, le 18 octobre 1544 (I, 143), il n'y a pas de mot pour célébrer *la buena nueva de la paz*, « chose bonne, nécessaire, honorable et que l'on doit croire durable » (14 octobre 1544, I, p. 148).

Mais la paix, qui permet aux princes et aux peuples de soupirer d'aise, ne ramène pas aussitôt l'abondance dans les coffres que surveille Philippe. On empêche, de justesse, la femme de ce dernier d'engager ses pierres pour obtenir des avances en argent (18 novembre 1544, pp. 143-144). L'année suivante, mêmes difficultés : l'État ne trouve à emprunter que des sommes dérisoires (25 mars 1545, I, p. 182). Sans doute, par l'intermédiaire de Philippe, est-ce la voix de l'Espagne qui cherche à se faire entendre auprès de Charles Quint, maître de tant d'États et de tant de coffres vides, ou que l'on proclame vides. Écoutons-la. Qu'on ne compare pas l'Espagne à la France qui, Charles Quint vient de le souligner, a fourni à son roi un « service » important comparativement au minuscule emprunt de 20 000 ducats que l'Espagne offre alors. Il y a la fertilité de la France, écrit Philippe — à qui on a peut-être fait la leçon — « alors que la stérilité de ces royaumes d'Espagne est bien connue de Votre Majesté ; à la suite de la mauvaise récolte d'une année contraire le peuple reste appauvri au point de ne pouvoir relever la tête des années durant » (Philippe à Charles Quint, 25 mars 1545, I, p. 182). Même marasme, en 1546, où la nécessité est énorme, *y tan pocas las consignaciones* (28 janvier 1546, I, s. 209). En septembre on a eu toutes les peines du monde à réunir 150 000 ducats pour les envoyer à l'empereur (11 septembre 1546, I, p. 209) et voilà à l'horizon la guerre qui se dessine encore, cette fois contre les protestants d'Allemagne (I, p. 210). « Qu'en adviendra-t-il si Dieu, dans sa bonté, n'y met la main et n'y remédie ? »

Je ne crois pas que les histoires générales fassent une place à cette crise financière — et pas seulement financière — des années 1544-1546 ; elles sont trop occupées à préciser les péripéties d'une nouvelle campagne de France — *ein Marnefeldzug*, écrit Karl Brandi — qui amènera Charles Quint jusqu'à Épernay et ses cavaliers jusqu'à Meaux au début de septembre 1544 (Karl Brandi, *Kaiser Karl V*, I, p. 444). Elles sont ensuite trop exclusivement attentives aux négociations et aux accords, publics ou secrets, de Crespy (14-18 septembre 1544). Mais cette crise, que nous voyons si nette en Espagne, n'y est pas seulement financière. Je ne crois pas sans utilité de signaler à ce propos un mémoire de Siliceo à Charles Quint en date du 3 février 1544 (I, pp. 75-79). L'évêque de Carthagène (il sera plus tard, je le répète, archevêque de Tolède) y recommande à l'empereur la paix avec le Très Chrétien. Conseil d'hiver, penserons-nous, alors que chôment les grandes opérations militaires... Sans doute, mais les arguments ont leur valeur, et surtout leur accent espagnol. Le roi de France et l'empereur « entre les mains de qui se trouvent cette religion chrétienne et ce navire de l'Église » ne sont-ils pas endormis, aveugles à leur vrai devoir ? Ce qui va se passer, la fable le dit par avance, la fable du milan, de la grenouille et du rat : quand ces deux derniers s'attachent pour passer le fleuve, le milan les dévore tous les deux à la fois. « ... Le milan est le Turc qui guette le moment où Votre Majesté et le roi de France se seront bien attachés l'un à l'autre, par leurs différends et leurs guerres, pour pouvoir triompher d'eux et de tous les chrétiens... » Si les deux princes chrétiens ne s'accordent et ne tuent l'ennemi, le monde sera dévoré par le Turc... Voilà un rêve et un rêve d'Espagne : l'union contre le Turc. Mais l'empereur à Crespy n'y pensera guère. C'est contre les protestants qu'il rêvera d'agir avec la complicité, ou l'aide, ou la neutralité du roi de France...

D'ordinaire, le recueil du R.P. J.M. March ne nous offre pas de perspectives aussi suivies, seulement de brèves rencontres et quelques surprises. Voici, pour l'ajouter au dossier déjà énorme de la vénalité des offices en Espagne, un minuscule cas précis, celui d'un *regidor* de Baeza, un certain Narbaez, bachelier, qui renonce à son office mais meurt avant le délai légal des vingt jours. Alors, pour que la renonciation soit valable, comme Philippe n'a pas les pouvoirs qui conviennent, appel est fait à la grâce et à l'autorité de l'empereur (9 octobre 1543, I, p. 260).

Mais voici, heureusement, quelques rencontres appelées à se répéter et par lesquelles nous voudrions terminer notre analyse, rencontres tout d'abord avec les animaux sauvages, rencontres, ensuite, avec les maladies, entre Madrid et Aranjuez, pendant l'enfance de Philippe et de ses sœurs que l'on cherche à soustraire le plus possible aux épidémies régnantes.

Les bêtes sauvages (I, pp. 126, 127, 129, 199, 200...) nous conduiront dans les bois et les saulaies d'Aranjuez. De loin, au milieu de tant de soucis, l'empereur s'intéresse à ses chasses, aux sangliers et aux daims de ses réserves. Il y pense, peut-être avec nostalgie, et veut, en tout cas, qu'elles soient gardées contre les hommes et les bêtes fauves, loups et renards qui pullulent malgré les chasseurs et les piégeurs. Les faons, les lièvres, les perdrix sont des proies tentantes pour ces fauves, spécialement les renards, plus dangereux encore que les loups. En une seule saison, on en abattra quarante, sans les supprimer tous... Ces lettres impériales ne font d'ailleurs que répondre aux nouvelles que donne son garde et qui sont beaucoup plus intéressantes encore. Et tous les soins se précisent à nos yeux, ceux de la conservation et de l'élevage ; mille soucis, et, quand l'herbe est rare et l'eau quasi absente, on va jusqu'à nourrir les sangliers... Heureusement la pluie arrive, l'herbe pousse et les animaux à nouveau se débrouillent. Un rapport du garde, en 1545 — mais à Philippe — signale des cerfs à côté des sangliers et des daims : succès de l'élevage sur toute la ligne, ajoute-t-il. Quant aux lapins, lièvres et perdrix, c'est à jurer « qu'ils sortent de la poussière du chemin et s'en nourrissent ». Voilà de belles perspectives pour les chasseurs armés d'arcs et d'arbalètes — ces dernières venant généralement de Bilbao. Il n'en est pas moins vrai que l'empereur a dû défendre ses chasses contre la passion de son fils et fixer — alors qu'il était très jeune — le nombre des grosses pièces qu'il avait le droit d'abattre dans l'année... Où ne va pas la sagesse de ce père attentif ? Sagesse non sans motif : Philippe est chasseur dans l'âme et le restera sa vie durant. Au soir de son existence, en août 1597, selon un détail que signale une correspondance génoise, n'ira-t-il pas, tout moribond qu'il est, chasser le loup dans la sierra de Guadarrama, par un jour de grand vent et de froid, dont il reviendra, apparemment, ragaillardi ?

Secondes rencontres : les maladies du temps. Les rapports sur les maladies sont assez rares pour que l'on signale les documents précis et curieux de ce recueil et les notes que l'éditeur a multipliées au bas des pages. Tout un sujet s'esquisse aux yeux du lecteur et devrait tenter un historien qui aurait de bonnes connaissances médicales. Le plus frappant est l'aspect épidémique des maladies d'alors, les plus banales d'ailleurs, et l'on essaie de s'en défendre, comme contre la peste, par des arrêts de trafic et des surveillances de routes. La situation médicale s'aggrave-t-elle à Alcalá de Hénarès au printemps 1528 (19 mai, I, p. 121) ? On place, en toute hâte, une grosse garde à Ocaña pour protéger Madrid. Précautions très illusoires. Ainsi la *modorra* à qui je ne sais quel nom français actuel attribuer, la *modorra* avec ses lourdeurs de tête, sa léthargie redoutable, ses étourdissements — la voici à Madrid, et comme toujours au printemps (23 mai 1540 I, pp. 241-242). Mais n'est-elle pas, comme l'écrit justement Juan de Zúñiga, précepteur de Philippe, *my general en estos reynos* ? Nous retrouverons, en effet, sans fin cette « paraphrenesia ou frenesia que le vulgaire appelle *modorra* », comme dit le docteur León, dans une lettre à Philippe (19 octobre 1544, I, pp. 150-151). Mais nous n'en serons guère mieux renseignés sur elle, même quand nous saurons que, pour les malades atteints de *modorra*, le troisième ou le quatrième jour, l'humeur monte à la tête et que la mort, ou la guérison, s'ensuivent ? C'est en tout cas la *modorra* que l'on accusera les Morisques déportés de Grenade, en 1571, d'avoir propagée à travers la Castille.

Mais le refrain habituel des plaintes accuse plus encore l'été et la chaleur. L'hiver amène le calme. Le même docteur León, d'Alcalá de Hénarès, écrit à Philippe, en novembre ou décembre 1544 (I, pp. 154-155), que les maladies qu'il a signalées précédemment sont en régression — rougeole *(sarampión)*, petite vérole *(viruelas)*, *secas* (humeurs sèches ?) et abcès *(apostemas)*. « Je pense, écrit le médecin, que le refroidissement du temps va freiner la furie de l'humeur colérique. » Ainsi pense la sagesse des médecins. On s'amuserait facilement, et injustement, à leurs dépens si l'on écoutait leurs discussions que ce livre prodigue sur des cas précis de maladies princières. Encore faudrait-il bien les comprendre. Je ne sais guère, à la suite de ces discussions, de quelle maladie, assez régulière dans ses retours, a pu souffrir la princesse Marie, sœur de Philippe et future femme de Maximilien. Cette fièvre s'achève par des rougeurs cutanées, puis des desquamations et laisse la peau rugueuse. Mérite-t-elle, ou non, que l'on recourre aux bains ? La Faculté finit par dire oui et l'on construira — donnons ce petit détail pour terminer — une baignoire de bois pour exécuter l'ordonnance. On hésite tout autant sur la nature des fièvres qui abattent l'infant Philippe lui-même et que la femme de Juan de Zúñiga se hasarde à soigner — ô miracle et audace ! — par un bon bouillon de viande de sa composition... Mais ce que donne fortement ce recueil — et que ces quelques détails ne peuvent rendre — c'est le sentiment de l'extrême instabilité de la vie, au XVIe siècle, des mille dangers qui la menacent et circulent mystérieusement de par le monde.

*

Le livre du docteur Gregorio Marañón sur Antonio Pérez est probablement l'ouvrage le plus important publié sur Philippe II et l'Espagne depuis une cinquantaine d'années. Il n'y a aucune commune mesure, pensons-nous, entre cet ouvrage plein d'idées, de renseignements, de vues ingénieuses, et les autres distractions historiques du même auteur — ce qui ne veut pas dire que tout nous plaise dans ces deux volumes chargés de faits et d'interprétations, où beaucoup de pages sont consacrées à l'anecdotique, au plaidoyer, à l'incertain... Il y a une affaire Antonio Pérez, une ténébreuse affaire. Elle sert de fil conducteur à travers ces mille pages de récits et de commentaires. Le fil casse assez souvent et il est heureux qu'il en soit ainsi, car au-delà du sujet, sur ses marges, ou à son emplacement même, c'est de Philippe II et plus encore de l'Espagne qu'il est question. Ces infidélités au titre font le charme et le mérite de ce grand ouvrage.

Certes, nous n'avons pas une passion sans frein pour la « ténébreuse affaire ». Un tel dossier peut trop facilement se plaider dans un sens ou dans un autre pour que l'on donne, sans plus, raison au dernier qui a parlé. Mais la plaidoirie est brillante. Elle bouleverse le lecteur.

Petit détail : le docteur Gregorio Marañón fait naître son héros à Madrid en 1540, non en 1534. Accordons-lui cette rectification les yeux fermés. Comme lui nous ne saurons guère si Antonio est, ou non, fils de Gonzalo Pérez, prêtre et conseiller successivement de Charles Quint et de Philippe II, sans doute d'origine juive, ou du moins d'ascendance mêlée, si l'on peut dire. Rien ne s'opposerait de façon péremptoire à ce qu'Antonio fût un fils naturel du prince d'Eboli lui-même. Mais sans doute ne saurons-nous jamais la vérité sur ce point, comme sur tant d'autres... En tout cas, peu après la mort de son père officiel, Antonio Pérez était nommé secrétaire d'État. Sa nomination fut signée le 17 juillet 1567, la prise de possession tarda jusqu'au 17 novembre 1568. Mais sa fortune commença presque aussitôt. Pendant les dix années qui allaient suivre, le secrétaire allait régner sur le cœur et la volonté de son maître. Notre guide va jusqu'à dire qu'Antonio Pérez a été une sorte de Premier ministre — au moins à partir de 1573, après la mort de Ruy Gómez —, un favori, un *valido*, comme l'Espagne en connut tant après la mort du Roi Prudent.

N'empêche qu'à notre goût la fortune du secrétaire n'est peut-être pas étudiée autant que le permettrait la masse énorme des documents conservés. On souhaiterait voir l'étonnant personnage au travail, lisant, déchiffrant, annotant, résumant, clarifiant les dépêches, multipliant les fils dans ses mains habiles, industrieuses, promptes à nouer et à dénouer les écheveaux. Gregorio Marañón préfère le montrer dans le carrosse du roi, dans le cadre de la — des sociétés madrilènes et dans cette *Casilla*, cette maison des champs, faussement appelée la Petite maison, d'un luxe un peu clinquant, trop bien fréquentée et trop célèbre aussi, où don Juan passera quelques journées de sa vie ardente et désolée. Tout cela brillamment dit, scintillant, vivant, d'une présentation qui ne laisse rien à désirer. Quel lecteur regrettera, avec moi, que l'on ait négligé Antonio Pérez à sa table de travail, réplique, pendant plus de dix ans, du *Rey Papelero*, du Roi Paperassier son maître ?

Le propos du docteur Marañón, a été, je le suppose, d'intéresser son lecteur à un drame psychologique. Il court donc aux personnes et s'intéresse moins aux situations, et se hâte, au-delà des années tranquilles et laborieuses que l'on peut historiquement reconstituer sans conteste, vers les années tumultueuses où commencent le drame et nos perplexités.

Ces personnes, l'auteur les présente avec un art remarquable. Voici la princesse d'Eboli, fantasque et autoritaire, grande dame au langage d'une verdeur populaire, veuve inconsolable, novice inattendue, vite sortie d'un bref séjour au cloître pour retourner à une vie d'ambition et d'intrigues. Une princesse d'Eboli très humanisée, mais tous les personnages du passé s'humanisent à sortir, pour revivre, de la pensée indulgente et bienveillante du docteur Marañón... Elle n'est plus d'après lui qu'une grande dame ambitieuse, calquée sur le modèle de deux de ses parentes, l'une qui a vécu une vingtaine d'années avant elle, cette femme de Juan Padilla, ce héros malgré lui des *Comuneros*, l'autre, son arrière-petite-fille, qui poussera son mari, le duc de Bragance, à soulever le Portugal en 1640... Plaçons donc la princesse borgne, jolie ou non — qui le saura jamais ? — dans la catégorie qu'a ouverte le docteur Marañón lui-même sous le signe générique de la *pasión de mandar*. Elle veut dominer, jouer les importances politiques, et, sans doute, cette femme fatale n'a-t-elle été ni la maîtresse de Philippe II, ni celle d'Antonio Pérez. Autant qu'on puisse en juger... Du coup voilà un ressort brisé de la ténébreuse affaire qui ne s'en éclaircit pas pour autant... Car à ce jeu, la princesse est comme mise en marge du drame qui va se nouer. Elle s'y montrera, mais non plus en son centre. La même aventure arrive aux innombrables personnages que l'on nous présentera et qui, bien que mêlés au drame, ne nous en donneront jamais la clef : Quiroga, l'archevêque de Tolède, qui s'acharne à vivre jusqu'à quatre-vingt-treize ans, se remettant presque *in extremis* de l'attaque qui finit par l'emporter, ou l'étonnant Fray Hernando del Castillo, ou même le père Chaves, confesseur du roi... Ou cet Aragonais, le comte de Luna, dont les *Comentarios* offrent des portraits si précieux. Ou encore cette épouse héroïque d'Antonio, Jeanne Coello, *la ilustra fea*, du nom que lui donne l'auteur, pour une fois malicieux, sinon malveillant. Ajoutez, parmi les figures si fortement éclairées par le récit, le marquis de Los Velez, sur la route de la disgrâce et de la mort. Ou bien cet Escovedo, ce *montanés* des environs de Santander, hidalgo de qui Dieu n'est pas le cousin ; lourd, vigoureux, caricatural, secrétaire de Don Juan et son ambassadeur, et dont l'assassinat le lundi de Pâques, 31 mars 1578, vers 9 heures du soir, près de Santa Maria à Madrid, est le nœud du drame. Même Mateo Vazquez, ce secrétaire ennemi de Pérez et dont Mignet nous a laissé un portrait inoubliable mais inférieur en véracité à celui de ce livre — même Mateo Vazquez ne joue, dans le drame, qu'un rôle épisodique, comme si ces portraits brefs, autant que des tentatives pour éclairer le drame, étaient une façon d'en éliminer un à un les acteurs. À minimiser ceux-ci, à ranger ceux-là sur le bord de la route, à ne donner aux uns et aux autres qu'une portion congrue, leur juste portion j'entends bien, on ne laisse en face l'un de l'autre qu'Antonio Pérez et le roi. Artifice voulu, art de metteur en scène ? Je ne saurais dire.

Mais la partie est assez inégale entre les deux acteurs, le dialogue déséquilibré, non sur le plan des forces politiques — ce qui va de soi —, mais bien théâtralement. Les adversaires n'ont pas la même densité psychologique. Gregorio Marañón essaie bien de secourir le faible — je veux dire le secrétaire ; il le montre accompagné de la large théorie de ses amis fidèles — grands et petits —, de ses complices, de sa douloureuse et émouvante famille. Il le pare de qualités : élégance, intelligence, lucidité, don de la clarté ; « un homme de la Renaissance », conclut-il, dont il accuse aussi, mais pour l'en laver presque aussitôt, les tares, son art de feindre, son talent de faux malade... Au total, une force machiavélique, un peu ténébreuse et cependant séduisante. Mais tout aussi sûrement un être incertain, au moins dans le texte qui nous le présente, sans grande consistance — parfois, oserais-je le dire, sans grande véracité. Comme j'aurais voulu que son rôle de secrétaire fût mieux mis en lumière ! Certains documents m'ont montré Antonio Pérez associé au plus secret de l'activité du Roi Prudent, au moins dans les affaires de Constantinople, une sorte de chef de l'*Intelligence Service*... Si l'on soulignait ce trait, peut-être y verrait-on moins clair encore ?

En face du secrétaire, le roi. Gregorio Marañón ne fait-il pas du roi déjà vieilli, et prématurément vieilli, un portrait défavorable, comme s'il voulait lui enlever de son poids pour rééquilibrer le combat ? Il lui dénie par trop l'intelligence, la subtilité. Esprit moyen, pauvre esprit, est-ce si sûr ? D'un examen médical auquel il le soumet, il sort avec un diagnostic supplémentaire et vraisemblable d'hérédo-syphilis. Et cependant, que ce soit par sa position de puissance, privilégiée, par la grandeur de son caractère ou le tragique de sa vie, Philippe est le grand, l'écrasant personnage de ce livre consacré à son secrétaire, mais où le roi pénètre et domine tout.

Philippe II sort grandi, humanisé, de la longue réflexion du docteur Marañón. Un homme comme les autres, penserons-nous à sa suite. Ni saint, ni pervers. Un homme écrasé de besognes aussi, et notre guide par contre ne nous montre pas assez longuement ce Philippe II près de sa table de travail, à longueur de journée et d'existence, tenant en ses mains, sous sa plume infatigable, toute l'histoire volontaire de l'immense machinerie hispanique. Dominé par elle, asservi par elle, il suit le flot des papiers que lui portent les courriers. Cette seule vie sanguine par quoi bat, quand et comme il le peut, le cœur de l'empire. À peine voyons-nous, mais avec une lucidité parfaite, à propos des rapports du Roi Prudent et de son demi-frère, Don Juan d'Autriche, le « Prince Imprudent » comme l'auteur le nomme poétiquement, à peine voyons-nous cette réalité impériale, déterminante pour le sombre habitant de l'Escorial. Car, je l'ai dit et le soutiens encore, Philippe se heurte aux personnes, mais bien souvent au nom des circonstances, nous dirions de la conjoncture ; ses ministres, ses lieutenants, loin de l'Espagne, ne voient qu'un secteur de l'ensemble hispanique. Lui voit l'ensemble, il est cet ensemble auquel un Don Juan, si romantiquement prisonnier de lui-même, de ce qu'il pense ou de ce qu'il souffre ou de ce qu'il fait sur le moment, reste absolument aveugle. Rien de plus explicable que l'attitude de Philippe à l'égard de Don Juan, vainqueur de Tunis en 1573, ou de don Juan ranimant la guerre des Pays-Bas en 1576... Rien de plus explicable sur le plan hispanique. Cela dit, sans vouloir plaider à l'excès, sans tout ramener au général de ce qui a été, au moins en partie, attitude d'homme à homme...

Mais à donner mon opinion, je brouille le débat et la ligne générale du livre. Gregorio Marañón n'a pas cherché Philippe II, il l'a rencontré ; historien d'Antonio Pérez, il s'est heurté à lui, à sa force encombrante, multiple, redoutable, et il a lutté contre lui, puis s'est passionné pour cette lutte qui est devenue le cœur, le cœur noir de son entreprise.

Je suis bien d'accord avec notre auteur, trois affaires dominent la vie de Philippe : celle de l'archevêque de Tolède, Carranza, qui a permis, nous dit-il, de distinguer les bons des mauvais — celle de Don Carlos, dont le récit aussi objectif qu'il soit, ainsi dans la très honnête mise au point de Gachard, fait encore souffrir le lecteur — celle d'Antonio Pérez enfin. Chacune d'elles ouvre sur l'être mystérieux, entouré de silence, d'un cercle magique, disait Ludwig Pfandl, que fut Philippe, des fenêtres qui nous permettent de plonger en lui et de surprendre son âme. Encore aurait-il fallu, pour nous satisfaire, ouvrir l'une après l'autre ces trois fenêtres... Gregorio Marañón n'ouvre que la dernière. Elle nous montre, ou nous donne l'illusion d'apercevoir, le Philippe II de la vieillesse, au lendemain de cette année terrible — 1568 —, l'année où meurt, à demi assassiné, Don Carlos, l'année où s'éteint la reine Isabelle, cette enfant, cette Reine de la Paix, qui a été l'une de très rares tendresses du Roi Prudent. Le souverain que rencontre Antonio Pérez, dirons-nous qu'il est vieilli avant l'âge, sans dents, le cheveu rare, la figure ravagée ? Antonio Pérez a été comme la consolation de ce désespéré... La ténébreuse affaire commencera dix ans plus tard pour occuper les vingt dernières années d'un régne interminable. N'oublions pas que le Philippe II mis en cause est celui de ces dernières années, de la conquête du Portugal à la paix de Vervins, le Philippe II saisissant, émouvant aussi du portrait tragique de Pantoja de la Cruz.

Non certes, je ne suis pas convaincu par toutes les explications de Gregorio Marañón sur le double ou triple jeu d'Antonio Pérez à l'égard de Don Juan et d'Escovedo. Lui-même y croit-il ? Mais de son argumentation, à la suite de l'examen loyal auquel il procède du manuscrit de La Haye et du texte du procès de l'*Enquesta*, qui sont les documents décisifs en l'occurrence, il ressort que Philippe II a été le complice de son ministre dans l'assassinat d'Escovedo. Il est bien difficile de dire dans quelle mesure il a été complice dupé ou conscient... Mais complice assurément. Or il est non moins sûr que cette complicité a bientôt pesé sur sa conscience. Peut-être dès l'arrivée entre ses mains des papiers laissés par Don Juan à sa mort et qui prouvaient l'indéfectible fidélité du Prince Imprudent. Sûrement, bien plus tard, quand viendront les tristes nouvelles de l'Invincible Armada, en 1588, où le roi a pu reconnaître un jugement de Dieu. Mais, à ce moment-là, le roi avait pris toutes ses précautions pour désarmer le dangereux secrétaire. Cette façon de procéder, si lente, oblique, et pourtant acharnée, en dit long sur le caractère du roi, sur le contrôle de sa volonté aux prises avec un tempérament que Gregorio Marañón veut oscillant comme celui de Charles Quint. Elle porte témoignage aussi sur un drame de conscience. Il culmine, éclate à nos yeux dans cette lettre impérative de Philippe II à Vazquez de Arce, juge impitoyable — avec l'autorisation de la montrer à Antonio Pérez —, où il relève celui-ci, en somme, de son secret professionnel et lui demande, à la veille de la torture qui va lui être infligée, de dire dans quelles circonstances et pour quelles raisons il a conseillé au roi de supprimer Escovedo. Billet que l'on a prétendu apocryphe et dont l'authenticité paraît possible. Il jette sur l'âme du souverain une lumière inhabituelle. C'est un grand, un immense document humain. Grâces soient rendues à Gregorio Marañón de l'avoir restitué à l'histoire et, du coup, de nous avoir livré un Philippe II douloureux, mais, je le répète, émouvant, compréhensible, humain...

Il s'en faut que ce service, ce grand service, nous laisse sans regret, qu'il suffise à notre curiosité, à notre besoin de savoir. Le Philippe II qui sort d'un livre frémissant de vie douloureuse et de vérité, ce Philippe II est reconstruit sur une base trop étroite. En outre, ce chemin ouvert jusqu'à son cœur n'est pas utilisé autant qu'il le faudrait. Ce drame de conscience et d'une conscience religieuse, il eût fallu le replonger dans une époque qui a son échelle de valeurs et d'expériences. Ce que Lucien Febvre a fait pour son *Rabelais*, cette recherche d'un niveau de civilisation et de sensibilité, à partir de quoi il est enfin possible, non pas de juger, mais d'expliquer des actes, des caractères, des responsabilités, Gregorio Marañón n'y a songé qu'à certains moments de son argumentation, quand il se demande ce que pouvait un roi tout-puissant, et surtout un roi face à la condamnation d'un de ses sujets... Mais, si le problème n'échappe pas à la vive intelligence de notre guide, il ne l'a pas franchement abordé. Or, sans ces précautions, comment comprendre Antonio Pérez et Philippe II, et le drame de leurs rapports ? Sans une idée de ce que pouvait être le catholicisme, comment définir la religion intérieure de Philippe II, que dire de son âme, puisque c'est son âme que l'on veut saisir, pour le faire revivre ?

Je n'ai pas résumé cet ouvrage riche, compliqué, brillant, trop riche même et trop compliqué et que tous les historiens du XVIe siècle devront lire et relire attentivement. Surtout je n'ai pas signalé ses richesses majeures pour les lecteurs des *Annales*, d'un mot cette compréhension aiguë des choses de l'Espagne du XVIe siècle qu'il nous offre et que seul un Espagnol de haute culture pouvait nous offrir, comme si, au-delà du secret d'un Philippe II, difficile à percer, il y avait, à cause de l'odeur particulière des choses et de l'originalité irréductible des êtres, un secret de l'Espagne que les étrangers les plus fervents ne peuvent pénétrer... Ce que j'aime le mieux, hors des fioritures anecdotiques pour lesquelles je n'ai pas une passion débordante, c'est l'esquisse, à coups de crayon rapides ou par jets de lumière brusques, de l'Espagne de Philippe II. On regrette que tous ces croquis, tous ces éclairages ne se rejoignent pas en un panorama complet. On regrette, mais sans vouloir exprimer une critique qui serait injuste à l'égard d'une pensée prodigue à l'excès.

Je trouve excellentes, en tout cas, trois mises au point, entre lesquelles il est possible d'imaginer une histoire presque entière de l'Espagne. Voici d'abord l'Espagne des débuts de Charles Quint, ouverte ou plutôt s'ouvrant sur le vaste monde. L'arrivée de Charles de Gand et de ses Flamands, cette invasion si durement ressentie, c'est tout de même un air du large. Le drame des *Comuneros* qui va suivre, nous avons l'habitude d'en fausser terriblement les termes. Nos sympathies vont aux révoltés. Mais l'idéal qu'ils défendent est un idéal du passé, la défense de franchises archaïques, de droits médiévaux, d'une société sclérosée, d'une religion formaliste. La révolution, dans le sens du progrès, c'est bel et bien la lente et irrésistible montée du pouvoir central, qui brise les cadres et les anciennes servitudes — pour en forger de nouvelles sans doute, mais qui brise un Ancien Régime. Mieux encore, ce drame des *Comuneros*, ou du moins dont les *Comuneros* sont un accident, se prolonge à travers tout le XVIe siècle. Il est la ligne de division, de clivage. Autour de Philippe II, au moins jusqu'en 1573, agissent le parti de la guerre et le parti de la paix, celui du duc d'Albe et celui de Ruy Gómez, prince d'Eboli, ces deux coteries que le Roi Prudent use l'une par l'autre et tient à distance, ces deux coteries d'ailleurs mal nommées : Ruy Gómez veut la guerre contre le Turc, le duc d'Albe désire et imposera la paix avec l'Angleterre. Ces deux coteries, en fait, continuent le double mouvement, rétrograde et progressiste, dont le heurt avait donné le drame rapide des *Comuneros*. Partis de gauche et de droite, dit notre auteur que l'anachronisme n'effraie pas, éternelles attitudes de ceux qui gouvernent pour maintenir, ou pour modifier un ordre social. Mais qu'il y ait, héritée du temps de Charles Quint et de la montée des *letrados*, hommes d'origine modeste et souvent de sang mêlé, une Espagne progressiste, ouverte sur le dehors, sur l'Europe et ses conflits idéologiques, Marcel Bataillon nous l'avait déjà montré, dans son admirable *Érasme et l'Espagne*, au moins en ce qui concerne l'histoire spirituelle de la péninsule — symbole de toutes les histoires — où les couleurs venues de l'extérieur, un peu pâles il est vrai, se mêlent aux couleurs plus vigoureuses du dedans... Image identique, avec cette différence toutefois que Marcel Bataillon voit l'Espagne de Philippe II se refermant, ou déjà refermée, sur elle-même. Entre cette façon de voir et celle de Gregorio Marañón, entre politique et religion, n'y aurait-il pas une conciliation possible ? Il est certain, en tout cas, que l'Espagne progressiste ne semble pas, dans sa pleine force, dépasser la mort du prince d'Eboli (1573) ou, à l'extrême, l'arrestation d'Antonio Pérez en 1579. Voilà, si le docteur Gregorio Marañón, suivant sa propre pensée, arrivait jusqu'à nos hypothèses, une façon de grandir l'affaire Antonio Pérez, d'en faire le signe même d'un puissant changement de climat politique et social...

On lira avec passion aussi et reconnaissance ce que l'auteur a pu nous dire au début de son tome II, sur l'Aragon où Antonio Pérez se réfugie après les aventures romanesques que l'on sait et qui, au nom de ses *fueros*, se soulèvera par deux fois, en mai, puis en septembre 1591. Sans doute connaissions-nous, sur l'Aragon, les livres de Menéndez Pidal, de Riba y Garcia, pour ne citer que les plus classiques. Mais l'image dense, précise que tire Gregorio Marañón des sources utilisées, paraît toute neuve. Elle situe clairement, dans une Espagne aux diverses parties mal liées encore, une région arriérée, prise dans l'ankylose des terres, où, sous le nom de *fueros*, ou mieux, derrière ces *fueros*, se dissimule et se prolonge le privilège d'une aristocratie souvent besogneuse et toujours dure pour ses paysans. Un pays que le voisinage de la France rend inquiet et peu facile à conduire et où, dans un décor médiéval peut-on dire, se déroulent d'incessantes jacqueries, des courses de bandits, d'écorcheurs, et, brochant sur le tout, de vraies guerres de religion, seigneurs chrétiens et paysans morisques s'opposant aux bergers montagnards et paysans chrétiens. Une histoire rude, sanglante, haute en couleur... Le drame est le même, en somme, que pour les *Comuneros*. La royauté fait ici figure de puissance progressiste. Elle ne cesse de saper les privilèges sociaux de l'aristocratie, de la réduire à sa loi. Son action dans le vaste comté de Ribagorza, que la Couronne annexe après y avoir entretenu des troubles, est le plus brillant de ses succès.

Dernier et puissant exemple : Gregorio Marañón tout

en étudiant la fin du règne de Philippe II a le sentiment, à l'opposé de ce que nous pensons, que progressivement le jour baisse sur l'Espagne, et que se dévoile une Espagne mécontente où manquent terriblement les hommes — nous voulons dire les chefs. Une Espagne mécontente. *Dies mali sunt*, lit-on dans des documents du temps. Les ambassadeurs étrangers sont pessimistes. À Avila, la cité des chevaliers, aux portes des églises, apparaissent des placards qui vaudront le supplice à un certain don Rodrigo Bracamonte, peut-être lui aussi issu d'une famille de *conversos*, et la peine des galères à un curé de San Martin... Ces petits faits, d'autres explications pessimistes pourraient s'ajouter à ce tableau de Gregorio Marañón que j'ai presque rendu mot pour mot. Cependant, est-il si sûr que les remous que suscite le long règne finissant de Philippe II marquent un déclin réel et que ce déclin s'explique sans plus par une *falta de cabezas* ? Ici je ne suis pas tout à fait d'accord avec notre guide. Les signes d'ombre qu'il voit à la fin du règne du Roi Prudent ne sauraient être passés sous silence. Cependant, ne les grossissons pas. Pas plus que la joie universelle qui accueillera bientôt le règne commençant de Philippe III. Aux yeux des ambassadeurs génois, espagnols de cœur et de raison, si bons observateurs des réalités économiques, l'Espagne est comme guidée et sauvée par la main de Dieu qui achemine par l'Atlantique les immenses richesses d'Amérique jusqu'à Séville. Histoire d'Espagne, histoire miraculaire !

Quoi qu'il en soit, voilà un beau livre, à qui l'Espagne et les pays hispaniques et tous les historiens du monde ont fait et feront le plus chaleureux des accueils. Sans forcer le ton, il nous oblige à repenser tous les problèmes de l'Espagne du XVIe siècle.

En relisant Earl J. Hamilton : de l'histoire d'Espagne à l'histoire des prix*

La *Revista de Occidente* vient de publier, sous la forme d'un élégant volume, dans sa *Biblioteca de la Ciencia económica*, neuf des articles anciens qui, en marge de ses livres, ont consacré, voilà déjà des années, la réputation d'Earl J. Hamilton, économiste passionné d'histoire. Excellente occasion pour nous de relire en espagnol des articles parus primitivement en anglais et dont seuls, en Europe, des amis de jeunesse d'Earl Hamilton, comme le signataire de ces lignes, possèdent la collection complète.

Dans ces études, Earl J. Hamilton met longuement en cause le passé de l'Espagne. Il est là chez lui : n'en a-t-il pas suivi les destins économiques du Moyen Âge au XVIIIe siècle, attentif à résumer ses devanciers et, plus encore, dans ses articles anciens, à annoncer ses grandes recherches et ce qu'il n'est pas abusif d'appeler ses découvertes ? Six études aux ouvertures chronologiques diverses : « L'inflation monétaire en Castille de 1598 à 1660 », « Solde et nourriture à bord des flottes des Indes, 1503-1660 », « La décadence de l'Espagne au XVIIe siècle », « La guerre et l'inflation en Espagne, 1780-1800 », « Le mercantilisme espagnol avant 1700 », « Nouvel examen critique du mercantilisme de Géronimo Ustariz », recouvrent à peu près le champ des investigations espagnoles d'Earl J. Hamilton. Nous avons signalé, en son temps, aux *Annales*, « La guerre et l'inflation en Espagne, 1780-1800 ». Nos lecteurs, en se reportant à l'année 1932, trouveront dans notre revue la première partie de l'étude d'Earl J. Hamilton sur « L'inflation monétaire en Castille de 1503 à 1598 ». Les deux études sur le mercantilisme espagnol se tiennent, Earl J. Hamilton reprochant avec

---

* *Annales*, avril-juin 1951, pp. 202-206.

raison aux divers commentateurs de la pensée d'Ustariz (1670-1732) de ne pas l'avoir replacée dans la riche perspective de la pensée économiste espagnole, au XVIe et au XVIIe siècle, et d'avoir dérobé ainsi tout un arrière-plan décisif.

De ces études, la plus importante est sans doute ce *Decline of Spain*, parue en 1938 et dont les circonstances ont empêché de faire en temps voulu un compte rendu serré. Cette étude reprend les idées et théories qu'Earl J. Hamilton a souvent exposées et qui soustendent en quelque sorte sa pensée historique en ce qui concerne l'Espagne. Notre ami ne pense pas, avec tant d'historiens allemands et de leurs imitateurs, que la grandeur de l'Espagne se soit effondrée après la mort de Charles Quint. Pour lui, la fin du siècle reste glorieuse sous le long règne du Roi Prudent. Sans doute l'écart entre prix et salaires, générateur de développement industriel, est-il alors en Espagne moins large qu'en France ou en Angleterre. L'Espagne s'en trouve moins stimulée que ses rivales. Mais les centres industriels, Burgos, Ségovie, Tolède, doubleront de population de 1530 à 1594. L'accroissement démographique des royaumes d'Espagne au XVIe siècle (de l'ordre de 15 %) est preuve évidente de vitalité. Earl J. Hamilton a réfuté, on le sait, les articles d'Albert Girard qui, après quelques autres, fit trop confiance, dans ses calculs, aux chiffres donnés par Alonso Quintanilla pour la population de la Castille en 1482.

Pour autant, après avoir revalorisé l'Espagne de Philippe II, il n'est pas question de sauver l'Espagne du XVIIe siècle du gouffre de la décadence, si gouffre il y a eu. Encore a-t-on le droit de voir cette décadence moins noire et moins profonde et surtout moins exceptionnelle que ne la dépeignent les jérémiades des contemporains ou que ne la font voir, par contraste voulu, des historiens français prompts hier à vanter l'Espagne des Bourbons et donc à dénigrer celle des *Austrias*. Les signes de faiblesse sont indéniables. Les paysans au XVIIe siècle ont peut-être moins souffert que les artisans, les prix des produits agricoles se détériorant moins que les prix industriels. Cependant il y a eu diminution des troupeaux itinérants de moutons que l'augmentation des troupeaux fixes, par ailleurs si pernicieuse pour les labours, n'a pas compensée. Autre réalité, il y a eu la dépopulation des campagnes, des disettes, des menaces de famines, car l'agriculture rudimentaire demeure au-dessous de ses tâches nationales. En outre, l'effondrement des industries urbaines au XVIIe siècle allait ouvrir le marché péninsulaire aux produits étrangers, d'où des désastres : des corps de métiers disparaîtront ; à Tolède, le nombre des tisseurs de laine descendit durant les deux premiers tiers du siècle au quart de l'effectif ancien. On pourra dire, vers le milieu du siècle, que Burgos était en ruine et Ségovie un vrai désert. Entre le dernier quart du XVIe et le dernier quart du XVIIe siècle, le nombre des navires de la *Carrera de Indias* baissera d'environ 75 %.

Donc, même si l'on fait sa part à l'exagération des contemporains ou aux nécessaires raccourcis de l'histoire — ou, comme je le désirerais, sa large part au grand reflux du XVIIe siècle qui, au-delà de l'Espagne, affecte le monde entier —, même si l'on pense que la raréfaction des arrivées de métaux d'Amérique a été moindre que ne le laissent supposer les chiffres officiels publiés par Earl J. Hamilton — de Gênes et de ses archives, notamment, mais aussi de France on aurait tendance à considérer l'Espagne avec plus d'optimisme —, toutes ces réserves faites et compte tenu d'autres que l'on pourrait encore formuler, la décadence de l'Espagne au XVIIe siècle est trop patente pour être niée. Reste à l'expliquer, autre problème quasi insoluble.

Earl J. Hamilton nous a démontré qu'il ne fallait pas en voir la cause décisive dans l'expulsion des Morisques (1609-1614) qui ne fit même pas baisser de prix, à Valence, les produits ordinaires du travail des artisans ou paysans morisques. Aucun doute pour lui :

le chiffre des expulsés a été très exagéré. En gros, celui de 100 000 (enfants en bas âge non comptés) que fournit la commission royale chargée de leur expulsion lui semble avoir de grandes chances d'être vrai. Il s'est donc agi d'une ponction réduite : de nombreux *cristianos nuevos* demeurèrent en Espagne, sans doute grâce à la protection des nobles grands propriétaires du Levante et du Sud. En bref, l'expulsion n'est pas à la racine du mal qui affectera l'Espagne des derniers souverains de la Maison d'Autriche, le mal est à chercher, après les économistes espagnols si clairvoyants du XVIIe siècle, dans le développement de la mainmorte et des majorats, dans cette évolution vers l'élevage au détriment des labours et du blé, enfin dans la multiplication des hommes d'Église, classe « improductive », et dans les crises monétaires fréquentes et dramatiques, déflation et inflation gonflant tour à tour ou effondrant les prix. Ajoutons, en suivant toujours ces économistes pour lesquels Earl J. Hamilton a la plus vive admiration, le vagabondage, le paupérisme, la paresse, le mépris des arts mécaniques, l'absence de main-d'œuvre qualifiée, le déboisement, le régime fiscal, les grandes guerres extérieures...

On voit la densité de cette brève mise au point. Elle rend au XVIIe siècle espagnol une part de sa réalité et de sa véracité. Peut-être même, dans cette voie, Earl J. Hamilton n'a-t-il pas encore assez poussé ses explications ou sa demi-réhabilitation. On veut trop, en somme, que l'Espagne au XVIIe siècle ait tiré d'elle-même les raisons de son mal, de son engourdissement et de son déclin. N'a-t-elle pas vécu simplement au rythme du monde ? Et ce rythme du monde n'est-il pas, par rapport à elle, valeur transcendantale ? Ce déclin, elle le subit, la conjoncture du siècle le lui fabrique. Et quand la roue se met à tourner dans l'autre sens, à partir des années 1680, comme Earl J. Hamilton l'a démontré dans un de ses livres récents, l'Espagne renaît à une vie meilleure, tire avantage de la conjoncture favorable, s'anime, à l'époque même de ce

Charles II que l'on voudrait juger tout entière d'après la pauvre personne du dernier des Autrichiens...

Mais le présent recueil a le mérite de nous offrir autre chose que des détails et des remarques sur l'histoire de l'Espagne. Il nous révèle le mouvement d'une pensée et les ambitions anciennes ou nouvelles d'Earl J. Hamilton. Ce n'est pas sans raison que le recueil commence par deux études extérieures à l'Espagne : « Les trésors américains et l'essor du capitalisme, 1500-1700 », « L'inflation des bénéfices et la révolution industrielle, 1751-1800 » — et qu'il s'achève par cette vive étude « Usage et abus de l'histoire des prix », étrangère, elle aussi, dans sa ligne générale aux destins de la péninsule.

Le mouvement de la pensée d'Earl J. Hamilton est au moins double. Les enquêtes minutieuses sur l'histoire des prix auxquelles il s'est livré depuis plus de vingt ans et dont il formule les règles précises, étroites, draconiennes — les prix sur lesquels il veut travailler doivent être des prix de ventes et d'achats réels et non des chiffres de taxation — offrent, dans leurs résultats, un outil à double tranchant, historique et économique. Par les courbes de prix n'a-t-il pas démontré, de façon vraisemblable, le caractère somme toute limité de l'expulsion des Morisques ? Et pareillement, l'aggravation du déboisement de l'Espagne au XVIIe siècle par la progression de l'élevage stabulant sur les grands domaines ? Petites découvertes, on ne le pensera pas. Mais de bien plus grandes questions se sont posées à lui, ne serait-ce que l'irritant et passionnant problème des origines du capitalisme moderne qui ouvre le présent recueil. Occasion pour lui de résumer les opinions et de présenter chiffres et observations de Sombart, de Strieder, de George Wiebe, de Max Weber..., puis d'insister sur l'importance de l'arrivée des métaux précieux d'Amérique qui ont eu, sur l'Europe, un effet vivifiant. C'est grâce à eux que le commerce en direction de l'Extrême-Orient a pu se maintenir. Le voyage de

Vasco de Gama ne réglait pas tout, il fallait nourrir cet appétit insatiable de l'Extrême-Orient thésauriseur. « Le voyage de Colomb, écrit Earl J. Hamilton — qui a bien le droit de ne pas tenir compte un instant de la stricte chronologie pour mener à bon terme sa formule —, a été le complément nécessaire de celui de Vasco de Gama. »

Dans la mesure même où l'Extrême-Orient a été « la nécropole des métaux précieux » lancés vers lui par le monde occidental, il n'a pas connu une montée des prix comparable à celle de l'Europe. En tout cas, la marge des bénéfices du commerce européen s'y maintint considérable. Chance inouïe pour le capitalisme moderne qui trouva là, au XVIe et au XVIIe siècle, une de ses sources pérennes. Autre chance, si l'on peut dire : dans la montée des prix européens, les salaires furent toujours en retard sur le mouvement général. D'où des décalages prix-salaires. À l'écart peu considérable de l'Espagne, s'oppose l'écart grandissant et important en France, aux Pays-Bas, en Angleterre. La conjoncture a donc favorisé ici marchands et entrepreneurs ; ce que les travailleurs des villes ont perdu a été gagné par le capitalisme naissant. Cette démonstration est l'une des plus remarquables d'Earl J. Hamilton.

Elle est reprise, en somme, dans son article au titre caractéristique, « L'inflation des bénéfices et la révolution industrielle, 1751-1800 », l'essentiel étant de montrer, une fois de plus, l'écart entre prix et salaires à Londres ou en Castille, et donc l'origine de ces bénéfices par quoi furent rendus possibles l'essor du capitalisme et la révolution industrielle.

Mais Earl J. Hamilton ne s'en tient pas aux exemples de son choix. Il fait appel aux découvertes, aux hypothèses et aux explications de ses collègues en histoire des prix, Beveridge, Elsass, Posthumus, Bujak, Bezanson, Cole, Aftalion. À Cole (p. 243) il prendra sa curieuse analyse, déduite des mouvements des prix, de l'optimisme des Sudistes durant les vingt années qui précédèrent la guerre de Sécession.

Mouvement vers l'histoire, mouvement vers l'économie : Earl J. Hamilton s'en explique dans son grand article de 1944, « Use and misuse of price history », reproduit à la fin du présent recueil et que chaque apprenti historien et même tout historien devrait lire et relire. Oui, si Adam Smith lui-même avait disposé de prix indices, il n'aurait pas, en pleine montée des prix, parlé de leur baisse, Ricardo se serait mieux défendu dans sa guerre contre la Banque d'Angleterre... Et dans l'actualité combien d'experts économiques soi-disant réalistes n'auraient-ils pas avantage à se reporter à leur leçon ?

Qui, aux *Annales*, n'aimerait les prudences et les hardiesses de notre ami, ici et là, et surtout quand il s'efforce, par l'exemple et le conseil, de rappeler que l'histoire des prix est à replacer dans l'histoire générale, qu'elle est un moyen aigu de connaissance, mais fragmentaire, et ne vaut que replacée dans les réalités d'ensemble — ou quand il n'hésite pas devant les grands, les trop grands problèmes que pose le rythme même de la « vie matérielle des hommes », pour parler un instant comme C.-E. Labrousse ? Ces montées, ces descentes, les verrons-nous comme les signes mêmes de la variation des quantités de métaux précieux, ou de la population ? Comme un écho de changements physiques, climatologiques, comme celui que suggère le mouvement des prix du blé en Angleterre de 1820 à 1913 ? « Le malheureux essai de Jevons pour expliquer les cycles économiques par les taches du soleil sur le rendement des récoltes... n'a pas épuisé la possibilité de découvrir, à travers les oscillations de longue durée des prix, des causes naturelles aux cycles économiques » (p. 245). Y compris, ajoute Earl J. Hamilton, « les innombrables variations périodiques de la vie végétale et animale » (*Ibid.*). Qui doutera, après ces lignes trop brèves, qu'Earl J. Hamilton, économiste de formation, ne soit, par surcroît, un historien ?

Réalités économiques et prises de conscience : quelques témoignages sur le XVIe siècle*

Les textes, ou plutôt les extraits que nous donnons ci-dessous, se rapportent l'un à l'Italie et à la Turquie de 1525, les autres à l'Espagne et à l'Amérique du XVIe siècle : *1558, 1575, 1580*. Un lien fragile unit ces témoignages psychologiques assez curieux, à demi révélateurs de mentalités, de prises de conscience. Le premier est extrait d'une lettre commerciale vénitienne qu'avait copiée pour moi le docteur Salvatore Carbone, alors archiviste à l'*Archivio di Stato* de Venise. Le second et le troisième sont des notes prises par moi, en 1950, dans la correspondance de Simón Ruiz à l'*Archivo Provincial* de Valladolid. Les quatrième et cinquième documents, qui mettent en cause Philippe II lui-même, ont justement retenu l'attention d'un jeune historien, J. Gentil da Silva, chargé de recherches au C.N.R.S.

Capitaliste et diplomate vénitien. — C'est bien ainsi, je crois, qu'il faut définir Piero Bragadin, baile de Venise à Constantinople, dont nous suivons la pensée, tout en lisant la lettre qu'il adresse de Péra, le 8 avril 1525, à son fils Giovanni, resté à Venise où il distribue ses lettres et ses ordres et s'occupe des gros intérêts de la maison paternelle ; d'où il l'informe également. Aussi bien, dans cette lettre paternelle, est-il tout de suite question de remises, par le père au fils, de ducats d'or vénitiens, 500, 8 1/2 et 1 000, ces derniers sur le *Levrieri* et le *Ruberti* qui doivent partir de Constantinople après Pâques. Ces ducats lui sont revenus, à lui, le père, à 7 lires pièce. Étant donné, à Venise, *la strettezza del denaro*, l'étroitesse de l'argent, la prime de 7 % que fait

---

* *Annales*, 1959, pp. 732-735.

sur l'argent de banque l'argent au comptant, il espère bien que son fils pourra, contre les sommes ainsi reçues, acheter, et dans de bonnes conditions, les marchandises qu'il lui indique, naturellement de première qualité. Restons un instant attentifs à ce commerce un peu à contresens : voilà donc de l'or qui vient de Constantinople à Venise, et de Venise des marchandises partent vers Constantinople (ne parlons pas trop vite, ici ou là, de balance déficitaire). Intéressons-nous, avec notre témoin, à l'envoi de la nave de Francesco Drago en mer Noire (*in Mar Mazor*) ; Piero Bragadin suppute un gain de 100 %, à cette occasion, sur des achats de caviar ; en même temps, sans doute par un autre chemin, il risque 100 ducats, cette fois en Mingrélie (entre Caucase et mer Noire). Ainsi cette « mer Majeure » n'est pas, en 1525, comme elle le sera plus tard, sûrement durant la seconde moitié du XVIe siècle, interdite, ou peu s'en faut, au commerce occidental, confisquée, alors, par l'appétit glouton de Constantinople et le cabotage inlassable des voiliers grecs. « J'espère, avec l'aide de Dieu, confie le baile, rapporter à la maison, entre bénéfice et marchandises, 8 000 ducats et peut-être bien 10 000. » Suivent des conseils de discrétion, de silence. Les affaires sont les affaires. Surtout pas de chiffres dans les lettres ! Excellent père, excellents conseils ! « *Cussi al presente te dico de uno ducato fane doi si tu poi* » ; « Si tu peux d'un ducat fais-en deux », bonne devise d'un capitalisme alors en pleine jeunesse. Gouverne-toi, ajoute ce père prévoyant, de façon « *che ne senti beneficio et honor et io contento* », « de façon que tu en retires bénéfice, honneur et qu'en sus je sois satisfait ». En attendant, le père est fort content de lui-même : quand il fera sa « relation » au Sénat, au retour de charge (ce retour avec les avantages substantiels dont il a parlé), « alors, dit-il, tous reconnaîtront qu'il n'y a jamais eu homme [à Constantinople] mieux informé et instruit de toutes choses que moi-même ». Ainsi soit-il !...

Mais restons, un instant encore, près de lui pour lire la curieuse fin de sa lettre : « Je crois, écrit Piero Bragadin, qu'avec la capture du roi de France [il s'agit bien entendu de François Ier au soir du désastre de Pavie, 24 février 1525] les marchandises se vendront mieux. J'attends de toi des nouvelles du monde et des marchandises. Oui, de nos jours nous avons assisté à de grandes choses ! Je ne vois aucun État plus heureux que celui-ci [la Turquie], comblé de toutes les grâces de Dieu. Dans ses mains gît la paix ou la guerre avec tous. Il est abondant en or, en hommes, en navires, en obéissance ; aucun État ne peut lui être comparé. Que Dieu conserve pendant longtemps le plus juste des empereurs... Porte-toi bien, réconforte mes filles. *I Dio cum ti* » (Et Dieu avec toi !).

Vers l'Amérique. — Que pensent ceux qui, d'Espagne, au XVIe siècle, s'en vont vers le Nouveau Monde ? S'ils font des confidences, sans doute s'agit-il d'émigrants de qualité, pas de pauvres bougres, certes. Juan López, au service des marchands Simón et Vitorés Ruiz, n'est pas du nombre de ces derniers, des très pauvres, des démunis. Il part, ou s'apprête à partir, mais avec des garanties, des assurances, en tout cas des espoirs... De Medina del Campo, le 5 août 1558, il explique à Simón Ruiz, son patron, les raisons de sa décision : « C'est ce que j'ai dit à mon seigneur Vitorés Ruiz, mon désir et ma volonté sont de partir aux Indes. Dans ce pays-ci l'homme ne gâche-t-il pas sa jeunesse sans réussir à tirer profit de quoi que ce soit et à être du coup véritablement un homme ? Tout est misère et, au soir de sa journée, chacun se trouve les mains vides, son temps mal employé puisqu'il n'en a retiré aucun profit... J'espère m'accorder avec Don Diego de Azevedo qui s'en va comme vice-roi et, comme vous le savez, est déjà embarqué. Je sais que les demandes sont innombrables pour l'accompagner... » Partira-t-il ? Autre question qui ne nous intéresse pas outre mesure. Quant à Don Diego de Azevedo, nommé vice-roi du Pérou, il hésitait à accepter, présentait des exigences et mourait avant la fin de cette année 1558 [1].

L'art des affaires à Séville. — Les lettres reçues de ses correspondants ou agents, par Simón Ruiz, marchand à Medina del Campo, constituent une collection énorme de documents [2]. Leur puissant intérêt historique n'est pas en rapport avec l'importance même de cette firme de moyenne grandeur. En vérité, quelle immense source de lumière, pour nous, historiens ! Sur la vie économique en Espagne, à Séville notamment, ou à Burgos et à Medina del Campo, voire à Tolède, sur l'activité de Lisbonne à partir de 1580, sur la place de Lyon, sur Nantes, enfin sur la grandeur et le déclin de la place d'Anvers, en somme sur toute l'économie européenne liée à l'Atlantique durant la seconde moitié du XVIe siècle, sur l'Italie aussi [3], cette collection apporte des témoignages d'un prix exceptionnel. L'éloge n'est plus à faire ici de la thèse que Henri Lapeyre [4] a écrite, à partir de ces précieux documents, sur les rapports commerciaux entre France et Espagne de 1558 à 1576. Un long travail, sur la correspondance anversoise de la firme, entrepris par un jeune historien espagnol, Valentin Vasquez de Prada, s'achève présentement [5]. Un autre jeune historien, José Gentil da Silva, a fait paraître, en 1956, un recueil de lettres concernant la place de Lisbonne. Les lettres italiennes de la firme verront, elles aussi, bientôt le jour...

Il ne s'agit pas, dans la présente note, de rivaliser avec ces grands éclairages, ni même avec l'article publié ici même par B. Bennassar [6] sur les aspects divers de la vie marchande à Séville. Mon intention est de signaler quelques petites lumières, mais qui ont l'avantage de replacer l'historien dans l'atmosphère de la grande place marchande, au cœur d'une vie très contrastée, avec des hauts, des bas, des risques, des réussites, des surprises, des jeux et des enjeux, sans cesse repris. Dirons-nous : une vie américaine avant la lettre, selon une réflexion qui n'est ni neuve, ni originale, mais s'avère assez juste ? Séville a été la première des villes fiévreuses, la première très grande réussite, issue d'Amérique, sur le plan urbain. Elle a été, au sens fort de l'économie d'aujourd'hui, un « pôle » exceptionnel de croissance autour duquel l'Atlantique et une partie notable de la vie mondiale d'alors auront gravité. Vers Séville affluent les hommes, les marchandises, les capitaux, les barres de métal blanc, l'or d'Amérique. Au rythme des flottes s'accélèrent ou se ralentissent l'activité et la fièvre de la ville, tour à tour submergée d'argent et de biens, puis vidée de sa substance, en proie alors aux faillites endémiques que l'attente ou la lassitude ou la complicité des firmes, voire la grâce de retours imprévus permettent seules de supporter. Une ville et une vie singulière, en vérité. Simón Ruiz y a entretenu, à ses risques et périls, surtout au début de sa vie marchande, des agents qui ont été pour lui l'occasion de multiples déboires et inquiétudes. Notamment un certain Geronimo de Valladolid, peut-être lui aussi homme du Nord, étranger à Séville en tout cas, bientôt en difficulté grave avec son patron et alors fuyant sa vindicte comme un criminel, puis brusquement, après des pourparlers et des engagements, venant demander son pardon au maître irrité. Ce long fait divers éclaire-t-il justement, comme je le pense, ces rapports de commis à patron dont peu ou pas de documents authentiques nous parlent avec franchise ? En tout cas il a fallu trouver au commis tout d'abord peu obéissant, récalcitrant, puis en fuite, un successeur. Je ne suis sûr ni des qualités, ni de l'honnêteté, ni des défauts exacts, s'il en a, de ce successeur, un certain Francisco de Mariaca, dont une lettre, en date du 6 décembre 1565, me paraît intéressante, au moins dans la remarque suivante : « Alors, écrit-il, que Geronimo de Valladolid est un homme de si bonnes apparences et de tant d'habileté, il a fait ici au sujet des créances marchandes (*ditas*) de nombreuses erreurs (*borrones*), ayant été si longtemps à Séville, Séville cependant n'est pas entrée en lui, je le dis » (*« que para aber estado tanto tiempo en Sevilla no entro Sevilla en el, digolo »*). Cette petite phrase me paraît excellente, en dehors de tout jugement sur les qualités et défauts des hommes en présence, particulièrement de ce Geronimo de Valladolid. Séville en somme n'est pas entrée dans sa peau, car Séville c'est une façon de sentir, de vivre, d'agir, de jouer... Ce que l'on savait, bien sûr, mais il est agréable de se l'entendre dire par un homme de ce temps-là.

La mort de Martín de Acuña *

Le document qu'on lira à la suite de cette courte présentation se suffit à lui-même, dans sa densité dramatique. Ce que je puis ajouter, en présentant son héros malheureux Martín de Acuña, se réduit à un simple avant-propos, nécessaire, mais volontairement bref. Le grand personnage n'est pas l'aventurier brusquement magnifié et porté au-dessus de lui-même par les circonstances d'une mort cruelle, mais la Mort, telle que la conçoit, la construit, la réalise la foi espagnole, une mort accompagnée, appuyée sur autrui, sûre du ténébreux itinéraire.

Martín de Acuña est connu des historiens comme l'un des premiers négociateurs de la trêve hispano-turque. J'ai écrit il y a une dizaine d'années :

Je n'ai pas retrouvé, au sujet de Don Martín, de documents qui permettent de faire revivre avec beaucoup de précision son étrange figure. Ils disent tout de même beaucoup plus que ce qu'en ont rapporté Charrière et ceux qui l'ont suivi (Zinkeisen ou Jorga), c'est-à-dire un simple nom et le sobriquet qu'on lui prête de Cugnaletta. C'est en 1577 que don Martín apparaît dans l'histoire. Parti de Naples où le vice-roi lui four-

---

* Présentation du texte espagnol publié par Fernand Braudel dans le volume *Hommage à Marcel Bataillon*, 1962, pp. 6-18. Bien évidemment, nous ne reproduisons pas le texte lui-même.

nissait 3 000 ducats, il arrivait à Constantinople le 6 mars, si l'on se reporte à un avis vénitien. Son séjour fut exceptionnellement bref, puisque, le 28 avril, Guzmán de Silva signalait son passage à Venise. Il expliquait dans une lettre que don « Garcia » de Acuña, c'est le nom qu'il lui donne, était parti avec un sauf-conduit pour rachat de captifs à Constantinople, « alors qu'il n'avait été là-bas que pour traiter de la trêve avec le Turc, d'ailleurs obtenue par lui pour cinq ans ». On trouve, en effet, à Simancas une copie du projet d'accord que Don Martín avait réussi à mettre au point avec les ministres turcs, projet qui porte la date du 18 mars et dont les premières lignes : « Le Dieu suprême et qui ne peut se comprendre, ayant inspiré et illuminé les cœurs des deux empereurs... », évoquent évidemment un original turc. Il rapportait, en plus, une lettre du pacha à Philippe II, mentionnant la promesse que l'armada turque ne sortirait pas en 1577.

Travail rapide. Bien fait ? Tous les Espagnols n'ont peut-être pas été d'accord sur ce point. Quand, en avril, Don Martín, en route pour l'Espagne, s'arrête à Naples, le marquis de Mondejar, successeur de Granvelle comme vice-roi, reçoit naturellement le personnage. Avec tant de mauvaise grâce d'ailleurs qu'il s'en excuse lui-même au passage. Mais, explique-t-il, c'est « un des Espagnols les plus perdus de réputation qui soient venus en Italie ». Indiscret en diable. Après avoir fait jurer à Mondejar de ne rien révéler de ce qu'il lui a confié de sa mission, il fait si bien qu'un jour plus tard, tout est public à Naples. C'est sa faute ou celle de ses compagnons, ajoute Mondejar, dont on imagine facilement la fureur. Il paraît évident qu'il ne faut accuser ni les compagnons, ni la partialité du vice-roi, étant donné qu'à Constantinople Don Martín a joué exactement le même jeu. Il s'est caché des bonnes gens, s'étonne l'ambassadeur impérial, pour se confier aux pires renégats de la place. « Les gamins des rues le connaissaient tous, lui et son secret. » Avec cela, gaspilleur, joueur, ivrogne. Des 3 000 écus que Mondejar lui avait confiés à son départ pour Constantinople, il a bien envoyé la moitié en Espagne, sous forme de soie et de pièces d'argent. Puis il a joué tout le reste en chemin, à Lecce. À son retour, Mondejar est obligé de lui faire une nouvelle avance afin qu'il puisse poursuivre sa route vers l'Espagne. Mais il exige des comptes, pour le passé et pour l'avenir.

En juin, Don Martín est en Espagne et il rapporte oralement, à Antonio Pérez, tout ce qu'il a mené à bien à Constantinople. Car il a fait, semble-t-il, du bon travail. Peut-être est-il arrivé au moment opportun ? Quoi qu'il en soit, il a obtenu du pacha que l'armada turque ne sortirait pas, malgré les instances d'Euldj Ali. Il a surtout réussi à acheminer grand train la négociation de la trêve. Après tout, il se peut qu'il ait été servi par son indiscrétion même, par ses mauvaises relations, par son manque de scrupules. Certes, il n'est pas « de la carrière » ! Et il n'a pas eu le souci de ménager les susceptibilités espagnoles. En sut-on trop à ce sujet à Madrid ? Quoi qu'il en soit, Don Martín ne put retourner en Orient, « pour des raisons de santé », disent les papiers officiels. Et c'est toute une histoire en une phrase. Une lettre qu'il écrivait au roi, en 1578, où il expliquait d'une part que son successeur ne pourrait remettre ses promesses en mémoire au pacha, et, d'autre part, n'hésiterait pas à s'attribuer le mérite de tout ce qu'il avait lui-même fait, montre toute la rancœur de Don Martín et... l'excellence de sa santé. Il exagérait d'ailleurs un peu, sans doute, la valeur de ses services.

À cette note ancienne sur Martín de Acuña bien des détails seraient à ajouter, à partir des documents de Simancas où des découvertes sont à faire, assurément. Je dois ainsi à mon collègue et ami Felipe Ruiz Martín l'indication d'une liasse, que je n'ai pas consultée encore, sur les négociations poursuivies par le gouvernement de Philippe II à Constantinople. C'est un fait que, par personnes interposées ou agents directs,

Charles Quint et Philippe II ont poursuivi à la cour des sultans de longues, secrètes et ténébreuses négociations, tremblant à chaque instant, si ces négociations arrivaient au grand jour, d'y perdre la face, mais ne renonçant pas à ces moyens efficaces d'information et d'action.

Quoi qu'il en soit, le personnage de Martín de Acuña étant resté dans ma mémoire, mon attention ne pouvait être qu'attirée au British Museum par le document dont je donne la transcription. Cet aventurier hors série, dont j'avais perdu la trace au début de 1578, était ainsi ce malheureux condamné à mort que, par deux fois, le père jésuite Cristóbal Collantes avait consolé dans la sinistre prison de Pinto, près de Madrid, cette même prison où furent incarcérés la princesse d'Eboli et bien plus tard, un instant, Antonio Pérez lui-même (1589).

Martín de Acuña avait été arrêté « sept mois avant sa mort », c'est-à-dire vers août 1584. Pour quelles raisons ? Un détournement de fonds ou une tentative de chantage, si l'on comprend certaines de ses allusions. Le délit a-t-il été aussi grave que le dévoile la note qui termine le document ? On en doutera, bien que sans preuves. L'histoire de ce pacha acheté par l'Espagne, trahi par Martín de Acuña et qui viendrait se plaindre et se venger en Espagne même, puis y faire souche, semble romanesque... Sa véracité pose un petit problème que je ne saurais résoudre, n'ayant pas encore eu le temps de recourir aux ressources documentaires de Simancas.

Le document est une copie, sans doute écrite vers 1668. On vient, en octobre de cette année-là, d'exécuter, sans autre forme de procès, un spadassin, le dénommé Don Joseph Mallada (non Malladas), homme de main du second Don Juan d'Autriche. Deux heures après son arrestation, sur l'ordre de la reine, le malheureux avait, à peine confessé, été étranglé sans autre forme de procès. Quel intérêt avaient ceux qui retrouvèrent, à Simancas nous dit-on, les minutes du procès de Martín de Acuña à obtenir, d'une autre source, la lettre émouvante du père Cristóbal Collantes, à la recopier et, selon toute probabilité, à la diffuser ? N'était-ce pas une façon efficace de critiquer des juges trop pressés de punir, sans respecter les droits de l'accusé, puisque ledit José Mallada est mort sans savoir ce dont il était accusé, ce qui certes n'avait pas été le cas de Martín de Acuña, ni celui du pauvre baron de Montigny, exécuté (comme on ne le savait pas à cette époque) antérieurement à notre héros, dans la forteresse même de Simancas, le 15 août 1570, à trois heures du matin. Encore lui avait-il été accordé le temps de se préparer à la mort, de se confesser. « Il mourut, dit Montigny, le commandant de la forteresse, d'une manière si catholique, que l'on peut nourrir le meilleur espoir touchant son salut. » Lui non plus n'aura pas ignoré les motifs de sa condamnation.

Ces explications rapides n'élucident pas les multiples petits problèmes que pose à la sagacité des historiens la disparition de Martín de Acuña, héros malgré lui d'un drame vieux comme le monde, qui le dépasse et l'emporte, d'un drame d'une exceptionnelle intensité. Bien mourir, suprême règle, surtout si l'on a mal vécu.

Je suis sûr que c'est pour ses dernières heures, pour son témoignage d'une beauté sans faille, non pour ses actes antérieurs, noyés dans la poussière des faits divers connus et ignorés, non pour ce qu'il ajoute par son exemple personnel à l'histoire sans fin de la « raison d'État », que Martín de Acuña intéressera dès lors les historiens — peseurs d'âmes comme Marcel Bataillon à qui, hier, je voulais donner ce texte, de la main à la main, et à qui je l'offre aujourd'hui, en hommage, étant bien sûr qu'il s'attardera volontiers à en distinguer les à-côtés, à en dissiper les obscurités, pour mieux en admirer l'éclatante, l'éblouissante beauté.

La correspondance d'un ambassadeur à Madrid *

Leonardo Donà entre dans sa trente-quatrième année quand il prend effectivement sur ses épaules, le 3 mars 1570, la lourde charge de représenter la République auprès de Philippe II. Cette tâche lui était destinée d'ailleurs depuis des mois. Malgré sa relative jeunesse, il avait exercé déjà des charges importantes ; il en exercera bien d'autres encore, toujours avec élégance et succès. Finalement, il sera élu doge, en 1606, et présidera aux destinées de Venise jusqu'à sa mort, en 1612. Mais en cette année 1570, au milieu de sa vie, il n'est pas plus assuré de son brillant avenir personnel que la Seigneurie elle-même ne l'est de sa fortune.

Mars 1570, la guerre vient de recommencer, en fait dès février, mais officiellement (si l'on peut dire) seulement le 27 mars, quand arrive devant le Sénat vénitien l'ambassadeur turc ; la guerre vient de recommencer au sortir de l'hiver, entre Venise et l'immense Empire turc, entre les vastes domaines de celuici et le corps étroit et discontinu de celle-là, étiré sur une succession de points et de lignes qui insèrent inéluctablement Venise dans tous les conflits de Méditerranée orientale. Et les conflits sont incessants en cette région qui fut longtemps la scène mondiale par excellence et reste encore très importante. Au vrai, chaque génération de Vénitiens n'a-t-elle pas régulièrement sa guerre turque, celle de 1570-1573 étant la plus dramatique de toutes assurément, mais ni la plus longue ni la dernière ?

Ainsi, la guerre est déjà en place quand Leonardo Donà commence son long voyage. Sa correspondance nous dérobe donc les préliminaires du conflit. Par

---

* Préface à *La Corrispondenza da Madrid dell'ambasciatore Leonardo Donà* (1570-1573), éd. par Maio Brunetti et Eligio Vitale, Venise, 1963 (pp. IX-XIX).

contre, elle nous conduira jusqu'au terme de la glorieuse et stérile aventure. Elle ne donne aucun détail, il est vrai, sur les circonstances de la signature à Constantinople, le 7 mars 1573, avec la complicité française, d'une paix séparée à laquelle Venise se résigne par raison d'État, après avoir longuement hésité et discuté avec elle-même, prise entre ses intérêts réels, ses possibilités et ses passions. Le présent recueil s'achève, en fait, sur la difficile entrevue du 17 avril 1573 où, flanqué de Lorenzo Priuli, Leonardo Donà doit porter la nouvelle de cet abandon au roi d'Espagne. Terrible épreuve ! Or rien n'est plus beau, humainement (et même théâtralement), que la double plaidoirie, l'*oratio* des deux Vénitiens, en ce pas difficile. Le récit, ici, doit être lu ligne à ligne, mot à mot. Quel talent, quelle force d'âme, face au plus grand souverain de la Chrétienté ! En ce moment aigu, qui n'admirerait aussi le calme de Philippe II, sa sagesse, sa courtoisie, sa parfaite maîtrise de soi, vraiment royale ? Durant une pause qui coupe les plaidoiries vénitiennes, le roi n'a-t-il pas légèrement souri ? Les Vénitiens ne se trompent pas sur le sens de cet imperceptible changement d'expression : « *... fece* [le roi] *un piccolissimo et ironico movimento di bocca leggerissimamente sorridendo, con il quale pareva quasi che sua Maestà, senza interromperci, voleva dire : "Hor su, voi l'havete fatta, sì come tutti mi dicevano che voi farete."* »

On le voit tout aussitôt : cette publication reconstitue à nos yeux une négociation tendue, dramatique... Le vieux problème, si souvent débattu, absurde mais inévitable, préoccupe le lecteur avant même qu'il ne se dessine et émerge : Venise a-t-elle, n'a-t-elle pas « trahi » ? Mais si elle est coupable, pensera le lecteur, qui a-t-elle trahi, au juste, lors de cet abandon forcé ? La papauté, l'Espagne, la Chrétienté, ou elle-même ? Si, par inadvertance, on s'attardait au cadre et à l'énoncé des discussions du moment, on s'enfermerait, on se perdrait aussitôt dans des débats étroits et formels, dans de faux dilemmes ou de vaines réfutations, pour retomber, à chaque instant, dans une discussion monotone : savoir si, oui ou non, il y a eu trahison de la lettre, du texte de la Sainte Ligue, signée seulement, et après tant de tergiversations, le 25 mai 1571, jamais strictement appliquée en vérité, tant les mesures qu'elle prévoyait suscitèrent, au fil des jours, de querelles et d'appréhensions très légitimes et le plus souvent sous le signe de la mauvaise conscience réciproque. Non, il n'y eut jamais, même un instant, amitié franche, accord sincère et total pour un combat loyal, à la vie, à la mort.

L'Espagne, elle, entendait ne pas trahir l'Espagne, et donc rester fidèle aux multiples nécessités de sa tâche et de son ambition impériales : tenir l'Italie ; surveiller l'Afrique du Nord, y porter à l'occasion quelques coups de boutoir ; encercler d'un fin réseau de surveillances et de précautions une France frémissante, inquiète et inquiétante ; écraser si possible sous le talon du soldat la révolte des Pays-Bas qui rebondit et explose de nouveau en avril 1572 ; ne pas oublier, au milieu de toutes ces vigilances, l'immensité de l'eau océanique, porteuse de richesses et de conflits. Ensuite, ensuite seulement, et si tout va bien, si rien n'est cassé des fils que tisse sur le monde l'*universelle aragne* (pour les Français malveillants, il s'agit là de Philippe II, le Roi Prudent) — alors oui, aider Venise contre le Turc.

En fait, celle-ci a presque été abandonnée, en juillet 1572, et seule la passion de Don Juan d'Autriche a rejeté alors toutes les galères dont disposait l'Espagne vers les mers estivales et ensoleillées des Balkans, pour une campagne d'ailleurs stérile. Un instant de plus, c'était l'Espagne qui trahissait. Comme avait trahi, en fait, la Chrétienté, en refusant d'assister Venise dans son combat inégal. Et là, les preuves ne manquent pas : arguties du roi du Portugal pour ne pas agir ; plaidoiries de l'empereur expliquant sa faiblesse pour rester immobile ; fanfaronnades françaises cousues de fil blanc, sans compter tous ces projets utopiques qui se bousculent et poussent en avant ou le roi de Pologne, ou le Transylvain, ou le Moscovite, lesquels n'en restent pas moins en place tranquillement. En fin de compte, Venise n'aura trouvé devant elle qu'une seule fidélité, celle du Saint-Siège, et c'est cette fidélité seule qui a été « trompée » par l'accord avec le Turc. Mais le Saint-Siège, dans le monde du XVIe siècle, c'est un peu la voix de la Société des Nations avant 1939, une grande voix certes et qui devrait toujours avoir raison et qui ne l'a jamais, en face des circonstances, des nécessités, des hommes, de leurs faiblesses.

Alors Venise se serait-elle trahie elle-même ? A-t-elle manqué l'occasion, promise par Lépante, d'anéantir un puissant ennemi ? L'absurde question, en vérité !

Pour nous, hommes de 1962, qui revoyons ces événements à presque quatre siècles de distance, comme ces problèmes se simplifient ! La pente de l'histoire, en ce second XVIe siècle où s'accélèrent tous les rythmes de la croissance matérielle — c'est la victoire constamment renouvelée des États épais, des États nouveaux, mangeurs d'hommes et d'espace. Sans doute, les contemporains le distinguent-ils mal encore. Mais jugés aux dimensions des acteurs qui viennent d'occuper brillamment la scène au siècle précédent, l'empire de Charles Quint, puis celui de Philippe II, l'empire des Osmanlis, poussé de la mer Rouge au Danube, des confins de l'Istrie et de l'Adriatique à l'Euphrate et à la mer Noire — ces empires, quels monstres ! Par comparaison, Venise n'est qu'une guêpe en ce siècle où s'opère, contre tous les États étroits, un rassemblement tumultueux des terres et des moyens, au bénéfice des colosses et pour le malheur régulier des faibles. Malgré ses réserves de métaux précieux, malgré ses flottes, sa noblesse, ses sujets, ses marins, ses chiourmes, malgré la supériorité de son esprit et de ses techniques, malgré la mise en service ainsi des galéasses (ces grosses galées surchargées d'artillerie qui décideront de la victoire de Lépante, le

7 octobre 1571, où leurs canons foudroieront les galères turques et leurs archers) — malgré toutes ces supériorités, y compris celle de ses ambassadeurs habiles et souples, Venise perd avec régularité ; elle doit perdre parce qu'elle est de trop faibles dimensions, parce que l'espace lui manque pour une respiration assurée, l'espace qui permet de se mouvoir sûrement, d'avancer et de reculer tour à tour. Qui la frappe, la frappe toujours en plein cœur. Où fuirait-elle ? Les cavaliers turcs qui razzient le Frioul, on les aperçoit du haut du campanile de Saint-Marc. La règle est inéluctable : Venise doit perdre et toujours perdre contre le Turc. Lépante ne changera rien au jeu et la paix de 1573 n'empêchera pas non plus que Venise perde encore, bien plus tard, lors de la guerre de Candie, malgré d'extraordinaires exploits.

Nous conclurons d'un mot : Venise n'a pas « trahi ». Elle a été trahie par elle-même, par son corps insuffisant. Cette loi, au cours de l'histoire, n'a pas seulement joué contre elle. Il en est d'autres exemples et l'actualité en donne encore la démonstration. Cette tragédie n'a pas quitté l'affiche du monde.

Mais ces vastes problèmes ne doivent pas nous empêcher de suivre pas à pas Leonardo Donà en Espagne, dans un pays ni tout à fait réel, ni tout à fait irréel, cet univers à part où évoluent politiques et diplomates. Beaucoup d'ombres y circulent, vives, menaçantes, théâtrales : la France, la Turquie, l'empire... Et tout le jeu consiste à scruter ces ombres, à échafauder des hypothèses sur ce que sont, au-delà des apparences, les vrais discours, les pensées, les intentions du roi de France, du sultan, de l'empereur — ou encore de l'ambassadeur du Très Chrétien, de l'ambassadeur impérial... Ne parlons pas du constant mystère : le gouvernement espagnol, qui échappe à toute observation directe ou indiscrète. Le roi est « prudent », courtois, énigmatique ; ses « ministres » sont prudents comme lui, lents, énigmatiques, comme lui, même si, tel soir, il arrive à Leonardo Donà de bavarder librement avec l'un d'eux, cloué dans son lit par la fièvre.

Connaître ces hommes, s'acharner à les deviner, à les considérer comme des acteurs agissants et libres, à retourner leurs cartes truquées, c'est rechercher, sinon retrouver toujours, le réel, le tangible, le vrai. Mais, dans ce jeu de miroirs de la diplomatie où chacun doit se prêter à assumer un double visage, la lucidité totale est-elle possible ? Quand Donà croit, ou feint de croire, que le roi d'Espagne, s'il le voulait, pourrait à sa guise doubler ou même tripler les cent galères qu'il a promises, pour sa part, à l'accord de Rome, n'est-ce pas s'égarer, tout Vénitien qu'il soit, sur le chemin des chimères, des faux calculs, des plaidoiries, inutiles ? Il ne semble pas chercher à calculer, ou être capable de calculer les conditions permanentes et réelles du problème qui se pose à Philippe II. Il sait pourtant que le puissant Roi Catholique n'a pas les vrais moyens d'une très grande politique. Il n'a pu franchir le pas, signer la ligue, que grâce à la concession de la *cruzada*, et de l'*escusado*, ces impôts dont la papauté lui a permis la levée. L'argent, nerf de la guerre, Leonardo Donà ne l'ignore pas puisqu'il remarque que la puissante machinerie espagnole dépend des apports métalliques du Nouveau Monde, que l'argent arrivé à Séville pour les marchands est en grande partie prêté par ceux-ci au roi, lors des foires de Medina del Campo. Il parle de ces dernières, un instant, avec beaucoup d'intelligence. Comme il sait par ailleurs le prix des navires, des hommes, de la chiourme, des munitions, du blé, il a tous les éléments en main pour peser le problème. C'est l'idée de s'en servir qui ne l'effleure pas. Pas encore, du moins, car l'heure viendra. Bien plus tard, au soir de sa vie, Leonardo Donà aimera les chiffres, les calculs, les évaluations. Nul plus que lui n'essaiera de peser par le nombre les réserves et les forces de Venise... Mais peut-être est-il trop tôt pour lui, en ces années, pour procéder à des additions et à des recherches d'arithmétique politiques.

En aurait-il même le temps ? Il est entièrement pris par ce métier d'ambassadeur qui consiste sans fin à écouter, à écrire, à faire les démarches décidées au loin à Venise. Les lettres à lire, les mémoires à rédiger, les réponses à composer, les comptes rendus où chaque fois il convient de citer les mots mêmes qui ont été prononcés et de recréer le mouvement d'une conversation qui s'est déroulée avec Philippe II ou avec Antonio Pérez ou avec le cardinal Espinosa — ce jeu use inévitablement son temps, ses jours, sa résistance nerveuse. Fatigué, l'estomac à l'envers, comme il nous le confie, pourrait-il aisément dominer, pour la juger, cette guerre diplomatique quotidienne que complique encore le jeu des nouvelles, cette actualité « sonnante » de Madrid qui emplit les lettres de Donà et, au même instant, toutes les lettres des autres ambassadeurs, ces nouvelles dont on ne sait jamais, tant elles tardent à venir, ce qu'elles comportent encore de vrai ou de faux, dont on peut toujours se demander de quelle manière elles ont évolué, pendant les huit, quinze, vingt jours qu'elles ont mis à vous parvenir, ces nouvelles qui, au lieu d'éclairer la situation, ne sont que l'occasion de nécessaires supputations. Ainsi, ce long drame de la guerre de Grenade qui s'achève au milieu de soubresauts, de rebondissements, ces *cose*, ces *rumori di Granata*, qui sont mal saisies et de loin, répercutent, au fil des jours, mille échos incertains. De même, la fausse guerre, froide ou chaude, de France, ou les agissements lointains des protestants, ou la détérioration de la situation en Flandre... Les querelles italiennes, au sujet de la Toscane par exemple, ont par contre dans les lettres de Donà plus de relief, de réalité, sans doute dans la mesure où il connaît mieux les données initiales du problème.

Au gré des jours et des rencontres, voici cependant quelques présences, quelques hommes réels, certains tout d'une pièce. Ainsi Monsignor de Torres, nonce de Pie V, ce commis voyageur de la Sainte Ligue : sa voix nous crève les tympans. En voilà un, au moins, qui parle haut, et ferme et ne ménage pas ses mots. Leonardo Donà s'est embarqué avec lui à Gênes sur la même galère. Tous deux restés à bord à Savone, l'escale suivante, ils discuteront à leur aise. Toujours à l'aise, ils ne cesseront plus de discuter jusqu'à l'arrivée à Palamos, et les lettres de Donà ont presque l'accent journalistique des reportages-interviews d'aujourd'hui.

Donc, du brouillard où l'on chemine, sortent des voix claires et quelques visages. Les moins importants ne sont pas toujours les plus négligeables, ou les moins pittoresques. Qui n'aimerait ce soldat aventureux, ce « stradiot », natif de Napoli di Romania, Zorzi Misotaro, que nous rencontrons près de Leonardo Donà en octobre 1570, que nous retrouvons à ses côtés en janvier 1571, toujours aussi épris de ses projets, plus ou moins consistants, d'organiser le soulèvement des Grecs de Morée ?

On dit d'ordinaire que les Vénitiens ont été, en ce XVIe siècle, les meilleurs connaisseurs d'hommes de leur temps. La remarque est partout : les historiens regardent volontiers par-dessus l'épaule de leurs prédécesseurs, qui déjà faisaient comme eux. Est-ce Léopold von Ranke, infatigable lecteur, créateur, *d'un certain point de vue*, des *Relazioni* vénitiennes (il ne les a pas éditées mais il les a lues et a chanté leurs louanges), n'est-ce pas ce père authentique d'une certaine histoire qui, le premier, nous a transmis la leçon ?

Mais peu importe ! Leonardo Donà, dont on entend la voix, dont on suit la pensée, même si le secrétaire a tenu la plume à sa place, dont on possède d'ailleurs des lettres originales, Leonardo Donà est-il — ou non — un bon connaisseur d'hommes ? Mérite-t-il sa part d'une réputation établie en dehors de lui, mais qui sans doute ne l'exclut pas — au contraire ?

Le lecteur, avant de connaître une réponse qu'il devine positive, et même enthousiaste, se demandera peut-être ce qu'il faut, scientifiquement, entendre par *bon connaisseur d'hommes*. Celui assurément qui pèse, au pied levé, la valeur d'un témoignage ou, à tête reposée, le sens d'un entretien, qui en cherche les lignes de sincérité et d'explication et qui ne se trompe guère, qui sait réagir vite aux réactions d'autrui et qui cependant, dans des ripostes les plus vives, garde les yeux lucides. Plus encore, celui qui dessine avec exactitude le portrait de l'autre.

Cela dit, rien de plus simple, pour clore ces quelques lignes d'avant-propos, que de montrer Leonardo Donà à l'aise dans ces exercices d'intelligence, dans ce métier de peseur de propos, de connaisseur d'hommes. Bien sûr, cette intelligence court au long de ses dépêches, de ses récits, s'y perd comme un fil fin qui ne casse que rarement, mais que l'on ne voit guère. Je l'ai montré aux aguets, soupesant — ô rareté — un « certain sourire » de Philippe II. Voulez-vous le suivre, un instant encore, dans les propos qu'il échange avec Jean André Doria, grand seigneur, homme de guerre, piètre ami de Venise — Vénitien et Génois, c'est toujours chien et chat ? Jean André Doria a imposé, à l'automne 1570, le retrait de la flotte hispano-vénitienne qui allait au secours de Chypre, prétextant les dangers des mers à l'approche de l'hiver. Le bruit a même couru que le général vénitien avait offert 100 000 ducats au Génois pour l'indemniser des pertes éventuelles que subiraient ses propres galères (dont il est le propriétaire, les louant au Roi Catholique). Ajoutons que Jean André Doria est revenu en Espagne se défendre, donc accuser les autres, et négocier au sujet des sommes qui lui sont dues. Voilà qui ne crée pas pour une rencontre, même rapide, des conditions agréables. Leonardo Donà s'en tire cependant avec élégance. Mais voyez par vous-même !

À l'épreuve des portraits, nous l'admirerons tout autant. Portrait de Philippe II, cent fois repris par touches successives, sympathique et juste, dépourvu bien entendu de la toile de fond de la légende noire qui d'ailleurs ne l'enveloppera que plus tard, et chez ses ennemis. Portrait court, mais en forme, cette fois, de

Don Juan d'Autriche que je trouve excellent dans sa modération et sa finesse. Mais on lui préférera peut-être encore le portrait plus appuyé du grand commandeur de Castille Don Luis de Requesens, poussé un peu au noir, sinon à la caricature. « *Il commendator maggiore è homo di quarantacinque in quarantasei anni con una dispositione di corpo molto differente da quella del signor Don Gioanne, perché è molto grasso et molto pieno di carne et, per il mio parere con tutto che altri vogliono dir altramente, a me pare che la dispositione della persona sua non saria molto longamente atta a reggersi alla incommodità di una lunga fattione. È persona che ha veduto molte parti de Europa et fatti molti viaggi per essa et, per esser stato sei anni continui ambasciator del suo re in Roma et alcuni altri del suo consiglio di stato, conviene saper molto bene li rispetti li fini et la intentione del suo padrone. È homo d'ingegno et di memoria et parla bene quello che vuole anche nel nostro proprio idioma italiano. Poco tempo è che egli ha carico dell'armata et in tutto quello che occorse di fare in Granata si ritrovò ancora lui insieme con il duca di Sessa et con Don Gioanne ma separati però quasi sempre l'uno dall'altro come portava il bisogno di quelli siti : il re lo stima et li crede et, per quello che intendo, resta ben sodisfatto della dispensatione di quel denaro che occorre di spendersi per le sue mani*[1]. »

Relisant à loisir ces lettres, pleines à la fois de finesse et de force, je me rappelle, comme un remords, ma première impression, il y a des années lorsque je parcourus rapidement aux Archives de Venise cette même correspondance alors en désordre de Donà : mon impression ? Assurément celle d'un certain vide.

Mais n'était-ce pas qu'historien, victime de cette connaissance que l'historien a toujours du mot de la fin, je cherchais dans ces lettres — datées de 1570-1573 — des éclaircissements aux questions que je me posais moi-même sur l'épisode de Lépante vu dans une large perspective d'années ? Je reprochais, somme toute, à Leonardo Donà, de ne pas avoir toujours eu *mes* curiosités, ayant eu les siennes. Or, être à Madrid, auprès de Philippe II, lors de ces années cruciales, était-ce — autant qu'on l'imaginerait à première vue — se trouver au centre de la grande histoire de ces années-là ? La guerre elle-même, comme elle est loin, à des lieues, à des mois de distance ! Un personnage central, au cœur de l'histoire en train de se faire, c'est assurément Don Juan d'Autriche, le Prince Imprudent, dans la cahute de sa galère capitane. Non pas Leonardo Donà, pour qui cette guerre, ce sont des nouvelles, des mémoires, des papiers, des paroles, des propos, des discours, des attitudes, des entrevues officielles, des souvenirs aussi (tout jeune, il avait séjourné à Chypre auprès de son père). Soit des mots, encore des mots, des idées, des papiers, encore des papiers, toujours des échos. Parfois des surprises. Ainsi quand les Turcs, peu après leur débarquement dans l'île de Chypre, s'emparent, le 9 septembre 1570, pratiquement sans coup férir, de la place de Nicosie, capitale au milieu des terres, la nouvelle n'en arrive vraisemblablement à Madrid que vers le 16 novembre, mais pas dans le courrier officiel de l'ambassadeur vénitien qui, lié à l'axe Venise-Madrid, ne bénéficie pas des plus grandes vitesses des courriers pour ses informations. Les nouvelles vont plus vite qui, évitant Venise, foncent ainsi d'Ancône sur Florence et sur Gênes... On imagine alors l'embarras de Leonardo Donà : chacun parle du désastre dont, officiellement, il ne sait rien encore. Force lui sera de s'en excuser franchement auprès du roi, le 28 novembre. Philippe II le rassure aussitôt : il sait, mieux que quiconque, que les lettres et les nouvelles ont souvent « des pieds de plomb ».

Ces remarques trop rapides aideront peut-être le lecteur à s'orienter, à organiser sa propre interprétation dans la vaste correspondance qu'on lui présente aujourd'hui — une correspondance pluridimensionnelle, comme diraient les sociologues, où chacun à son gré peut s'immerger, au milieu de témoignages fragiles et sûrs, insistants, revivre au rythme des événements révolus, faire siens les tourments et les inquiétudes de Leonardo Donà, écouter avec l'oreille qui leur convient ces pensées, ces nouvelles, ces calculs, ces raisonnements prolixes, mais sincères, dont le texte rapide n'a pas été écrit pour nous, historiens et hommes des siècles à venir, mais pour des personnes vivantes, plongées dans l'histoire et l'action de leur temps, alors que l'avenir était ouvert, multiple, indécis — et que l'on ne savait pas encore que la gloire de Lépante serait sans véritable lendemain.

TROISIÈME PARTIE

ITALIE ET MÉDITERRANÉE

Fernand Braudel, qui, depuis 1927, avait passé tous ses étés en Espagne, aborde l'Italie pour la première fois en été 1932, au moment où se termine son enseignement à Alger (il est nommé dans un lycée de Neuilly). Passant par Tunis, il se rend en hydravion à Palerme, puis à Naples, enfin à Rome. Ses recherches en Italie (Florence, Venise, Gênes) et à Dubrovnik se poursuivront jusqu'en 1937, même pendant son séjour brésilien.

Après la première édition de La Méditerranée *en 1949 et sa traduction italienne immédiate sur épreuves, ses liens avec toute la péninsule s'étendent rapidement. Il retrouve, avec toujours le même plaisir, les archives de Venise, Naples, Gênes, Modène, Mantoue. Peut-être parce qu'il caressa l'idée, un certain temps, de prolonger son étude de la Méditerranée jusqu'au* XVIIe *siècle (comme il l'avait projeté pendant la guerre et en avait été dissuadé par Lucien Febvre). Peut-être aussi parce qu'il était incapable de se trouver dans une ville nouvelle sans faire un tour plus ou moins prolongé dans ses archives, qu'il s'agisse de Munich, Augsbourg, Nuremberg, ou La Valette, Istanbul, ou Moscou, Varsovie, Cracovie...*

En 1968, la création par Federigo Melis et la ville de Prato de l'Institut international d'histoire économique, dit Institut Francesco Datini (du nom du marchand du XIVe *siècle qui a laissé dans sa ville ses livres de comptes et son énorme correspondance), le ramènera tous les printemps en Toscane, pour la « Settimana » qui rassemble régulièrement autour d'un thème les historiens de toute l'Europe. On lui avait en effet demandé d'en être le président scientifique et, avec Alberto Tenenti, qui avait la lourde charge du secrétariat, il en assura la direction presque jusqu'à la fin de sa vie.*

Chapitre I

LA VIE ÉCONOMIQUE À VENISE AU XVIe SIÈCLE *

Conférence donnée en 1956 à la Fondation Giorgio Cini de Venise, dans le cadre d'un cycle consacré au XVIe *siècle vénitien. Le texte, inédit en français, a été publié en italien (traduction de Alberto Tenenti) dans un recueil intitulé* La Civiltà veneziana del Rinascimento, *Sansoni, 1958, pp. 83-102.*

La Renaissance aux limites imprécises peut sans trop de dommage se confondre, surtout à Venise, avec le XVIe siècle en son entier. Les dernières décennies en voient d'ailleurs l'éclatant feu d'artifice. Mais ce n'est ni de Titien ni du Tintoret que je dois vous entretenir. Cette joie et cet honneur reviendront à des conférenciers plus qualifiés et mieux partagés que moi. Je vous entretiendrai seulement de la vie matérielle de la grande ville, de son travail, de ses réalités économiques, des voiliers de charge, des naves, du vin nouveau de Candie, des douanes, du budget, du prix ou du poids du pain.

---

* *Source* : Manuscrit français inédit. Archives Braudel.

Je ne crois pas ces sujets sans intérêt, au contraire, mais il s'en faut que nous sachions tout de cette vie au ras du sol ou à fleur d'eau. D'immenses recherches restent à faire. Si les historiens économistes ont beaucoup étudié les grandeurs anciennes de Venise, si l'essentiel en semble connu pour le Trecento et le Quattrocento, on n'en peut dire autant du XVIe siècle. Il a peu séduit les historiens qui, hier, ont cru trop volontiers que Venise cessait d'être prospère et puissante dès le périple heureux de Vasco de Gama, ou dès les premiers voyages fructueux des Portugais. L'essor multiple de l'Atlantique aurait tout condamné et c'est un terme — du moins telle a été l'opinion longtemps prévalante — que fixaient, en juillet 1501, les remarques désabusées de Girolamo Priuli, votre compatriote, observateur lucide et donc — car on n'est lucide qu'à ce prix — pessimiste.

Les recherches de ces vingt dernières années, si elles n'ont pas tout éclairé du destin matériel de Venise au XVIe siècle, proposent déjà une découverte immense, j'allais dire une conquête, assez précieuse : Venise, au XVIe siècle, a vécu largement, peut-être même trop largement, comme nous le verrons. Elle est encore à cette époque la ville la plus riche, la plus luxueuse du monde, ce que fut Paris au cours du siècle dernier. Sans cette richesse matérielle, souvent contrariée et mise en péril, il est vrai, mais jamais absente, sans cette richesse, Venise n'aurait pas connu, au penchant du siècle, cet épanouissement culturel sans précédent, cette poussée multicolore, cette Renaissance tardive, fruit savoureux d'automne. Ainsi, en ce siècle de révolutions, de transformations vives, Venise n'a jamais été la ville déchue dont on a parlé : elle a vécu forte, originale, souvent joyeuse, insouciante des lendemains. L'amertume et les jours noirs viendront, mais au siècle suivant, qui pour elle, certes, ne fut pas le « Grand Siècle », comme pour la France.

*

Un historien étranger, même amoureux passionné de Venise, ne l'explique pas du dedans, mais du dehors, dans ses rencontres et liaisons avec la plus grande histoire du monde. Le premier problème que je dégagerai peut donc se formuler ainsi : Venise a-t-elle matériellement vécu au rythme du monde, je veux dire au rythme majeur de l'économie mondiale ? Oui et non. Oui, de 1450 à 1500 ; non, sans doute, de 1500 à 1550 ; oui, au-delà de 1550, jusqu'en 1600 et même très avant dans le XVIIe siècle. Ces réponses sont évidemment très, trop catégoriques. Mais peu importe pour une première et rapide prise de position ! Une question, trois réponses : c'est qu'en vérité il y a, au fil du siècle, non pas une Venise, mais trois Venises au moins, différentes de corps, d'esprit et presque de visage.

Celle du Quattrocento finissant nous est bien connue. Elle a été l'an dernier au programme de vos entretiens. À peine en dirai-je quelques mots.

Curieusement, cette Venise me semble, si je la compare à ce plein XVIe siècle dont je suis l'historien, moins brillante et moins large qu'elle ne le sera plus tard. C'est que Venise est alors aux prises, mais comme l'Italie entière, mais comme tout l'Occident et depuis plus d'un siècle, avec une stagnation économique de très longue durée. Il y a alors, contre elle et contre toute vie économique d'envergure, une mauvaise volonté des circonstances. Chez elle, comme chez les autres grandes villes, rien ne s'arrange aisément, aucun triomphe ne va sans peine. Depuis 1470 au moins, ses monnaies d'or et d'argent restent en équilibre les unes en face des autres, et c'est un mauvais signe. Sans montée des pièces d'or par rapport aux pièces d'argent, une assez juste règle montre qu'il y a stagnation des affaires. La première guerre turque, de 1463 à 1479, a été interminable, coûteuse, décevante, très dure. L'occupation de Chypre, cette immense victoire, a été malaisée à consolider politiquement, plus encore économiquement. Le sucre, le sel, le coton, le vin, l'orge, le blé de Chypre, tous ces biens, toutes ces nourritures, Venise a dû s'y reprendre à plusieurs fois pour se les assimiler, puis en développer la production ainsi que ses propres profits. Travail, je crois, de longue haleine. Il faudra, pour que l'île se transforme, l'essor général du XVIe siècle. Alors, mais alors seulement, l'économie chypriote est un des ressorts de la grandeur et de la santé vénitiennes.

Avant cet essor, Venise, bien que la première ville marchande du monde, ne peut ni tout faire, ni tout réussir, encore moins tout risquer. Il lui manque ou les hommes, ou les capitaux, ou les débouchés. Une étude attentive montrerait ainsi, à ses portes, en Adriatique, particulièrement face aux montagnes pastorales et aux caravanes des pays balkaniques, une active économie de troc : le sel des bateaux vénitiens jouant souvent le rôle d'une vraie monnaie.

Si la vie vénitienne, donc, est alerte, active, vigoureuse, c'est le fruit d'un miracle continu d'énergie et de travail, d'une attention soutenue. Tenir les grandes routes internes et externes de la Méditerranée, y pousser galères de commerce et gros navires ronds. Lier ensemble tous les grands secteurs du commerce international. Subventionner certaines de ces liaisons, en assurer la régularité, la rotation rapide. Assurer ainsi, pour l'essentiel, le ravitaillement de l'Europe en coton. Ne laisser à personne le commerce « dominant » du poivre et des épices. Organiser par force la rencontre nécessaire, chaque fois profitable, de l'or et de l'argent, de l'argent des mineurs allemands ou serbes, de l'or en poudre qu'il faut aller chercher jusqu'à Tunis... Au total beaucoup de tâches petites ou grandes, au milieu de soucis politiques, de tensions, de faillites en chaîne, ainsi à partir de l'été 1494. La Seigneurie intervient alors et ménage les ententes. Il le faut pour les créanciers et les débiteurs, ceux-ci ne voulant et ne pouvant tout payer, ceux-là espérant ne pas tout perdre. Le 2 juin 1494, après beaucoup d'autres, un Lucas Fugger, en son nom et au nom de ses associés, demande à Venise un concordat.

N'exagérons pas, évidemment, ces difficultés et ces ombres réelles mais qui sont de tous les âges. Venise est la première place marchande du monde. Mais le monde qu'elle domine — la Méditerranée et l'Occident — n'est que faiblement animé. En Méditerranée, la course elle-même n'arrive que difficilement à vivre : elle aussi est fille de la prospérité. On ne s'étonnera donc pas que, triomphante ou non, Venise ait sa part de difficultés. Le principal de ses avantages, sa chance essentielle, si je ne me trompe, c'est que le blé est pour elle à bon marché et proche. Dès qu'elle a faim, Ferrare, voire Bologne peuvent la rassasier. La Terre Ferme, comme le reste de l'Italie, n'a pas encore les surcharges d'hommes qui viendront vite absorber toutes les récoltes locales. Cette montée démographique est responsable de la poussée du brigandage qui s'accentuera avec les années. Des querelles et crimes agraires aux brigandages, puis au terrorisme des troupes de bandits, les registres du Senato Terra sont rouges de ces assassinats multiples, horribles, insistants, preuve si je ne me trompe que l'homme se multiplie, vit mal et se révolte.

Mais justement, si tout se tient dans la vie magnifique et difficile de la Seigneurie, c'est que la misère des hommes est payante à sa façon. Le petit peuple à Venise gagne peu et se contente de moins encore, au moment où Venise s'embellit, se couvre de ponts de pierre, de larges chantiers de construction. Au même instant devant le Palais magnifique qui s'achève, les pauvres crient misère. Ainsi, spectacle régulier, les rameurs de la flotte, jamais payés à l'heure qui suit les désarmements. L'excuse est que, s'ils étaient payés tout de suite, on ne les retrouverait plus pour un nouveau départ. Mais leur sort misérable est à peu près la règle. L'impression générale est que les salaires restent très bas, les augmentations rares. À cette époque, même le noble vit avec une certaine parcimonie, il voyage avec son navire, accompagne ses marchandises, et parfois, pour rétablir des affaires compromises, il s'embarque comme frondeur sur les galères des Flandres ou de Romanie. Le drame des seigneurs pauvres ou appauvris qui traverse en fait toute l'histoire de Venise n'est pas absent en cette fin assez grise du Quattrocento. Les temps sont difficiles, épuisante et brutale la lutte contre le Turc, et cette guerre, ouverte ou couverte, froide ou brûlante, ronge Venise. Où trouver l'argent ? Tous les documents officiels des registres sénatoriaux trahissent une impression de gêne, de difficultés incessantes.

*

Venise n'est pas plus heureuse avec les débuts du siècle nouveau. Les faillites se multiplient, les banques sautent au premier affolement des créanciers. À la Seigneurie, une fois de plus, de sauver ce qui peut l'être. À ces gênes, à ces malheurs, la guerre turque ajoute son poids grandissant, puis, proche ou lointaine mais toujours menaçante, voici la guerre française, ou espagnole, ou allemande, voire suisse... À la table italienne, les barbares installent leur appétit. Venise leur échappe, sans doute, et évite de justesse le coup, qui aurait pu être mortel, d'Agnadel (1509). Mais dès lors, elle ne connaîtra plus la tranquillité, ni l'insouciance. Sa crainte, sa sagesse se concrétisent dans ces multiples forteresses qu'elle va construire ou reconstruire, dans ces pièces d'artillerie qu'on fond à l'arsenal pour les hisser sur les remparts. Au XVe siècle, entrer dans une ville, c'était souvent se faire livrer une porte par trahison. Au XVIe siècle, c'est abattre les remparts à coups de boulets. La ville doit se défendre par les mêmes moyens. Venise saura, sagement, chercher au-dehors et louer les services des plus habiles fondeurs de pièces et ceux des artilleurs, ces techniciens qui parcourent alors le monde entier, sûrs de trouver de l'embauche jusqu'en Asie... Venise était trop avertie, trop savante pour ne pas se servir des nouvelles techniques de guerre. Ses archives, notamment à la fin du siècle, montrent combien elle était au courant des recherches en ce domaine. Mais artillerie, cela veut dire argent. Les armes nouvelles épuisent les États. En tout cas, si la seconde moitié du XVIe siècle voit les grandes guerres enlisées, paresseuses, n'est-ce pas, souvent, entre autres raisons, par suite de la puissance des places fortes ? Venise petit à petit s'est constitué sa puissante armure. Deux mille pièces, nous dit un document de la fin du XVIe siècle.

Mais cette fin de siècle fut lente à venir. Jusqu'en 1559-1560, Venise connut craintes et alarmes, elle se heurta à mille difficultés financières et économiques. Il lui fallut alourdir sa fiscalité, ce qui n'est jamais chose à recommander dans un pays marchand qui vit de la vivacité de sa circulation. Surtout, malgré quelques poussées, elle ne put mettre à profit (pas plus que la péninsule ravagée par les guerres dites d'Italie) ce premier essor du XVIe siècle, ce printemps économique dont les fleurs se tournèrent vers l'Atlantique. Les marchandises victorieuses, alors, sont le poivre, les épices de Lisbonne, le métal jaune d'Amérique, l'argent de Bohême et de haute Allemagne, le cuivre de Hongrie, le poisson salé du Nord. D'où, de par le monde, si nos observations sont justes, un grand contraste : le capitalisme moderne s'épanouit à Augsbourg, à Anvers, à Lyon, à Medina del Campo, à Lisbonne ; il apparaît, mais beaucoup moins vif, à Venise et, autour de Venise, à travers l'Italie entière.

Ce qui ne veut pas dire que l'Italie soit en retard : ses banquiers et marchands colonisent le monde, l'historien les trouve au cœur de toutes les villes qui montent, à Anvers comme à Lisbonne, à Séville comme à Lyon. Ils éduquent et mettent en coupe réglée ces places marchandes où leur intelligence, leurs relations et leurs capitaux dominent les marchés.

Étrange situation : les armées étrangères foulent le sol de l'Italie. Cependant, le marchand italien, avec une simple écritoire, un peu de papier et des correspondants, domine le monde... Même à Séville, le capitalisme italien fait la loi et, par Séville, jusqu'aux Amériques. Il s'installe en somme là où se nouent les grandes, les bonnes, les prodigieuses affaires. Mais ne pensons pas, évidemment, qu'il n'y ait pas de bonnes affaires en Italie ou même à Venise, en ce premier XVIe siècle, ni de ces capitalistes sans remords, comme à Augsbourg et à Anvers. Nous en est un bon témoin ce baile vénitien à Constantinople, Piero Bragadin, qui, en 1525, fait d'assez bonnes affaires dans les trafics du « Mar Mazor ». À son fils Giovanni, resté à Venise, il recommande en bref, dans une lettre du 8 avril 1525, de s'enrichir : *« De uno ducato fane doi, si tu poi. Che ne senti benefitio et honor e io contento. »*

Il y a cependant une stagnation des affaires, à Venise comme en Italie. Nos collègues italiens l'ont souvent répété et ils avancent des arguments solides. Encore

GRAPHIQUE 1

TREND DU PRIX, EN LIRES ET *SOLDI*, D'UN *STAIO* DE BLÉ À UDINE ET À CHIOGGIA, DE 1500 À 1670 ENVIRON

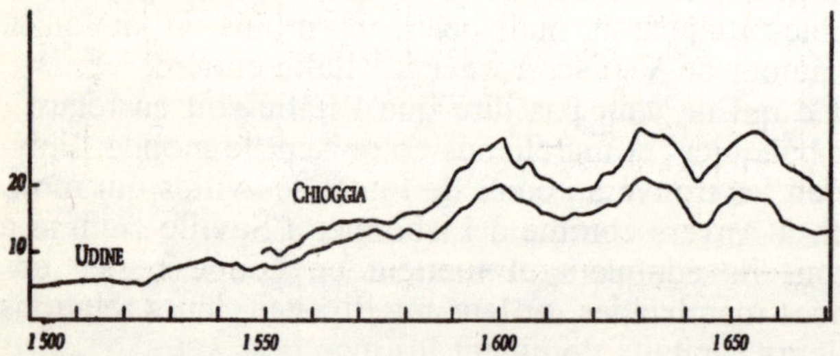

GRAPHIQUE 2

MOUVEMENTS DES CHANGES À VENISE, DE 1520 À 1578

Les zones en grisé correspondent aux longues périodes de hausse.

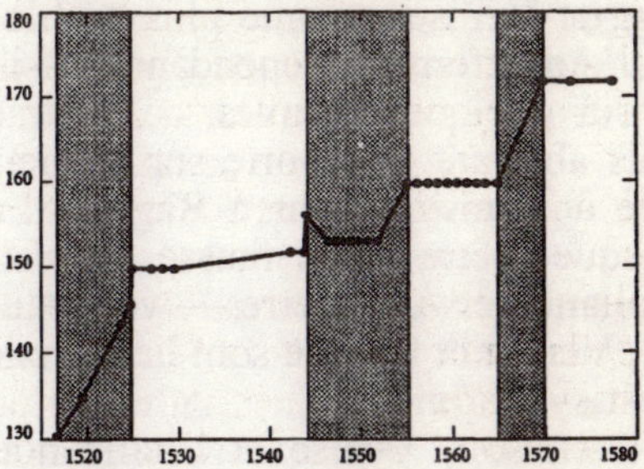

GRAPHIQUE 3

PRIX MAXIMUM DE VENTE DU BLÉ À VENISE (1575-1603)

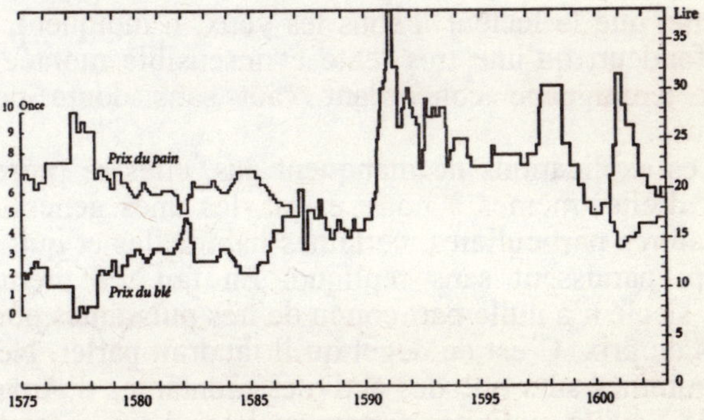

faudrait-il tracer, dans le temps et dans l'espace, les limites de cette économie engourdie, voir aussi si, comme je le pense, elle n'a pas connu quelques réveils, à côté de quelques coups très durs. Il est significatif de constater tout près, à Raguse, un essor net dès le début du siècle, à l'heure où, peu s'en faut, s'anime le premier essor à Anvers, à Séville ou en France. Irons-nous jusqu'à dire que Raguse est une fois de plus la contradiction de Venise, comme plus tard la Hollande le sera de l'Angleterre ? Cependant, est-il possible d'admettre, sur quelques preuves, ce contraste en soi curieux, mais aberrant, s'il porte sur plusieurs décennies... Vérité à Venise, erreur à Raguse. La formule amusante risque d'être assez fausse. En fait, comme plus tard Hollande et Angleterre — vaisseau amiral et chaloupe —, Venise et Raguse sont liées l'une à l'autre et leur vie est synchrone...

Quoi qu'il en soit, Venise et l'Italie n'auront pas connu et donc n'auront pas profité de l'essor du premier XVIe siècle que l'on situe aux horloges occidentales et atlantiques entre 1506 et 1540 (dates approximatives). Le XVIe siècle classique, avec inflation et montée de la production, ne commence, en Italie, que vers 1560. Les courbes des prix du blé à Chioggia et à Udine, que le lecteur a sous les yeux, n'indiquent, en profondeur, qu'une très lente et insensible montée et leur témoignage concordant vaut sans doute pour Venise.

Les explications ne manquent pas, elles se présentent d'elles-mêmes à notre esprit, les unes générales, les autres particulières, certaines habituelles et qui, du coup, paraissent sans réplique. En fait, ce premier XVIe siècle n'a nulle part connu de très puissantes poussées de prix. C'est de dégel qu'il faudrait parler. Nous ne sommes sûrs que des activités montantes d'Anvers et de Séville, activités fortement liées à un ensemble et qui se sont répercutées... Si l'Italie ne leur a pas fait écho, c'est qu'alors elle est désolée par les guerres étrangères et leurs séquelles. C'est aussi, autre hypothèse, que les bases « métalliques » du commerce international se sont modifiées : l'or saharien a été détourné vers l'Atlantique au bénéfice des marchands portugais, à partir de 1455-1486, puis supplanté durant les premières décennies du XVIe siècle, sûrement vers 1520, au bénéfice du métal jaune d'Amérique. À un jeu métallique or-argent, situé la veille en Méditerranée, se substitue une réplique, mais cette fois en Atlantique. Ceci avancé sans trop y croire, car argent et or sont des voyageurs capables de tous les détours et de toutes les complaisances, pourvu que la conjoncture, les bénéfices et les différences de niveau des prix s'y prêtent... Un appel et ils accourent. N'empêche que vers 1506, 1509, 1511, l'occupation par les Espagnols de divers points de la côte nord-africaine a pu gêner les équilibres anciens de l'économie vénitienne, d'autant plus que derrière la poussée espagnole essaie de s'organiser aussitôt la pénétration des marchands catalans, appelée à de médiocres réussites il est vrai. Mais ces explications ne font que redire, à leur façon, la réalité de cette vie économique étendue à l'Italie et, autour d'elle, à une partie, au moins, de la mer Intérieure. La révolution des prix ou la pseudo-révolution des prix ne commencera guère qu'au-delà de 1560.

Je dis « soi-disant révolution des prix » pour faire plaisir au professeur Carlo Cipolla, lequel a raison de penser qu'il y a eu bien d'autres révolutions — ou soi-disant révolutions — des prix par la suite et autrement agitées. Mais la réputation et, ce qui est plus important, les effets de celle qui se met en place au-delà de 1560 tinrent aussi à sa nouveauté. Une tempête est d'autant plus remarquable et créatrice de paniques qu'elle est violente, mais surtout brusque, inattendue et qu'elle succède à un calme plat de plus d'un siècle. Les hommes, les sociétés, les économies subissent de telles surprises désagréables, tout à fait à contre-cœur. Encore n'avons-nous pas les moyens, ici, de tout mesurer avec exactitude.

Nous n'avons pas malheureusement de bonne étude sur les prix et *a fortiori* sur les salaires. J'ai cependant à ma disposition les courbes qui correspondent à Udine et à Chioggia, établies grâce au long travail d'une équipe formée par MM. Romano, Spooner et Tucci. Mais ces deux villes, Udine et Chioggia, ne sont pas exactement Venise : elles l'encadrent, la dénoncent si l'on veut à notre curiosité, mais ne la révèlent pas sans contestation. Une mercuriale du prix du blé à Venise, de 1575 à 1598, montre, en exagérant un peu, une augmentation de plus de 300 %, avec un maximum en 1590, en cette année catastrophique où la Méditerranée a dû faire, de Gibraltar à l'Adriatique, un appel au blé du Nord. D'où un large mouvement de fonds, de lettres de change et d'or, de la Méditerranée vers le nord, au bénéfice de la vieille place bancaire d'Anvers qui servira de pivot à l'opération. Nos renseignements donnent de 1575 à 1598 le prix et le poids du pain, car c'est aux plaintes des boulangers que nous devons ce document assez rare. Mais leur affirmation que le prix de la vie a quadruplé durant les vingt-cinq années précédentes peut très bien ne pas nous convaincre. En tout cas ces chiffres, ces plaintes disent bien la tension à Venise, en cette fin du siècle, du marché du blé, car le blé doit être cherché de plus en plus loin. Il coûte de plus en plus cher.

Au cours de cette période de prix montants, de production en hausse, de gonflement des dépenses, Venise n'a pas été un cas à part, mais un secteur, entre beaucoup d'autres, d'un vaste monde travaillé en profondeur par une première crise d'expansion, expansion qui, tant bien que mal, se maintiendra jusque vers le milieu du XVIIe siècle.

On ne dira jamais assez combien Venise se sera transformée avec le retour de ce que l'on peut appeler, un peu vite, le beau temps économique. Toutes les transformations que nous saisissons ne sont pas le seul fruit des années qui suivent 1560, mais c'est alors que ces transformations s'achèvent, s'aggravent ou deviennent perceptibles.

Le déclin de la flotte marchande de Venise se précipite. Nous avons un relevé numérique vraisemblable des naves à son service, ces gros navires ronds qui, alors, jouent le premier rôle dans le commerce à grande distance. Elles jaugent de 600 à 1 000 *botte* chacune. Un relevé en signale une quarantaine en 1558, quarante-deux en 1567, une vingtaine à la fin du siècle, dont une bonne moitié achetées à l'étranger.

Jadis ces naves étaient construites à Venise ou dans l'empire, les voilà donc, en cette fin de siècle, achetées à l'étranger, dans la proportion d'une sur deux. Aussi bien les habiletés, les roueries, les déloyautés des navires anglais et la guerre douanière que mène contre la Seigneurie le gouvernement d'Elizabeth ne seront pas les seules raisons de la fin d'une navigation vénitienne vers l'Angleterre. Dès lors Venise ne joue plus activement — par ses propres moyens et navires — son rôle dans le Nord. Même recul dans l'Occident même de la Méditerranée. Venise se confine dans la Méditerranée orientale, elle s'y enferme...

Pourquoi de tels renoncements et, à nos yeux, un tel manque d'audace ? Des documents multiples établissent que Venise aurait pu, dès mai 1584, ressaisir le monopole du poivre et des épices. Philippe II, maître du Portugal depuis 1580, lui offrit alors le monopole de la revente en Europe. Des galères vénitiennes auraient pris le poivre à Lisbonne et l'auraient conduit jusqu'à Venise. Pourquoi gouvernement et hommes d'affaires n'ont-ils pas accepté ? Raisons politiques ? Il est possible. Raisons marchandes aussi : Venise n'a pas voulu sacrifier, par cette trahison et d'éventuelles représailles, les marchés de l'Empire turc et d'Orient où sont implantées des centaines de familles vénitiennes, jusqu'à Ormuz et même au-delà. Et sans doute aura pesé, outre l'habitude et la tradition, cette nécessité, pour Venise, d'exploiter à plein les bas prix du monde turc que l'on imaginait inépuisable. Au début du siècle, Gênes avait pu abandonner l'Orient et la France et s'attacher à cet autre colosse, l'Empire hispanique. Une conversion tardive du même type n'a pas été possible à Venise qui n'est pas, comme Gênes, une ville de banques et de banquiers internationaux, mais une ville marchande et industrielle, sans plus de souplesse que Lisbonne, bientôt aux prises pour son malheur avec Amsterdam, cette Venise et cette Gênes du Nord.

Donc, Venise n'a pas risqué l'aventure, n'y a même pas songé. Libre à nous de rêver ce qu'elle aurait pu faire et n'a pas fait.

Voilà bien des changements déjà. Les résumant, les impliquant tous, l'industrialisation de Venise pose un immense problème. Elle est, à mon avis, la plus sensationnelle découverte des historiens au cours de ces dernières années. La montée de l'industrie lainière a été établie par des travaux statistiques qui portent, chance inouïe, sur l'ensemble du siècle. En bref, profitant, cette fois, des guerres qui ont paralysé d'autres villes italiennes du Nord et aussi les lointaines rivales des Pays-Bas, Venise est devenue une grande ville industrielle, la première d'Italie probablement. Au soir du XVIe siècle, elle profite d'un ravitaillement en droiture, par voiliers hollandais, de laine espagnole... Mais cette immense chance l'abandonnera au siècle suivant.

Le capitalisme, au cours des âges, a mille visages, autrement dit, il se détériore pour se recréer sans arrêt. À Venise, durant la seconde moitié du siècle, l'argent des marchands renonce progressivement aux risques affreux du commerce maritime et trouve son emploi et ses positions de repli dans la spéculation sur les changes de Plaisance et, non moins, dans l'achat de terres ou d'immeubles. Il y a surabondance d'argent à louer, de même qu'à Lyon vers la même époque. Comme tout cet argent sort des veines et artères de trafics interrompus, il s'offre en si grande quantité que le taux d'intérêt baisse considérablement.

Le plus grave, si je ne me trompe, c'est que le capitalisme vénitien, à demi détaché de la mer, ne ressaisit pas, sur la place de Venise, les leviers de commande essentiels. Il s'investit dans les achats fonciers et des bonifications multiples, et comme la terre ne ment pas, l'opération sera de préservation sociale. Mais elle couvre mal l'entière richesse, à demi inactive, de la ville, la voici en fait livrée aux autres. Un rapport des *Cinque Savii*, de janvier 1607, semble à ce point de vue caractéristique : il mériterait de devenir classique. Le gouvernement vénitien consulte ses agents, car il s'inquiète des énormes sommes extraites de Venise par le canal des *cambi*. Comment freiner ces évasions ou ces pertes ? En ranimant, disent les « sages », la navigation d'autrefois. Voilà qui est fort juste, mais ne se réalisera pas. Le métier de marin, aux XVIe et XVIIe siècles, représente un métier très dur et juste bon pour des hommes misérables... Venise est-elle trop heureuse, trop soucieuse de bien-être, comme je le pense, pour s'imposer un métier que d'autres pauvres font mieux qu'elle, et à meilleur prix ?

La consultation des *Savii* est l'occasion de nous montrer qui tient, en ce début du XVIIe siècle, les vrais leviers de commande. Les Florentins, nous dit-on, ensuite les Génois, les Allemands, les Milanais et, pour finir, les Hollandais, dont la présence est bénéfique car la balance semble, entre eux et Venise, favorable à la ville.

De ces remarques, d'autres encore, de mille signes, je retire l'impression que Venise a été submergée, durant les dernières années du siècle et au début du XVIIe, par une vague non de prospérité, mais de bien-être. C'est dans ce sens que j'essaierai d'expliquer ce que dit, dans ses mémoires inédits, le grand Contarini quand il parle de la *felicitá* vénitienne. L'argent qui afflue à Venise et s'en échappe mais aussi y reste un instant, se dépense, se gaspille. Hauts salaires de l'Arsenal et des Arti, somptuosité de la ville patricienne, luxe des femmes trop belles et trop richement parées, éclat des fêtes, de la musique et de la couleur : dirons-nous qu'il n'y a pas de civilisation sans gaspillage ? L'art n'est pas fils de Sparte. En Espagne, le Siècle d'Or commence, après les années de carême du long règne de Philippe II, par des dépenses si folles qu'en dix ans, en 1607, la banqueroute survient. Alors que les précédentes s'étaient échelonnées à peu près tous les vingt ans (1557, 1575, 1596), malgré le lourd fardeau des guerres de Philippe II... Cette prodigalité fait notre joie aujourd'hui. Soyons indulgents et reconnaissants à son endroit. Mais reconnaissons que ce Vénitien avait sans doute raison, qui, visitant la Hollande, au début du XVIIe siècle, l'admirait en ces termes :

« Les richesses et les commodités y abondent, mais avec une telle mesure qu'on ne voit ni luxe, ni pompe extraordinaire. Tous observent, chez eux et au-dehors, et en toute circonstance, la vraie modération d'une fortune modeste, sans qu'on voie ni ornements, ni argenterie, ni décor de la maison, ni sièges couverts de soie, pas plus précisément qu'on n'en voyait à Venise, du temps de nos aïeux » (P.J. Blok, *Relazioni Veneziane*, 1909, p. 38).

*

Deux conclusions valent mieux qu'une. Parlons de la force de Venise, puis de sa puissance. Je veux dire de sa force en soi, puis de sa force relative, ou si l'on veut de sa décadence.

Des images et explications que j'ai présentées, il ressort que Venise a vu, au XVIe siècle, s'augmenter ses richesses propres. Le contemporain du doge Francesco Foscarini qui serait revenu par miracle dans la Venise de Titien, aurait été ébloui par les progrès accomplis. Jusqu'à la catastrophe de la peste de 1575, Venise a maintenu sa population, une masse de 100 000 à 150 000 personnes, et cette masse se situe au centre d'une constellation de villes importantes, Padoue,

Vérone, Vicence, Brescia. Venise domine un archipel de villes. Elle reste une immense force humaine. Son commerce et sa richesse impliquent sa présence dans tous les grands secteurs de la vie européenne. Elle a accès à toutes les matières premières, à toutes les marchandises précieuses. Vasco de Gama, ou plutôt ses successeurs ne la privent pas des épices et du poivre des marchands arabes. Le coup a été très dur, mais Venise et la Méditerranée ont peu à peu récupéré, comme l'on dit en terme de sport. Voici durant cinq années les relevés du *cottimo* d'Alexandrie (chiffres arrondis) : 1560, 9 814 *cantara* ; 1561, 12 901 ; 1562, 15 955 ; 1563, 16 002 ; 1564, 15 031...

Je vous ai dit qu'au XVIe siècle, Venise éprouve des difficultés à se procurer or et argent. Cependant, au XVIIe siècle encore, ses sequins d'or sont l'une des monnaies les plus réputées du monde et l'objet d'un commerce à très longue distance. Pour le métal blanc, Venise, en 1590, d'après les registres de Senato Ceca (ou Cecca), reçoit par Gênes, en lingots et réaux d'Espagne, jusqu'à un million de ducats, soit le dixième du pactole qu'apportent à Séville, bon an mal an, les flottes de la Carrera de Indias. En 1596, les spéculateurs vénitiens perdent, avec la troisième banqueroute de Philippe II, 7 à 8 millions de ducats, à ce qu'on raconte, soit deux ou trois fois les revenus annuels de la Seigneurie. Seuls les riches peuvent perdre de pareilles sommes. Venise n'est pas Gênes, ai-je dit, et entre elles pourrait s'organiser la dispute du marchand et du financier, du bon et du mauvais riche, du spéculatif et du travailleur, du matérialiste et du spiritualiste... Mais Venise, moins rusée dans le commerce de l'argent et l'art de le faire fructifier, organise en 1587 son Banco di Rialto, chef-d'œuvre qu'imitera l'Europe. En bref, il est indéniable que Venise a vu augmenter son poids propre avec le Cinquecento. Mais non pas son poids relatif, et cette distinction pose le problème de sa décadence.

Je n'avais pas, jusqu'à ma conclusion, prononcé ce mot ambigu de décadence à propos de Venise. Nous vivons celle de l'Europe, cette décadence est amère, mais avec de beaux jours. Et l'Europe d'aujourd'hui, c'est bien autre chose, en hommes et en moyens, que celle de 1914. Cependant, le monde nous échappe. Notre puissance diminue proportionnellement à celle des autres. Il en va de même pour notre Venise du XVIe siècle. Son tort n'est pas d'avoir refusé le poivre portugais et espagnol en 1584, quatre ans avant l'Invincible Armada, mais plutôt d'avoir conservé, dans un siècle au sang plus vif, un organisme d'un autre temps, trop frêle. Le Portugal avec Lisbonne, la Hollande avec Amsterdam, l'Angleterre avec Londres recommenceront plus tard son aventure. Ces puissances sorties des eaux de la mer s'en échappent avec des corps trop grêles, trop flexibles, fragiles. Venise, au XVIe et même au XVIIe siècle, ne possède, si vous me permettez l'expression, qu'un corps de guêpe. Imaginez en face d'elle, avec la poussée du siècle, la rapide croissance des États modernes, grossiers, massifs : la France, l'Angleterre, les Espagne sont des corps énormes à l'échelle de Venise. Passent quelques décennies et voici l'impériale et monstrueuse Turquie des Osmanlis et son pendant — comme disait Ranke — la monstrueuse Espagne, cœur de l'empire de Charles Quint, puis de Philippe II, l'Empire mondial sans crépuscule...

Ne l'oubliez pas, c'est la taille de Venise, désormais dépassée, qui la condamne économiquement, militairement. La guêpe se défend, les monstres ne la saisissent jamais sans crier de douleur, elle est à Lépante, elle sera en Morée, à Candie... Mais elle n'est qu'une guêpe. Des historiens ont dit trop vite que, si Venise avait été, à la fin du XVe siècle et au XVIe, ce qu'elle était auparavant, elle aurait triomphé des monstres. C'est sûrement faux. L'extraordinaire, le miracle, au contraire, c'est que dans ses murs étroits, sur ses pierres jetées une à une dans la lagune entre terre et ciel, aient pu fleurir et se perpétuer cette stupéfiante grandeur matérielle, cette civilisation de long souffle — la seconde impensable sans la première. Sans corps, pas d'esprit ; mais sans l'esprit, comment justifier les « corps glorieux » ?

CHAPITRE II

LA TOSCANE DU XVIe SIÈCLE DANS LE MONDE MÉDITERRANÉEN *

Au début de la conférence donnée à Florence, en 1974, au cours des journées consacrées au quatrième centenaire de la mort de Cosimo de' Medici, Fernand Braudel décrit le héros du jour : « Je me suis rendu aux Offices une fois de plus et j'ai été revoir le portrait de Cosimo de' Medici par le Bronzino. Il a déjà 26 ans ; ce n'est pas selon l'apparence un homme très bavard, son visage immobile est quelque peu fermé. J'aurais désiré [le] rencontrer au moment des difficultés tragiques de sa vie, au mois de décembre de l'année 1562 quand, avec une rapidité fulgurante, la mort emporte deux de ses fils et sa femme bien-aimée. C'est à ce moment-là que j'aurais voulu le voir, au moment où un homme est placé face à la vanité et à l'inutilité de sa vie, face à la vanité des actions de ce bas monde. »

Pour la publication des actes de ce colloque, l'historien récrivit, à partir de sa conférence, l'article que l'on trouvera ci-dessous.

---

* *Source : La Nascitá della Toscana, dal convegno di studi per il centenario della morte di Cosimo I de' Medici*, 1980 (pp. 19-25).

L'obsédante vie du monde pénètre l'histoire entière de la Toscane au XVIe siècle. C'est une histoire complexe, politique, économique, culturelle. Comme des spécialistes qualifiés vont vous parler largement de la vie culturelle et religieuse de la Toscane, je me bornerai à un diptyque : je parlerai des très grandes lignes de l'histoire politique ; ensuite, peut-être de façon trop détaillée, des rythmes essentiels de l'histoire économique. La Toscane et le monde marchent ensemble.

Tout d'abord l'histoire politique.

En janvier 1537, quand Cosimo de' Medici se glisse vers le pouvoir, ne croyez pas que, même à l'intérieur de ce qui sera appelé l'État ancien, *lo Stato vecchio*, entre le *distretto* et le *contado*, il y ait une unité parfaite. Il a fallu que Cosimo de' Medici, obéissant aux circonstances, les forçant aussi, finisse par bâtir un État, agrandi par surcroît par les terres et les hommes du *Stato nuovo*.

Cette création d'un État « moderne », c'est alors le gros problème de l'histoire entière de l'Occident : au départ, se situe la naissance, dès les Xe et XIe siècles, d'un certain nombre de villes, par la suite maîtresses de leur destin, ce que nous appelons, en français des États-villes. Florence sera un État-ville, Venise, Gênes et beaucoup d'autres... Ces villes, capables de vivre d'elles-mêmes et du monde extérieur qu'elles exploitent, sont nombreuses en Italie, ce qui est, pour votre pays, un bonheur et un malheur. Un bonheur, puisque, des siècles durant, le centre lumineux de l'Occident a été l'Italie au nord du parallèle de Rome. Et une gêne, des siècles durant, puisque ces villes feront obstacle, plus tard, à une unité territoriale de l'Italie.

Aussi bien, en Italie plus qu'ailleurs, aux XVe et XVIe siècles, l'État urbain est-il en crise, il ne correspond plus, dès lors, aux nécessités de la politique et des échanges : il y a concentration et centralisation, diraient les économistes, au bénéfice des plus forts, des plus riches. En Italie, les grosses villes démolissent, assujettissent les villes moyennes et médiocres. C'est

Venise qui s'empare de Padoue, de Vérone, de Brescia et même, un peu plus tard, de Bergame ; c'est Gênes qui va avoir raison de l'hostilité de Savone ; c'est Florence qui s'impose à l'ensemble de la Toscane proche et qui, en 1406, réussit à saisir, à massacrer Pise. C'est Milan qui devient le Milanais de façon si exemplaire que le Milanais des Sforza a été considéré par les historiens comme le prototype de l'État moderne.

L'aventure de Cosimo de' Medici s'inscrit dans ce large contexte : il a en face de lui un État qui n'existe pas encore, rassemblement de villes plus ou moins liées entre elles. Par surcroît, la fragilité de la ville centrale, Florence, s'est manifestée à plusieurs reprises, notamment en 1530, quand les Impériaux ont fini par l'occuper et y établissent le gouvernement d'Alessandro de' Medici. Certes, un monde dont les parties sont mal soudées ensemble. Je me reporte, en pensée, à l'ouvrage récent d'un historien américain, Toscan d'adoption, Erich Cochrane : il suffit, nous dit-il, aujourd'hui encore, de faire un voyage aussi court que de Florence jusqu'à Pise pour retrouver les témoins de passés autonomes, tels des carreaux de mosaïque aux couleurs différentes. Tout autre voyage offrirait la même surprise, le même enseignement. Il a donc fallu passer du multiple au simple, à l'unité. La détérioration de l'économie toscane a été à la fois une aide et une gêne. Ainsi Prato a tellement souffert, au XVe siècle et au début du XVIe siècle, que son faubourg a été abandonné, les maisons s'y sont écroulées sur elles-mêmes, les bêtes sauvages en ont pris possession, même les loups. Ne généralisons pas cette image dramatique, mais elle est une mise en garde. Dans son œuvre de construction et de reconstruction, Cosimo aura été obligé d'utiliser tous les moyens à sa portée, d'user de patience : l'État toscan ne s'est pas édifié en un jour. Il se sera servi pour arriver à ses fins des oligarchies urbaines, non seulement celle de Florence où, sous son règne, comme on l'a dit, la république florentine aura continué, mais aussi des oligarchies des autres villes de Toscane, et non moins des métiers et des corporations et, chose curieuse, il s'est appuyé, dans les campagnes, sur leur régime seigneurial. Dans un livre récent, Mme Fasano Guarini nous a montré que Cosimo avait recréé, en quelque sorte, des fiefs, par une sorte de retour en arrière et qu'il les a recréés pour tenir plus solidement l'État dans sa main. Comme les choses sont compliquées ! Pour faire du nouveau, il faut s'aider sans fin des choses anciennes. Un mot de Marx me revient en mémoire qui prétend, quand on passe d'un système de production à un autre, que le nouveau s'appuie forcément sur l'ancien : un régime capitaliste se sert du régime féodal qui l'a précédé. De toute évidence, Cosimo de' Medici a dû se servir des « béquilles » des régimes précédents. On ne croyait pas jusqu'ici que la reféodalisation de la Toscane avait eu quelque chose de comparable à la reféodalisation brutale du royaume de Naples. Il y a donc là quelque chose de curieux. Et si Cosimo imagine des institutions nouvelles comme le *Consiglio dei Novi*, c'est qu'il est condamné à agir dans une société en train de s'effondrer sur elle-même : il faut recréer un ordre.

Ainsi, la décadence et la sujétion des villes mineures ont commandé bien des choses. Je voudrais à ce propos retenir le dernier épisode affreux de la guerre de Sienne : le 21 avril 1555, la ville capitule. D'après le témoignage de Blaise de Monluc qui assiste aux derniers instants de la liberté de Sienne, nous voyons comment les choses se sont passées. De façon atroce : un certain nombre de Siennois, ne voulant pas rester sous le contrôle des vainqueurs, ont suivi les troupes françaises qui abandonnaient la ville et se sont repliés, vers le sud, dans la région montueuse de Montalcino et jusqu'à Grosseto, en direction de la mer et de l'État pontifical. « Il y avait plus de cent filles, dit Blaise de Monluc, suivant leurs pères et mères, et des femmes qui portaient des berceaux où étaient leurs enfants sur leur tête et suivaient beaucoup d'hommes qui tenaient d'une main leur fille et de l'autre leur femme et ils furent nombrés à plus de 800 hommes, femmes et enfants. De ma vie, je n'ai vu départ si désolé. » Quand ils arriveront, après une journée terrible de marche à Montalcino, ils paraissaient, dit Blaise de Monluc, « comme des morts ». Or si, dans cette fin de Sienne, la France, par personne interposée, joue un rôle qui peut paraître sympathique, vous savez que ce rôle ne s'est pas poursuivi et que, lors de la paix du Cateau-Cambrésis (1er-2 avril 1559), les Français ont oublié les gens de Sienne et les ont abandonnés, selon une tradition qui devait être celle de Machiavel et qui est aussi une tradition de l'État français. Mais je n'essaie pas de vous présenter les trahisons de la politique française. Ce que j'ai voulu montrer, c'est l'effondrement exemplaire de Sienne, obligée de faire sa soumission : l'époque ne peut plus supporter l'existence de villes indépendantes en dehors des cités de premier plan ; leur effondrement a créé la nécessité de l'État nouveau dont vous avez à vous occuper.

*

Je voudrais maintenant vous parler des réalités économiques de l'histoire générale à l'œuvre dans le cadre particulier de l'histoire de la Toscane.

Florence, ville considérable pour l'époque, à la croisée de routes nourricières, vit à l'heure du monde. Une de ces routes s'en va vers Gênes au-delà de Massa et Carrare, une troisième, peut-être plus importante, traverse l'Apennin, gagne Bologne, l'Adriatique et les villes de la plaine du Pô. Une autre, dramatique, s'il en fût, court vers Rome, c'est de là aussi qu'arrivent les grâces, en 1569, avec la création du grand-duché de Toscane. Vers l'est en descendant l'Arno, vous arrivez à Pise, à Porto Pisano et, sur le front de mer, à Livourne. Le petit port de Florence, sur l'Arno, c'est Signa où arrivent et d'où partent les bateliers. Or la liaison avec Pise c'est, longtemps, la liaison avec les ennemis jurés de Florence, ennemis dont Florence ne peut se passer, les deux villes étant, comme on dit quelquefois, des « ennemis complémentaires ». D'ailleurs, souvent, s'installent à Pise des compagnies florentines. La lutte n'a pas empêché les accords. Quant à Porto Pisano, au débouché de l'Arno, son port, comme celui de Bruges, s'ensable. D'où la nécessité d'utiliser Livourne. C'est en 1543 que Charles Quint a restitué, contre argent, les citadelles de Pise et de Livourne. À partir de 1543 s'est créée ainsi une liaison efficace avec la mer. Autour de ce port une ville a été construite par le successeur de Cosimo, Francesco et une place marchande importante se développe au temps de Ferdinand. Livourne devient décisive dans les relations de la Toscane, ce que vous savez aussi bien que moi.

L'économie, au XVIe siècle comme aujourd'hui, ce sont des périodes d'euphorie et des périodes de crise. Celles-ci plus dures dans un monde économique qui n'a pas la cohésion d'aujourd'hui. De toute évidence, la Toscane a vécu au temps de Cosimo, de Francesco et de Ferdinand au rythme du monde. En 1529 se situe un sommet, puis une descente jusqu'en 1539, une remontée jusqu'en 1559, nouvelle descente jusqu'à 1575, remontée jusqu'en 1590, dégringolade au-delà de 1590 jusqu'en 1621. Que la respiration de l'économie du monde soit la respiration de l'économie toscane est une chose importante. Cette respiration, nous la connaissons d'ailleurs, en Toscane, par les travaux classiques du recteur Giuseppe Parenti. La preuve est donc faite de cette coïncidence. Et nous avons là une des clefs de l'histoire toscane.

J'avancerai volontiers à ce propos, avec les réserves d'usage, une explication d'ensemble qui resterait évidemment à discuter et à vérifier. Quand il y a montée de la vie économique, ainsi de 1539 à 1559, ainsi de 1575 à 1590, ce sont les grands États, les énormes machines qui en profitent et le drame des États italiens, c'est qu'au-delà des frontières de l'Italie se sont constitués des monstres politiques : l'Empire turc, l'Empire espagnol, même la France, même l'Angleterre, même le Saint Empire romain germanique, des monstres politiques qui ont bouleversé son destin. On dit d'habitude que les guerres d'Italie commencent en 1494, au mois de septembre, quand le roi de France Charles VIII traverse les Alpes. En réalité, le début des guerres d'Italie n'est-ce pas l'occupation d'Otrante par les Turcs en 1480 ? Il y a donc longtemps que la lutte entre l'État-ville trop étroit et l'État territorial trop large s'est engagée. Et si l'Italie ne réussit pas (bien qu'il y ait eu des tentatives) à créer son unité au XVe siècle, c'est qu'il y a, chez elle, trop d'obstacles urbains à vaincre, les villes jouent contre un éventuel État unitaire.

Oui, mais si chaque fois qu'il y a progrès économique ce sont les grands États qui en profitent, quand il y a reflux économique les petits États se retrouvent à l'aise. Cosimo de' Medici a connu de bons et de mauvais moments dans la mesure où la conjoncture a changé de signe durant son règne, mais Francesco a des ennuis beaucoup plus graves, c'est qu'il se trouve en une période de prospérité mondiale. Heureusement les luttes entre les grands États se sont déplacées vers l'Atlantique. Et si un homme comme Ferdinand a finalement une vie plus remplie et brillante, c'est qu'à partir de 1590 on se trouve dans une période de repli de la vie internationale. Les États de modeste dimension se reprennent à respirer.

Me suivre reviendrait à changer les perspectives habituelles. Les économies territoriales (comme les entreprises) ont certaines dimensions, au voisinage, ou non, de l'optimum. Un pays comme la Toscane, en 1590, a connu une période où ce sont les États de moindre étendue qui se trouvent avoir les meilleures dimensions. C'est vrai pour la Toscane, pour l'Angleterre, pour les Provinces-Unies, même d'une certaine façon pour la France d'Henri IV. Ainsi, à la fin du XVIe siècle, au début du XVIIe, la Toscane reste d'une certaine façon privilégiée. Ne se hâte-t-on pas trop de parler de son effacement ?

Il faudrait pour en avoir le cœur net calculer l'*évolu-*

tion de son produit national. Or je crois l'entreprise possible. Il faudrait évidemment tout peser : une agriculture prise dans les mailles d'un capitalisme marchand qui se replie sur les campagnes ; une industrie qui n'a plus l'éclat d'antan, mais qui tourne encore ; des banques moins nombreuses, mais non pas inactives... Federigo Melis, dont je salue la mémoire avec émotion, pensait que, vers les années 1550, donc encore au début du règne de Cosimo de' Medici, se répandait le système des *accomandite*. Les *accomandite* ce sont des sociétés particulières. Je mets de l'argent dans une affaire, mais ne suis responsable que du capital que j'apporte, et non plus, sur tous mes biens, de la marche de l'affaire. Nous en avons conservé l'enregistrement et savons qu'elles sont importantes (alors que l'on parle si légèrement de la décadence de l'Italie et de la Toscane) jusqu'au milieu du XVIIe siècle, le capital toscan s'installant encore dans toutes les places du monde, en France, en Espagne, en Italie, en Allemagne (à Nuremberg, à Francfort), dans les Provinces-Unies, en Pologne — que les marchands italiens ont prospectée au XVIIe siècle encore, autant et plus qu'une autre région.

Ajoutez enfin à ces poids considérables l'activité des chevaliers de Saint-Étienne, créés en 1561, actifs à partir de 1562, basés à Pise, et qui, corsaires, exercent une industrie fructueuse à travers la mer Intérieure, spécialement après 1572 dans les eaux du Levant. Dernière addition, Livourne qui, au XVIIe siècle, sera, avec Smyrne, le port le plus vivant de la Méditerranée.

Comment ce produit national varie-t-il ? Se maintient-il, comme celui de Venise, sans augmenter franchement ? Y a-t-il concentration du capital à la charnière des XVIe et XVIIe siècles, le grand-duc Ferdinand devenant le seul « marchand » très riche de Florence ?

Quoi qu'il en soit, la Toscane vit encore un automne qui a sa beauté et son éclat. Galilée est né à Pise en 1564, il aurait pu naître à Florence. L'année de la mort de Cosimo (1574), quand il a dix ans, ses parents viennent à Florence. Il allait être la gloire de Florence, de la Toscane et de l'Italie, car il y a un siècle de Galilée. La Toscane rayonne alors sur le monde, elle ne fait pas que l'accepter.

CHAPITRE III

REMARQUES SUR LA MÉDITERRANÉE AU XVIIe SIÈCLE *

Publié en 1956 dans les Cahiers de Tunisie, *cet article avait paru en italien dans la revue* Economia e Storia *l'année précédente. La version italienne comporte des références plus nombreuses et détaillées auxquelles on pourra se reporter.*

Nous savons peu de chose encore de la Méditerranée réelle du XVIIe siècle. La thèse, excellente en son temps, de Paul Masson, *Histoire du commerce français dans le Levant au XVIIe siècle*, date de 1896, son *Histoire des établissements et du commerce français dans l'Afrique barbaresque 1560-1783*, de 1903, ses précieuses *Compagnies du Corail* de 1908. Le premier de ses livres, le plus important, est assurément à reprendre. Comme ses autres ouvrages, il n'intéresse d'ailleurs qu'un secteur du complexe méditerranéen. Le livre de Gérard Tongas, *Les Relations de la France avec l'Empire ottoman durant la 1re moitié du XVIIe siècle et l'ambassade à Constantinople de Phi-*

---

* *Source : Cahiers de Tunisie*, n° 4, 1956, pp. 175-197.

lippe de Harley, comte de Cesy, 1619-1640, n'éclaire qu'un épisode d'histoire diplomatique. La très précieuse publication d'Alberto Sacerdoti, *Africa overo Barbaria*, nous livre une *relazione* faite, en 1625, au doge de Venise par le drogman Gio Battista Salvago, mais sur la seule Afrique du Nord. Les notes qui suivent aideront donc vraiment à poser quelques problèmes nouveaux.

Voiliers et galères

On connaît la place grandissante, dès la fin du XVIe siècle, des navires nordiques dans la vie de relations de la mer Intérieure, voiliers anglais, hollandais, zélandais, hanséatiques aussi, tous chargés de blé, de seigle, de barils de harengs, de plomb, de cuivre, d'étain, de draps anglais, ces *carisee* des documents italiens, parfois de morue de Terre-Neuve. Le XVIIe siècle devait voir l'insolente prospérité de ces transporteurs anglais et hollandais à qui revinrent, de plus en plus, tous les trafics à courte comme à longue distance. Ces vaisseaux étrangers, omniprésents, étaient loués, utilisés, achetés par les marchands, confisqués avec satisfaction par les États chaque fois qu'ils le pouvaient, le cas échéant enrôlés de force ou plus souvent à prix d'or dans les armées navales. Qui aurait pu se passer de leurs services efficaces ? Au gré des circonstances, navires de guerre ou navires marchands, tous un peu pirates et assurément aptes à tous les métiers, ils sont partout et chacun s'occupe d'eux : les services de surveillance de l'Espagne, l'inquisition de Séville, les corsaires barbaresques, ces derniers victimes de leurs coups mais plus souvent associés à eux, et parfois vainqueurs de ces nouveaux venus. Voici, arrivant à Livourne, sur une nave probablement hollandaise, *Le Dragon volant*, en 1609, une série de captifs hollandais, retour enfin des bagnes de Tunisie. Voici, devant un notaire de Venise, en 1599, l'acte de vente d'un navire flamand. En février 1617, un *bertone* de 550 *botte*, bateau du Nord acheté par des Vénitiens, obtenait de la Seigneurie la qualité de navire vénitien bien qu'il fût inférieur, quant à son tonnage, à 500 salmes. Petits événements, assurément. Quelques années plus tard, il était question pour la Seigneurie d'acheter deux navires hollandais, ancrés dans le port de Malamocco, à l'entrée de la lagune de Venise. De deux vaisseaux anglais qui s'y trouvent également, point n'est question alors de faire l'achat. Remarquons au passage, une fois de plus, que ce qui est vrai au XVIe siècle et au XVIIe pour les Hollandais, ne vaut presque jamais pour les Anglais. Mieux vaudrait peut-être, dit l'expert, faire venir de Hollande un de ces bons navires, solidement construits, et que l'on aurait ainsi, après son voyage du Nord jusqu'à l'Adriatique, presque à l'état de neuf. En 1618, une liasse de documents signale, en Adriatique, la présence de gros navires hollandais au service et à la solde de Venise, ainsi *Le Grand Tigre, Le Grand Dauphin, Le Samson*. Puis, peu à peu, avec les années, ces services deviennent habituels. En août 1637, un navire hollandais, *Le Lion rouge*, transportait à Candie, pour la Seigneurie de Venise, une compagnie d'infanterie destinée à la garde de l'île lointaine. Tout arrivant, voici, signés à Madrid, en octobre [1], des passeports pour navires hollandais allant prendre du service à Venise.

Il était assez naturel de rechercher et même d'imiter ces bateaux du Nord, aptes à tant d'usages, bons voiliers, gros porteurs, maniables avec des équipages relativement peu nombreux, aptes en outre à porter une lourde artillerie... Ces modèles furent tôt imités à Livourne, ce centre des nouveautés, ailleurs aussi. En février 1590 déjà [2], Philippe II s'accordait avec des armateurs ragusains pour la construction et l'entretien pendant cinq ans de douze *galeones y navios de su nación*, navires à utiliser sur l'Océan, dont la perfection, indique un texte curieux, découle de leurs mesures identiques à celles « des galions anglais »...

Rien ne serait plus important pour une histoire utile de la mer au XVIIe siècle que de vérifier l'étendue de ces imitations tôt commencées. L'iconographie navale, plus abondante d'ailleurs pour le XVIIe siècle et de meilleure qualité que pour les époques antérieures, faciliterait l'enquête.

Nordiques ou non, les voiliers conquièrent la mer. Ils relèguent les galères dans un rôle chaque jour plus restreint. Un test à soi seul, c'est en 1601 déjà, dans la flotte de navires à rames que Jean André Doria emmena contre Alger, la présence d'une vingtaine de galions (90 galères et 40 galions, dit un avis de Constantinople du 27 août 1601. On ne prête qu'aux riches...)[3] ; ou en 1607 cette expédition ratée contre Famagouste qui donne en revanche l'expédition victorieuse contre Bône[4] — et qui associe galères, galions et *bertoni*. Galions de guerre ou de commerce ne sont pas d'ailleurs de nouveaux venus dans la mer Intérieure, il s'en faut. Mais leur rôle belliqueux s'affirme et la nouveauté est là. La guerre océanique pousse vers la Méditerranée ses outils et ses techniques... Le XVIIe siècle, le confirmera. Sous le nom de galion, plus imprécis qu'il n'y paraît, il faut comprendre la fortune du voilier, prédécesseur, annonciateur du vaisseau de ligne. Nouveaux tests en 1618 ; le duc d'Ossuna, vice-roi de Naples, pousse contre les Vénitiens une quinzaine de galions, la Seigneurie de son côté a dix-huit voiliers armés. En 1620, la première escadre de « navires » anglais bombardait Alger ; en 1649, très au large des Dardanelles, des vaisseaux, des *navi* vénitiens, écrasaient une flotte turque de galères et de mahonnes entre lesquels ne figuraient qu'une dizaine de *vascelli*...

Nulle part la victoire de la voile n'a peut-être été plus grande que dans les ports barbaresques. Un autre âge y commence, à peu près avec le siècle nouveau. Très souvent bateaux et équipages viennent à Alger du Nord même. On ne s'étonnera pas, dans ces conditions, de voir la course « algéroise » s'étaler à travers l'Atlantique jusqu'aux Açores, à l'Islande, voire jusqu'à la

Baltique[5]... Tous détails bien connus. Resterait à les interpréter, à leur donner leur entière signification. Ce à quoi nous aidera peut-être un livre plus cité qu'utilisé et qui nous invitera, pour le moins, à ne pas trop simplifier l'histoire décisive de ces techniques navales.

Collection de documents de toute provenance, cette *Biblioteca hispano-marochina* a été publiée d'après des papiers personnels, par Ignacio Bauer Landauer, curieux érudit, en 1922 et 1923 à Madrid[6]. Le tome V et dernier, *Los Turcos en el Mediterráneo*, offre entre autres pièces de nombreuses feuilles volantes, imprimées à l'occasion de victoires navales chrétiennes — pour la plupart espagnoles et, détail qui a son prix, victoires remportées par des escadres de galères, celles d'Espagne, de Malte, de Florence, de Sicile, de Gênes ou de Naples, opérant seules ou en liaison les unes avec les autres. Je dis bien victoires de galères. Nous aurions tendance à ne retenir que les victoires de voiliers et voici, non pas à profusion, mais assez nombreuses cependant, des relations de victoires de galères sur les gros navires à voiles, leurs rivaux ; la vanité des vainqueurs et l'imprimerie aidant, nous sommes mis au courant de quelques faits divers aberrants au premier examen. Dates et lieux ayant leur importance, énumérons et localisons ces exploits. En 1611, au large de Malaga, deux galions montés par « des Anglais, des Turcs et des Morisques » ne résistent pas aux onze galères d'Espagne, l'un est incendié, l'autre se rend. En août 1617, quatre galères de la Religion prennent deux navires turcs de la « caravane » d'Alexandrie, navires de commerce chargés de soie, savon, huile et cordouans du Caire... Le 26 avril 1623, au large des côtes de Catalogne, les galères du duc de Pastrana s'emparent d'un navire rond de corsaires tunisiens (équipage 50 hommes, tonnage 90 tonnes). Le navire saute... Parmi les déclarations du *raïs* qui commandait le bateau, détachons cette phrase : « D'Alger ces derniers jours sont sortis plus d'une centaine de navires rond » (*baxeles redondos*). Deux jours plus tard,

28 avril, les mêmes galères s'emparent d'un navire rond de corsaires de 100 tonnes, avec à bord 18 pièces d'artillerie et une centaine d'hommes, dont vingt Anglais et Hollandais. Le corsaire n'a pu échapper, « *por ser calma muerta* », par calme plat que peut faire un voilier ? « *El viento era poco, y la mar bonança muerta.* » Il a donc été facile aux galères de manœuvrer autour de l'ennemi inerte, de se placer hors des bordées de son artillerie : « L'artillerie de ses bordées ne pouvait lui servir de rien. » Juin 1624, autre fait d'armes, qui met en cause un bien plus gros gibier : cette fois, les quatorze galères du marquis de Santa Cruz, maltaises et siciliennes, ont surpris près du cap Bon, en Tunisie, les voiliers du « roi de Tunis » Isuf Bey que, depuis sept mois, Ali Raïs a conduits en course à travers les mers du Levant. Le vent assez vif permet aux voiliers de manœuvrer et donc d'utiliser leur artillerie. En pure perte cependant, toute l'escadre tunisienne tombe entre les mains des vainqueurs, la capitane de 600 tonnes fabriquée au Danemark (équipage 300 hommes), l'amirale de 500 tonnes, une coque française (28 pièces d'artillerie, équipage 250 hommes), une hourque flamande de 450 tonnes (18 pièces, 150 hommes), un navire hollandais de 250 tonnes (18 pièces)... Le 9 avril 1626, de nouveau, au large des côtes de Catalogne, les galères du grand-duc de Toscane, renforcées par trois galères pontificales, croisent un navire français qui venait d'apporter du poisson à Barcelone, puis, peu après, un gros navire de corsaires à la hauteur de Tortosa, déjà aux prises avec les galères de Sicile. Le voilier s'échappe, mais les galères toscanes peuvent le suivre puis le rejoindre, la proie n'échappe pas aux poursuivants qui s'en emparent. Sans doute est-ce une ancienne hourque flamande (entendez un voilier hollandais), en tout cas un « navire démesurément allongé pour mieux aller au vent », de 300 tonnes, venant d'Alger, ayant en réserve toutes les bannières possibles pour tromper son monde, habitué du littoral catalan. De mai à juillet 1634, les six galères

de la Religion réussissent une série d'exploits : tout d'abord, en mai, elles prennent d'assaut trois navires de guerre turcs et en coulent un autre au large de Zante ; au tableau : 750 esclaves. Peu après, en juillet, les voilà devant Tripoli de Barbarie, puis à la hauteur du cap de Misurata où elles surprennent six voiliers, dont quatre navires de guerre tripolitains et deux navires français saisis par eux à leur retour de Smyrne, chargés de soie, cires et autres marchandises. En vain les Turcs essaient-ils de fuir, les galères les gagnent au vent, échappent aux boulets qu'ils lancent, s'emparent des navires de guerre et délivrent les bateaux français. Sur ces navires de guerre, on compte deux très grandes polacres et un ancien bateau français, le *Saint Louis*, pris par les corsaires et armé par eux. Belle victoire en somme sur les corsaires de Tripoli, « les plus cruels et dangereux de tous les corsaires, n'épargnant ni amis, ni ennemis ».

Dernier exemple : le 15 mai 1683, sept galères de Malte, au large de Chio, surprennent trois vaisseaux turcs de haut bord. Sur l'amiral, 60 pièces d'artillerie, 400 hommes d'équipage ; les deux autres navires groupent chacun 50 pièces et 275 hommes... De forts, de beaux navires sur lesquels, si l'on en croit les vainqueurs, plus de deux millions d'or sont transportés de tributs payés au Grand Turc. « Des navires capables de tenir tête à une flotte entière et non pas seulement à une escadre de sept galères seules... » Sans doute. Mais les voiliers sont immobilisés par une bonace dangereuse. Immobiles, ils ne peuvent employer leur artillerie avec efficacité qu'une seule fois, contre une galère trop pressée de les atteindre. L'habituel tir des canons de proue sur la cible immobile, l'assaut préparé de deux côtés à la fois par les galères... Le résultat est le même : une fois de plus, la galère triomphe.

On pensera que ces exemples sont limités, particuliers, qu'ils ont l'accent des communiqués officiels, qu'il faudrait les vérifier... Oui, sans doute. Que nous avons cent exemples inverses de fuites, de défauts de galères, qu'il faut incriminer l'impuissante artillerie de ces adversaires que la mer tranquille rend d'une surprenante maladresse. Oui, encore. Mais enfin certains succès, ainsi sur la côte de Tripolitaine en juillet 1634, ne sont pas, si la relation est véridique, à mettre au seul crédit des mers calmes. D'autres témoignages seraient à chercher, à provoquer, à recueillir, à retrouver [7]. Mais l'essentiel se devine : à savoir que la galère reste un outil de combat appréciable, malgré tout ce que les marins ont pu dire de la faiblesse de son artillerie, de sa vulnérabilité (quelle cible que ce navire étroit, bas sur l'eau, avec son entassement d'hommes à bord !). Et cependant, et cependant... des experts conseillaient au Roi Catholique, en 1601 encore, de ne pas se contenter de cinq ou six galères sur les côtes des Pays-Bas à l'Écluse, mais d'y concentrer une vingtaine de ces bâtiments avec lesquels il eût été possible de frapper Londres ou d'interdire le Pas-de-Calais [8]. En décembre 1626 encore, à Venise [9], alors que l'on décide de construire sur les chantiers de Sant'Antonio *« capaci et usati in simili affari »* deux galères *« per guerra et per commercio* [ce sera] *senza pregiudicare ai lavori delle galere sottili e grosse »*.

Mais les galères en Méditerranée ne dureront-elles pas jusqu'au XVIIIe siècle et même au XIXe siècle ? Les remarques, jugements et faits d'expérience nous laissent à penser que s'il y a eu décadence de la galère, des raisons ont joué autres que techniques... Ne serait-ce que son coût de revient, sa construction compliquée, délicate, son usage enfin limité à la bonne saison. Elles ne peuvent transporter, quand elles les transportent, que des marchandises de luxe, caisses de pièces ou barres d'argent, soies en provenance de Messine, ou voyageurs, cette marchandise plus précieuse encore. Pour la liaison avec l'Espagne, nous dit un document génois de 1651 [10], les galères valent surtout pour les marchandises légères et l'argent comptant, *« massime per le merci sottili e carico del contante... »*, et durant l'époque de l'année qui leur convient, *« a suoi tempi ciò all'estate »*. Plus encore, leur moteur humain coûtait cher. « Je crois qu'il est du tout impossible, écrit de Toulon le chevalier de Gout le 26 février 1664, de faire de bonnes voglies (entendez des forçats volontaires) en France, ny d'en tirer des pays estrangers, m'asseurant qu'il sera plus aisé de prendre des Turcs et d'en achepter [11]. » Le recrutement des chiourmes se fait d'autant plus mal que la Méditerranée connaît une vaste crise démographique au lendemain d'épidémies dévastatrices. Pour l'historien du XVIe siècle un autre monde biologique se découvre peu à peu avec le siècle nouveau ; les pestes, les épidémies ont des allures dramatiques, sans commune mesure avec celles dont le spectacle lui était familier.

Impossible, pour les galériens, de songer aux forçats volontaires. Seul l'ennemi, ici le Turc, là le chrétien, fournit les bras nécessaires aux longues rames. Or l'ennemi lui-même se fait rare. À Venise qui utilise surtout les rameurs volontaires, la situation est tragique dès 1602 [12]. À Alger, en 1626, selon un observateur vénitien, il n'y a que six galiotes, fines, légères, de vingt-cinq bancs, marchant bien à la voile, armées d'un seul canon de fer, ce qui les alourdit moins que les galères chrétiennes mieux pourvues d'artillerie. Six galiotes, c'est peu à côté d'une centaine de navires *tondi* [13], mais c'est tout ce que peut faire la ville *nella deficienza massime di ciurme assuefatte e robuste*. Quand on fabrique une nouvelle galiote, c'est plus pour remplacer une vieille coque que pour augmenter le nombre des navires à rames. Des difficultés analogues se devinent dans les lettres conservées aux Archives nationales des agents français à Malte. Leur principal rôle est en effet d'acheter des esclaves turcs aux corsaires de l'île, puis de les expédier, non sans péripéties, sur Toulon ou sur Marseille, pour les galères du roi. Le chevalier de Piancourt écrit, le 24 juillet 1673, qu'il en a ainsi envoyé, depuis un an, 103. Non sans peine, discussions ou chicanes. Encore les corsaires de l'île voudraient-ils que les esclaves vendus et livrés à Malte fussent, dès l'acte passé, hors de leur responsabilité. « Le Roy, proposent-ils, courra les risques de mer », et non plus eux-mêmes jusqu'à l'arrivée en France. Le « Turc » nous le disions, se fait rare [14]. Sans doute tout irait-il mieux si le roi de France achetait des esclaves grecs, des corsaires s'offrant à les livrer à 25 et 30 écus pièce et rendus à Marseille pourvu (car il y a un si...), « pourvu que le roi obtienne du pape que son inquisiteur à Malte ne s'y oppose point » (15 novembre 1674)... Paroles et projets en l'air : rien ne s'arrange et le prix des esclaves reste très élevé. « Je ne vois pas... le moyen d'avoir icy un grand nombre d'esclaves s'ils s'y vendent toujours aussi cher », écrit le chevalier de Tincourt le 30 septembre 1679. Ne note-t-on pas un jour que des esclaves ont été vendus 200 écus pièce [15] ? Nous sommes loin, ici, des prix du XVIe siècle qui, autant qu'on peut l'affirmer d'un mot, oscillaient de même que les prix de rachat — autour de 100 écus. En fait, documents, chiffres, recherches sont trop imparfaits pour que l'on puisse conclure ce débat compliqué et à peine ouvert. Il importerait de connaître les variations du prix de la vie des hommes, car l'homme est denrée capitale quand il s'agit de l'histoire de la mer et de ses légères galères. À première vue, on penserait que l'homme au XVIIe siècle s'est valorisé en raison de sa rareté ? Le XVIe siècle avec sa relative exubérance démographique avait permis la floraison, l'apogée de la guerre des bateaux à rames. Alors hypothèse, et simple hypothèse, dirons-nous que la moins grande exubérance démographique du siècle suivant a travaillé à la décadence des galères, à la fortune du voilier qui, pour sa propulsion, s'en remet seulement au vent ? En tout cas, ces problèmes s'ils n'expliquent pas le destin des techniques navales dominent, plus qu'on ne le pense, la vie entière de la mer Intérieure à l'époque de Louis XIV.

Ainsi, parlant de voiliers et galères, nous voici une fois de plus en présence des hommes, dans la réalité première et fondamentale de leur vie : leur nombre. Si besoin en était, voilà qui démontrerait que la démographie ne s'oppose pas à l'histoire, ou plutôt que les problèmes du nombre prennent l'histoire dans toute son épaisseur. Ils nous proposent ainsi pour le XVIIe siècle méditerranéen un rapprochement entre techniques et reflux démographique ; de même ce reflux est à rapprocher, si je ne me trompe, des salaires en hausse vive au début du siècle et aussi de ces mouvements, indisciplines, revendications, qui marquent si obstinément et si largement le Grand Siècle. En Italie, en Espagne, l'insubordination, les exigences des équipages, au moins pour les premières décennies du siècle, me semblent avoir joué leur rôle... En mars 1629, veut-on mettre de l'ordre pour les équipages de la flotte des Indes, on dresse des gibets, mais, nous dit une correspondance génoise, *« li piu si sono fuggiti »*, la plupart des gens se sont enfuis... [16].

Les convois

La gêne grandissante de la vie économique, l'activité plus fiévreuse, dans la mesure où elle est peut-être moins fructueuse, de la course, les guerres si fréquentes avec les régulières revendications de la piraterie, autant de difficultés qui s'engrènent les unes dans les autres. Les habiles, ce sont les neutres : les Génois qui, en septembre 1673, glissent leur convoi venant d'Espagne à travers l'escadre française au large de leur ville, près du cap de Gatte [17] — les Génois qui, vers 1690, redeviennent un instant, peut-être du fait de la querelle des grandes puissances, les rois du trafic entre Espagne et Italie [18], grâce à leurs puissants navires de guerre —, les Vénitiens qui ont sur leurs vaisseaux soit des capitaines, soit des équipages français et toujours, contre petite redevance ou simples complaisances consulaires, la précieuse bannière fleurdelisée... Mais l'habileté ne suffit pas. L'âpreté de la guerre et de la course — celle-ci ne reconnaissant, nous l'avons dit, ni amis, ni ennemis — a, peu à peu, imposé la solution des flottes marchandes convoyées par des navires de guerre. La règle est devenue générale avec le milieu du siècle. Ainsi nous le disent, pour les Anglais, certains auteurs bien informés [19]. À Gênes, en décembre 1651, on en discute au *Minor Consiglio* [20]. À Venise, où le *convogliar* remonte sans doute à 1634 pour les voyages du Levant, on envisage de tels convois pour le Ponant en 1676-1677 ; le problème sera repris, en projet, en 1698 [21]. Bien entendu, il n'y a pas de date exacte qui pourrait fixer l'origine précise de la pratique. Dès le début du siècle, les marchands marseillais ne faisaient-ils pas convoyer leurs bateaux par le voilier du corsaire Simon Dansa sur les routes du Levant [22] ? En avril 1629, on projette d'envoyer de Venise pour la Syrie deux *gallioni pubblici* et de les faire escorter jusqu'aux mers de Candie *o più avanti* [23]. C'est progressivement, au gré des circonstances, des accidents, des circuits aussi, que ce lourd système s'installa. On devine bien qu'il coûtait cher. Jamais ne cessa la discussion au sujet de son efficacité ou de sa rentabilité. Les dépenses se justifiaient-elles de ces navires d'escorte, gros mangeurs de primes, de soldes et de crédits, tel ce galion de la Seigneurie de Venise, *Santa Maria di Mar*, destiné à Chypre et à la Syrie et dont un document [24] conserve la liste des dépenses, en vivres, pour un mois ? Plus ou moins générale, plus ou moins acceptée, la pratique des convois n'en est pas moins l'un des grands signes de la vie méditerranéenne de la seconde moitié du XVIIe siècle et presque du siècle entier. La pratique amena à préciser la différence, jamais nette cependant, entre navire de guerre et navire de commerce, voiliers l'un et l'autre. Aucun escorteur, en fait, qui ne transportât du fret, pour le moins de l'argent — mieux en sécurité à son bord que sur un navire moins bien défendu. Mais l'escorteur, en général propriété d'un État, avait droit à des honneurs particuliers. En avril 1670 un gros navire français de La

Ciotat de 40 canons, venant de Livourne, commandé par le capitaine Blaise Marin, lequel a sa « commission en guerre et en marchandise », entre dans le port de Gênes : doit-il être, ou non (non, prétendent les Génois), salué comme navire de guerre ? Incident amusant, minuscule sûrement, de la guerre des saluts aux multiples épisodes.

Le convoi ne consiste pas, précisons-le, en un groupement des navires marchands, vieille habitude dont on trouverait des exemples multiples au XVIe siècle ; naves ragusaines ou barques marseillaises naviguaient fréquemment alors de conserve. Il faut, pour qu'il y ait convoi, la présence d'un ou de plusieurs navires de guerre dispensateurs de sécurité. Sans qu'il y ait eu imitation visible et reconnue, le système des convois (bien que plus simple sur l'Océan car portant sur des effectifs moindres) reproduit les convois espagnols de la *Carrera de Indias*...

Nulle difficulté à trouver de bonnes images dans nos textes de ces voyages escortés. « Ces Messieurs de Gênes, écrit le consul de France Compans, le 7 octobre 1670, ont affiché qu'ils expédient un de leurs navires de guerre pour convoy... » Les navires marchands non génois peuvent se joindre au convoi... En 1682, la nave anglaise *Buon Successo* utilise ainsi un convoi vénitien pour gagner le Levant, puis, arrivée au terme du voyage, fausse compagnie sans payer sa quote-part[25]. Notre consul à Gênes, Compans, écrira le 1er juin 1672 : « Aujourd'hui font voille de ce port huict navires français, sept qui vont au hâvre de Grâce et l'autre à Bourdeaux, ils vont tous à Thoulon pour voir s'ilz auroit [*sic*] quelque convoi... il y en a cinq chargez de marbres [de Carrare], les autres d'huiles et ris. » Les convois se réduisent parfois au strict minimum. Voici le 13 avril 1673 le « convoy » de Gênes retour de Cadix : « Ilz n'estoient que deux navires, celuy de guerre et un marchand, on dict qu'ilz ont quelques deux cent cinquante mil escus de comptant[26]. » Les convois les plus importants et les plus réguliers étaient ceux des Anglais et des Hollandais. À l'aller, près de Gênes, ils partageaient leurs navires entre la ville proche et Livourne, et passaient souvent, à la veille du retour, d'un port à l'autre pour compléter leur chargement : « Ils viennent chercher à se fretter », écrit Compans. Puis, de nouveau regroupés, grossis parfois des navires venus de Zante, des Pouilles ou de Naples (26 mars 1670), ils reprenaient le chemin de Gibraltar et de l'Océan, ce qui ne les empêchait nullement, en cas de nécessité, de chercher un convoi sous pavillon étranger. « Tant de navires anglois arrivez icy depuis vingt ou vingt-cinq jours, écrit Compans de Gênes le 26 mars 1670, viennent chercher convoy et traictent avec celluy de ceste ville et celui de Hollande pour veoir qui leur fera meilleure composition. » « Jeudy au soir, écrit le 2 avril 1670 notre même informateur, le convoy hollandois partit de ce port pour Provence, la coste d'Espaigne et Hollande, ilz estoient quinze navires marchands et celuy de guerre seize, tant hollandois, anglois qu'un suédois. Dimanche matin celluy de ceste ville partit pour la coste d'Espagne, au nombre de quatre navires, les deux de la République et deux marchands aussy génois et il l'y en doit joindre un autre qui est en ceste coste qui y a chargé d'huilles et fruicts pour Hollande qui va avec le dit convoy jusqu'à Calis [Cadix]. »

Sans doute les archives d'Angleterre et de Hollande permettraient-elles de mieux suivre et saisir, dans leur ampleur et leurs mécanismes, ces grands convois nordiques poussés, on le sait, jusqu'au Levant à travers toute la longueur de la Méditerranée. Mais le problème essentiel est l'insécurité que traduit le système. Au XVe siècle, la mer Intérieure avait connu avec les galères de commerce, navires d'État armés, un système analogue de sécurité collective que le XVIe siècle, en gros, n'avait plus pratiqué. Il serait intéressant, je pense, de bien préciser les limites chronologiques de cette sorte d'autodéfense... Quand commence-t-elle ? Quand s'achève-t-elle ? Quelles circonstances l'accompagnèrent ? Bien des documents de la fin du siècle nous disent que le système n'est pas toujours du goût des marchands. Le convoi du Levant est-il en retard à Venise, on demandera l'autorisation pour quelques navires de partir et de revenir seuls[27]. Des marchands vénitiens ne réexpédient-ils pas leurs marchandises du Levant en droiture, *a drittura*, jusqu'à Livourne puis, de là, par terre jusqu'à Venise ? Que ne ferait-on pas pour bénéficier des premiers prix du marché avant les arrivées massives du convoi[28] ? Que ne ferait-on pas aussi pour échapper à des contraintes onéreuses quand la situation le permet ou semble le permettre ? Mais surgisse le danger et les plaignants sont les premiers à revendiquer aide et protection. Ainsi les Vénitiens en décembre 1692 devant le péril français[29]. Petits faits dont il ne faudrait pas forcer le témoignage mais qui, à leur façon, disent la santé, ou le retour à la santé, de la vie méditerranéenne. Car les convois sont le signe d'une longue et grave maladie.

Cadix, capitale de l'argent

Un autre fait, indéniable et de large portée, se dégage des documents que nous avons rassemblés sur la Méditerranée du XVIIe siècle. À une date que l'on ne saurait exactement préciser, Cadix est devenue la capitale métallique de la Méditerranée — entendez le centre de redistribution vers les pays méditerranéens du métal blanc d'Amérique. Les convois venant d'Espagne à Gênes y apportent toujours « le comptant », barres d'argent ou réaux. La correspondance consulaire de Compans conservée de façon suivie, à partir de 1670, ne nous laisse aucun doute alors sur cette liaison vitale de Gênes avec l'Espagne. Ce n'est plus par Barcelone ou Carthagène et par galères, comme à la fin du XVIe siècle, que se fait cette liaison, mais à partir de Cadix et par voiliers. Dès qu'il arrive d'Amérique à Cadix, l'argent déclenche le convoi de Gênes. « ... Ces

Messieurs, écrit Compans le 6 mars, depuis la nouvelle de l'arrivée de la flotte en Espagne faisoient grande diligence pour l'expédition de leur convoy et ont affiché qu'il partira le 8 du courant mois mais je crois que si il retarde tout ledict mois il manquera peu. On dict qu'ilz seroient deux navires de la République et quatre gros [navires] marchands. » Le métal précieux, d'ailleurs, n'est pas transporté seulement par bateaux génois : le 9 avril 1670, un navire de guerre anglais arrive à Gênes avec « 600 000 écus de comptant en barres et pièces de huit realles, il n'a point salué prétendant que ce salut lui soit rendu coup sur coup ». En juillet, le 23, arrivent six navires hollandais dont trois de guerre, ils apportent de Cadix et d'Alicante quelques cochenilles, des « indigues », et « quelque 500 000 écus de comptant pour icy et d'autres pour Livourne et Venise » ; le 3 décembre 1670, un navire hollandais, en provenance de Cadix, transporte 200 000 « escus de comptant ». Vers Milan, Venise et l'Allemagne (« on assure que cela passe en Allemagne », 22 novembre 1673), Gênes redistribue, comme jadis, le métal blanc qui lui arrive par tous les navires qui fréquentent son port, anglais et hollandais de préférence, mais aussi génois et malouins[30]. Les quelques chiffres que je signale évoqueraient un trafic moins important qu'au cours des belles années du XVIe siècle. Ce sont cependant de gros chiffres, à une époque où, *a priori*, on ne les attendrait plus. Ils prouvent en tout cas, et amplement, la persistance de certaines liaisons.

Ce fait constaté et bien constaté à la hauteur des années 1670 réclame un double complément. Comment cette situation se rattache-t-elle aux situations antérieures ? Comment se maintiendra-t-elle ? Il est hors de doute que cette liaison va durer, Cadix restera de longues années encore la source de ravitaillement en argent de Gênes et de la Méditerranée entière, et donc, pour cette Méditerranée entière, elle s'affirme une ville clé par qui se trouve liée à l'économie de l'Atlantique l'économie de la mer Intérieure. Puissent les historiens ne pas l'oublier dans la ligne même des indications anciennes du *Dictionnaire* de Savary ou celles, plus catégoriques, des documents innombrables du XVIIIe siècle.

Il est plus difficile, par contre, de rétablir la liaison vers l'amont. J'ai cité déjà ce document génois de décembre 1651 sur les convois. Il nous offre un jalon assez précieux. Il vaut mieux, dit-on alors au Minor Consiglio, utiliser des voiliers que des galères pour le transport du « comptant » d'Espagne. Les galères sont, en effet, obligées d'entrer dans le port, de se soumettre ainsi au contrôle des autorités à terre, les navires au contraire restent au large, dans la baie, et c'est clandestinement que l'argent s'y embarque. Voilà qui met l'accent sur la fraude, jamais absente, même au XVIe siècle, dans ces commerces des métaux précieux. Plus ou moins avouée, plus ou moins large, mais jamais absente, à tel point que les autorités espagnoles en ont toujours tenu compte ouvertement. D'après les travaux du regretté Albert Girard, c'est à partir de 1635 et à Cadix que la fraude a connu une recrudescence, peut-être sa première période de grande extension. En ces années du début de la période française de la guerre de Trente Ans il n'est pas abusif, peut-être, de placer les origines de ce courant métallique. Naturellement, avant 1635, du métal a pu, de Cadix, prendre déjà le chemin de la Méditerranée. Ainsi en septembre 1598, à l'occasion du voyage de l'archiduc Albert aux Pays-Bas, des galères génoises vont charger à Cadix du comptant pour des millions d'écus. J'ai signalé ailleurs, vers les années 1590, une fraude importante au bénéfice des Hollandais et grâce à la complaisance intéressée du duc de Medina Sidonia, à San Lucar de Barrameda, cet autre avant-port de Séville... Il reste permis de penser que cette fraude à partir de Cadix s'accentuera encore, quand, à partir de 1666, la ville aura officiellement remplacé, comme point de départ et d'arrivée du commerce d'Amérique, la continentale Séville.

Mais, du jour au lendemain, les voiliers n'ont pas supplanté les galères ni la route de Cadix exclu la route de Barcelone. On connaît, à la fin du XVIe siècle, l'importance de cette route de l'argent, terrestre puis maritime. De Séville, des convois de mules transportaient le métal monnayé ou en barres jusqu'à Barcelone, Alicante ou Carthagène, mais surtout jusqu'à Barcelone où les galères le chargeaient pour Gênes[31]. C'étaient de grosses opérations portant sur des milliers, voire des millions d'écus[32]. Le travail essentiel des galères de la république de Gênes aura été, des années et des années durant, le transport des caisses de numéraire des hommes d'affaires génois — tant il est vrai que pour ladite république il n'y a pas de petits profits[33]. Grosses opérations, en grande partie contrôlées, ne serait-ce qu'à cause de la longueur des itinéraires terrestres. Il fallait des passeports pour circuler, des licences pour exporter, après contrôle dans les ports[34], les lingots et les pièces. Des documents nombreux nous montrent l'importance de ces voyages à la fin du XVIe siècle, mais aussi durant les premières décennies du XVIIe siècle. Des correspondances génoises mentionnent tous les ans des embarquements d'argent sur des galères — en mars et avril 1627 (de 200 à 300 caisses à Barcelone), en juin 1627 (600 caisses de réaux sur sept galères à Barcelone), encore en octobre de cette même année, encore en 1646, encore en septembre 1647[35], en mai 1648 (150 caisses de comptant à Tarragone). En 1650 (24 août et 28 septembre) on apprend que des *condotte* d'argent génois sont saisies sur les routes d'Espagne.

Ce n'est qu'avec le milieu du XVIIe siècle que ce trafic, par galères, s'amenuise au point de disparaître de la grande histoire. Apparemment, d'après les sources officielles, on pourrait croire à une chute brutale des sorties d'argent espagnol. En fait, une capture silencieuse s'est opérée au bénéfice de la route maritime de Cadix et de la fraude trop nourricière de la Méditerranée, mais aussi de toute l'économie européenne. Il suffit pour nous mettre en garde de constater la richesse métallique de Gênes. Peri, dans son livre[36], ne donne pas l'image, en ces années 1640, d'une ville épuisée, voire privée de son ravitaillement en métal blanc — bien au contraire. D'énormes fortunes d'importance internationale y subsistent. Telle celle des Durazzo, d'origine albanaise, qui en 1665, avec leur propre argent, faisaient frapper 100 000 écus[37]. En Méditerranée, cet afflux explique que s'anime à l'Orient ce commerce déficitaire de toujours, que se maintienne vive cette blessure par quoi s'écoulent, comme jadis, les surplus de la mer Intérieure, réaux d'Espagne[38], *abouquels* ou *asselains* ou piastres de Hollande (à 70 ou 73 sols pièce en Provence en 1693)[39]. Des marchands de Marseille s'offraient à cette date pour frapper les pièces indispensables au négoce avec le métal blanc acheté à Cadix ou à Gênes. À côté du métal blanc, ne pas oublier, dans cette hémorragie, le métal jaune, originaire de Cadix lui aussi[40], mais encore de Gênes, d'Allemagne d'où viennent ces pièces d'or « comme sequins et ducats » qui « ont cours par tout le Levant ». À Orange, en 1686, le prince fabrique des sequins de même titre que ceux de Venise[41]. Peu importe, puisque toutes ces pièces blanches ou jaunes « sont [finalement] mises indistinctement à la fonte et [du Levant] envoyées en Perse et aux Indes après avoir esté converties en lingots[42] ». Sur ces envois métalliques au Levant de gros bénéfices ne cessent de se réaliser, 30 % sur les réaux en Égypte, en 1668, à dire d'observateur[43]. À dire d'expert, encore, en 1671, le sequin d'or de Venise donne 20 % de bénéfice dans le Levant[44]. Quelques années plus tôt Tavernier ne disait-il pas, fort de son expérience : « ... Ce n'est guère la coutume de rapporter de l'argent du Levant, mais plutôt de l'employer en bonnes marchandises sur lesquelles il y a à profiter[45]. »

Commerce, industrialisation et crise

Les documents de la série B III, versés par les Affaires étrangères en 1931 à nos Archives nationales et alors seulement, en fait, livrés aux historiens, dessinent assez bien la situation marchande de la Méditerranée à la fin du XVIIe siècle. Le panorama, presque toujours vu de Marseille, est assez complet si on l'enrichit par d'autres sources, mais non pas absolument neuf. Pour un historien du XVIe siècle, que de détails familiers et inchangés ! Voici, en septembre 1670 [46] une galère du grand-duc de Toscane retour de Messine qui débarque à Gênes cent balles de soie, en réservant deux cents pour Marseille. Les galères de la soie ont survécu aux galères de l'argent et, pour la soie, on constate la pérennité du marché du Levant [47]. Voici un vaisseau anglais chargé de raisins secs à Zante. Voici, à ne plus pouvoir les compter, des navires chargés d'huile, autour des Pouilles ou à Naples, ou encore quittant Sicile ou Sardaigne. Des navires chargés de sel, en suite processionnaire, partant d'Ibiza, moins souvent de Trapani, gagnent Gênes et par-delà Milan, cet éternel client qu'il faut disputer à Venise... Voici des villes soucieuses de maintenir libres et d'améliorer leurs routes nourricières... Voici, avec des retours et des éclipses, le blé de Tabarca, le blé de Sicile, le blé, le riz ou les fèves du Levant [48], les navires chargés de bois, cet interminable et éternel commerce des laines et des cuirs — des cuirs d'Alexandrie, par exemple [49] « cuirs de bœufs à poil salez avec du nitre, sechez et pliez en deux et qui sont propres à faire des semelles de souliez après qu'on les a tannez en France ». Inutile de parler du commerce des vins, omniprésent, des vins de Chypre, par exemple (c'est un Français qui en parle), « trop violents quand ilz sont nouveaux et trop sucrez quand ils sont vieux... » et que l'on garde de douze à quinze années ; « mais avec tous ces soins, continue notre même informateur, on n'en sçauroit faire une liqueur qui puisse tenter un françois de bon sens et de bon goûst à qui le vin de Champagne, le verdée ou le montalchin sont un peu connus ». Oui, la Méditerranée reste la Méditerranée. Des transporteurs, des « voituriers »[50], des intermédiaires[51] ragusains qui surgissent de temps à autre, complètent l'illusion.

Mais que de faits nouveaux ! Tout d'abord cette lente et puissante pénétration aux formes multiples, en Méditerranée, de la vie océanique. Celle des escadres atlantiques : en 1646, le vice-roi de Naples qui craint la flotte française appelle à son secours la flotte océane de l'Espagne[52]. Celle des produits atlantiques. Une des plus puissantes et curieuses conquêtes à la fin du siècle fut celle du sucre océanique, plus encore portugais et donc brésilien qu'antillais, en raison des qualités respectives : « Les cassonades des isles [françaises d'Amérique], dit un rapport de 1695[53], sont grasses et gluantes au lieu que celles du Brésil que l'on prend à Lisbonne sont blanches et sèches. » Ajoutons qu'elles sont d'un prix de revient moindre[54]. En même temps que le sucre, arrivent les bois de teinture, le bois de Campêche... Nouveautés plus réelles et spectaculaires encore, le maïs, en lente progression de la péninsule Ibérique et du Maroc vers l'Italie et les Balkans où son arrivée et sa réussite eurent des allures de révolution ; le tabac, cet autre américain dont l'entrée est contrôlée à Venise, interdite la culture, et pourchassée la contrebande[55] ; le café enfin, cet asiatique, que l'on va prendre à Rosette en provenance de la mer Rouge, par le relais des caravanes, des entrepôts du Caire et des bateaux du Nil[56] ; là aussi arrivent des « pourcelaines qui viennent des Indes par la mer Rouge et de Perse par caravanes... »[57].

De ces petits faits mêlés une impression — je ne dis pas une constatation — semble se dégager : l'industrialisation plus intense ou plus également diffusée à travers les villes de différentes grandeurs, autour de Naples, autour de Venise, autour de Florence. À Gênes, les grands métiers et teintureries restent animés et, malgré les Anglais et les Hollandais, leurs tissus de velours, de soie et de laine se maintiennent dans le Levant et en Espagne, les ventes s'en développeront encore avec le XVIIIe siècle. À Saint-Pierre-d'Arena, les vieux chantiers de construction ne connaissent guère de repos [58]. Par toute l'Italie, il y a reprise et extension de la soie au début du siècle, mais aussi de la sayetterie ici ou là, ainsi à Messine, si l'on ne se trompe, en 1608 [59]. À Marseille, en 1695, un des éléments du commerce vers le Levant est fourni par le « papier commun blanc... des manufactures établies aux environs de ceste mesme ville... ». En Languedoc, la preuve nous est donnée, vingt fois pour une, que des industries drapières se sont établies comme dit un texte, « pour le commerce du Levant dont feu M. de Seignelay était chargé » (décembre 1690). Un autre document de la même année (9 novembre 1690) parle de « la manufacture des fabriques de Saptes et de Clermont pour le Levant et les Indes », sans compter (1695) les draps fins de Carcassonne, « ... de toute sorte de couleurs vives et hautes, particulièrement de verts, de bleux, d'écarlate, de soupe de vin ou de rouge de pavot... ». Ces fabriques vivent mal. Elles vendent difficilement, plus mal encore elles s'approvisionnent de laines fines de Ségovie, de cochenille et d'« autres drogues de teinturerie » [60]. En Espagne, la mercerie se développe au détriment des importations françaises [61]. En Turquie, même processus... Dès 1616 des observateurs vénitiens signalent la fabrication de draps de soie, moins bons que ceux de Venise mais articles de concurrence [62]... Autour d'Alep on file et tisse le coton qui sert à la fabrication des toiles bleues d'Aman, Antioche, Agermis et Anquilis, lieux de fabrication ou de teinturerie de ces étoffes à bon marché, de bon teint, qui servent à l'habillement d'été des « matelots et marinierz et... menu peuple » en Espagne et en Italie. En Dauphiné et à Lyon on en fait les tabliers des femmes. Alep fabrique encore des indiennes « qui ne sont pas si belles ny si chères que celles qui viennent de Perse et des Indes... [63] », « des étoffes de soie sçavoir de petits satins légers et d'étoffes rayées moitié soye et moitié coton, la soye par dessus ; on les appelle bours, il s'en charge peu pour la France mais la plus considérable consommation s'en fait en Égypte [64] ». Sans compter « dans la ville même d'Alep quantité de fabriques de maroquins rouge, jaune, violet et noir ». À Chio, l'île des surprises, « des toiles de cotton appelées danites... croisées à la manière des basins mais beaucoup plus fines et plus serrées [65] ». Cotonnades aussi à Seyde, en Égypte et toiles peintes à Smyrne et à Chypre [66].

Toute une image, on le voit, mal en accord avec nos idées habituelles. À mon avis cette industrialisation serait la preuve d'une gêne, d'une réaction diffuse à l'insuffisance des échanges.

Sur la conjoncture

Il ne saurait être question de donner ici, à partir de documents disparates, un avis autorisé à propos de la conjoncture du XVIIe siècle. Mais, si imparfaite que soit notre auscultation, si éloignée qu'elle nous semble d'une médecine scientifique, la question s'est tout de même posée à nous à plusieurs reprises. Il me semble possible, toutes précautions prises, d'affirmer que nous assistons, au voisinage des années 1620, à un reflux de l'économie, riche de conséquences et de changements. C'est alors, comme tous les historiens économistes le constatent aujourd'hui, c'est alors que s'arrête la grande prospérité du XVIe siècle, ou mieux de cette longue période de vie puissante qui s'inaugura aux environs des années 1560. Tout ce que cette conjoncture a favorisé de son élan, en Méditerranée, décline alors et s'écroule. À Venise, c'est la fin de la prospérité tranquille et, signe d'inquiétudes, les menaces du duc d'Ossuna et de la trop célèbre conjuration de Bedmar. Pour l'Italie du Nord, les guerres du Montferrat, petits incidents de nos histoires diplomatiques, signifient misères, inquiétudes et désastres. Elle n'a pas la santé de soutenir ces nouvelles guerres d'Italie... Je ne parle pas, au-delà des années 1630, des épidémies meurtrières... Assurément se clôt une période de vie tranquille. L'analyse, que je ne puis étendre au-delà de mes quelques lumières, devrait s'intéresser aux Balkans, à l'Asie Mineure, à l'Afrique, à l'Espagne. À défaut de preuves multipliées, en voici deux d'immense portée.

Tout d'abord, c'est vers 1615 que la mer Rouge a cessé son grand rôle de liaison entre l'océan Indien et la mer Intérieure. Un mémoire français de 1685 le dit avec netteté[67]. Je sais bien que ces jugements rétrospectifs ne doivent pas être surestimés, ni suivis à la lettre. La remarque me semble cependant juste. Un document vénitien nous indique, en effet, que c'est à partir de 1616 que l'indigo, la gomme arabique et autres drogues arrivant à Venise, sur navires anglais et hollandais, par le cap de Bonne-Espérance et le détroit de Gibraltar, furent soumis à un droit de douane de 6 %, analogue à celui que l'on avait prélevé jusque-là sur ces mêmes produits venant du Levant. Il y a là une preuve, ou peu s'en faut, que ce détour est dans sa nouveauté, sinon on entendrait, à Venise surtout, les réclamations des marchands liés à l'ancienne route... Le droit sera relevé à 16 % en 1626[68].

Seconde constatation, toujours extraite, à nos risques et périls, de ce mémoire de 1685. Le commerce du Levant, à Marseille, aura été prospère, nous dit-on, jusqu'en 1620, ce qui rejoint des documents moins tardifs, ne serait-ce que ceux mis en cause par Fagniez[69]. Louis XIII déclarait à Effiat, le 13 août 1624, que notre trafic dans le Levant venait de diminuer de moitié. Petites raisons à cette chute, le mémoire les énumère : augmentations des droits de douane, avanies, celles-ci provoquées notamment par le saccage d'Alexandrette accompli, en 1630, par une barque de Frontignan, et par les créances en Égypte d'un dénommé Olivier Crom. Je ne dis pas que ces raisons n'ont pas compté. Mais nous aurions aujourd'hui tendance à renverser l'ordre des effets et des causes. Il y a eu reflux économique général et les Marseillais, ainsi que tous les navires sous bannière de France à qui revenait une grosse part du trafic, ont les premiers été victimes de ce reflux, d'où des faillites, des avanies, des relèvements de droits de douane... D'où la victoire, dont il faudrait mesurer l'ampleur, des Anglais et Hollandais, mieux que les Marseillais associés à l'Océan ; d'où la montée de Rouen liée à leurs transports et qui attire à elle, au détriment de Marseille, une part considérable du trafic français. Il y a là, certes, un beau sujet d'histoire et de géographie économique, encore ne faudrait-il pas l'isoler de son contexte qui lui donne sa réalité, c'est-à-dire cette crise, ce renversement de tendance par quoi s'inaugure le XVIIe siècle.

C'est ce marasme des affaires, ce nouveau climat qu'il importerait de définir et d'analyser. Mais ici seuls les chiffres en série méritent d'être consultés. Rien n'est possible sans comparaisons et pesées respectives. Au-delà de cette consultation, et au-delà seulement, nos faits descriptifs prendront vie nouvelle... C'est toute l'histoire méditerranéenne qu'il faudra ainsi remettre, une fois de plus, à l'heure du monde.

L'historien ne reconnaît aisément que les changements. Il y a eu, au XVIIe siècle, en admettant qu'au-delà de 1620 un équilibre, en gros, se soit établi, des reprises, des crises de courte durée. Ce sont ces mouvements relatifs que nous percevons, ainsi les catastrophes banqueroutières de l'Espagne de 1627 et de 1647, ainsi, en accord avec Earl J. Hamilton, les ralentissements des arrivages de métaux précieux entre 1640 et 1650. En 1640, les révoltes de la Catalogne et du Portugal soulignent ces gênes. Le Portugal — grosse question — n'a-t-il été pour l'Espagne que le compagnon des bons jours, économiquement s'entend ?

Sur toutes ces crises cycliques nos documents fournissent vaille que vaille leur témoignage. Le plus curieux concerne peut-être les réactions et les adaptations d'économies urbaines à la crise. Je publierai dans un des prochains numéros des *Annales*, à ce sujet, un intéressant document vénitien sur l'économie génoise, daté de janvier 1641. Pour l'instant, à titre d'exemple, j'insisterai seulement sur la crise assez large qu'entraîne, dans les mécanismes économiques, la guerre de Hollande, au moins à ses débuts. À Gênes, voici le port désert ou peu s'en faut. « ... Les affaires sont si misérables, écrit Compans en août 1674 (en août il y a pourtant la trêve, la complicité de la variation saisonnière), qu'il ne se peult dire davantage, un des principaux banquiers de ceste ville nous disoit hier que depuis cinquante ans il n'y a point eu tant de lettres protestez es foires de Novi comme il y en a eu en ceste cy... ». Nous voilà une fois de plus en face de la guerre — gros, très gros problème... La guerre de Hollande n'a pas été la seule à entraîner remous et transformations dans le vaste mais sensible domaine de la Méditerranée où la guerre ne se réduit pas au seul jeu spectaculaire mais important aussi des escadres, des débarquements et des bombardements... L'intéressant serait, à travers tous ces symptômes, de déceler vers les années 1680 les grands signes et les preuves d'un large et profond renversement de la tendance. Les données que je peux fournir à ce sujet sont malheureusement insuffisantes.

Le lecteur voudra bien être indulgent à l'égard des notes et aperçus qui précèdent. L'auteur, spécialiste du XVIe siècle méditerranéen, a voulu un instant seulement sortir de son temps pour considérer les situations qui se sont développées au-delà de son époque familière, au siècle qui l'a suivie. Cet article — comme beaucoup d'articles — pose donc plus de problèmes qu'il n'en pouvait ou voulait résoudre. Puisse-t-il avoir montré, une fois de plus, après quelques autres, que la Méditerranée, mer des merveilles et des contrastes, est, au XVIIe siècle comme aux époques antérieures, une étonnante table d'écoute pour entendre, mesurer et recréer la grande histoire du monde.

Chapitre IV

LE SIÈCLE DES GÉNOIS S'ACHÈVE-T-IL EN 1627 ?*

« J'aime Venise d'un amour tendre, mais j'ai toujours admiré Gênes, son courage à la hauteur du courage de Venise, son intelligence sans égale, son étonnant manque d'inertie : elle ignore la pesanteur et elle vit, sans fin, en avance, sur les autres » (Fernand Braudel, lors de sa réception comme citoyen d'honneur de la ville de Gênes, 1984). Cette contribution a été rédigée et traduite en allemand pour les Mélanges en l'honneur de l'historien allemand Wilhelm Abel[1].

Comme on parle, depuis longtemps, du *siècle des Fugger*, on parle couramment, aujourd'hui, entre historiens, du *siècle des Génois*. En fait, celui-ci a succédé à celui-là, la jointure se faisant de part et d'autre de l'année 1557, marquée, comme l'on sait, par la première banqueroute de l'empire des Habsbourg. D'autres banqueroutes suivront, moins graves sans doute, puisque seule celle de 1557, la première, a eu une très large répercussion internationale. Elle a

---

* *Source* : Manuscrit français inédit. Archives Braudel.

marqué la fin de la prospérité d'Anvers et le début certain de la prépondérance de Gênes — prépondérance moins tonitruante, moins facile à déceler, certes, que la prospérité voyante d'Anvers. Gênes a été, somme toute, une capitale *mondiale* plus discrète, voire plus sophistiquée. Quand tout y est en place et que fonctionnent les foires de change de Plaisance, à partir de la fin de l'année 1579, il s'agit, pour manipuler la richesse entière de l'Europe, de la réunion d'une centaine de personnes, quatre fois par an : un spectacle vraiment discret.

Gênes est devenue alors une superstructure financière de l'Europe. Une telle vocation n'avait pas commencé, pile, en 1557. Depuis plus d'un siècle, Gênes s'était dégagée du Levant pour se retourner vers le double Occident de la Méditerranée, vers l'Afrique du Nord, plus encore vers la péninsule Ibérique. Les premiers privilèges importants des Génois, à Séville, datent de la fin du XVe siècle.

Si l'on s'en tenait à la thèse habituelle, le *siècle des Génois* s'arrêterait à 1627, à la cinquième ou sixième des banqueroutes de l'État castillan (1557, 1560, 1575, 1595, 1607, 1627, 1647, 1652), selon que l'on donne, ou non, un numéro d'ordre à l'expéditive, mais réelle banqueroute de 1560. Cette date limite de 1627 ne me semble pas absurde. Elle est celle qu'a retenue le meilleur connaisseur de ces problèmes : Felipe Ruiz Martín, dont le volume, *El Siglo de los Genoveses*, tarde à paraître, en raison des scrupules de son auteur et des amendements qu'il ne cesse d'apporter à son œuvre. Mais, qui ne le sait à l'avance ? toute coupure historique se révèle imparfaite. Et c'est ce que je voudrais expliquer dans cet article que j'écris un peu vite et un peu tard, en l'honneur de Wilhelm Abel.

En apparence, c'est là une discussion vénielle. Toutefois, voir l'histoire de Gênes, après 1627, sous un éclairage plus favorable qu'à l'ordinaire, c'est voir forcément d'un autre œil le destin d'ensemble de l'Europe et de la vaste économie-monde construite autour d'elle.

Justement, des études récentes nous y convient : le richissime et obscur travail de José Gentil da Silva, *Banque et crédit en Italie au* XVIIe *siècle*[2] ; les recherches révolutionnaires de Michel Morineau, « Gazettes hollandaises et trésors américains[3] » ; le livre capital de Giuseppe Felloni[4]. Ces efforts et d'autres pour tirer au clair l'histoire économique d'un XVIIe siècle obstinément obscur ; pour s'inscrire en faux, une fois de plus, contre les idées simplistes et déformantes de la prétendue décadence précoce de l'Italie, au début des Temps modernes ; pour récrire l'histoire même du monde — ces efforts doivent être continués. Ils méritent d'avoir une suite.

Déjà, dans la seconde édition française de *La Méditerranée* (1967), j'ai reculé de 1630 à 1650, date approximative bien entendu, le repli de la vie, lumineuse encore jusque-là, de l'Italie. J'y étais incité par la lecture d'une correspondance d'un consul français à Gênes (à partir de 1660), repérée par moi depuis longtemps aux Archives nationales de Paris, et, non moins, par la lecture de correspondances consulaires toscanes, également à partir de Gênes. Je viens, à l'occasion d'un récent séjour à Venise (1973), de parcourir la longue et merveilleuse correspondance des consuls vénitiens à Gênes, de 1615 à 1788[5]. Je ne suis pas le premier à avoir utilisé cette source exceptionnelle, cependant assez peu connue. Mais j'y cherchais — et j'y ai trouvé — un témoignage explicite sur les formes et la *durée* du capitalisme génois.

*

Les Génois ont fait fortune en Espagne comme marchands, puis comme *financiers*, entendez comme prêteurs d'argent au Roi Catholique. Dès avant 1557, ils concurrencent dans ce dernier rôle les marchands banquiers de la haute Allemagne. En 1557, ils restent pratiquement seuls en course. Survient la crise de 1568 (rupture des expéditions d'argent espagnol par la voie atlantique en direction d'Anvers), ils deviennent, pour l'essentiel, des financiers, dits *asentistas* puisqu'ils signent avec l'État castillan des *asientos*, vastes contrats par lesquels ils s'engagent à avancer au roi, à dates fixes, telles ou telles sommes d'argent, le remboursement devant se faire à telle ou telle date, sur telle ou telle source de revenus. Ce moyen de gagner de l'argent avec de l'argent — ce qui est un péché au XVIe siècle — est devenu pour un groupe essentiel de Génois leur seul métier. Installés à Madrid, ce sont, disent les documents du temps, des *hombres de negocios*, appellation qui les place au-dessus du marchand ordinaire.

Je n'entrerai pas dans le détail de leurs opérations, plus compliquées encore que ne le disent les explications habituelles, car les *asientos* d'un même prêteur ou d'un même groupe de prêteurs ne se concluent pour ainsi dire jamais par une liquidation pure et simple, un *finiquito*, mais ouvrent sans fin la voie à de nouveaux prêts : les *asientos*, comme l'a démontré Felipe Ruiz, s'accrochent ainsi les uns aux autres. L'*asentista* reste dans le jeu parce qu'il est profitable, mais aussi dans l'espoir de résoudre ses difficultés passées. C'est un espoir trop souvent vain. Les Fugger en feront l'expérience à leurs dépens.

Je ne crois pas nécessaire non plus d'indiquer l'importance connue du transfert à Plaisance des foires dites de *Bisenzone* (de Besançon où elles s'inaugurèrent en 1534-1535), transfert qui marque le triomphe des « vieux nobles », des *nobili vecchi* de Gênes, au sortir d'années, il est vrai, terriblement agitées. Je suppose connus du lecteur les liens évidents entre *asientos* et circulation de l'argent venu d'Amérique. Le rôle, le secret de la longue puissance de Gênes, c'est d'avoir été au centre de la redistribution du métal blanc et des crédits espagnols à travers l'Europe. Flux de métaux précieux et lettres de change se croisent à Gênes et en font le cœur de l'économie européenne, l'arbitre des paiements. Par là, elle contrôle la richesse entière de l'Europe.

Cela dit, gagnons l'année 1627. Il serait évidemment inexact d'assurer que tout va bien alors dans la ville de saint Georges. Depuis 1622, il y a eu rupture des foires de Plaisance : Florentins, Vénitiens, Milanais restent dans l'ancienne place des foires, alors que les Génois tiennent les leurs sur leur territoire, à Novi, à Sestri di Levante, à Santa Margherita ou ailleurs. Cette rupture a porté au crédit de la ville un coup certain. Sans doute toutes ces foires communiquent-elles entre elles, se répondent-elles, mais Gênes ne dispose plus, dès lors, pour y puiser à sa guise, du crédit entier des villes riches d'Italie. C'est là une faiblesse latente, insidieuse. L'actualité y ajoute les inquiétudes et les complications de la guerre du Montferrat qui révèle les hardiesses dangereuses du Savoyard, capable de pousser ses intrigues jusqu'à l'intérieur même de la grande ville. Et alors que celle-ci attend *« gli ordini di Spagna per mandar a levar il contante »*, les ordres venant d'Espagne pour y faire enlever l'argent comptant[6], la nouvelle arrive de la banqueroute espagnole de 1627 — en fait la suspension des remboursements aux *asentistas*. La ville se trouve aussitôt en état de détresse : *« si sta qua in continua angonia*[7] *»* (Carlo Albano au doge de Venise). Sans doute, mais une telle épreuve n'est pas nouvelle, les prêteurs génois ont, à ce sujet, une ample expérience. Ils savent qu'à Madrid il est possible de négocier, qu'un décret peut être retiré, amendé, assorti de compensations, être le point de départ de négociations nouvelles. Ils savent aussi que, s'ils ne sont pas payés, ils auront le droit à leur tour de ne pas payer leurs propres prêteurs ; que s'ils sont payés en rentes, en *juros*, voire (ce qui est leur cauchemar) en monnaie de cuivre qui alors inonde l'Espagne, ils auront, une fois de plus, la possibilité de payer leurs propres créanciers dans ces mêmes monnaies. Très vite d'ailleurs ils se réjouissent, dans leur malheur, de savoir que les rentes qu'ils possèdent en Espagne ne sont pas suspendues, mais seulement les remboursements prévus par les *asientos* en cours. *« Delle rendite non s'e verificato che vi sia suspensione, ma solamente la retinenza de pagamenti alli assentisti » (ibid.)*. Le décret du Roi Catholique prévoit des remboursements ; la banqueroute, comme les précédentes, ne sera pas totale, les hommes d'affaires espèrent même que le décret sera *« retrattato o revocato »*. Finalement, « *vi haverano il danno di ben dieci per cento et forse d'avantaggio. Con tutto cio, rispetto a quello che temevano, si stimano non poco sollevati e consolati* [8] » (*ibid.*, 12 mars 1627). Ce qui réconforte plus encore les prêteurs, c'est que la cour d'Espagne négocie avec eux un nouvel et large *asiento*, cet *asiento « delli cinque millioni »* de pièces de huit dont le détail et l'échec probable ne me sont pas connus, mais qui est dans le processus habituel des liquidations. Les nouveaux contrats, d'ordinaire, épongent une partie des pertes anciennes et remettent, en tout cas, en mouvement la machine des bénéfices ordinaires des « financiers ». Et en matière financière, les *hombres des negocios* sont infiniment plus clairvoyants, naturellement, que leur adversaire royal. Ils ont mille façons de jouer à leur avantage. Il leur faut toujours compter, cependant, avec les aléas des transports, des paiements, et avec la désinvolture de l'État castillan. Les retards dans l'arrivée du « comptant » d'Espagne sont parfois angoissants. Si les galères qui transportent de Barcelone ou de Valence à Gênes les caisses de réaux, les lingots et parfois des *groppi* de monnaies d'or, ne sont pas au rendez-vous, il faut retarder les réunions des foires à Novi ou à Sestri, reporter avec un intérêt de 1, voire de 2 % les paiements à faire à la prochaine foire. Or n'est-ce pas la règle depuis toujours ? Selon le mot amusant de Gentil da Silva : « Les galères arrivaient finalement toujours à temps, à condition qu'on pût les attendre. »

Cela dit, je ne soutiens pas que le coup, en 1627 et encore en 1628, n'ait pas été très sensible à Gênes, très dur à supporter. Le décret ne sera pas rapporté, de brusques faillites suivent et, cette fois, il y a rupture, réticence répétée des hommes d'affaires. Ils refusent les nouveaux engagements en novembre 1627, à Madrid, comme le prouve un curieux document que m'a communiqué Felipe Ruiz. Ils finiront par aider le gouverneur de Milan, en 1628, mais de mauvaise grâce, après s'être fait prier et même menacer. Il y a, sans doute, en 1628, quelques *partiti* pour les Flandres des Centurioni et des Giustiniani, mais les caisses se ferment, au point que le consul vénitien, le 12 novembre 1628, parle d'une « *stretezza volontaria* » de la place. Il disait en juillet : « *In fatti, il decreto del Re di Spagna contamina quest'aria ; aggiongasi que l'essersi separate le fiere di Piacenza, cioè de Genovesi e forastieri, ha cagionato gran rovina a mercanti genovesi*[9]. » Tout cela probablement, sûrement juste. Il y a eu certainement rupture du système ancien pendant plusieurs années, sinon dégagement complet.

Le fait capital et révélateur, cependant, c'est que le flux des arrivées de métal blanc ne cesse de toucher le port de Gênes. Nous calculons imparfaitement le volume de ce flux, d'après des correspondances consulaires dont l'exactitude laisse à désirer. Nous n'en obtenons pas moins des ordres de grandeur valables, des chiffres qui sont des *minima*, comme dit avec raison Gentil de Silva[10] : 1601-1610, 5 755 000 écus, c'est-à-dire des pièces de 8 réaux ; 1611-1620, 16 300 000 ; 1621-1630, 20 975 000 ; 1631-1640, 21 576 000 ; 1641-1650, 9 245 000. Malheureusement, je ne suis pas sûr que Gentil da Silva ait fait ses dépouillements, ou ses additions avec l'exactitude souhaitable, car pour l'année 1647, par exemple, il donne un total des entrées de métal à Gênes de 270 000 écus, alors que j'arrive personnellement avec les lettres du consul vénitien qu'il a lui-même utilisées, à plus de 3 millions ! Quant à la période qui suit (1650-1660), Gentil da Silva donne des chiffres qui sont à peu près nuls et manifestement erronés. Je constate au contraire entre

1656 et 1659, par exemple, un très vif mouvement monétaire, j'y reviendrai. Par contre, le total très bas de la période 1601-1610 s'explique : le décret de la banqueroute de 1607 semble avoir arrêté jusqu'en 1614 le fonctionnement de la machine, qui retrouve alors un gros débit.

Quel sens donner à ces chiffres ? Comme nous ne connaissons pas les archives familiales des *hombres de negocios*, ceux qu'à Gênes on appelle *trattanti, participanti, partitanti*, ou, plus rarement *assentisti*, nous en sommes réduits à des explications générales qui risquent de ne pas cadrer avec la réalité. Dans ces flux d'argent, en effet, comment distinguer ce qui revient aux prêteurs du Roi Catholique, ce que celui-ci envoie pour son propre compte à l'intention de Milan, par exemple, ce qui ne fait que transiter par Gênes à destination surtout de Livourne, ce qui enfin (et c'est peut-être le plus important) correspond au solde positif de la balance commerciale de Gênes par rapport à l'Espagne ? Je dis que c'est là le plus important parce que l'implantation des marchands génois en Espagne n'a pas cessé en 1568, comme on l'a parfois avancé ou laissé supposer. Une partie seulement de ces marchands génois ont délaissé la marchandise pour la seule finance. Les autres sont demeurés en place, actifs et remuants, et à la veille encore de la Révolution française, les colonies génoises en Andalousie sont parmi les plus nombreuses et les plus actives de toutes.

Remarques et chiffres donnés plus haut permettent sinon de résoudre, au moins d'aborder le problème qui nous préoccupe : y a-t-il eu, après 1627, comme le soutient un peu vite José Gentil de Silva, comme essaie de le démontrer Giuseppe Felloni, désinvestissement des capitaux génois en Espagne ? C'est possible, évidemment, et même certain en partie. Un document qu'utilise G. Felloni [11], issu de la section des manuscrits de la bibliothèque de l'université de Gênes, indique qu'en juin 1628, cinq galères apportent à Gênes 4 500 000 pièces de huit (somme qui rejoint, notons-le, le total calculé par Gentil da Silva mais pour l'année 1628 en son entier : 4 875 000). C'est là une somme énorme, il est vrai, et qui fait penser à des ventes possibles de *juros*, à des repatriements de capitaux. Mais enfin, le Roi Catholique négocie alors un accord de cinq millions ; n'est-il pas obligé à des contreparties qui, évidemment, ne constituent pas la totalité de cet afflux de métal blanc, mais qui ont pu en gonfler le volume ? Il n'en est pas moins vrai que des capitaux génois qui avaient déjà pris le chemin de Venise, entre 1617 et 1625, se tournent vers la Lombardie, en 1628 et 1629. Le mouvement s'accentuera quand tous les porteurs de rentes, en Espagne mais aussi à Naples, plus tard à Milan, seront lourdement taxés, pratiquement dépouillés, le prix des rentes baissant vertigineusement en même temps que leur rapport. En 1633, les réaux espagnols servent aux Génois à acheter des rentes plus sûres à Venise. Le consul vénitien écrivait sans ambiguïté, en décembre 1632 : « *Vedendo questi S^ri^ Genovesi che si trovano in danari, a poco poco li hanno con industria cavati dalli stati del Catolico* [12]. » Et, ajoute-t-il dans cette même lettre, « *si voltano con mia persuasione a fundarne nel Domini e Zecca di VV. SS. Ser.* ». Passent les années : en janvier 1639, une correspondance nous indique à Gênes une « *larghezza extraordinaria di denari, in modo tal que alla Piazza vi sono millioni indisposti que ne pure se trova chi vogli pigliar a cambio ad'un per cento per fiera* [13] ». Et, en 1643, deux millions seront placés à Rome.

Toutefois, puis-je dire que, malgré ces faits qui prouvent le détachement génois à l'égard de l'État espagnol — détachement qui d'ailleurs n'a pas été complet —, le processus de désinvestissement et de réinvestissement génois n'a pas eu la simplicité qu'on laisse supposer et, en tout état de cause, ne représente qu'une partie de l'histoire compliquée du capital génois ? Il est certain que celui-ci ne s'est pas dégagé du commerce primordial de Cadix. Les apports de métal blanc l'établissent sans conteste. Certes, les marranes portugais ont pris la relève des prêteurs génois en 1627, mais rien ne dit que ceux-ci ne participent pas aux opérations de leurs rivaux et successeurs. Nous trouvons mention aussi de *partiti* conclus de temps à autre par des Génois (1628, 500 000 et 300 000 ; 1631, 200 000 ducats pour les Flandres ; 1632, 170 000 ducats comme participation à un *asiento* de 800 000 ducats, en Flandre et en Allemagne). Nous trompons-nous ? En 1647, année d'un nouveau *decreto* qui frappe surtout les Portugais, cette fois, les flux d'argent nous semblent augmenter brusquement à Gênes. Les lettres du consul de Venise signalent une arrivée record de 3 100 000 pièces de huit. Cette arrivée a sans doute, d'une façon ou d'une autre, marqué un certain tournant : les *participanti* génois s'engagent à nouveau dans la noria des *asientos*. Alors, on se demandera si ce nouvel engagement n'explique pas d'une certaine façon le gonflement des arrivées de métal blanc. Il est curieux, en tout cas, qu'augmentent alors un peu plus tôt, un peu plus tard, les placements d'argent de Gênes en Italie même, à Rome, à Venise. Les premiers placements en France, très modestes, sont de 1664. Il y a là un ensemble de faits qui appelle ou cette explication, ou une autre.

Reprise des *asientos* : ainsi, au début de l'année 1651, sur deux millions à fournir aux Pays-Bas dans la foulée des Portugais, Andrea Picchenot s'inscrit pour 300 000 écus, Domenico Centurione pour 300 000, Gio. Stefano Invrea pour 350 000, Gio. Girolamo Pallavicino pour 60 000, Alessandro Pallavicino pour 80 000. Le reste sera demandé aux prêteurs portugais. En 1656, 1657, 1658, les exemples se multiplient. Les besoins de la guerre ont permis au roi d'Espagne de tirer trois millions de dons extraordinaires de ses sujets — et il en fait immédiatement la contrepartie d'une série d'*asientos* que les Génois ne boudent pas : ils sont de nouveau demandeurs. Autre exemple plus tardif et plus intéressant encore : le 5 juillet 1662, Domenico Grillo signe avec le gouvernement de Madrid (appuyé par d'autres *asentistas*, dont un Lomellini) un contrat pour sept ans (à partir du 1er mai 1663), un *grosso assento*, écrit le consul vénitien (12 août 1662) : contre le paiement annuel de 350 000 ducats, l'autorisation est donnée au Génois d'envoyer chaque année quatre navires en Amérique, de cinq cents tonnes, avec au total 3 500 nègres, voire davantage. Quand on sait l'importance de la traite négrière vers le Nouveau Monde et ce que l'on en dira par la suite, l'*assento* en question est vraiment *grosso*. Et, soit dit en passant, il donne un aperçu de ce que pouvaient être les bénéfices du commerce des Indes. Ce Domenico Grillo est l'ancien *tesorero* de la *Santa Cruzada* en Castille. Finalement, l'homme sera pris qui croyait prendre. Le voici enfermé dans le réseau de ses obligations vis-à-vis du roi d'Espagne, poursuivi dès l'année 1663 par les exigences espagnoles. Il serait obligé d'y céder sur-le-champ si n'étaient alors changés les ministres espagnols des Finances. Ce n'est que partie remise, car en 1664, avec ses partenaires, il est mis dans le jeu pour un « *millione de contanti da provedersi per le occorenze di Germania, Fiandra et Italia* [14] ». On le voit, toute l'histoire recommence.

Asientos et pièces de huit : toute l'économie, durant les siècles d'Ancien Régime, est dominée, déterminée dans une large mesure, éclairée en tout cas, par les flux de métaux précieux, causes et conséquences tout à la fois, de ce fait « indicateurs » essentiels. Or Gênes reste, bien après 1628, jusqu'à la veille de la Révolution française, branchée sur le métal blanc d'Amérique que les flottes espagnoles, à Séville puis à Cadix, retransmettent au reste de l'Europe. Lawrence Stone compare le flux d'argent d'Amérique en Europe, à travers l'Atlantique, à une sorte de *pipe-line*. Si l'on accepte l'image, l'Espagne joue le rôle du pompiste chargé de la redistribution et c'est dans la mesure où elle s'acquitte de cette tâche à la satisfaction des gros clients qu'elle conserve ce rôle, tout de même privilégié. Parmi les gros clients, inscrivons Gênes, pour de longues années. À partir de 1640 environ, le métal blanc n'y est plus seulement apporté par les galères, moyen de transport sûr (les naufrages sont rarissimes) ; l'argent arrive de plus en plus par les gros navires ronds, de préférence armés en guerre ou formés en convois. De simples navires marchands toutefois s'en chargent, eux aussi, le cas échéant. En septembre 1659, la capitane génoise arrive avec deux vaisseaux, chargés de nombreuses marchandises et de « *700 000 ou 800 000 pezzi di otto reali che hanno consolato vivamente questa piazza*[15] ». Le 4 mai 1662, sur les 18 navires du convoi de Hollande, il n'y a pas moins de « *800 000 pezzi reali contanti* ». En janvier 1665, le convoi, cette fois de Gênes, venant lui aussi de Cadix, apporte plus d'un million de pièces de huit dont une partie appartient à des Hollandais. Laissons courir quelques années : le 9 avril 1670, un navire de guerre anglais venant de Cadix apporte à Gênes « 600 000 écus de comptant, en barres et pièces de 8 réaux[16] », peut-être 550 000 car une partie de sa charge est pour Livourne ; le 23 juillet suivant, trois navires de guerre et un « marchand » hollandais, qui ont touché à Cadix et à Alicante, apportent « quelque cinq cent mil escus de comptant, pour icy et d'autres pour Livourne et Venize » (*ibid*) ; le 3 décembre de cette même année « arriva un navire de guerre hollandais avec deux cent mil escus de comptant » (*ibid*) ; le 14 octobre 1671, le convoi hollandais apporte à Gênes 250 000 écus (*ibid*) ; le 23 novembre 1672, le convoi de Gênes en provenance de Cadix débarque 500 000 écus de comptant (*ibid*) ; le 22 mars 1673, un navire de guerre anglais ne porte que 125 000 écus ; le 17 avril de la même année, un navire de Saint-Malo venant de Lisbonne, Cadix et Marseille, apporte cochenille, indigo et 30 000 écus. Notez que c'est un simple « marchand ». En avril 1680, le retour de la nave génoise *Arca di Noe*, partie d'Espagne, apporte assez de comptant pour provoquer le « *giubilo della piazza* » (la jubilation sur la place). En avril 1690, deux navires de guerre et un navire marchand anglais « apportent six à sept cent mille escus de comptant » (*ibid.*, 30 avril) ; en mai et juin 1723, deux naves françaises débarquent, l'une 200 000, l'autre 250 000 « *p*ᵉ *da otto reali, la maggior parte in oro* [17] » (à coup sûr de l'or brésilien) ; en 1750, je repère trois navires anglais (300 000, 100 000, 80 000 pièces de huit). Et ainsi de suite.

Ces chiffres, et d'autres qu'il serait fastidieux d'énumérer, ne permettent aucun calcul d'ensemble, car les lettres consulaires, écrites en principe chaque semaine, ne nous sont qu'imparfaitement conservées. Évidemment des calculs précis, ou à leur défaut des ordres de grandeur raisonnables feraient bien mieux notre affaire. Et, sans doute, ne sont-ils pas impossibles à atteindre. Mais pour l'instant, ils manquent.

Il y aurait avantage aussi à mettre en cause, en son entier, le XVIIIᵉ siècle que traversent en ordre plus régulier nos correspondances consulaires. Toutefois, moins précises que les lettres du siècle précédent, celles-ci se contentent souvent — et pas toujours — de relever les arrivées et sorties de navires du port de Gênes, et non plus régulièrement les mouvements d'or et d'argent. Il est vrai que des relevés imprimés des mouvements portuaires ont existé à la fin du XVIIIᵉ siècle. Toutefois, je ne sais à quelle date précise commencent ces enregistrements dont je ne connais que deux exemplaires, aux Archives nationales de Paris.

*

En tout cas, il est évident que, durant ces deux siècles de vie active, Gênes reste branchée sur l'argent espagnol d'Amérique et, de façon moins visible mais réelle, sur l'or portugais, du Brésil. Si rien, en fait, ne nous est dit, au jour le jour, sur l'entrée de ces métaux précieux à Gênes, rien qui puisse nous servir de comptabilité précise —, d'innombrables détails nous sont fournis par contre sur les arrivées à Cadix des navires du Nouveau Monde, et à Lisbonne sur les arrivées des flottes brésiliennes chargées de poudre d'or et de diamants (première mention dans nos lectures, le 24 janvier 1723). Les deux villes ibériques tiennent la vedette dans les correspondances et il ne s'agit pas, bien sûr, de curiosité gratuite. Après la longue guerre de Succession d'Espagne, Gênes va mettre deux ou trois ans avant de retrouver son souffle, car la place a dû attendre que se renoue à son avantage la liaison nourricière avec les métaux d'Amérique. La dépendance reste étroite. Qu'une difficulté quelconque surgisse à Cadix, dans la remise de l'argent, ou à La Vera Cruz lors de la vente des marchandises expédiées d'Europe, la place de Gênes accuse immédiatement le coup. Les galions viennent ainsi d'arriver à Cadix, le 20 octobre 1686, mais sauf les toiles et le papier, rien ne s'est vendu à bon prix à La Vera Cruz. À Gênes, dès le 10 novembre, c'est la déconvenue : « *[...] il che fa sospirare non pochi et è di buono che non cadono gran pagamenti nella presente fiera di Livorno*[18]. » Petite consolation, à vrai dire ; la consternation l'emporte, le mauvais retour des *effetti* est une calamité. « *L'allegrezza di questi negozianti per l'arrivo de' galeoni*, dit une correspondance génoise, *s'e cambiata in dispiacere, sendo restata gran parte delle loro merci invendute à La Vera Croce. E le vendute s'erano date a cosi vil prezzo che vi si perdeva la meta*[19]. »

Autre incident fâcheux : en 1757, l'Espagne décide de suspendre tout commerce avec Gênes[20]. « Il s'agit [pour les Génois], écrit l'envoyé français à Gênes, Neully, de la perte des deux tiers de leur commerce et de celle de la plupart de leurs manufactures. Ils fournissent tous les ans à l'Espagne et aux Indes [c'est-à-dire au Nouveau Monde] une très grande quantité de papier, tant pour écrire que pour fumer suivant l'usage des amériquains espagnols [reconnaissez au passage l'origine, sans doute, de la cigarette], beaucoup d'étoffes et de bas de soye, et plusieurs autres articles moins forts, mais dont la réunion forme un objet considérable. » L'interdiction espagnole, toutefois, ne sera pas définitive et Gênes continuera à vivre à l'heure américaine et espagnole. En décembre 1783, la nouvelle de troubles à Mexico, retransmise par Paris, jette l'inquiétude parmi les marchands de Gênes : « ... *da cui,* écrit le consul vénitien Gaetano Gervasone au doge, *fu posta in qualche pensiere questa piazza che non lascia di aver degli oggetti in quelle rimote contrade ; si attende per tanto con impazienza quel più recente corriere, onde rilevare su quali fondamenti sia poggiata questa vacillante notizia*[21]. »

De toute évidence, à la fin du XVIIIe siècle, Gênes est restée, à l'égal de Genève, ville analogue et cependant différente, un centre capitaliste aux dimensions du monde. Giuseppe Felloni l'établit sans peine, au terme de son beau livre, quand il essaie de calculer le revenu national de Gênes[22], au premier rang duquel figurent les intérêts (11 500 000 *lire di banco*) pour un capital investi de 342 500 000. Une *lira di banco* génois est l'équivalent d'une livre tournois. Ces prêts sont placés à l'intérieur et à l'extérieur de la ville. À l'extérieur, les emprunteurs sont surtout Venise, Rome, la France : à la différence de Genève, Gênes ne s'est guère immiscée en Hollande ou en Angleterre.

Finalement, il est curieux et il est important de noter : premièrement cette longévité de la richesse génoise qui, malgré le destin catastrophique des emprunts extérieurs, se maintiendra et reprendra force et vigueur au XIXe siècle. Il y a ainsi une évidente pérennité des centres d'accumulation du capital. Est-ce là la récompense de « vertus » persistantes ? Songeons qu'il est de règle, chez les riches Génois, de ne vivre que sur la moitié de son revenu. « Il n'est point de Génois, dit une relation de 1692[23], qui n'épargne tous les ans la moitié de son revenu. Deuxièmement, que Gênes reste fidèle, des siècles durant, par sa finance, son industrie et son commerce, à la zone qui a été, au XVIe siècle, celle de sa splendeur. Elle s'accroche à des espaces économiques anciennement conquis et n'en dépasse guère les limites, malgré un déplacement évident des centres du grand capitalisme.

*

Mais ce n'est pas à ces conclusions que je voulais parvenir. Il me semble que la lecture, même rapide, des quelques correspondances consulaires que j'ai consultées, dégage l'image d'un automne de la richesse génoise, de 1628 à 1664, peut-être 1680. L'automne n'est pas l'été, ni le printemps, mais c'est une belle saison. Cet automne n'a été possible que par l'activité industrielle de la ville : les chantiers navals de San Pier d'Arena, les moulins à papier, le velours, les draps de laine, la soie ; par le transit, à travers une ville vigilante, du sel à destination de la Lombardie et du Piémont, voire des Cantons suisses ; par la redistribution continue du blé venu jusqu'à elle de toutes les régions de la Méditerranée orientale et centrale ; non moins par la redistribution vers les places et les hôtels des monnaies d'Italie, du métal blanc, des monnaies d'or, des lettres de change ; par le placement à long et à moyen terme de capitaux qu'on lance dans des aventures raisonnables et risquées, ce qui est une façon de ne pas les laisser inactifs — autre règle impérieuse du capitalisme génois. Il faut aussi mettre en cause seigneuries et propriétés que les nobles possèdent hors du territoire de la République. Nous connaissons ainsi les difficultés et les avantages des Doria dans le petit fief de Montalto, à la lisière de la Lombardie, ce qui nous a valu sur le village lui-même de Montalto l'un des plus beaux livres d'histoire de ces dernières années[24]. Mais plus importante encore peut-être a été, tout au long de ces deux siècles, l'activité de ces *asentitas* à part, loueurs de galères et de navires. Je n'en distingue que deux au travers de mes lectures rapides, tous deux d'envergure, l'un, Hipolito Centurione, actif vers 1662 ; l'autre, Stefano de Mari qui, vers 1713, propose à la cour d'Espagne de lui louer sept navires armés en guerre pour assurer la route des Indes et déloger, le cas échéant, les Français de la mer du Sud[25]. Ce qui n'empêche pas que des marchands génois aient été les animateurs, les prêteurs, les utilisateurs, si souvent du commerce français du Levant, au XVIIIe siècle.

Mais en finirait-on d'énumérer toutes les activités des capitalistes génois ? Ils saisissent tout ce qui passe à leur portée de profitable. Voilà qui explique la survivance de la richesse génoise, masse d'actions répétées s'ajustant aux possibilités qui ne cessent de s'offrir et d'être saisies. Au cours de ce jeu prolongé, le rôle de l'Espagne a été considérable — si l'on se place au XVIIe siècle seulement, il a été décisif. S'il y a eu un automne génois, entre 1627 et 1680, ce n'est là qu'un reflet de l'économie métallique de l'Espagne et de l'Amérique d'alors. Et, finalement, c'est ce destin métallique de l'Espagne que notre recherche met en cause. Earl J. Hamilton — je me rapporte à nos conversations très anciennes — a toujours pensé que le volume des « trésors » d'Amérique avait été supérieur aux chiffres officiels qui sont à la base de ses calculs, de peu supérieur au XVIe siècle (qui à ses yeux a été d'une honnêteté assez grande), beaucoup plus au XVIIe siècle où l'écart s'agrandit. Cet écart, pour Michel Morineau qui a essayé de le mesurer, déborde largement « la fraude-larcin ordinaire[26] ». Ainsi, le 19 avril 1659, arrivait à Santander une flotte fabuleuse, le retour le plus riche depuis 1596 si l'on en croit les nouvelles qui courent l'Europe. Paris Tasca, le consul vénitien à Gênes, annonce le 24 mai la confirmation de cette arrivée. Au total, plus de 20 millions de *pezzi reali*. Le roi a sa part, bien entendu. Les marchands, pour leur compte, ont de 8 à 10 millions de marchandises et 4 millions d'argent déclaré — plus 4 millions d'argent clandestin — raison suffisante pour que la flotte se soit détournée sur Santander. La fraude, cette fois, est si éclatante que le roi prélèvera sur ces millions une forte indemnité. Nous n'en voyons pas moins, dès septembre 1659, arriver à Gênes la galère capitane et deux vaisseaux génois, chargés de « *700 a 800 000 pezzi di otto reali che hanno consolato vivamente questa piazza*[27] ».

En somme, le Siècle d'or, la résistance héroïque de l'Espagne à ses ennemis, cet éclat, cette lumière ne se sont pas développés sur le vide d'une marée descendante. L'automne de Gênes, c'est l'automne de l'Espagne. Peut-être aussi l'automne de l'Italie. Au milieu de ces images, nous sommes, historiens, à la recherche d'une *Periodisierung* valable pour le XVIIe siècle, ce qui prouve que l'histoire économique est à la recherche des mêmes repères que l'histoire traditionnelle. Pierre Chaunu dernièrement[28] présentait ses « Réflexions sur le tournant des années 1630-1650 ». J'aurais tendance à retarder autant que possible la coupure que nous cherchons à situer exactement dans le temps. L'incertitude qui est la nôtre juge l'inachèvement évident de nos recherches.

CHAPITRE V

EN MÉDITERRANÉE : LES SIÈCLES DE GLOIRE MATÉRIELLE*

Cet article avait été demandé à Fernand Braudel pour la revue éditée par la société Total.

Le voyage que je vous propose va sans doute vous décevoir. Ce n'est pas un vrai voyage. Vous n'aurez ni à boucler votre valise, ni à gagner la ville ou le paysage de votre choix et de vos préférences exclusives — en somme, la Méditerranée que vous avez réinventée à votre usage personnel. Je vous propose, en effet, un voyage très long et rétrospectif. Au début, je l'imaginais compris entre le XVe siècle finissant et le milieu du XVIIe : je me promettais de m'arrêter aux années de la construction de *Santa Maria della Salute* à Venise, sur le Grand Canal, entre 1631 et 1656, « la Salute » comme l'on dit, construite pour rendre grâces à la Vierge après la terrible peste de 1630. Et sans doute, malgré tout ce que l'on a dit à tort et à travers du baroque, aimez-vous, comme moi, cette église familière... Mais elle ne nous servira pas de borne milliaire,

* *Source* : *Total Information*, avril 1980.

car je me suis laissé entraîner dans un sens jusqu'au passé de l'Empire romain et, dans l'autre sens, jusqu'à l'époque actuelle. Ai-je eu raison de braver les siècles, selon la logique du problème que je voulais signaler ?

En tout cas, je sais que ceux qui connaissent la Méditerranée ne seront pas déconcertés par ce voyage multiséculaire. À Venise, à Florence, et même à Gênes quand on se laisse aller de la ville haute vers les venelles en pente de l'ancienne ville, en bordure du port, ne peut-on pas remonter le temps à volonté, aussi loin qu'on le désire ? Une colline avec ses vignes, trois ou quatre oliviers, la mer au loin, et le décor est dressé où nous pouvons rêver. Même l'avion aujourd'hui, par temps clair, ouvre les unes après les autres les portes du passé. Voir se joindre au-dessous de soi à la hauteur d'Otrante les côtes italiennes et balkaniques de l'Adriatique — ou, plaisir sans pareil, survoler Rhodes, Chypre, les Cyclades et, quand l'avion bascule vers Athènes, ne pas avoir le temps de vraiment reconnaître Égine, « la taie dans l'œil » de la ville de Périclès...

Mais venons-en à notre problème. Un mot le définit. Cependant, ne vous réjouissez pas trop, à l'avance, d'une éventuelle simplicité. Il s'agit plus exactement d'un double mot, d'une expression qui n'est pas courante et qu'il faut définir à son tour. J'ai créé cette expression d'*économie-monde* à propos de la Méditerranée elle-même, voulant indiquer par cette formule que la mer du XVIe siècle (puisque c'est elle qu'un de mes livres mettait alors en cause) était un monde en soi, un seul univers économique débordant largement et dans toutes les directions la ligne interminable de ses rivages, vers l'intérieur de l'Europe, de l'Asie et de l'Afrique. Vérité banale : la Chine si prompte à s'inféoder les régions qui l'avoisinent — la Mandchourie, la Mongolie, le Tibet, le Yunnan, le Vietnam, le Japon — a été elle aussi une économie-monde ; l'Inde également qui, très tôt, a fait de l'océan Indien sa mer Intérieure... Chaque fois, l'expression implique une cohérence économique de l'espace mis en cause et, notamment, que cet espace possède un centre privilégié autour de qui se déploient des auréoles successives, des zones médianes, puis des zones périphériques, celles-ci plus désavantagées encore que celles-là, mais toutes liées par l'échange.

Au XVIe siècle, la Méditerranée est donc économiquement une, mais divisée politiquement, socialement, culturellement : son unité économique traverse, survole ses diversités. À l'est et au sud s'étend l'énorme surface de l'empire turc des Osmanlis, à l'ouest et au nord se met en place le gigantesque empire des Habsbourg qui va encercler la France et s'étendre au-delà de l'Atlantique à travers le vaste monde. La Méditerranée ainsi a ses monstres politiques. En outre, ses sociétés diffèrent du tout au tout : à l'ouest, la classe des aristocraties dominantes se décompose en familles seigneuriales puissantes et qui durent ; à l'est, l'Empire ottoman ne concède des terres, des « seigneuries » qu'à titre viager. Alors, pas ou peu de familles puissantes, durables : « Le sultan, a-t-on dit, change d'aristocraties comme de chemise ! » Et surtout, la mer Intérieure se partage entre l'Islam (qui a subjugué l'orthodoxie grecque des Balkans) et la Chrétienté romaine. La mer est, entre ces deux univers hostiles, un continuel champ de bataille. La ligne de contact se dessine du nord au sud, des côtes balkaniques de l'Adriatique (batailles de la Prevesa, 1538, de Lépante, 1571) jusqu'aux rivages de la Sicile, à Malte (siège de 1565), au littoral de la Tunisie et de la Libye (expéditions de Tunis, 1534, 1573, 1574, Tripoli, 1510, Djerba, 1560) — au vrai une ligne de feu. Mais cette ligne de feu, les navires marchands la traversent tous les jours, même lors des mers rugueuses de l'hiver. Car l'échange s'impose entre « ennemis complémentaires », pour parler comme Germaine Tillon à propos de l'Algérie et de la France. L'Empire ottoman en effet est *techniquement* à la traîne de l'Europe, obligé, de ce simple fait, à maintenir ses liaisons, par Venise et d'autres intermédiaires, avec l'Occident. Quant à l'Occident, il se présente toujours aux « Échelles » du Levant pour obtenir, même après le voyage de Vasco de Gama, le poivre, les épices, les drogues, le coton, la soie d'Extrême-Orient, et parfois, dans les îles et sur les rivages de l'Égée, du blé... Bref, une vie commune d'échanges se maintient même pendant les affrontements belliqueux — il y a toujours eu des « neutres complaisants, ne serait-ce que les Ragusains ou les Marseillais. Finalement, tout aboutit aux suprématies de Venise et des villes associées à sa grandeur, Milan, Gênes, Florence : ce quadrilatère urbain est la zone centrale de l'économie-monde de Méditerranée — il a toute la mer à sa disposition.

C'est d'après cet exemple, trop vite présenté, qu'il faut se représenter le destin de la Méditerranée d'un bout à l'autre de son histoire. Mais entre-t-il toujours, dans la grille proposée de l'*économie-monde*, une zone centrale, des régions intermédiaires, enfin des marges ? N'est-ce pas un dessin trop simple ? La Méditerranée est diversité, répétons-le, non pas une mer, mais un complexe, une succession de mers. Ses pays se ressemblent, mais ne sont jamais identiques, et, ici comme ailleurs, la recherche de la différence, de ce que l'on n'a pas, est primordiale. La Méditerranée va même chercher le dissemblable jusqu'au Niger et aux gisements d'or du Bambouk, jusqu'à la mer Rouge, jusqu'à l'océan Indien. Cette diversité travaille forcément dans les deux sens, elle crée l'unité, elle favorise aussi éclatements et ruptures. La mer n'a été *une* politiquement qu'avec l'Empire romain. Celui-ci, par la force, a réussi ce qui n'avait jamais été atteint avant lui et qui ne sera jamais atteint après lui. À la faveur de l'unité complète de la mer Intérieure, Rome est le centre de tout, du commandement politique, de la société dirigeante, de la civilisation, de la vie économique que, tout à la fois, elle commande et parasite. Les historiens se demandent même si cette unité-là a été, ou non, favorable à l'intensité de la vie économique de la Méditerranée. Et ils osent dire non : la Méditerranée, anciennement partagée, poussait plus loin son rayonnement que le lac romain ; la Grèce hellénistique avait atteint un instant l'Indus et le centre de l'Asie ; Carthage avait fait le tour de l'Afrique et connaissait l'étain des Cassitérides ; la Gaule celtique avait semé l'Europe et même l'Asie de ses aventures.

Rome, en se brisant sous le coup des invasions barbares, a scindé la Méditerranée et libéré finalement trois univers : le monde grec qui se groupe autour de Byzance ; l'Occident (qui sera l'Europe) ; et cette chaîne interminable d'immenses pays — l'Inde, la Perse, la Syrie, l'Égypte, l'Afrique du Nord, l'Espagne, la Sicile qui s'incorporent à l'Islam triomphant des VIIe, VIIIe et IXe siècles. Cette séparation brutale a longuement ruiné la mer Intérieure, la navigation s'y maintient, sans doute, mais pauvre ; en fait la mer presque vide n'appartient plus à personne. C'est seulement avec les IXe et Xe siècles que la mer se réanime, que les petites villes d'Italie renaissent, se hasardent hors de chez elles, Amalfi, Venise, Pise, Gênes...

Nul doute : des trois Méditerranées, la grecque, la musulmane, l'occidentale, c'est cette dernière qui fait alors figure de pays sous-développé et est traitée comme telle par une Méditerranée peu à peu retournée, dans son ensemble, à un certain tonus, à une certaine santé. Le centre de la Méditerranée devrait se situer en pays d'Islam, là où circulent dirhems et dinars, pièces d'or et d'argent, mais ses villes dominantes, Damas, Le Caire, Bagdad, sont à l'intérieur des terres ; or la mer n'appartient, ne peut appartenir vraiment qu'aux ports, aux villes de la mer. Une seule a été longtemps colossale : Byzance, ou Constantinople. Pour l'Islam, le meilleur chef de guerre eût été le vainqueur de l'énorme ville. Mais il n'y eut pas, avant les Turcs, de vainqueur musulman de Constantinople. Alors, des siècles durant, Byzance a régné sur la mer Intérieure, sorte de Paris, sorte de New York, capitale de la soie, de l'or, du luxe, métropole religieuse : elle convertit au christianisme l'Europe orientale — la moitié de l'Europe. Succès fantastique.

Cependant, loin des rivages de la Méditerranée, l'Occident connaissait des siècles d'épreuves. Il échappait à l'Islam en 732, sur le champ de bataille de Poitiers où la cavalerie lourde des Francs eut raison des cavaliers légers venus du Sud. Sauvé, l'Occident s'agrandissait au-delà des sacro-saintes limites du Rhin et du Danube : la conquête de la Germanie reprise et étendue par les Carolingiens, sa conversion au christianisme, c'est le pas décisif vers les limites, progressivement atteintes, de l'Europe. Assez vite s'éveille alors une région bientôt privilégiée de l'Occident : les Pays-Bas. Jusque-là une fin du monde, ils sont dès lors à la confluence des routes fluviales et des routes de la mer. Les villes y naissent toutes ensemble et Bruges préside, domine tôt leur cortège. Ainsi l'Occident est, dès ses premiers essors, sous le signe de la bipolarité : Italie d'un côté (surtout Italie du Nord), Pays-Bas de l'autre, le voici partagé entre la Méditerranée et la mer du Nord... D'ailleurs, quand l'économie de l'Occident est devenue assez cohérente, elle se centre sur les rendez-vous des foires de Champagne et de Brie (Troyes, Provins, Bar-sur-Aube, Lagny), à mi-chemin de l'Italie et des Flandres, plus près de celles-ci que de celle-là. Les gloires de la Champagne remplissent le XIIIe siècle.

Mais l'Occident aborde, de 1350 à 1450, la plus terrible de ses régressions avec, dominant le cataclysme et l'aggravant jusqu'à la folie, la Peste noire. C'est alors que le centre de l'Europe, pour bien des raisons, bascule, revient vers la Méditerranée, se situe en Italie, plus précisément à Venise, dont le siècle d'or va commencer. C'est un fait que l'Italie a été, d'une certaine façon, un « secteur à l'abri » ; c'est un fait que la Méditerranée, grâce aux croisades, a été débarrassée des suprématies ou même des concurrences de l'Islam : même après la chute des États de Terre Sainte, la surface liquide de la mer restera le domaine des chrétiens, autant dire des flottes de Venise, de Gênes et des autres villes d'Italie ; c'est un fait que l'Italie a attiré à elle l'essentiel des activités industrielles et, alors que souffrent les villes drapantes du Nord, l'*Arte della lana* prend un essor prodigieux à Florence ; c'est un fait que les métaux précieux, les pièces d'or et d'argent, et les capitaux et le crédit se domicilient, s'accumulent dans les villes orgueilleuses d'Italie ; c'est un fait aussi que les liaisons maritimes par Gibraltar se substituent aux liaisons continentales en direction de la Champagne. Bruges, dès lors, est tenue économiquement par les marchands et les navigateurs du Sud... Le *Siècle de Venise*, c'est vraiment, à l'automne de ce que nous appelons le Moyen Âge, le *Siècle de la Méditerranée*. La mer attire à elle les trois continents qui l'enserrent, elle les transperce. C'est l'eau, le trafic de la mer Intérieure qui créent la gloire vénitienne. La mer est plus que jamais le centre du monde.

Cette gloire cependant va décliner à son tour. Venise est encore éclatante quand Christophe Colomb découvre l'Amérique en 1492, quand Vasco de Gama double le cap de Bonne-Espérance et atteint l'Inde (1498). On croyait, hier encore, que la victoire de l'Atlantique et le déplacement des grandes routes du commerce avaient aussitôt frappé de mort l'Italie et la mer Intérieure. En réalité, la mise en service de l'Amérique au bénéfice de l'Europe va demander des années pour se faire vraiment sentir dans le destin de notre continent. De même pour le détournement du ravitaillement de l'Europe en épices et en poivre, la route du cap de Bonne-Espérance, interminable, ne parvient pas à supprimer l'ancien et traditionnel commerce du Levant. Le poivre méditerranéen lutte à égalité contre le poivre atlantique dès les années 1530 et jusqu'à la fin du XVIe siècle. Il y a eu ainsi survie de la primauté méditerranéenne. D'autant que si Venise s'efface, Gênes la relaie, monte au zénith de 1550 à 1627. Durant le *Siècle* dit *des Génois*, la ville de saint Georges est, en effet, devenue le centre sophistiqué de l'économie européenne. Par les foires de Plaisance elle domine le *clearing* des créances européennes et redistribue pour le compte du Roi Catholique les pièces et lingots d'argent du Nouveau Monde. Le capitalisme le plus moderne, le plus osé anime, domine Gênes, la ville la plus curieuse hier, et sans doute aujourd'hui encore, pour les historiens de l'économie. C'est seulement quand les Génois auront aux trois quarts renoncé à être les prêteurs de Philippe IV d'Espagne, le Roi Planète, que la dernière page des gloires méditerranéennes sera tournée et que la suprématie à l'intérieur de l'économie-monde européenne passera à Amsterdam. Soit avec bien plus d'un siècle de retard sur la découverte de l'Amérique par Christophe Colomb.

Ce mouvement de bascule du sud vers le nord est d'autant plus important qu'il n'y aura, par la suite, aucune reprise en faveur de la mer Intérieure. Toutefois, celle-ci ne s'effondre pas en quelques jours, ou en quelques années. Loin de là : elle vit, en Italie et en Espagne, sur un énorme acquit, on dirait aujourd'hui sur un énorme *patrimoine*, et grâce aux besoins de l'Europe, grâce aux achats d'une Europe centrale et orientale où le marchand italien cherche et trouve des compensations, à Nuremberg, à Vienne, à Varsovie, à Cracovie, à Lwow, dans les foires actives de Pologne, de Leipzig et de Francfort. Il y a aussi repli de l'Italie sur ses campagnes, et grâce à ses campagnes (le blé, le riz, le vin, le bétail, la soie), elle a encore vécu à l'aise. Tout compte fait, si jamais cette hypothèse peu raisonnable pouvait se réaliser, je vous conseillerais, au XVIIe siècle, de vivre en Toscane ou en Vénétie plutôt que dans la France de Louis XIV. Et l'Italie par surcroît conserve d'admirables industries de la soie, en Vénétie, à Bologne, en Lombardie, en Toscane, dans le Piémont.

Évidemment, le problème essentiel à poser et à résoudre c'est le passage d'une primauté ancrée à Gênes, à une primauté hollandaise... Pourquoi le Nord a-t-il gagné ? On dit d'ordinaire, à la suite de Max Weber, que la victoire du Nord a été la victoire du protestantisme, celui-ci ayant mieux accueilli et assimilé, voire fabriqué, le capitalisme que le catholicisme romain. Certes, le Nord qui l'emporte, ce sont les pays protestants, les Provinces-Unies, bientôt l'Angleterre, bientôt une certaine Allemagne. Mais le capitalisme n'est pour rien dans l'aventure. Toutes les pratiques capitalistes que le Nord va utiliser, Venise ou Gênes ou Barcelone ou Séville ou Lisbonne les connaissaient déjà. Le Nord n'a fait que copier le Sud. La Banque d'Amsterdam, créée en 1609, est la reprise de la banque vénitienne de Rialto, 1585. Et ainsi de suite. Oui, le Nord copie le Sud, lui emprunte les outils capitalistes de sa future grandeur. En fait, l'Europe protestante, c'est l'Europe née après l'effondrement de l'Empire romain et hors de cet empire, une Europe christianisée avec des siècles de retard sur les autres régions de la *pars Occidentis*, notamment l'Italie, la France et la péninsule Ibérique, en somme des Europes « coloniales » à la traîne, pauvres, à qui ont été laissées longtemps, dans les échanges, les tâches les moins rémunératrices. Et ce qui arrive d'habitude arrive pour les pays du Nord mal attachés à Rome et qui rompent avec l'Église. Ses artisans, ses producteurs de draps ou de toiles, ses constructeurs de navires, ses navigateurs, qui se contentent de salaires moindres que les artisans et marins de Venise ou d'ailleurs, vont devenir les concurrents imbattables. Les riches s'usent d'être riches, je veux dire plus riches que les autres. À partir des années 1570, la mer Intérieure est de plus en plus fréquentée par les navires nordiques, serviteurs zélés, transporteurs sans rivaux, corsaires à l'occasion, fraudeurs en diable : les Anglais introduisent à Venise même des draps marqués du sceau de la Seigneurie et qui ont été fabriqués à bas prix dans l'île lointaine. Une guerre économique, longue, sournoise, a suivi et facilité le repli italien. Que la Méditerranée n'ait pas retrouvé sa primauté, sa splendeur relative, vient de ce qu'elle a été placée alors en position seconde, nous dirions *marginalisée*. Mais la décadence italienne n'est rien à côté des replis de l'Islam méditerranéen, d'Istanbul au Maroc, ou à côté des difficultés de l'Espagne, elle aussi victime de sa grandeur passée.

*

La mer Intérieure, donc, dès le XVIIe siècle, a cessé d'être le centre du monde. Au XVIIIe siècle, dans toute son étendue, elle est une zone seconde, vouée à l'exploitation de l'étranger. Au XIXe siècle, alors que Londres a depuis longtemps ravi à Amsterdam la suprématie mondiale, l'Angleterre introduit son ordre, de Gibraltar à Malte, à Chypre, en Égypte : le canal de Suez, ouvert en 1869 et qu'elle n'a pas creusé, passe sous son contrôle, même si les échanges qui, du coup, augmentent en Méditerranée, ne se font pas entièrement à son bénéfice. Bien sûr, au XXe siècle, sous nos yeux, les pays méditerranéens ont reconquis leurs libertés, ils ont tous augmenté leur puissance, vu croître leur population. Le pétrole a sauvé presque tous les pays d'Islam. L'industrie a fait partout son apparition, en Italie et en Espagne de façon spectaculaire. Mais la Méditerranée, prise dans la vague des progrès techniques, soulevée au-dessus de sa condition ancienne, forte de sa vigueur nouvelle, n'est pas, pour autant, redevenue le centre du monde. Le centre du monde aujourd'hui n'est plus à Londres, mais à New York. Et la mer Intérieure, à la vitesse des transports actuels, s'est terriblement rétrécie. Au XVIe siècle, il fallait deux mois — et encore — pour gagner le Levant à partir du détroit de Gibraltar. En une heure, aujourd'hui, l'avion vous porte de Marseille à Alger, de Milan à Tunis, en une ou deux heures de Zurich à Beyrouth. On jette sur la mer Intérieure des ponts aériens, serait-elle devenue une simple rivière ?

Que les pays méditerranéens soient soulevés au-dessus de leurs situations antérieures, c'est un fait. Mais enfin, les émigrations massives de travailleurs vers les industries voraces du Nord, en Suisse, en Allemagne, en France, sont la preuve de déséquilibres à combler. De son côté, l'Europe du Nord qui ne domine plus l'économie internationale pourra-t-elle supporter, assimiler les vagues humaines du Sud ? Et là où l'industrie fait des pas de géant, en Italie, les campagnes traditionnelles se détériorent. Hâtez-vous de contempler les campagnes toscanes, les plus belles campagnes du monde : elles sont en train de disparaître.

Dans un « scénario » récent, sorte de jeu prospectif, des économistes sérieux nous affirmaient que la Méditerranée aurait à recevoir, demain, plus de cent millions de touristes par an. Il y aurait plus de touristes en Méditerranée que l'Empire romain de jadis a compté d'habitants. Faut-il se réjouir de cette manne, les touristes après le pétrole ? Ne sont-ils pas déjà trop nombreux à notre gré ? Aux *Uffizi*, où chaque fois que j'ai le plaisir d'être un instant à Florence, j'ai soin de rendre visite à Sandro Botticelli, il faut jouer des coudes. À Venise, les touristes, hier, quittaient la ville à la fin de septembre, avec les premiers jours d'octobre arrivaient les peintres, touristes discrets... Or, les touristes ont conquis octobre... Les voilà sur le vaporetto bondé, ne sachant au juste où descendre.

Cette nostalgie est le signe à quoi reconnaître parmi nous les vieilles personnes qui ont aimé et parcouru une autre Méditerranée. Je connais même quelques Français qui ont trouvé leur paradis, soit une demi-solitude, dans l'île grecque de Thasos.

Mais dans tous les pays du monde, ne sommes-nous pas condamnés à rechercher l'île peu fréquentée pour y retrouver non la gloire, mais la paix d'un paradis que nous sommes sûrs d'avoir perdu ?

en France sous la [illegible] de [illegible] complet [illegible] l'Europe du Nord [illegible] [illegible] [illegible] [illegible] [illegible] [illegible] de [illegible].

[illegible] TYPES [illegible] [illegible] [illegible] sont [illegible] [illegible].

[illegible] [illegible] [illegible] [illegible] [illegible] [illegible] [illegible] [illegible].

[illegible]

Chapitre vi

AUTRES TEXTES

Rome et les Flandres *

Le mérite de cette étude sobre et claire est de mettre en œuvre les multiples renseignements que contiennent les publications de textes anciennes et récentes (particulièrement celles de Serrano et de Brom), d'en fournir un bon relevé et de se placer à un point de vue original. Du drame des Pays-Bas, considéré dans ses limites chronologiques classiques, M. De Meester n'a pas voulu raconter à nouveau les péripéties trop connues ; son intention a été d'en saisir de Rome le dénouement et de marquer ce qui revient à l'initiative et à la collaboration pontificales dans la politique de conciliation et de répression de l'Espagne. Sujet mal étudié jusqu'à présent et jamais posé avec cette netteté. Il était utile, assurément, de présenter dans sa continuité une politique aussi importante en l'occurrence et que les historiens n'avaient jamais étudiée que de biais et de façon fragmentaire. On pouvait même espérer qu'il serait

---

* Compte rendu de Bernard De Meester, *Le Saint-Siège et les troubles des Pays-Bas, 1566-1579*, Louvain, 1934 (*Revue historique*, mai-juin 1935, pp. 589-590).

possible, de cet observatoire unique qu'était alors la Rome de la Contre-Réforme, d'apercevoir des aspects nouveaux de la révolte des Pays-Bas.

Or, il faut le confesser, malgré l'estime que l'on a pour cette étude de forme et pour le talent qu'elle révèle, le panorama que découvre le livre ne laisse pas de décevoir un peu, tant il nous apparaît connu déjà dans son ensemble, rétréci et souvent sans dégagement. Pouvait-il en être autrement, d'ailleurs ? M. De Meester s'est contenté d'utiliser des matériaux qui nous sont déjà familiers et, de plus, documents officiels pour la plupart. D'où, à le lire, le sentiment du déjà vu, du déjà entendu, et aussi l'impression que le récit ne se dégage pas de la vérité relative des textes officiels. Calculs particuliers, intrigues dont le côté secret, profond et romanesque, mais vivant de cette action, n'apparaît que par accident, pour atteindre ces arrière-plans indispensables, il aurait fallu prospecter les archives italiennes surtout, si riches en lettres indiscrètes, en bavardages utiles. Je crois aussi qu'il est dangereux de rester, comme l'auteur, prisonnier de l'imprimé, auquel il manquera toujours cette vie secrète qui anime les papiers d'archives, et l'on peut bien affirmer que c'est surtout ce sens de la vie qui manque de bout en bout à cette étude consciencieuse et parfois brillante. En somme, M. De Meester a quitté la scène des Pays-Bas pour se placer à Rome ; mais, à Rome, il se tourne tout de suite vers les Pays-Bas. On aura donc, dans son livre, la question flamande vue de Rome et la politique romaine réduite à son secteur flamand. Les Flandres, Rome, deux réalités qui ne seront pas saisies directement, dont on nous présentera des découpages abstraits. Le bloc qu'est la politique romaine, ainsi, ne nous est jamais donné dans sa totalité, ou presque jamais, bien que l'auteur ait senti les liaisons, les interdépendances qui reliaient entre eux les théâtres, les compartiments de son action. Les questions financières sont à peine vues, qui liaient au bon plaisir de la Curie les princes catholiques désireux de subventions et de grâces. Le livre ne pèse pas non plus à sa valeur, me semble-t-il, la passion avec laquelle Pie V a poussé constamment la politique active du monde catholique vers la Méditerranée, et cela dès 1566. À ce sujet, la lecture des documents publiés par Serrano a-t-elle été attentive (t. I, pp. 384-424) ? Philippe II s'est défendu une première fois contre les suggestions orientales du pape, excipant, en 1566, de l'urgence des difficultés flamandes. Quand Pie V obtint enfin, en 1571, officiellement, qu'il adhère à la Ligue contre le Turc, il engage Philippe II dans une guerre coûteuse où l'Espagne brûle ses forces et ses ressources. Ce gaspillage était-il indispensable, inévitable, judicieux ? Jusqu'à quel point a-t-il compté dans la catastrophe financière de 1575, si lourde de conséquences pour les Flandres ? Autant de questions qu'on aurait pu, peut-être, poser avec profit.

Ces critiques s'adressent à la marche de cet ouvrage beaucoup plus qu'à ses conclusions qui, cependant, appellent bien des remarques. L'exposé un peu grêle de M. De Meester contribue à nous donner l'impression, très juste en gros, que Rome, dans ce drame des Flandres, n'a eu qu'une action seconde et s'est contentée d'agir en accord avec Philippe II, en appuyant tour à tour le terrorisme d'Albe, la politique pacifiste de Requesens, la reprise des hostilités voulue au temps de Don Juan. « ... Rome, écrit M. De Meester lui-même (p. 159), ne prendra l'initiative qu'avec prudence et devra se contenter souvent de soutenir la politique du roi : ainsi s'explique l'accord entre directives de Rome et de Madrid. Alors que la papauté eut à lutter continuellement contre le césaropapisme de Philippe II, elle se rallia peu à peu, pour ce qui est de la soumission des Pays-Bas, aux vues du monarque et se mit au service de sa politique. » Il s'ensuit donc que la politique romaine se calquant sur celle de Philippe II, c'est à Madrid que les initiatives fécondes se prennent. L'auteur a ainsi logiquement conduit son lecteur dans la péninsule, mais il demeure, en terre ibérique, un guide insuffisamment averti ; il n'aura fait que frôler ce grand sujet, plus neuf qu'il n'y paraît peut-être, l'Espagne et la question flamande, en précisant qu'il s'agirait cette fois d'éclairer le drame des Pays-Bas de Madrid même. Je m'étonne un peu qu'en marge de cette conclusion si nette l'auteur essaie de-ci de-là de grossir le rôle de Rome. Croit-il vraiment que la papauté ait sauvé les Provinces du Sud — la Belgique actuelle — de la contamination hérétique ? Croit-il qu'il suffise, pour régler la question, de signaler les plaintes de Philippe II à l'égard de Rome, qu'il accuse de ne pas l'avoir aidé suffisamment « en lo de Flandes » ?

On souhaiterait que le travail de M. De Meester fût un ouvrage de jeunesse. Auquel cas on s'excuserait de ne pas avoir souligné davantage les qualités rares qui sont le sûr garant de ses travaux de demain.

Achats et ventes de sel à Venise (1587-1593)*

Même si l'on ne se proposait que de la conduire à mi-course, une vaste enquête sur le sel, pareille à celle dont Jacques Le Goff vient de décrire la mise en place par Michel Mollat et ses collaborateurs — une telle enquête suffirait à engloutir pendant des années toutes les pages réservées par les *Annales* à nos recherches sur la vie matérielle. Saluons donc cette immensité, ne nous y hasardons pas trop. Deux ou trois notes diront, à ce propos, notre bonne volonté et notre prudence réfléchie.

Commerce essentiel, omniprésent, éveillant très tôt et de façon définitive les intérêts des princes, le sel nous a laissé d'innombrables témoignages de sa pré-

* *Annales*, 1961, pp. 961-965.

sence : il fallait l'extraire, le transporter, l'emmagasiner, le conserver, le vendre, souvent en imposer la consommation, en surveiller la répartition. D'où une abondante documentation et, pour nous, l'occasion de retrouver cent fois pour une les animateurs, les responsables et assez fréquemment les profiteurs de ces trafics vieux comme le monde.

Durant des siècles, il y a eu des impératifs, des « politiques du sel ». Marcel Blanchard l'a dit ici même, il y a longtemps, et tout récemment à propos des pays savoyards et des Cantons suisses. Un jeune historien, Michael Keul, s'apprête à nous le montrer dans un travail en préparation sur la correspondance d'un seigneur du Valais, Gaspard Stockalpen, marchand de sel et à l'occasion fournisseur de mercenaires pour le roi de France, à l'époque de Mazarin... Les pays non producteurs offrent toujours de bons exemples de ces politiques du sel, car l'acheteur peut choisir, en principe, entre ses vendeurs éventuels, et les documents nous parlent de ces calculs et de ces hésitations. Rien ne serait plus instructif, s'il était nécessaire, que d'examiner le cas de Milan et de ses campagnes où, dès avant le XVe et le XVIe siècle, ce jeu devient aisément repérable, les consommateurs ayant à opter entre le sel acheté *via* Gênes ou celui que l'on peut se procurer *via* Venise... Autant que le pétrole aujourd'hui, le sel n'est pas seulement nécessité. Au passage, il laisse à l'État, quel qu'il soit, une large marge de bénéfice. Quelle tentation ! Et il n'est presque aucun pays au monde qui échappe aux abus de ce commerce tentaculaire. Ainsi, dans la Chine du XVIIIe siècle, les marchands de sel et capitalistes de Yang-Chou, au nord de l'estuaire du fleuve Bleu, ont déjà trouvé leur historien attentif.

N'ayant que l'embarras du choix, nous voudrions nous limiter à quelques mots au sujet de Venise. Quelques mots en évitant de longs et trop faciles discours, car le sel, même sans forcer son histoire glorieuse, nous livrerait la raison du premier essor de Venise — au moins l'une de ses grandes raisons ;

ensuite, il signalerait une des préoccupations constantes de la Seigneurie. N'a-t-elle pas eu soin, dans l'Adriatique, « son golfe », de saisir toutes les salines importantes et notamment celles de l'*altra sponda*, face à ces clients obligés des villes et des montagnes pastorales des Balkans ? Les documents de la vaste série *Senato Mar* (à l'Archivio di Stato de Venise) témoignent encore de cette vigilance à la fin du XVe siècle, alors que le sel n'est plus comme jadis la marchandise essentielle au mouvement des navires vénitiens. Mais il reste encore une vraie monnaie supplétive avec quoi la Seigneurie paie des services, secourt une garnison ou l'un de ses serviteurs, surtout si le paiement doit se faire sur la côte balkanique. Ce sont là d'évidentes survivances, des répétitions probables de gestes anciens. Toutes mériteraient attention.

Document pour document, j'ai choisi de faire un sort aux indications serrées que fournit une estimation assez précise des années 1587-1593, soit pendant six années (non pas sept, comme on pourrait le supposer, l'estimation portant sur trois fermes de deux années chacune). Ne nous étonnons pas au passage de ce besoin de statistiques et de calculs économiques qui tourmente alors beaucoup d'observateurs vénitiens, et non des moindres. C'est une forme locale, fort curieuse, de la révolution scientifique qui se met en place à travers l'Europe.

Donc six années. Tout dans ces calculs est estimé en ducats, le ducat étant une simple monnaie de compte dont la valeur intrinsèque a sans doute peu varié de 1587 à 1593. Mais n'en tenons pas compte dans nos calculs qui ne sont qu'approchés. De même, résignons-nous, pour l'instant, à n'avoir que les valeurs, non les quantités que l'on pourrait certainement déduire de recherches qui m'ont toutefois semblé superflues en l'occurrence. L'intérêt de ce document est, si je ne me trompe, son témoignage d'ensemble, valable en gros, pour un premier aperçu. Un simple coup d'œil sur la carte page suivante suffira à montrer la répartition du

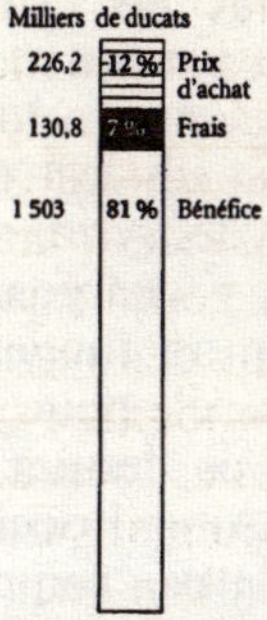

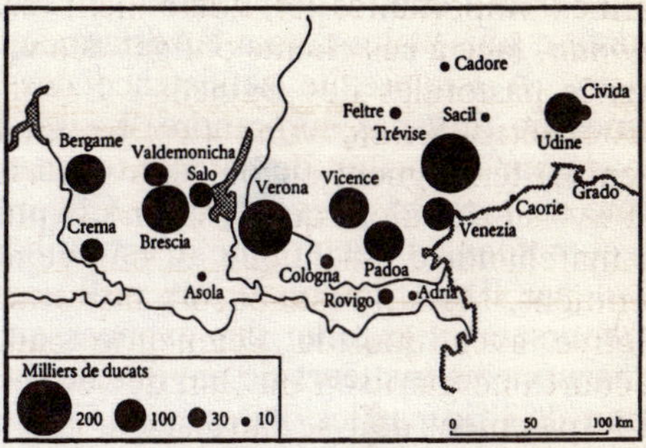

LES ÉLÉMENTS DU PRIX DE VENTE

LES VENTES DE SEL EN VÉNÉTIE

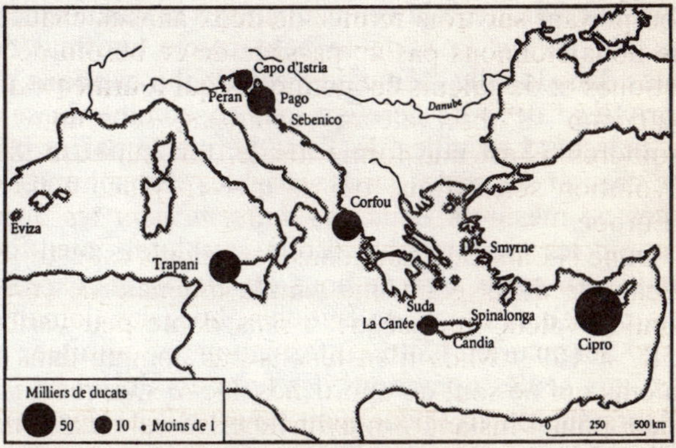

LES ACHATS DE SEL EN MÉDITERRANÉE

ravitaillement vénitien à longue et courte distance. On notera la faible mise à contribution d'Ibiza. Pratiquement Venise, vers l'ouest, ne se ravitaille pas au-delà de Trapani, centre important de ses achats. Elle s'adresse plus volontiers à l'Adriatique, à Corfou et à Chypre. À Chypre, la persistance des liaisons vénitiennes ne doit pas surprendre. Le sel est un lest de retour pour beaucoup de navires revenant de Syrie, ou même se limitant au voyage de Chypre, y chargeant sel et cotons, d'autant que c'est utiliser un moyen, prévu par l'État, intéressé aux trafics du sel, pour le remboursement régulier des avances que ce dernier a faites aux constructeurs de navires neufs. Ainsi l'occupation de l'île par les Turcs, en 1571, n'a pas rompu les relations entre Venise et la grande île, si elle ne les a pas favorisées.

On peut supposer, avec une chance moyenne d'avoir raison, que le prix du sel à l'achat, où qu'il s'effectue, varie dans des limites étroites. Les valeurs à l'achat sont par suite une tradition *approximative* des quantités. Au contraire, à la vente, quantités et valeurs diffèrent. Voyez sur la carte le petit cercle anormal des ventes dans la ville même de Venise : il s'explique par le privilège de cette dernière, qui consomme du sel à bon marché. Les villes de Terre Ferme le paient bien plus cher et selon des tarifs variables. En somme, les ventes ne mesurent donc pas *uniformément* les quantités ou les populations. Voilà, au total, bien des défauts. En outre, rien ne nous est dit sur les exportations probables de sel « vénitien », hors des domaines de la Seigneurie. Notre information est limitée, en effet, aux seules opérations des fermiers du sel.

Alors quel intérêt peut avoir pour nous ce document qu'il faudrait compléter, éclairer avec soin, pour en mieux dégager et recalculer les données ? Non pas seulement, faut-il le dire, de se prêter à une première, facile et large cartographie, mais bien, tel qu'il est, de nous indiquer, avec des chiffres valables pour l'ensemble de ces achats et de ces ventes, les parts respectives du premier achat, des frais (avant tout les transports) et des bénéfices. Le prix de vente étant fixé à 100, le premier achat représenterait 12 %, les frais 7 %, les bénéfices 81 % de l'ensemble. Une bonne, une trop bonne affaire, dirions-nous. Au vrai, pas seulement pour l'État, créateur et bénéficiaire de ces énormes différences de prix, mais aussi pour les intermédiaires et ces fermiers qui ont l'art, à Venise comme ailleurs, de transformer, en fortunes privées, l'argent qui devrait en principe revenir au prince seul. Ce calcul nous introduit au cœur même des politiques et des affaires du sel.

Le déclin de Venise*

Le livre élégant de James C. Davis, *The Decline of the Venetian Nobility as a Ruling Class*, s'impose à la fois par son intelligence, sa clarté et son originalité. Il met en cause, de 1575, date approximative, à la prise de Venise par les Français en 1797, deux siècles d'une histoire, ou mieux d'une expérience sociale singulière : celle de la noblesse vénitienne considérée comme une *ruling class*. Toute architecture sociale ne cesse évidemment d'évoluer dans son ensemble et de se renouveler, sans fin, sous le poids de mouvements internes, promotion des uns, déchéance des autres. À Venise, ces mouvements sont visibles durant les deux derniers siècles de la république et même durant les siècles qui les ont précédés. Mais tout est contrarié, si l'on peut dire, par le fait que, constituée en classe politique dès la fin du XIIIe siècle, la noblesse vénitienne se veut un monde étroit, fermé et — les rares exceptions, 1381,

* Compte rendu de James Davis, *The Decline of the Venetian Nobility as a Ruling Class (The American Historical Review*, octobre 1964, pp. 147-149).

1645, 1775, confirmant la règle — elle le demeure jusqu'à l'effondrement de l'anachronique république, en 1797.

Davis, après avoir rapidement, mais comme toujours clairement et sûrement, résumé les origines de cette clôture décisive, parvient dès les premières pages de son livre au seuil du XVIe siècle et précise alors les problèmes de son enquête. Cette aristocratie qui entend se réserver le gouvernement d'une ville puissante se trouve aux prises avec de multiples tâches politiques, depuis le commandement de ses escadres jusqu'aux cinq ambassades clefs (auprès du Roi Très Chrétien, du Roi Catholique, de l'empereur, du Turc et du pape), aux gouvernements des grandes villes de Terre Ferme et aux postes décisifs de la capitale elle-même, politiques ou judiciaires. Peut-être, comme le dit l'auteur, ce problème de gouvernement porte-t-il sur deux centaines de postes, si l'on ne retient que ceux qui impliquent de hautes responsabilités, un dévouement évident à la chose publique et de lourdes dépenses. Il fallait, bien entendu, préciser quels sont ces postes, l'ordre dans lequel (ou les ordres dans lesquels) un ambitieux doit conduire sa fortune, selon les étapes de tel ou tel *cursus honorum*. Toute cette esquisse du gouvernement vénitien, du *Maggior Consiglio* au doge, est finement dessinée, sans détail ou discours inutiles.

La tâche ainsi définie, il est facile de montrer que la classe des nobles ne va pas, dans le déroulement du dramatique destin de Venise, être à la hauteur de ses devoirs et de ses prétentions implicites. Sur ce point, Davis confirme des études aussi fines que les livres récents de Gaetano Cozzi et d'Alberto Tenenti, mais sa démonstration est différente, car dessinée à long terme. Progressivement, en effet, la noblesse vénitienne voit s'éclaircir ses rangs. Le nombre des nobles, âgés de 25 ans et plus, est de 2 613 en 1550 ; de 1 970, en 1594 ; de 1 710, en 1719 ; de 1 640, en 1726 ; de 1 300, en 1775 ; de 1 090, en 1797. À long terme, compte non tenu de légères reprises et des adjonctions peu efficaces de 1645 (127 familles) et 1775 (10 familles), la diminution a été continue. Les conséquences dans le domaine gouvernemental sont visibles assez tôt : nombre insuffisant des choix pour les magistratures décisives, appel bientôt à des hommes trop jeunes, alors que la règle vénitienne jusque-là avait misé sur la sagesse éprouvée des gens âgés. Ce sera une surprise et presque un scandale quand Pietro Mocenigo, à trente-neuf ans, sera appelé à représenter la Seigneurie auprès du pape, en 1671.

Aspects sociaux et politiques de la crise sont étroitement mêlés. Le nombre des nobles diminue sous le poids de causes multiples, et notamment parce que les familles restreignent le nombre des mariages pour mieux sauvegarder les patrimoines. En outre, l'évolution économique qui, bientôt, tourne au désavantage de Venise, a ruiné une partie notable de la noblesse et le repli de la Seigneurie ne laisse entrevoir aucune chance de rétablir les fortunes compromises. Il n'y a plus, comme jadis, de nouvelles donnes, de *New Deal*. Si bien que chacun se met à fuir les honneurs, occasions de dépenses ruineuses.

Les moments dramatiques et révélateurs de cette évolution sont forcément, en 1645 et en 1775, l'ouverture des rangs de la vieille noblesse à de nouvelles familles, toutes fortunées. Mais le remède, s'il permet de surprendre sur le vif l'attitude mentale de cette noblesse en faillite, les difficultés de ses prises de conscience, n'aboutit pas finalement à changer un courant irréversible. Il se révèle inefficace. L'auteur ne s'y trompe pas un instant : ce n'est pas la crise sociale de sa classe dirigeante qui a essentiellement condamné Venise ; mais bien davantage la crise d'un État archaïque, déchu et condamné par l'évolution générale du monde ; cette crise commande ces attitudes et aveuglements sociaux. Et l'auteur a raison de penser qu'aucun remède heureux n'aurait pu, sans doute, changer le cours de cette longue histoire.

Ce livre d'une écriture heureuse, bien documenté,

fait honneur au professeur Frederic Lane qui l'a dirigé. Il n'est, en fait, qu'une introduction à des travaux qui, je l'espère, vont suivre bientôt. Les cadres généraux d'une enquête sociale sont bien dessinés, il serait aisé à l'auteur de les remplir au cours de recherches nouvelles, d'étudier les testaments de cette noblesse, sa position vis-à-vis de la fiscalité vénitienne et vis-à-vis des autres classes sociales, de s'élever sans effort à une sociologie rétrospective qui me semble de mise en ce domaine. Mais ces vœux ne sont pas une critique déguisée : tel qu'il est, ce livre est excellent.

Un marchand de Venise *

Nous connaissons peu de lettres marchandes à Venise entre 1497 et 1514. Celles que nous publions n'en ont ainsi que plus d'importance. Au vrai, il s'agit là d'un long monologue, la dernière lettre adressée à Alvise Bernardo ne suffisant pas à faire de ce dernier un personnage valable à côté du protagoniste — Michiel da Lezze. Donc, à son insu, celui-ci nous a laissé un récit fragmentaire de ses entreprises mercantiles pendant une quinzaine d'années.

Michiel da Lezze a agi constamment en marchand isolé, préférant prendre ses risques à lui seul plutôt que de partager les bénéfices avec des associés. Or cela n'est économiquement possible qu'en raison de la solidarité qui joue encore de façon suffisante entre Vénitiens et de la confiance qu'il a personnellement dans ses correspondants et dans le système compliqué, mais

* En collaboration avec Alberto Tenenti, « Michiel da Lezze, marchand vénitien (1497-1514) » (*Sonderdruck aus Wirtschafts, Geschichte und Wirtschafts-geschichte, Geburtstag von Friedrich Lütge*, Stuttgart, 1966, pp. 38-73). Ce texte introduit la publication, pour les Mélanges en l'honneur de F. Lütge, du texte *in extenso* des lettres, non reproduites ici.

régulier, des *galere da mercato*, organisé par l'État vénitien. Les négociants ou les patrons de navires dans les mains desquels ce patricien met son argent et ses marchandises reçoivent assurément une quote-part sur le montant des affaires réalisées : mais parmi tous — ils sont une dizaine — un seulement jouera le rôle d'un associé, avec un tiers du bénéfice. Autre exception, mais qui se comprend d'elle-même : celle de son propre fils, Luca da Lezze, lequel ne reçoit ni provision ni pourcentage, mais son père lui réserve un traitement de choix. Il suffira, en effet, qu'il rende à son père, à son retour, le capital qui avait été investi à Venise dans 152 pièces de camelots, soit 614 ducats et 16 gros ; toute la marge bénéficiaire lui reviendra et il l'investira, à son tour, en Espagne ou en Barbarie, comme bon lui semblera.

La confiance de Michiel da Lezze dans ses représentants est aussi grande, en tout cas, que celle qu'il accorde à son fils ou à son unique associé. Sans doute leur adresse-t-il beaucoup de recommandations, en même temps que ses instructions (en quoi justement consistent nos documents, appelés *arichordi* par leur auteur : quelque chose de semblable aux *ricordi* florentins). Plusieurs fois, il va jusqu'à leur faire miroiter la possibilité d'une future association. Toutefois, après avoir précisé ses désirs et son point de vue, le marchand s'en remet à ses hommes de confiance, il leur accorde la plus grande liberté d'initiative pour le moment où ils se trouveront sur place et ne pourront plus le consulter. À maintes reprises, le lecteur rencontrera les expressions multiples de cette délégation de pouvoirs. L'appartenance de ces représentants à la noblesse et, sans doute, à des familles plus ou moins proches des Da Lezze, constituait déjà une première assurance. Bref, ces trafics au loin semblent suffisamment soudés à la place de Venise pour permettre à un marchand de ne jamais la quitter et de tout diriger de loin.

Le second *leitmotiv* de ces lettres concerne les

galere da mercato. L'utilisation de ces bateaux représente l'autre régularité de son activité, presque la condition technique de ses entreprises, comme la confiance en était le support moral. Le patricien raisonne par *viazi*, mesure le temps et ses propres négoces d'après la durée et la fréquence des voyages des galères. Et quand il se sert d'autres navires, même une fois de la voie terrestre, c'est à titre exceptionnel, avec le souci de rejoindre le circuit habituel de la navigation d'État.

Logiquement, le calcul des profits se trouve lié à ce système maritime. Tout d'abord par une sorte de refus des nouveautés. Ensuite, et surtout, parce que Michiel da Lezze est engagé tout entier dans des trafics que les galères créent et alimentent : les épices, la soie, même le coton du Levant, l'or, la soie de Barbarie, la laine d'Espagne, l'étain, les carisées, qui sont les draps d'Angleterre — voilà les articles préférés de son commerce, que tout ramène à Venise pour être ensuite redistribués selon les règles constantes au XIVe comme au XVe siècle.

Cette optique conforme à la tradition dérobe à l'auteur de ces lettres les changements qui surviennent et lui épargne soucis et inquiétudes. Les voyages des galères sont encore, autour de 1500, une réalité vivante et solide que rien, en apparence, ne semble mettre en cause. Depuis le milieu du XIVe siècle, le système a surmonté bien des épreuves et a toujours réussi à fonctionner. On ne s'étonnera pas, alors, qu'en 1505 Da Lezze ne fasse pas la moindre allusion aux épices amenées par les Portugais et considère impossible qu'elles ne viennent, en effet, que d'Alexandrie ou de Beyrouth...

Pourtant, en juillet 1514, notre patricien décide de mettre un point final à ses négoces de Syrie et d'Égypte, base jusque-là de presque toutes ses opérations commerciales. Sans doute agit-il ainsi à cause de la mort de son fils Luca, survenue quelques mois auparavant, probablement aussi à la suite des menaces que le Turc fait peser sur ces régions fragiles — enfin en raison des nouveautés atlantiques. Le repli sur Chypre commence : l'île, on le sait, va devenir la plaque tournante du commerce vénitien dans le Levant.

*

Dans l'univers économique où opère da Lezze, les lettres de change, les achats à crédit, le troc interviennent aussi bien, et parfois au même titre, que les transactions monétaires — qu'il s'agisse de la Syrie ou de l'Espagne, de l'Angleterre, de la Barbarie ou de l'Égypte. Michiel da Lezze préfère de façon nette la vente au comptant, car « *con i danari se pol conprar quelo si vole* » (fol. 35, lettre à Nicolo' Duodo, Ier mars 1505). Mais ce n'est pas tout à fait sa préoccupation majeure, qui concerne plutôt la vitesse des transactions. Vendre vite, de façon avantageuse, bien entendu, mais pas forcément au comptant, pourvu que cela arrive à temps pour réinvestir sans délai et ramener les marchandises achetées avec les mêmes galères à Venise. C'est dans cette optique que prend toute sa force la recommandation de « *venier presto sul danaro per un alttro viazo* » (fol. 41, lettre à Piero Bonaza, 1510).

Les indécisions mêmes de notre auteur confirment cette attitude. En 1503, il exprime à Silvan Capello la crainte qu'en ne vendant pas sur la place de Londres avant le départ des galères, le gingembre qu'il lui a confié n'ait à supporter une perte sensible à cause de l'immobilisation de son capital jusqu'au voyage suivant (*« non so quel fose piùi avanttazo, o quel piùi se vendese i zenzeri dapoi le galie o l'interesse di tegnir i danar mortti uno ano »*, fol. 30). Le marchand manifeste le même souci, en mars 1511, à propos de la vente de ses carisées à Alexandrie, retardée par Piero Loredan en vue d'obtenir un meilleur prix. À cette occasion, il invite explicitement son représentant à récupérer le bénéfice qu'il n'aurait pas manqué de réaliser à Venise avec le gingembre qu'auraient pu lui amener les galères précédentes (fol. 42). Tout en recherchant le prix le plus haut, Michiel da Lezze préfère gagner moins à certains moments pourvu qu'il ne perde pas de temps, qu'il ne se décroche pas du rythme des transports dont il ne saurait se passer. Le cas échéant, un troc rapide sera aussi profitable, à ses yeux, et même plus, qu'une transaction monétaire, ou un transfert par lettre de change ou une vente à crédit (cf. par exemple la lettre du 13 février 1506 à Marc'Antonio Novello, fol. 37 recto).

Parmi les biens négociés, les métaux précieux, sur le plan économiques, jouent plus encore le rôle de marchandises que de monnaies. L'argent (le métal blanc) vaut moins à Venise que sur les côtes de Barbarie : l'or, inversement, est plus coté en Europe. De ce fait, des courants vifs traversent d'eux-mêmes la mer Intérieure et Michiel da Lezze s'y insère volontiers.

Ce jeu entre or et argent intéresse aussi les places du Levant, bien que d'une façon fort différente. L'essentiel y est de payer ses achats d'abord en *sarafi* d'or, qu'il faut éviter de ramener à Venise (cf. la lettre à Piero Loredan du 7 juillet 1507, au fol. 40). À Alexandrie, d'autre part, les monnaies d'argent vénitiennes sont particulièrement appréciées, et pour faire deux bonnes opérations à la fois il convient d'abord de les vendre, puis d'acheter le gingembre ou telles autres marchandises avec le montant obtenu. En 1497, Michiel da Lezze avait envoyé à Alexandrie le plus d'argent qu'il avait pu, soit 7 000 ducats en comptant ; mais d'après ses papiers il semble que 1 400 rentrèrent à Venise inutilisés (fol. 28 recto). En 1507, par contre, il escompta un gain sur la vente de 800 ducats en pièces de la *Zecca* de Venise *(mocenighi di zecca)* confiés à Piero Loredan. Au cas où les prix des marchandises s'avéreraient trop élevés à Alexandrie, il avait demandé à son représentant de remettre sur Venise les bénéfices au moyen d'une lettre de change — qui permettra un bénéfice supplémentaire (fol. 40 recto, lettre citée). Cette opération de remise par lettre de change ne paraît pas moins avantageuse à Beyrouth avec les sommes engagées sur la vente de carisées (cf. fol. 37, lettre à Marc'Antonio Novello du 13 février 1506 et fol 41, lettre à Piero Bonaza de 1510) ; mais toujours uniquement dans le cas où les prix locaux empêcheraient des investissements fructueux en marchandises.

En Barbarie, les monnaies d'argent sont également vendues, mais dans le but précis de racheter aussitôt de l'or. Le métal jaune est porté ensuite à l'hôtel des monnaies de Valence pour y être fondu. En 1505, Michiel da Lezze confie 2 000 ducats en *mocenighi* pour la Barbarie à Sebastian Dolfin et lui demande, après avoir fait fondre l'or, de *« rimetermi ditto ttratto de ditti arzentti qui »* (c'est-à-dire à Venise ; fol. 36, verso, 29 mai). L'année suivante, son propre fils Luca s'embarque pour le même voyage, comme patron d'une galère, avec 3 000 ducats, toujours en *mocenighi*. Le père lui recommande de les vendre aussitôt, car il sait que sur les bateaux vénitiens les autres marchands ont chargé de grosses sommes et il redoute la concurrence. Il le prie également de ramener à Venise tout l'or préalablement fondu à Valence, si les circonstances ne lui permettent pas d'acheter des laines (fol. 38 recto-verso).

Dernière remarque, aucune opération d'assurance maritime ne figure dans ces lettres, à une seule exception près (fol. 34, lettre du 1er février 1505 à Nicolo' Duodo) pour une cargaison attendue d'Angleterre. Que notre marchand n'ait pas l'habitude de s'assurer, en Méditerranée, le fait nous est confirmé par la perte de deux *colli* de poivre, chargés sur la galère *Moresina*, en 1497. Lors du retour d'Alexandrie, ce bateau coule dans les eaux de Porto Cigale. Bien que nous possédions (fol. 26-29) les comptes assez détaillés de toute l'expédition comprenant 30 *colli* d'épices, aucune trace ne reste du remboursement, ni des démarches effectuées en vue d'obtenir le paiement de la part des assureurs éventuels. Michiel de Lezze, par contre, a soin de toujours partager ses cargaisons entre plusieurs galères et recommande à ses représentants de bien examiner auparavant les conditions des bateaux — galères ou naves — dont ils entendent se servir. Tout cela révèle un certain âge de la vie économique et de la navigation en Méditerranée. Mais si l'on veut reconstruire l'atmosphère de ces entreprises anciennes, et énumérer leurs règles, c'est ligne à ligne qu'il faut lire ces précieux documents.

Sur Venise *

Venise fascine les historiens depuis toujours. À peine avions-nous terminé la lecture du très beau livre de Frederic C. Lane, *Venise, A Maritime Republic* (John Hopkins University Press, 1973), que se trouvait déjà sur notre table, en bonne place, bref et séduisant, le livre de William H. McNeill, *Venice, The Hinge of Europe, 1081-1797* (The University of Chicago Press, 1974).

Par chance, ce livre, qui est une curieuse réussite, ne ressemble à aucun autre. Les premières lignes de la préface laisseraient croire un instant que, plus que Venise, ce serait la *charnière* de l'Europe qui serait prise en considération. Et l'on se demande aussitôt : quelle charnière ? Quel axe autour duquel se plierait ou pivoterait l'histoire double de Venise et de l'Europe ? Ces lions que Venise a semés à travers l'empire de Saint-Marc, d'un bout à l'autre de l'Orient, sont-ils des indicateurs, des témoins importants ? Le premier qu'aura vu de ses yeux William H. McNeill, à Nauplie,

* Compte rendu de William H. McNeill, *Venice. The Hinge of Europe, 1081-1797*, The University of Chicago Press, 1974. Vraisemblablement inédit en français, 1975 (?).

en Grèce, lui a sûrement posé le problème. Mais cette chasse au lion n'est pas l'objet du présent livre. Elle donne juste un instant l'occasion de rêver et d'espérer qu'une autre fois cette poursuite tentera un historien comme McNeill, qui a le goût presque exclusif des larges horizons.

Ce n'est donc pas à lui seul l'empire de Venise, un empire au travers duquel aurait été scruté le destin entier de l'Europe, qui fait le vrai sujet de l'ouvrage, mais Venise et Venise seule, vue en son centre, à partir d'un paysage qui, de lui-même, se dessine devant les yeux du lecteur, car un mot, une allusion, une phrase suffisent, et nous voilà enveloppés par les images prestigieuses : la Piazetta, la Dogana di Mar, la Salute, San Giorgio... Alors, penserez-vous, un livre classique ? Sans doute, et cependant, il n'est pas selon les normes habituelles.

L'originalité de McNeill, c'est son écriture, calculée, tenue dans une ligne dont elle ne s'écarte guère. Le problème, pour lui, est d'être bref, de faire comprendre, plutôt que de décrire, de dessiner plutôt que de peindre, de ne pas sacrifier à une sentimentalité excusable. McNeill a tenu à l'écart les lions de Saint-Marc pourtant sympathiques.

Son mérite, c'est de trancher les difficultés ordinaires avec brio et pour des raisons valables, sans que cela donne lieu à de longs discours. Ainsi le choix des dates encadrantes, 1081 et 1797, le dit à lui seul. Venise, en effet, est un État-ville, dont le corps a toujours été menu, son destin s'est joué contre, ou entre des monstres politiques, aux énormes dimensions, qu'elle a trouvés sans fin en face d'elle. Qu'elle gagne contre eux et tout est pour le mieux dans le meilleur des mondes. Qu'elle ne fasse plus le poids, les difficultés commencent, puis les malheurs suivent ou menacent d'arriver. Au début, c'est la détérioration de l'Empire byzantin qui a assuré la première fortune de Venise. En 1081, ses navires sauvent Byzance de l'attaque dangereuse de Robert Giscard à partir de la base du royaume de Naples. L'empereur Alexis paiera cher cette aide et cette sauvegarde. Par la chrysobulle de 1082, il donnait aux marchands vénitiens d'énormes privilèges commerciaux, désormais ceux-ci seront à l'intérieur de l'empire traités comme des « nationaux », entendez des sujets de l'empereur, non plus en étrangers. Alors commence l'exploitation de l'énorme espace économique, Venise s'en nourrit, comme elle se nourrit, en Syrie ou en Égypte, de la détérioration de la puissance de l'Islam. Le début du livre est donc judicieusement choisi avec les années 1081-1082 et pour des raisons si évidentes que McNeill n'a pas besoin d'en discourir longuement. Pas d'explication longuement développée non plus au sujet de l'année 1797 où l'énorme France révolutionnaire pousse l'armée de Bonaparte dans la ville qui connaît la première humiliation de son histoire.

Cette dialectique du corps réduit de l'État urbain et des « Empires » territoriaux, c'est un fil directeur judicieusement choisi de l'interminable destin de Venise. Songez qu'avec la prise de Constantinople par les Turcs, en 1453, un monstre politique se constitue avec rapidité dans la zone même où Venise a posé les jalons de sa puissance. Les difficultés de Venise vont croître en fonction de cet essor hostile. En même temps, la ville de saint Marc est prise dans les mailles de l'empire de Charles Quint et de ses successeurs — un autre monstre. C'est miracle si elle survit. Sans doute en raison de ses richesses, de sa force acquise, de sa sagesse évidente. Et, guêpe dangereuse toujours, elle survit assez pour voir décliner les deux adversaires et prendre au moins sur le Turc des revanches limitées, mais des revanches. La mort qui la frappe, en 1797, l'empêchera de profiter de la déchéance, qui va s'accentuer, de l'Empire turc — de « l'homme malade ».

Je ne donne ainsi, et à ma façon, que le dessin d'ensemble de ce livre rapide. Pour comprendre sa réussite, j'allais dire sa saveur, il convient de le regarder d'un peu plus près. McNeill a le génie (je ne dis pas seulement le talent) de l'abréviation. Cela ne consiste pas de sa part à tout dire très vite, à tout classer : son livre n'est certes pas un manuel, mais à choisir l'essentiel, je veux dire la longue durée, l'invariant, la ligne maîtresse — et le choix une fois fait se démontre par le mouvement, une ligne épaisse est sous nos yeux tracée dans toute sa longueur. C'est l'art d'un nouveau discours historique, d'où se dégage une immense force de conviction. Je ne connais rien de mieux venu dans ce livre que les pages initiales de son premier chapitre sur le rôle historique de la cavalerie lourde, inventée par les Francs de Charles Martel à Poitiers (732) et qui cessera de jouer son rôle primordial en Méditerranée à partir des Vêpres siciliennes (1282) devant les archers des armées aragonaises dont les flèches traversaient les cuirasses. McNeill a pareillement tiré parti de ce que les historiens ont pu dire de la technique navale. Je trouve aussi de premier ordre son raccourci sur le gouvernement de Venise avec la mise en exergue des *cittadini*, on n'ose pas dire les bourgeois de la ville de saint Marc. Ce sont eux, issus de l'université de Padoue, qui fournissent les cadres administratifs de la ville des Doges, assurent sa continuité, cette répétition silencieuse, obstinée, des mesures utiles. Ils sont le côté « éclairé », populaire, de ce gouvernement, bien que l'un de ses principes soit de tenir strictement à l'écart le monde des travailleurs. Étrange ville où le passé ne cesse de revivre, de sous-tendre le présent.

Disons, pour que la présentation de ce livre étonnant s'achève, que j'aime un peu moins les raccourcis consacrés à l'art et à la civilisation en général. C'est que, carrefour, univers en soi et ouvert dans toutes les directions, le microcosme vénitien a ses mystères, ses obstinations, ses passions, ses refus, ses supercheries et ses pièges. Toute une problématique, tout un échafaudage, avec des forêts de pilotis à la base, seraient à construire pour enfermer, historiquement parlant, la culture multiforme de Venise. Mais ici le travail en profondeur des historiens est sans doute en retard. Ne critiquons pas trop non plus les cartes de ce livre. L'école des *Annales*, à laquelle McNeill fait une grande place a toute une tradition de cartographie historique — l'une de ses vraies réussites. Souhaitons que notre collègue s'en inspire pour ses prochaines cartes ! Mais laissons ces critiques minuscules. Aucun historien, à ma connaissance, n'aurait été capable d'écrire un livre aussi direct, aussi bien informé, aussi peu encombré de discours fleuris. Aussi impartial. J'admire cette réussite.

Gênes au XVIIIe siècle *

Franco Borlandi a toujours préféré aux explications et aux histoires générales la lecture de documents originaux, inédits de préférence. Il savourait le plaisir de les découvrir. De les signaler aussi. Je le revois, il y a bien une vingtaine d'années, aux Archives nationales, à Paris : un document exceptionnel était tombé sous ses yeux, il en était tellement ravi que nous fûmes conviés, un de ses amis et moi, à le lire à notre tour. Puis il replaça le document dans son carton. Il avait, quant à lui, autre chose à faire qu'à l'exploiter, le but de sa recherche était ailleurs. Souvent il aura fréquenté les Archives pour la seule joie de connaître, de comprendre...

Je cite cette anecdote assez révélatrice de son tempérament pour justifier les lignes qui suivent. Il m'a paru naturel, en effet, de lui offrir un document inédit sur la ville où il a vécu et qu'il connaissait si bien, un document qu'il aurait aimé lire et même relire. Or j'ai eu la

---

* Introduction à *Fatti e idee di storia economica nei secoli* XII-XX, *Études en l'honneur de Franco Borlandi*, 1976, pp. 457-459. Le texte de la *Relazione di Genova*, qui suit cette présentation, n'est pas reproduit ici.

chance de trouver cette pièce rare, dans le document 16073 du Fonds français de la section des manuscrits de la Bibliothèque nationale de Paris. Ce document comporte une longue *Relazione di Genova*, intelligente, très curieuse, plus un long relevé, en annexe, des fortunes de la noblesse génoise. J'espère que cette relation et la statistique qui suit inspireront une étude approfondie, accompagnée du commentaire qui s'impose, et qui ne peut être ni simple, ni catégorique, encore moins expéditive.

D'après l'avis de quelques collègues, ce document peut être daté, à première vue, des années 1607-1608, il se situe ainsi à un moment critique de l'histoire de Gênes. La ville de saint Georges, encore au sommet de sa vie internationale, reste maîtresse du maniement de la richesse de l'Empire espagnol, et au-delà, comme par ricochet, de la fortune entière de l'Europe. « *[...] la richezza de' cittadini e habitanti di Genova io stimo,* écrit le rédacteur anonyme de la relation, *che arrivi al valore di dugento milioni di scudi d'oro.* » L'historien économiste ne prendra pas cette estimation comme argent comptant pour, ensuite, essayer d'enfermer Gênes dans une comptabilité nationale rétrospective. Toutefois, il est hors de doute que l'édifice du crédit et (pourquoi ne pas le dire) du *capitalisme* génois a encore fière allure, même au lendemain de la nouvelle banqueroute espagnole de 1607.

Nous sommes cependant là à un moment dramatique (aux yeux des historiens s'entend) du destin de Gênes, ou mieux du *Siècle des Génois*, pour parler comme Felipe Ruiz Martín [1]. Que l'on nous excuse de dramatiser cet instant au-delà du document prosaïque, bien que spirituel parfois, que nous avons sous les yeux. Que l'on nous excuse aussi de répéter, une fois de plus, qu'un certain destin politique et économique de l'Europe entière et, au-delà, de l'ensemble des échanges internationaux de l'époque se trouve ici mis en cause. Que c'est là, à Gênes précisément, que l'on risque d'observer au mieux ce mouvement d'ensemble qui va substituer à la primauté de Gênes celle vigoureuse déjà, presque dominante déjà, d'Amsterdam. Il s'agit d'un tournant de l'histoire du monde et c'est ce qui, en son entier, valorise le *Siècle des Génois*, aussi bien dans son premier essor, vers 1558-1560, qu'au voisinage de sa fin ou vraie ou apparente, entre 1622 et 1627.

Tous les témoignages sur cette période sont donc à rechercher, aussi bien à Simancas, à Florence, à Venise qu'à Paris, ainsi à la Bibliothèque nationale de Paris (Fonds italien 1210-1211). C'est, dans l'ensemble, une grosse enquête pour un très gros problème. J'ai essayé de le traiter dans un article récent, à partir surtout de documents vénitiens. Il s'en faut que j'aie résolu le problème [2]. Je voudrais seulement aujourd'hui en signaler à nouveau, avec plus de force que d'ordinaire, l'intérêt et l'importance.

Que Gênes soit à étudier du dehors, de Venise, de Florence, et aussi de Lisbonne, et aussi des Pays-Bas où s'achève (1609) la guerre espagnole dont les hommes d'affaires génois tiennent les fils et tirent les profits, mais aussi de Madrid, de Séville — c'est un point important, le plus important, sans doute, si l'on place au-dessus de Gênes elle-même l'histoire générale de l'Europe et du monde que l'Europe domine alors.

Mais l'histoire intérieure de Gênes tire son importance de cette importance extérieure. Dans cette société génoise où, comme ailleurs, il y a peu de riches (10 % et encore) et beaucoup de pauvres (90 % ou davantage), la particularité c'est que les riches y soient plus riches et les pauvres plus pauvres qu'ailleurs. Il y a rupture, opposition, entre ces deux blocs inégaux, à la fois par le nombre et par la richesse. Et rien n'est plus révélateur d'un capitalisme précoce que cette rupture de la société en deux blocs, l'un, le plus étroit, exploitant l'autre, le plus large. D'ailleurs, notre auteur anonyme ne s'y trompe pas qui écrit : « ... *Come è buono a tenir sotto il popolo col duro freno e giogo della povertà et necessità, cosi potrebbe servir loro, o a chi li destasse della piú gagliarda puntura, da levar la testa et far delle turbulenzie che ha fatto tante altre volte.* »

Il faudrait étudier d'aussi près que possible cette masse privilégiée, étroite et dominante. L'étudier, c'est-à-dire la dénombrer, la peser, la faire entrer dans un appareil statistique, la replacer si possible dans l'ensemble de la « comptabilité nationale » de Gênes. Encore faut-il, pour ces calculs et ces insertions, des éléments valables, au moins des ordres de grandeur. C'est de ce point de vue que le document de la Bibliothèque nationale de Paris a son intérêt. Il dresse, en effet, la liste des grandes familles et estime leur richesse respective. Mais il reproduit, à première vue, les données que fournit déjà le document antérieur du 28 avril 1593 qui se trouve sous la cote 338 à l'Archivio Storico de la Commune de Gênes et que m'a signalé et communiqué Giorgio Doria. Voilà qui enlève de sa valeur au document parisien, mais en même temps authentifie la valeur de ses sources d'information. Et donc des renseignements qu'il donne sur les avoirs des grandes familles en Espagne, renseignements dont on n'a pas l'équivalent dans les sources génoises prospectées jusqu'ici. Évidemment, ces chiffres auront besoin d'être vérifiés plutôt deux fois qu'une.

J'avais écrit ces lignes avant d'avoir lu l'admirable, le prodigieux article d'Edoardo Grendi, « Capitazioni e nobilità genovese in età moderna[3] ». Le moment me semble d'autant mieux venu d'ouvrir sur ces vastes problèmes une large discussion que le repérage récent de livres marchands et de correspondances inédites d'hommes d'affaires génois, par Franco Borlandi et ses élèves, marque une heure décisive dans ce domaine de l'historiographie. C'est à Edoardo Grendi, à Giorgio Doria, à Giuseppe Felloni et à leurs élèves qui, je le sens, sont conscients de cette chance intellectuelle et des responsabilités qu'elle implique — c'est à eux tous de prendre leur meilleure plume. Nous pouvons leur faire confiance. Dans ces conditions, la statistique retrouvée est à leur disposition. Mme Branislava Tenenti en a établi méticuleusement le relevé, de même que celui de la relation elle-même dont le texte est donné à la suite de ces pages de présentation. Qu'elle soit remerciée, une fois de plus, de l'aide amicale et efficace qu'elle m'a apportée.

Pour comprendre Venise*

J'ai souvent conseillé et même demandé à Ugo Tucci de réunir en un volume ses articles sur Venise. Voilà qui est fait, avec un peu de retard sans doute, mais ce retard a été bénéfique puisqu'il a permis d'ajouter à cet ensemble quelques pages supplémentaires. Tout est donc pour le mieux et je me réjouis plus que quiconque de ce succès. Car c'est un succès.

Mais, comment dire, ainsi qu'il conviendrait, le plaisir, la joie de comprendre que l'on éprouve à lire ces études, toutes poussées et méticuleusement poussées à leur perfection ? Le plaisir s'accroît peut-être, pour moi, du fait que j'ai une certaine passion pour l'histoire prestigieuse de Venise, or Ugo Tucci me réapprend à la mieux comprendre, à la mieux saisir. Les sources classiques qu'il remet en œuvre, réinterprétées par lui, semblent comme neuves à mes yeux. Je m'en veux, hier, de les avoir lues d'une façon sans doute trop rapide. Quant aux documents inédits, ils interviennent sans fin, occupent les bas de page en rangs serrés. Et cela va de soi, puisque, des années durant, Ugo Tucci a été l'un des directeurs les plus attentifs de l'*Archivio dei Frari*. Ne vous y trompez pas : pour un document qu'il cite ou qu'il exploite, il en a gardé des dizaines, des centaines en réserve. Aussi bien, s'il ne les publie pas, un jour ou l'autre, il décevra les historiens que

* Préface à Ugo Tucci, Bologne, Il Mulino, 1981.

continue à passionner le passé de Venise qui, au vrai, est le passé de tout l'Occident et de toute la mer Intérieure.

Voyez, à titre de démonstration, ce qu'il a pu tirer d'un *seul* document — mais quel document ! — à la base de son étude : *Costi e ricavi di una galera veneziana ai primi del Cinquecento* — assurément le chef-d'œuvre de ce recueil.

Donc Ugo Tucci possède toutes les qualités requises, l'érudition attentive, le métier d'un grand historien — l'un des meilleurs de l'Italie d'aujourd'hui. Il est précis, scrupuleux dans ses références, attentif au détail, au petit fait significatif. Il le cultive, le monte en épingle. N'est-ce pas, chez lui, une manie, ou une façon de faire le modeste, de dissimuler ses idées générales et ses hardiesses ? « L'hétérogénéité des faits, écrit-il à propos d'une comparaison qu'il ne veut pas faire, aurait risqué de nous conduire à de fausses conclusions, à des généralisations arbitraires... »

Mais n'allez pas le croire à la lettre, ne l'enfermez pas dans une telle phrase incidente qu'on aurait tort de trop charger de sens. En fait, les horizons vastes l'attirent, et s'il en parle vite, dans le mouvement vif de ses démonstrations, il ne les ignore certes pas, il s'y arrête même, le cas échéant, avec une certaine complaisance. Au XVe siècle, écrit-il — alors qu'il cherche à définir la mentalité des marchands vénitiens et se préoccupe de voir comment ils acceptent, ou n'acceptent pas, les idées de l'humanisme triomphant à Florence —, « les manufactures textiles... [sont] pratiquement désertées par les classes qui monopolisent le pouvoir public, et pour cette raison certainement, ne bénéficient pas d'une politique protectionniste décisive, le risque étant que la production vénitienne... en vienne à décourager l'importation des draps étrangers, si importante dans les interéchanges de l'Occident et de l'Orient » — quelle merveilleuse remarque ! De même, lorsqu'il disserte longuement sur la faillite nécessaire du système des *galere da mercato* ruiné, avant tout, par le prix du moteur humain que constituent ses rameurs ; ou quand il n'hésite pas à mettre en cause le grand détournement des capitaux patriciens, à la fin du XVIe siècle, vers les investissements agricoles ; ou à montrer, dans son magnifique article sur l'or que frappe Venise, la survie de cette industrie au service des trafics internationaux, par quoi la ville prestigieuse reste dans la grande histoire.

Tout cela de la meilleure veine. Enfin, et ce n'est pas de moindre importance, Ugo Tucci pratique méthodes et interrogations de l'histoire nouvelle, c'est-à-dire qu'il met à son propre service les diverses sciences de l'homme, devenues les précieuses et encombrantes sciences auxiliaires de notre métier. Sa réelle compétence en économie politique, vue dans l'éclairage des maîtres anglais, lui a été, plus d'une fois, d'une très grande utilité dans ses recherches et ses mises au point.

Mais ai-je seulement dit l'essentiel ? L'essentiel, n'est-ce pas le charme d'une écriture exceptionnelle ? Vous commencez un chapitre, alors vous irez jusqu'à son terme. Vous commencez son livre, vous le parcourrez jusqu'à sa dernière page. C'est qu'en fait, ces chapitres sont des plaidoiries. Vous êtes pris dans le vif de l'argumentation. Et si vous connaissez Ugo Tucci, vous entendez sa voix chaleureuse. Toutefois, qui défend-il avec cette conscience, cette patience, cet évident talent ? Contre qui plaide-t-il ? Dans quel prétoire nous a-t-il conviés, puis enfermés à double tour ? Je comprends Michelet plaidant pour l'amiral Gaspard de Coligny. Mais dans l'univers rétrospectif d'Ugo Tucci, il n'y a pas de personnage en voie de perdition, en instance de révision de procès devant le tribunal de l'histoire. Au vrai, c'est pour Venise qu'il plaide, pour cette Venise telle qu'il la voit et l'explique, telle qu'il veut même, en toute franchise, qu'elle soit.

Dès le premier chapitre du livre, la plaidoirie est en place. Il s'y propose de mettre en lumière la pénétration de l'humanisme à Venise. Mais c'est tout d'abord la Venise patricienne, la Venise des marchands qui vous est présentée de façon admirable, j'allais dire plantureuse. Puis tout s'explique d'un coup (p. 341) : « S'il est vrai que certaines consonances se révèlent à Florence entre mentalité mercantile et motifs caractéristiques de l'humanisme », allons-nous voir même coïncidence, même floraison à Venise ? Et voici la plaidoirie qui s'engage, le texte qui pivote sur lui-même et prend sa vraie direction...

Je ne sais pas si, l'argumentation achevée, nous excuserons Venise de ne pas être Florence, car elle n'est pas Florence. En tout cas, si j'avais à traduire en français — ce qui peut arriver — ce livre dense, passionné, je l'intitulerais ou *Plaidoiries pour Venise* — ou *Comprendre Venise.* Peut-être, en vérité, est-il impossible de comprendre sans la chaleur qui nous fait épouser les causes vivantes du passé. En tout cas, c'est la leçon, la morale de ce très beau livre.

À propos de Giuseppe Parenti et de l'histoire des prix *

C'est un honneur pour moi d'écrire ces quelques lignes, en guise d'introduction amicale à la réédition des deux livres de Giuseppe Parenti sur l'histoire des prix à Florence et à Sienne, le premier publié en 1939, le second en 1942. L'un et l'autre réapparaissent aujourd'hui comme s'ils venaient d'être écrits la veille, tant ils conservent leur valeur, leur fraîcheur, leur jeunesse scientifique d'hier. Le mérite de cette importante réédition est à inscrire à l'actif des élèves, amis, collègues et admirateurs du professeur Giuseppe Parenti ; ils ont voulu ainsi honorer, à l'occasion de sa quaran-

* Préface à la réédition (1981) de Giuseppe Parenti sur l'histoire des prix à Florence (1939) et à Sienne (1942).

tième année d'enseignement, un maître éminent, un brillant professeur, un homme rayonnant d'intelligence et de bonté. Grâce à eux, ces deux volumes introuvables vont faire le bonheur des économistes, des historiens et de nombreuses bibliothèques.

J'espère même que cette réédition relancera l'histoire des prix qui n'est plus, et c'est dommage, à l'ordre du jour de la curiosité internationale, comme elle le fut au cours des lointaines années 1930. Le *Comité international de l'histoire des prix* venait alors de se constituer et, avec le concours actif de la Fondation Rockefeller, une série de volumes paraissaient en Angleterre (Beveridge), en France (Henri Hauser), en Allemagne (Elsass), en Espagne (Earl J. Hamilton). Les livres de Giuseppe Parenti, de pure initiative italienne, arrivaient ainsi à leur heure et, comme ils n'avaient été ni prévus, ni aidés, comme il eût été convenable, par le Comité international, Amintore Fanfani avait raison de dire : « Ainsi les Italiens auront démontré qu'ils étaient capables d'écrire une histoire des prix de leur pays, indépendamment des aides des comités étrangers. » Juste querelle. Mais le plus intéressant est que Giuseppe Parenti se classait, d'entrée de jeu et sans discussion possible, à la hauteur même d'Earl J. Hamilton dont le remarquable livre, *American Treasure and the Rise of Capitalism (1501-1650)*, fruit d'un énorme travail, venait de paraître en 1934.

Pourtant, les deux volumes de Giuseppe Parenti étaient très différents dans leur conception de l'ouvrage de l'économiste américain. Earl J. Hamilton s'était avancé au milieu de l'océan des prix espagnols ; notre auteur avait limité sa recherche à deux séries bien délimitées de prix : celle du livre des dépenses du monastère de Santa Maria Regina Coeli, à Florence (1520-1620) et celle d'une longue mercuriale de Sienne (1544-1766). Travaillant ainsi sur des sources restreintes, et choisies parce que restreintes, Giuseppe Parenti avait pu les étudier en elles-mêmes, avec un soin méticuleux, et examiner à loisir les règles qui s'imposaient, en ces domaines de l'histoire des prix, alors d'une réelle nouveauté.

En relisant ces deux volumes, j'ai pris un vif plaisir à refaire connaissance avec le monastère de Santa Maria Regina Coeli, condamné, en raison de ses trop maigres possessions hors de la ville, à se pourvoir sur les marchés de Florence pour nourrir sa soixantaine de religieuses — heureuse obligation, pensera l'historien ; ou à réapprendre dans quelles conditions, venant de la Maremme ou non, allant à Livourne, gros centre de redistribution des grains, ou en revenant, le blé se présentait sur le marché de Sienne. Le blé, personnage décisif, metteur en scène, à lui seul, de toute l'économie d'Ancien Régime. J'avoue qu'hier je n'avais pas lu le très beau travail sur Sienne avec la même ferveur et attention que l'ouvrage pionnier sur Florence. Peut-être à cause de la séduction que Florence exerce toujours, en raison de l'*« amoroso favore che suscitano in noi le cose tutte della nostra Firenze »*, comme dit l'auteur lui-même (I, p. 10). Mais le second livre est d'ouverture chronologique plus large (1544-1766), riche d'aperçus, plus mûr peut-être dans sa conduite que le précédent. En tout cas, j'ai aujourd'hui la certitude de ne pas l'avoir utilisé à plein dans mes propres travaux comme j'aurais pu et dû le faire.

En fait, rien n'est plus instructif que de suivre Giuseppe Parenti dans sa démarche très personnelle. Il fait avec un plaisir évident son métier d'historien et, en même temps, l'économiste et le statisticien entrent constamment en jeu. On s'en étonnera peu aujourd'hui où la tendance, à laquelle j'applaudis, est de confondre ces métiers et ces disciplines. Hier, elles étaient séparées nettement et, de ce point de vue, il est évident qu'il a manqué à Giuseppe Parenti, il y a quarante ans, la liberté d'expression qui, en ces domaines, serait présentement la nôtre et, bien entendu, la sienne. Il n'en a pas moins pratiqué une large pluridisciplinarité ; il y était condamné. N'avait-il pas à justifier son intrusion dans le domaine de l'histoire des prix, comme il l'avait fait, deux ans plus tôt, en 1937, quand il avait abordé l'histoire démographique, dans son livre (qu'il faudrait rééditer, lui aussi) sur *La Popolazione della Toscana sotto la Reggenza Lorena* ? En 1939 et en 1942 comme en 1937, Giuseppe Parenti choisissait un champ d'expériences nouveau pour vérifier, utiliser ce qu'il apportait avec lui, à savoir ses propres instruments, ses propres méthodes, ses propres préoccupations d'économiste et de statisticien. Ce que ses maîtres, collègues et amis remarquèrent aussitôt : « Voici un volume, écrivait Luigi Einaudi recensant les *Prime Ricerche sulla rivoluzione dei prezzi in Firenze*, d'histoire économique écrit par un statisticien... Plus des deux tiers de son livre sont consacrés à définir son problème. » Certes, ce n'est pas là une critique, pas un compliment non plus, disons une sorte de regret que l'auteur ait fait une trop large place à des préoccupations personnelles, en marge de la discussion qu'on attendait de lui sur les seules questions pendantes de l'histoire des prix : à savoir si la « révolution des prix » avait été, ou non, provoquée par l'afflux des métaux précieux d'Amérique ; si elle s'expliquait, ou non, par les conditions et circonstances de l'histoire locale ; si elle se divisait en phases successives et qui seraient reconnaissables...

À toutes ces questions, le livre sur Florence et le livre sur Sienne apportaient des réponses claires. L'histoire locale a pu déterminer des accidents, certains appréciables, de la montée des prix, elle n'explique pas pour autant l'ensemble du processus ; de même, si l'afflux des métaux américains a été l'une des très grandes raisons de la révolution, elle n'en est pas l'explication exclusive. Ainsi, à Florence, la montée des prix se produit avec retard : elle ne commence guère avant 1545 ; à une phase légèrement descendante (1520-1545), succède une phase alors fortement ascendante (1545-1600), avec doublement des prix ; puis une phase de quasi-stagnation (1600-1620).

Mais, à nos yeux, ces réponses ne sont pas l'objet essentiel de ces deux livres. Sans rechercher la polémique (qui, me semble-t-il, n'est pas dans sa nature), Giuseppe Parenti a débordé les questions posées et finalement n'est pas resté sur le territoire classique et tranquille des idées reçues. En quoi il nous réjouit. En quoi, évidemment, il a déconcerté ses premiers lecteurs. Si on l'a félicité d'avoir pris en défaut la « loi » de King sur la corrélation entre les diminutions des récoltes et les hausses des prix du blé, c'est qu'à ce jeu il restait sur le terrain des controverses classiques, habituelles. Les commentaires ne seront pas aussi francs et aussi laudatifs en ce qui concerne les oscillations cycliques des prix que ces livres plaçaient en exergue. Or, c'est la grande découverte de l'histoire des prix que cette respiration rythmée de la vie matérielle du monde. Elle est reconnaissable à Florence où des « ondes cycliques » se succèdent, chacune d'une durée approximative de vingt-cinq ans, culminant en 1531, 1558, 1606... Mais à quoi ces oscillations et sommets peuvent-ils correspondre ? Pour Luigi Einaudi, pas de doute : les sommets sont à rapprocher d'événements purement toscans : le siège de Florence par les Impériaux, en 1531 ; la guerre de Sienne, en 1558 ; la banqueroute espagnole en 1575. Et de protester contre toute interprétation générale. « J'ai l'impression, écrivait le futur président de la République italienne, au demeurant admirable économiste, que cette engeance des tendances [des *trends*] et des cycles commence à devenir une peste. Faisons abstraction des doctrines extravagantes qui réduisent les Napoléon, les Cavour, les Talleyrand, les Guillaume empereurs d'Allemagne, à de simples conséquences des tensions cycliques. »

Ainsi, dans un dialogue imprécis encore et mal engagé se dessinait la querelle de l'histoire événementielle qui allait, par la suite, rebondir... Mais comprenons Luigi Einaudi : chacun de nous est l'homme de son temps ; l'histoire conjoncturelle et bientôt structurelle, les perspectives de la longue durée ne font pas partie de son univers intellectuel, mais du nôtre justement. Et c'est un fait que, porté par sa jeunesse et son intuition, Giuseppe Parenti a ouvert ses portes et fenêtres sur ce qui était alors l'avenir. Sans vouloir discuter, comme il conviendrait (mais à quoi bon !), avec Luigi Einaudi, marquons au passage que ni le siège de Florence, ni la guerre de Sienne, ni *a fortiori* les banqueroutes espagnoles ne sont des événements locaux, qu'ils s'inscrivent dans l'étendue entière de l'histoire européenne et que toute histoire de large souffle peut soulever ou précipiter à sa guise les Napoléon ou les Cavour, comme la mer soulève et à l'occasion engloutit nos plus gros navires. Dans ces conditions, que l'on aime Sienne ou que l'on adore Florence, l'évidence s'impose : la révolution (et plus généralement le mouvement) des prix y est avant tout *exogène*, c'est un phénomène du dehors, européen. Marc Bloch aimait à dire : « Il n'y a pas d'histoire de France, il y a une histoire d'Europe. » Pour pénétrer au cœur de la pensée de notre auteur, il faudrait donc relire son premier ouvrage : *Corso di Statistica economica. La teoria della congiuntura*, 1934. Je n'ai jamais eu dans les mains ce livre, lui aussi introuvable. C'est évidemment la seconde partie du titre qui suscite ma curiosité.

Heureusement, Giuseppe Parenti n'a pas introduit dans son champ opérationnel les cycles longs (cinquantenaires) de Kondratieff, bien qu'il les ait pris en considération. Qu'aurait dit Luigi Einaudi, malgré sa vive admiration pour des ouvrages qu'il a lus, pesés, relus et repesés, avec tant de plaisir et d'attention !

Mais, redisons-le, c'est bien là, dans cette problématique qui se cherche, se trouve, s'aperçoit, que se situe le meilleur des ouvrages que nous republions. Ils valent comme le début d'une réflexion scientifique exemplaire, comme une source à laquelle il sera longtemps utile et nécessaire de revenir. Reprendre les problèmes à leur origine est souvent la seule façon d'en renouveler l'étude et l'explication.

À ces livres rendus au public, il faudrait aujourd'hui

des critiques, des mises en demeure tournées vers notre avenir. Je souhaite même que Giuseppe Parenti soit tenté de les formuler lui-même. Qu'il réponde un jour, par exemple, aux questions relatives au stock des métaux précieux à la disposition de l'Europe avant la découverte de l'Amérique (le chiffre de 600 tonnes d'argent est parfois avancé, mais sans preuves). Or, je crois que ce stock joue un grand rôle. De même je ne pense pas, contre l'avis de presque tous les historiens et de tous les économistes, que la vitesse de circulation des monnaies puisse être considérée comme une constante. Et encore moins, évidemment, celle des titres de crédit. Je crois que les oscillations de prix s'ajoutent, se superposent — c'est d'ailleurs une opinion courante. Quant aux flux métalliques en provenance d'Amérique, il y aurait intérêt à corriger les positions d'Earl J. Hamilton ou de Pierre Chaunu grâce aux dernières recherches de Michel Morineau (*Ces fabuleux métaux précieux*, de prochaine publication). Mais ce qui fait surtout problème, répétons-le, c'est la respiration (aux rythmes multiples) de la vie matérielle (et sans doute de la vie entière des hommes), une respiration qui s'exporte, souffle ses mouvements au loin.

Sur toutes ces questions, les ouvrages classiques de Giuseppe Parenti apportent leurs explications et ils sont, sans conteste, la preuve qu'une étude régionale minutieuse, étant donné qu'elle se découpe dans une nappe européenne des prix, porte témoignage au-delà d'elle-même. Au demeurant, c'est cette nappe, plus ou moins cohérente, dont les historiens et économistes, trop vite satisfaits des résultats obtenus par les générations précédentes de chercheurs, devraient reprendre l'étude. En tout cas, c'est la leçon majeure que je tire, personnellement, de ces deux beaux livres.

Ajoutons qu'ils éclairent la forte personnalité de leur auteur. Résumant sa vie, Giuseppe Parenti fait sur lui-même une remarque par laquelle je voudrais terminer cette trop brève présentation. Il dit qu'il a toujours accueilli les sollicitations ou les conseils de ses maîtres, ou les obligations, voire les corvées, nées des circonstances ou des institutions, qu'il a laissé sa vie s'orienter selon les occasions, pressions, obligations qu'il a rencontrées sur sa route. Le relevé de ses activités, des charges qu'il a courageusement acceptées, est de ce point de vue impressionnant. A-t-il besoin de nous dire qu'il n'a construit ni sa carrière, ni son œuvre selon un plan conçu à l'avance, qu'il a évité — c'est là sa seule responsabilité, mais elle est grande — de choisir entre ses curiosités et ses tentations, multiples dès le départ. Il a donc été dispos pour une série d'entreprises dont il n'avait pas cherché, un seul instant, à s'ouvrir l'accès. Mais il ne s'agit pas pour autant, à mon avis du moins, d'une existence dispersée au vent : cette vie s'insère dans une phase longue et mouvementée du destin de l'Italie, une Italie qui, après 1945, a dû se refaire, se reconstruire, courir après sa modernité ; qui a eu besoin du dévouement, du travail et du talent des meilleurs de ses fils. Cette Italie qui, au-delà de 1945, a été la plus éclatante des Europes, qui a brillé de tous les feux de la gloire intellectuelle — cinéma, art, littérature, et n'oublions pas les sciences humaines —, Giuseppe Parenti a été l'un de ses artisans, prêt à toutes les tâches. Toutes, il a su les accomplir avec maîtrise. C'est pourquoi je souhaite que ses amis poursuivent l'effort qui débute avec cette précieuse réédition et le mènent jusqu'à la publication de ses œuvres complètes. C'est pourquoi je souhaite pour lui des honneurs de portée internationale. Et c'est pourquoi j'ai écrit ces quelques pages. Elles se voudraient une promesse, un engagement.

Le « Venise » de F.C. Lane*

Le public français, qui connaît l'auteur de ce volume, ne sera certainement pas étonné que F.C. Lane ait voulu couronner sa carrière d'historien par une grande synthèse d'histoire vénitienne. Depuis quarante ans, cet homme exceptionnel s'est épris de la ville des Doges et de sa vie maritime, ainsi qu'en témoigne son premier travail de 1944 sur le marchand Andrea Barbarigo. En 1965, paraissait en français la traduction de son grand ouvrage consacré aux *Navires et constructeurs à Venise pendant la Renaissance*. Ayant installé sa recherche au cœur de la fortune de la Sérénissime, du XIVe au XVIe siècle, il lui a été possible d'élargir sa vision à une histoire d'ensemble de Venise. D'où ce fort volume d'environ 500 pages, qui présente Venise de ses débuts jusqu'à la chute de la République, en 1797.

L'auteur est, sans aucun doute, l'autorité la plus incontestée en la matière et dans ces pages, il a su démontrer qu'il était à la hauteur de son ambition. L'histoire de Venise est un chantier ouvert et toujours en pleine activité, où chacun s'attache à approfondir un aspect ou un autre de la vie compliquée de l'État vénitien.

Depuis plus d'un demi-siècle, aucun des spécialistes qui y ont travaillé ou y travaillent encore n'avait osé se mesurer avec la redoutable tâche d'en présenter une vision d'ensemble.

Les présentations rapides du passé vénitien ne manquent pas, mais en général ce sont des ouvrages de vulgarisation, des raccourcis (tel le *Portrait historique* qu'en ont brossé P. Braunstein et R. Delort en 1971 pour Le Seuil).

C'est pourquoi le travail de F.C. Lane marque une

* Préface à l'édition française de Frédéric C. Lane, *Venise, une république maritime*, Flammarion, 1984.

étape importante, à la fois dans la connaissance scientifique de l'histoire de Venise et dans la lecture globale de son destin. Il se présente déjà, et continuera à se présenter comme la seule œuvre de référence à jour et vraiment solide. On ne court pas un grand risque en affirmant qu'un nouveau livre de synthèse sur le sujet n'est pas près de paraître ni d'être conçu. Une traduction française aura un assez long avenir devant elle.

Il reste à souligner que F.C. Lane a su présenter la matière d'une façon nouvelle et attachante. Il ne s'est pas limité à mettre à profit une cohorte d'études sectorielles et de monographies, qui contribuent à asseoir son récit. Il a donné à son exposition un profil original, en l'axant sur la dimension maritime de la République. Et cela ne l'empêche pas d'accorder son attention aux formes spécifiques du gouvernement vénitien ainsi qu'aux arts, aux sciences, à la littérature.

Son objectif a été de dépasser le niveau du simple récit et d'offrir une image vibrante des vicissitudes d'une cité qui a su traverser victorieusement plusieurs siècles de péripéties dramatiques. Au lieu d'entasser les détails, il a pris courageusement le parti de s'en tenir à l'essentiel et de mettre en lumière les ressorts effectifs de la grande aventure de la Sérénissime. Il en est résulté un livre sobre, nerveux, séduisant, qui répond aux besoins de la consultation mais peut aussi bien faire l'objet d'une très intéressante lecture.

L'histoire de Venise est loin d'être épuisée, mais elle avait besoin d'une mise au point d'ensemble. Nous la trouvons dans le travail de l'historien américain. Toujours loin des sentiers de la rhétorique, toujours nourries de données précises, enrichies de tableaux et de diagrammes précieux, ses pages ne peuvent pas manquer de succès : non seulement auprès des utilisateurs professionnels, médiévistes aussi bien que modernistes, mais auprès du public qui regarde encore l'histoire de Venise comme l'une des plus suggestives destinées humaines.

Les Italiens en voyage*

C'est un plaisir, un honneur, que d'écrire les premières lignes d'un beau livre. J'éprouve ces sentiments en rédigeant la présente introduction aux *Italiani in viaggio* dont les Éditions Electa — lesquelles n'en sont pas, comme chacun sait, à leur premier succès — publient aujourd'hui le premier volume, consacré à l'Asie.

Indéniablement, un beau livre, et qui se lira avec intérêt et profit, qui domine un immense sujet : car l'Asie est un vaste univers, avec trop d'hommes, trop de civilisations, trop d'histoire, et, à nos yeux d'Européens, trop d'étrangetés et de mystères... Hier, l'Occidental n'en prenait connaissance qu'au risque de sa propre vie. Aller en Asie, certes, une aventure, en revenir vivant, un miracle ! À tout rompre, applaudissons Marco Polo !

Aujourd'hui, ces risques dramatiques n'existent plus. Mais la connaissance de l'Asie reste une prouesse, en vérité difficile. Aucun savant ne la maîtrise en son ensemble. Au prix d'une vie entière d'études — et encore ! — vous comprendrez l'Inde, ou la Chine, ou le Japon, mais non pas l'énorme continent en son ensemble. J'ai fait, dans ce sens, quelques pas, hier, sous la conduite amicale de Daniel Thorner, merveilleux connaisseur de l'Inde, et d'Étienne Balazs, merveilleux connaisseur de la Chine, mais je ne suis arrivé que fort loin des Terres Promises.

Le présent ouvrage est donc, logiquement, le fruit de la collaboration d'une douzaine d'auteurs. Il a fallu évidemment les mettre d'accord, leur tracer un programme. Je ne crois pas que la tâche des maîtres d'œuvre — Daria Darroco, Gino Benzoni, Marica Milanesi, Isabella Pezzini — ait été commode. Bien des plans étaient possibles.

---

* Préface à *Italiani in viaggio*, Electa, 1985.

Ainsi un plan chronologique se présentait d'entrée de jeu, avec ses avantages, presque sa raison d'être. Au cours des siècles mis en cause, du Moyen Âge aux environs des années 1900, l'Italie évidemment n'a pas été identique à elle-même, ses voyageurs en direction de l'Asie changent avec les époques, marchands, missionnaires, aventuriers, savants, fanatiques de l'exotisme. Comme le paysan qui sème le grain à la volée, l'Italie a jeté ses voyageurs vers tous les pays accessibles d'Asie, il y a eu de sa part, selon les époques, abondance, surabondance, gaspillage. Gaspillage, car pour un voyageur que nous connaissons, déjà au temps de Marco Polo, dix, cent se sont perdus irrémédiablement dans la nuit la plus épaisse de l'histoire. Je le répète, il eût été tentant de séparer les époques, de tout ordonner d'après elles, de mettre en cause les voyages, les arrivées, les retours et plus encore les départs : pourquoi partent-ils de telle ville, de telle Italie particulière ? Pourquoi se dispersent-ils au même instant à travers l'immensité asiatique ?

Les metteurs en scène de ce livre difficile n'ont pas oublié ces différences du temps, mais ils ont eu la sagesse, à mon avis, de ne pas se laisser tenter par l'attrait et l'unité contraignante du temps de l'histoire. Pouvaient-ils, en vérité, conduire le lecteur dans ces domaines difficiles en deux ou trois lieux à la fois, dans l'Empire turc, sur les eaux de l'océan Indien et au cœur de la Chine... ? Sagement, ils ont divisé la difficulté et fait, de chaque chapitre, un livre en soi, vraiment autonome et constituant cependant une pierre capable de s'ajuster à la construction d'une maison d'ensemble. Il en résulte une rare clarté dont le lecteur tirera de grands avantages. On pourrait dire que tout a été sacrifié à une *histoire problème*, qui morcelle les difficultés pour mieux les surmonter. À ce jeu, tous les aspects, toutes les réalités, tous les problèmes à soulever ont d'eux-mêmes pris leur place, sans s'en trouver gênés, ou diminués — tout au contraire.

La multiplicité des sujets abordés et traités donne

ainsi à ce livre son épaisseur, sa densité, sa polyvalence, ici ou là sa trop grande richesse. Ainsi l'accent est mis sur le *voyage* en soi plus que sur le *voyageur*, et le voyageur n'est pas seulement interpellé pour ce qu'il voit, découvre, et annonce, mais pour ce qu'il est lui-même. Plus encore, un désir critique n'épargne jamais le récit du voyageur, le problème est de le mieux comprendre, de le mieux restituer dans son époque, de révéler cette époque, cette civilisation (la sienne) au travers de sa présence, de le juger si possible par rapport aux voyageurs qui l'ont précédé ou suivi. Lisez le beau chapitre III — *Marco Polo e l'Asia Mongola* qu'a écrit Alvise Zorzi. Avec Marco Polo, vous êtes en pays de connaissance, en présence de la plus belle aventure du monde occidental : le voyage du Vénitien vaut la découverte de l'Amérique par le Génois Christophe Colomb... La Chine pleine d'un côté, de l'autre l'Amérique presque vide. Oui, mais comment, en un sujet tellement rebattu, convenez-en, Alvise Zorzi a-t-il pu conduire utilement sa barque ? En fait, sans aucune hésitation, il a replacé Marco Polo dans le rang parmi les voyageurs qui l'ont précédé et suivi. Comme si, pour la première fois, il se présentait devant lui.

Vous ferez la même expérience avec le chapitre VII — *Grandi personalità di viaggiatori* — de Daria Darroco qui nous offre une étude psychologique rétrospective de trois voyageurs ultra-connus et que j'ai personnellement, comme bien d'autres historiens, lus ligne à ligne : Francesco Carletti, Pietro della Valle, Giovanni Francesco Gemelli Carreri — j'ai sans doute eu tort, hier, de sous-estimer della Valle. Toutefois si les papiers préalables mis à ma disposition sont exacts, le chapitre VII a changé de titre et s'intitule, dans l'édition définitive, ce qui est révélateur à mes yeux : *Fenomenologia dell'esotismo : viaggiatori italiani in Oriente.* Voilà qui révèle plus qu'une intention — un programme.

Mais je pourrais, sous le bon prétexte de mettre le

lecteur au courant, le renvoyer à chacun des articles de ce livre, et lui en signaler les surprises et les mérites, la diversité. Indiquer au moins d'un mot les pages brillantes, qui m'ont amusé, d'Isabella Pezzini sur le *voyage littéraire*, ne serait-ce qu'à propos de cette croisière en Orient, en 1895 (à laquelle participe D'Annunzio) qui prête à sourire.

Toutefois le préfacier, s'il a le privilège de parler le premier, n'a pas pour devoir de livrer tout le détail du livre qu'il annonce. Son rôle, c'est d'en indiquer les mérites, d'en décrire l'organisation, le ou les desseins. Si j'hésite, c'est que le présent livre s'est voulu d'une extrême complexité, qu'il a accueilli toutes les intuitions valables. Mais je puis montrer sa diversité avec assez de clarté en choisissant trois pièces seulement sur l'échiquier qui nous est offert. Trois pièces caractéristiques, si possible amusantes. Puis, avec ces trois pièces, sans vous expliquer le jeu, vous en suggérer l'intérêt...

Tout d'abord, le chapitre I — tout de même commencer par le commencement ! Ensuite, le chapitre V. Pour finir, la seconde partie du chapitre IX.

Le chapitre I m'a surpris, puis enthousiasmé. Il m'enchante, en effet, par la qualité de son écriture et de sa documentation. Je l'ai même relu deux ou trois fois, car il soulève des problèmes d'ensemble qui me préoccupent présentement pour la rédaction d'une *Histoire de France* que j'ai en chantier. Quelle surprise, en vérité ! Gioia Maganelli avec son étude — *La Terra Santa e i miti dell'Asia dalle Crociate al '400* — nous donne un prologue qui, *a priori*, intrigue et déconcerte. Vous attendiez, confiants dans le titre de l'ouvrage, des voyages, des itinéraires, des multitudes d'images. Or, pas de voyages, mais des images inattendues et insistantes, voire obsédantes. Car l'Occident médiéval a rejeté vers l'immensité d'une Asie sans frontières, ses fantasmes, ses obsessions, ses désirs, ses secrets diffus, ses mythes... Soit un cortège de nuages, en principe arrêtés au-dessus de l'Asie, qui, en réalité, couvrent le ciel de l'Europe médiévale, y compris, bien entendu, l'Italie elle-même.

Or ces mythes auront eu la vie dure : ils viennent de loin. Déjà, ils s'incorporent dans les légendes que rapporte, sur l'Orient, Pline l'Ancien. On les retrouve dans la *Collectanea rerum mirabilium* de Caio Giulio Solino, au IIIe siècle de notre ère, dans les *Etymologiae* d'Isidore de Séville au VIIe siècle, et ainsi de suite... Si bien que, sans trop attribuer de valeur cognitive aux vrais voyages, l'Occident médiéval, à l'avance, s'est fabriqué des représentations, des rêves qui, au demeurant, caractérisent et trahissent sa pensée profonde.

C'est ainsi qu'a été placé, dans l'Inde, un paradis terrestre que défendent des obstacles et des monstres qui le gardent... Ces monstres auxquels font allusion les voyageurs, ils ne les ont pas vus, mais on leur en a parlé. Autre mythe tenace, brillant, complexe, celui du prêtre Jean, un bon exemple à lui seul de ces fantasmagories persistantes. Ledit prêtre Jean, au centre de ses États, y fait régner la paix, l'égalité, tandis qu'à la périphérie se retrouvent les monstres qu'il faut combattre ou utiliser comme des troupes « coloniales ». C'est moi qui risque cette mauvaise expression... Dernier avatar du prêtre Jean, il se loge en Éthiopie.

Ce premier chapitre lu, ne croyez pas trop vite que la persistance, la lente floraison de ces mythes soient des processus anormaux. Il n'y a pas de civilisation, j'oserais même dire il n'y a pas de société, qui ne vive d'une certaine dose de merveilleux, d'irrationnel, qui ne soit obligée, structurellement parlant, de fabuler, avec plus ou moins de bonne foi, de s'abandonner, pour vivre, à ce à quoi elle rêve. Même aujourd'hui : je pose cette question sans m'attarder à y répondre...

Nous voilà, chapitre V, dans l'Inde et l'océan Indien grâce à l'étude de Marica Milanesi. À mes yeux, son premier mérite, c'est d'avoir ajouté aux espaces terrestres de l'Asie, l'immensité liquide de l'océan Indien. Au-delà de l'isthme de Suez et des régions classiques du Proche-Orient, la Syrie, la Babylonie (ou, si vous préférez, l'Irak), l'océan Indien est, à sa façon, une Méditerranée grossie aux dimensions d'un océan. Les terres émergées la bordent sur trois côtés : l'Afrique, l'Asie, l'Insulinde. Sur le quatrième côté, vers le sud, les navigateurs n'arriveront que fort tard à la bordure du lointain continent *vide* de l'Antarctique. Toute la vie et toute l'histoire se portent sur les trois autres côtés où s'accumulent les peuples et les villes. Vous serez logiquement amené, parlant de l'océan Indien, à le voir à l'image de notre mer Intérieure, c'est-à-dire au travers de civilisations dont les racines se perdent dans la nuit des temps, de trafics immémoriaux, de navigations qui restent fidèles à elles-mêmes et au rythme régulier, monotone, mais aussi utilisé sans fin, des moussons, celle d'hiver nous amène, celle d'été nous ramène, ou à l'inverse. Ce qui oblige à de longues stations les marchands et les voyageurs, mais ni le commerce, ni les échanges culturels ne perdent rien à ces lenteurs. Les villes maritimes ne cessent de parler entre elles.

Je regrette, par goût personnel, que Marica Milanesi n'ait guère eu le temps de parler longuement des boutres arabes, aux planches liées, non pas clouées, et qui, assorties d'un moteur, naviguent encore aujourd'hui ; ou des navires indiens que montent marchands et pirates ; ou des imposantes jonques chinoises — ces gros navires qui ramènent Marco Polo vers l'Occident, mais que l'on ne voit plus aujourd'hui que dans les mers de Chine. Que l'une d'elles entre à Hong Kong, au milieu du paysage urbain le plus sophistiqué qui soit au monde, le spectacle a de quoi faire rêver.

Mais convenait-il d'accorder une part trop grande à l'océan, à ses réalités, alors que ce n'est pas l'océan qui est en question mais les voyageurs et les voyages ? Et la terre a exigé sa part, et l'a prise au détriment des eaux. Il convenait de montrer les voies d'accès vers l'Inde, à travers la Perse, à travers l'Afghanistan, à travers le golfe Persique, la mer Rouge. Il convenait de retrouver dès l'Empire romain, les liaisons entre Méditerranée et Inde, présenter les pays que baigne l'océan, la Birmanie, le Siam, et plus encore l'Éthiopie (qui nous sort de l'Asie, mais qui s'en plaindrait ?). Enfin, parler des missionnaires, des marchands, des chrétientés dispersées du Dekkan. Et faire sa large place, le moment venu, à l'étonnant Nicolo de Conti, enfant de Chioggia, laissant l'Italie en 1415 et qui, converti à l'islam, aura, des années et des années durant, vécu en Inde et hors de l'Inde, tel un simple marchand persan... Retrouvé au Caire, en Égypte, par un envoyé du pape, Eugenio IV, il est absous par celui-ci et un humaniste, Poggio Bracciolini, va recueillir le récit de ses interminables voyages. Tout est bien qui finit aussi bien...

Je mets en cause, pour finir, les pages d'Ugo Tucci — *Cartografia dell'Asia dal Gastaldi all'Atlante dell'Anville* — qui s'ajoutent aux explications, consacrées à la cartographie médiévale, de Maria Teresa di Palma. Cette mise en cause me plaît à double titre : je trouve que la place faite aux cartes anciennes était indispensable, que les rendre vivantes était d'un intérêt évident. Voilà qui est bien fait. Aussi bien, Ugo Tucci, connaisseur merveilleux de l'histoire de Venise, me donne en plus l'occasion de saluer, en lui, un ami très cher à qui je dois beaucoup — d'avoir mieux compris Venise et l'Italie. Et lui faire un compliment, même mérité, le mettra un instant hors de sa bonne humeur. Je trouve à le taquiner mon plaisir et aussi presque les derniers mots de cette introduction très incomplète.

Marica Milanesi, préoccupée de définir le voyage en soi, écarte d'un geste une constatation banale, mais juste : « Le voyage commence, dit-elle, quand on fait ses bagages. » Ne commence-t-il pas, en vérité, avant même, quand on rêve, quand on regarde les cartes, les itinéraires, quand on ouvre le Baedeker ou le Guide Michelin ?

Ainsi j'aurai réussi à parler de ce livre sans en avoir franchement dépassé les marges, les annonces. Avant d'avoir bouclé mes valises. Au lecteur de gagner le cœur de l'ouvrage, de parcourir les chapitres d'une rare qualité consacrés à l'Empire ottoman, à l'Islam, à la

Chine des marchands, des voyageurs, des jésuites... Pour lui, certes un beau programme. Un vrai voyage. Et un premier voyage, puisque ce livre est le premier d'une série à laquelle, les yeux fermés, on peut prédire un franc succès.

NOTES

PREMIÈRES RECHERCHES

1. Dans le texte espagnol figure le mot « *Berberia* » que nous n'avons pas voulu répéter.
2. Voir l'article de Llorente, « La primera crisis de la hacienda en tiempo de Felipe Secundo ».
3. Je respecte, bien entendu, l'orthographe du document.
4. Un service automobile existe entre Simancas et Valladolid.

L'AFRIQUE DU NORD

I. LES ESPAGNOLS ET L'AFRIQUE DU NORD DE 1492 À 1577

Les notes de cet article, surabondantes, n'avaient pas à être reproduites dans le cadre de cette publication. On a, toutefois, relevé *tous* les titres des ouvrages cités, qu'on retrouvera dans la bibliographie ci-dessous, et reproduit, en les abrégeant souvent, quelques notes utiles à l'explication ou au commentaire du texte.

Les textes cités reproduits en appendice de l'article ont été supprimés.

1. « Les deux rivages se font face, se suivent et se ressemblent. L'Espagne est moins séparée de l'Afrique que de l'Europe, et elle en est moins indépendante » (J. Brunhes).
2. Manuel Ortega dit à juste titre (*España en Marruecos*, p. 7) que l'histoire d'Espagne « pendant huit siècles a été l'histoire du Maroc », mais mieux vaudrait dire Afrique et non Maroc.
3. La *cruzada* était un véritable impôt, s'étendant à tous les sujets du Roi Catholique, accordé par le pape tous les cinq ans. Primitivement donnée comme aide contre les Maures d'Espagne, elle s'était maintenue bien après la guerre de Grenade.

4. Détails sur l'organisation de la course chrétienne des Canaries sur les côtes de Berbérie, avec prise, tous les ans, de captifs et trafic régulier de rachats en Afrique des plus riches de ces captifs.
5. Les guerres d'Afrique, pour le Roi Catholique, sont prétexte à obtenir de larges subsides de l'Église. Pour les archevêques de Tolède, la lutte contre les Maures est l'occasion d'agrandir le domaine de l'archevêché. Enfin le pape, prince italien autant que chef spirituel de la Chrétienté, se défend contre les incursions des pirates sur les côtes des États pontificaux (*cf.* Guglielmotti).
6. Les armes à feu apparaissent bien au cours du XVIe siècle dans les armées et les places fortes indigènes. Plusieurs rapports espagnols font mention des arquebusiers du roi de Tlemcen ; les escopettes furent employées par les indigènes contre les troupes du comte d'Alcaudète en 1543 (Ruff). Les Maures eurent des armes « modernes » mais ils savaient à peine s'en servir. De l'avis du comte d'Alcaudète l'« escopetterie » si maladroite des Maures fut à peu près inoffensive, moins dangereuse que leurs flèches. À Tlemcen, ils ne surent pas utiliser des pièces de canon prises aux Espagnols. De même, un capitaine espagnol, captif à Tunis, raconte à son retour en Espagne que « ... dans la casbah, il y a un gros canon que le roi a fait fondre l'année dernière » et quelques autres pièces que les Maures de Tunis appellent *cristianicos* parce qu'elles ont été prises sur les chrétiens, mais toute cette artillerie n'a ni trains ni affûts » et, pour la servir, il n'y a « que quatre artilleurs, deux chrétiens et deux renégats » (La Primaudaie). Voilà pourquoi les arquebusiers espagnols étaient si redoutés des Maures.
7. « Les Andalous, en venant au Moghrib, enrichirent les corsaires, mais apportèrent dans l'intérieur du pays la concurrence de négociants habiles, d'ouvriers et d'agriculteurs expérimentés. Un grand malaise en fut ressenti par les rudes populations berbères qui traduisirent leur mécontentement par des actes de violence... » (A. Cour, *op. cit.*, p. 45).
8. Les Corses de Marseille forment une véritable colonie mêlée à toutes les entreprises de pêcheries du corail. Nul doute sur leur intelligence avec les Algérois (*cf.* la correspondance de Figueroa, ambassadeur d'Espagne à Gênes, Archives de Simancas, Estado 1393).
9. Le corregidor de Cadix répond que « si les marchandises ne passaient plus en Berbérie, les revenus de l'*almoxarifazgo* de Cadix (les douanes) diminueraient des deux tiers » (De Castries).
10. Les fournisseurs et les fonctionnaires chargés du ravitaillement se défendent avec vigueur contre ces accusations et les retournent contre le gouvernement espagnol. À une lettre de Charles

Quint du 5 mai 1532 ordonnant que les présides d'Afrique soient ravitaillés régulièrement de façon à avoir toujours quatre mois au moins d'avance, les fournisseurs de Malaga répondent que ce serait sage certainement, mais il faudrait de l'argent et que, « *ni aora ni antes de ahora* », il n'y a eu « *provision de dinero* » pour cela. Mais le gouvernement a lui-même souvent des difficultés d'un autre ordre. Une lettre de Charles Quint du 14 novembre 1546 au « président de Sicile » demande que, vu la grande pénurie de blé en Espagne et l'urgence du ravitaillement de Bougie, il y soit envoyé de Sicile 8 000 *fanegas* de blé et autres vivres en passant un accord avec des marchands et en prenant à change l'argent nécessaire. (Archives du Gouvernement général de l'Algérie, série C, liasse 11.)

11. Le « roi » de Tlemcen avait en effet le droit d'établir aux portes d'Oran des douanes dont le revenu assurait une partie du tribut annuel qu'il payait à l'empereur.
12. Il y a une tendance très marquée à voir les événements de l'histoire méditerranéenne comme les mailles d'une même chaîne. Malte est une riposte à Djerba, Lépante une riposte à Malte. L'histoire de la politique espagnole s'en trouve schématisée à l'excès. On veut que, peu à peu, chaque jour davantage, le gouvernement espagnol se soit intéressé aux luttes méditerranéennes jusqu'à l'explosion impérialiste et conquérante de Lépante.
13. Un corsaire chrétien, parti de Villefranche en juillet 1550, rentre triomphalement à Nice à la fin de l'été, « ayant brisé les chaînes de quatre-vingts coreligionnaires, réduit une centaine de Turcs en esclavage et son butin matériel n'était pas estimé à moins de trente mille ducats » (Monchicourt).
14. Les Génois à Tabarca louaient aux Espagnols la pêche du corail.

II. L'HISTOIRE DE L'ALGÉRIE ET L'IMAGE

1. Nous nous sommes uniquement servi, pour la rédaction de cet article, du remarquable ouvrage de M. G. Esquer, *L'Iconographie historique de l'Algérie*, 3 albums, in fol., 1930 (Coll. du Centenaire de l'Algérie).
2. G. Esquer, *L'Iconographie historique de l'Algérie*, p. 13.
3. La gravure date de 1830.
4. G. Esquer, *op. cit.*, p. 21.
5. *Ibid.*
6. Guillaumet, *Tableaux algériens*, Paris, 1888, in-4°, p. 86.
7. *Ibid.*, p. 85.
8. *Ibid.*, p. 316.

9. Jean Alazard, *L'Orient et la peinture française au XIXe siècle. D'Eugène Delacroix à Auguste Renoir*, Plon, 1930.

III. À PROPOS DE L'HISTOIRE DE L'AFRIQUE DU NORD

1. *Histoire et Historiens de l'Algérie*, Paris, Alcan, 1931, Introduction, p. 15.
2. Luciani, « Stephane Gsell », *Revue africaine*, 3e et 4e tr. 1931, pp. 361-364 et surtout E. Albertini, « Stéphane Gsell », *Revue africaine*, 1er et 2e trim. 1932, pp. 20 sq.
3. E.F. Gautier, *Genséric, roi des Vandales*, Paris, Payot, 1932.
4. G. Marçais, *La Berbérie du VIIe au XVIe siècle*, pp. 278-287, in Actes du *Deuxième congrès national des Sciences historiques*, Alger, 14-16 avril 1930, pp. la Société historique algérienne, Alger.
5. G. Marçais, *Manuel d'art musulman. L'architecture*, t. I. *IXe-XIIe* s., t. II, *XIIIe-XIXe* s., 1927.
6. G. Marçais, *Les Arabes en Berbérie du XIe au XIVe s.*, Constantine, 1913.
7. Pour le XVIe siècle : *p. 530*, 1356 pour 1563 et 1453 pour 1543 ; *p. 531*, 1652 pour 1562 ; *p. 532*, non par la flotte de Doria comme je l'ai dit moi-même, mais celle de F. de Mendoza ainsi que je l'ai indiqué dans *H. et Historiens de l'Algérie*, p. 250 ; *p. 531*, 1653 pour 1563 ; *p. 535*, la garnison chrétienne de Djerba n'a pas été exterminée ; *p. 536*, M. J. ne montre pas qu'Euldj Ali s'empara de Tunis (1569) à la faveur de la guerre de Grenade ; *p. 536*, Lépante est du 7, non du 9 octobre 1571. *P. 532*, la tentative d'Alcaudète contre Mostaganem (1558) répond sans doute à la réaction spontanée de l'Espagne qui fut fortement impressionnée par la prise de Bougie. Ce n'est pas tant cette expédition qui a ruiné le prestige espagnol dans la région d'Oranie que l'occupation de Tlemcen par les Turcs en 1551, comme M. J. l'indique lui-même p. 531. *P. 534*, il est imprudent, peut-être, d'attribuer au pape l'idée première des négociations engagées par Philippe II avec Euldj Ali, celles-ci remontent à 1568-1569 ; *p. 535*, M. J. ne signale pas à propos de Djerba les difficultés que suscita alors à la Turquie la révolte de Bajazet, difficultés que l'on a voulu mettre à profit ; *p. 537*, Euldj Ali est à Constantinople l'homme de l'impérialisme maritime, la guerre de Perse détourne, malgré ses efforts, la Turquie de la Méditerranée. Il serait bon de dire un mot de Dragut et du blé sicilien sans lequel ne peut vivre l'oasis de Tripoli. *P. 542*, ne pas oublier que la prospérité du commerce français en Méditerranée est cause de notre brouille avec les régences. À noter l'abondance singulière, dans tout le livre, des erreurs typographiques sur les chiffres des dates.

8. L'*Iconographie...*, bien entendu.
9. Catalogue imprimé mais non pas encore mis dans le commerce. Documents analogues à ceux du consulat de Tunis publiés par M. Grandchamp.
10. Voir D. Gonzalo Ortiz, *Archivo general de Simancas su documentación referente a Argel. Actes du deuxième congrès des Sciences historiques, op. cit.*, pp. 317-332.
11. Masson, *La Compagnie du Corail.*
12. R. Montagne, *Les Berbères et le Maghzem dans le sud du Maroc*, Paris, Alcan, 1929.
13. Gabriel Esquer, *La Prise d'Alger.*
14. Avant tout, maintenant, *Conquête et Pacification de l'Algérie*, Paris, Librairie de France, 1931.
15. Georges Hardy. *Le Maroc et la Tunisie*, in : Hanoteaux et Martineau, *H. des colonies françaises*, t. V, Paris, Plon, 1931, c'est-à-dire pp. 111-331 et 385-470.
16. M. Julien est ainsi le seul à signaler l'aveu de M. Caillaux (sept. 1930) au sujet des manœuvres françaises à la Bourse de Berlin, à la veille de la conclusion de l'accord du 4 novembre 1911 (p. 737).
17. Augustin Bernard, *L'Algérie.*
18. M. Julien dit par erreur *Rome* au lieu de Florence ou de gouvernement italien.
19. Voir à ce sujet les affirmations et la démonstration irréfutable de M. Émile Bourgeois. *Manuel de politique étrangère*, t. IV, pp. 109 *sq*.

L'EMPIRE ESPAGNOL

I. EMPIRE ET MONARCHIE AU XVIe SIÈCLE

1. « Le refroidissement qu'a pris Sa Majesté dans la chasse aux loups l'a frappé, quatre jours après, de coliques qui l'ont beaucoup incommodé, mais avec des purgations... il s'est rétabli et il avait l'intention d'aller voir les constructions qu'il a fait faire à l'Alcazar, mais la nuit dernière, un accès de goutte est survenu. »
2. « Le nombre de bouchées reste le même. »
3. « C'est pourquoi il a immédiatement stipulé et signé de sa main sa renonciation aux États de Flandre au bénéfice de Son Altesse l'Infante, qui doit épouser l'archiduc Albert d'Autriche. »
4. « Ce soir-là, dans la maison de l'impératrice, on portait quasiment le deuil. »

5. « Telle que les médecins se mettaient à espérer qu'il durerait peut-être des semaines, alors qu'auparavant on comptait en heures. »
6. « Incroyable constance, résignation et tranquillité d'âme. »
7. « Allant jusqu'à des détails très minutieux. »

II. LES FINANCES DE L'EMPIRE

Le pacte de ricorsa au service du roi d'Espagne et de ses prêteurs à la fin du XVIe siècle [p. 340]

1. A.E. Sayous, « Les débuts du commerce de l'Espagne avec l'Amérique », *Revue historique*, 1934.
2. *Carlos V y sus banqueros*, I, 1944 ; II, 1949.
3. Dans son précieux discours d'entrée à la Real Academia de la Historia : *El Crédito de Castilla y el precio de la política imperial*, Madrid, 1949.
4. *Le Pacte de ricorsa et le marché italien des changes au XVIIe siècle*, Paris, 1953.
5. Archivo General de Simancas, *Consejo y Juntas de Hacienda*, legajo 28.
6. J. Gentil da Silva, voir à ce sujet son livre *Lettres de marchands portugais*, Paris S.E.V.P.E.N.
7. Toutes les références utilisées se rapportent dès lors à Archivio General de Simancas, *Contadurias Generales*, legajo 93.

Les emprunts de Charles Quint sur la place d'Anvers [p. 351]

1. Il a fallu toutefois procéder à quelques simplifications de date. Un emprunt conclu le 24 octobre 1515 a été considéré comme partant du 1er novembre suivant ; un autre, conclu le 5 octobre, comme partant du 1er octobre, la ligne de démarcation étant le 15 de chaque mois. À partir de 1536, les dates d'ouverture et d'extinction coïncident le plus souvent avec les échéances des foires ; on a donc calculé la dette par intervalle entre deux foires, c'est-à-dire par trimestre, avec le cas échéant des simplifications de date analogues à celles indiquées ci-dessus. Enfin, les comptes des années 1533, 1547, 1548, 1551, 1553, 1558, 1560 et 1561 ayant disparu, les totaux obtenus pour ces huit années et pour celles qui les précèdent sont inférieurs à la réalité.
2. L'émission de rentes, moins onéreuse que l'émission d'emprunts, fut aussi utilisée pour l'anticipation des aides, non par l'empereur lui-même, mais par la ville d'Anvers pour le compte de l'empereur. De 1517 à 1521, Anvers émit des rentes rachetables au fur et à mesure de la rentrée des aides votées par les États. Il s'agit bien de rentes ; le taux en est le denier 16 ; le

cours reste inchangé lorsque le remboursement du capital est ajourné. Pour le gouvernement, l'opération revient à un emprunt conclu avec la ville d'Anvers, à un taux relativement faible (6,25 %) ; on trouve mention du paiement des cours au chapitre « Deniers pris à frais et finance » à côté des intérêts des emprunts ordinaires, et du remboursement du capital au chapitre « Deniers payés en l'acquit de l'empereur ».

3. Dans les Pays-Bas, *finance* a le sens d'emprunt. Ces chiffres excessifs sont pris à une année excessive, 1557, le document utilisé, Simancas, Estado Flandes, 510, fol. 157.
4. Nous les connaissons par le chapitre des « Parties extraordinaires », où s'inscrit la recette du capital, et par le chapitre « Deniers payés en l'acquit de l'empereur » où s'inscrit le remboursement. Aucune trace de paiement d'intérêt. En principe, ils ne coûtaient rien au Trésor public. En fait, le prince devait servir à ses amis des gratifications comme celles que le receveur général inscrit au chapitre « Dons et récompenses extraordinaires » (B 2424, fol. 83 : prêt de 10312 l. par Charles de Croÿ, évêque de Tournai, en 1541 ; B 2418, fol. 76 : prêt de 2 000 l. par l'archevêque de Palerme en 1540, remboursé en 1542 : B 2424, fol. 356 v°).
5. Dette consolidée, puisque les capitaux n'en sont pratiquement jamais remboursés. Cette fois, il s'agit aussi de ressources extraordinaires pour faire face à des dépenses exceptionnelles. Les aides sont à leur maximum, il faut d'autres recettes. On émet donc des rentes viagères et héritières dont le cours annuel est payé par les revenus du domaine. Nous en avons connaissance au chapitre « Parties extraordinaires », où sont inscrits les capitaux de ces rentes. Le paiement des cours ne relève pas du receveur général et ne figure pas à la dépense. Par contre, quelques rachats figurent en dépense ; d'autres, peut-être, se trouveraient aux comptes des receveurs particuliers ? À ces comptes figure un chapitre de dépense intitulé : « rentes à héritages » qui ne comprend que le paiement des cours (voir la description des comptes de la recette générale de Flandre par Gachard, *Rapport à M. le Ministre de l'Intérieur, sur différentes séries de documents concernant l'histoire de Belgique qui sont conservées dans les archives de l'ancienne Chambre des Comptes de Flandre à Lille* (Bruxelles, 1841, pp. 59-77). Les rentes héritières dont le rachat n'apparaît pas aux comptes de la recette générale ont donc été, sans doute, perpétuelles. Nous pouvons ainsi connaître, année par année, l'accroissement de la dette consolidée de l'empereur. Les comptes de la recette générale indiquent les noms des acheteurs, les dates d'émission, le taux, la nature des rentes, les revenus sur lesquels elles sont assises, l'utilisation du capital obtenu. Le crédit de l'empereur n'était toutefois pas assez fort pour trouver des acheteurs directs ; la

plupart du temps, les émissions furent faites par les villes ou par les États pour le compte de l'empereur.

IV. AUTRES TEXTES

*Quelques livres d'histoire sur le XVI*e *siècle espagnol* [p. 383]

1. Roger Bigelow Merriman, *The Rise of the Spanish Empire in the Old World and in the New*, t. III. *The Emperor*, Mac Millan, New York, 1925, in-8°, XXIV, 695.
2. M. Merriman a fait dans la masse des documents imprimés de véritables découvertes. Cf. ch. XXI, l'*Hispaniae consolatio*, ch. XXIX, Chroniques sur la conquête du Pérou.
3. M. Merriman ne signale pas le livre de A. Cour, *L'Établissement des chérifs au Maroc et leur rivalité avec les Turcs de la Régence d'Alger*, Paris, 1904. Et pourtant ce livre met en relief le renouveau religieux de l'Afrique du Nord au XVIe siècle. Un tel facteur n'a pas été sans importance sur les rapports de l'Espagne et des États du Maghreb. Pourquoi, par ailleurs, M. Merriman fait-il si grand cas de l'ouvrage vieilli de Forneron, *Histoire de Philippe II* ?
4. *Sainte Thérèse d'Avila*, Paris, Rieder.
5. *Sainte Thérèse*, Paris, Fayard.
6. *Saint Jean de la Croix et l'expérience mystique*, 1924, Paris, Alcan.
7. Il est loin de notre pensée d'oublier la haute valeur des livres de Schäfer, de Lea, de Llorente, de Menéndez y Pelayo.
8. *Los Moriscos españoles y su expulsión*. Livre tendancieux, mais utile à cause des documents originaux qu'il contient.
9. M.L. Bertrand a la mauvaise habitude de ne presque jamais citer de dates. Le lecteur croira de bonne foi (p. 303) que la guerre de Chypre est antérieure à la tentative des Turcs sur Malte de 1565. Le texte de la page 308 laisse à penser d'une façon indubitable que l'on a procédé du vivant de sainte Thérèse « aux ultimes expulsions » des Morisques. « Il y a la mer entre eux et la Chrétienté », pp. 308-309, ajoute l'auteur. Ces ultimes expulsions n'ont commencé, chacun le sait, qu'en 1609, sous le règne de Philippe III. M.L. Bertrand fait une légère erreur (p. 307) quand il écrit : « Lorsque les Maures andalous se soulevèrent dans les montagnes des Alpujarras, il [Philippe II] se décida à réunir une véritable armée sous le commandement de son propre frère, Don Juan d'Autriche... » Les manuels indiquent pourtant que Don Juan ne prit pas immédiatement le commandement dans la guerre de Grenade.
10. Cf. « Saint Jean de la Croix et le problème de la valeur poé-

tique de l'expérience mystique », in : *Bulletin de la Société française de philosophie*, mai-juin 1925.

Actions en hausse : Philippe II ? [p. 440]

1. Paris, Flammarion, 1942, tr. de l'allemand : *Philippe II ou pouvoir et religion.*
2. Ludwig Pfandl, *Philippe II (1527-1598), une époque, un homme, un roi.* Traduit de l'allemand par E. Lépointe. Paris, Hachette, 1942.
3. *Lettres de Philippe II à ses filles*. Paris, 1884.
4. Les passages relatifs aux discussions d'Augsbourg et au voyage anglais me semblent remarquables.

Réalités économiques et prises de conscience : quelques témoignages sur le XVIe *siècle* [p. 484]

1. Ernesto Schäfer, *El Consejo real y supremo de los Indias*, t. II, p. 41.
2. Henri Lapeyre, « El Archivo de Simón y Cosme Ruiz », *Moneda y Credito*, juin 1948.
3. En préparation, à ce sujet, une large publication de Felipe Ruiz Martín, sur la correspondance marchande de Florence et de Gênes.
4. *Une famille de marchands, les Ruiz*, Paris, Centre de recherches historiques, 1955.
5. À paraître (publications du Centre de recherches historiques).
6. « Facteurs sévillans au XVIe siècle », *Annales*, 1957, n° 1, p. 60.

La correspondance d'un ambassadeur à Madrid [p. 494]

1. « Le grand commandeur de Castille est un homme de 45 à 46 ans ; sa constitution corporelle est très différente de celle de Don Juan, car il est très gras et déborde de chair. Et, à mon avis, contrairement à ce que d'autres veulent bien dire, il me semble, à moi, que sa constitution ne serait pas très longtemps capable de résister aux incommodités d'une longue campagne militaire. C'est une personne qui a vu bien des régions de l'Europe et y a fait bien des voyages et, comme il a été six ans de suite ambassadeur de son roi à Rome et quelques années encore membre de son Conseil d'État, il est en mesure de très bien connaître les points de vue, les buts et les intentions de son patron. Il ne manque ni d'intelligence ni de mémoire et il sait bien dire ce qu'il veut, même dans notre langue italienne. Il est depuis peu en charge de la flotte et, dans tout ce qu'il a fallu faire à Grenade, c'est encore lui qu'on a retrouvé en même temps que le duc de Sassa et Don Juan, mais presque jamais ensemble, étant donné les exigences de ces lieux d'opérations.

Le roi l'estime, lui fait confiance et, à ce que j'entends dire, il est tout à fait satisfait de l'emploi des sources d'argent dont la dépense doit passer par ses mains. »

ITALIE ET MÉDITERRANÉE

III. REMARQUES SUR LA MÉDITERRANÉE AU XVIIe SIÈCLE

1. Codoin, *Colección de documentos inéditos para la historia de España*, 83, p. 534.
2. Simancas, *Contaduria Mayor de Cuentas, Segunda Epoca*, L° 904, et *Indice*, 1946, 4°, n. 741, sans date, document situé à tort entre 1570 et 1580.
3. Simancas, *E.K.*, 1677.
4. Vivoli, *Annali di Livorno, IV*, pp. 18-19.
5. Denucè, *L'Afrique au* XVIe *siècle et le commerce anversois*, Anvers, 1937, p. 12.
6. 5 volumes in-4°, et 2 volumes in 8°, Madrid, 1922-1923.
7. Par exemple dans la correspondance espagnole de Naples, Simancas, *Estado, Napoles*, 3271, f. 163 (1645).
8. Simancas, K. 1630, mars-avril 1601, Conseils d'Antonio Sirleh. Cf. Joseph Lefèvre, *Spinola*, pp. 16-17.
9. Archivio di Stato di Venezia, *Cinque Savii*, 9, 21 déc. 1626.
10. Archivio di Stato di Genova, *Manoscritti*, p. 44, 15 déc. 1651.
11. Archives nationales Paris, *Affaires étrangères*, B[1] 814, Malte.
12. Lamansky, *Secrets d'État*, pp. 583-584.
13. Sacerdoti, *op. cit.*, p. 56 et suiv.
14. Archives nationales, *Malte*, 2 nov. 1674.
15. *Ibid.*, 15 septembre 1677.
16. Archivio di Stato di Genova, *Spagna*, 26, 2.425.
17. A.N. Paris, *A.E.*, B[1] 511, Gênes, 25 septembre 1673.
18. R. di Tucci, in *Grande Genova*, 1930, p. 10.
19. Paolo Scrosoppi, p. 355.
20. Archivio di Stato di Genova, *Manoscritti*, p. 44.
21. Archivio di Stato di Venezia, *Cinque Savii*, 3, 1187, mars 1671, et 146, 147, 309, 330.
22. Fagniez, *Ec. Sociale de la France sous Henri IV, passim*.
23. Archivio di Stato di Venezia, *Cinque Savii*, 9, 18 avril 1629.
24. *Ibid., Senato Zecca* 39, 12 juin 1638.
25. *Ibid., Cinque Savii*, 4, 1197, 98, 18 et 28 nov. 1692.
26. A.N., Paris, *A.E.*, B[1] 511. Gênes, 13 avril 1673.

27. Archivio di Stato di Venezia, *Cinque Savii*, 3, 1201, 15 janv. 1684.
28. *Ibid.*, 4, 1192, 1680.
29. *Ibid.*, 4, 1202, 20 déc. 1692. Au sujet d'un convoi en retard, arrivant aux « Échelles du Levant » après le convoi français.
30. A.N., Paris, *A.E.* B[I] 511, Gênes, 22 nov. 1673.
31. Pour tout ce qui précède voir Frank Spooner, *L'Économie internationale et les frappes monétaires en France*, Centre de recherches historiques, VIe section, École des hautes études, Paris.
32. Le 12 janvier 1579, un million d'écus porté par huit galères. Archivio nationale di Stato, Firenze, *Mediceo del Principato* 4925, f. 5, v°.
33. Ainsi Madrid, le 11 novembre 1611. Archivio di Stato, Genova, *Spagna*, 16-2425, les hommes d'affaires génois qui ont signé un *asiento* pour les Flandres « *hanno posto condizione che vengono 3 galere di Genova a levare il contante...* ».
34. Nombreuses références à Simancas dans les archives comptables et financières que j'ai récemment explorées.
35. Par exemple le 9 octobre 1627, *Spagna* 25 (2434) ; 12 février 1646 et 31 août, 14 septembre 1647, *Spagna* 38 et *ibid.*, 24 août et 28 septembre 1650.
36. G.D. Peri, *Il Negoziante*, Venezia, 1682, *passim*.
37. R. di Tucci, *La Richezza...*, p. 52, n. 1.
38. Pour le début du XVIIIe siècle, voir Micheline Baulant, *Lettres de négociants marseillais*, Paris, 1953. A.N., Paris, *A.E.*, B[III] 235, 1695. De Marseille, 8 à 10 millions en monnaie sortent tous les ans.
39. A.N., Paris, *A.E.*, B[III] 235, 1693.
40. *Ibid.*, 1686.
41. *Ibid.*
42. *Ibid.*
43. *Relazione d'Egitto*, 1668, Venise, *Marciana, manuscrits italiens*, 5729.
44. Venise, *Marciana*, VII. MCCXCIII.
45. J.-B. Tavernier, *Les Six Voyages...*, I. p. 270.
46. A.N., Paris, *A.E.*, B[I] 511, 10 septembre 1670.
47. A.N. Paris, *A.E.* B[III] 235.
48. *Ibid.*, 1686.
49. *Ibid.*, 1695.
50. *Ibid.*, B[III] 265, 1685, le terme de « voituriers » est appliqué aux Ragusains dans le sens de « transporteurs ».
51. Archivio di Stato, Venezia, *Cinque Savii*, 1-237.
52. Simancas, *Estado*, 3272, f. 165.
53. Cf. G. D. Peri, *op. cit.*
54. *Ibid.*

55. Archivio di Stato, Venezia, *Cinque Savii*, 20-320-1667, 4, 1412, 2 mai 1680 et 9 mars 1682.
56. Jean Leclant, « Le café et les cafés à Paris, 1644-1693 », *Annales*, janvier-mars 1951. A.N. Paris, *A.E.*, B[III] 235, 26 nov. 1698.
57. A.N., Paris, *A.E.*, B[III] 235, nov. 1699.
58. R. di Tucci, *Ricchezza*, p. 52 et suiv.
59. Marletta, p. 79. À Castelfranco se fabriquent à partir de 1674 des sayettes à la mode d'Angleterre. *Cinque Savii*, 2-123, 11 août 1674.
60. A.N. Paris, *A.E.*, B[III] 235, 1690.
61. Fagniez, I, pp. 456-457, 23 oct. 1602.
62. Berchet, *Consoli veneti di Siria*, p. 158.
63. V. note 57, 1687.
64. *Ibid.*, 1695.
65. *Ibid.*
66. *Ibid.*, 1687.
67. V. note 50.
68. A. N. Paris, *A.E.*, B[III] 235.
69. P. 324.

IV. LE SIÈCLE DES GÉNOIS S'ACHÈVE-T-IL EN 1627 ?

1. *Festschrift für Wilhelm Abel*, Bd 1 : *Wirtschaftliche une Soziale Strukturen im saekularen Wandel*, 1974, pp. 455-468.
2. Paris, 1969.
3. In : *Anuario de historia económica y social*, 1969.
4. *Gli Investimenti genovesi in Europa tra il Seicento e la Restaurazione*, Milan, 1971.
5. Archivio di Stato, Venise, Senato Secreta Console Genova.
6. A.S. Florence, 10 février 1627.
7. Gênes, 6 mars 1627, A.S. Venise, 6, 1 v°.
8. « La perte sera bien de 10 % et peut-être davantage. Malgré tout, étant donné ce qu'ils craignaient, ils se trouvent assez soulagés. » (*Ibid.*, 12 mars 1627.)
9. « En fait, le décret du roi d'Espagne trouble l'atmosphère de la ville. Ajoutons que le fait d'avoir divisé les foires de Plaisance, entre Génois et étrangers, a entraîné de grandes pertes pour les marchands génois. »
10. I, p. 171.
11. P. 293.
12. « Ces seigneurs génois, se trouvant en possession d'argent, se sont employés avec habileté à le retirer peu à peu des États du Roi Catholique. »
13. « Une "largesse" d'argent extraordinaire, au point que, sur la

place, des millions sont inemployés, et qu'il ne se trouve personne qui veuille emprunter à change à 1 % par foire. »

14. « Un million d'argent comptant à fournir pour les affaires d'Allemagne, Flandres et Italie. »
15. « 700 000 à 800 000 pièces de huit qui ont vivement rasséréné la ville. »
16. Compans, A.N., A.N., AE, B^{I}, 511, Gênes.
17. « Pièces de huit, la plus grande partie en or. »
18. « Ce qui fait soupirer plus d'un. Heureusement il n'y a pas d'échéance de grands paiements dans la présente foire de Livourne. »
19. « L'allégresse des négociants à l'arrivée des galions est devenue mécontentement, car une grande partie de leurs marchandises est restée invendue à la Vera Cruz. Et les ventes se sont faites à si bas prix qu'ils y perdent la moitié de leur mise. » 26 novembre (P.R.O., Londres 30 ; 25 ; 21 ; Paris, 28 octobre 1686, Gênes, 10 et 26 novembre 1686).
20. Bulferetti et Constantini, *Industria e comercio in Liguri nell'età del Risorgimento. 1700-1861*, Milan, 1966, p. 107.
21. « Ce qui a mis en émoi cette place qui a des intérêts dans ces pays lointains ; on attend avec impatience un courrier plus récent pour voir sur quels fondements s'appuie cette nouvelle incertaine. »
22. *Op. cit.*, pp. 477 *sq.*
23. B.N. Paris, FR 14666.
24. G. Doria, *Uomini e terre di un borgo collinare dal XVI al XVIII secolo*, Milan, 1968.
25. Paris, A.N., B^{I}, 531, 13 janvier, 25 février 1713, et A.N., G^{VII}, 1701, f° 9, 30 janvier 1713.
26. Art. cit., p. 343.
27. Lettre de Paris Tasca, citée plus haut.
28. *Cahiers d'histoire*, 1967.

VI. AUTRES TEXTES

Gênes au XVIIIe *siècle* [p. 616]

1. *El Siglo de los Genoveses*, que j'ai eu en manuscrit.
2. « Endet das "Jahrhundert der Genovesen" in Jahre 1627 ? », in *Festschrift für Wilhelm Abel*, 1974, I, pp. 455 *sq.*
3. *Quaderni storici*, 1974.

[illegible]

CARTE DE LA PÉNINSULE IBÉRIQUE

[illegible]

[illegible] Madrid [illegible]

[illegible]

[illegible] Madrid.

[illegible] Correspondance de don Diego de Mendoza

SOURCES DU CHAPITRE
LES ESPAGNOLS ET L'AFRIQUE DU NORD
DE 1492 À 1577
[pp. 47-124]

1. Sources manuscrites

ARCHIVES ESPAGNOLES

Archives de Simancas, Sources publiées, Catalogo V. Patronato Real, Madrid, 1913. Série Costas de Africa *Coleccion de documentos inéditos para la historia de España (Codoin)*, Madrid, 1842-1895, 112 vol. Particulièrement : t. I (pp. 154-241), II (pp. 381-392), III (pp. 5-360, 538-548), VIII (pp. 1-267, chap. 12), XI (pp. 359-571), XIII (pp. 503-508), XIV (pp. 462-537), XXI (pp. 243-382 sur la guerre de Chypre et la bataille de Lépante), XXIV (*passim*, pp. 79-574), XXV (consacré à Pedro Navarro, les documents originaux sont rejetés à la fin du volume, pp. 405-582 et, au début du t. XXVI, pp. 5-86), XXVII (pp. 398-574), XXVIII (pp. 5-302 *passim* et 569-572), XXIX, XXX (pp. 5-432), XXXVI (pp. 468-488, 489-499, 504-508, 561-565), XXXVIII (pp. 567-574), L (pp. 285-287), LI (pp. 46-109), LXXXI (pp. 29-31), CXII (pp. 473-542).

Lettres de don Juan d'Autriche, Codoin, t. III et XXVIII ; *Lettere... a Giovani Andrea Doria*, Rome, 1896 ; *Cartas de Don Juan... Felipe II*, 1897.

BAEZA (Gaspar de), *Vida de el famoso caballero Don Hugo de Moncada, Codoin*, t. XXIV.

HEROS (Martin de los), *Historia del conde Pedro Navarro, general en los reinados de Fernando e Isabel y de dona Juana y su hijo don Carlos, Codoin*, t. XXV et XXVI.

« Memorial para la conservacion de los estados de Italia », 29 décembre 1594, ms. 10454, Biblioteca Nacional de Madrid, inédit.

MONCADA (Ugo de), *Correspondancia de don Hugo de Moncada*

y otros personajes con el Rey Catolico y el Emperador Carlos V, Codoin, t. XXIV.

Papiers d'État du cardinal Granvelle, p.p. Weiss.

ZAFRA (Fernando de), *Correspondancia sobre la empresa española en el Norte de Africa en el periodo 1492-1494, Codoin*, t. LI 46-109, p. 90.

ARCHIVES FRANÇAISES

Archives du Gouvernement général de l'Algérie, série C.

Dépêches de M. de Fourquevaux, p.p. Douais, Paris, 1896-1904, 3 vol.

GACHET, *Documents inédits relatifs à la conquête de Tunis*, Bruxelles, 1844.

ARCHIVES ITALIENNES

Muoni, Tunisi spedizione di Carlo V, imperatore (30 maggio-7 agosto 1535), cenni, documenti, registi, Milan, 1876.

2. Sources imprimées

ALTAMIRA, *Historia de España*, Barcelone, 1913.

AUBESPINE (Sébastien de l'), *Négociations sous François II*, pp. L. Paris, 1841.

BALLESTEROS (A.), *Bibliografia de la historia de España*, Gérone, 1921.

ID., *Historia de España*, plusieurs vol.

BARGÈS (abbé J.-L.), *Tlemcen ancienne capitale du royaume de ce nom ; sa topographie, son histoire*, Paris, 1859.

BARONAT (Pascual), *Los Moriscos españoles y su expulsion*, Valence, 1901, 2 vol. (« catholiquement tendancieux » mais documents intéressants).

BARRAU-DIHIGO (L.), FOULCHÉ-DELBOSC, *Manuel de l'hispanisant*, t. I et II, New York, 1920.

BASSET (René), *Documents musulmans sur le siège d'Alger en 1541*, Paris, 1890.

BAUER (Ignacio), *Relaciones de Africa*, 5 vol. (postérieures à la période traitée).

BERBRUGGER, *Le Peñon d'Alger ou les Origines du gouvernement turc en Algérie*, Alger, 1860.

ID., « Oran. Traduction de rapports officiels espagnols sur la prise de Mers el-Kébir en 1505 », *Revue africaine*, 1869.

BERQUE (A.), « Essai de bibliographie critique des confréries musulmanes », *B.S.G.O.*, 1919.

BERTRAND (Louis), *Sainte Thérèse*, Paris, 1927.

BLUM (N.), *La Croisade du cardinal Ximénes en Afrique*, Oran, 1898 (apologétique).

BODIN, « L'agrément du lecteur : Notice historique sur les Arabes soumis aux Espagnols pendant leur occupation d'Oran », *Revue africaine*, 1924.

BOFFARULL Y BROCA, *Ramon Muntaner, guerrero y cronista*, Barcelone, 1883.

BOISSONNADE (P.), *Histoire de la réunion de la Navarre à la Castille, 1479-1521*, Paris, 1893.

BOULIFA (S.A.), *Le Djurdjura à travers l'histoire depuis l'Antiquité jusqu'à 1830*, Alger, 1925.

BRATLI (Charles), *Philippe II, roi d'Espagne*, Paris, 1912 (pour la bibliographie, mais l'œuvre est tendancieuse).

BRAUDEL (Fernand), « Quelques livres d'histoire sur le XVIe siècle espagnol », *Revue d'histoire moderne*, 1927.

BRUNHES (J.), *L'Irrigation dans la péninsule Ibérique et dans l'Afrique du Nord*, Paris, 1902.

CABRERA DE CORDOBA (Luis), *Felipe II, Rey de España*, Madrid, 1870.

CASTRIES (de), *Les Sources inédites de l'histoire du Maroc. Archives et bibliothèques d'Espagne*, t. I, Paris-Madrid, 1921.

CAT (Édouard), *Petite Histoire de l'Algérie, Tunisie, Maroc*, Alger, 1888, 2 vol. (t. 1).

ID., *De Caroli V in Africa rebus gestis*, Paris, 1891.

ID., *Mission bibliographique en Espagne*, Paris, 1891.

CAZENAVE (J.), « Les présides espagnols d'Afrique, leur organisation au XVIIIe siècle », *Revue africaine*, 1922.

ID., « Pierre Navarro, conquérant de Veles, Oran, Bougie, Tripoli », *B.S.G.O.*, 2e trimestre 1925 (bibliographie).

ID., « Deux razzias mouvementées des Espagnols d'Oran au XVIe siècle », *B.S.G.O.*, 3e et 4e trimestres 1925 (traduction de deux chapitres de D. Suarez, *Historia del maestro...*).

ID., « Contribution à l'histoire du vieil Oran », *Revue africaine*, 1925.

CÉNIVAL (P. de), « L'Église chrétienne de Marrakech au XVIIIe siècle », *Hespéris*, 1927 (bibliographie intéressante).

CHARRIÈRE (Ernest), *Négociations dans le Levant*, 4 vol., 1840-1860.

COUDRAY (A.), *Tlemcen, centre commercial au Moyen Âge et jusqu'à l'occupation turque*, 1896 (inédit).

ID., « Le commerce de Tlemcen au Moyen Âge », *B.S.G.O.*

COUR (A.), *Établissements des dynasties des chérifs au Maroc et leur rivalité avec les Turcs d'Alger*, Paris, 1904 (dense et suggestif, un des meilleurs sur le Maghreb au XVIe siècle).

ID., *La Dynastie marocaine des Beni Wattas (1420-1554)*, Constantine, 1920 (bibliographie).

DEGERT (Antoine), « Une ambassade périlleuse de François de Noailles en Turquie », *Revue historique*, 1929.

DEPONT et COPPOLANT, *Les Confréries religieuses musulmanes*, Alger, 1897.

DESPARMET, « La turcophilie en Algérie », *Bulletin de la Société de géographie d'Alger*, 1916.

DIEULAFOY (Jane), *Isabelle la grande, reine de Castille*, Paris, 1920 (un peu romancé).

« Documentos relativos al sitio y saqueo de Mahon por Barbarroja, 1535-1536 », p.p. Estamislao, K. Aguilo, *Revista de Menorca*, 1898 et 1909.

DOLLFUS, « Morisques et chrétiens de 1492 à 1750 », *Revue d'histoire des religions*, 1889.

DURO (C.), *Armada española desde la union de los reinos de Castilla y de Aragon,* Madrid, 1896, 9 vol.

EHRENBERG (Richard), *Das Zeitalter der Fugger*, Iéna, 1922, 2 vol.

ÉLIE DE LA PRIMAUDAIE (F.), *Documents inédits sur l'histoire de l'occupation espagnole en Afrique (1506-1574)*, Alger, 1875.

ID., Le Commerce et la navigation de l'Algérie avant la conquête française, Paris, 1861.

FROEHLICHER, *La Domination espagnole en Algérie et au Maroc*, Paris, 1903 (résumé incomplet et superficiel de la question).

GACHET (A.), *Documents inédits relatifs à la conquête de Tunis*, Bruxelles, 1844.

GANIVET (A.), *Idearium español.*

GARRIGOU GRANDCHAMP, « Documents relatifs à la fin de l'occupation espagnole en Tunisie », *Revue tunisienne*, 1914.

GRAMMONT (H. de), « Quel est le lieu exact de la mort d'Aroudj Barberousse ? », *Revue africaine*, 1878.

ID., Histoire d'Alger sous la domination turque, Paris, 1887.

GSELL. (S.), MARÇAIS (G.), YVER (G.), *Histoire de l'Algérie*, Paris, 1927 (voir G. Marçais pp. 162 *sq*).

GUGLIELMOTTI (Alberto), *La Guerra dei pirati e la marina pontificia dal 1500 al 1560*, Florence, 1876, 2 vol.

HACBLER (Konrad), *Geschichte Spaniens unter den Regierung Karls I. (V.)*, Gotha, 1907 (souvent fautif).

HAËDO (P. Diego de), « Histoire des rois d'Alger », *Revue africaine*, t. XXIV.

ID., « De la captivité à Alger », *Revue africaine*, t. XXXIX.

IBARRA Y RODRIGUEZ, « La conquista de Melilla en 1497 », *España moderna*, XXV, 1894.

IBN KHALDOUN, *Histoire des Berbères*, trad. de Slane, Alger, 1856-1857.

JACQUETON, « L'expédition d'A. Martinez de Angulo contre Tlemcen », *Revue africaine*, t. XXXVI.

JORGA (N.), *Geschichte des Osmanischen Reiches*, t. III.

JURIEN DE LA GRAVIÈRE, *Doria et Barberousse*, Paris, 1886.

ID., *Philippe II et les chevaliers de Malte*, 1887 (livre imparfait de lecture facile).

LA CUEVA (F. de) « Relacion de la guerra de Tremecen », in : *Guerras de los Españoles en Africa, B.S.G.O.*, t. X, XI, XII et XVIII.

LAVERGNE (L. de), « Le cardinal Ximénes », *R.D.M.*, 15 mai 1841.

LEA, *The Moricos of Spain, their conversion and expulsion*, Philadelphie, 1901.

LÉON L'AFRICAIN, *Description de l'Afrique, tierce partie du monde*, pp. Ch. Schefer, Paris, 1890, 3 vol.

LESPÈS (R.), *Alger. Esquisse de géographie urbaine*, Alger, 1925.

LA RONCIÈRE (Ch. de), *Histoire de la marine française*, t. III, Paris, 1906.

ID., *La Découverte de l'Afrique au Moyen Âge*, 3 vol.

LEMONNIER, in : Lavisse et Rambaud, *Histoire de France*, t. V.

MANFRONI (C.), *Storia della marina italiana de la caduta di Constantinopoli alla bataglia di Lepanto*, Rome, 1897.

MARIANA (Juan), *Continuación de la historia de España*, Madrid, 1804.

MARIÉJOL, *Pierre Martyr d'Anghera. Sa vie et ses œuvres*, Paris, 1887.

MARSOLLIER, *Histoire du ministère du cardinal Ximénes, archevêque de Tolède et régent d'Espagne*, Toulouse, 1643.

MAS-LATRIE (Jacques de), *Traités de paix et de commerce et documents divers concernant les relations des chrétiens avec les Arabes de l'Afrique septentrionale au Moyen Âge*, Paris, 1866-1872.

ID., *Relations et commerce de l'Afrique du Nord ou Moghreb avec les nations chrétiennes au Moyen Âge*, Paris, 1886.

MASQUERAY, in : Lavisse et Rambaud, *Histoire générale...*, t. IV (plus littéraire qu'historique).

MASSIGNON (Louis), *Le Maroc dans les premières années du* XVIe *siècle. Tableau géographique d'après Léon l'Africain*, Alger, 1906.

MASSON (Paul), *Les Compagnies du Corail*, Marseille, 1908.

MAUROY, *Du commerce des peuples de l'Afrique septentrionale, dans l'Antiquité, au Moyen Âge et dans les Temps modernes*, Paris, 1865.

MEDINA, « L'expédition de Charles Quint à Tunis, la légende et la vérité », *Revue tunisienne*, 1906.

MERCIER (Ernest), *Histoire de l'Afrique septentrionale (Berbérie), depuis les temps les plus reculés jusqu'à la conquête française (1830)*, Paris, 1888-1890, 3 vol. (documenté).

MERRIMAN (R.B.), *The Rise of the Spanish Empire in the Old World and in the New*, New York, 1918-1925, 3 vol. parus (surtout t. II et III).

MICHAUX-BELLAIRE (E.), « Essai sur l'histoire des confréries marocaines », *Hespéris*, 1921.

MONCHICOURT (Charles), « La Tunisie et l'Europe. Quelques documents relatifs aux XVIe, XVIIe et XVIIIe siècles », *Revue tunisienne*, 1905.

ID., « L'insécurité de la Méditerranée en 1550 », *Revue tunisienne*, 1917.

ID., « Épisodes de la carrière tunisienne de Dragut », *Revue tunisienne*, 1918.

ID., *L'Expédition espagnole contre Djerba en 1560. Essai bibliographique*, Paris, 1923.

ID., « Essai bibliographique sur les plans imprimés de Tripoli, Djerba et Tunis La Goulette », *Revue africaine*, 1925.

ID., *Les Descriptions de Djerba au XVIe siècle* (bibliographie).

MONTESA (Marquès de) et MANRIQUE, *Historia de la legislación civil de España*, t. IX.

MONTET, « Les confréries religieuses de l'Islam marocain », *Revue d'histoire des religions*, 1902 (article de vulgarisation).

MÜLLER (J.), *Beiträge zur Geschichte der westlichen Araber*, Munich, 1866, fasc. 1.

MUONI, *Tunisi spedizione di Carlos V, imperatore (1535)*, Milan, 1876.

MUNTANER (Ramon), *Chronica o descripcio dels fets e haranyets del Inclyt Rey Don Jayme, premier rey Darago e de molts de sos descendens*, Valence, 1558 ; édition allemande par Karl Lang, *Chronik des edlen en Ramon Muntaner*, Stuttgart, 1874.

ORTEGA (Manuel), *España en Marruecos*, Madrid, 1917.

PARPAL (Cosme), « La invasion turca de 1558 en Ciudadela de Menorca », *Boletin de la Real Academia de Buenas Letras de Barcelona*, 1903-1904.

ID., « La isla de Menorca en tiempo de Felipe II », in : *Discursos leidos en la Real Academia de Buenas Letras de Barcelona*, 1913.

PERALI, « La guerra di Tripoli del 1511 in un diario orvetiano dell'època », *La Bibliofila*, Florence, 1913.

PETIT (Édouard), *André Doria, un amiral condottiere au XVIe siècle, 1466-1560*, Paris, 1887 (apologétique).

PLAYFAIR, *A Bibliography of Algeria from the Expedition of Charles V in 1541 to 1887*, Londres 1888, suppl. 1898.

RICARD (R.), *La Côte atlantique du Maroc, d'après les instructions nautiques des Portugais*, 1927.

RINN, *Marabouts et Khouans*, Alger, 1894.

ROBLES (Guillen), « Estudios sobre la dominacion de los Españoles en Berberia. Las Cabalgadas », *La España moderna*, 1889.

ROMIER (Lucien), *Le Royaume de Catherine de Médicis*, Paris, 1925.

ROUSSEAU (Alphonse), *Les Annales tunisiennes*, Alger, 1864.

RUFF, *La Domination espagnole d'Oran sous le comte d'Alcaudète*, Paris, 1900.
SÁNCHEZ ALONSO (Benito), *Fuentes de la historia de España*, Madrid, 1919, 2e éd. 1927.
SANDOVAL, « Les inscriptions d'Oran et de Mers el-Kébir », *Revue africaine*, t. XV-XVI.
SERRANO (Luciano), *La Liga de Lepanto*, 2 vol., Madrid, 1918.
SUÁREZ (Diego), *Historia del maestro último que fue de Montesa y su hermano Don Felipe de Borja, la manera de como gobernaron Oran y Masalquivir... siendo alli capitanes generales*, Madrid, 1889.
Tailliart, *L'Algérie dans la littérature française. Essai de bibliographie critique et raisonnée*, Paris, 1925.
Yera (Calindo de), *Conquistas de los Españoles en Africa, Oran y Mazalquivir*, 1882.

INDEX

TABLE DES MATIÈRES

DEUXIÈME PARTIE :
L'EMPIRE ESPAGNOL

TROISIÈME PARTIE : ITALIE ET MÉDITERRANÉE

Du même auteur :

Aux éditions Armand Colin

LA MÉDITERRANÉE ET LE MONDE MÉDITERRANÉEN À L'ÉPOQUE DE PHILIPPE II, 1949 ; 2e éd. 1964.

NAVIRES ET MARCHANDISES À L'ENTRÉE DU PORT DE LIVOURNE (1547-1611), avec Ruggiero Romano, 1951.

CIVILISATION MATÉRIELLE ET CAPITALISME (XVe-XVIIIe siècle), 1er volume 1967.

CIVILISATION MATÉRIELLE, ÉCONOMIE ET CAPITALISME, 3 volumes 1979.

Aux éditions Belin

LE MONDE ACTUEL, en coll. avec Suzanne Baille et Robert Philippe, 1963.

Aux éditions Flammarion

ÉCRITS SUR L'HISTOIRE, 1969.

Aux éditions Arthaud

VENISE, photographies de Folco Quilici, 1984.
LA DYNAMIQUE DU CAPITALISME, 1985.
L'IDENTITÉ DE LA FRANCE, 3 volumes, 1986.
DISCOURS DE RÉCEPTION À L'ACADÉMIE FRANÇAISE, 1986.
UNE LEÇON D'HISTOIRE, Colloque de Châteauvallon, 1986.
GRAMMAIRE DES CIVILISATIONS, 1987.
LE MODÈLE ITALIEN, 1989.
ÉCRITS SUR L'HISTOIRE, tome II, 1990.

Dossiers Documentaires Meusiens

LES TROIS PREMIÈRES ANNÉES DE LA RÉVOLUTION À BAR-LE-DUC, D.E.S. DE 1922, ÉD. 1989.

Aux éditions de Fallois

LES ÉCRITS DE FERNAND BRAUDEL :
Tome I — AUTOUR DE LA MÉDITERRANÉE
Tome II — LES AMBITIONS DE L'HISTOIRE
Tome III — L'HISTOIRE AU QUOTIDIEN
LES MÉMOIRES DE LA MÉDITERRANÉE

L'HISTOIRE DANS LA SÉRIE « RÉFÉRENCES »

Histoire générale

ANDRÉ BURGUIÈRE, CHRISTIANE KLAPISCH-ZUBER, MARTINE SEGALEN, FRANÇOISE ZONABEND (sous la direction de)
Histoire de la famille (3 vol.)

GEORGES DUBY, ROBERT MANDROU, JEAN-FRANÇOIS SIRINELLI (avec la participation de)
Histoire de la civilisation française (2 vol.)

JEAN FAVIER
Les Grandes Découvertes
d'Alexandre à Magellan

Histoire de France
JEAN FAVIER (sous la direction de)
Tome 1: *Les Origines (avant l'an mil)*
par KARL FERDINAND WERNER
Tome 2: *Le Temps des principautés (de l'an mil à 1515)*
par JEAN FAVIER
Tome 3: *La France moderne (de 1515 à 1789)*
par JEAN MEYER
Tome 4: *Les Révolutions (de 1789 à 1851)*
par JEAN TULARD
Tome 5: *La France des patriotes (de 1851 à 1918)*
par FRANÇOIS CARON
Tome 6: *Notre siècle (de 1918 à 1991)*
par RENÉ RÉMOND

Histoire de l'Antiquité

PHILIPPE BRUNET
La Naissance de la littérature dans la Grèce ancienne
PAUL DEMONT, ANNE LEBEAU
Introduction au théâtre grec antique

L'HISTOIRE DANS LA SÉRIE « RÉFÉRENCES »

■ Histoire générale

ANDRÉ BURGUIÈRE,
CHRISTIANE KLAPISCH-ZUBER,
MARTINE SEGALEN,
FRANÇOISE ZONABEND *(sous la direction de),*
Histoire de la famille (3 vol.)

GEORGES DUBY, ROBERT MANDROU,
JEAN-FRANÇOIS SIRINELLI *(avec la participation de),*
Histoire de la civilisation française (2 vol.)

JEAN FAVIER
Les Grandes Découvertes
d'Alexandre à Magellan

Histoire de France
JEAN FAVIER *(sous la direction de),*

Tome 1. *Les Origines (avant l'an mil)*
par KARL FERDINAND WERNER

Tome 2. *Le Temps des principautés (de l'an mil à 1515)*
par JEAN FAVIER

Tome 3. *La France moderne (de 1515 à 1789)*
par JEAN MEYER

Tome 4. *Les Révolutions (de 1789 à 1851)*
par JEAN TULARD

Tome 5. *La France des patriotes (de 1851 à 1918)*
par FRANÇOIS CARON

Tome 6. *Notre siècle (de 1918 à 1991)*
par RENÉ RÉMOND

■ Histoire de l'antiquité

PHILLIPE BRUNET
La Naissance de la littérature dans la Grèce ancienne

PAUL DEMONT, ANNE LEBEAU
Introduction au théâtre grec antique

Michèle Ducos
Rome et le droit

Nicolas Grimal
Histoire de l'Égypte ancienne

Pierre Grimal
L'Empire romain

Pierre Lévêque
Introduction aux premières religions : bêtes, dieux et hommes

L'Aventure grecque

Empires et barbaries, IIIe s. av. J.-C. -Ier s. ap. J.-C.

Carlos Lévy
Les Philosophies hellénistiques

Jean Salem
L'Atomisme antique : Démocrite, Épicure, Lucrèce

■ Histoire médiévale, moderne et contemporaine

François Bluche
L'Ancien Régime. Institutions et société

Fernand Braudel
Civilisation matérielle, économie et capitalisme (XVe-XVIIIe siècle) (3 vol.)

La Méditerranée et le monde méditerranéen à l'époque de Philippe II (3 vol.)

Jean-Denis Bredin
Bernard Lazare, le premier des dreyfusards

Eric Cahm
L'Affaire Dreyfus. Histoire, politique et société

JEAN DELUMEAU
L'Aveu et le pardon.
Les difficultés de la confession,
(XIIIe-XVIIIe siècle)

MARC FERRO
Naissance et effondrement
du régime communiste en Russie

PIERRE GOUBERT
Mazarin
Le Siècle de Louis XIV

PAUL HAZARD
La Crise de la conscience
européenne, 1680-1715

ANNE-MARIE LE GLOANNEC
La République fédérale d'Allemagne

HERBERT LOTTMAN
L'Épuration, 1943-1953

JEAN-FRANÇOIS SOLNON
La Cour de France

JEAN TULARD
Napoléon. Le pouvoir,
la nation, la légende

CATHERINE VINCENT
Introduction à l'histoire
de l'Occident médiéval

EUGEN WEBER
Une histoire de l'Europe (2 vol.)

THIERRY WANEGFFELEN
L'Édit de Nantes
Une histoire européenne de la tolérance (XVIe-XXe siècle)

Composition réalisée par NORD COMPO

IMPRIMÉ EN FRANCE PAR BRODARD ET TAUPIN
Usine de La Flèche (Sarthe).
LIBRAIRIE GÉNÉRALE FRANÇAISE - 43, quai de Grenelle - 75015 Paris

ISBN : 2 - 253 - 90460 - 0 42/0460/8